主编　潘晋明
副主编　承上　叶宏明　张华姿

大陆地区台湾研究论著目录

九州出版社
JIUZHOUPRESS

图书在版编目（CIP）数据

大陆地区台湾研究论著目录：1980～2006／潘晋明主编．—北京：九州出版社，2008．7

ISBN 978-7-80195-834-1

Ⅰ．大…　Ⅱ．潘…　Ⅲ．①人文科学－专题目录－台湾省－1980～2006　②社会科学－专题目录－台湾省－1980～2006　Ⅳ．Z88：C

中国版本图书馆 CIP 数据核字（2008）第 096996 号

大陆地区台湾研究论著目录（1980—2006）

作　　者	潘晋明　主编
出版发行	九州出版社
出 版 人	徐尚定
地　　址	北京市西城区阜外大街甲 35 号（100037）
发行电话	（010）68992190/2/3/5/6
网　　址	www. jiuzhoupress. com
电子信箱	jiuzhou@jiuzhoupress. com
印　　刷	北京捷迅佳彩印刷有限公司
开　　本	787×1092 毫米　　16 开
印　　张	29.625
字　　数	631 千字
版　　次	2008 年 10 月第 1 版
印　　次	2008 年 10 月第 1 版　　第 1 次印刷
书　　号	ISBN 978-7-80195-834-1/Z·30
定　　价	84.00 元

序　言

台湾研究不仅是一项现实性和政策性很强的应用学科，同时也是一门学术性和理论性很强的交叉学科。作为一项区域性综合研究，它的知识结构、理论体系和研究方法涉及到政治学、经济学、历史学、文学、社会学、法学、教育学、宗教学等几乎所有人文社会科学学科领域。

自1980年第一个专门的台湾研究学术机构成立以来，大陆各地汇集了一批具有不同学科背景的专家学者，形成了一支初具规模的研究队伍，发表了大批的学术论著。这支专业研究队伍当中，有年逾八旬依然笔耕不缀的资深教授，有新近投身这项事业的青年才俊，新老研究人员之间在知识结构和学科训练等方面存在较大的差异。因此，如何系统地总结既有的研究成果，做好台湾研究的学术传承工作，如何以科学的态度和人文的精神把台湾研究建设成为一门基础坚实的特色学科，是一项刻不容缓的任务。

兵马未动，粮草先行。笔者认为，没有很好的资料积累，未经系统的研究成果文献检索，要做出创新性、前沿性的研究成果，是一件不可想象的事情。因此，组织力量对海内外公开发表的台湾研究学术成果进行全面的目录整理和汇编，建立可资查询的数据库，是一项功在当代、利在千秋的事业。2004年底，厦门大学台湾研究院入选"985工程哲学社会科学创新基地"，我们提出的建设目标之一就是要把厦门大学台湾研究院建设成为中国大陆最好的台湾研究信息库。

2005年冬天，笔者在日本国东京都八王子市，与日本产能大学的周伟嘉教授、明治学院大学的毛桂英教授两位好友聚会时，谈及海内外台湾研究现状，周伟嘉教授率先提出"应该组织力量对海峡两岸、日本及美国等地的台湾研究文献进行整理，而且只有厦门大学台湾研究院有能力担此重任"。周教授的动议立即引起毛教授和本人的强烈共鸣，本人当即表示：回国后将在台湾研究创新基地领导小组会上提议，组建专门的工作团队进行联合攻关，建设"全球台湾研究文献目录索引数据库"，并分批公开出版。作为第一步，我们将着手进行"中国大陆地区台湾研究文献目录索引"编辑整理工作。

作为第一个公开成立的台湾研究学术机构，厦门大学台湾研究院不仅在大陆地区公开出版和发表了数量最多的学术研究论著，而且有相当完整的台湾研究资料积累。此外，厦门大学图书馆优越的资料查询系统也为我院做好目录汇编工作提供了便利。2006年初，建立“全球台湾研究文献目录索引数据库”的构想得到台湾研究创新基地领导小组成员的一致支持，并委由台湾研究院文献信息中心组织力量进行收集和整理。

经过两年的艰苦努力，由潘晋明、承上、张华姿和叶宏明四位专家组成的课题组，较好地完成这项工作，开了大陆地区台湾人文社会科学研究文献整理之先河。本书收录范围涵盖1980—2006年大陆地区主要期刊和出版社发表或出版的涉台人文社会科学研究论著；大陆地区作者在港澳地区发表的涉台人文社会科学研究论著也予以收录。本书的目录索引分论文与著作两部分。论文部分汇编论文、资料、书评等编目题录约13000条，著作部分汇编论著、资料、文集、工具书等书目题录近2000条。该书虽难以穷尽所有已经发表或出版的成果，但已经成为奠基之作，为今后更好地做好这项工作打下基础。

作为“全球台湾研究文献目录索引数据库”的一部分，该课题组在立项之初确定的工作目标是以“全面系统”为原则，以便于该数据库发挥完整的信息导读作用。但是，作为一部纸质台湾研究的专业工具书，受到印刷篇幅的限制，又不得不对收录范围进行必要的取舍。其结果可能是提高了收录的质量，但也可能使收录的完整性受到一定的影响。

本书的编辑体例是图书馆分类法与台湾综合研究体系的一次结合，它不仅体现了“中图法”的学科分类，也兼顾到台湾人文社会科学综合研究的特点。作者在主题设置上有所创新，希望能更适用于台湾研究学科发展与专题研究的需要，为使用者提供检索的方便。

最后，我要感谢课题组全体成员的辛勤劳动，感谢关心、支持和帮助过这项工作的周伟嘉教授、毛桂荣教授和台湾研究院的每一位专家学者。希望在不久的将来，我们的“台湾地区台湾研究论著目录”、“日文台湾研究论著目录”和“英文台湾研究论著目录”能相继推出，一个比较完整的“全球台湾研究文献目录索引数据库”能够搭建起来，并且不断更新和完善。

刘国深

二〇〇八年一月二十八日于厦门大学

凡　例

论文部分

一、本部分收录1980—2006年间，在大陆地区的部分人文社会科学期刊、大学学报等相关专业刊物上发表的有关台湾人文社会科学综合研究的学术论文、资料与书评；大陆地区的作者在港、澳地区的部分人文社会科学期刊等相关专业刊物上发表的有关台湾人文社会科学综合研究的学术论文等，也一并收录。

二、本部分分类体例，按照台湾人文社会科学综合研究的研究体系，设置八个大类目，各大类目下又分设若干子类目，一般延展到三级，子类目细分的深度，主要根据收录的论文数量来确定。

三、本部分著录格式根据国家标准GB3793－83《检索期刊条目著录规则》，结合期刊编目的特点进行著录：篇名/责任者//刊名. —出版年，(期)

例1：

澎湖不属同安考/陈孔立//台湾研究集刊. －2005，(2)

例2：

台湾经济面临着“第二次飞跃”/[日]刘进庆，雷慧英译//台湾研究集刊. －1986，(4)

1. 篇名以期刊发表的标题著录。

2. 论文作者只著录二人，三人以上，只著录第一责任人，以下用“等”代替；国外作者姓名前面用“[　]”注明国别，台、港、澳作者不做特别注明。

3. 期刊名称，以当时原刊的全称著录，一般不注出版地；港、澳期刊，在期刊名称后用“(　)”加注出版地。

4. 文章分期连载，各期之间用顿号分隔，写作(1、2)。两期合刊写作(3/4)。

四、本部分排序方法：同类目的论文题录，先按年再按期顺序排列；大陆地区的论文题录排先，港、澳地区的论文题录排后。

五、本部分后附“引用主要期刊一览表”。

著作部分

一、收录范围

本部分收录1980—2006年在大陆地区正式出版的有关台湾人文社会科学综合研究的主要著作；大陆地区的作者在港、澳地区正式出版的有关台湾人文社会科学综合研究的主要著作亦予收录。

二、类目设置

本著作部分的分类体例，主要以台湾人文社会科学综合研究的研究体系设置八个大类目，各大类目下设子类目。根据本部分收录的著作数量，一般延展到二级。

三、著录原则

1. 依照原书书名页、版权页的内容予以著录。

2. 每一种书名作为一个条目。

3. 除书名以外的数字，一律采用阿拉伯字表示。

4. 出版社一般不注出版地；港、澳地区的出版社在出版社名称后用“（ ）”注明地区别。

5. 同一主题的丛书收入多册单本的，以丛书名称集中编排，下面分别列出各单本书名及相关内容。

四、著录格式

本部分依据国家文化部颁发的图书目录著录格式，以本书目所需项目进行著录，格式为：书名/作者.—出版社，出版年. －页

例 1：（单本书的著录）

当代台湾政治分析/刘国深著.—九州出版社，2002. －300 页

台湾政治经济理论研究/[美]韦艾德·葛苏珊编著；张苾芜译.—鹭江出版社，1992. －328 页

例 2：（丛书的著录）

台湾研究 25 年精粹/刘国深总主编、邓孔昭副总主编.—九州出版社，2005. －5 册

经济篇/邓利娟主编. －376 页

政治篇/孙云主编. －422 页

五、排序方法

同类目的著作题录，按出版年排序；大陆地区的著作题录排先，港、澳地区的著作题录排后。

目　录

论文部分

著 作 部 分

论文部分

一 台湾综论

关于台湾的研究/[澳]家博,承上译//台湾研究集刊. －1985,(3)

近年来海峡两岸及海外学者有关台湾问题的会议概述/杨华生//台湾研究集刊. －1986,(1)

台湾学创立刍议/杨锦麟//福建学刊. －1987,(1)

西德的台湾研究/张艾//台湾研究集刊. －1987,(3)

谈研究者的角色/陈孔立//台湾研究. －1994,(3)

海峡两岸有十缘/万顺//中央社会主义学院学报. －1994,(3)

大陆学者研究台湾的方法问题/陈孔立//台海两岸(台湾). －1995,(1)

钱穆学术思想探讨/郭齐勇//学术月刊. －1997,(2)

关于台湾的几项必须正视的大战略问题/时殷弘//战略与管理. －2000,(2)

日据时期祖国大陆台湾研究状况述评/褚静涛//江海学刊. －2000,(5)

评台湾"社会科学本土化运动"/杜斌//学海. －2001,(3)

闽台人口、经济、社会发展分析/米红//亚太经济. －2001,(4)

海峡两岸社会科学之回顾与前瞻/叶世明//现代台湾研究. －2002,(2)

"文革"后期邓小平与台湾问题研究/王中人//党史纵横. －2002,(4)

台湾学者与台湾研究/张文彪//福建论坛(人文社会科学版). －2003,(6)

台湾学术研究管理三题/乐空//社会科学管理与评论. －2005,(1)

全球化之下台湾的学术生产/陈光兴//读书. －2005,(2)

台湾文科期刊学术评估机制研究/陈红//广东社会科学. －2006,(3)

对台研究也是一门科学——评陈孔立的《台湾学导论》/章念驰//中国评论(香港). －2006,(5)

二 台湾社会与文化

(一)台湾社会文化概论

台湾海峡两岸学术界研究王国维美学思想述评/卢善庆//台湾研究集刊. －1984,(2)

中华民族在台湾/陈碧笙//台湾研究集刊. －1984,(4)

析评"中国意识"与"台湾意识"的纠葛/朱天顺//台湾研究集刊. －1988,(2)

台湾文化与中华文化关系的历史探讨/陈孔立、吴志德//台湾研究集刊. －1992,(1)

再论闽台是统一的文化区域/徐晓望//台湾研究. －1994,(3)

从经济观点看闽台文化关系/余何之//现代台湾研究. －1994,(4)

喜读《台湾社会与文化》/谢重光//现代台湾研究. －1995,(总 12)

台湾美学基本理论研究的新特色和新趋向——读丁履撰《美学新论》/卢善庆//职大学报. －1995,(2)

试论百年来"台湾认同"的异化问题/刘国深//台湾研究集刊. －1995,(3、4)

"台湾意识"的历史考察/察弋胜//台湾研究. －1996,(1)

徐复观思想与现代新儒学发展学术讨论会纪要/韦维//武汉大学学报(哲学社会科学版). －1996,(2)

儒家文化和台湾经济/魏萼//台湾研究. －1996,(3)

当代中国大陆和海外、台湾宗亲活动述论/杨志刚//复旦学报(社会科学版). －1996,(3)

论闽台文化及其在祖国统一大业中的历史作用/方宝川//台湾研究. －1996,(4)

中日文化地位的逆转与日本汉文学在台湾的延伸/汪毅夫//现代台湾研究. －1996,(总 15)

持续·稳定·健康·有序——一九九六年以来两岸文化交流综述/王明鉴//两岸关系. －1997,(1)

海峡两岸伦理思想比较谈/屠文淑//宁波大学学报(人文科学版). －1997,(1)

近代中西文化与闽台经济发展/吴能远//现代台湾研究. －1997,(总 20)

台湾新士林哲学概念/王其水//台湾研究. －1997,(3)

加强闽台文化交流的途径与措施/秦宝华//福建论坛(经济社会版). －1997,(3)

台湾社会转型与后现代文化的兴起/张文彪//福建论坛(文史哲版). －1997,(4)

中华文化是维系海峡两岸人民的精神纽带/鲍爱国//中共福建省委党校学报. －1997,(8)

略论闽台文化的交融/林仁川//东南文化. －1998,(1)

海峡两岸心理学中国化研究之比较/肖红娟//黄冈师范学院学报. －1998,(1)

新石器时代的航海业：中国大陆和台湾之间早期的文化交流(摘要)/罗斯特·巴里//农业考古. －1998,(1)

现代主义在台湾地区/杨匡汉//社会科学战线. －1998,(1)

台港民间关系述评/罗祥喜//台湾研究. －1998,(1)

台湾"当代儒学主题计划"第三次小型研讨会述要/李维武//哲学动态. －1998,(10)

从社会心态看台湾历史文化传统/蔡子民//台声. －1998,(10)

从学术三民主义化到三民主义学术化——孙中山研究在台湾 50 年(1949—1998)/张军民//学术研究. －1998,(12)

台湾哲学鸟瞰/王其水//台湾研究. －1998,(2)

殷海光与现代中国自由主义/章清//湖北大学学报(哲学社会科学版). －1998,(2)

殷海光逻辑思想述评/张斌峰//湖北大学学报(哲学社会科学版). －1998,(2)

鹅湖系：台湾新儒学的新趋向/王其水//孔子研究. －1998,(2)

解放战争时期闽台文化交流/史习培//党史研究与教学. －1998,(2)

道德形而上学的重建与对康德哲学的融摄——评牟宗三先生会通中西哲学的导向/黄见德//华中理工大学学报(社会科学版). －1998,(2)

殷海光的哲学进路与启蒙情结/王中江//湖北大学学报(哲学社会科学版). －1998,(2)

儒家伦理与台湾经济发展/王荣发//华东理工大学学报(社会科学版).－1998,(3)

台湾自由派代表人物及其追随者的嬗变/王其水//台湾研究.－1998,(3)

台湾市场经济中的儒家伦理及其处置/黄学惠//鹭江职业大学学报.－1998,(4)

研究儒家伦理构建现代文明——第一届两岸伦理学术研讨会综述/温克勤//理论与现代化.－1998,(5)

"外在超越"之路的中国哲学学派——台湾新士林哲学/耿开君//求是学刊.－1998,(6)

台湾汉民族研究的回顾与前瞻/李亦园//广西大学学报(哲学社会科学版).－1998,(6)

海峡两岸殷海光学术研讨会综述/张斌峰//哲学动态.－1998,(8)

对台湾意识与中国意识的几点思考/才家瑞//台湾研究.－1999,(2)

殷海光与墨子论思想标准比较/王赞源//烟台大学学报(哲学社会科学版).－1999,(1)

牟宗三与当代新儒学国际学术会议简述/刘示范//孔子研究.－1999,(1)

略评殷海光的"道德重建"/陈吉瑞//湖北大学学报(哲学社会科学版).－1999,(1)

海峡两岸青少年交流之回顾与前瞻/严安林//华东理工大学学报(社会科学版).－1999,(1)

1949年以来的台湾民族学/张海洋//广西民族研究.－1999,(2、3、4)

台湾文化协会的民族主义启蒙运动/张丹青//现代台湾研究.－1999,(总26)

当前台湾社会意识的特征/蔡子民//台声.－1999,(3)

"海峡两岸藏学讨论会"综述/张云//中国藏学.－1999,(4)

牟宗三思想研究综述/夏可君//哲学动态.－1999,(5)

同声相应同气相求——"五四"新文化运动在台湾/陈漱渝//台声.－1999,(5)

海峡两岸"人文与科技"学术研讨会在台湾举行——兼谈在人文与科技之间保持张力/欧阳康//哲学动态.－1999,(9)

"德治"能否消解政治——评徐复观对儒学德治主义的现代诠释/龙佳解//求索.－2000,(1)

我们都是一家人——记第二届海峡两岸妇女发展交流研讨会/中国妇运.－2000,(12)

试析台湾社会意识的主体特征与中国意识之关系/杨凤//台湾研究.－2000,(2)

台湾同胞的爱国主义传统/赵勇//道德与文明.－2000,(2)

海峡两岸的民族主义及其前景/王飞凌//战略与管理.－2000,(4)

简论汉族闽台地域文化/徐亦亭//中央民族大学学报(哲学社会科学版).－2001,(1)

关于台湾意识历史考察及文化渊源的思考/李涛//山西社会主义学院学报.－2001,(1)

台湾人类学田野调查理念与方法/朱国佳//广西民族研究.－2001,(1)

港澳台的宗法文化述论——港澳台汉族民间文化研究系列论文之四/廖杨//广西民族研究.－2001,(1)

浅论儒家民族观与祖国统一/杨荆楚//中央民族大学学报(哲学社会科学版).－2001,(1)

儒家文化影响下韩国与台湾的经济发展/柳熙汶//河北学刊.－2001,(2)

闽台文化研究的文化地理学思考/刘登翰//台湾研究集刊.－2001,(2)

关于台湾中华文化复兴运动的几个问题/关志钢//台湾研究集刊.－2001,(2)

台湾当代新儒学研究概述/姚才刚//求是学刊.－2001,(2)

地缘·民族·文化——论“两岸一家，血脉宗源”/邢福有//中央社会主义学院学报.－2001,(3)

两岸文化交流与合作现状及其发展趋势分析/叶世明//现代台湾研究.－2001,(3)

台湾“去中国化”的文化动向/陈孔立//台湾研究集刊.－2001,(3)

略论当代台湾学者的西方哲学研究/黄见德//华中科技大学学报(社会科学版).－2001,(3)

台湾“本土化”思潮与“文化台独”/蔡子民//台声.－2001,(4)

台湾后现代后殖民文化研究格局/王岳川//文学评论.－2001,(4)

从新殖民主义的批判到后殖民论述的崛起——1970年代以来台湾社会文化思潮发展的一条脉络/朱双一//台湾研究集刊.－2001,(4)

妈祖文化联结两岸旅游/林长榕//经济前沿.－2001,(8)

黄荣灿与战后台湾的鲁迅传播(1945—1952)/黄英哲//鲁迅研究月刊.－2001,(8)

2001年两岸民间交流持续发展/化青//统一论坛.－2002,(1)

海峡两岸关系的文化层面/王光国//厦门科技.－2002,(1)

闽台古文化、两岸一脉连/包恒新//福建省社会主义学院学报.－2002,(2)

论闽台两省方言和文化的共同特点——兼评台湾的乡土语言教育/钱莫香//语言文字应用.－2002,(2)

试析两岸民间交流中相互认知的差异和误区/连英俊//重庆社会主义学院学报.－2002,(2)

驳所谓“台湾人是单独、唯一的民族”：“台独”文化理论批判之二/刘登翰//现代台湾研究.－2002,(3)

驳所谓“台湾文化不是中国文化”：“台独”文化理论批判之三/刘登翰//现代台湾研究.－2002,(4)

驳所谓“台湾话不是中国话”：“台独”文化理论批判之四/刘登翰//现代台湾研究.－2002,(5)

闽台文化一体与两岸生命共生/姜新立//统一论坛.－2002,(5)

海峡两岸易学与中国哲学研讨会学术总结/刘大钧//周易研究.－2002,(5)

台湾：中国人的道德情感/顾智明//南京政治学院学报.－2002,(6)

台湾文化的误区/檀江林//海内与海外.－2002,(8)

驳所谓“台湾历史不是中国历史”：“台独”文化理论批判之五/刘登翰//现代台湾研究.－2002,(12)

变理论为政策：“文化台独”的走向：“台独”文化理论批判之六/刘登翰//现代台湾研究.－2003,(1)

中华文化是实现海峡两岸统一的重要基础/高智生//中央社会主义学院学报.－2003,(2)

论实现两岸统一的文化基础/鄂焕成//南昌航空工业学院学报(社会科学版).－2003,(3)

日据前期台湾的文化民族主义——以连雅堂、洪弃生、丘逢甲等为例/朱双一//台湾研究集刊.－2003,(3)

台湾美学与人文/龚鹏程//深圳大学学报(人文社会科学版).－2003,(3)

试论闽东与台湾的文化渊源/林高峰//

南平师专学报. －2003,(3)

从台湾社会的发展看台湾留美运动的兴衰/令狐萍//华侨华人历史研究. －2003,(4)

民众心态与台湾意识形态/刘国深//现代台湾研究. －2003,(5)

民族学视野中的海外华人——两岸三地民族学海外华人研究述评/曾少聪//民族研究. －2003,(5)

弘扬中华文化促进祖国统一——试论文化研究在当前两岸关系发展中的意义/刘登翰//东南学术. －2004,(1)

台湾反蒋民主启蒙的"五四"话语——以殷海光思想言述为例/何卓恩//武汉理工大学学报(社会科学版). －2004,(1)

闽南文化与台湾社会/陈耕//东南学术. －2004,(1)

日据时期的台湾儒教运动/吴宜//文史博览. －2004,(1)

台湾豆腐文化探索——以桃园大溪为例/林明德//南宁职业技术学院学报. －2004,(1)

论台湾文化的特点和汉文化在岛内传播发展的历史分期/徐博东//北京联合大学学报(人文社会科学版). －2004,(2)

"台独文化"的堕落与疯狂——读台湾大学教授石之瑜的《堕落与疯狂:"民进党的党国文化"》/袁伟//统一论坛. －2004,(2)

"文化台独"危害海峡两岸和平统一的基础/李道湘//中央社会主义学院学报. －2004,(3)

一种主义,三种命运——后殖民主义在两岸三地的理论旅行/赵稀方//江苏社会科学. －2004,(4)

试论台湾村落文化/何绵山//广播电视大学学报(哲学社会科学版). －2004,(4)

闽南文化与两岸统一/林其泉//黄埔. －2004,(4、5)

当代台湾逻辑学发展的回顾与展望/张斌峰//湖南科技大学学报(社会科学版). －2004,(5)

走向开放的马克思主义哲学——台湾对大陆近二十多年马克思主义哲学研究的述评/陈卫平//毛泽东邓小平理论研究. －2004,(9)

漫谈台湾民俗文化的源流/姚同发//两岸关系. －2004,(10)

勾勒客家文化在台湾传承和变迁的轨迹——读谢重光《闽台客家社会与文化》/兰俏梅//台湾研究集刊. －2005,(1)

清代台湾少数民族酒文化探析/刘正刚//贵州民族研究. －2005,(1)

2004年台湾社会评述/叶世明//现代台湾研究. －2005,(2)

百年来台湾文化的源流、属性与变迁/庄礼伟//东南亚研究. －2005,(3)

近五十年来台湾地区士林哲学之研究与前瞻/高凌霞//现代哲学. －2005,(4)

闽南文化与中国现代化/吴能远//现代台湾研究. －2005,(4)

韩复智编著《钱穆先生学术年谱》评介/黄留珠//西北大学学报(哲学社会科学版). －2005,(4)

从重新评价到互动对话——台湾对大陆近20年儒学研究的评价/陈卫平//孔子研究. －2005,(4)

文化力:发展两岸经贸的深层基础/俞荣根//重庆行政. －2005,(5)

台湾文化产业的定位与发展/叶世明//现代台湾研究. －2005,(6)

台湾意识不等同于"台独"意识/曾润梅//中国民族. －2005,(7)

《台湾学者中国史研究论丛》简评/陆扬//中国图书评论. －2005,(12)

儒学在台湾/陈奉林//世界知识.－2005,(19)

历史变迁中的“台湾意识”：对“台湾意识”的再审视/杨冬磊//现代台湾研究.－2006,(1)

台湾意识的政治化与社会分裂/金源坤//两岸关系.－2006,(4)

“和合”思想视域中的台湾文化寻根/涂进万//科技信息.－2006,(10)

海峡文化圈及其文化生产力的历史底蕴/许维勤//福建论坛(人文社会科学版).－2006,(11)

台湾旅美文群的认同问题探析/朱立立//华文文学.－2006,(2)

探析台湾意识/刘芳彬//中央社会主义学院学报.－2006,(2)

从“新儒学”到“后新儒学”的发展——环绕台湾现代化进程的哲学反思/林安梧//中山大学学报(社会科学版).－2006,(3)

从吴大猷科普奖看海峡两岸文化差异/甘子钊//科普研究.－2006,(3)

台湾文化的形成与特点/徐鲁航//汕头大学学报(人文社会科学版).－2006,(4)

毛泽东研究在台湾/萧延中//理论视野.－2006,(4)

论台湾文化的中华血统/陶德宗//社会科学战线.－2006,(4)

第五届海峡两岸先秦两汉学术研讨会论文综述/邵炳军//淮阴师范学院学报(哲学社会科学版).－2006,(5)

从台湾文化源头看两岸统一的文化基础/李砚琴//信阳师范学院学报(哲学社会科学版).－2006,(5)

历史视野下的台湾海峡文化圈/许维勤//东南文化.－2006,(5)

略论闽台文化的渊源及其特有的伦理价值观/刘清//重庆工学院学报.－2006,(7)

“文化台独”的社会历史背景与现实危害/周忠菲//中国评论(香港).－2002,(8)

(二)台湾宗教

1. 概论

试析台湾民间宗教和民俗信仰的负面功能/朱天顺//台湾研究集刊.－1987,(2)

惠安青山王与台湾的关系/朱天顺//厦门大学学报.－1989,(2)

台湾宗教一瞥/韩秉方//世界宗教文化.－1995,(2)

当代台湾宗教次文化现象/刘传标//台声.－1995,(4)

清代台湾寺庙的特殊社会功用——台湾清代寺庙碑文研究之一/颜章炮//厦门大学学报(哲学社会科学版).－1996,(1)

闽台民间信仰与道德/朱天顺//台湾研究集刊.－1996,(2)

郑志明教授谈台湾当代民间宗教/唐怡//宗教学研究.－1996,(4)

当前台湾的宗教问题/朱天顺//台湾研究集刊.－1997,(1)

台湾宗教活动之现状及发展趋势/严安林//华东理工大学学报(社会科学版).－1997,(2)

海峡两岸民间信仰往来的社会学思考/苏振芳//福建论坛(经济社会版).－1998,(1)

清代之台湾商人与寺庙——台湾清代寺庙碑文研究之四/颜章炮//中国社会经济史研究.－1998,(1)

心灵自由——殷海光宗教信仰思想之真谛/康志杰//湖北大学学报(哲学社会科学版).－1998,(2)

当代台湾政治与宗教及方术之关系/张荣明//华东理工大学学报(社会科学版).-1998,(3)

外联内聚顺时励精——世纪末台湾中国回教协会活动评析/许宪隆//回族研究.-1999,(1)

台湾的宗教与台湾的作家/王列耀//华文文学.-1999,(1)

闽台民间信仰的表层差别及其原因/石奕龙//台湾研究集刊.-1999,(3)

开漳圣王信仰与台湾社会的变迁/林国平//漳州职业大学学报.-1999,(4)

闽台的庙学规制探略/黄新宪//教育评论.-2000,(2)

略论台湾宗教信仰的移民特征/黄福才//福建论坛(文史哲版).-2000,(3)

台湾少数民族的宗教行为与活动/陈伟明//贵州民族研究.-2000,(4)

"乡国情结"与福建民间信仰在台湾的植根/欧阳小松//中共福建省委党校学报.-2000,(9)

台湾宗教源流/何绵山//中国宗教.-2001,(1)

论日本创价学会在台湾的早期布教活动——以台湾警务档案为中心的考察/陈进国//宗教学研究.-2001,(1)

发挥祖国大陆佛教、道教文化优势扩大两岸民间交流/石四皓//统一论坛.-2003,(2)

20世纪台湾宗教概况/李国梅//世界宗教文化.-2004,(2)

近20年来海峡两岸教会教育研究综述/刘方仪//宗教学研究.-2004,(2)

台湾学者对近20年来大陆宗教学研究的评述/陈卫平//华东师范大学学报(哲学社会科学版).-2005,(1)

从方志的寺庙记载看明清时期台湾宗教信仰状况/连念//中国地方志.-2005,(5)

2. 神话与原始宗教

妈祖信仰及其在台湾的传播/周世跃//台湾研究集刊.-1985,(4)

清代以后妈祖信仰传播的主要历史条件/朱天顺//台湾研究集刊.-1986,(2)

妈祖信仰的起源及其在宋代的传播/朱天顺//厦门大学学报.-1986,(2)

元明时期促进妈祖信仰传播的主要社会因素/朱天顺//厦门大学学报.-1986,(4)

《台湾省通志》保生大帝古庙考订/陈在正//台湾研究集刊.-1989,(3)

漳泉移民开发台湾的乡土保护神——保生大帝/陈在正//统一论坛.-1989,(4)

清代台湾边疆移垦社会之特点与妈祖信仰/李祖基//台湾研究集刊.-1990,(2)

妈祖信仰应与当前社会相协调/朱天顺//厦门大学学报.-1990,(4)

台湾漳籍移民与开漳圣王崇拜/邓孔昭//台湾研究集刊.-1992,(2)

台湾民间信仰若干史事辨误/陈小冲//福建学刊.-1992,(2)

闽台民间天公信仰/朱天顺//台湾研究集刊.-1993,(1)

闽台两地的王爷崇拜/朱天顺//台湾研究集刊.-1993,(3)

台湾民间巫术信仰丛谈:《台湾文化论稿》之一节/汪毅夫//现代台湾研究.-1994,(3)

台湾五大民间宗教之历史与现状/李祖基//台湾研究集刊.-1994,(3)

城隍信仰与台湾历史/李祖基//台湾研究集刊.-1995,(1)

台湾民间若干神祇由来辨误/颜章炮//

台湾研究集刊. －1995,(2)

台湾明郑政权与“开台妈祖”/蒋维锬//寻根. －1996,(1)

从闽台两地的妈祖信仰看海峡两岸的同根同源/徐宜安//商丘师范学院学报. －1996,(2)

台湾“新兴民间宗教”存在意义片论/张新鹰//世界宗教文化. －1996,(3)

闽台城隍文化源流考/郑国珍//现代台湾研究. －1996,(总13)

台湾的闽西客家移民与定光古佛信仰/刘大可//现代台湾研究. －1996,(总14)

闽台民间的广泽尊王信仰:《闽台文化研究》之一节/汪毅夫//现代台湾研究. －1996,(总14)

福州城隍庙与闽台城隍信仰/杨彦杰//现代台湾研究. －1996,(总14)

海峡两岸“开漳圣王”崇拜之研究/谢重光//现代台湾研究. －1996,(总15、16、17)

台湾原住民与大陆南方民族的洪水神话比较/鹿忆鹿//民间文化. －1997,(1)

有关妈祖信仰研究的几点思考/朱天顺//台湾研究集刊. －1997,(3)

有关妈祖褒封的几个问题/朱天顺//台湾研究集刊. －1997,(4)

“船仔妈”与闽台海上的水神信仰/汪毅夫//现代台湾研究. －1997,(总18)

闽台民间信仰的兴衰嬗变/林国平//世界宗教研究. －1998,(1)

80年代以来华南与台湾汉族自然崇拜研究述评/徐杰舜//广西民族学院学报(哲学社会科学版). －1998,(1)

妈祖信仰与两岸关系/朱天顺//台湾研究集刊. －1998,(1)

清代台湾民间的守护神信仰和分类械斗/颜章炮//清史研究. －1998,(4)

试析闽、台、粤客家地区的“妈祖”崇拜/吴永章//中南民族学院学报(人文社会科学版). －1998,(4)

清代台湾城隍信仰中的功利主义色彩/黄新宪//河南师范大学学报(哲学社会科学版). －1998,(6)

台湾高山族祖先崇拜文化略论——兼与大陆各族祖先崇拜文化比较/柏贵喜//中南民族学院学报(人文社会科学版). －1999,(2)

医神崇拜在闽台关系史上的地位、作用及其影响/翁志荣//黎明职业大学学报. －1999,(2)

泉州海外侨胞、台港澳同胞与妈祖信仰/李天锡//华侨大学学报(哲学社会科学版). －2000,(2)

源远流长:浅谈台湾的民间信仰/王耕//两岸关系. －2000,(4)

台湾的海神信仰渊源于祖国大陆/傅朗//台湾研究. －2001,(2)

台湾民间神灵崇拜的福建地方渊源/宋晓飞//统一论坛. －2001,(3)

施琅和东山宫前妈祖庙/施伟青//台湾研究集刊. －2001,(3)

台湾民间信仰渊源关系探讨/陈榕三//现代台湾研究. －2002,(3)

论海峡两岸的妈祖文化/田真//北京航空航天大学学报(社会科学版). －2003,(1)

台湾妈祖信仰的民俗发展及其功能/翁卫平//莆田学院学报. －2003,(1)

浅议台湾“女神”妈祖/刘启芳//中华女子学院学报. －2003,(2)

闽台民间宗教对海峡两岸文化形成发展的作用/黄建铭//福建经济管理干部学院学报. －2003,(3)

闽台民间信仰与两岸关系的互动/林国平//江西师范大学学报(哲学社会科学版). －2003,(4)

妈祖信仰与海峡两岸的文化同缘关系/李文//鹭江职业大学学报.－2003,(4)

海峡两岸民间宗教文化交流的历史轨迹/荣文仿//湖湘论坛.－2003,(4)

台湾的妈祖研究/何绵山//广西民族研究.－2003,(4)

海峡两岸民间宗教文化的基本特征/荣文仿//南京理工大学学报(社会科学版).－2003,(5)

闽台民间信仰在海峡两岸交流中的作用/黄建铭//中国宗教.－2003,(5)

台湾的福州移民与民间信仰/刘大可//福建论坛(人文社会科学版).－2003,(6)

台湾关公文化探论/何绵山//荆州师范学院学报.－2003,(6)

台湾的关帝庙/何绵山//中国道教.－2003,(6)

关帝文化及其在台湾的影响/沈正一//统一论坛.－2004,(5)

海峡两岸神灵俗信、传说的比较/王恬//民间文化论坛.－2004,(5)

台湾妈祖信仰起源新探/蒋维锬//莆田学院学报.－2005,(1)

区域信仰网络中的民间组织——当代台湾保生大帝庙宇联谊会的个案解读/范正义//台湾研究集刊.－2005,(2)

台湾民间巫术与台湾社会/何绵山//宗教学研究.－2005,(2)

福建妈祖信仰的新特点及对台湾的影响/陈启庆//莆田学院学报.－2005,(3)

台湾漳籍移民的祖宗崇拜及意义/陈光辉//现代台湾研究.－2005,(6)

论台湾妈祖信仰特点及与祖国统一大业的关系/林震//莆田学院学报.－2005,(6)

台湾原住民日月神话的时空观/庄美芳//民间文化论坛.－2006,(5)

台湾地区郑成功信仰之历史研究/高致华//史学集刊.－2006,(5)

海峡两岸的关公信仰/南舟//政协天地.－2006,(6)

台湾保生大帝崇拜的发端及信众的原乡认同/黄新宪//福建论坛(人文社会科学版).－2006,(8)

3. 佛教

台湾佛教概述/张大柘//台湾研究集刊.－1989,(4)

《台湾佛教百年史之研究(1895—1995)》简介/郑天星//世界宗教研究.－1996,(2)

一部富有开创性的力作——江灿腾《台湾佛教百年史之研究(1895－1995)》评介/方立天//法音.－1996,(7)

台湾的佛教与政治/魏德东//读书.－1996,(12)

台湾当代佛教的入世转向刍议/陈进国//台湾研究集刊.－1997,(2)

论日本侵占时期台湾佛教的日本化/陈进国//日本研究.－1997,(4)

台湾学术界对印顺法师"人间佛教"思想之研究/默雷//法音.－1997,(5)

闽台佛教交往探略/绵山//现代台湾研究.－1997,(总18)

"佛教与东方文化——纪念佛教传入中国二千年"海峡两岸佛教学术研讨会综述/铂净//佛学研究.－1998

台湾佛教与中国大陆佛教密切相联/高振农//佛学研究.－1998

台湾佛教见闻记/济群//法音.－1998,(4)

佛教与现代台湾社会/绵山//现代台湾研究.－1998,(总21)

当代台湾佛教与政治的关系/唐蕙敏//台湾研究.－1999,(2)

"佛教与东方文化——纪念佛教传入中国二千年"海峡两岸佛教学术会议论文摘要/魏道儒//世界宗教研究. -1999,(2)

日本创价学会在台湾早期的布教活动及被查禁刍议/陈进国//佛学研究. -1999,(2)

台湾当代佛教特点探微/何绵山//安徽广播电视大学学报. -2000,(3)

现代台湾佛教发展的几个问题/张文彪//台湾研究. -2002,(2)

社会变迁与台湾人间佛教的发展——从比较宗教学的多元视角着眼/万里//长沙电力学院学报(社会科学版). -2003,(4)

台湾佛教历史评述/张文彪//东南学术. -2003,(6)

佛教与两岸和平统一/刘成有//中国宗教. -2003,(10)

社会剧变与台湾佛教转型/张文彪//中共福建省委党校学报. -2003,(11)

当代台湾佛教寺院经济的社会资源述略/麻尧宾//宗教学研究. -2004,(1)

《台湾近代佛教的变革与反思》述要/何建明//世界宗教研究. -2004,(2)

近年来台湾佛教政治参与影响因素简析/马海军、贺小霞//现代台湾研究. -2004,(3)

人间佛教与台湾佛教的主体性探索——读江灿腾新著《台湾近代佛教的变革与反思》/何建明//宗教学研究. -2004,(3)

台湾佛教发展中的经济因素/张文彪//世界宗教研究. -2004,(4)

台湾佛学院办学特点探论/何绵山//教育评论. -2004,(5)

两岸佛教的传承与交流/沈正一//统一论坛. -2004,(5)

台湾佛教与政治/张文彪//中共福建省委党校学报. -2004,(12)

台湾佛教发展轨迹初探/李海波//西安电子科技大学学报(社会科学版). -2005,(1)

台湾佛教的印顺时代与后印顺时代/何绵山//现代台湾研究. -2005,(2)

日据初期日本在台湾的宗教调查及其宗教政策——以佛教调查为中心的考察/王志平、吴敏霞//台湾研究集刊. -2005,(3)

当代台湾佛学院所僧教育现状评述/何绵山//法音. -2005,(6)

试论当代台湾佛教界对资金的吸纳/何绵山//世界宗教研究. -2006,(4)

试论台湾佛教居士团体的勃兴/何绵山//法音. -2006,(9)

4. 基督教

17世纪初基督文化在台湾的传播/林仁川//台湾研究集刊. -1994,(1)

台湾天主教新士林哲学形而上学的义理归旨/樊志辉//人文杂志. -2001,(1)

对清代基督教在台湾原住民中传播的原因探析/翁伟志//喀什师范学院学报. -2001,(1)

荷据时期台湾的基督教教化探略/黄新宪//教育评论. -2003,(1)

台湾基督教史述论/林金水//福建师范大学学报(哲学社会科学版). -2003,(3)

日据时期台湾基督教会的政治立场/翁伟志//闽江学院学报. -2003,(6)

复杂的历史当前的警醒—读《台湾基督教史》/卓新平//世界宗教文化. -2005,(1)

论马偕与台湾基督教长老会/崔晓阳、郭建芳//河南社会科学. -2005,(1)

台湾基督长老教会与台湾社会/肖杨//现代台湾研究. -2005,(2)

5. 其他宗教

中华文化两岸同根——参加台湾海峡两岸道教文化学术研讨会侧记/黄海德//中

华文化论坛. －1995,(1)

《台湾斋教的历史观察与展望》书评/北辰//世界宗教研究. －1995,(3)

道——海峡两岸交流的纽带/冯军//宗教学研究. －1996,(4)

台湾的醮祭与符咒/赖宗贤//宗教学研究. －1998,(1)

王著《台湾的斋教与鸾堂》评介/林国平//台湾研究集刊. －1998,(2)

论台湾南部的功德仪礼——从道教仪礼史角度的考察/丸山宏//宗教学研究. －1999,(1)

略论闽台的王爷信仰/李玉昆//世界宗教研究. －1999,(4)

李道纯的“三教融合”思想及其以“中和”为本的内丹心性学/陈进国//中国道教. －2001,(4)

台湾地区道教的现状及其发展趋势/闵丽//中国道教. －2003,(1)

台湾的伊斯兰教/米寿江//中国宗教. －2003,(12)

台湾道教一瞥/闵丽//中国宗教. －2003,(7)

台湾伊斯兰教一瞥/沙启玉//中国穆斯林. －2004,(2)

日治时期日本神道在台湾的传播与局限/蔡锦堂//东疆学刊. －2004,(4)

台湾道教的历史、现状及其宗教特征/黄海德//宗教学研究. －2005,(2)

(三)台湾社会

1. 概论

台湾的经济发展与妇女的工作/[美]丽塔·S. 葛琳,张苾芜译//台湾研究集刊. －1985,(4)

礼貌运动和“书香社会”/何天华//台湾研究集刊. －1985,(4)

试论台湾社会的中国化/[日]松田康博著,雷慧英译//台湾研究集刊. －1994,(2)

台湾人才回流热潮透视/李祖基//中国人才. －1994,(8)

台湾新一波移民潮透视/崔云//台声. －1995,(1)

经济的追求和文化的维护同样重要——日本“造乡运动”和台湾“社区”/张燕//装饰. －1996,(1)

浅析台湾和韩国在缩小城乡差距方面的努力与成就/董向荣//台湾研究集刊. －1999,(3)

台湾“日本情结”的形成及其对两岸关系的影响/颜士梅//浙江大学学报(人文社会科学版). －2000,(2)

台湾社会意识的主体特征及其对台湾前途的影响/杨凤//中州学刊. －2000,(4)

台湾人的婚姻观/本刊编辑部//东南亚纵横. －2000,(5)

台湾移民社会的家庭形态/彭文宇//中共福建省委党校学报. －2000,(7)

重视研究台湾青年的心态/唐德中//青年研究. －2000,(8)

“八十年代以来台湾社会的演变暨海峡两岸关系”学术研讨会综述/刘阳//华东理工大学学报(社会科学版). －2001,(4)

传统文化影响下的台湾家庭教育/孙德玉//安徽师范大学学报(人文社会科学版). －2002,(3)

台湾都会女性的新身体观:以台北市女性为例/翁玲玲//广西民族学院学报(哲学社会科学版). －2002,(4)

社会工作在台湾/陈宇嘉//社区. －2002,(23)

1945年以来的集体记忆与台湾民众的复杂心态/陈孔立//台湾研究集刊. －2003,(4)

与台湾女人的六次心灵对话/WomenofChina（中文海外版）. －2003，(10)

解说志工制度与志工特性之探讨——以台湾阳明山旅游区为例/黄圣佑//旅游科学. －2005，(4)

今日之台湾青年/李永贤//世界知识. －2005，(20、21)

2. 社会调查与研究

1987年台湾大报文学副刊抽样调查/朱双一//台港文学选刊. －1988，(1)

1987年台湾农户收益调查/《农友》编辑部//台湾农业探索. －1988，(4)

台湾的环境污染与治理/颜军民//台湾研究集刊. －1991，(2)

试析台湾工商界对两岸关系的心态/李建敏、魏颜华//台湾研究集刊. －1993，(1)

略析台湾知识界对两岸关系问题的心态/李建敏、李吉寿//台湾研究集刊. －1993，(3)

台湾知识分子心态与我们加强两岸互动之对策/刘以籁//福建省社会主义学院学报. －1994，(3)

台湾民众对统一的心态/郭志珊、杨传荣//台湾研究集刊. －1994，(4)

浅议台湾知识分子心态/刘以籁//中央社会主义学院学报. －1994，(5)

台商大陆投资心态面面观/夏绘秦//经济改革. －1995，(4)

台商投资大陆心态探析/陈恩//经济导刊. －1995，(4)

台湾城乡环境问题与居住环境品质之比较/李永展//城市发展研究. －1995，(5)

台湾的生活质量指标研究/施祖辉//统计与预测. －1995，(6)

近期台湾民众对统一的心态及成因分析/郭志珊//现代台湾研究. －1995，(总11)

台湾的社会工作专业化与社会服务提供/中国社会工作. －1996，(1)

台湾的民意调查能反映台湾的民意吗?/崔岩//台声. －1996，(3)

浅谈港台人生价值观对我大学生的影响/方纲厚//福建师大福清分校学报. －1996，(4)

浅析两岸关系恶化后的台湾民意/严竣//台声. －1996，(5)

台湾民众与台湾当局两岸观之比较/吴嘉桐//台声. －1996，(10)

历史痕迹尚待抹平：关于部分台湾人至今仍有亲日感情问题的思考/田心//现代台湾研究. －1996，(总14)

家庭·朋友·家庭环境——海峡两岸高中生的比较研究/何培忠//青年研究. －1997，(1)

台湾妇女社会地位的现状及其成因/颜士梅//浙江大学学报（人文社会科学版）. －1997，(2)

当代台湾青年孝道观剖析/林顺华//青年研究. －1997，(4)

台湾族群的性格脸谱——简介徐宗懋的《台湾人论》/金奕//台湾研究. －1997，(4)

当代台湾省青年社会现状分析/张胜康//青年探索. －1997，(6)

当代中国青年的民主意识——对海峡两岸四地区大学生的民主意识比较/余振//青年研究. －1997，(6)

台湾和江苏居民收入水平及消费结构的比较/顾纪瑞//现代台湾研究. －1997，(总19)

1994年台湾海峡7.3级地震的社会效应特征及其启示/施永文//国际地震动态. －1998，(3)

从民意调查看台湾民众统独趋向/朱卫

东//台湾研究. -1998,(4)

台湾收入分配考察报告/李实//经济学动态. -1998,(7)

台湾中学教师社会地位的现状分析/薛天祥//教育发展研究. -1998,(10)

台湾民情之初步研究/吴能远//现代台湾研究. -1998,(总22)

台湾青年学生的社会政治心态/唐德中//中国青年研究. -1999,(3)

粤港澳台中学生体育价值观的比较/胡晓江//中国学校体育. -1999,(4)

教育空间的现代性与民间观念——闽台三村初等教育的历史轨迹/王铭铭//社会学研究. -1999,(6)

台湾大学生消费形态扫描/艾生//市场观察. -1999,(8)

台湾地区大学生思想道德现状与特点分析/佘双好//青年研究. -1999,(11)

当代台湾青年婚恋观的嬗变/曾盛聪//青年探索. -2000,(2)

当前台湾民众在台湾前途和两岸关系问题上的心态特征/龚开国、谢小鹏//现代台湾研究. -2000,(3)

五·二〇前后台湾民情述评/葛肇溪//内蒙古统战理论研究. -2000,(4)

浅析台湾民众统独心态/饶伟//人文杂志. -2000,(4)

港澳台大学生侨生与内地大学生思想及心理状况的调查分析/马洁//中国高等医学教育. -2000,(5)

血浓于水的乡情——八十年代末台湾民众返回大陆探亲一瞥/冯玉辉//党史纵横. -2000,(6)

两岸四地大学生对创造力特征及创造力人才的认知调查/岳晓东//心理学报. -2001,(2)

政党纷争下台湾青年的社会政治心态分析/曾盛聪//青年探索. -2001,(3)

海峡两岸青年政治价值观异同比较/曾盛聪//中国青年政治学院学报. -2001,(5)

大陆高校的台湾学生状况分析/蔡振翔//现代台湾研究. -2001,(6)

台湾、北京、安徽三地区护校学生个性对比分析/李墨//中国心理卫生杂志. -2001,(6)

透视台湾青年祖国大陆“求学热”/方奕//中国青年研究. -2001,(6)

创业的民族景观与全球化身份的建立——对台北女性创业者的田野调查/史国良//妇女研究论丛. -2001,(6)

台湾出现“上海热”的意义和启示/亚贝//两岸关系. -2001,(8)

浅析台湾民众的心态和因应对策/陈正统、陈明辉//现代台湾研究. -2002,(1)

当前台湾在有关两岸关系问题上的主流民意探讨/杨立宪//台湾研究集刊. -2002,(1)

两岸大学生价值观之宏观比较/廖奕//山西青年管理干部学院学报. -2002,(3)

海峡两岸大学生价值观比较研究/袁虹//宁波大学学报(教育科学版). -2002,(3)

大陆和台湾地区青年婚恋观的比较研究/王平一//中国青年政治学院学报. -2002,(4)

两岸青年大学生价值观比较/袁虹//思想政治工作研究. -2002,(6)

两岸妇女读物的社会角色/逗点//台声. -2003,(2)

台湾主要政治力量对青年的影响/魏章柱//中国青年研究. -2003,(11)

浅析五十年来台湾民众“国家认同”的多元化走向/林晓芳//中央社会主义学院学报. -2004,(1)

海峡两岸 HTM 专业大学生的专业选择动机研究/郭英之//旅游学刊. -2004,(1)

台湾大学生接触大陆新闻的情形与对大陆事务的认知初探/陈东旭//新闻与传播研究. -2004,(2)

台湾青年学生在祖国大陆学习和就业的愿望/李道湘//海峡科技与产业. -2004,(2)

海峡两岸青年思想观念比较分析/周智//青年研究. -2004,(2、3)

台湾地区大学生对大学印象之调查研究/杨景尧//教育发展研究. -2004,(5)

台湾民意:分布、结构特质与模式/叶世明//现代台湾研究. -2004,(5)

"台独"思潮的泛滥与台湾社会心理/韩晨//台声. -2004,(12)

近代以来台湾民众对祖国统一问题认识的心理变迁/刘克辉//史学月刊. -2004,(12)

台湾社会的教师道德形象研究/方永泉//教书育人. -2004,(17)

台湾妇女参政的现状及不足剖析/周群英//中华女子学院学报. -2005,(1)

台湾地区教师工作倦怠研究综述/侯祎//安阳师范学院学报. -2005,(1)

日本华侨华人二、三代的民族认同管窥——以神户的台湾籍华侨、华人为例/郭玉聪//世界民族. -2005,(2)

试析当代美国的台湾籍华人/吴金平//东南亚研究. -2005,(3)

关注来沪台湾白领群体的状况/谢华平//工会理论研究(上海工会管理干部学院学报). -2005,(3)

E 时代台湾大学生的性爱观/丁三青//当代青年研究. -2005,(4)

试论台湾人的国家认同错位/郭建芳//重庆社会主义学院学报. -2005,(4)

沪港台三地文学类畅销书价值取向的社会学分析/朱志勇、刘叶//南京师大学报(社会科学版). -2005,(5)

福建大学生眼中的台湾/林晓珊//青年研究. -2005,(8)

云南和台湾小学生生活适应状况的比较/傅金芝、蔡和霖//中国心理卫生杂志. -2005,(11)

台湾民众:要统,还是要独/赵会可//世界知识. -2005,(19)

台湾媚日的"三类人"/胡孝文//世界知识. -2005,(21)

国外及台港澳地区公务员收入状况/李欣欣//瞭望. -2005,(38)

台湾民众"国家认同"问题的由来、历史及现实/胡文生//北京联合大学学报(人文社会科学版). -2006,(2)

新加坡与台湾青少年的核心价值观/张汉音//江苏社会科学. -2006,(5)

上海台湾人的社会融入分析/胡苏云//社会科学. -2006,(8)

在沪台湾大学生的政治意识与政治参与/董小苹//青年研究. -2006,(10)

基于两岸的调查问卷分析给我国会计师组织改革的启示/杨崎左//当代财经. -2006,(12)

台湾主流民意的新变化/何标//台声. -2006,(12)

台湾思想转型的年代——从《送报夫》到《台湾社会力分析》/郑鸿生//南风窗. -2006,(15)

(四)台湾人口

略谈台湾人口变化及发展趋势/邵秦//人口与经济. -1980,(3)

清代福建人口向台湾的流动/林仁川、

王蒲华//历史研究. －1982,(4)

台湾之人口/俞大刚//人口与经济. －1983,(3)

台湾人口的特点与动态/许世钜//台湾研究集刊. －1984,(3)

台湾人口问题与人口政策/兰益江//台湾研究集刊. －1985,(3)

台湾省人口密度及其形成原因初探/邵秦//台湾研究集刊. －1986,(2)

清代台湾人口的几个问题/孔立//厦门大学学报. －1986,(4)

关于台湾省人口省内迁移的几个问题/陈永山//台湾研究集刊. －1987,(2)

高雄市人口现状/李非//人口学刊. －1987,(6)

1988 年台湾人口状况综述/郑启五//台湾研究集刊. －1989,(3)

海峡两岸本同一根——台湾同胞的姓氏/王泉根//文史杂志. －1989,(6)

1989 年台湾人口状况/郑启五//台湾研究集刊. －1990,(4)

台湾人口出生率下降原因剖析/郑启五//台湾研究集刊. －1992,(2)

评台湾《人口政策纲领》/郑启五//台湾研究集刊. －1992,(3)

评台湾人口的"老龄化"/郑启五//台湾研究集刊. －1993,(2)

台湾省人口年龄结构与发展趋势/郑启五//中国人口科学. －1993,(3)

试析台北市人口"负成长"/郑启五//台湾研究集刊. －1993,(3)

当代台湾人口性别比的变化及发展趋势/郑启五//台湾研究集刊. －1994,(2)

台湾人口的性别比与两岸通婚关系/郑启五//南方人口. －1995,(1)

'94 回眸:台湾的人口、婚姻与家庭/郑启五//南方人口. －1995,(3)

广东省人口迁移:大陆、台湾和香港经济合作对人口的影响/李思名//人口研究. －1995,(5)

台湾的经济发展和人口转变及其对我们的启示/胡华清//陕西师范大学学报(哲学社会科学版). －1996,(1)

台湾、福建两省 1994 年人口死因谱分析比较/周天枢//海峡预防医学杂志. －1996,(2)

1946～1949 年中国大陆人口向台湾及海外迁移估计/蒋正华//中国人口科学. －1996,(4)

老年退休保障制度与人口结构以香港、新加坡和台湾地区人口转型为例/涂肇庆//人口与经济. －1997,(2)

"有唐山公,无唐山妈"质疑——有关台湾早期人口性比例问题/陈孔立//台湾研究集刊. －1997,(4)

当代闽台人口的几点对比/郑启五//台湾研究集刊. －1998,(2)

海峡两岸人口迁移和流动的历史和现状分析/王怡//人口与经济. －1998,(3)

1997—1998 年台湾人口与社会动态/郑启五//南方人口. －1999,(1)

台湾地区人才外流与回归的概况和特点/王洪兵//煤炭高等教育. －1999,(1)

试析台湾人口老龄化的发展及其产生的同题/郑启五//南方人口. －1999,(3)

两岸共话人口与可持续发展/盛朗//人口与计划生育. －1999,(3)

台湾的人口与家庭计划/盛朗//人口与计划生育. －1999,(4)

台湾人口婚姻:现状、特点与问题——兼与大陆地区人口婚姻状况的比较/刘爽//人口研究. －2000,(4)

台湾高山族人口的健康状况分析/郑启五//厦门科技. －2001,(2)

澳洲台湾移民居住地选择的初探/姜兰虹//南方人口. －2001,(3)

台湾地区户籍人口变动分析/王新华//公安大学学报. －2001,(5)

闽台农业人口转移比较及其启示/丁中文//农业现代化研究. －2001,(6)

台湾高山族人口问题综述/郑启五//南方人口. －2002,(1)

性别比失调的社会后果及其特点——来自对台湾人口的观察/石人炳//人口研究. －2002,(2)

对妇女阶段性就业制度的思考——北京市和台湾地区妇女在业人口特点比较/崔红梅//中国农业大学学报(社会科学版). －2004,(1)

当代台湾人口转变及其原因分析/夏怡然//市场与人口分析. －2004,(2)

台湾聚焦:人口趋少趋老家庭趋杂趋小/胡创伟//两岸关系. －2004,(3)

台湾人口危机史无前例/刘建兴//海峡科技与产业. －2004,(5)

1991—2001年台湾人口年龄构成的变动/王靓//南京人口管理干部学院学报. －2005,(1)

福建与台湾人口的产业区域分布比较研究/陈俊英//福建教育学院学报. －2005,(1)

台湾人口的现状分析/傅玉能//人口与经济. －2005,(3)

台湾地区失业人口特征分析/于源、郑启五//南京人口管理干部学院学报. －2005,(4)

从台湾历史人口的构成看台湾与祖国大陆的渊源关系/张环宙//安徽师范大学学报(自然科学版). －2005,(4)

台湾地区人口省内迁移的现状及其影响分析/韩昱//当代经理人. －2006,(2)

台湾—大陆人口老龄化比较研究/刘琳//南方人口. －2006,(4)

(五)台湾文化

1.新闻

台湾电视事业概述/杨立忠、张敦财//台湾研究集刊. －1985,(3)

台湾电视事业的发展趋势及影响/陈飞宝//台湾研究集刊. －1993,(2)

台湾电视与大陆电视/陈飞宝//中国电视. －1993,(8)

台湾报坛将进入“后三国时代”?/刘燕南//台湾研究集刊. －1996,(2)

当代中国的精神处境——兼谈台湾传媒中的消闲文化/黎湘萍//文艺争鸣. －1996,(3)

我国台湾地区大众传播法的特点及其启示/戴顺斌//国家检察官学院学报. －1997,(2)

台湾有线电视兼并与整合/陈飞宝//荧屏世界. －1997,(4)

台湾传统和新兴电视竞争/陈飞宝//荧屏世界. －1997,(5)

解严前后台湾广播观念之变迁/夏倩芳//新闻与传播研究. －1998,(2)

从《自由时报》与《天下杂志》官司看台湾报业生态/刘燕南//台湾研究集刊. －1998,(2)

台湾媒体的现状及特点/台新//上海对台工作. －1999,(1)

台湾大众媒介与政党权力之争/陈飞宝//台湾研究. －1999,(4)

台湾广播发展态势与我对台广播改革思路初探/梁继红//现代传播(北京广播学院学报). －1999,(5)

台湾期刊的结构特点及两岸交流之探讨/承上//台湾研究集刊. －2001,(1)

台湾有线电视系统和频道经营/陈飞宝//中国有线电视. -2001,(2)

台湾有线电视发展趋势/陈飞宝//中国有线电视. -2001,(3)

以创意为主流的广告时代——评台湾时报广告金像奖20年/王秉钧//中华商标. -2001,(3、4)

浅论理论刊物编辑的人文素质/翁芝光//现代台湾研究. -2001,(5)

台湾电视新闻发展脉络/陈飞宝//中国广播电视学刊. -2001,(7)

政治传播中的媒介权利——论台湾政治广告的运用/岳淼//现代传播. -2002,(1)

海峡两岸新闻学易地研究的期待/童兵//采.写.编. -2002,(1)

台湾电视的运作与特点/何丹//东南亚纵横. -2002,(1)

电视新闻的核心竞争力:画面——从3·31台湾地震报道看台湾电视新闻从业者的画面意识/周建青//视听界. -2002,(3)

在"做好台湾民众工作"中发挥电视的更大作用/岳飚//电视研究. -2002,(4)

海峡两岸传播交流刍议/张建赓//视听界. -2002,(5)

台湾受众"接近使用媒介"概况——兼论"接近使用媒介权"存在之必要/张毓麟//新闻记者. -2002,(7)

台湾杂志广告发展总趋势/朝东//出版参考. -2002,(14)

台湾杂志行销趋势/安琪//出版参考. -2002,(15)

谈谈我国两岸三地的媒介素养教育问题/王灿发//湖南大众传媒职业技术学院学报. -2003,(1)

电视节目经营的突破口——从台湾经验观察中国营销策略/林威廷//新闻大学. -2003,(1)

台湾数位电视发展初探/姜国辉//合肥工业大学学报(自然科学版). -2003,(1)

2002台湾期刊发展透视/叶其峰//出版参考. -2003,(3)

台湾广告学术研究面貌之初探/陈文玲//深圳大学学报(人文社会科学版). -2003,(3)

现阶段两岸期刊发行的比较/黄小石//报刊之友. -2003,(3)

台湾的报业垄断及反思/张毓麟//新闻记者. -2003,(4)

两岸主流媒体关于"9·11"事件报道的比较分析——以《人民日报》、《联合报》为例/戴元光//上海大学学报(社会科学版). -2003,(5)

当前台湾地区广播生态状况及受众需求分析/梁继红//现代传播. -2003,(5)

台湾杂志集团发展的观察/童再兴//出版参考. -2003,(6)

台湾报纸的分类广告/陈雨//传媒观察. -2003,(8)

透视台湾电视娱乐节目/邹鹏薇//传媒观察. -2003,(9)

台湾无线电视公共化的生命史:1986—2002/冯建三//新闻大学. -2004,(1)

台湾电视新闻的移动文字报道方式/林崇能//新闻大学. -2004,(2)

台湾新闻传播教育的历史、现状与问题/段鹏//现代传播. -2004,(3)

台湾有线电视业的现状/顾芳//广播电视信息. -2004,(3、4)

电视新闻直播热的冷思考——以台湾媒体的实践为例/林崇能//中国记者. -2004,(6)

差异与融合:两岸三地广告语创作比较/杨先顺//新闻爱好者. -2005,(1)

20世纪80年代以来台湾电视新闻的新特点/李倩//现代传播. －2005,(1)

台湾媒体的基本情况及其特点/兴浙//现代台湾研究. －2005,(3)

新闻材料的选择与建构：连战“和平之旅”两岸媒体报道比较研究/潘晓凌、乔同舟//新闻与传播研究. －2005,(4)

台湾杂志70年/许清茂、向芬//社会科学战线. －2005,(5)

论台湾广告语言的民族文化特色/詹秀华//云南财贸学院学报（社会科学版）. －2005,(5)

从“连战访问大陆”看市场化报纸的时政报道——香港《东方日报》与国民党《中央日报》报道框架的比较分析/董天策、徐宁//西南民族大学学报（人文社科版）. －2005,(6)

台湾电视新闻的娱乐倾向化分析——从东森新闻台报道连战大陆行说起/周建国//湖南大众传媒职业技术学院学报. －2005,(6)

多手段链接全方位评说——试析《跨越海峡的握手—连战大陆行》的报道特色/佟健//电视研究. －2005,(6)

电视新闻直播：从事件到核心竞争力——以CCTV－4“连宋大陆行”特别报道为例/张国涛、范昀//中国广播电视学刊. －2005,(7)

两岸媒体联手举办《海峡两岸知识大赛》对电视入岛宣传的启示/王静芳//中国广播电视学刊. －2005,(12)

台湾地区广播电视管理制度简析/涂昌波//中国有线电视. －2005,(23)

台湾综合科普刊物概述/张之杰//科普研究. －2006,(1)

传媒在两岸政党沟通中的角色审视/马汇莹//新闻大学. －2006,(1)

大陆、台湾和香港三地广告发展之比较/刘艳秋//当代经理人. －2006,(2)

媒体购买公司VS广告业：台湾的经验与思考/张金石//广告大观（理论版）. －2006,(3)

由公共电视台发展轨迹检视台湾原住民的广电政策/李乃文//新闻大学. －2006,(3)

现代性视域中的台湾媒体与政府——以“TVBSVS台湾当局”为例/叶再春//现代传播. －2006,(3)

文化·创意·产业：台湾文化政策中的“产业”发展/于国华//福建艺术. －2006,(3)

论台湾地区媒介素养教育与媒体互动的理论与实践/张梅//东南学术. －2006,(4)

数字化存亡——台湾数字电视的发展概况/方佳怡//新闻大学. －2006,(4)

台湾地区电视直销业的发展模式——基于“东森得易购”的个案分析/林诗吟//新闻界. －2006,(4)

媒介身份对媒介话语的限制——两岸三地2005年对内地禽流感报道个案分析/吴雅兰//视听纵横. －2006,(4)

解读台湾综艺节目及受众心理/章颖//阅读与写作. －2006,(5)

2005台湾知名报刊广告创意述评（四）/王曼丽//广告大观（综合版）. －2006,(5)

《苹果日报》登台后，台湾报业策略之初探/宋端仪//新闻知识. －2006,(5)

海峡两岸受众对广告不同反应的实证研究/徐金灿//广告大观（理论版）. －2006,(6)

全球化语境中中国台湾广告的文化价值取向/刘泓//广告大观（理论版）. －2006,

(6)

刀光菊影里的中国根情——日本殖民统治下的台湾中文报刊《台湾民报》/王积龙//社会科学战线. -2006,(6)

从"台湾公视"看公共电视如何对待收视率/章维//东南传播. -2006,(6)

近年台湾地区电视观众收视偏好初探/王积龙//视听界. -2006,(6)

海峡两岸媒介素养教育之比较与启示/柳敏//河北师范大学学报(教育科学版). -2006,(6)

台湾媒体素养教育实践研究/徐金雷//软件导刊. -2006,(8)

在狂欢中感受颠覆的快感——台湾电视娱乐节目浅析/彭赟珊//安徽文学. -2006,(8)

海峡传播的实践探索——兼论对台宣传及海峡资讯传播的有效性/熊仕顺//东南传播. -2006,(10)

台湾主流媒体生态环境与竞争方式/戴仲燕//传媒观察. -2006,(10)

台湾广播生态与节目形态分析/翁崇闽//国际新闻界. -2006,(12)

台湾杂志市场竞争格局/王积龙//出版参考. -2006,(28)

台湾期刊经济指标现状/王积龙//出版参考. -2006,(31)

台湾期刊从业者状况调查/王积龙//出版参考. -2006,(33)

2. 出版

台湾图书出版市场概述/眭明泉、许连玫//台湾研究集刊. -1994,(2)

1993年:海峡两岸出版交流取得突破性进展/出版参考. -1994,(3)

海峡两岸图书出版交流的特点及思考/眭明泉、许连玫//现代台湾研究. -1994,(4)

台版图书采购途径之探讨/承上//图书馆杂志. -2001,(4)

台湾图书出版交流现状和引进策略/钟建法//图书馆学研究. -2002,(1)

台湾图书出版业考察综述/魏玉山//出版发行研究. -2002,(5)

低谷寻源——海峡两岸出版合作动态浅析/游涵//出版经济. -2002,(11)

谈两岸出版合作未来发展的模式/陈贞如//出版参考. -2002,(12)

知识经济时代台湾出版发展之路/王禄旺//出版参考. -2002,(19)

台湾进口大陆出版品的模式及症结/刘文忠//出版参考. -2002,(21)

两岸版权交易现况与问题/万丽慧//出版参考. -2002,(22)

台湾大学出版社积弱不振的原因/陈信元//出版参考. -2002,(23)

台湾多元化的发行探析/凌云//出版参考. -2002,(24)

台湾2002出版大事回顾与观察/丁玟玲//出版参考. -2003,(1)

从版权合作到资源整合——谈未来两岸出版合作模式/伍旭升//出版参考. -2003,(1)

台湾图书出版通路的竞争、竞合与联合/陈日升//出版参考. -2003,(1)

台湾出版业:不景气探因与成功者之路/高道鹏//出版参考. -2003,(3)

论两岸三地出版交流与合作共荣/傅岩山//山西社会主义学院学报. -2003,(4)

台湾出版物流体系探析/陈磊//出版参考. -2003,(7)

两岸图书出版文化产业在台合作途径探讨/刘文忠//出版参考. -2003,(8)

低谷寻源两岸出版合作动态浅析/游涵//中国电子与网络出版. -2003,(8)

共同开拓携手并进——两岸出版交流15年的回顾和对未来的期待/许力以//出版参考．－2003，(8)

两岸出版文化交流的现状及问题/陈为江//出版参考．－2003，(8)

两岸出版的三赢策略——华文出版全球化的构思/杨荣川//出版参考．－2003，(8)

两岸图书发行的交流探讨/王承惠//出版参考．－2003，(8)

十五年来的两岸出版交流/陈恩泉//出版参考．－2003，(8)

浅谈台湾图书出版业/李淑红//中国出版．－2003，(11)

台湾文学出版市场的变迁/徐开尘//出版参考．－2003，(16)

两岸出版合作的双赢之道/董苏华//出版参考．－2003，(18)

大陆图书进入台湾市场的历史流程/徐开尘//出版参考．－2003，(19)

放松大陆图书进口台湾限制后的影响/徐开尘//出版参考．－2003，(24)

两岸合作进军世界华文出版市场/陈信元//出版参考．－2003，(28)

数码时代下两岸出版文化运筹/刘钟新//出版参考．－2003，(34)

台湾图书走向世界的经营理念和经验/宋定西//出版参考．－2003，(36)

两岸图书进出口牵涉的版权问题/林载爵//出版参考．－2003，(36)

2003台湾出版界热点回顾/丁文玲//出版参考．－2004，(1)

祖国大陆图书出口台湾之我见/张叔言//出版参考．－2004，(1)

2003年两岸三地出版交流体验与得失/刘文忠//出版参考．－2004，(1)

中国台湾地区出版业/李实//出版经济．－2004，(5)

台湾物流公司介入内地图书市场状况扫描/孙悦//出版参考．－2004，(6)

集团强势倾轧下的台湾中小出版社/丁文玲//出版参考．－2004，(12)

台湾进口简体字图书经营的困境/方守仁//出版参考．－2004，(36)

台湾出版的启示/刘辉//出版参考．－2005，(1)

开花待结果——2004年两岸出版交流迹象/刘文忠//出版参考．－2005，(1)

2004年两岸出版渐显同步化/丁文玲//出版参考．－2005，(1)

台北“上海书店”的创意与市场分析/林载爵//编辑学刊．－2005，(5)

香港、台湾、大陆图书和北美市场/刘冰//编辑学刊．－2005，(5)

中国大陆图书在海外华文图书市场的发展前景/黄娴//编辑学刊．－2005，(5)

台版图书出版发行现状及图书馆采访策略的转变/潘家武//农业图书情报学刊．－2005，(10)

诺文文化：台湾与新马华文市场的桥梁/余楚娴//出版参考．－2005，(22)

剖析台湾出版产业问题/张丰荣//出版参考．－2005，(33)

关于建立海峡两岸共同文化市场的构想/祁述裕//新视野．－2006，(5)

解读《台湾图书出版产业调查研究报告》/万荣水//出版参考．－2006，(12)

台湾书价升高的外在因素/林家成//出版参考．－2006，(19)

香港成为两岸出版同业测试市场的实验室/叶佩珠//出版参考．－2006，(25)

两岸携手开创华文出版的新局/徐开尘//出版参考．－2006，(31)

3. 图书馆、档案馆

台湾图书馆的自动化/本刊编辑部//现

代图书情报技术.－1981,(4)

台湾地区图书馆概况/田华//台湾研究集刊.－1986,(1)

台湾省档案学术研究现状与发展趋势/靳云峰//档案学研究.－1990,(1)

台湾图书馆事业发展述略/朱立文//台湾研究集刊.－1993,(1)

台湾古籍整理工作述评/杨杞//台湾研究.－1996,(4)

台湾古籍工作的若干情况/杨杞//现代台湾研究.－1996,(总15)

福建省的台湾社科文献布局现状分析/刘传标//现代台湾研究.－1999,(总25)

台湾地区现存民国档案综述/夏茂粹//民国档案.－2002,(1)

海峡两岸图书馆信息资源的共享与合作探讨/王云娣//情报探索.－2002,(1)

高质量的学术图书馆——台湾傅斯年图书馆/朱渝//图书馆建设.－2002,(1)

“台湾图书馆法”拟订推展的历程/王振鸣//图书馆工作与研究.－2002,(1)

台湾地区的图书资讯学教育/宋安莉//大学图书馆学报.－2002,(1)

台湾地区档案馆及重要档案保管单位所藏档案概述/靳云峰//台湾研究集刊.－2002,(1、2)

台湾数字图书馆的建设与发展/盛小平//图书情报工作.－2002,(3)

简论台湾图书馆业的发展/袁伟//台湾研究.－2002,(3)

台湾地区档案学研究特点及其发展阶段/靳云峰//档案学通讯.－2002,(3)

海峡两岸图书资讯学教育研究现状与建议——五届学术研讨会论文分析/王知津//图书馆工作与研究.－2002,(4)

台湾地区档案学著作评介(上)/靳云峰//档案学通讯.－2002,(5)

网络环境与数字图书馆——台湾的发展与启示/程光//情报杂志.－2002,(5)

海峡两岸数字图书馆建设的分析比较/吉萍//图书馆工作与研究.－2002,(5)

海峡两岸图书馆的网上咨询服务/李明华//图书馆论坛.－2002,(5)

档案与上海金融史研究——以台湾所藏档案为例(1927—1937)/卓遵宏//档案与史学.－2002,(5)

台湾地区档案学书刊一览/靳云峰//北京档案.－2002,(9)

海峡两岸数字图书馆建设的分析比较/吉萍//山西高等学校社会科学学报.－2002,(12)

台湾地区文化数位典藏现况与发展/项洁//上海交通大学学报.－2003,(1)

台湾地区图书馆与大陆图书馆的比较与分析/朱凡//图书馆工作与研究.－2003,(2)

台湾图书资讯学教育发展历程与特色/张云瑾//引进与咨询.－2003,(5)

台湾公共图书馆之发展/王振鹄//图书馆.－2003,(6)

台湾图书馆购书的现况及模式/张丰荣//出版参考.－2003,(7)

台湾图书馆的网上参考咨询及其特色/林立//情报资料工作.－2004,(1)

海峡两岸图书馆学情报学教育的比较分析/崔嫣红//图书情报工作.－2004,(2)

台湾地区图书馆馆藏发展政策实践研究/张秋//图书情报工作.－2004,(4)

海峡两岸图书馆网上参考咨询系统之比较研究/李凌//现代情报.－2004,(9)

海峡两岸儿童与中小学图书馆学术交流十年回顾与展望/王长庆//图书馆工作与研究.－2005,(1)

**大陆和台湾地区图书馆学期刊引文抽

样调查与分析/陈艳伟//新世纪图书馆. －2005,(2)

台湾地区大学图书馆的发展及其启示/顾建新//新世纪图书馆. －2005,(2)

海峡两岸数字化图书馆的比较研究/李华//图书馆理论与实践. －2005,(2)

认识台湾地区图书馆事业的一把金钥匙——台湾地区《图书馆年鉴》评介/张华姿//情报探索. －2005,(3)

海峡两岸图书馆馆员继续教育状况分析/胡锦成//图书馆学刊. －2005,(3)

台湾和大陆学位论文数字资源建设述略/姚蓉//中国研究生. －2005,(3)

2004 年台湾阅读现象观察/苏惠昭//出版参考. －2005,(3)

亚太五国/地区数字鸿沟及其影响因素分析/柯惠新、王锡苓//现代传播. －2005,(4)

台湾地区博物馆(美术馆)演进脉络/廖桂英//中国文化遗产. －2005,(4)

台湾的信息化——现状、政策与展望/吕斌//图书情报知识. －2005,(4)

台湾地区专门图书馆概观/张华姿//图书馆论坛. －2005,(4)

两岸四地公共图书馆发展一瞥/侯宽其//情报杂志. －2005,(6)

港台图书对读者阅读之影响分析/崔明明//图书馆学刊. －2005,(6)

台湾理工科院校使用大陆图书现况/游凤珠//出版参考. －2005,(27)

图书资讯学在台湾——台湾大学黄慕萱教授访谈录/张蕊、张洋//图书情报知识. －2006,(1)

台湾图书馆学与资讯科学期刊网络资源调查及分析/林立//图书情报工作. －2006,(1)

解析海峡两岸高校图书馆的文献资源政策/徐红//图书馆建设. －2006,(2)

海峡两岸档案文化之比较/崔淑霞//机电兵船档案. －2006,(3)

海峡两岸古籍数字化建设与交流情况概述/毛建军//福建图书馆理论与实践. －2006,(3)

海峡西岸经济区信息化环境建设与数字图书馆发展策略/郑辉//图书馆学刊. －2006,(4)

海峡两岸图书馆自动化建设之比较/林小群//咸宁学院学报. －2006,(5)

从台湾阅读推广活动之现况谈公共图书馆之阅读指导服务/陈书梅//图书馆建设. －2006,(5)

Blog 对海峡两岸图书馆学的影响/范并思//图书馆论坛. －2006,(6)

推进海峡两岸图书馆合作与交流/叶杉//发展研究. －2006,(7)

台湾公共图书馆事业给我们的启示/冯遵华//农业图书情报学刊. －2006,(7)

简析海峡两岸图书馆合作的现状及走向/廖明//情报探索. －2006,(10)

图书馆界应多些实证性研究——由海峡两岸图书资讯学术研讨会引发的思考/尤小平//图书馆学研究. －2006,(10)

暑期台湾青少年阅读观察/刘筱燕//出版参考. －2006,(25)

4. 博物馆

台湾的博物馆事业/梁吉生//台湾研究集刊. －1990,(2、3)

大陆与台湾两座故宫博物院的比较/吴十洲//东南文化. －1991,(6)

台湾历史博物馆工作初窥/王文建//中国博物馆. －1999,(3)

日据至光复初期台湾博物馆管窥/向安强//华南农业大学学报(社会科学版). －2002,(2)

中央民族大学民族博物馆馆藏台湾少数民族文物及其价值/李丽//中央民族大学学报(哲学社会科学版).－2002,(5)

对台湾地区博物馆观众研究的历史考察/史吉祥//中国博物馆.－2003,(1)

台湾的生态博物馆:发展背景与现况/张誉腾//中国博物馆.－2005,(3)

5.体育

大陆、台湾体育现状的比较与分析/郑木生//韩山师范学院学报.－1996,(3)

沟通两岸亲情共享民族殊荣——1997年海峡两岸体育交流的回顾与展望/屠铭德//两岸关系.－1998,(3)

台湾柔道运动员训练和模拟比赛的生化分析/林文弢//广州体育学院学报.－1998,(4)

试论九十年代两岸体育界的交流/曾晓莉//池州师专学报.－1999,(3)

闽台体育交流合作的前景与对策/陈如桦//体育科学.－1999,(4)

闽台体育比较/陈如桦//中国体育科技.－2000,(2)

闽台体育交流合作回顾与现状分析/陈如桦//中国体育科技.－2000,(3)

台湾的体育现状及其发展趋势分析/朱家勇//武汉体育学院学报.－2001,(4)

海峡两岸体育交流的回顾与展望/林建华//体育学刊.－2001,(4)

台湾体育制度与大陆体育教育体系的比较与分析/董杰//山东体育科技.－2002,(1)

海峡两岸体育交流及其影响探析/林致诚、郭琼珠//台湾研究集刊.－2002,(2)

海峡两岸共办2008年奥运会的机遇与挑战/程传银//体育与科学.－2002,(3)

海峡两岸体育交流与合作的历史回顾与前景展望/兰自力//天津体育学院学报.－2002,(3)

发挥体育政治功能促进两岸和平统一/徐佩瑛//陕西社会主义学院学报.－2002,(4)

海峡两岸社会体育比较研究/兰自力//天津体育学院学报.－2002,(4)

海峡两岸体育交流合作的现状分析与对策研究/兰自力//北京体育大学学报.－2002,(5)

台湾现代体育的发展及特点/陈萍//体育学刊.－2002,(5)

海峡两岸体育文化交往及其影响的研究/谢军//体育科学研究.－2003,(1)

海峡两岸体育文化交往及其影响/何隽//哈尔滨体育学院学报.－2004,(1)

台湾运动产业的现状分析与发展启示/兰自力//北京体育大学学报.－2004,(1)

体育文化交流对两岸关系发展影响的研究/兰自力//西安体育学院学报.－2004,(1)

海峡两岸体育交流研究/兰自力//北京体育大学学报.－2004,(3)

台湾竞技体育管理体制及资源与实力之研究/连道明//体育科学研究.－2004,(4)

台湾休闲运动的发展现状和教育模式介绍/杨忠伟//体育学刊.－2004,(4)

海峡两岸体育社团比较刍议/谢军//北京体育大学学报.－2004,(4)

台湾乒乓球运动的发展策略研究(英文)/TechengWu//体育科研.－2005,(3)

台湾准优秀乒乓球运动员的运动竞赛焦虑、特质性心理坚韧性和运动心理技能间的关系(英文)/Chia－WenHsien//体育科研.－2005,(3)

从台湾民俗体育看闽台传统文化渊源/王念龙//体育文化导刊.－2005,(3)

台湾社区体育现状的调查与研究/骆积强//体育科技文献通报. -2005,(4)

海峡两岸社区体育发展比较/傅玉能、胡国胜//体育文化导刊. -2005,(9)

关于加强海峡两岸体育交流合作的研究/何尔清//山西师大体育学院学报. -2006,(2)

台湾地区运动与休闲教育兴起的背景及其专业人才培养特点/彭文革//北京体育大学学报. -2006,(8)

对宋江阵传入我国台湾地区及发展状况的研究/蔡莉//武汉体育学院学报. -2006,(11)

(六)台湾教育

1. 概论

台湾教育事业的发展/吴能远//台湾与东亚. -1983,(3)

试析台湾教育与经济发展的关系/林长华//台湾研究集刊. -1989,(1)

台湾"建教合作"探微/承上//职业技术教育. -1994,(2、3)

台湾妇女教育与就业/承上//台湾研究集刊. -1994,(3)

台湾1994年教育统计资料/柳芳//教育研究. -1995,(2)

台湾的远距离教育与社会发展/苏越//远程教育杂志. -1995,(3)

日据时期台湾教育发展述论/陈小冲//台湾研究集刊. -1995,(3、4)

台湾哲学教育问题/王其水//台湾研究. -1995,(4)

台湾教育发展对我们的启示/李钟善//辽宁高等教育研究. -1995,(5)

台湾廿一世纪教育远景展望/周其力//海峡科技与产业. -1995,(6)

重材料运用重情景创设——1995年台湾高考历史试卷的结构与特点/张静//中学历史教学参考. -1996,(1)

台湾学校心理辅导的理论与实践/刘华山//教育研究. -1996,(1)

转型期台湾教育促进经济发展的基本政策与实践/许明//福建师范大学学报(哲学社会科学版). -1996,(4)

台湾近年的美术教育研究/侯令//中国美术教育. -1996,(5)

台湾经济腾飞时期的教育/余逸群//当代亚太. -1996,(5)

台湾发展教育的基本经验/王学风//江西教育科研. -1996,(6)

台湾教师在职进修的特点/邓文//人才开发. -1996,(8)

台湾现代学位制度的演变/翁丽芳//台湾研究集刊. -1997,(1)

台湾少数民族的教育理论初探/李继生//云南社会科学. -1997,(1)

评析台湾技能检定及职业证照制度/承上//南昌职业技术师范学院职教论坛. -1997,(5)

台湾海外华文教育工作浅议/夏潮//中央社会主义学院学报. -1997,(6)

台湾工业工程学科的发展现状与未来/梁乃刚//学位与研究生教育. -1997,(6)

海峡两岸环境教育比较/王冬桦//比较教育研究. -1998,(1)

台湾教育的考察与思索/李喜平//辽宁教育研究. -1998,(2)

台湾在菲律宾发展华文教育述论/王燕燕//台湾研究集刊. -1998,(3)

我国台湾地区教育发展的得与失/龚放//扬州大学学报(高教研究版). -1998,(4)

社区总体营造的教育策略——台湾地区终身学习环境的现状与构建/林振春//教

育发展研究. －1998,(11)

台湾中小学教师培养培训概况/唐京伟//课程.教材.教法. －1998,(12)

对台湾统计高等教育模式的研究/刘畅//统计教育. －1999,(1)

看台湾的终身教育/汪丽萍//成人教育. －1999,(1)

台湾国民教育课程纲要的研订构想/游家政//上海教育科研. －1999,(2)

台湾京剧教育发展概述/蔡欣欣//戏曲艺术. －1999,(2)

对台湾舞蹈教育的基本认识和体验/关於//北京舞蹈学院学报. －1999,(4)

从台湾大学招生语文试题看素质教育/李杰//语文教学通讯. －1999,(11)

对台湾基础教育的观感/朱启元//宁夏教育. －1999,(12)

台湾"教学科技"的发展与趋势/张霄亭//电化教育研究. －2000,(1)

台湾原住民教育述评/万明钢//比较教育研究. －2000,(1)

台湾青少年道德教育的特色/潘玉腾//教育导刊. －2000,(1)

台湾品质教育实施策略/谢曼华//教育导刊. －2000,(1)

台湾私立学校教育的发展趋势/吴忠魁//比较教育研究. －2000,(1)

简述台湾素质教育的方向与举措/徐强//云南高教研究. －2000,(2)

台湾"教学科技"的发展趋势/张宵亭//天津电大学报. －2000,(3)

我国台湾地区教育实习的现状与前瞻/余柏民//吉林教育科学. －2000,(3)

台湾舞蹈教育的现况与展望/郭惠良//舞蹈. －2000,(5)

对于与台湾视听教育学相关问题的省思/单文经//电化教育研究. －2001,(1)

台湾科学教育的特点及其对我们的启示/李正银//天津师范大学学报(基础教育版). －2001,(1)

台湾华文教育初探/袁慧芳//高等函授学报(哲学社会科学版). －2001,(2)

当代台湾学校道德教育的特点及启示/张鸿燕//中国青年政治学院学报. －2001,(3)

台湾现阶段大力扶持海外侨教的措施与借鉴/连志丹//华侨华人历史研究. －2001,(3)

中国电化教育协会代表团访问台湾总结报告/乌美娜//中国电化教育. －2001,(5)

港台与内地教育硕士专业学位研究生教育比较/杨承印//学位与研究生教育. －2001,(5)

略论国民党在台湾的民族精神教育/洪明//台湾研究. －2002,(3)

海外侨生赴台湾升学述评/张亚群//台湾研究集刊. －2002,(3)

从综合活动课程谈台湾课程统整的趋势/欧用生//全球教育展望. －2002,(4)

台湾教科书运作与发行新问题/安琪//出版参考. －2002,(15)

两岸教科书合作的基础与障碍/何佐//出版参考. －2002,(17)

海峡两岸学校课余体育训练与竞赛的比较研究/兰自力//西安体育学院学报. －2003,(1)

台湾少数民族教育的困境与思考/叶世明//民族教育研究. －2003,(1)

台湾的大学入学考试中"学科能力测验"述评/杨李娜//理工高教研究. －2003,(2)

台湾地区学校健康促进考察报告/穆念河//中国健康教育. －2003,(2)

台湾的学校健康教育与健康促进/侯家祥//中国妇幼保健．－2003，(2)

台湾学校健康教育与健康促进发展现况/侯家祥//中国学校卫生．－2003，(6)

台湾美术教育现状/刘道广//中国美术教育．－2003，(6)

台湾地区学校的生命教育及对我们的启示/彭爱波//中小学管理．－2003，(7)

台湾：创意教学的重要理念/吴清山//基础教育参考．－2003，(12)

台湾地区职普沟通、中高衔接的运行机制及其对我国大陆地区的启示/左彦鹏//职教通讯．－2003，(12)

台湾的能力本位训练/潘发勤//中国职业技术教育．－2003，(18)

台湾学生伦理思想教育的特点/朱作俊//徐州师范大学学报(哲学社会科学版)．－2004，(1)

台湾学生申诉制度述评/陈久奎//重庆师范大学学报(哲学社会科学版)．－2004，(3)

台湾继续教育发展分析/叶世明//继续教育．－2004，(4)

两种教师发展模式论比较——兼与台湾学者饶见维先生商榷/金美福//东北师大学报(哲学社会科学版)．－2004，(4)

陈仪与台湾教育事业之接收和重建/季云飞//江苏行政学院学报．－2004，(5)

日据时期台湾书房探微/黄新宪//教育评论．－2004，(5)

台湾在教育领域全面"去中国化"/潘林峰//现代台湾研究．－2004，(6)

台湾终身教育体系基本形成/董白志//云南教育．－2004，(8)

论抗战胜利前夕收复台湾的教育准备/吴仁华//福建论坛(社科教育版)．－2004，(10)

台湾轮调式建教合作教育解析/李红卫//职业技术教育．－2004，(28)

傅斯年与台湾大学的教育理念/黄俊杰//北京联合大学学报．－2005，(1)

台湾大学多元考试制度的若干特点/杨李娜//教育评论．－2005，(1)

中国内地和台湾地区生死教育现状的比较/孙传宏//天津市教科院学报．－2005，(3)

从台湾新"高中历史课程纲要草案"看"台独教育"本质/杨璐//中国教师．－2005，(4)

台湾的大学评估现状及特点评析/董百志//绍兴文理学院学报(社科版)．－2005，(5)

高校思想政治教育视野下的台湾问题/廖志成//思想教育研究．－2005，(7)

综合实践活动课程内容整合的几点思考——从台湾综合实践活动"主题统整"过渡谈起/魏亚琴、汪洁萍//辽宁教育行政学院学报．－2005，(9)

台湾"学生家长会"的工作模式与启示/刁萌萌//基础教育参考．－2005，(12)

台湾海外华文教育工作的特点及评价/李亚群//八桂侨刊．－2006，(2)

从台湾生命教育到华人生命教育/钮则诚//江西师范大学学报(哲学社会科学版)．－2006，(2)

台湾经济与教育互动发展历程及经验教训研究/姜泽华//华侨大学学报(哲学社会科学版)．－2006，(2)

社会教育对台湾经济转型的作用/曾繁相//河北师范大学学报(教育科学版)．－2006，(4)

台湾教育理念的转变及后果/白艳//吉林省社会主义学院学报．－2006，(4)

台湾地区家长参与教育的发展趋向及

其启示/陈如平//河北师范大学学报(教育科学版).-2006,(4)

比较全球化背景下香港和台湾的公民教育/刘晶//黑龙江教育学院学报.-2006,(5)

台湾地区对海外留学人才的开发策略与启示/曾建权//特区经济.-2006,(5)

台湾的乡土语言教学述评/许长安//现代语文(语言研究版).-2006,(7)

台湾地区历史教育研究的现状及其思考/朱煜//历史教学.-2006,(11)

山穷水尽疑无路——谈台湾语文教育的困境与转机/陈美妃//中文自修.-2006,(11)

依托信息技术构建绿色学校联盟——谈台湾绿色学校伙伴网络计划/江红岩//教育信息化.-2006,(22)

2. 教育政策

台湾职业技术教育政策的发展/承上//台湾研究集刊.-1990,(2、3)

香港澳门台湾大陆高等学校招生制度比较/曾仲//高教探索.-1994,(2)

台湾的教育机制/武毅英//教育与经济.-1994,(3)

台湾中医师考试制度之现状综述/刘江明//新疆中医药.-1995,(2)

韩国和我国台湾二战后高等教育发展战略特点探析/马早明//比较教育研究.-1997,(6)

关于台湾大学联考制度的研究/林更生//现代台湾研究.-1997,(总18)

台湾"教育松绑"评述/徐强//黑龙江高教研究.-1998,(1)

台湾地区资助私立大学的若干措施/夏天阳//青岛科技大学学报(社会科学版).-1998,(2)

台湾"采认"祖国大陆学历政策之出台与叫停/龚放//台湾研究集刊.-1998,(4)

论台湾教育发展战略的若干特征/卢晓中//现代教育论丛.-1998,(5)

台湾开展华文教育的措施与特点/陈颖//八桂侨刊.-2000,(3)

台湾地区留学政策演变及启示/王洪兵//湖北广播电视大学学报.-2001,(3)

多元化的培养模式及国际化发展趋势——现行台湾教师进修制度述评/欧阳丽//继续教育.-2002,(1)

台湾是怎样培养经济所需的职业技术人才的/邓锐//成人教育.-2002,(1)

台湾地区技专校院多元入学和考招分离制度分析——以2001学年度高职和五专升学为例/黄燕飞//高教探索.-2002,(1)

WTO与台湾产学合作研究的发展态势/林世渊//海峡科技与产业.-2002,(2)

台湾"九年一贯课程"展望与分析/潘国青//教育发展研究.-2002,(2)

现行台湾教师进修制度的模式取向及发展趋势/欧阳丽//成人教育.-2002,(5)

台湾实施十二年国民基本教育可行步骤研究/郭秋勋//基础教育参考.-2003,(1)

亚洲高校招生考试制度发展趋向研究——以日本、韩国及我国台湾、香港为例/钱道赓//湖北招生考试.-2003,(1)

台湾实施大学多元入学制的利弊/王涛//海峡科技与产业.-2003,(4)

中国台湾地区和美国高校招生考试制度比较/张利菊//理工高教研究.-2003,(4)

因应台湾加入WTO高等技职教育实施产学合作之对策/张仁家//河南职业技术师范学院学报(职业教育版).-2003,(6)

台湾现行高校招生考试制度的特点及发展趋向/何薇//湖北招生考试.-2003,

(20)

因应加入 WTO 的竞争力提升:台湾技职教育发展策略/吴清基//职业技术教育. -2003,(21)

台湾地区义务教育阶段控辍措施分析及启示/任春荣//当代教育科学. -2003,(24)

台湾:教育改革若干政策主张/本刊编辑部摘编//基础教育参考. -2004,(1)

台湾的大学入学考试制度研究/杨李娜//高等教育研究. -2004,(3)

台湾的大学入学考试制度的创立与实施/杨李娜//漳州师范学院学报(哲学社会、科学版). -2004,(4)

台湾大学多元入学方案介绍/褚庆军//中国考试(研究版). -2004,(4)

台湾地区的"高中职社区化"政策/刘小强//基础教育参考. -2004,(5)

台湾地区高中职社区化政策及对内地的启示/王锋//职业技术教育. -2004,(7)

台湾地区民进党执政以来教育改革中的台独倾向评析/项贤明//比较教育研究. -2004,(7)

台湾的大学推荐甄选入学制度评价/杨李娜//湖北招生考试. -2004,(24)

台湾"教育部"未来四年施政主轴架构/本刊编辑部摘编//世界教育信息. -2005,(1)

台湾高等教育追求卓越之策略研究/王战军//中国高等教育. -2005,(2)

台湾偏远地区中小学开展信息技术教育策略及启示/曲桂丽、解月光//教育信息化. -2005,(7)

台湾技职教育现行体系与学制剖析/萧锡锜//职业技术教育. -2005,(19)

产学合作——台湾技职教育界"最后一哩"计划及其启示/王建军//无锡职业技术学院学报. -2006,(4)

台湾的语文政策及其论争/许长安//现代语文(语言研究版). -2006,(4)

台湾高考招生制度沿革/林静//教育. -2006,(20)

3. 教育改革

台湾高中联考制度改革方案及面临问题/承上//厦门教育. -1993,(2)

台湾师范教育改革的若干举措/许明//教育评论. -1994,(5)

不同经济发展时期台湾教育改革与发展/杨晓波//教育与经济. -1995,(1)

台湾职教课程的改革/沈勤//中国职业技术教育. -1995,(3)

台湾师范教育改革评述/柳芳//教育研究. -1996,(1)

台湾技术及职业教育改革动向/闻友信//中国职业技术教育. -1996,(11)

台湾职教最新改革要点/周世朗//职教论坛. -1996,(3)

台湾大学教育迈向 21 世纪的改革思路/袁锐锷//高教探索. -1996,(4)

简论台湾高等教育招生制度的改革/柳芳//吉林教育科学. -1996,(5)

台湾的技职教育及其改革与发展动向/杨金土//教育与职业. -1997,(1、2)

我国台湾大学入学考试改革概述/韩家勋//课程.教材.教法. -1997,(10)

台湾职业技术教育的改革与调整/徐强//中国成人教育. -1997,(10)

德国的教育改革理念与制度兼论台湾教育改革——以分流教育为例/克农//中国民族教育. -1997,(2)

近年来台湾教育改革的新进展/许明//教育评论. -1997,(3)

台湾师范教育改革的若干趋势/李定仁//上海教育科研. -1997,(6)

着眼"完人"培养激发人性光辉——香港、台湾高校课程改革趋势探究/李申申//教育发展研究. －1998,(1)

台湾大学入学制度的改革/刘源俊//苏州大学学报(哲学社会科学版). －1998,(2)

台湾中师、师专向师院过渡的政策和高师教育改革/薛天祥//教育发展研究. －1998,(4)

台湾地区教育改革现况/余柏民//江西教育科研. －1998,(5)

台湾地区师资培育改革现况之研究/余柏民//江汉论坛. －1998,(10)

近十年台湾小学教育改革概览/赖清标//教育发展研究. －1998,(12)

近年来台湾小学教育的改革与发展/张肇丰//上海教育科研. －1999,(2)

台湾教育改革及其对我们的启示/周东苏//教育导刊. －1999,(2)

台湾学校教育跨世纪的改革/欧用生//教育发展研究. －1999,(2)

台湾高等教育的改革趋势与发展特点/郭锋//国家教育行政学院学报. －1999,(3)

九十年代台湾职业技术教育改革浅议/承上//台湾研究集刊. －1999,(4)

台湾地区技职教育问题的根源与改革/王永庆//现代技能开发. －1999,(8)

高教如何适应经济社会发展——台湾高教改革经验研究/赵淑梅//吉林教育科学. －1999,(9)

台湾师范教育变革之趋势/戴嘉南//广州师院学报. －1999,(11)

台湾的职业教育改革/承上//教育与职业. －1999,(12)

台湾师范教育改革管窥/高耀明//嘉兴高等专科学校学报. －2000,(1)

台湾原住民族教育改革的检讨与展望/谭光鼎//民族教育研究. －2000,(1)

台湾地区教育面临的问题和改革措施/程晓平//江西教育科研. －2000,(3)

多元化与专业化并驾齐驱——90年代以来台湾高师改革及其对我们的启示/尹素云//现代大学教育. －2001,(3)

自我赋权、公民社会与教育改革——台湾近十年教育改革的理论反思/冯朝霖//清华大学教育研究. －2001,(3)

台湾废除"联考"后的教育改革发展方向/王涛//统一论坛. －2001,(6)

台湾职业技术教育的改革/张晓峰//职业技术教育. －2001,(9)

台湾的初等教育课程改革/季银泉//教学与管理. －2001,(21)

台湾职业技术教育的改革与发展及其对我们的启示/张晓峰//职业技术教育. －2001,(25)

从废除"联考"看台湾教育制度的改革/王涛//现代台湾研究. －2002,(1)

20世纪90年代台湾地区高等教育改革概述/包海芹//江苏高教. －2002,(3)

台湾小学教育改革与"小班化精神"/潘国青//上海教育科研. －2002,(4)

台湾地区中小学九年一贯课程改革的特色及其省思/钟晨音//比较教育研究. －2002,(6)

台湾大学入学考试制度改革探析/杨李娜//教育发展研究. －2002,(6)

明日的师资培育:台湾当前教改现象的反思与前瞻/陈惠邦//内蒙古师范大学学报(教育科学版). －2003,(1)

评述台湾中小学九年一贯课程改革/钟晨音//教育与职业. －2003,(7)

21世纪初台湾高等教育改革述评/丁三青//比较教育研究. －2003,(7)

台湾教改万言书及其回应/梁安//课程. 教材. 教法. －2003,(10)

我国台湾教育制度及其改革的审视/李海燕//教育发展研究. －2003,(11)

台湾高等教育财政改革/盖浙生//教育发展研究. －2004,(1)

台湾职业技术教育的改革及发展方向/马尾生//海峡科技与产业. －2004,(2)

全球化中高等教育改革的重要参数——海峡两岸入世后的文化取向/张亚群//复旦教育论坛. －2004,(2)

中国传统文化对台湾大学入学考试改革的影响/杨李娜//宁波大学学报(教育科学版). －2004,(2)

台湾教育创新对厦门教育发展的启示与互动/曾宪楼//引进与咨询. －2004,(7)

台湾学校德育改革新进展/洪明//世界教育信息. －2004,(12)

台湾高等技职院校入学制度改革述评/杨李娜//深圳职业技术学院学报. －2005,(1)

中国台湾中小学课程世纪变革探析/冯增俊//教育科学. －2005,(2)

浅析台湾的大学多元入学方案/杨李娜//台湾研究集刊. －2005,(2)

台湾地区高等教育财政改革刍议/盖浙生//教育发展研究. －2005,(21)

台湾技职教育变革与经济发展/杨朝祥//教育发展研究. －2005,(21)

当代台湾道德教育的改革走向及其启示/郭静林//莆田学院学报. －2005,(3)

台湾的大学多元入学考试制度的变革及其启示/杨李娜//江苏高教. －2005,(5)

20世纪90年代台湾地区的教育改革/李学文//新视野. －2006,(2)

台湾跨世纪技职教育一贯课程改革及启示/李红卫//职业技术教育. －2006,(4)

台湾技职改革的新趋势/周明//世界教育信息. －2006,(5)

20世纪下半叶台湾高等教育办学体制的变革/曾繁相//教育科学. －2006,(5)

现代金融的发展趋势与金融学教育教学改革——“2006年海峡两岸金融教育论坛”综述/刘玉平//上海金融学院学报. －2006,(6)

台湾地区中小学科学教育的改革与发展/苏榕娜//福建教育学院学报. －2006,(7)

台湾地区高校招生考试制度的改革发展/夏人青//教育发展研究. －2006,(23)

4. 教育行政

亚洲“四小龙”的教育投资与经济增长/马春兰、袁连生//北京师范大学学报(社会科学版). －1988,(6)

台湾省农业高校课程设置特点/林更生//高等农业教育. －1989,(3)

海峡两岸的语文建设/许长安//台湾研究集刊. －1990,(2、3)

台湾高等院校教职员经济待遇析评/林长华//台湾研究集刊. －1990,(2、3)

台湾幼稚园的行政管理/逸如//早期教育. －1994,(6)

试探台湾高中数学新教材的模式/袁桐//数学通报. －1995,(10)

台湾中学语文教材刍议/胡觉先//湖北师范学院学报(哲学社会科学版). －1995,(4)

当前台湾高教管理的问题及其对策/黎义明//教育导刊. －1995,(6)

台湾初中数学教材的新趋向/袁小明//数学教学. －1996,(3)

台湾小学教师素质培养及其启示/刘兴杰//河南教育学院学报(哲学社会科学版). －1997,(4)

台湾高等学校内部管理现状及其改革思路/袁锐锷//现代教育论丛. －1997,(5)

台湾地区私立高校学杂费现况分析/杨景尧//教育发展研究.-1997,(8)

台湾高等学校管理刍议/陈亨泰//华侨大学学报(哲学社会科学版).-1998,(4)

台湾国小国语课本的编写问题/陈弘昌//上海教育科研.-1999,(2)

台湾师资培养的若干特点/陈笃彬//教育评论.-1999,(3)

台湾小学美术教师培养方式给我们的启示/胡知凡//中国美术教育.-2000,(1)

影响校本课程开发的因素:以台湾S小学为例/崔允漷//教育发展研究.-2000,(10)

管窥当前台湾语文课程发展/韩艳梅//辽宁师范大学学报(社会科学版).-2002,(5)

台湾高中新编历史教科书的基本特点与启示/朱煜//历史教学.-2002,(11)

审慎思考台湾实施的九年一贯制课程/徐明珠//基础教育参考.-2003,(1)

台湾生物学科基金项目评审中学术业绩评价的定量化方法/范英//研究与发展管理.-2003,(2)

台湾地区高校后勤管理现状及其借鉴意义/郑文谦//福建论坛(经济社会版).-2003,(6)

台湾与英国中小学阶段科技教育课程之比较/张永宗//比较教育研究.-2003,(8)

台湾:学校效能的重要理念/吴清山//基础教育参考.-2003,(11)

台湾高等教育投资与薪资所得之实证模型验证/翁上锦//河南职业技术师范学院学报(职业教育版).-2004,(2)

中国台湾地区中小学数学课程改革的特征/马云鹏//比较教育研究.-2004,(3)

视觉文化与艺术教育——台湾地区实施"视觉与人文"课程的现状与思考/郭祯祥//中国美术教育.-2004,(5)

台湾新语文课程标准评述/邵怀领//山东省农业管理干部学院学报.-2005,(1)

试析通识教育之潜在通识课程——以台湾中原大学为例/张寿松//高等农业教育.-2005,(2)

台湾的大学院校评鉴及其新趋向/金诚//评价与管理.-2005,(3)

台湾地区学生申诉制度及其启示/尹晓敏//现代教育论丛.-2005,(5)

台湾职业学校开展技能检定并实施证照制度的现状与借鉴/潘望远、费重阳//职教通讯.-2005,(9)

另一种大学竞争力:中国台湾高校通识教育的两次评鉴/闫亚林//教育理论与实践.-2005,(19)

台湾高等技职教育的评鉴制度与实施/林聪明、巫铭昌//职业技术教育.-2005,(22)

台湾高等教育评鉴述评/洪彩真//浙江纺织服装职业技术学院学报.-2006,(2)

台湾地区技专校院评鉴及其启示/梁燕//中国高等教育评估.-2006,(3)

台湾大学院校评鉴的新进展/金诚//中国高等教育评估.-2006,(3)

台湾中小学家长参与学校管理透视与思考/刁萌萌//基础教育参考.-2006,(3)

台湾私立高校招生与就业制度及现状分析/张宝蓉//民办教育研究.-2006,(4)

略论台湾地区的教师专业伦理建设/杨旻旻//集美大学学报(教育科学版).-2006,(4)

台湾大学院校通识教育现况:对于评鉴报告的初步观察/黄俊杰//高教发展与评估.-2006,(4)

台湾私立大学的经费筹措与运作/郭小平//民办教育研究.-2006,(4)

台湾高中英语课程文件的演进及其对大陆英语课程改革的启示/于月清//聊城大学学报(社会科学版)大学.－2006,(4)

我国台湾地区通识教育实施策略及其启示/冯惠敏//武汉大学学报(人文科学版).－2006,(5)

台湾地区教师教育的现状分析/周中山//浙江教育学院学报.－2006,(5)

台湾大学的学科评鉴/莫砺锋//社会科学论坛.学术评论卷.－2006,(5)

台湾私立大专院校经费筹措的途径及启示/郑文谦//教育评论.－2006,(6)

台湾地区公立中小学校长选拔制度研究/杨彬//现代中小学教育.－2006,(7)

师资进修培训:从台湾看福建/郑少君//继续教育.－2006,(8)

台湾大学入学考试中心题库及相关工作介绍/区雅伦//中国考试(研究版).－2006,(12)

台湾地区技专校院评鉴现况述评/梁燕//中国职业技术教育.－2006,(14)

台湾高校性别平等教育课程的实施与保障/何颖//教育.－2006,(14)

台湾高等技职教育人才培养模式的分析与借鉴/鲍洁//教育与职业.－2006,(18)

台湾教科书多元化历程/王瓘//出版参考.－2006,(22)

台湾技职教育课程发展现状述评/王莉方//中国职业技术教育.－2006,(25)

台湾新版国文教材的文化分析/陈玉秋//语文教学通讯.－2006,(27)

5. 各类教育

台湾高等教育的现状和改革趋向/韩清海//台湾研究集刊.－1986,(4)

台湾职业教育的发展及其特点/王美隆//台湾研究集刊.－1987,(3)

台湾高等教育概述/承上//台湾研究集刊.－1988,(4)

台湾国民中学次级文化研究综述/李国霖//教育导刊.－1989,(2)

台湾省农科研究生教育/杨士谋//高等农业教育.－1989,(5)

台湾师范教育现状及其发展趋势/何天华//台湾研究集刊.－1991,(1)

台湾工业职校的设置及启示/承上//职教论坛.－1991,(1)

台湾普及九年国民教育述评/吴端阳//台湾研究集刊.－1991,(2)

略论台湾成人教育/承上//台湾研究集刊.－1991,(4)

台湾私立高等教育简析/承上//台湾研究集刊.－1992,(3)

台湾高校科研的发展与现状/贺赛龙//研究与发展管理.－1994,(3)

台湾的经济发展与职业技术教育/张铁道//教育与经济.－1995,(1)

台湾职业技术教育的办学特点/本刊编辑部//安徽教育.－1995,(2)

台湾成人教育发展趋势/汪丽萍//教育与职业.－1995,(2)

台湾职业教育的特色/丁以绣//教育与职业.－1995,(4)

台湾高等职技教育及其在产业结构调整中的作用/武毅英//交通高教研究.－1995,(4)

台湾国民中学初等职业教育评介/麦青//教育导刊.－1995,(10)

九十年代台湾职业技术教育发展的特点/王学风//职教论坛.－1996,(1)

台湾的农业与高等农业教育现状/胡金波//中国农业教育.－1996,(2)

台湾高等教育与经济发展/李泽彧//教育与经济.－1996,(3)

台湾职业教育概况及其特点/本刊编辑部//中国职业技术教育. －1996,(4)

论台湾职业技术教育的问题与前景/承上//台湾研究. －1997,(1)

高等教育发展误区的经济学剖析——一般理论及其对台湾等的应用分析/吴超林//华南师范大学学报(社会科学版). －1997,(3)

台湾中小学的健康心理教育/李学农//孝感学院学报. －1997,(3)

台湾中小学心理辅导工作对我们的启示/杨明桂//基础教育研究. －1997,(4)

内地、香港、台湾初级中学音乐教学大纲比较/陈一帆//广东教育学院学报. －1997,(4)

台湾高等教育现状述评/江涌//江苏高教. －1997,(5)

台湾师范教育考察报告/徐金明//高等师范教育研究. －1997,(6)

快速发展的台湾高等职业技术教育/吴全全//职教论坛. －1997,(9)

台湾职业技术教育的现状及借鉴/施肇基//职教通讯. －1997,(11)

台湾高等教育发展论析/穆岚//河南师范大学学报(哲学社会科学版). －1998,(1)

台湾高师教育发展若干因素的历史分析/薛天祥//高等师范教育研究. －1998,(2)

台湾大学翻译专业人才的培养/曹建新//外语教学与研究. －1998,(4)

台湾高校的若干特点/邱彬//教育评论. －1998,(4)

台湾高等教育之管见/杨德广//高等师范教育研究. －1998,(5)

战后台湾高等教育法规建设历程探析/张艳霞//高等教育研究. －1998,(5)

台湾西医师的中医教育/谢庆良//中医教育. －1998,(6)

台湾职业教育体系与特色/宋尚忠//教育与职业. －1998,(9)

"1998两岸家庭教育学术研讨会"综述/宗秋荣//教育研究. －1998,(11)

台湾的高等农业教育与科研管理/潘根兴//高等农业教育. －1999,(1)

台湾职业技术教育及其对广东的启示/罗海丰//广州大学学报(社会科学版). －1999,(2)

台湾中医在职教育介评/郑兰英//闽江职业大学学报. －1999,(2)

台湾职业教育现状及特点/陈昊//机械职业教育. －1999,(4)

台湾私立高等教育发展趋势研究/刘少林//比较教育研究. －1999,(5)

台湾幼儿教育的两大特点/林琳//海峡科技与产业. －1999,(6)

论光复时期台湾高等教育祖国化/李正心//教育研究. －1999,(12)

台湾社会经济的发展与技职教育的变革/李建求//比较教育研究. －2000,(1)

40年代中后期至80年代初的台湾家政教育发展述评/许碧晏//中华女子学院学报. －2000,(3)

台湾经济与台湾高等教育/朱国清//黎明职业大学学报. －2000,(3)

发展迅速、形式多样的台湾技职教育/康乃真//南京机械高等专科学校学报. －2000,(4)

台湾省高等农业院校发展轨迹及管理体制/李国杰//高等农业教育. －2000,(4)

高等教育理念的内涵与建构——"新世纪海峡两岸高教理念学术研讨会"综述/范先佐//华中师范大学学报(人文社会科学版). －2000,(5)

台湾地区家庭教育考察与思考/熊少

严//教育导刊. －2000,(5)

台湾师范教育的现状与发展趋势/黄首晶//理工高教研究. －2000,(6)

台湾高等职业教育及其启示/杨德广//教育发展研究. －2000,(8)

台湾职业教育及其启示/沈美媛//中国职业技术教育. －2000,(11)

综合高中——台湾未来高级中学的主流/费重阳//中国职业技术教育. －2000,(11)

台湾高等教育的发展方向/凌苏//海峡科技与产业. －2001,(2)

建好人才成长立交桥——台湾职业教育考察体会/朱康元//职教论坛. －2001,(3)

从淡江大学的发展看台湾高等教育的办学模式/朱国清//黎明职业大学学报. －2001,(3)

探析台湾职业教育/马早明//教育与职业. －2001,(3)

台湾职业教育发展管窥/左健民//江苏高教. －2001,(3)

台湾中原大学全人教育理念考察报告/肖海涛//煤炭高等教育. －2001,(4)

由台湾职业教育特点引发的思考/朱熙然//扬州职业大学学报. －2001,(4)

对台湾技术职业教育的思考/夏雨生//海淀走读大学学报. －2001,(4)

我国台湾技职教育探析/张健//中国冶金教育. －2001,(4)

台湾社区教育考察与思考/邵和平//北京成人教育. －2001,(5)

台湾高中与大学教育的“普”“职”立交模式与经验/李晓玲//比较教育研究. －2001,(5)

现阶段台湾研究生教育探析/青觉//中央民族大学学报（哲学社会科学版）. －2001,(6)

台湾中小学生命教育的内容及实施途径/王学风//教育评论. －2001,(6)

台湾地区技职教育发展趋势/吕鑫祥//职教通讯. －2001,(9)

台湾技术与职业教育的困境及政策走向/马早明//教育发展研究. －2001,(9)

社区化的台湾成人教育/胡兴莲//中国成人教育. －2001,(11)

多元智能理论在台湾中小学之实验/周祝瑛//全球教育展望. －2001,(12)

台湾职业教育的特点及其给我们的思考/朱熙然//职教论坛. －2001,(12)

台湾高等技职教育体系研究/李志峰//理工高教研究. －2002,(3)

台湾高职教育的发展及趋势/叶明非//统一论坛. －2002,(4)

台湾社区大学的发展趋势/王涛//海峡科技与产业. －2002,(5)

综析台湾地区学位与研究生教育的发展特色/但昭彬//现代教育论丛. －2002,(5)

台湾高等职教发展历程及现状特征/马早明//职教论坛. －2002,(7)

台湾私立大学考察报告/中国大陆民办高校考察团//教育发展研究. －2002,(9)

中国台湾地区职业技术教育与经济的互动发展/宋旭红//现代教育科研. －2002,(9)

台湾的职业技术教育及其发展趋势/叶明非//中国职业技术教育. －2002,(14)

台湾高等技职院校通识教育概况/韩毅//职教论坛. －2002,(21)

职业技术教育的可持续发展——以台湾为个案/李红卫//职业技术教育. －2002,(31)

我国台湾地区大学入学综合能力测试

的分析与评价以及对高考综合能力测试研究的思考/钱扬义//化学教育.－2003,(1)

台湾职校职业道德教育的若干特点/胡斌成//思想.理论.教育.－2003,(1)

当前台湾中小学教育的若干特点/林红//教育评论.－2003,(2)

通识教育的现代性困惑:以台湾地区为例/丁三青//煤炭高等教育.－2003,(2)

台湾高等教育的若干特点/董百志//教育评论.－2003,(3)

台湾职业技术教育的研究/左家哺//湖南环境生物职业技术学院学报.－2003,(3)

台湾职业教育综述/王丽娅//中国职业技术教育.－2003,(30)

台湾职业技术教育的特点及发展趋势/王涛//海峡科技与产业.－2003,(4)

海峡两岸戏曲舞蹈教学之比较/李佳苹//北京舞蹈学院学报.－2003,(4)

台湾成人技职教育/费重阳//现代企业教育.－2003,(5)

台湾地区弱智教育的发展特色/王慧敏//教育评论.－2003,(5)

台湾高校研究生教育现状评述/程洁//技术与创新管理.－2003,(6)

略论台湾高等教育的发展/王涛//福建论坛(经济社会版).－2003,(8)

台湾高等教育发展分析/张向前//现代情报.－2003,(10)

台湾成人高等教育探析/董百志//中国成人教育.－2003,(11)

中国台湾高等学校通识教育探析/冯增俊//比较教育研究.－2003,(12)

台湾地区技术职业教育的现状与发展/赵胜年//中国职业技术教育.－2003,(14)

台湾职业教育的特色及启示/刘春生//职业技术教育.－2003,(28)

台湾高等职业教育的发展及其启示/黄鸿鸿//集美大学学报(教育科学版).－2004,(2)

台湾私立大专院校的发展进程及特点评析/陈笃彬//高等教育研究.－2004,(2)

影响台湾高等职业教育发展因素的宏观分析/刘晓芬//河南职业技术师范学院学报(职业教育版).－2004,(3)

以艺术与人文的教育促进学生全面发展——谈台湾的"艺术与人文"课/李静//天津师范大学学报(基础教育版).－2004,(3)

全球化时代大学通识教育的新挑战——以台湾高校为例/黄俊杰//云南大学学报(社会科学版).－2004,(3)

日本、新加坡和我国台湾的大学通识教育/郭德红//教育与职业.－2004,(3)

台湾职业教育现状及对大陆职业教育的启示/李苏北//徐州教育学院学报.－2004,(4)

台湾地区高等职业技术教育体系初探/董琦//高等教育研究.－2004,(4)

台湾职成教育及社区教育对我们的启示/阎常钰//天津成人高等学校联合学报.－2004,(4)

台湾的大学多元入学考试/杨李娜//复旦教育论坛.－2004,(5)

台湾高等教育的世纪回眸与前瞻/冯增俊//现代大学教育.－2004,(5)

台湾高等教育面临的挑战与危机/王涛//海峡科技与产业.－2004,(5)

台湾技职教育及借鉴意义/刘传标//海峡科技与产业.－2004,(6)

台湾高等职业教育发展的特点/黄鸿鸿//中国职业技术教育.－2004,(11)

台湾职教体制建设对内地的启示/张光辉//职业教育研究.－2004,(12)

台湾远程教育的发展、现状与趋势/黄慈//中国远程教育.－2004,(19)

台湾技术职业教育的发展与两岸的合作/谭以德//亚太经济.－2005,(1)

高等教育在经济发展中的作用——对台湾的实证研究/林廷春//教育与经济.－2005,(1)

台湾高师教育的特点及启示/郝米娜、李蕾//陕西广播电视大学学报.－2005,(3)

台湾地区的技术本科教育/吕鑫祥//上海电机学院学报.－2005,(4)

当前台湾职业教育结构的基本特点/马早明//职教论坛.－2005,(4)

台湾高等教育考察报告/徐辉//浙江师范大学学报(社会科学版).－2005,(5)

台湾技职教育的发展/孙仲山、王信智//河南职业技术师范学院学报(职业教育版).－2005,(5)

台湾私立教育发展特点探析/程蕉//民办教育研究.－2005,(5)

台湾的职业技术教育现状/刘红燕//江苏高教.－2005,(6)

台湾农业技职教育的演变与未来农业教育的发展/陈星华//福建农业.－2005,(8)

我国台湾地区中小学道德教育的嬗变/洪明//教育发展研究.－2005,(17)

台湾职教:历史、现状与趋势/鲍洁、树伟//职业技术教育.－2005,(18)

台湾技职教育“最后一哩学程”解读/查正和//职业技术教育.－2005,(19)

台湾技职教育发展的关键历史阶段/张天津//职业技术教育.－2005,(19)

台湾职业教育的成功经验及启示/黄志坚//教育与职业.－2005,(22)

台湾高等技职教育的现况、政策与发展/林腾蛟、张可立//职业技术教育.－2005,(22)

台湾技职教育发展及其社会经济背景分析/孙仲山、赵育玄//职业技术教育.－2005,(22)

台湾技职教育的历史回顾/张天津//中国职业技术教育.－2005,(23)

台湾高等技术和职业教育体系实情录/苇洲//中国职业技术教育.－2005,(23)

世界教育改革趋势对台湾技职教育发展的影响/林俊彦//中国职业技术教育.－2005,(32)

台湾工业技术研究院的成功经验/丁云龙//中国高校科技与产业化.－2006,(11)

转型之下的台湾高等教育/林杰//教育学报.－2006,(2)

台湾中小学生命教育的实施特点/徐秉国//教育评论.－2006,(4)

台湾高中英语课程文件的演进及其对大陆英语课程改革的启示/于月清//聊城大学学报(社会科学版).－2006,(4)

台湾社区大学的发展历程与办学特点分析/舒曼丽//苏州大学学报(哲学社会科学版).－2006,(4)

台湾通识教育的特色及其借鉴意义/刘丽霞//中国成人教育.－2006,(5)

台湾高校的软肋与创新——基于部分高校的调研/顾海兵//复旦教育论坛.－2006,(5)

中国台湾地区相对独立的技术与职业教育体系/马陆亭//辽宁教育研究.－2006,(6)

我国台湾地区成人教育的办学特色——兼论对我国大陆地区成人教育的启示/许晨//宜宾学院学报.－2006,(7)

6. 两岸教育

海峡两岸九年义务教育比较/李国霖//教育导刊.－1989,(3)

广州—台湾初中学生次级文化比较研究/李国霖//教育导刊.－1989,(5)

大陆与台湾高考作文命题比较谈/朱旗//绥化师专学报. -1995,(2)

上海版与台湾版高中历史教材中关于中国古代文化史之比较/曹天任//历史教学问题. -1995,(5)

大陆与台湾省的小学教学参考书的比较/蒯超英//现代中小学教育. -1995,(5)

香港澳门台湾学位制度与研究生教育现状剖析/冯增俊//高教探索. -1996,(2)

粤港澳台学校课余运动训练和竞赛的比较研究/周在平//广州体育学院学报. -1996,(2)

海峡两岸专科教育的宏观比较/李均//建材高教理论与实践. -1996,(2)

上海、台湾幼儿教育研讨活动综述/黄娟娟//上海教育科研. -1996,(2)

粤、港、澳、台体育教学方法比较研究/韩凤月//天津体育学院学报. -1996,(3)

粤港澳台地区学校体育物质条件和体育师资的比较研究/招乐辉//广州体育学院学报. -1996,(3)

研究台湾生物科教学内容探讨教学方法的改革/顾庆龙//中学生物教学. -1996,(4)

港、台地区道德教育发展辨析/李申申//比较教育研究. -1996,(4)

香港澳门台湾学位制度与研究生教育发展的启示/冯增俊//高教探索. -1996,(4)

在波折中保持平稳发展——1996年两岸文教交流回眸/丁乙//台声. -1997,(1)

海南台湾高等教育比较研究/周经伟//海南大学学报(社会科学版). -1997,(2)

试析海峡两岸创一流大学的主要障碍/秦国柱//汕头大学学报(人文科学版). -1997,(2)

香港和台湾教学管理模式分析/朱永新//华东师范大学学报(教育科学版). -1997,(2)

泉州与台湾教育交流的有效途径/陈谦//教育评论. -1997,(3)

关于台湾青年来祖国大陆高等院校就读深造问题/丰平刚//两岸关系. -1997,(3、4)

1996年海峡两岸大学入学考试试题比较/严明贵//历史教学. -1997,(6)

东南大学和台湾中央大学体育课程实施现况的比较与分析/刘维清//体育与科学. -1997,(6)

根据台湾学生特点改革教学/李信就//体育学刊. -1998,(1)

两岸大学教育学术研讨会综述/郑若玲//教育评论. -1998,(1)

粤港澳台中学体育课成绩考核内容与标准的比较研究/刘永东//广州体育学院学报. -1998,(2)

海峡两岸21世纪教育发展与经贸交流学术研讨会综述/童富勇//教育评论. -1998,(2)

正确对待历史造福中华民族——海峡两岸学者谈中国历史教育/王仲孚//中学历史教学参考. -1998,(10)

大陆与台湾两种语文课本之比较/纪玉摘录//中学语文教学. -1998,(11)

对海峡两岸高校体育交流与合作若干问题的探讨/陈壮荔//福建体育科技. -1999,(1)

中国大陆、台湾、香港语文教育目标比较/陈菊先//华中师范大学学报(人文社会科学版). -1999,(3)

通识教育与大学文化发展——海峡两岸跨世纪大学文化发展研讨会综述/罗海鸥//高等教育研究. -1999,(4)

海峡两岸培养本科小学教师说略/周成

平//江苏教育学院学报(社会科学版).－1999,(4)

抗战胜利后的闽台教育关系/黄新宪//教育评论.－1999,(5)

海峡两岸五年制高职的比较研究/何锡涛//机械职业教育.－1999,(7)

中国内地、香港、台湾数学课程比较及展望/马云鹏//内蒙古教育.－1999,(12)

台湾高师教育发展概况与大陆高师教育发展趋势/薛天祥//黄冈师范学院学报.－2000,(1)

台湾和香港以及大陆(或内地)部分教育学院系本科教学计划之比较/熊川武//华东师范大学学报(教育科学版).－2000,(1)

海峡两岸大学通识教育课程之比较研究/谌启标//比较教育研究.－2000,(1)

祖国大陆与台湾高等教育体制的宏观比较研究/王孙禺//清华大学学报(哲学社会科学版).－2000,(2)

祖国大陆与台湾历史教科书的比较/熊守清//中学历史教学参考.－2000,(3)

加强海峡两岸教育文化交流促进祖国统一/韦朝晖//广西民族学院学报(哲学社会科学版).－2000,(6)

中国大陆与台湾初中课程目标的比较社会学分析/王有升//比较教育研究.－2000,(6)

论鳌峰书院及其对闽台教育文化的影响——兼及闽台学缘/许维勤//福建论坛(人文社会科学版).－2000,(6)

日、韩、中国台湾终身教育推展述要/宗秋荣//天津市教科院学报.－2000,(6)

“内地、台湾、香港义务教育课程之比较研究”学术研讨会综述/秘书组//课程.教材.教法.－2000,(9)

祖国内地与香港、澳门、台湾地区中小学教科书制度比较研究/汪莹//课程.教材.教法.－2000,(9)

办学体制与管理体制:台湾海峡两岸高等教育之比较/蓝劲松//江苏高教.－2001,(1)

香港、台湾德育教育特点比较研究/黄琳庆//广西社会科学.－2001,(3)

闽台现代远程开放高等教育若干比较与启示/江年攀//中国远程教育.－2001,(3)

中国大陆小学“品德”教学大纲的社会学研究——兼与台湾小学“道德”课程标准相比较/吴康宁//南京师大学报(社会科学版).－2001,(3)

闽台教育交融的历史成因/黄新宪//教育评论.－2001,(4)

海峡两岸高等教育评鉴制度比较研究/黄京钗//现代台湾研究.－2001,(5)

《基础教育课程改革纲要》与《台湾九年一贯教育课程总纲纲要》比较/史绍典//培训与研究－湖北教育学院学报.－2001,(6)

21世纪两岸三地对语文课程目标的定位/王荣生//学科教育.－2001,(8)

台湾与大陆各大学院校之学术交流现况与展望/陈幸臣//福州大学学报(自然科学版).－2002,(1)

广东与台湾高教大众化的发展模式:历史、政策、矛盾的比较/刘晖//高教探索.－2002,(1)

台湾缘何兴起祖国大陆求学热/沈正一//统一论坛.－2002,(2)

1987—2000中国大陆高校就读的台湾学生状况分析研究/蔡振翔//集美大学学报.－2002,(2)

光复初期台湾教育重建与两岸教育交流刍议/史习培//台湾研究.－2002,(2)

大陆素质教育与台湾通识教育比较/贾晓慧//天津大学学报(社会科学版).

-2002,(3)

从台湾经验论大学校长遴选的几个关键问题/黄俊杰//清华大学教育研究.-2002,(3)

加强海峡两岸高校合作推动继续教育持续发展/郁道银//继续教育.-2002,(4)

入世与海峡两岸教育交流/刘斌//台湾研究.-2002,(4)

海峡两岸四地研究生教育交流与合作的思考/陈文滨//西南民族学院学报(哲学社会科学版).-2002,(6)

台湾取消大学联考对高考改革的启示/何薇//教学与管理.-2002,(12)

海峡两岸学校体育比较研究/兰自力//天津体育学院学报.-2003,(1)

单一模式开放大学的远程教育研究:两岸三地的比较/张伟远//现代远距离教育.-2003,(1)

略论海峡两岸航海人文素质教育/史兆光//航海教育研究.-2003,(2)

加入WTO后海峡两岸学历互认的必要性与可行性/武毅英//比较教育研究.-2003,(3)

大陆《语文课程标准》与台湾《语文课程纲要》之比较研究/韩艳梅//教育科学.-2003,(3)

海峡两岸高考语文试题的比较研究/温正胞//课程.教材.教法.-2003,(3)

在WTO框架下谈两岸学位互认的环境与措施建设/张宝蓉//理工高教研究.-2003,(3)

台湾文学亟待融入《20世纪中国文学》课程教学体系/王向阳//娄底师专学报.-2003,(4)

海峡两岸学校课余体育活动及休闲运动的比较研究/兰自力//北京体育大学学报.-2003,(4)

90年代以来海峡两岸高等教育发展比较分析/龚成//煤炭高等教育.-2003,(5)

从教育的视角观照两岸的精神皈依——评黄新宪《闽台教育的交融与发展》/辜也平//福建论坛(人文社会科学版).-2003,(5)

两岸初中历史教科书比较研究/杨景尧//历史教学.-2003,(6)

大陆、台湾、香港高校本科体育教育专业课程方案比较/黄汉升//体育学刊.-2003,(6)

高校主体性德育探析——中国台湾高校与大陆高校的比较/马杭荣//杭州师范学院学报(自然科学版).-2003,(6)

台湾"九年一贯课程"中德育课程的转向及其启示/郑航//教育科学研究.-2003,(9)

我国大陆与台湾义务教育语文课程文件比较研究/陈黎明//比较教育研究.-2003,(10)

朝多元化的全球教育趋势迈进两岸课程改革齐步走/张雁雯//基础教育参考.-2003,(11)

台湾《国文》与人教版《语文》相同选文编者设计之比较/史绍典//语文教学与研究.-2003,(15)

两岸初中语文教科书异同比较/陈恩泉//出版参考.-2003,(33)

大陆、台湾、香港两岸三地高职教育发展初探/陈小红//中国电力教育.-2004,(1)

传统文化与两岸大学招考改革/刘海峰//高等教育研究.-2004,(2)

两岸三地开放大学:课程质量保证之比较研究/张伟远//现代远程教育研究.-2004,(2)

入世后两岸高等教育改革的文化取向/

张亚群//集美大学学报(教育科学版).－2004,(2)

台湾《纲要》对大陆义务教育英语课程改革的启示/于月清//聊城大学学报(社会科学版).－2004,(5)

两岸产学研合作机制的建构——以福建与台湾为例/林世渊//世界经济与政治论坛.－2004,(5)

两岸职业教育教材建设发展比较研究/高枫//教育与职业.－2004,(7)

中国大陆、香港、台湾地区高校通识教育之比较/徐辉//比较教育研究.－2004,(8)

海峡两岸普通高校本科体育教育专业课程计划比较研究/周铁军//北京体育大学学报.－2004,(10)

台湾地区高校的大陆研究:现状、特点与启示/代明//黑龙江高教研究.－2005,(1)

海峡两岸体育与健康课程标准比较/王沂//体育学刊.－2005,(1)

国家分裂时期的大学发展——对台海两岸清华大学发展的综合考察之一/蓝劲松//深圳职业技术学院学报.－2005,(1)

我国大陆地区与台湾地区普通高中语文德育比较/韦美日//广西师范学院学报(哲学社会科学版).－2005,(1)

台湾中原大学与香港中文大学的通识课程比较/张寿松//比较教育研究.－2005,(1)

内地、香港和台湾高等教育若干问题的比较与借鉴/赵慧珠//东北师大学报(哲学社会科学版).－2005,(1)

两岸远程开放大学教学质量标准的比较研究/杨亭亭//现代远距离教育.－2005,(2)

全球化知识经济潮流与两岸未来教育发展趋势(Ⅰ)/汪明生//国际学术动态.－2005,(2)

大陆与台湾旅游类硕士学位论文比较分析/赵元珍//桂林旅游高等专科学校学报.－2005,(2)

海峡两岸民办大学教师人力资源管理现况与策略研究/张瑞菁//民办教育研究.－2005,(2)

两岸学者携手推进科教创新/林共市//国际学术动态.－2005,(3)

大陆与台湾地区普通高校军训教育比较研究/朱信号、龚衍丽//北京航空航天大学学报(社会科学版).－2005,(4)

两岸三地高等教育多元化格局及其若干关系/徐小洲//高等教育研究.－2005,(5)

台湾、香港生涯辅导的本土化路径与审视/池忠军//教育与职业.－2005,(11)

海峡两岸法学专业本科课程设置之比较/屈茂辉//邵阳学院学报(社会科学版).－2006,(1)

两岸高等教育改革发展比较与启示/林慧//内蒙古农业大学学报(社会科学版).－2006,(2)

两岸高等教育宏观运作体制比较分析/林慧//黑龙江教育(高教研究与评估).－2006,(3)

大陆与台湾职业教育比较研究——从经济发展角度看职业教育/何晓韬//科教文汇.－2006,(5)

从两所暨大发展的比较看两岸教育产业合作空间/代明//东南亚研究.－2006,(5)

两岸四地公民教育理论、实践经验与前瞻——"两岸四地公民教育研讨会"论点综述/完颜华//伦理学研究.－2006,(5)

海峡两岸高中历史课程标准比较/何成

刚//首都师范大学学报(社会科学版).－2006,(5)

我国大陆与台湾高中语文"文化类"选修课程的比较/陈黎明//江西教育科研.－2006,(11)

台湾与大陆文言文教学的调查/谢福斌//当代经理人.－2006,(12)

海峡两岸高校自主招生异同之比较/曾艳清//湖北招生考试.－2006,(24)

7. 教育史

丘逢甲的教育思想和实践/何国华//华南师范大学学报(社会科学版).－1984,(1)

日据时期台湾教育政策的演变/龚放//台湾研究集刊.－1996,(3)

台湾书院发展述略/王蕾//台湾研究.－1998,(1)

日据时期台湾高等教育评析/龚放//台湾研究集刊.－1998,(2)

清代海峡两岸教育交融史论/黄新宪//教育研究.－1998,(11)

闽台科举考试的历史渊源/黄新宪//教育评论.－1999,(2)

闽台教育结缘对台湾社会的影响——以清代为中心/黄新宪//教育评论.－2000,(4)

试析日据时期台湾学校教育的民族差别/徐静//现代台湾研究.－2000,(1)

清代台湾的教育及其影响/纪志霞//现代台湾研究.－2000,(1)

日据时期的闽台教育关系/黄新宪//河北师范大学学报(教育科学版).－2000,(1)

试述清代闽台教育的一体化/赵建群//台湾研究.－2000,(2)

日本侵华于各"殖民地"所施教育的异同及其缘由/刘兆伟//河北师范大学学报(教育科学版).－2000,(2)

闽台书院的历史渊源/黄新宪//华东师范大学学报(教育科学版).－2000,(2)

荷据时期台湾的基督教学校教育/徐生忠//厦门教育学院学报.－2000,(3)

日据时期台湾教育的双重性/薛菁//福州师专学报.－2000,(4)

台湾蒋时代"伦理教育"论略/许维勤//现代台湾研究.－2001,(6)

殖民教育语境与文化精神分裂——日占时期台湾殖民教育方针透视/杨晓//学术研究.－2001,(10)

丘逢甲与台湾的私塾及书院/黄新宪//教育评论.－2002,(2)

荷据台湾时期的基督教学校教育/周典恩//漳州职业大学学报.－2002,(4)

刘铭传在台湾的教育实践活动略论/郭剑波//辽宁教育学院学报.－2002,(5)

日据时期台湾学生求学大陆考/黄新宪//教育评论.－2004,(2)

日据时期台湾籍民教育探微——以福州和厦门为中心/黄新宪//东南学术.－2004,(4)

1946年～1949年台湾学生求学祖国大陆考/黄新宪//河北师范大学学报(哲学社会科学版).－2004,(6)

台湾光复初期教育改造透视/吴仁华//教育评论.－2005,(1)

1950年代—1960年代的台湾留美学生/黄培//徐州师范大学学报(哲学社会科学版).－2005,(1)

伊泽修二与台湾殖民教育的发端/黄新宪//东南学术.－2005,(3)

日据时期台湾女子中等教育的若干问题探讨/黄新宪//教育评论.－2005,(3)

闽学对清代台湾教育的影响略论/曾繁相//教育评论.－2005,(5)

论台湾光复初期教育转型的历史定位/吴仁华//河北师范大学学报(教育科学版).

－2005,(5)

日据时期台湾女子初等教育的若干问题探讨/黄新宪//教育评论.－2005,(6)

试论台湾光复初期的师范教育/贝原//杭州师范学院学报(社会科学版).－2006,(2)

康熙时期台湾学宫建设经费探析/刘正刚//中国文化研究.－2006,(3)

日据时期台湾的少数民族教育论/黄新宪//教育评论.－2006,(4)

战后台湾女子高等教育发展及问题略探/曾艳清//理工高教研究.－2006,(6)

从谱牒看清代闽南士子对台湾教育的影响/刘殊芳//教育评论.－2006,(6)

福州人与清代台湾教育/叶真铭//炎黄纵横.－2006,(10)

(七)语言文字

台湾《中文大辞典》讹误举例/雪克//杭州大学学报(哲学社会科学版).－1981,(4)

浅议台湾对外国影片片名的翻译/郑启五//翻译通讯.－1985,(7)

大陆、台湾、香港三地译名谈/郑启五//编辑之友.－1987,(5)

海峡两岸用语差异初探/郑启五//台湾研究集刊.－1989,(1)

台湾《中文大辞典》释义方面问题商榷/宋子然//四川师范大学学报(社会科学版).－1989,(2)

海峡两岸用语差异再探/郑启五//台湾研究集刊.－1990,(2、3)

谈台湾国语词汇与普通话的一些差异/万星//内江师范学院学报.－1991,(1)

《大陆和台湾词语差别词典》补遗/郑启五//台湾研究集刊.－1991,(2)

汉字文化是所有中国人的共识共契的基础爱国、统一、进步是所有中国人的光明前途——海峡两岸汉字学术交流会开幕词/袁晓园//汉字文化.－1991,(4)

谈两岸语言文字的统一/王兴佳//科技文萃.－1994,(6)

闽南方言的比较研究/张振兴//台湾研究集刊.－1995,(1)

中古豪韵在闽南方言的文白读音问题/周长楫//台湾研究集刊.－1995,(1)

闽南方言与闽台文化溯源/陈荣岚//厦门大学学报(哲学社会科学版).－1995,(3)

官话和台湾话问句否定词的比较研究/陈瑶//江汉大学学报.－1996,(1)

台湾文字研究的新突破——评黎湘萍《台湾的忧郁》/尉天骄//世界华文文学论坛.－1996,(1)

海峡两岸关于外国国名的译名差异/赵晓阳//中国地名.－1996,(6)

台湾五十年来语文规范化述略/仇志群//语文建设.－1996,(9)

北京、香港、台湾口语里的同形词比较/朱永锴//方言.－1997,(4)

海峡两岸语文说略/苏金智//两岸关系.－1997,(4)

台湾官话叙事体中韵律单位的语法构成及其规律初探/陈佩玲//语言研究.－1998,(1)

海峡两岸现行汉字字形出现差异之原因探析/利来友//广西大学学报(哲学社会科学版).－1998,(1)

台湾之骈文研究一瞥/谭家健//柳州师专学报.－1998,(1)

海峡两岸汉字多音字审音比较——兼论审音标准问题/鲁启华//铁道师院学报.－1998,(3)

二十年来台湾社会语言学的研究/曹逢甫//语言文字应用.－1998,(4)

漳台闽南方言比较研究/陈碧加//漳州师范学院学报(哲学社会科学版).－1998,(4)

习惯互异形成的词语对应——海峡两岸新闻用语对比研究/杨必胜//语文建设.－1998,(5)

台湾新闻的文言色彩与简缩词——两岸新闻用语对比研究之二/杨必胜//语文建设.－1998,(8)

浅谈港台和大陆词语的差异模式/李文斌//南平师专学报.－1999,(1)

海峡两岸间人名地名翻译的差异及统一规范化的必要性和意义/方梦立//北方论丛.－1999,(1)

简论台湾《标准行书范本》的字形/王艾英//华北电力大学学报(社会科学版).－1999,(2)

台湾学人译论瞥观/郑延国//中国翻译.－1999,(2)

语言社群类型与台湾的外来词/史有为//语言文字应用.－1999,(2)

海峡两岸汉字笔顺的规范/高更生//语文建设.－1999,(3)

港台新词"秀""骚"漫议/李绪洙//语文建设.－1999,(3)

祖国大陆与台湾的语言差异辨析/任晓敏//北京邮电大学学报(社会科学版).－1999,(4)

试谈海峡两岸的同义异形词语/侯昌硕//湛江师范学院学报(社会科学版).－1999,(4)

从闽南方言看两岸同源同根/陈伟建//台声.－1999,(11)

外国人无法理解台湾当局为何不采行汉语拼音法/吉路//北京档案.－2000,(1)

大陆汉语与港台汉语词汇差异比较/吕书之//理论观察.－2000,(2)

海峡两岸词语差异的政治文化因素/於贤德//汕头大学学报(人文科学版).－2000,(4)

台湾闽南方言韵书研究/马重奇//福建师范大学学报(哲学社会科学版).－2001,(4)

缩小海峡两岸信息技术术语差异是当务之急/陈莹//信息技术与标准化.－2002,(1)

中国海峡两岸外来词对比研究/朴贞姬//山东教育学院学报.－2002,(2)

台湾辞章学研究述评及其与大陆的异同比较/郑颐寿//福建省社会主义学院学报.－2002,(2)

我国大陆与台湾现行文种——函之比较研究/王芹//湖南档案.－2002,(2)

闽南与台湾的语缘考析/陈永安//中州今古.－2002,(3)

台湾"通用拼音"述评/许长安//厦门大学学报(哲学社会科学版).－2002,(3)

两岸三地外语影片片名的翻译比较/毛发生//西安外国语学院学报.－2002,(4)

海峡两岸同源异形电脑术语辨析/盛玉麒//术语标准化与信息技术.－2002－2006,(1、2、3、4)

台湾词汇流行大陆的探考/黄国春//广西民族学院学报(哲学社会科学版).－2003,(1)

从"结缘"邮票谈两岸语词差异/郑启五//台声.－2003,(2)

台湾新词语及其研究特点/苏新春//厦门大学学报(哲学社会科学版).－2003,(2)

台湾"标准字体"评介/许长安//语言文字应用.－2003,(4)

论台湾新拟"国家语言"的语言身份和地位——从《国语推行办法》的废止和语言立法说起/金美//厦门大学学报(哲学社会

科学版）. －2003,(6)

台湾语文发展的歧路是“母语化”,还是“孤岛化”?/周质平//读书. －2004,(2)

试析台湾平埔族语言转用问题/杨梅//中央民族大学学报（哲学社会科学版）. －2004,(2)

试论大陆和台湾在广告用词上的异同/王靖//广西师范学院学报（哲学社会科学版）. －2004,(2)

海峡两岸无线电陆空通话术语比较/吴土星//中国民用航空. －2004,(3)

海峡两岸词语比较/杨艳丽//大庆高等专科学校学报. －2004,(3)

台湾光复后的国语推行运动和《国音标准汇编》/鲁国尧//语文研究. －2004,(4)

论闽南、客家诸方言在台湾的传播和发展/马重奇//福建师范大学学报（哲学社会科学版）. －2004,(4)

台湾国语的缩略语/侯昌硕//湛江师范学院学报. －2004,(5)

台湾原住民的语言及其历史——兼论南岛语数词反映的南岛语史/吴安其//世界民族. －2004,(5)

略论海峡两岸科技术语的对照和统一/周其焕//中国民航学院学报. －2005,(1)

对中国大陆、台湾、香港函的比较研究/王宇晖//档案. －2005,(1)

从《两岸现代汉语常用词典》看两岸的同实异名词语/李慧//修辞学习. －2005,(2)

台湾国语新词语一勺/董欣胜、林天送//安徽广播电视大学学报. －2005,(3)

当代海峡两岸术语差异分析/李平//哈尔滨工业大学学报（社会科学版）. －2005,(4)

余光中的翻译思想/曾玮//武汉科技大学学报（社会科学版）. －2005,(4)

余光中翻译思想略述/王芳//合肥学院学报（社会科学版）. －2005,(4)

海峡两岸词语三谈/谭汝为//阅读与写作. －2005,(5)

台湾语言文字规划的社会语言学分析/赵会可、李永贤//山西师大学报（社会科学版）. －2005,(6)

台湾的字母词语及其与大陆的差异/原新梅//河南大学学报（社会科学版）. －2005,(6)

台湾章法学研究对大陆修辞学研究的启示/钟玖英//渤海大学学报（哲学社会科学版）. －2005,(6)

略嫌硌牙的黄米饭——管窥台湾日文汉译与大陆之不同/陈岩//日语知识. －2005,(6、7)

电影译名中的学问港台与内地在电影译名方式上的对比/李响//电影评介. －2005,(7)

海峡两岸信息技术术语异同与优化/王有志//科技术语研究. －2006,(2)

海峡两岸汉语词汇的差异及其原因/蒋有经//集美大学学报（哲学社会科学版）. －2006,(3)

海峡两岸信息名词寻求统一/王昭//海峡科技与产业. －2006,(5)

普通话与台湾国语声调的对比分析/邓丹//声学学报（中文版）. －2006,(6)

台湾海峡两岸语言称谓差异比较/吴庆第//周口师范学院学报. －2006,(6)

台湾与内地部分外来专有名词译法比对/王正//秘书. －2006,(6)

台湾词语与内地词语解读/王正//秘书. －2006,(9、10)

(八)台湾艺术

1. 概论

艺术·美·理想——读蒋勋的《艺术手

记》/卢善庆//台湾研究集刊. -1984,(1)

艺术世界整体的有机统摄/徐学//当代文艺探索. -1986,(6)

台湾艺术近十年发展概况/冯伯阳//吉林艺术学院学报. -1994,(4)

台湾当代女性艺术家创作风格分析/陆蓉之//美术研究. -1998,(3)

民族遭遇与民族艺术:变迁社会中的少数民族艺术——以台湾少数民族歌舞艺术为例/杨晋涛//民族艺术. -1998,(4)

秧歌·台北——台湾新文艺运动的青春之歌/蓝博洲//文艺理论与批评. -2001,(1)

浩淼烟波辨屐痕——20世纪台湾美术史的分期和基本特征/刘新//美术研究. -2001,(4)

台湾香港刘熙载文艺美学思想研究述评/徐林祥//学术研究. -2003,(1)

侯宝林相声艺术在台湾之影响/叶怡均//文艺研究. -2003,(2)

《茶馆》在台湾——从接受美学的角度看台湾观众对《茶馆》的客观接受/张羽//台湾研究集刊. -2005,(1)

台湾表演艺术跨界现象观察/李文珊//福建艺术. -2005,(1)

数字科技穿透台湾传统艺术的过去与现代/陈依君//福建艺术. -2005,(2)

中国人应该更多关注饱含本土文化的艺术——台湾画家郑在东的艺术观和市场观/晓风//艺术市场. -2006,(9)

一个文化溯源者的自白——旅法台湾艺术家刘自明的艺术感悟/沐泽//台声. -2006,(12)

2. 绘画、雕塑、摄影

海峡两岸书法艺术之比较/朱以撒//台湾研究集刊. -1989,(4)

台湾现代版画编年纪事/齐凤阁//吉林艺术学院学报. -1995,(1)

高山族的雕绘艺术与原始崇拜/曾思奇//中国典籍与文化. -1996,(1)

壶形的世界——葫芦、魂瓶、台湾古陶壶之比较研究/马昌仪//民间文化旅游杂志. -1996,(4)

台湾漆艺概观/张燕//美术观察. -1996,(11)

真善美的向往——台湾画家李苏羽画展观后/阳宏辉//美术. -1997,(9)

台湾年画的渊源与发展/平雨//北京舞蹈学院学报. -1998,(2)

文化寻根——台湾手研所漆艺传习引起的话题/张燕//装饰. -1998,(3)

台湾水墨画大师李奇茂绘画艺术略论/李青//西北美术. -1998,(4)

面向未来的传承——台湾工艺美术的发展和研究状况/李砚祖//装饰. -1998,(5)

以光为笔写出现代民谣——吴和珍的台湾风情组画/胡德智//美术. -1998,(11)

台湾原住民原始装饰艺术纹样浅析/廖军//苏州丝绸工学院学报. -1999,(6)

用爱心支撑的艺术生涯——访台湾籍女雕塑家杨淑卿/傅宁军//台声. -1999,(6)

台湾佛像雕塑的传统与创新/吴进生//雕塑. -2000,(1)

海峡两岸美术学术研讨会纪要/朱建华//美术. -2000,(7)

扩展与延伸——"两岸三地现代版画邀请展"艺术研讨会综述/杨劲松//美术研究. -2001,(3)

关于台湾原住民传统工艺研究的对话/黄泽//民族艺术研究. -2002,(1)

传统本位的现代变奏——兼论金门历史文化对李锡奇现代绘画的影响/刘登翰//台湾研究集刊. -2002,(2)

台湾漫画顽童萧言中和他的另类漫画/妙妙//出版发行研究. －2003,(12)

台湾漆工艺发展之研究/何荣亮//南京艺术学院学报(美术与设计版). －2004,(2)

挥之不去的殖民地情结——日本右翼漫画家小林善纪及其《台湾论》/王向远、元华//日本学刊. －2005,(5)

谈邢健健的油画/沈淑莉、郜科//艺术界. －2005,(6)

现实的反映和思考——我看"台湾摄影二十家"作品/范迪安//中国美术馆. －2006,(7)

半个世纪的演进——"台湾美术发展1950～2000"展/裔萼//中国美术馆. －2006,(9)

3. 音乐、舞蹈

台湾客家"老山歌"曲调溯源/王耀华//中国音乐学. －1996,(2)

血肉之躯诠释下的心灵殿堂——评台湾陶馥兰的1996年新作《心斋》/欧建平//舞蹈. －1996,(4)

台湾福佬系民歌的初步研究——《台湾福佬系民歌与闽南民歌的比较研究》之一/蓝雪霏//中国音乐学. －1997,(1、2)

从传统文化的特质看民乐创作之困境——访台湾音乐家林谷芳/于庆新//人民音乐. －1997,(2、3)

精湛的技艺严峻的挑战——台湾高雄市实验国乐团音乐会给我们的启示/于庆新//人民音乐. －1997,(8)

海峡两岸当代民族器乐之比较——访阎惠昌、赖锡中/于庆新//人民音乐. －1997,(12)

从三个舞团的成长看两岸三地现代舞的发展特征/李建平//舞蹈. －1998,(4)

两岸三地的现代舞发展——回应李建平君/曹诚渊//舞蹈. －1998,(6)

承文化薪火传时代新韵——台湾"1998年华裔青年作曲家研讨会"述评/于庆新//人民音乐. －1998,(8)

我眼中的台湾舞蹈界——对台湾舞蹈教育的基本认识和体验/关於//舞蹈. －2000,(2)

台湾民族音乐之研究、创新与应用/庄本立//音乐探索. －2000,(3)

"民族器乐的创作与发展"系列讨论之三十三"观照现代国乐的文化面相——两岸国乐交响化研讨会"综述/李瑾//人民音乐. －2001,(2)

淘尽黄沙终见金——台湾流行乐百张最佳专辑选聆/刘志宏//视听技术. －2002,(8)

对台湾舞蹈教育模式的新构想/吴文琪//舞蹈. －2002,(9)

台湾的民歌年代/李卫//国际音乐交流. －2002,(10)

"哭调"与台湾人的"悲情意识"/胡春霞//福建艺术. －2003,(2)

华夏文明的圣音——海峡两岸"土吱咕"与古埙/林长华//华人时刊. －2004,(4)

闽南语歌曲及其与台湾民众文化心理的探析/周淑真//黎明职业大学学报. －2005,(1)

达悟人音乐概念中的文化折射——台湾达悟人音乐研究之一/吕钰秀//中央音乐学院学报. －2005,(2)

2004台湾舞蹈观察报告/江晓碧//福建艺术. －2005,(4)

站在转折点上的台湾乐坛/杨忠衡//福建艺术. －2005,(4)

《台湾舞曲》和声研究/姜之国//中国音乐学. －2006,(1)

经验与美学观：以台湾南管音乐为例/

周倩而//中国音乐.－2006,(2)

台湾高山族音乐研究述论/叶红旗//南京艺术学院学报(音乐与表演版).－2006,(3)

台湾台南县“车鼓”概说/施德玉//福建艺术.－2006,(4)

4.戏剧艺术

困境中的生命追寻——马森独幕剧创作的价值取向/周可//华文文学.－1995,(1)

艺术形态和文化模式的反思——读(台湾)姚一苇《戏剧与文学》/卢善庆//龙岩师专学报.－1995,(2)

“悠悠一曲海峡情,两岸共奏华夏音”——台湾地方戏曲的闽南渊源/会砚//中外文化交流.－1995,(3)

台湾新剧史的书写问题/林克欢//戏剧.－1995,(3)

京剧传入台湾之历史和台湾省的京剧改革/林其泉//文史杂志.－1996,(1)

赵淑敏《惊梦》的艺术世界/李献文//衡阳师范学院学报.－1996,(2)

台湾戏剧的求新求变精神/陈雷//艺术百家.－1996,(2)

后现代剧场与台湾当代社会/张文彪//台湾研究集刊.－1996,(3)

讲述台湾上班族的事儿——观台湾话剧《领带与高跟鞋》/杜寒风//中国戏剧.－1996,(10)

秦腔结纽带乱弹架金桥——台湾秦腔自乐班及其西安联谊活动述略/张晋元//当代戏剧.－1997,(1)

台湾当代戏剧的走向/王新民//无锡教育学院学报.－1997,(2)

三度汇流与激扬——本世纪海峡两岸戏剧交流评述/彭耀春//艺术百家.－1997,(3)

表现台湾现代都市人的心态——漫谈马森的戏剧创作/曹明//台湾研究.－1997,(4)

台湾歌仔戏传入闽南的时间、地点、人物之争议/陈耕//福建艺术.－1997,(4)

两岸戏曲现代化——台湾戏曲状况考察/罗怀臻//大舞台.－1997,(5)

黄美序谈台湾当代剧场/彭耀春//世界华文文学论坛.－1998,(1)

传统戏曲的现代回归——关于两岸戏曲文化的对话/陈素英//上海戏剧.－1998,(3)

台湾昆剧研究的现状与问题/朱建明//上海艺术家.－1998,(3)

关注人的处境——姚一苇戏剧创作的深刻意蕴/曹明//台湾研究.－1998,(3)

求新求变:论台湾小剧场实验剧/彭耀春//艺术百家.－1998,(3)

台湾当代小剧场运动的特征/彭耀春//戏剧艺术.－1998,(4)

论台湾当代小剧场的历史意义/曾建权//台湾研究.－1998,(4)

现代与传统的融合:台湾当代剧场的“革命”/彭耀春//戏剧文学.－1998,(10)

悄然反拨:论台湾前期小剧场/彭耀春//世界华文文学论坛.－1999,(1)

台湾小剧场的回顾与前瞻/马森//戏剧艺术.－1999,(1)

台湾豫剧河南寻根记/宋全忠//两岸关系.－1999,(2)

台湾剧场中的即兴、集体创作与后现代主义/黄美序//戏剧艺术.－1999,(3)

试论台湾与大陆小剧场运动之同与异/董健//南京大学学报(哲学.人文科学.社会科学版).－1999,(4)

“千禧之交:两岸戏曲回顾与展望”学术研讨会综述/万素//文艺研究.－1999,(6)

京剧在台湾的传播/郭学旺//两岸关系. －1999,(7)

台湾当代小剧场的流变/彭耀春//文艺理论与批评. －2000,(2)

浅析京剧在台湾的发展及与两岸交流/张文彦//台湾研究. －2000,(3)

把传统与现代结合起来——论姚一苇戏剧民族化特征及其意义/彭耀春//艺术百家. －2000,(4)

运用喜剧形式关注社会生活——论台湾著名戏剧家黄美序/曹明//台湾研究集刊. －2001,(2)

集体即兴、时空交错与对立互动——论赖声川的戏剧《暗恋桃花源》/彭耀春//世界华文文学论坛. －2001,(3)

台湾“实验剧展”研究/王友辉//戏剧. －2001,(4)

五十年代海峡两岸歌仔戏改革（改良）之比较/陈新凤//人民音乐. －2001,(4)

海峡两岸歌仔戏研究的几个问题/陈世雄//中国戏剧. －2001,(11)

浅析台湾新一代偶像剧的市场化走向/张璀//声屏世界. －2003,(1)

变通《心灯》走台湾——一次“还戏于民”的实践与感悟/路冰//艺术百家. －2003,(3)

全面的观照敏锐的洞察——读彭耀春的《台湾当代戏剧论》/王雪//世界华文文学论坛. －2003,(4)

台湾京剧的历史记录——王安祈《台湾京剧五十年》读后/沈达人//中国戏剧. －2003,(10)

台湾实验戏剧的新探索/林克欢//艺术评论. －2004,(2)

两岸小剧场戏剧的交集有多大?/陶庆梅//上海戏剧. －2004,(3)

豫韵台情五十春——兼论台湾豫剧皇后王海玲的表演艺术/罗云//中国戏剧. －2004,(3)

进军小剧场:传统戏曲在台湾的新策略/蔡欣欣//福建艺术. －2004,(5)

此花无日不春风——2004年海峡两岸歌仔戏艺术节现象观想/蔡欣欣//福建艺术. －2004,(6)

古典与时尚——昆剧在台湾的薪传与行销/蔡欣欣//戏文. －2005,(1)

台湾当代剧场与社会禁忌/王晓红//戏剧－中央戏剧学院学报. －2005,(1)

台湾当代戏剧的跨界趋势/王友辉//福建艺术. －2005,(1)

转型:从写实传统到现代主义——论1960至70年代台湾话剧的发展/胡星亮//台湾研究集刊. －2005,(2)

人生的美丽在梦想——评台湾多媒体音乐舞蹈剧《非爱情故事的梦》/欧建平//舞蹈. －2005,(2)

网络表演:建置“台湾现代戏剧暨表演影音数据库”/周慧玲//福建艺术. －2005,(2)

大陆戏剧对台湾戏剧的影响/英溪//中国现代文学研究丛刊. －2005,(3)

“台新艺术奖”巡礼2004年台湾戏剧生态观察报告/陈正熙、傅裕惠//福建艺术. －2005,(4)

论现代主义影响下的台湾实验戏剧/胡星亮//学术研究. －2005,(12)

漳州锦歌的“一枝两叶”——台湾歌仔戏与漳州芗剧/陈东海、孙秋林//政协天地. －2006,(6)

台湾早期京剧竞赛的演进及其影响/姜旻君//四川戏剧. －2006,(6)

海峡两岸布袋戏的传承与发展/林静//艺苑. －2006,(6)

两岸戏人强档联手《暗恋桃花源》共同演绎风靡台湾20年经典舞台剧/赵辉//台

声. －2006,(12)

5. 电影艺术

台湾电影发展述评/陈飞宝//台湾研究集刊. －1984,(2)

试论台湾写实主义电影发展的脉络和特点/陈飞宝//台湾研究集刊. －1985,(1)

台湾电影小史/陈飞宝//大众电影. －1986,(9)

台湾电影面面观/陈飞宝//电影文学. －1986,(9)

论台湾新电影/陈飞宝//电影艺术. －1987,(2)

论白景端的导演艺术/陈飞宝//福建影讯. －1987,(3、4)

台湾电影表现手法的创新和多样化/陈飞宝//福建影讯. －1987,(4)

台湾电影的黄金时代/陈飞宝//电影文学. －1987,(12)

论海峡两岸电影的文化交流/陈飞宝//台港电影文汇. －1989,(4、5)

对台湾电影的思考/陈飞宝//中国电影周报. －1989,(18)

初探海峡两岸电影文化交流和影响/陈飞宝//当代电影. －1990,(1)

历史的沧桑——《悲情城市》及其编导艺术/陈飞宝//台港文学选刊. －1990,(1)

近百年来海峡两岸电影文化的交流/陈飞宝//台湾研究. －1990,(2)

台湾电视剧历史/陈飞宝//电视电影文学. －1992,(5)

对台湾电影的几点省思/陈飞宝//当代电影. －1992,(6)

台湾电影导演结构及其美学特征/陈飞宝//电影艺术. －1993,(1)

初探台湾电影结构及其电影美学特征/陈飞宝//电影艺术. －1994,(1、2)

台湾电影的发展历程/蔡洪声//当代电影. －1995,(6)

试论台湾电视剧的通俗化走向/李献文//世界华文文学论坛. －1996,(3)

台湾电影半边天——女性角色40年来的演变轨迹/梁良//当代电影. －1996,(3)

台湾第五代导演及其艺术风格/陈飞宝//当代电影. －1996,(4)

台湾电视剧艺术特色谈片/黄国荣//理论观察. －1996,(4)

“叛逆小子”系列:蔡明亮都市青春片的台北乐章/胡延凯//当代电影. －1996,(6)

李翰祥的导演艺术/陈飞宝//电影艺术. －1997,(4)

李翰祥历史故事片风格/陈飞宝//电影世界. －1997,(5)

台湾的健康写实电影/黄仁//电影艺术. －1997,(6)

九十年代初期台湾电影的社会文化意涵/张玉佩//电影艺术. －1997,(6)

一代电影大师胡全铨武侠电影艺术风格/陈飞宝//电影世界. －1997,(6)

台湾电视剧的都市情结/李献文//衡阳师范学院学报. －1998,(1)

世纪末的新气象——内地、香港、台湾电影的回顾与前瞻/吕剑虹//五邑大学学报(社会科学版). －1998,(2)

台湾新电影运动中的女性电影初探/吴亚明//艺术百家. －1998,(4)

1998年港台地区电影回顾与评述/林盈志//北京电影学院学报. －1999,(1)

台湾新新电影的作者风格/胡延凯//北京电影学院学报. －1999,(1)

台湾新电影中摄影营造空间的特点/马勇诚//北京电影学院学报. －1999,(2)

反叛传统的辉煌——台湾新电影初探/张燕//电影创作. －1999,(2)

杨佩佩统领台湾电视剧半壁江山/蔡朝//中外企业家. －1999,(3)

蜕变中的反叛——试析台湾从新电影到新新电影和新都市电影成长主题的沿革/徐漾//浙江传媒学院学报. －2000,(3)

台湾纪录片创作访谈录/王慰慈//现代传播－北京广播学院学报. －2000,(3)

近30年的台湾纪录片/方方//戏剧艺术. －2000,(6)

海峡那边的光与影——台湾电影概述/蔡洪声//两岸关系. －2000,(9)

两岸三地新电影中的“中国经验”/陈犀禾//电影艺术. －2001,(1)

九十年代台湾电影的政策/梁良//电影艺术. －2001,(4)

静观与禅悟——评台湾导演杨德昌的影片《一一》/孙慰川//电影评介. －2001,(11)

感受港台百年梦幻——评《梦幻百年：20世纪香港台湾影视史纲》/伏雪//世界华文文学论坛. －2002,(4)

淡墨山水乡愁四韵——《台湾往事》造型语言分析/梁明//当代电影. －2003,(6)

海峡血脉系亲情——电视剧《台湾海峡》得失谈/云德//中国电视. －2003,(8)

情感是什么？——《台湾往事》引发的思考/刘一兵//北京电影学院学报. －2004,(1)

十字路口的台湾电影/李政亮//读书. －2004,(2)

从启蒙理性、寓言化到商业叙事——对大陆、台湾、香港电影中风俗叙事的比较研究/陈林侠//戏剧－中央戏剧学院学报. －2004,(3)

台湾新生代电影导演/岳淼//电影艺术. －2004,(4)

台湾新电影运动述评/孙慰川//当代电影. －2004,(6)

台湾电影业兴衰对出版产业的启示/薛莹//出版参考. －2004,(33)

台湾“新电影”与香港“新浪潮电影”/李春红//世界电影. －2005,(1)

论当下电影的片头形态与叙事功能——以侯孝贤、李安和蔡明亮导演的台湾电影为个案/陈林侠//西南交通大学学报(社会科学版). －2005,(2)

我们共同走过——台湾海峡题材影视创作现状及探讨/陈漠波//福建艺术. －2005,(2)

剪不断的乡愁——试论侯孝贤影片的寻“根”情结/闫彩蝶//福建艺术. －2005,(6)

由台湾60年代电影反观当今的有关问题/曾西霸//电影艺术. －2005,(6)

历史回眸——台湾新电影/杨天东//电影. －2005,(8)

社会历史变迁下的台湾电影女性形象/李清//台湾研究集刊. －2006,(3)

东方情趣与乡土诗意的双重建构——论侯孝贤电影的人文化风格/白娟娟//齐鲁艺苑. －2006,(3)

二 台湾政治

(一)台湾政治总论

1. 概论

台湾政局总论/段承璞//台湾研究集刊. -1986,(3)

战后初期台湾政治分析(1945—1950)/范希周//台湾研究集刊. -1991,(4)

"台湾自决"主张与台湾前途问题/林劲//台湾研究集刊. -1992,(4)

1986年以来的台湾政治变迁:阶段、现状与趋势/刘国深//台湾研究集刊. -1993,(3)

台湾:政治整合的影响/李强//城乡经济. -1994,(1)

李登辉时代台湾政治文化的变迁/刘国深//台湾研究. -1994,(1)

略论"台湾命运共同体"/何标//台湾研究. -1994,(2)

一九九四年台湾政坛展望/曾建丰、缪寄峰//海峡两岸. -1994,(3)

试论台湾国民党政权的演变/赵建中//中外房地产导报. -1994,(7)

"政治革新"之前的台湾"情治"问题管窥/潘望喜//南京政治学院学报. -1995,(2)

一九九四年台湾政局发展变化评述/黄中平//上海对台工作. -1995,(2)

首届"省市长直选"以来的台湾政局/骆沙舟、夏晓云//台湾研究集刊. -1995,(3、4)

"三届立委"选举后的台湾政局/中一//四川统一战线. -1996,(3)

台湾政治文化"脱中国化"现象刍议/刘国深//台湾研究集刊. -1996,(4)

李登辉的民族分裂主义活动与台湾的政治前途/宋春//长白学刊. -1996,(6)

台湾政坛黑白难辨/郁辛//台声. -1996,(11)

一九九五年台湾政治发展综述/楚炎//现代台湾研究. -1996,(总13)

三民主义在台湾的理论与实践述评/吴明刚//现代台湾研究. -1996,(总15)

对台湾问题现状的几点分析与思考/刘逊//实事求是. -1997,(1)

五十年代台湾的白色恐怖/传瑛//纵横. -1997,(2)

"两反"斗争以来台湾政局的发展/开明//时事报告. -1997,(11)

台湾二〇〇〇年前政局发展预测/俞其锐//现代台湾研究. -1997,(总18)

李登辉与台湾"民意"潜在冲突简析——从白晓燕案引发的抗议风潮谈起/毛仲伟//台湾研究. -1998,(1)

1997年台湾政局发展评析/刘佳雁//台湾研究. -1998,(2)

台湾政局演变的内外因考察/张德顺//台湾研究. -1998,(4)

亚洲金融危机对台湾的政治影响/周忠菲//台湾研究集刊. -1998,(4)

提前打响的"政权攻防战":1998年上半年台湾政局综述/张伟栋//上海对台工作. -1998,(7)

岛内政局现状简析/彭维学//上海对台工作. -1998,(10)

1997年台湾政局发展演变的基本特点/楚炎//现代台湾研究. -1998,(总21)

当前台湾政治形势分析/刘颖//现代台湾研究. －1998,(总 24)

试析当前台湾政局发展的主要特征/党朝胜//台湾研究. －1999,(1)

“精省”对台湾政局的影响/张伟栋//台声. －1999,(1)

1998 年台湾政局述评/朱卫东、刘佳雁//台湾研究集刊. －1999,(1)

一九九八年台湾政局综述/童仪//上海对台工作. －1999,(1)

台近期高层人事变动对岛内政局的影响/申仪//上海对台工作. －1999,(3)

李登辉的权威人格与台湾的新强人政治/王茹//台湾研究集刊. －1999,(4)

充满“硝烟”的权利争斗：一九九九年上半年台湾政局综述/张伟栋//上海对台工作. －1999,(7)

台湾的“民主政治”/金奕//台声. －1999,(8)

扑朔迷离的台湾政坛/秦华//瞭望. －1999,(17)

台湾难以如愿的“公投入宪”/秦华//瞭望. －1999,(24)

李登辉和“后李登辉时代”/李家泉//今日中国(中文版). －2000,(1)

陈水扁“五·二〇”讲话的主要内容及实质/李仁质//河北省社会主义学院学报. －2000,(1)

1999 年台湾政局发展综述/朱卫东//台湾研究. －2000,(1)

民进党主政台湾及其对两岸关系的影响/彭心安//厦门特区党校学报. －2000,(2)

台湾政局走向及其变数/陈榕三//现代台湾研究. －2000,(2)

台湾新当局上台后的困境/翁芝光//现代台湾研究. －2000,(3)

简论台湾政治的演进与发展/李乐军//柳州师专学报. －2000,(3)

台湾新当局面临的困境及其原因/党朝胜//台湾研究. －2000,(3)

唐飞辞职对台湾岛内局势的影响/严正//现代台湾研究. －2000,(4)

唐飞辞职的背景原因及影响分析/朱卫东//台湾研究. －2000,(4)

试析陈水扁当选台湾总统及台湾政局的走向/杨军臣//延边大学学报(社会科学版). －2000,(4)

浅析陈水扁上台后的台湾政局走向/刘宛骐//国际政治研究. －2000,(4)

浅议陈水扁上台/马力//黑龙江省社会主义学院学报. －2000,(4)

李登辉如何欺民骗党/廖宝法//东南亚纵横. －2000,(5)

国民党的执政地位为何毁于一旦/本刊编辑部//东南亚纵横. －2000,(5)

陈水扁上台后台湾新动向/魏岳江//当代海军. －2000,(5)

台湾未来政治新格局/本刊编辑部//东南亚纵横. －2000,(5)

“李登辉时代”的终结/杨毅周//台声. －2000,(5)

台湾政坛新势力/本刊编辑部//东南亚纵横. －2000,(6)

“危机暂缓僵局持续”——台湾各界对“5.20 讲话”的反应/本刊编辑部//两岸关系. －2000,(6)

近期台湾局势与反“台独”斗争/尚萍//学习导报. －2000,(9)

透视当前台湾政局/玉德//台声. －2000,(9)

台湾当局危险的“选项”/化青//两岸关系. －2000,(10)

泥淖中挣扎的台湾新当局/邹青//四川

统一战线.－2000,(11)

台湾当局四面楚歌/杨亲华//台声.－2000,(12)

台湾"两岸跨党派小组"处境尴尬/胡必松//台声.－2000,(12)

风雨飘摇的台湾政局/朱卫东//时事报告.－2000,(12)

台湾新领导人在统独之间徘徊吗?/陈培//两岸关系.－2000,(12)

台湾当局领导人会被罢免吗?——核四风暴震撼台湾政坛/晓鹏//两岸关系.－2000,(12)

2000年台湾政局发展述评/朱卫东//台湾研究.－2001,(1)

陈水扁当选以来的台湾政局观察/杨立宪//台湾研究.－2001,(1)

台湾的地区政治生态刍议/陈斋金//广东省社会主义学院学报.－2001,(1)

评台湾"跨党派小组"所谓"三个认知,四个建议"/穆怀阁//台声.－2001,(1)

"遥望南云"台湾何去?/李家泉//统一论坛.－2001,(1)

台湾政治风暴的台前幕后/贺义宏//国家安全通讯.－2001,(1)

台湾的李登辉和"后李登辉时代"/李家泉//中共福建省委党校学报.－2001,(1)

再谈台湾政坛中的某些"文革"现象/李家泉//中央社会主义学院学报.－2001,(1)

台湾政治版图的未来走向/苏言//江苏省社会主义学院学报.－2001,(2)

台湾的政经形式及未来走向/刘颖//现代台湾研究.－2001,(2)

现阶段台湾的局势/玉德//领导文萃.－2001,(2)

核四案的背景及影响分析/叶世明//现代台湾研究.－2001,(2)

民进党执政之后的困境与走向/林劲//台湾研究集刊.－2001,(3)

今年以来台湾分裂势力的新动向/化青//统一论坛.－2001,(3)

台湾局势变化对祖国统一的影响/马力//广东省社会主义学院学报.－2001,(3)

台湾各派政治力量如何合纵连横?/陈培//两岸关系.－2001,(3)

台湾政局的三大乱源/李伯顺//统一论坛.－2001,(3)

李登辉与民进党搞"政党外遇"的苦果/龙骧//统一论坛.－2001,(3)

台湾政坛的"童子军"/兰惠//两岸关系.－2001,(3)

吕秀莲与《新新闻》的"二人转"/肖剑//两岸关系.－2001,(3)

陈李合流台湾局势可忧/叶克林//温州大学学报.－2001,(4)

领袖心理、公众情绪和敌意的社会习得——李登辉现象的挫折攻击理论分析/杨剑//台湾研究集刊.－2001,(4)

庆父不去,鲁难未已——对当前台湾政局之我见/姚同发//统一论坛.－2001,(4)

"赔了夫人又折兵"——台湾领导人在废"核四"上两头空/黑泰//两岸关系.－2001,(4)

执政后的民进党与台湾政局/严安林、倪永杰//现代台湾研究.－2001,(4)

台湾"政治人物出书热"浅论/袁伟//台湾研究.－2001,(4)

"核四公投":醉翁之意不在酒?/桑菊//两岸关系.－2001,(4)

陈水扁介入"尹案"是一石三鸟/阿轩//当代海军.－2001,(5)

民进党胜选一年:岛内议论纷纷/桑菊//两岸关系.－2001,(5)

陈水扁的"变"与"不变"/李家泉//领导文萃.－2001,(5)

台湾当局领导人正在把台湾带向危机/张世义//两岸关系. －2001,(5)

民进党时期的台湾政治生态——以“核四”事件为分析个案/庄礼伟//东南亚研究. －2001,(6)

“向下沉沦”的一年/黄嘉树//两岸关系. －2001,(6)

台湾当局领导人施政脉络的三个基本点/黑泰//两岸关系. －2001,(6)

台湾当局领导人执政一周年盘点跌跌撞撞的一年/彭维学//两岸关系. －2001,(6)

组建“联合政府”能解乱局吗？/凤进//两岸关系. －2001,(8)

乱象丛生民心浮动——台湾新“政府”一年来施政实录/开明//时事报告. －2001,(8)

李登辉与台湾领导人的合作和前景/黑泰//两岸关系. －2001,(8)

“扁李合流”与台湾政局/李家泉//国家安全通讯. －2001,(9)

经发会共识的落实和陈水扁、李登辉之间的分歧/亚贝//两岸关系. －2001,(10)

台湾：向上提升，还是向下沉沦？/周建明//国际展望. －2001,(10)

竞选前看台湾政局走向/曾建丰//发展研究. －2001,(11)

陈水扁与马英九的瑜亮情结/王升//领导文萃. －2001,(12)

台湾政治文化的沉沦与迷失/庄礼伟//南风窗. －2001,(16)

台湾岛内人民惊悸的365天——透视台湾“变天”一周年/王升//瞭望. －2001,(20)

自我标榜自欺欺人——台湾当局领导人自评周年“政绩”剖析/化青//瞭望. －2001,(22)

台湾当局“三拼”拼到了什么/安华//瞭望. －2001,(30)

台湾民众反“台独”形式探析/高智生//广东省社会主义学院学报. －2002,(1)

2001年台湾政局评述/谢郁//台湾研究. －2002,(1)

2002年台湾政局展望/文易//现代台湾研究. －2002,(1)

一本了解当代台湾政治变迁的必读之书——评刘国深博士新作《当代台湾政治分析》/李翌鹏//台湾研究集刊. －2002,(3)

民进党逐步巩固执政基础/翁芝光//现代台湾研究. －2002,(4)

从“以拖待变”到“以变求变”——台湾领导人执政两年两岸局势的观察/石齐平//两岸关系. －2002,(6)

台湾光复初期台籍精英的参政诉求/褚静涛//江海学刊. －2002,(6)

2002年台湾政局评述/周伟//现代台湾研究. －2003,(1)

台湾政局发展及趋势分析/董玉洪//现代台湾研究. －2003,(1)

台湾金权政治：从公共选择理论角度分析/龙虎//台湾研究集刊. －2003,(1)

李登辉统治时期台湾政治的特点/周玉萍//山西高等学校社会科学学报. －2003,(2)

2002年—2003年台湾社会形势分析/叶世明//现代台湾研究. －2003,(2)

台湾政坛的冲击波/刘红//统一论坛. －2003,(2)

2002年台湾政治形势扫描/杨泽军//世界经济与政治论坛. －2003,(2)

对陈水扁执政三年的形势分析/刘颖、汤炳富//现代台湾研究. －2003,(3)

末代“总统”与首任“特首”——展望台湾政治走向/长空//南风窗. －2003,(4)

真知与偏见:亨廷顿眼中的台湾民主/赵海立//南洋问题研究. -2003,(4)

从哪里寻找台湾的前途和位置?/陈孔立//两岸关系. -2003,(5)

巩固政权步履维艰——评三年来的台湾政治/陈孔立//两岸关系. -2003,(7)

两岸关系在波折中前进——台湾第三季度重要政情分析/亲华//两岸关系. -2003,(10)

台湾深处的悲哀/长空//南风窗. -2003,(11)

台湾政局进入多事之秋——第四季度重要台情点评/亲华//两岸关系. -2003,(12)

台湾公投闹剧透视/长空//南风窗. -2003,(15)

陈水扁的"直航"有点歪/李鹏//世界知识. -2003,(17)

台湾政治帷幕后的秘密/袁伟//统一论坛. -2004,(3)

对"3·20公投"及其未来发展问题的研究/刘颖//现代台湾研究. -2004,(3)

台湾大选后的政局分析/葛雅兰//重庆社会主义学院学报. -2004,(4)

从"3·20"到"5·20"——台湾岛内政局与两岸关系观察/黄海//瞭望. -2004,(20)

动荡多变、"台独"嚣张的岛内局势——2004年台湾局势回顾/彭维学//统一论坛. -2005,(1)

2004年台湾十件大事/全台研//台声. -2005,(1)

"扁宋会"后的几点观察/翁之光//现代台湾研究. -2005,(2)

"立委"选后的台湾政局/翁之光//领导文萃. -2005,(2)

当前台湾形势之我见/李家泉//统一论坛. -2005,(4)

陈水扁上台后的台湾政局/董世明//广州社会主义学院学报. -2005,(4)

台湾政局的走势/徐博东//理论参考. -2005,(5)

台湾政坛多纷扰/张逊//黄埔. -2005,(5)

解析台湾政坛当前"五大焦点"/刘红//台声. -2005,(10)

台湾政局走势/徐博东//瞭望. -2005,(11)

台湾当局的困境/文心//两岸关系. -2005,(11)

2005年台湾当局的双重危机/刘建兴//两岸关系. -2005,(12)

近期台湾政局走势/张文生//瞭望. -2005,(18)

台湾政坛,脉象紊乱/长空//南风窗. -2005,(20)

台湾选后政局走向/黄海//瞭望. -2005,(50)

2005年的台湾政治形势/倪晓刚等//现代台湾研究. -2006,(1)

台湾政治演变趋势的几点思考/贾玉生//广州社会主义学院学报. -2006,(3)

"后扁时代"的台湾局势观察/彭维学//统一论坛. -2006,(4)

民粹主义:对台湾近年政治现象的解读/马奔//社科纵横. -2006,(9)

陈水扁及"后陈水扁"时期的台湾政坛/李家泉//百年潮. -2006,(9)

从唐飞下台看台湾政局发展/李家泉//中国评论(香港). -2000,(11)

台湾"少数政府"面临的处境/陈孔立//海峡(香港). -2000,(11)

台湾因"核四"引发的政局动荡/李家

泉//海峡（香港）. －2000,(12)

台湾政局与台湾民意/吴能远//中国评论（香港）. －2004,(2)

系列弊案对台湾影响有多大？/章念驰//经济导报（香港）. －2005,(48)

“三合一”选后看台湾未来发展/严安林、杨晔琦//经济导报（香港）. －2005,(49)

当前台湾政坛的四大看点/周忠菲//经济导报（香港）. －2006,(39)

2. 政策

台湾“政治革新”探析/林冈//台湾研究集刊. －1987,(3)

“住民自决”剖析/杨锦麟//台湾研究集刊. －1987,(3)

“台湾化”“本土化”政策之我见/李强//台湾研究集刊. －1990,(1)

李登辉与台湾当局政策/余何之//现代台湾研究. －1997,(总18)

李登辉的“新台湾人主义”评析/郭志珊//台湾研究. －1999,(2)

“新台湾人主义”评析/张文生//台湾研究. －1999,(3)

简析陈水扁的“新中间路线”/[美]花俊雄//台声. －1999,(6)

台湾“治平专案”的失误及其社会效应/雷冬文//现代台湾研究. －1999,(总25)

评陈水扁的“新中间路线”/徐博东//现代台湾研究. －2000,(3)

台湾侨务政策新变化及因应政策建议/李鸿阶//现代台湾研究. －2001,(5)

李登辉路线可以休矣/杨毅周//台声. －2001,(9)

国民党退台后政党政策转变原因探析/吕雅范//中央社会主义学院学报. －2001,(11)

80年代以来台湾“本土化”政策评析/周聿峨//吉首大学学报（社会科学版）. －2002,(2)

试析陈水扁的施政特点/刘传标//现代台湾研究. －2002,(4)

台湾原住民政策述论/石亚洲//广西民族研究. －2003,(2)

两岸侨务政策变化及其比较研究/李鸿阶等//现代台湾研究. －2003,(2)

从“化外”到“化内”——20世纪80年代之前的台湾“原住民”政策述评/陈建樾//民族研究. －2003,(4)

走向民粹化的族群政治——20世纪80年代以来的台湾原住民运动与原住民政策研究/陈建樾//民族研究. －2004,(1)

试析台湾政治本土化的演变及影响/周伟//现代台湾研究. －2004,(3)

政治本土化与台湾政治转型/孙肖远//世界经济与政治论坛. －2004,(5)

近年来台湾侨务政策特点的回顾与前瞻/蔡振翔//福建省社会主义学院学报. －2006,(2)

3. 政论

试析台湾当局“三民主义”的涵义和实质/林劲//台湾研究集刊. －1988,(4)

“保革对峙”对李登辉体制的震撼/刘芜//台湾研究. －1991,(2)

台湾民族论不能成立/陈小冲//国际共运史研究. －1993,(2)

评“台湾主义”/笑尘//承德民族职业技术学院学报. －1995,(2)

评李登辉的“台湾生命共同体”/林劲//台湾研究集刊. －1995,(3、4)

李登辉分裂主义批判/杨毅周//台湾研究. －1995,(4)

李登辉究竟要向什么挑战？/修春萍//台声. －1995,(8)

“殖民孽种台独班头”——对李登辉“务实外交”和“曲线独立”剖视/缪群//中国统一战线. －1995,(9)

评李登辉的访美演讲及其对两岸关系的影响/石培华//华东理工大学学报(社会科学版). －1996,(1)

评李登辉所谓的“主权在民”理论/林劲//台湾工作通讯. －1996,(3)

以李登辉的相关谈话解读“5.20”演说/林劲//台湾研究集刊. －1996,(4)

台湾人民的政治前途/郑坚//台声. －1996,(5)

从李登辉的政治文化理论看他的台独本质/刘国深//上海对台工作. －1996,(5)

口是心非、似统实独的“五二〇”演说/刘国深//上海对台工作. －1996,(6)

“新台湾人主义”剖析/郑瑞林//台声. －1996,(6)

李登辉欲把台湾民意引向何方/王玉//瞭望. －1996,(7)

中华民族精神万古长青——驳李登辉的“中华民族意识有害论”/正一//台声. －1996,(8)

台湾领导人近期言论评析——台湾问题专家李家泉教授访谈录/杨远虎//瞭望. －1996,(26)

简评李登辉一九九六年的分裂言行/彭维学//上海对台工作. －1997,(1)

残缺的“共识”危险的会议——评台湾“国家发展会议”/杨亲华//台声. －1997,(2)

台《认识台湾》教科书评析/彭维学//台湾研究. －1997,(4)

剖析台湾当局对香港回归祖国的心态/彭仲辉//台湾研究集刊. －1997,(4)

李登辉篡改教科书意欲何为?/张俊杰//教育艺术. －1997,(6)

究竟要把台湾人民引向何方?——评李登辉与日本加濑英明合著的《今后的亚洲》/李家泉//中央社会主义学院学报. －1997,(7)

台、港学者关于《认识台湾》教科书问题的评议/茜子//孔子研究. －1998,(2)

一些违背“一个中国”原则的不当提法/李家泉//台声. －1998,(4)

仇视大陆奴颜媚日——简析台湾当局领导人接受日本《文艺春秋》月刊专访稿/安华//台声. －1998,(11)

李登辉在意识形态领域的分裂活动简述/党朝胜//台湾研究. －1999,(4)

李敖论台湾的暴民政治与假民主/高原//天涯. －1999,(6)

李登辉逆潮流而动注定要失败/吴新英//高校理论战线. －1999,(9)

台湾:不适用人民自决/罗涵君//法学天地. －1999,(10)

是走向统一,抑或背道而驰?:评李登辉“国统会”会议讲话/钟文//现代台湾研究. －1999,(总26)

台湾金权政治解析/张远鹏//现代台湾研究. －1999,(总26)

评李登辉的分裂路线/化青//瞭望. －1999,(32)

危险的开端:台湾当局新领导人就职演说剖析/吴能远//现代台湾研究. －2000,(2)

历史与现实之间的“二·二八”——驳斥李登辉及“台独”分子分裂祖国的言论/赵勇//真理的追求. －2000,(2)

重视台湾与港澳的不同特点/刘雄//团结. －2000,(2)

从台湾被割让历史看民族败类吕秀莲的丑恶面目/新言//国家安全通讯. －2000,(6)

评陈水扁上台讲话中的“四张牌”/杨

清//思想理论教育导刊. －2000,(6)

"显然缺乏诚意"——国际舆论评陈水扁5·20讲话/文心//两岸关系. －2000,(6)

点破美丽语言的话外之音——再析台湾当局新领导人"5·20讲话"/化青//瞭望. －2000,(23)

从"民主先生"到"先生主民"的"反独促统"轨迹/宗鹰//统一论坛. －2001,(1)

"台独理念"的堕落——评"台湾命运共同体"/劳湖//中共宁波市委党校学报. －2001,(1)

评陈水扁"元旦文告"中所谈"新机制"/李家泉//台声. －2001,(2)

约到马关故土捐——读近代诗批驳吕秀莲美化侵略/刘经发//台湾研究. －2001,(2)

台湾的"经济牌"还能打多久?/刘建兴//统一论坛. －2001,(3)

遏制"台独"的经济因素/金桂兰//理论界. －2001,(3)

驳"日本统治时期是世界上最有良心的统治"/黄跃荣//统一论坛. －2001,(4)

从陈水扁所谓"以民逼官,以商图政"谈起/来克复//统一论坛. －2001,(4)

破除"皇民情结"是反独促统当务之要/宗鹰//统一论坛. －2001,(5)

要警惕假"台"真"日"的"台独"鼓吹者/丁伯駪//统一论坛. －2001,(6)

决策,错错错日子,苦苦苦——台湾舆论点评台湾当局领导人"5·18讲话"/桑菊//两岸关系. －2001,(7)

《权力的傲慢》谈陈水扁/佚名//领导文萃. －2001,(7)

"统合论"暗藏分裂图谋/华青//瞭望. －2001,(13)

台湾面对新挑战:冲突信念的调和/马若孟//国际政治研究. －2002,(3)

台湾妇女参政问题探析/吴军民//台湾研究. －2002,(4)

需要"同情的理解"/陈孔立//台声. －2003,(1)

伪造的证言——所谓原住民"血统祖先论"剖析/郝时远//台湾研究集刊. －2003,(3)

"公投台湾前途":法理不容/廉希圣//两岸关系. －2003,(5)

台湾"公投法"留下"台独"隐患/翁之光//现代台湾研究. －2003,(6)

蓝绿阵营围绕"公投法"的争斗,蓝绿阵营炒作"新宪"的策略分析/萧锦松//现代台湾研究. －2003,(6)

陈水扁推行"公投"的意图和影响/曾涛//现代台湾研究. －2003,(6)

论台湾本土化性质的转化/刘潇湘//中央社会主义学院学报. －2003,(6)

操弄民粹图谋私利——陈水扁鼓动台湾"加入世卫组织公投"评析/孙升亮//两岸关系. －2003,(7)

评台湾近期的"公投制宪"游行/李鹏//两岸关系. －2003,(12)

台湾"公投"留给台湾无穷后患/马晓娟//世界经济与政治论坛. －2004,(2)

从法理和惯例看"台湾地位未定论"之荒谬/刘景岚//东北师大学报(哲学社会科学版). －2004,(4)

台湾"公投"闹剧与两岸关系前瞻/林利民//共产党员. －2004,(4)

怎样看待台湾问题的两重性/吕有志//思想理论教育导刊. －2004,(4)

陈水扁"5·20"讲话不改"台独"本质/翁之光//现代台湾研究. －2004,(4)

台湾独立:一个虚拟的梦——试析陈水扁的文化价值观念/王小丽//和田师范专科

学校学报. -2005,(4)

陈水扁心态剖析/龚开国//两岸关系. -2005,(7)

马英九当选党主席的政治前景/宗专//台声. -2005,(8)

马英九:台湾国民党"马前卒"之仕途"马脚"/余玮//领导文萃. -2005,(11)

陈水扁的五大恐惧症/李家泉//远望(台湾). -2006,(6)

基于"台湾自主"历史观的解构与建构——对《从欧美经验谈台湾应如何建立自主之历史价值观》的解读/刘淼//理论学刊. -2006,(8)

警惕陈水扁通过"宪改"谋求台湾"法理独立"/张文生//两岸关系. -2006,(11)

李登辉的主张不符合台湾主流社会的主张/李家泉//中国评论(香港). -1999,(8)

蔡英文的"成绩单"/陈孔立//海峡(香港). -2000,(8)

从"核四"案看台湾丑陋的民主政治/王建民//广角镜(香港). -2001,(3)

是"爱台湾"还是为一己之私/徐博东//海峡(香港). -2002,(9)

陈水扁已成为"台独"势力的总代表/徐博东//海峡(香港). -2002,(10)

保位:陈水扁构筑"绿色防护林"/毛仲伟//中国评论(香港). -2006,(8)

陈水扁现象背后的制度与价值观反思/章念驰//中国评论(香港). -2006,(10)

陈水扁"废统"的两个祸心/周忠菲//经济导报(香港). -2006,(11)

台湾政坛乱相丛生的深层原因/周忠菲//经济导报(香港). -2006,(23)

4. 制度、机构

"后蒋经国时代"台湾统治体制改革的趋势/黄文放//台湾研究集刊. -1988,(1)

台湾的政治体制改革与中国大陆台湾关系的新阶段/[日]若林正丈著,陈动译//台湾研究集刊. -1988,(3)

国民党在台湾的"法统"危机/朱天顺//台湾研究集刊. -1989,(3)

台湾"国会"改革运动研究/刘国深//台湾研究集刊. -1990,(2、3)

在"政治不稳态"中的台湾政党政治/杨锦麟//台湾研究集刊. -1990,(4)

评台湾"国是会议"/朱天顺//台湾研究集刊. -1990,(4)

台湾——民主化与"国体"的对立/[日]若林正丈,陈动译,柳申校//台湾研究集刊. -1991,(1)

终止"动员戡乱时期"及其影响/曹慧//台湾研究集刊. -1991,(3)

试析"国家统一委员会"/李强//台湾研究集刊. -1991,(3)

"戡乱"终止与台湾上层权力体系的变化/戴培元//台湾研究集刊. -1991,(3)

在保守与革新的相争中动摇的李登辉体制/[日]井尻秀宪著,陈动译//台湾研究集刊. -1991,(3)

台湾的县辖市建制/陈小京//台湾研究集刊. -1991,(4)

评台湾当局"修宪"/陈动//台湾研究集刊. -1991,(4)

台湾地方选举制度剖析/朱天顺//台湾研究集刊. -1992,(1)

李郝体制的回顾与展望/毛仲伟//台湾研究集刊. -1992,(3)

台湾"宪政体制改革"及其影响/王升//台湾研究集刊. -1992,(3)

1990年以来国民党的"宪政改革"及其对大陆政策的影响/范希周//台湾研究集刊. -1992,(4)

光复初期台湾的行政长官公署制/邓孔昭//台湾研究集刊. －1994,(1)

当前台湾"宪政改革"的三大问题/李炳南//台湾研究集刊. －1994,(2)

台湾"宪政改革"再透视/杨立宪//台湾研究. －1994,(3)

台湾的"宪政改革"与中国的统一/张亦民//中共浙江省委党校学报. －1994,(3)

台湾"宪政改革"对"外交"及两岸关系的影响/林又生//现代台湾研究. －1994,(4)

"宪政改革"与政党政治的关系探析/董玉洪//现代台湾研究. －1994,(4)

"宪政改革"与国民党高层权力斗争/李伯顺//现代台湾研究. －1994,(4)

现阶段台湾"宪政改革"的成就与问题/杨传荣//现代台湾研究. －1994,(4)

台湾地方自治制度评析/朱天顺//台湾研究集刊. －1995,(2)

台湾地方自治制度改革/朱天顺//台湾研究集刊. －1995,(3、4)

简析台湾"政党政治"的现状/彭维学//上海对台工作. －1995,(4)

现阶段台湾政党政治发展对其政局的影响/杨传荣//现代台湾研究. －1995,(总10)

第三阶段"修宪"与台湾政局走向/严安林、黄中平//现代台湾研究. －1995,(总10)

台湾宪政体制变迁研究/姚礼明//北方论丛. －1996,(3)

台湾政党制度的演变与特点/刘慧//鞍山师范学院学报. －1996,(3)

台湾"立法院"未来运作走向分析/余孙升//现代台湾研究. －1996,(总14)

当前台湾"政党合作"动向分析/曾建丰//台湾研究集刊. －1997,(1)

"国发会":肮脏的政治交易会/祝合//上海对台工作. －1997,(1)

简析台湾"国安局"/张茜红//台湾研究集刊. －1997,(2)

评台湾国家发展会议/李强//经济时刊. －1997,(3)

试析台湾政党政治的形成/李猛//中央社会主义学院学报. －1997,(3)

台湾当局的决策系统与决策过程/陈孔立//台湾研究集刊. －1997,(3)

台湾第四次"修宪"与岛内政治斗争/张文生//台湾研究集刊. －1997,(4)

透视"肖内阁"/李雷鸣//上海对台工作. －1997,(8)

台"行政院"改组及其大陆政策走向/张敦财//福建对台工作. －1997,(11)

论台湾政治民主化与"分裂分治"体制形成的关系/蒋为清//现代台湾研究. －1997,(总17)

台湾"国家发展会议"评析/纪明润//现代台湾研究. －1997,(总17)

台湾第三届"国大"修"宪"的矛盾斗争与特点探析/董玉洪//现代台湾研究. －1997,(总20)

四次"修宪"后的台湾"宪政"体制研究/吴强//现代台湾研究. －1997,(总20)

"修宪"将给台湾政局和两岸关系带来什么？/秦华//瞭望. －1997,(32)

评台湾"行政院"再次改组/吴能远//现代台湾研究. －1998,(总21)

"废省"、"冻省"、"精省"风波始末/海牛//海峡两岸. －1999,(1)

李登辉"修宪"系列剧的剖视/邓亭//上海对台工作. －1999,(12)

台湾第五阶段"修宪"初评/刘军、林耀明//现代台湾研究. －1999,(总27)

试析"公投入宪"的发展、影响及其前景

/远影//现代台湾研究.－1999,(总27)

台湾公民投票运动剖析/郭志珊//现代台湾研究.－2000,(1)

台湾"宪政改革"以来政治体制的演变/林小芳//现代台湾研究.－2000,(2)

试析陈唐体制及其前景/王茹//台湾研究集刊.－2000,(2)

台湾"国民大会"制度的历史演变/张文生//台湾研究集刊.－2000,(4)

台湾民主发展的危机/贾鸿飞//四川行政学院学报.－2001,(1)

论台湾民主化进程中的国家认同问题/林震//台湾研究集刊.－2001,(2)

从"罢免案"看台湾政治的结构性矛盾/张文生//台湾研究集刊.－2001,(2)

试论台湾政党制度的演变/钟瑞添//桂海论丛.－2001,(3)

台湾的"宪政改革"及其影响/高宝华//世界经济与政治论坛.－2002,(1)

台湾政治板块的切割与重组/范晓军//台湾研究集刊.－2002,(1)

陈水扁执政以来"总统"权力的演变/王茹//台湾研究集刊.－2002,(2)

台湾威权政体的转型/孙代尧//台湾研究集刊.－2002,(2)

台湾县级行政体制改革评析/卓越、杨浙闽//现代台湾研究.－2002,(3)

台湾监察制度的特征与脉络/卓越//台湾研究集刊.－2002,(4)

台湾威权政体的转型:策略互动成本计算与理性选择/孙代尧//中央社会主义学院学报.－2002,(5)

台湾政党政治演变趋势/文易吉//现代台湾研究.－2002,(5)

"统独"问题:台湾能"公投"吗?/王卫星//两岸关系.－2002,(10)

从"立法院"对决看台湾政局/周伟//现代台湾研究.－2002,(总12)

"台湾前途公投论"谬误种种/安华//瞭望.－2002,(39)

台湾"宪政"变迁中的"国安会"与"总统"权力/王茹//台湾研究集刊.－2003,(2)

从实践检视台湾的公民投票问题/朱利江//统一论坛.－2003,(4)

评台湾的"公投"/陈动//台湾研究集刊.－2003,(4)

台湾政坛上"公投热"的方方面面/刘红//统一论坛.－2003,(4)

台湾问题与"公民投票"/王心安//统一论坛.－2003,(4)

关于台湾地区和韩国民主化研究述评/林震//莆田学院学报.－2003,(4)

面对"非典"说政体——两岸三地的观察与比较/房宁//科学决策.－2003,(8)

台湾当局推动"公投立法"及对两岸关系的影响/林劲//台湾工作通讯.－2003,(8)

"公投制宪"目的何在?/张文生//台湾工作通讯.－2003,(12)

驳台湾"公投制宪"的理论依据/李先波//时代法学.－2004,(1)

台湾地区西方式民主政治的劣质发展/钮汉章//世界经济与政治论坛.－2004,(1)

对台湾公投制宪的若干思考/高占林//天水行政学院学报.－2004,(2)

略析我国台湾地区的"释宪制度"/郑定//金陵法律评论.－2004,(2)

台湾政党政治与"中间选民"/杨剑//世界经济与政治论坛.－2004,(2)

台湾"民主化"的形式与实质/薛晓丰//现代台湾研究.－2004,(2)

从台湾"3·20公投"结果看台湾民意/于英丽//北京人民警察学院学报.－2004,(3)

台湾妇女参政的现状及原因剖析/周群英//福建省社会主义学院学报. －2004,(3)

论蒋经国执政时期台湾政治改革/李炜菁//渤海大学学报(哲学社会科学版). －2004,(3)

试析台湾新"内阁"的主要特点及其影响/兴浙//现代台湾研究. －2004,(4)

台湾"宪政改革"的走向及影响/许艳斌//现代台湾研究. －2004,(5)

台湾"公投"民主性质疑/李雪沐、范辉清//现代台湾研究. －2004,(5)

2004年台湾"总统"选举后的政党政治走向/张雷//东北大学学报(社会科学版). －2004,(6)

试析台湾政党制度的历史发展及其趋势/王彦飞//广州社会主义学院学报. －2005,(1)

2004年台湾"大选"期间"公投"问题评析/张娟//太平洋学报. －2005,(2)

试析台湾"宪政改革"的起因、进程及影响/孙岩//太平洋学报. －2005,(2)

台湾政治民主化中的民粹主义/马海军//社会主义研究. －2005,(2)

试论台湾民主化的动因/林震//河海大学学报(哲学社会科学版). －2005,(2)

浅析台湾"新内阁"面临的挑战/陈蘋//现代台湾研究. －2005,(2)

台湾监察制度探究/李牧//武汉理工大学学报(社会科学版). －2005,(3)

台湾"国大"通过"修宪案"所产生的影响/邓允光//现代台湾研究. －2005,(3)

台籍志士与台湾省制之设计/褚静涛//民国档案. －2005,(4)

台湾政党政治的腐败与政治转型/李路曲//东南亚研究. －2005,(6)

"修宪"对台湾的政治冲击/王家英//台声. －2005,(7)

台湾政党政治的巨大变数/长空//南风窗. －2005,(10)

台湾地区地方自治监督制度之研究/吴睿//台湾法研究. －2006,(1)

试析台湾政治运作中的女性因素——兼论"立法院"性别政治生态/林小芳//台湾研究集刊. －2006,(2)

台湾地区"宪政"制度研究/林建伟//台湾法研究. －2006,(4)

台湾政治转型对当代国共关系的影响/阙光联//党政干部学刊. －2006,(11)

剖析"陈唐体制"解体后的台湾/章念驰//海峡(香港). －2000,(11)

5. 选举

台湾1980年的增额选举/李强//台湾研究集刊. －1985,(2)

战后台湾社会经济变迁及其对选举的影响/李水旺//台湾研究集刊. －1986,(3)

民进党与1989年选举：预测与解释/孔立//台湾研究集刊. －1990,(1)

"二届立委"选举评析/李强//台湾研究集刊. －1993,(2)

台湾"第十二届县市长选举"评估/刘红//台湾研究集刊. －1993,(4)

二届"立委"选举对民进党的影响/范希周//台湾研究集刊. －1993,(4)

台湾朝野三大党年底县市长提名综述/刘红//台湾研究集刊. －1993,(4)

1993年台湾县市长选举：预测与结果/刘国深//台湾研究集刊. －1994,(1)

台湾县市长选举结果评析/朱卫东//台湾研究集刊. －1994,(1)

评析1993年台湾县市长选举/林劲//台湾研究集刊. －1994,(1)

台湾省市长选举及其影响探析/董玉

洪//现代台湾研究. -1995,(1)

从台湾"省市长"选举看民众求安定的心态/毛仲伟//台声. -1995,(5)

民进党二阶段"总统"初选及其影响/严安林//上海对台工作. -1995,(12)

从第三届"立委"选举比较台湾三党选举行为/张文生//台湾研究集刊. -1996,(1)

浅析台三届"立委"选举结果及影响/刘国深//上海对台工作. -1996,(1)

台湾第三届"立法委员"选举评述/王升等//台湾研究. -1996,(1)

从台湾"立委"选举看国民党的危机/张亦民//中央社会主义学院学报. -1996,(2)

1996年台湾"大选"结果的初步评估/林劲//台湾研究集刊. -1996,(2)

对台湾改变领导人产生方式之活动的评析/张凤山等//台湾研究. -1996,(2)

台湾社会选民结构分析/张文生//台湾研究. -1996,(4)

反分裂反"台独"斗争与台湾大选/李强//经济时刊. -1996,(7、8)

民进党在"大选"过程中的"省籍动员"/陈孔立//现代台湾研究. -1996,(8)

台湾"立委"选举及其影响探析/董玉洪//现代台湾研究. -1996,(总13)

从"立委"选举看"总统"直选/叶扬//现代台湾研究. -1996,(总13)

台湾"总统"选举及其影响探析/董玉洪//现代台湾研究. -1996,(总14)

台湾"县市长"选举观察/劳登、伟东//上海对台工作. -1997,(12)

从桃园县长补选看新党的困境和出路/吴强//现代台湾研究. -1997,(总19)

台湾县市长选举结果及其影响/秦华//瞭望. -1997,(49)

1997年台湾县市长选举评析/张文生//台湾研究集刊. -1998,(1)

国民党选举惨败说明了什么/王在希//台声. -1998,(1)

台湾县市长选举述评/李强//经济时刊. -1998,(1)

1997年台湾县市长选举综述/余克礼//台湾研究. -1998,(2)

钱票换选票——台湾选举文化面面观/吕铁军//台声. -1998,(12)

"三合一"选举结果及对岛内政局的影响/张伟栋//上海对台工作. -1998,(12)

1997年台湾县市长选举结果评析/虞晓波//现代台湾研究. -1998,(总21)

台湾县市长选举及影响分析/董玉洪//现代台湾研究. -1998,(总21)

马英九、吴敦义参选对年底选举影响分析/董玉洪//现代台湾研究. -1998,(总23)

关于年底"三合一"选举的预测研究:从空间分析政治的角度/吴强//现代台湾研究. -1998,(总24)

台湾三项选举结果透出的讯息/秦华//瞭望. -1998,(51)

2001台湾选举观察/张文生//厦门月刊. -1999,(1)

台湾人看台湾地区三项选举/秦华//两岸关系. -1999,(1)

民进党与"三合一"选举/林劲//台湾研究集刊. -1999,(1)

台湾1998年"三合一"选举述评/朱卫东//台湾研究. -1999,(1)

1998年台湾"三合一"选举评析/张文生//台湾研究集刊. -1999,(1)

从台湾"三合一"选举结果看岛内形势及两岸关系/李家泉//今日中国(中文版). -1999,(2)

台湾"三合一"选举简析/吴超//国家安

全通讯. －1999,(2)

从“三合一”选举看台湾政局与两岸关系的发展动向/高子川//当代亚太. －1999,(3)

台湾2000年“总统”角逐前瞻/文克平//团结. －1999,(4)

陈水扁与2000年“总统”选战/萧炎//上海对台工作. －1999,(7)

台湾政局焦点:“总统”大选/杨亲华//两岸关系. －1999,(7)

从台湾“总统”选情,看岛内民意主流/童仪//上海对台工作. －1999,(8)

影响台湾政治板块重组的鏖战:台湾下届“总统”选举初析/金骅//上海对台工作. －1999,(9)

牵动“总统”选情的云林大战/童仪//上海对台工作. －1999,(12)

台湾“三合一”选举评析/邱鹏辉等//现代台湾研究. －1999,(总25)

浅析选举预测的问题与方法:台湾“三合一”选举预测研究的回顾/吴强//现代台湾研究. －1999,(总25)

台湾1998年底“三合一”选举结果及影响分析/董玉洪//现代台湾研究. －1999,(总25)

“新台湾人”的提出与2000年“总统”大选/陈榕三//现代台湾研究. －1999,(总25)

“新中间路线”与2000年“总统”大选/陈榕三//现代台湾研究. －1999,(总26)

两岸关系:是战是和?——台湾“总统”选举结果分析/吴能远//现代台湾研究. －2000,(1)

台湾各“总统”参选人政见异同析/陈榕三//现代台湾研究. －2000,(1)

台湾大选民进党胜选原因及对两岸关系发展的影响/蒋永甫//广西社会主义学院学报. －2000,(2)

2000台湾“总统”选举评析/张文生//重庆社会主义学院学报. －2000,(2)

评2000年台湾地区选举对政局及两岸关系的影响/谢郁//台湾研究. －2000,(2)

台湾大选与两岸关系/杨云龙//中共太原市委党校学报. －2000,(3)

台湾大选透视/国华//国家安全通讯. －2000,(3)

当前台湾“政党政治”乱象分析/陈榕三//现代台湾研究. －2000,(3)

国际舆论评台湾地区选举结果/本刊编辑部//两岸关系. －2000,(4)

台湾选情综述/孙升亮//两岸关系. －2000,(4)

台湾选举后何去何从/廖宝法//东南亚纵横. －2000,(5)

关于台湾领导人选举和“台独”问题的几点思考/罗克//高校理论战线. －2000,(5)

评台湾地区的所谓选举/陆欣//理论学习. －2000,(6)

民进党“立委”选举的策略运用/翁芝光//现代台湾研究. －2001,(1)

台湾“立委”、县市长选举前后政情分析/郭健青//现代台湾研究. －2001,(6)

冷眼看台湾选举/徐博东//统一论坛. －2001,(6)

从岛内舆论看台湾选举/杨亲华//统一论坛. －2001,(6)

台湾各党派年底选举态势浅析/淮华//海峡两岸. －2001,(12)

注定是一场烂战——台湾年底选战观像/陈初越//南风窗. －2001,(15)

台湾“立委”选举制度改革刍议/黄跃荣//现代台湾研究. －2002,(1)

2001年台湾“二合一”选举述评/白

纯//世界经济与政治论坛. -2002,(1)

政治势力的重组与整合——2001年台湾"立委"与县市长选举透视/汪文//国家安全通讯. -2002,(1)

冷眼观察台湾地区选举结果/刘佳雁//台声. -2002,(1)

"本土化"与台湾选举/陈孔立//两岸关系. -2002,(1)

台湾"二合一"选举之后/李家泉//台声. -2002,(1)

台湾"立委"及地方选举简析/许世铨//重庆社会主义学院学报. -2002,(2)

透过台湾选举看岛内政党实力的变化及影响/罗萍//重庆社会主义学院学报. -2002,(2)

台湾选举文化初探:对2001年"二合一"选举的分析/林晓芳//现代台湾研究. -2002,(2)

台湾选举制度及其影响初探/曾润梅//台湾研究. -2002,(2)

台湾选举纵横谈/黄嘉树//两岸关系. -2002,(4)

透过台湾的选举制度看台湾的"民主政治"/李仁质//重庆社会主义学院学报. -2002,(4)

北高"市长"选后的台湾政治生态/郭健青//现代台湾研究. -2002,(12)

北高选举的背景及影响评估/萧劲松//现代台湾研究. -2002,(12)

北高两市选举对台湾政局的影响/曾涛//现代台湾研究. -2002,(12)

北高"市长"选举的若干结论/吴能远//现代台湾研究. -2002,(12)

北高"市长"及"议员"选举简析/董玉洪//现代台湾研究. -2002,(12)

北高"市长"选举的特点及对岛内政局的影响/李伯顺//现代台湾研究. -2002,(12)

台湾将形成两党制?——从"市长"选举看泛蓝、泛绿阵营的政治生态/辛徽//南风窗. -2002,(24)

台北高雄两市市长议员选举对2004年台湾"大选"的影响/李道湘//中央社会主义学院学报. -2003,(2)

2004年的台湾选举:民进党的竞选三主轴与争取中间选民策略/翁芝光//现代台湾研究. -2003,(2)

花莲县长补选与台湾政局:花莲县长补选的结果分析/翁芝光//现代台湾研究. -2003,(4)

从花莲县长补选看明年台湾选情/萧锦松//现代台湾研究. -2003,(4)

今年上半年台湾选战形势动向/陈榕三//现代台湾研究. -2003,(4)

台湾泛蓝整合拉开选战序幕/王民文//国家安全通讯. -2003,(5)

透视中美关系与2004年台湾"大选"/刘芳彬//两岸关系. -2003,(8)

2004年台湾"大选"探营/曾建丰//发展研究. -2003,(11)

2004年台湾大选走向台湾独立的危机/沈己尧//台声. -2003,(12)

透视台湾"大选"/文心//科学决策. -2003,(12)

2004年台湾大选及其对两岸关系影响的评估/林劲//闽台交往研究. -2003,(19)

2004年台湾选举中的美国因素/郭震远//瞭望. -2003,(32)

2004年台湾"大选"选情分析/郭健青//现代台湾研究. -2004,(1)

2004年的台湾选举"手护台湾"冲击泛蓝选情/康达宣//现代台湾研究. -2004,(1)

台湾"大选"与大陆的对策/刘进庆//领

导文萃. -2004,(1)

陈水扁为何以“台独”议题为竞选主轴/周伟//现代台湾研究. -2004,(1)

中台湾争夺战意义分析/陈榕三//现代台湾研究. -2004,(2)

台湾青年选民的政治认同与走向/唐德中//青年研究. -2004,(2)

近距离评析台湾选举/吴能远//领导文萃. -2004,(2)

2004年台湾“总统”选举选情评估与展望/陈恩//东南亚研究. -2004,(2)

2004年选举结果对台湾政局的影响/曾涛//现代台湾研究. -2004,(2)

透视台湾“公投”/胡红军//党史纵览. -2004,(2)

台湾“三·二〇”选举评析/张文生//重庆社会主义学院学报. -2004,(2)

台湾“大选”选情透视/吴献斌//当代亚太. -2004,(2)

竞选公关中的媒介权力——从2004年台湾大选广告战谈起/王琛//湖南大众传媒职业技术学院学报. -2004,(2)

2004选举之后的岛内政局台湾选举及其影响分析/董玉洪//现代台湾研究. -2004,(2)

台湾“立委”选举制度对女性参政的影响/林晓芳//现代台湾研究. -2004,(3)

遭否决的台湾“3·20公投”/刘徽焘//统一论坛. -2004,(3)

2004年台湾地区选举的影响分析/杨卓林//深圳职业技术学院学报. -2004,(3)

历史视角下的台湾“总统”选举/肖季文//文史精华. -2004,(3)

台湾选举与族群撕裂/李伯顺//现代台湾研究. -2004,(3)

台湾“大选”中的客家因素/吴福文、张树廷//现代台湾研究. -2004,(4)

2004年台湾地方领导人选举和美国对台政策/陶文钊//美国研究. -2004,(4)

台湾中间选民问题研究/陈榕三//现代台湾研究. -2004,(5)

“立委”选举对台湾政局的影响/翁之光//现代台湾研究. -2005,(1)

台湾“立委”选举结果及其影响分析/董玉洪//现代台湾研究. -2005,(1)

2004年台湾“立委”选举观察/张文生//重庆社会主义学院学报. -2005,(1)

台湾“立委”选举的政党策略分析/黄忮//现代台湾研究. -2005,(1)

台湾“立委”选举结果及其影响/李家泉//统一论坛. -2005,(1)

台湾“立委”选举中的配票行为研究——以2004年第六届“立委”选举为例/张文生//台湾研究集刊. -2005,(1)

台湾“立委”选举评析/张立//两岸关系. -2005,(1)

台湾地区选举后群众运动的攻防策略/林劭彦//鹭江职业大学学报. -2005,(1)

第六届“立委”选举与台湾政局走向/严安林//世界经济与政治论坛. -2005,(1)

简析台湾第六届“立委”选举/杨立宪//台湾研究集刊. -2005,(1)

台湾地区第六届“立委”选举透视/缪鹏年//现代台湾研究. -2005,(1)

台湾“任务型国代”选举浅析/俞其锐//台湾法研究. -2005,(2)

台湾“立委”选举与中美关系/潘林峰//领导文萃. -2005,(2)

台湾第六届“立委”选举解读/萧锦松//领导文萃. -2005,(2)

台湾基层选举中的“黑金政治”/任羽中//太平洋学报. -2005,(2)

“立委”选举后台湾政局的转变及其意义/周伟//现代台湾研究. -2005,(3)

台湾第二品牌政党的困境——第五、六届“立委”选举亲民党与“台联党”政党品牌之变化/吴春城//台湾研究集刊.－2005,(3)

台湾“立委”选举制度改革探讨/黄俊凌//现代台湾研究.－2005,(4)

台湾基层组织选举结果与影响/蔡世彦//天津市社会主义学院学报.－2005,(4)

台湾选举的沉重代价/姚同发//理论参考.－2005,(5)

台湾县市长选举情况分析/翁之光//现代台湾研究.－2005,(5)

国民党主席选举对岛内政局的影响/之光//现代台湾研究.－2005,(5)

台湾“三合一”选举结果评析/丁星、邓允光//现代台湾研究.－2005,(6)

台湾“三合一”选举与蓝绿板块的挪移/李伯顺//现代台湾研究.－2005,(6)

2008年“大选”的前哨战:评台北县长的选举/郭健青//现代台湾研究.－2005,(6)

台湾“三合一”选举解读/萧锦松//现代台湾研究.－2005,(6)

评台湾“三合一”选举/辛振一//两岸关系.－2005,(12)

台湾年底选举蓝绿对决有何变化/钟台升//台声.－2005,(12)

台湾地方选举结果显示新民意/孙升亮//民主.－2005,(12)

“三合一”选举台湾政治风向标/邢新研//中国新闻周刊.－2005,(46)

台湾政治与媒体的二重变奏——台湾“大选”时岛内政治与媒体的相互制约和相互促进/罗旭//江西金融职工大学学报.－2006,(1)

台湾选举文化论略/陈星//北京联合大学学报(人文社会科学版).－2006,(4)

台北、高雄市长选举对未来台湾政局的影响/彭维学//统一论坛.－2006,(6)

台湾“总统”选举评析/张文生//海峡(香港).－2000,(4)

6.行政管理

台湾公务员制度/叶皓//台湾研究集刊.－1988,(1)

台湾人事行政机构/方继华//台湾研究集刊.－1989,(2)

台湾公务员分类制度/李学通//台湾研究集刊.－1989,(4)

祖国大陆与台湾土地登记制度的比较/陈业业//亚太经济.－1997,(1)

论我国台湾地区的公权和公产赔偿责任/何峻//学海.－1997,(3)

香港、澳门、台湾地区分居制度比较——兼谈我国应设分居制度/林荫茂//现代法学.－1997,(6)

台湾的老人扶养疗养机构评估办法/杨孝濚//中国社会工作.－1998,(2)

台湾公务员培训制度述评/朱仁显//现代台湾研究.－1998,(21)

跨世纪的变化与耦合——港、澳、台公务员系统与国家公务员系统耦合研究/熊继宁//政法论坛.－1999,(6)

海峡两岸离婚制度比较研究/王胜芳//河南师范大学学报(哲学社会科学版).－2000,(4)

台湾行政改革(1954—1963)述评/郭太风//上海行政学院学报.－2000,(4)

我国台湾地区的政府审计制度述评/周恺//南京经济学院学报.－2000,(5)

国外和台湾地区的社区发展运动及对中国大陆的启示/杨勋//中国农村经济.－2000,(6)

民主行政与永续发展：比较台湾香港环境影响评估制度与运作/汤京平//深圳大学学报(人文社会科学版). -2001,(1)

海峡两岸治安管理处罚若干问题比较研究/朱子放//郧阳师范高等专科学校学报. -2001,(2)

台湾审计机关对责任人员的追究制度/林卫//广西审计. -2001,(3)

台湾土地征用的补偿/国土//中外房地产导报. -2001,(16)

台湾行政赔偿制度研究/伍劲松//台湾研究集刊. -2002,(1)

海峡两岸侨务问题研究的新篇章——庄国土教授《华侨华人与中国的关系》关于侨务的论述评析/高伟浓//东南亚研究. -2002,(1)

台湾地区公务员系统——"转型期"之前的探索/熊继宁//比较法研究. -2002,(3)

台湾反黑对我"打黑除恶"的启示/彭邦富//公安研究. -2002,(5)

浅议台湾侨务政策新变化及面临的问题/陈肖英//现代台湾研究. -2002,(5)

公共事务管理教育在台湾的发展/汪明生//管理评论. -2003,(1)

现阶段警察教育及训练问题之探讨——以台湾警察大学教育现况为例/蔡德辉//云南公安高等专科学校学报. -2003,(1)

试论大陆、台湾、香港公函的异同/张仲慧//开封教育学院学报. -2003,(1)

台湾地区移居海外侨民概况调查结果揭晓/一兵//八桂侨刊. -2003,(2)

从SARS蔓延看当局的行政缺失/翁之光//现代台湾研究. -2003,(3)

台湾现行公务员制度的问题与对策/贾鸿飞//云南行政学院学报. -2003,(5)

台湾"政府采购"稽察制度简介/玉筝//审计理论与实践. -2003,(6)

台湾现行文官制度存在的问题及改革建议/贾鸿飞//北京行政学院学报. -2003,(6)

台湾社区文化的面孔/朱渤//社区. -2003,(7)

试析台湾地区的公文稽催制度/王芹//秘书之友. -2003,(9)

浅析社会工作在台湾的发展/叶世明//现代台湾研究. -2004,(2)

评我国台湾"检警一体化"兼论我国检警关系/赵宁//山西警官高等专科学校学报. -2004,(4)

台湾、香港、大陆三地业主自治机构之比较/章水仙//广东青年干部学院学报. -2004,(4)

台湾警察公共关系的发展动向与借鉴意义/李敬焕//福建公安高等专科学校学报-社会公共安全研究. -2005,(1)

台湾地区行政计划程序述评与借鉴/武春玲//台湾法研究. -2005,(1)

日、韩和我国台湾地区行政指导比较/张忠//江南大学学报(人文社会科学版). -2005,(4)

台湾地区推行社区警政的问题及启示/王岩涛//江西公安专科学校学报. -2005,(5)

台湾地区内部稽核制度的发展及其对大陆的借鉴/李桂玲、周恺//审计研究. -2005,(6)

台湾公共行政研究——学科之历史回顾、现状与展望/詹中原//中国行政管理. -2005,(6、7)

台湾地区健康城市与健康社区之营造/许世雨//法治论丛. -2006,(2)

台湾物业管理考察报告/翁国强//中国

物业管理. －2006,(3)

台湾的社造运动与我国社区再造的路径选择/谈志林//中国行政管理. －2006,(10)

台湾工会概况/陈伯山//工友. －2006,(11)

7. 社会运动

台湾党外杂志概述/杨锦麟//台湾研究集刊. －1985,(2)

一九八五年的台湾党外运动/杨锦麟//台湾研究集刊. －1985,(4)

台湾党外运动阶级基础初探/杨锦麟//台湾研究集刊. －1986,(1)

关于海外"统运"的历史评价/李水旺//台湾研究集刊. －1986,(4)

台湾新女性主义的特征及其影响/承上//台湾研究集刊. －1988,(2)

七十年代"保钓运动"简介/孔德明//台湾研究集刊. －1991,(1)

台湾近代反日独立运动中的国家认同问题/莫世祥//台湾研究集刊. －1995,(2)

陷入金钱与政治斗争中的台湾环保运动/王建民//台声. －1996,(12)

钓鱼岛问题与台湾的"保钓运动"/朱素梅//台湾研究. －1997,(1)

台湾妇女运动初探/何笑梅//台湾研究. －1999,(1)

我所经历的台北抗议美军暴行学生运动/陈炳基//台声. －2000,(2)

论台湾公营企业民营化中的工会运动/傅麟//工会理论与实践－中国工运学院学报. －2000,(6)

杨逵与台湾学生民主运动/方生//新文学史料. －2001,(1)

试析台湾新兴农民运动/何海兵//华东理工大学学报(社会科学版). －2001,(2)

浅析台湾"中华文化复兴运动"/李厚刚//华中科技大学学报(人文社会科学版). －2002,(1)

战后台湾人民爱国斗争的历史分期及其特点/谢岩福//中共福建省委党校学报. －2002,(9)

台湾与近代中国的三次革命高潮/李艾丽//广西民族学院学报(哲学社会科学版). －2003,(5)

社会变迁中的台湾劳工运动分析/叶世明//现代台湾研究. －2003,(6)

日据时期台湾民族运动中的阶级斗争问题—以台湾民众党为中心之研究/陈小冲//台湾研究集刊. －2005,(1)

"倒扁"运动对岛内政局和两岸关系影响重大/彭维学//统一论坛. －2006,(5)

8. 政治事件

海外主要台独运动组织/林劲//台湾研究集刊. －1986,(1、3)

1981—1985年海外台独"理论"述评/林劲//台湾研究集刊. －1986,(4)

试论台湾二·二八事件中的民主与地方自治要求/邓孔昭//台湾研究集刊. －1987,(2)

台独思潮与海外台独运动/林劲//台湾研究集刊. －1987,(3)

战后海外台独运动与日据时期台湾抗日自救运动之比较/林劲//台湾研究集刊. －1988,(3)

略论台独思潮的社会历史根源/林劲//台湾研究. －1989,(4)

世台会性质初析/林劲//台湾研究集刊. －1989,(4)

现阶段海外台独运动的指导思想和理论特征/林劲//台湾研究集刊. －1990,(1)

析评1989年台湾选举中的台独活动/林劲//台湾研究集刊. －1990,(2、3)

现阶段海外台独运动的路线和方针/林劲//台湾研究. －1990,(3)

现阶段海外台独运动敌视中共的立场和方针策略/林劲//台湾研究集刊. －1990,(4)

近期台独升级原因及其前途分析/范希周//统一战线论坛. －1991,(10)

当前台湾岛内"台独"活动的基本特征/林劲//台湾研究集刊. －1992,(1)

及时、鲜明、有力的批判——评《论台独》/林劲//台湾研究集刊. －1993,(4)

"台独"与"独台"的同一性和差异性及走向/毛仲伟//台湾研究集刊. －1994,(1)

"台湾独立"与国家利益的冲突——兼析台湾问题与中美关系/董操//台湾研究. －1994,(1)

台湾当局台独逆行成因及影响/刘友锵、叶扬//现代台湾研究. －1994,(4)

从台独分子纪念马关条约的言行看其对台胞民族认同的冲击/鲍绍霖//台湾研究. －1995,(3)

试析"台独"分裂主义势力的演变/李哲//黑龙江教育学院学报. －1995,(4)

略析"台独"/李淑荣//新视野. －1995,(5)

台湾问题研究学者驳"台独"谬论/瞭望. －1995,(37)

世纪之交的台独发展趋势/林志宽//理论观察. －1996,(1)

"台独"理论纲要剖析/朱卫东//海南大学学报(社会科学版). －1996,(3)

"台独汉奸"论/沈已尧//台声. －1996,(4)

台湾"二·二八"事件50周年祭/才家瑞//台湾研究. －1997,(1)

论台湾岛内"台独"势力的派系与路线之争/张凤山//台湾研究. －1997,(4)

再论台湾二·二八事件/邓孔昭//台湾研究论坛. －1997年特刊

简论岛内"台独"势力的发展阶段/张凤山//台湾研究. －1998,(1)

谈古论今斥"台独"/杨义富//台声. －1998,(6)

论"台独"势力的"住民自决"/张凤山//台湾研究. －1999,(2)

"台独"的产生与发展原因析/付广平//内蒙古统战理论研究. －1999,(2)

论"台独"的历史渊源及对策/于其欣//山东省青年管理干部学院学报. －1999,(3)

"台独"幻想必须彻底抛弃——对台湾民进党《台湾前途决议文》的评析/钟文//两岸关系. －1999,(6)

从"急独"到"缓独"——评民进党的"台湾前途决议文"/杨毅周//台声. －1999,(7)

台湾"吴国桢事件"的前因后果/孙宅巍//湖北文史资料. －2000,(2)

台湾"二二八"起义亲历者的评说/吴克泰//炎黄春秋. －2000,(3)

国民党偏安台湾重大历史事件综述/蔡惠霖//军事历史. －2000,(3)

论"台独运动"的阶段性及其转化/刘国深//台湾研究集刊. －2000,(4)

论光复后台湾民众心态与"二·二八"事件的爆发/白纯//贵州社会科学. －2000,(5)

"二·二八"事变与省籍情结/程晓鹏//黄冈师范学院学报. －2000,(5)

五十年浮沉话"台独"/陆茂清//海内与海外. －2000,(6)

光复后的"怪胎"——"台独"的起源/何肖//党史纵横. －2000,(6)

"台独"的由来及国民党对"台独"态度的演变/宛夫//前线. －2000,(6)

中国的主权不容分割——驳吕秀莲的

“台独”谬论/毅彬//求是.－2000,(9)

“票房毒药”“毒”难消——民进党缘何死抱“台独党纲”不放/彭维学//两岸关系.－2000,(9)

“台独”运动的终结?/陈光兴//读书.－2000,(12)

“台独”逆史/茂钦//文史精华.－2000,(12)

“台独”是中华民族的公敌/彭光谦//瞭望.－2000,(25)

台湾“二·二八起义”/捷子//新文学史料.－2001,(1)

论“台独”势力发展的三个阶段及其特点/徐正华//抚州师专学报.－2001,(1)

从台湾政经局势的跌宕起伏看“台独”困境/周忠菲//世界经济研究.－2001,(2)

“文化台独”行不通/叶炳昌//台声.－2001,(2)

“台独”情结的变迁及“新台湾人”意识的生成——20年来岛内民意发展的回顾/李涛//重庆社会主义学院学报.－2001,(2)

关于“文化台独”的几个问题/姚同发//台湾研究.－2001,(3)

“统合”掩饰不了“台独”的图谋——评陈水扁“统合论”的理论误区、现实困境和政策实质/李鹏//广东省社会主义学院学报.－2001,(4)

“文化台独”及其危害/胡必松//台声.－2001,(4)

论“台独”的危险去向/冯天海//陕西青年管理干部学院学报.－2001,(4)

“台独”势力膨胀的原因剖析/郗淦、廖晓宴//现代台湾研究.－2001,(6)

冠社团之名行“台独”之实——台湾几个“台独”控制的组织/朝胜//两岸关系.－2001,(8)

“台独”逆流记/夏明星、徐礼田//海峡两岸.－2001,(8)

孙立人案:美国在台策动兵变始末/徐宗懋//湖北档案.－2001,(9)

台湾分裂势力的八个重要动向/华青//瞭望.－2001,(17)

渐进式“台独”的历史由来及其危害/傅白水//现代台湾研究.－2002,(2)

“文化台独”是“台独”的理论前提和文化基础:“台独”文化理论批判之一/刘登翰//现代台湾研究.－2002,(2)

简析“台湾正名运动”/刘红//台湾研究.－2002,(3)

“九·一八事变”:一个台湾的视角——以《台湾新民报》记事为中心/陈小冲//台湾研究集刊.－2002,(3)

民进党执政后岛内“台独”的发展及其趋势/张文生//现代台湾研究.－2002,(4)

“台独”将使台湾走上毁灭之路/欣桦//海峡两岸.－2002,(9)

驳台湾独立论/张春英//军事历史.－2003,(4)

威胁两岸和平统一的重要因素——“文化台独”/李道湘//统一论坛.－2003,(6)

台湾“二·二八”事件研究综述/杜继东//近代史研究.－2004,(2)

台湾“二·二八”事件真相/吴克泰//军事历史.－2004,(2、3)

“台独”活动的发展与遏制/庄江东、黄恺//现代台湾研究.－2005,(2)

2004年“台独”挫败回顾/陈榕三//现代台湾研究.－2005,(2)

东亚分离主义(下篇)——台湾分离主义运动/朱显龙//北京联合大学学报(人文社会科学版).－2005,(3)

论“台独”所依赖的心理基础与文化基础——“台湾意识”与“文化台独”透视/张少宁、黎良华//广西社会主义学院学报.

-2005,(3)

对遏制“渐进式台独”的思考/马俊平、李星煜//现代台湾研究.-2005,(4)

“台独”是台湾社会的一劫——析“法理台独”的危害性/刘红//统一论坛.-2006,(5)

荒谬又违法的言行——驳“台湾地位未定”与“法理台独”论/曹骏//统一论坛.-2006,(6)

从陈水扁的“台独”挑衅看“台湾前途决议文”/李鹏//海峡月刊(香港).-2002,(9)

台当局“渐进式台独”的新发展/李家泉//海峡(香港).-2002,(9)

9. 阶级结构、社会结构

台湾中产阶级及其历史地位/姚一平//台湾研究集刊.-1986,(4)

台湾中产阶级的发展和特征/潘晋明//台湾研究.-1990,(2)

现阶段台湾政坛的省籍问题/陈国欣//台湾研究集刊.-1991,(1)

未来五年台湾政治精英结构及其流动趋势分析/刘国深//台湾研究集刊.-1992,(1)

现阶段台湾岛内“统独”力量基本状况分析/曾建丰//台湾研究集刊.-1992,(1)

中国传统社会组织的血缘解纽——主要以台湾社会为例/管东贵//中国史研究.-1995,(2)

试论战后台湾社会阶级结构的演变/王建民//台湾研究.-1995,(4)

战后台籍资本精英阶层之结构功能演变/刘国深//台湾研究.-1995,(4)

台湾妇女研究论点简述/仪缨//妇女研究论丛.-1996,(1、3)

当代台湾利益集团的结构功能分析/葛敏//台湾研究.-1996,(2)

台湾光复以来的劳资关系状况考察/杨立宪//台湾研究.-1996,(4)

台湾岛地区政治生态差异与族群特征/李强//经济时刊.-1996,(5)

台湾地方派系的分布、结构及其政治功能/赵印香//台湾研究.-1997,(4)

台湾大财团的政商关系及其影响/王建民//上海对台工作.-1998,(10)

台湾“省籍族群”的结构功能分析/刘国深//台湾研究集刊.-1999,(3)

“新台湾人”评析/刘保刚//现代台湾研究.-1999,(25)

利益集团在政治过程中的角色与功能/刘国深//学术月刊.-2000,(5)

海外“反独促统”力量的特点及成因/王长鱼//统一论坛.-2001,(1)

简析台湾权力结构与地方派系关系之演变/王建民//台湾研究.-2001,(2)

当代台湾青年政治观的嬗变、特征与启示/曾盛聪//现代台湾研究.-2001,(5)

当代台湾青年边际性政治人格特征解析/曾盛聪//中国青年政治学院学报.-2002,(2)

台湾政治的“省籍族群本土化”研究模式/陈孔立//台湾研究集刊.-2002,(2)

台湾青年政治观的嬗变与特征/曾盛聪//中国青年研究.-2002,(2)

台湾新政商关系透视/陈莘//世界经济与政治论坛.-2002,(4)

一党专政体制在台湾的确立——国民党改造运动纪实/崔之清//钟山风雨.-2002,(5)

宋楚瑜支持群体的社会基础与政治性质/黄恺//现代台湾研究.-2003,(2)

台湾当代大学生的政治意识/丁三青//当代青年研究.-2003,(2、4)

台湾省籍矛盾的社会历史根源/张文生//重庆社会主义学院学报.－2003,(3)

当代台湾青年政治走向评析/刘明//青年探索.－2003,(4)

台湾中产阶级新贫困化隐忧/许彩玲//现代台湾研究.－2004,(2)

台湾的"族群"与"族群政治"析论/郝时远//中国社会科学.－2004,(2)

族群社会中的台湾民主/马海军//团结.－2004,(3)

台湾地方派系与政商的关系/陈榕三//现代台湾研究.－2004,(4)

台湾当前"主流民意"的异化/陈正统//现代台湾研究.－2004,(4)

台湾中产阶级及其外移因素分析/陈晓枫//亚太经济.－2004,(6)

台湾族群政治分析/冯云波//太平洋学报.－2005,(2)

韩国、新加坡、中国香港和台湾:中产阶级正在崛起/王晓燕//扬州大学学报(人文社会科学版).－2005,(2)

台湾民间的"省籍—族群"和解运动——以《面对族群与未来——来自民间的对话》为例/王茹//台湾研究集刊.－2005,(3)

当代台湾农民政治取向分析/刘强//广州社会主义学院学报.－2006,(4)

10.政党、团体

试析台湾民众党/陈动//台湾研究集刊.－1984,(4)

菲律宾、台湾政治反对势力的比较研究/杨锦麟//台湾研究集刊.－1986,(2)

台湾共产党的政治历史/[美]弗朗克·S·肖、劳伦斯·R·沙里文,田华译//台湾研究集刊.－1986,(2、3)

国民党的政治改革及对其大陆政策的影响/范希周//台湾研究集刊.－1988,(2)

国民党"十三大"对权力结构和党内派系的影响/李强//台湾研究集刊.－1989,(1)

试论"十三大"后国民党内的主要派系/周世跃//台湾研究集刊.－1989,(1)

"十三全"以来国民党的权力斗争和派系重组——兼论"二李体制"/李强//台湾研究集刊.－1989,(4)

70年代以来国民党的"党务革新"/范希周//台湾研究.－1989,(4)

国民党上层权力结构演变趋势探析/戴培元、陈显增//台湾研究集刊.－1990,(1)

"党务革新"与国民党的"现代化"/刘国深//台湾研究集刊.－1991,(2)

民进党有能力执政吗?/黎雨洲//海峡两岸.－1991,(2)

民进党政治主张的走向及对海峡两岸关系的影响/林劲//台湾研究集刊.－1991,(4)

国民党派系和日本自民党派阀的结构功能比较/臧志军、刘国深//台湾研究集刊.－1992,(4)

民进党政治主张走向的内在原因/林劲//台湾研究集刊.－1993,(1)

国民党中央决策体制改革动向分析/刘国深//台湾研究集刊.－1993,(2)

从"十四全"看国民党内部矛盾/李强//台湾研究集刊.－1993,(4)

民进党的发展趋势及其对台湾政局、两岸关系的影响/曾建丰//台湾研究集刊.－1993,(4)

台湾"新党"成立背景及发展趋势分析/王在希//台湾研究集刊.－1993,(4)

民进党"台独"主张的淡化和对两岸关系事务观念的转变/林劲//台湾研究集刊.－1994,(2)

民进党的派系简析/张凤山//台湾研

究. －1994,(3)

试析李登辉主政后国民党的变化/李建敏//台湾研究集刊. －1994,(4)

对国民党“台湾化”的透析/张凤山//台湾研究. －1995,(1)

国民党公布党产——巨额党产何处来/张文彪//领导文萃. －1995,(6)

论国民党民族感情/徐启基//现代台湾研究. －1995,(总10)

台湾政治转型与民进党的角色探讨/董玉洪//现代台湾研究. －1995,(总12)

民进党的派系斗争和运作及其对三届“立委”选举的影响/林劲//台湾研究集刊. －1996,(1)

国民党党营事业剖析/高群服//台湾研究. －1996,(1)

国民党和民进党的角逐——评《民进党执政》/陈孔立//台湾研究集刊. －1996,(1)

1995年台湾新党情况综述/严安林//华东理工大学学报(社会科学版). －1996,(1)

国民党政治竞争力计量分析/刘国深//台湾研究集刊. －1996,(2)

中国国民党的“改造”——领袖、党、政府/[日]松田康博,雷慧英译//台湾研究集刊. －1996,(3)

新党的发展及困境/魏敬东//台湾研究. －1996,(3)

三党政治合纵连横——台三党关系近来发展试探/开明//时事报告. －1996,(6)

“百年老店”真能“浴火重生”？——国民党“再造”透视/黄中平//上海对台工作. －1996,(11)

“建国党”的成立说明了什么？/钟威//台声. －1996,(12)

台“总统”选举后国民党的策略调整及发展趋势/郑耀宗、林耀明//现代台湾研究. －1996,(总14)

试论新党的发展/赵兴胜、张远鹏//现代台湾研究. －1996,(总16)

台湾民进党面临分化困境/本刊记者//瞭望. －1996,(22)

“台独”路线之争与台湾“建国党”的成立/张文生//台湾研究集刊. －1997,(1)

台湾“政党合作”问题初探/洪明//台湾研究. －1997,(1)

民进党“大和解、大联合政府”主张的推行与现阶段台湾的政党合作/林劲//台湾研究集刊. －1997,(2)

台湾政党合作走向浅析/毛仲伟//台声. －1997,(3)

国民党“十五全”评析/谢力军//上海对台工作. －1997,(9)

台“总统”选举后国民党策略调整的意图及其走向/郑耀忠、林耀明//现代台湾研究. －1997,(总17)

试析民进党转型/杨德明//现代台湾研究. －1997,(总19)

浅析国民党十五全会议/邱汉文、谢小鹏//现代台湾研究. －1997,(总20)

民进党的世俗化趋向及其困境/刘国深//台湾研究集刊. －1998,(2)

民进党“台独”转型“五阶段论”——回顾与前瞻/徐博东//台湾研究. －1998,(3)

新党的国家认同/陈孔立//台湾研究集刊. －1998,(3)

“建国党”简论/张黎宏//台湾研究. －1998,(4)

民进党“转型”与台湾政局及两岸关系/严安林//台湾研究. －1998,(4)

民进党的“转型”及其走向/郭平坦//台声. －1998,(8)

论台湾两党制的形成、模式和影响/吴强//现代台湾研究. －1998,(总22)

民进党"台独"转型五阶段论/徐博东//现代台湾研究.－1998,(总23)

1998年台湾民进党主要活动述评/许钟萍//台湾研究.－1999,(1)

民进党八届二次全代会对"总统"选举的影响/杨亲华//上海对台工作.－1999,(6)

仍未摆脱困境的民进党/杨亲华//两岸关系.－1999,(6)

国民党内部权力之争愈演愈烈:剖析"连宋配"、"连宋合"的破局/朱爱莉//上海对台工作.－1999,(10)

台湾民进党"前途"如何——民进党八届二次"全代会"评析/秦华//瞭望.－1999,(21)

民进党全代会与"两国论"/陈榕三//现代台湾研究.－1999,(总27)

民进党"台独"转型探析/张丹青//现代台湾研究.－1999,(总28)

试析当前国民党的分裂危机及其对岛内政局的影响/虞晓波//世界经济与政治论坛.－2000,(1)

试述民进党的"台独"转型/张丹青//中央社会主义学院学报.－2000,(2)

从1950—1952年国民党改造看当前国民党改造/朱建新//现代台湾研究.－2000,(2)

国民党"改造运动"前景评析/范晓军//台湾研究集刊.－2000,(3)

民进党的未来发展—兼谈海峡两岸关系的前景/张黎宏//世界经济与政治论坛.－2000,(3)

李登辉是如何危害国民党的?/刘红//台湾研究.－2000,(3)

国民党改造刍议/张黎宏//台湾研究.－2000,(3)

民进党路线歧异的危机/翁芝光//现代台湾研究.－2000,(4)

台湾政党的"策略联盟"之路/陈榕三//现代台湾研究.－2000,(4)

执政后的民进党所面临的困境/林小芳//现代台湾研究.－2000,(4)

国民党的败选和两岸关系/李家泉//台声.－2000,(5)

国民党丧失台湾政权原因探析/罗凤琳//理论导刊.－2000,(7)

试论台湾新党的大陆政策/张莉萍//国际政治研究.－2001,(1)

新阶段民进党派系问题探讨/陈榕三//现代台湾研究.－2001,(1)

亲民党的发展现况述评/曾润梅//台湾研究.－2001,(2)

试析国民党在台湾的党务改造运动/高学军//齐齐哈尔大学学报(哲学社会科学版).－2001,(2)

新潮流系对民进党未来政策的影响/翁芝光//现代台湾研究.－2001,(2)

泛国民党阵营整合与台湾未来政局/范晓军//台湾研究集刊.－2001,(2)

从"派系共治"到"以党辅政"——民进党决策模式分析/鞠海涛//台湾研究.－2001,(4)

论民进党的"台独转型"/张凤山//台湾研究.－2001,(4)

台联党对民进党的影响/翁芝光//现代台湾研究.－2001,(4)

中国革命运动的发展与台湾共产党的成立/钟健英//现代台湾研究.－2001,(4)

台湾三党之实力消长及对岛内政局的影响/张敦财//现代台湾研究.－2001,(4)

揭开"台联"的面纱/党朝胜//统一论坛.－2001,(5)

从1950—1952年的国民党改造看当前改造/蒋春发//统一论坛.－2001,(6)

在“一个中国”之下“爱台湾”——评中国国民党的复兴之路/庄礼伟//南风窗. –2001,(9)

亲民党的发展与“国亲”合作/吴宣//海峡两岸. –2001,(9)

国民党能否开除李登辉/王升//领导文萃. –2001,(10)

评中国国民党的复兴之路/庄礼伟//领导文萃. –2001,(10)

民进党快速步上黑金政治之路/文久//海峡两岸. –2001,(11)

扑朔迷离的台湾政坛背后——看国、亲、民三党的相互关系/陈培//两岸关系. –2001,(11)

前景黯淡的“台联”党/严峻//瞭望. –2001,(37)

“台联”党的李登辉情结/安华//瞭望. –2001,(38)

台湾政党政治生态及其对两岸统一的影响/孙代尧//中央社会主义学院学报. –2002,(1)

另类的台湾“左翼”/黎湘萍//中国现代文学研究丛刊. –2002,(1)

台湾“立法院”改选之后的政党整合/周伟//现代台湾研究. –2002,(2)

台湾民进党侨务政策的调整/黄昆章//世界经济与政治论坛. –2002,(2)

民进党提高决议文位阶的目的/翁芝光//现代台湾研究. –2002,(2)

评析民进党执政之后政党转型的两项举措/林劲//台湾研究集刊. –2002,(3)

试论“台湾团结联盟”的现实基础和发展“瓶颈”/林敏慧//中央社会主义学院学报. –2002,(3)

民进党党务改造的背景、内容、特点及影响/严安林//现代台湾研究. –2002,(3)

台湾泛蓝阵营的政党合作分析/张文生//台湾研究集刊. –2002,(3)

民进党内的主流与非主流之争/李伯顺//现代台湾研究. –2002,(3)

台湾民众党与台胞抗日运动/魏章柱//文史杂志. –2002,(3)

台湾地区政党体系发展导论/张黎宏//台湾研究集刊. –2002,(4)

民进党意识形态及其理论基础/鞠海涛//台湾研究集刊. –2002,(4)

民进党内讧解密/浩天//海峡两岸. –2002,(4)

民进党派系问题分析/林劲//世界经济与政治论坛. –2002,(4)

民进党对媒体及民调的政治运作/王茹//台湾研究集刊. –2002,(4)

论“渐进式台独”的成因及其在台湾社会政治中的表现/宋伦//河南社会科学. –2002,(6)

台湾政党格局变化与两岸关系走向/曾建丰//发展研究. –2002,(8)

民进党公职候选人提名制度评析/林敏慧//海峡两岸. –2002,(8)

民进党十届“全代会”后陈水扁的新动向/曾润梅//海峡两岸. –2002,(9)

民进党社会族群基础分析/叶世明//现代台湾研究. –2002,(12)

蓝绿两阵营面临的困境/翁之光//现代台湾研究. –2002,(12)

民进党与台联党关系分析/林劲//台湾研究集刊. –2003,(1)

台联党对台湾政局的影响/林苗挺//现代台湾研究. –2003,(1)

“泛蓝”整合前景评估/冯仑//现代台湾研究. –2003,(1)

评述2002年的中国国民党/吴能远//现代台湾研究. –2003,(2)

2004年国亲合作前景/潘林峰//现代

台湾研究.-2003,(2)

台湾将形成两党制?/辛薇//领导文萃.-2003,(2)

“政党轮替”与国民党政党品牌变化/吴春成//台湾研究集刊.-2003,(2)

“泛紫联盟”对台湾政坛的影响/潘林峰//现代台湾研究.-2003,(4)

民进党在中南部地区的社会基础/潘林峰//现代台湾研究.-2003,(6)

台湾学生社团:磨志练才的摇篮/唐德中//中国青年研究.-2003,(6)

民进党选举策略及影响分析/董玉洪//现代台湾研究.-2003,(6)

泛蓝军面临的难题/翁之光//现代台湾研究.-2004,(1)

民进党是如何绿化台湾媒体的/张辉//漳州职业大学学报.-2004,(2)

台湾民进党侨务政策的调整及面临的问题/陈肖英//八桂侨刊.-2004,(2)

选后国民党本土派的动向及未来走向分析/黄跃荣//现代台湾研究.-2004,(3)

国民党的危机与解决之道/周伟//现代台湾研究.-2004,(4)

浅析李登辉主政时期国民党衰落的原因/王英//现代台湾研究.-2004,(5)

台联党的理念及其“激进台独”倾向/肖锦松//现代台湾研究.-2004,(6)

国民党直属台湾党部述评/褚静涛//现代台湾研究.-2005,(2)

中国国民党式微根源探析/李尔玺//当代世界与社会主义.-2005,(3)

中国国民党两次丢失政权的深刻教训和启示/李松林//新视野.-2005,(3)

论民进党的“台独”转型/程传林//现代台湾研究.-2005,(3)

国民党的中心思想演变及本土化/周伟//现代台湾研究.-2005,(4)

新党的历史机遇与前景/陈榕三//现代台湾研究.-2005,(4)

从马英九面临的挑战看国民党的前途/曾建丰//现代台湾研究.-2005,(4)

国、亲两党未来发展趋势及对我工作建议/郭健青//现代台湾研究.-2005,(5)

台湾地方派系与国民党关系的转变/张嵘//现代台湾研究.-2005,(5)

浅谈分裂台湾社会的蓝绿光谱/胡俊//台声.-2005,(5)

民进党执政期间政商关系之演变/黄俊凌//现代台湾研究.-2005,(6)

中国国民党有望在台湾重新执政/齐兆明//世纪桥.-2005,(12)

国民党这100年下篇:台湾时期(1949年～2005年)/王建民//世界知识.-2005,(19)

民进党之困/黄海//瞭望.-2005,(47)

从民进党主席补选看派系斗争及其影响/曾建丰//现代台湾研究.-2006,(1)

两岸主要政党的“不等边三角关系”/李家泉//现代台湾研究.-2006,(1)

民进党内政治生态转换及其对两岸关系的影响/徐博东//统一论坛.-2006,(5)

民进党在执政道路上迈出重要一步/林劲//中国评论(香港).-1998,(3)

民进党的政党转型与两岸关系/林劲//中国评论(香港).-2000,(7)

民进党第二次转型能否成功/张文生//海峡月刊(香港).-2002,(6)

“成也陈水扁,败也陈水扁”——析民进党党务改造的利与弊/严安林//海峡(香港).-2002,(6)

民进党研究在大陆/李家泉//中国评论(香港).-2003,(8)

民进党缘何迅速由盛而衰/章念驰//经

济导报(香港). －2006,(27)

11. 社会保障

筹备中的台湾全民健康保险/亢平域、徐晓//台湾研究集刊. －1989,(2)

台湾社会福利制度与"台湾福利国"/林长华//台湾研究集刊. －1993,(2)

台湾和新加坡社会保障制度比较/乔宗铭//当代亚太. －1995,(3)

台湾健康保险的改革/黎璧莹//卫生软科学. －1995,(6)

台湾地区全民健康保险及其药品市场分析/陈振飞//中国药事. －1996,(2)

台湾社会保险制度的发展与改革/王建民//经济导刊. －1996,(3)

台湾推行环保标志制度现况/本刊编辑部//福建质量信息. －1997,(1)

评台湾全民健康保险实施一年结果/陈志兴//中国医院管理. －1997,(1)

台湾的强制执行救济制度及对大陆的借鉴意义/潘天涛//法律适用. －1997,(1)

台湾地区全民健康保险项目借鉴/陈卫强//卫生经济研究. －1997,(7)

简析当代台湾基金会的社会功能/唐蕙敏//台湾研究. －1998,(2)

台湾社会健康保险制度改革得失及其借鉴意义/王国军//保险职业学院学报. －1998,(4)

台湾社会福利服务之探讨——从身心障碍者保护及社会救助说起/张学鹦//中国社会工作. －1998,(4)

台湾的社会福利发展趋势/王培勋//中国社会工作. －1998,(4)

当前台湾房市问题及台湾当局有关措施分析/高群服//台湾研究. －1999,(2)

台湾职工退休金制度介评/杨胜刚//经济评论. －1999,(6)

台湾的医疗保险制度/赵喜顺//台湾研究集刊. －2000,(1)

台湾就业安全体系与失业保障问题初探/王建民//台湾研究. －2000,(2)

台湾青少年心理辅导发展及其对我们的参考意义/樊富珉//清华大学学报(哲学社会科学版). －2000,(2)

台湾农民健康保险制度的实施状况及其启示/杨生斌//陕西农业科学. －2000,(6)

问题丛生的台湾健康保险制度/林更生//海峡科技与产业. －2001,(4)

台湾住宅补助政策/宏亮//中外房地产导报. －2001,(8)

台湾社会保障制度改革及评价/张颖//辽宁行政学院学报. －2003,(6)

台湾地区现行的社会保险制度/苗桂祥//环渤海经济瞭望. －2004,(3)

台湾社会福利发展状况分析:从公共选择理论角度分析/勇素华//现代台湾研究. －2005,(5)

进入21世纪的中国台湾基金会/朱传一、商玉生//学会. －2005,(10)

中国台湾地区人口老龄化与老年人社会保障/尹豪//人口学刊. －2006,(3)

12. 社会问题

台湾省青少年犯罪概况/林耀欣、邹俊明//台湾研究集刊. －1984,(1)

台湾黑社会组织及其危害/朱江//台湾与东亚. －1984,(2)

台湾青少年犯罪社会原因初探/林耀欣、邹俊明//台湾研究集刊. －1984,(4)

关于十信事件/翁成受//台湾研究集刊. －1985,(2)

台湾人才外流与对策/何天华//台湾研究集刊. －1985,(3)

台湾青少年犯罪日趋严重/何天华//台

湾研究集刊.－1985,(4)

台湾的"恶性补习"问题/何天华//台湾研究集刊.－1986,(1)

台湾社会问题日趋严重/何天华//台湾研究集刊.－1986,(3)

台湾妇女问题综述/郃宝林//台湾研究集刊.－1986,(3)

台湾妇女问题初探/承上//台湾研究集刊.－1987,(2)

台湾高山族当前的社会处境分析/郃宝林//台湾研究集刊.－1987,(3)

台湾的走私与贩毒/于广寒//海峡两岸.－1991,(2)

台湾的住宅问题与住宅政策/〔日〕川濑光义//台湾研究集刊.－1992,(3)

台湾青少年犯罪的特点及其社会原因/王涛//现代台湾研究.－1995,(总11)

台湾社会的新问题—高学历,高失业/刘建兴//台声.－1996,(1)

台湾原住民社会面临解体的危机/何天华//台湾研究集刊.－1996,(1)

成长中的困惑和迷茫——台湾青少年犯罪现状及成因/方仲//当代青年研究.－1996,(4)

台湾社会的高学位崇拜/林更生//海峡科技与产业.－1996,(4)

剖析台湾高失业的原因/郑泽清//中共福建省委党校学报.－1996,(5)

宋七力大骗局透视的社会问题/肖走//台声.－1996,(12)

浅析"竹联帮"的组织结构/雷冬文//现代台湾研究.－1996,(总13)

台湾黑社会现状与社会控制/左昊//江苏警官学院学报.－1997,(2)

台湾黑社会问题探析/高群服//台湾研究集刊.－1997,(3)

"外劳问题"困扰台湾社会/光月//台声.－1997,(5)

论台湾黑社会组织的国际化/雷冬文//现代台湾研究.－1997,(总17)

台湾黑社会的向外渗透趋势/孔萍萍、周心捷//现代台湾研究.－1997,(总20)

从白晓燕命案看台湾社会治安/刘佳雁//瞭望.－1997,(22)

岛内治安恶化谁之过?——白晓燕案的省思/杨毅周//台声.－1998,(1)

当代台湾黑社会问题初探/孔萍萍//台湾研究.－1998,(2)

台湾社会问题严重之原因所在/崔浩//台声.－1998,(5)

黑社会向台湾政治领域的渗透/孔萍萍//现代台湾研究.－1998,(总23)

台湾社会色情问题初探/郭志珊//台湾研究集刊.－1999,(4)

高处不胜寒——台湾高学历者失业现象浅析/刘根勤//青年探索.－1999,(4)

海峡两岸青少年面临的新问题/谭湘龙//两岸关系.－1999,(6)

台湾"高学历高失业"现象透视/刘根勤//中国青年研究.－1999,(6)

台湾社会转型中青少年犯罪问题剖析/曾盛聪//青年研究.－1999,(10)

台湾社会转型与青少年犯罪/曾盛聪//台湾研究.－2000,(1)

台湾学生的辍学问题/谭晓玉//青少年犯罪问题.－2000,(1)

令台湾尴尬的边缘青少年/邱花妹//中国青年研究.－2000,(1)

白色交易—海峡中的毒品走私/王鉴远//两岸关系.－2000,(2)

海峡两岸青少年犯罪问题比较研究/刘华//两岸关系.－2000,(3)

台湾帮派侵扰清静校园/贺玮//中国青年研究.－2000,(4)

论台湾黑道的政治化/雷冬文//现代台湾研究. -2000,(4)

就业困难与网络色情困扰台湾青少年/流焰//中国青年研究. -2000,(6)

台湾三大黑帮扫描/建民//两岸关系. -2000,(9)

经济转型期的台湾青少年犯罪/王巍//华东理工大学学报(社会科学版). -2001,(2)

海峡两岸青少年犯罪问题比较/曾盛聪//台湾研究. -2001,(2)

糊涂的婚姻、糊涂的爱——两岸失败婚姻透视/韩呈辉//两岸关系. -2001,(3)

台湾失业潮的恐慌/陈苹//海峡科技与产业. -2001,(3)

当前台湾失业率节节上升的特征和根源/刘建兴//统一论坛. -2001,(4)

海峡两岸环境犯罪之比较研究/刘红//福建政法管理干部学院学报. -2001,(4)

海峡两岸青少年犯罪与防治比较/曾盛聪//中国青年研究. -2001,(5)

台湾跌入高失业率社会/褚静涛//海峡科技与产业. -2001,(6)

从台湾警学界人士的学术研讨看两岸黑道犯罪的新动向/公安学刊-浙江公安高等专科学校学报. -2001,(6)

挖掉危害台湾同胞的精神毒瘤/刘墨//两岸关系. -2001,(11)

台湾社会道德的没落/魏章柱//统一论坛. -2002,(2)

台湾反黑"愈反愈黑"的原因浅析/彭邦富//台湾研究. -2002,(3)

失业风暴危及台湾民生/吴能远//两岸关系. -2002,(11)

台湾地区近十年来经济犯罪变迁之分析(节选)/林龙辉//云南公安高等专科学校学报. -2003,(1)

台湾地区毒品戒治与再犯之研究(节选)/张智雄//云南公安高等专科学校学报. -2003,(1)

台湾青少年对网吧参与社区服务之研究/林宜隆//云南公安高等专科学校学报. -2003,(1)

台湾青少年犯罪问题浅谈/魏章柱//青少年犯罪问题. -2003,(2)

瞩目台湾妇女婚姻状况/张文彦//台声. -2003,(4)

台湾青少年犯罪问题探讨/魏章柱//社会. -2003,(5)

台湾"原住民"教育问题述论/郝时远//中央民族大学学报(哲学社会科学版). -2003,(5)

论台湾暴力犯罪对大陆的渗透与影响/"海峡两岸关系与社会治安问题"课题组//福建公安高等专科学校学报-社会公共安全研究. -2003,(6)

台湾青少年的性开放与艾滋病感染/魏章柱//中国青年研究. -2003,(6)

季季:台湾社会生活的独特透视/樊洛平//河南广播电视大学学报. -2004,(1)

2004年"大选"中的地下赌盘/潘林锋//现代台湾研究. -2004,(2)

台湾地区社会转型中青少年的感情生活与性教育述略/侯志阳//江西财经大学学报. -2004,(3)

台湾社会的两个新危机/刘建兴//统一论坛. -2004,(6)

台湾社会转型中青少年性教育的研究/侯志阳//当代教育论坛. -2004,(8)

试析20世纪90年代以来台湾贫富扩大化问题/舒均治、吴海兵//河南社会科学. -2005,(1)

论青少年在台湾黑社会组织中的反功能与潜功能/雷冬文//湛江师范学院学报.

-2005,(4)

台湾家庭问题的林林总总/金奕//理论参考.-2005,(5)

台湾黑道为害甚烈/陈星//理论参考.-2005,(5)

台湾网络成瘾问题硕博士学术研究现况/陈妙、孔克勤//心理科学.-2005,(5)

台湾转型期道德问题观察/王京//唯实.-2005,(6)

三大弊案搅乱台湾政局/蔡玉真//中国新闻周刊.-2005,(41)

(二)台湾对外关系

1.概论

台湾的"实质外交"/刘峰//台湾研究集刊.-1986,(3)

国民党当局"参与联合国"活动探析/魏颜华//台湾研究集刊.-1994,(2)

关于台湾"参与联合国"问题的重点剖析/李义虎//台湾研究.-1994,(3)

台湾参与联合国的背景、策略与影响/陈恩//当代亚太.-1995,(1)

历史岂容黑白颠倒——评"台湾法律地位未定论"/宋斌文//九江师专学报.-1995,(4)

台湾提出"重返"联合国的背景及我们的对策/徐鲁航//现代台湾研究.-1995,(总11)

台湾当局"参与联合国"之图谋何以三遭挫败?/凌云鹤//瞭望.-1995,(41)

试析台湾当局的"务实外交"/陈萍//当代亚太.-1996,(4)

国际战略环境的变化与台湾问题/辛旗//战略与管理.-1996,(4)

"更隔蓬山一万重":评台湾当局"参与联合国"的图谋/辛旗//台声.-1996,(12)

台湾"重返"联合国缺乏国际法依据/沈伟//现代台湾研究.-1996,(总15)

台湾开展"军事外交"的现状及趋势探析/曾涛//现代台湾研究.-1996,(总16)

影响台湾未来走向的大国因素/宋凌云//甘肃社会科学.-1997,(1)

从国际法论台湾"参与"联合国的非法性/刘文宗//台湾研究.-1997,(1)

台湾问题的国际环境/颜声毅、刘国奋//台湾研究集刊.-1997,(1)

美日重建亚太安全体制对台湾问题的影响/梅冬//台声.-1997,(12)

近几年台湾当局"务实外交"的几种手段/袁智兵//现代台湾研究.-1997,(总18)

论七十年代的国际形势与台湾海峡两岸关系/邓家倍//探索.-1998,(3)

国际格局和台湾问题/张祖谦//台湾研究.-1998,(3)

亚太格局发展趋势及对两岸关系影响/许世铨//台湾研究.-1998,(3)

1997年台发展对外关系的基本情况/曾涛//现代台湾研究.-1998,(总21)

剖析台湾参与联合国的非法性/郑艳//现代台湾研究.-1998,(总22)

论台湾参加政府间国际组织的国际法问题/黄勇//政法论丛.-1999,(3)

TMD台湾问题与亚太安全格局/周忠菲//世界经济研究.-1999,(3)

二战后国际大环境之中的海峡两岸关系发展述评/王奇//清华大学学报(哲学社会科学版).-2000,(2)

从国际法谈台湾加入政府间国际组织的问题/许楚敬//福建政法管理干部学院学报.-2000,(2)

台湾当局推行国际公关的基本状况及其对海峡两岸关系的影响/纪华强//台湾研究.-2000,(2)

台湾问题与当前国际关系/刘士田//当代亚太.－2000,(2)

台湾领导人的“外交挣扎”/杨亲华//台声.－2000,(10)

试论亚太战略格局对中国解决台湾问题的影响/张博文//陕西青年管理干部学院学报.－2001,(1)

亚太战略格局大变动和解决台湾问题的新机遇/张祖谦//国际展望.－2001,(2)

台湾当局“过境外交”的演变与特点/修春萍//台湾研究.－2001,(3)

亚太格局变化中的台湾问题/席来旺//台湾研究.－2001,(4)

周书楷谈台湾“退出”联合国的前前后后/周亚特//湖北文史资料.－2002,(1)

“台独”花招难掩虚伪面孔：试析台当局在“护照”上的小动作/和向东//海峡两岸.－2002,(3)

台湾参与 APEC：背景特点及影响/杨丹伟//台湾研究集刊.－2002,(3)

国际变局中的台湾问题/杨伯江//现代国际关系.－2003,(4)

非政府组织并非台湾“外交”的新空间/张卫//国际关系学院学报.－2003,(6)

非政府组织在联合国中的咨商地位：台湾参与之分析/解玲//现代台湾研究.－2003,(6)

台湾当局在国际上做了些什么/修春萍//两岸关系.－2003,(7)

台湾当局“外交”频出意欲何为？——评台湾召开拉美“高峰会议”及再次“参与”联合国失败/刘文宗//两岸关系.－2003,(11)

国民党执政台湾时期的对外关系探析/于文善//阜阳师范学院学报（社科版）.－2004,(6)

从《开罗宣言》、《波茨坦公告》两个国际法文件看台湾地位—兼批在台湾地位问题上的种种“台独”谬论/张久营//资料通讯.－2005,(1)

试析台湾“拓展国际空间”的图谋：以2003年台图谋加入 WHO 为个案/信强//现代台湾研究.－2005,(1)

台湾的“外交”困境及出路/缪鹏年、李滢洁//现代台湾研究.－2005,(3)

大国崛起与文明复兴—“文明持久战”下的台湾问题/强世功//开放时代.－2005,(5)

哪些国家与台湾有“外交关系”/萧苏//四川统一战线.－2006,(2)

2. 政策

1979年以来台湾“总体外交”政策分析/范希周//台湾研究集刊.－1987,(4)

现阶段台湾对外政策的基本特征及其发展趋势/范希周//台湾研究集刊.－1989,(2)

台湾当局“弹性外交”剖析/刘国奋//台湾研究集刊.－1989,(4)

试析连战与钱复“外交”策略的差异/刘国奋//台湾研究集刊.－1991,(2)

台湾的对外援助政策/李伟钦，徐斌译//台湾研究集刊.－1994,(1)

“宪政改革”前后台湾对外政策的特征及其发展趋势/范希周//台湾研究集刊.－1994,(3)

台湾当局“对外政策”近期走向及对两岸关系的影响/曾涛//团结.－1995,(1)

“务实外交”剖析/远洋//瞭望.－1995,(39)

论台湾推行“务实外交”对两岸关系发展的冲击/萧敬//台湾研究.－1995,(4)

台湾“南向政策”与建立“亚太安全体系”主张之关系/余世喜//东南亚研究.－1996,(3)

五十年代以前美、日对台湾战略地位的考虑/范士明//台湾研究. -1996,(4)

近期台推行"务实外交"的动向和意图综析/曾涛//现代台湾研究. -1996,(总15)

台湾拓展"国际生存空间"的作法及其对两岸关系的影响/陈显增//现代台湾研究. -1996,(总16)

论台湾当局在亚太地区的战略/刘国奋//台湾研究. -1997,(1)

从李登辉巴拿马之行谈起:析台湾"务实外交"/郑玮//上海对台工作. -1997,(9)

美元买不来国际人格和"生存空间"——评台湾当局所推行的"金钱外交"闹剧/曾涛//台声. -1997,(11)

台湾"务实外交"实非务实/辛旗//瞭望. -1997,(13)

近几年台湾当局的"务实外交"/袁智兵//百科知识. -1998,(1)

中国外交不断开创新局面——兼谈台湾当局的"务实外交"、"金钱外交"/郁辛//台声. -1998,(2)

"务实外交"实为分裂中国/薛龙根//世界经济与政治论坛. -1998,(4)

台湾当局的"务实外交"/梁兆来//党政论坛. -1998,(9)

"政党外交":台湾"务实外交"的新手段/袁智兵//现代台湾研究. -1998,(总22)

台当局近期"外交"策略综述/俞其锐//现代台湾研究. -1998,(总23)

台湾"务实外交"述评/朱卫东//现代台湾研究. -1998,(总23)

评台湾当局"务实外交"的走势/谢冠赋//台湾研究. -1999,(2)

台湾"务实外交"的国际空间/邱桂荣//国际资料信息. -1999,(5)

难以奏效的台湾"金钱外交"/杨洁勉//上海对台工作. -1999,(8)

1999年台湾"务实外交"评析/谢郁//台湾研究. -2000,(1)

李登辉"务实外交"综评/刘国奋//台湾研究. -2000,(3)

台湾当局"全民外交"策略评析/李鹏//台湾研究. -2001,(2)

陈水扁上台后台湾"务实外交"的变化/李鹏//福建通讯. -2001,(10)

台湾新东南亚政策的现状与前景/周明伟//厦门特区党校学报. -2003,(3)

浅析台湾"务实外交"中的"民主牌"/王顺义//世界经济与政治论坛. -2003,(3)

浅析台湾当局近期"攻势外交"的若干特点/李建涛//世界经济与政治论坛. -2003,(6)

台湾当局"过境外交"模式浅析:以2003年陈水扁"过境"美国为例/信强//现代台湾研究. -2004,(5)

台湾对外交往权相关问题研究/黄嘉树//同济大学学报(社会科学版). -2005,(3)

试析冷战后台湾当局的"民主外交"/齐明明//甘肃社会科学. -2005,(4)

醉翁之意不在酒——台湾推动参与WHO的意图策略与困境/李鹏//海峡月刊(香港). -2002,(6)

3. 安全问题

地缘战略中的台湾及其对大国安全的作用/陆俊元//台湾研究. -1996,(1)

台湾的"务实外交"和安全问题/汪跃祥//和平与发展. -1998,(2)

评美国会正在炮制的"加强台湾安全法案"/夏立平//上海对台工作. -1999,(12)

台湾问题与亚太地区安全/郭震远//国

际展望. －2000,(18)

新世纪我国的安全环境与台湾问题/辛旗//国际经济评论. －2000,(2)

《加强台湾安全法》是一个危险的政治举动/吕其昌//现代国际关系. －2000,(3)

两岸关系与亚太安全/仇长根//瞭望. －2000,(5)

美国防部对台海安全形势的评估/润洲//东南亚纵横. －2000,(8)

台海安全关系的性质与两岸均势/李鹏//台湾研究集刊. －2001,(1)

朝鲜半岛问题与台湾问题的缘由、性质及解决方式比较——兼论其对东北亚安全前景的影响/王晓波//东疆学刊. －2001,(1)

冷战后的日美安保体制与台湾问题/张耀武//日本学刊. －2001,(3)

转变中的国际安全环境与两岸关系/王昆义//世界经济与政治. －2002,(4)

海峡两岸《国家安全法》比较研究/吴庆荣//福建政法管理干部学院学报. －2003,(2)

冷战后的亚太安全与台湾问题/孙云//亚太论坛. －2003,(6)

两岸安全困境及其出路/柳建平//现代台湾研究. －2004,(4)

4. 台美关系

杜鲁门政府对台湾的政策/李强//台湾研究集刊. －1985,(1)

试析1948—1968年美国对台湾的政策/范希周//台湾研究集刊. －1987,(1)

中美战略关系中的台湾问题/[美]马丁.L.拉萨特,李强译//台湾研究集刊. －1989,(1)

在台湾问题上美国政府的自主性与内部意见分歧/[美]巴雷特,张艾译//台湾研究集刊. －1990,(2、3)

杜鲁门时期的美国对台政策/袁成毅//杭州师范学院学报(社会科学版). －1991,(2)

维系美台关系基本因素分析/张苾芜//台湾研究集刊. －1991,(4)

《与台湾关系法》产生过程的论争及其实质/周忠菲//台湾研究集刊. －1993,(2)

“蜜月时期”美台矛盾与中共策略的制定——50年代国共两党在遏制“两个中国”企图上的共识及努力/周盛盈//湘潭师范学院学报(社会科学版). －1994,(2)

美国对台政策:目前进退两难的处境/[美]罗伯特·萨特,杨立宪译//台湾研究集刊. －1994,(2)

1986年台美著作权风波的前因后果/郭斌//台湾研究. －1994,(2)

浅析美台关系/赵连启//和平与发展. －1995,(3)

中美关系障碍中的台湾问题透视/张伟//彭城职业大学学报. －1995,(3)

美国与台湾的历史关系/陈毓钧//太平洋学报. －1995,(3)

中美关系正常化与美国对台政策的演变/周忠菲//台湾研究集刊. －1995,(3、4)

《联合报》与《中国时报》关于李登辉访美报道的比较研究/刘燕南//台湾研究集刊. －1995,(3、4)

中美关系中的“台湾问题”/周瑞华//湖北师范学院学报(哲学社会科学版). －1995,(5)

李登辉访美揭秘/泽边//海内与海外. －1995,(9)

美国允许李登辉访美的图谋何在?/晓洁//中国民兵. －1995,(9)

李登辉访美与台湾当局的“务实外交”/余忠荣//中国统一战线. －1995,(9)

浅析近期来美国对台湾的政策/龚开

国//现代台湾研究.－1995,(总11)

美国利用台湾问题做文章由来已久/薛谋洪//社科信息文荟.－1995,(15)

从李登辉访美看美台意图/李毅臻//社科信息文荟.－1995,(15)

李登辉访美和中美关系问题/李家泉//社科信息文荟.－1995,(15)

略论1992—93年台美著作权风波的背景/郭斌//台湾研究.－1996,(2)

冷战后美国对台政策调整论析/周忠菲//台湾研究集刊.－1996,(2)

关于美国对华政策调理的几点宏观思考/周忠菲//世界经济研究.－1996,(2)

台湾问题与中美关系/[日]中川昌郎,雷慧英译//台湾研究集刊.－1996,(2)

美国对台湾政策的趋向与中美关系/贾中海//锦州师范学院学报(哲学社会科学版).－1996,(2)

美国对台政策的走向及其对两岸关系的影响/谢郁//台湾研究.－1996,(3)

论战后初期美国对台政策的演变/刘红//台湾研究.－1996,(3)

美国与台独:历史的评说/邵建东//台湾研究.－1996,(3)

对美台关系的几点看法/赵连启//和平与发展.－1996,(3)

美国对华政策的争论及调整动向/孙振皋//和平与发展.－1996,(3)

台湾问题中美国因素——从导弹演习看亚太大国关系/周忠菲//世界经济研究.－1996,(3)

“放蒋出笼”:论50年代的美国远东新战略/项锷//上海师范大学学报(哲学社会科学版).－1996,(3)

台湾问题—中美关系的焦点/张新平//发展.－1996,(4)

“台湾问题与中美关系研讨会”综述/郭学堂//世界历史.－1996,(4)

一九四九:美国曾企图将台湾分离出中国/祥荐//中国民政.－1996,(5)

台海形势与中美关系/韦实//时事报告.－1996,(5)

战后美国对台政策的调整与演变/于晓辉//现代国际关系.－1996,(6)

解放战争末期美国分离台湾阴谋及其破产/袁成亮//铁道师院学报.－1996,(6)

1949年至1959年美国和海峡两岸关系之研究/洪小夏//党史研究与教学.－1996,(6)

论二战以来美国分离台湾的政策与演变/孙俊杰//河南社会科学.－1996,(6)

台海局势与中美关系走向/雨峰//发展论坛.－1996,(8)

中美关系中的台湾问题/官力//党史天地.－1996,(8、12)

美对台政策和台湾海峡紧张局势/阎学通//瞭望.－1996,(10)

评中美关系中的台湾问题/胡华军//现代台湾研究.－1996,(总16)

“吓阻战略”加“台美关系”能确保台湾安全吗?/沈正一//台声.－1997,(1)

台湾问题的缘起与中美关系/袁盈//首都师范大学学报(社会科学版).－1997,(1)

美国对海峡两岸武器销售和技术转让政策比较研究/张清敏//美国研究.－1997,(1)

台湾问题:影响中美关系的重要因素/赵宝煦//北京大学学报(哲学社会科学版).－1997,(1)

四十六年来的美国对台政策/李世安//台湾研究.－1997,(1)

冷战后美国调整对台湾政策的背景透析/林宏宇//世界经济研究.－1997,(1)

美国对华政策与蒋介石的“反攻大陆”/

苏格//台湾研究集刊. －1997,(2)

美国"以台制华"政策的制约因素及前景/范跃江//台湾研究. －1997,(3)

简评冷战后美国对台湾政策的调整/许世铨//台湾研究. －1997,(3)

美国对台政策的历史分析/杨金荣//南京大学学报(哲学.人文科学.社会科学版). －1997,(4)

"中美台"互动的复杂三角关系与两岸统一/程林胜//世界经济与政治论坛. －1997,(5)

从《即将到来的中美冲突》一书看美国右翼势力在台湾问题上的立场/周忠菲//上海对台工作. －1997,(6)

海峡两岸关系中的美国政策/本刊文摘//经济前沿. －1997,(9)

建国初美第七舰队开进台湾海峡的背后/沈志华//炎黄春秋. －1997,(11)

台湾问题与中美建设性合作关系的发展/李鹏//现代台湾研究. －1997,(总19)

围绕台湾问题的中美关系及前景展望/匡瑾麟//大庆高等专科学校学报. －1998,(1)

论50年代中美在台湾问题上的较量/刘洁//长白学刊. －1998,(2)

反对侵略,捍卫主权——周恩来在台湾问题上与美国的斗争/余科杰//当代中国史研究. －1998,(2)

第一次台湾海峡危机期间的美国对台政策/张桂华//聊城师范学院学报(哲学社会科学版). －1998,(2)

从亚太安全格局变化看美台关系/周忠菲//台湾研究集刊. －1998,(2)

二战后中美关系和台湾问题的演变——在克林顿总统访华前的回顾与期望/李开华//中共四川省委省级机关党校学报. －1998,(2、3)

90年代美国对华政策的辩论与选择/李庆余//淮北煤师院学报(哲学社会科学版). －1998,(3)

对美国台海政策之分析/李亚非//广西社会主义学院学报. －1998,(3)

"五·二四"事件中的美台矛盾研究/冈栋俊//国际政治研究. －1998,(3)

杜鲁门时期美国对台政策演变述评/朱霞梅//淮北煤师院学报(哲学社会科学版). －1998,(4)

约瑟夫·奈撰文谈《对台湾的政策》/两岸关系. －1998,(4)

透视中美关系中的台湾问题/刘文祥//湖北大学学报(哲学社会科学版). －1998,(4)

试论台湾问题对中美关系的影响/袁盈//首都师范大学学报(社会科学版). －1998,(5)

登陆"科技岛"的屏障——台美知识产权纠纷与台湾科技产业发展/殷国华//国际贸易. －1998,(6)

太平洋战争后期美军攻台战略的提出和放弃/金虎//军事历史. －1998,(6)

克林顿访华对两岸关系的影响/邓亭//上海对台工作. －1998,(8)

台湾当局何以惧怕美国"三不支持"政策/钟文//台声. －1998,(8)

中美首脑会晤对台湾产生强烈冲击/杨亲华//台声. －1998,(8)

不可轻估的冲击——台湾岛内对克林顿访华反应综述/叶予之//两岸关系. －1998,(8)

美国因素对我解决台湾问题的影响与制约/黄中平//上海对台工作. －1998,(10)

台湾与大陆谈判早比晚好——李侃如谈美国与海峡两岸关系等问题/两岸关系. －1998,(10)

冷战后美台关系的演变原因及未来走向/范来忠//社会科学.－1998,(12)

冷战后美台关系的演变原因分析及未来走向/范来忠//世界经济与政治论坛.－1999,(1)

从"台湾问题"看冷战后美国对华政策/王蕾//郧阳师范高等专科学校学报.－1999,(1)

美国对华政策与台湾问题的缘起/邓泽宏//武汉科技大学学报(社会科学版).－1999,(1)

剖析美国《与台湾关系法》/张景旭//台湾研究.－1999,(2)

杜鲁门政府与中美之间台湾问题的由来/赵力//华北电力大学学报(社会科学版).－1999,(3)

西方舆论评——美将台湾纳入战区导弹防御系统对中美及两岸关系的影响/本刊编辑部//两岸关系.－1999,(3)

论《与台湾关系法》对海峡两岸关系的影响/刘国奋//台湾研究集刊.－1999,(3)

从"台湾地位未定论"到"两个中国说"——40年代至60年代美国对台政策之浅析/李涛//中共浙江省委党校学报.－1999,(3)

半个世纪来美国对台政策的历史进程及规律/范跃江//台湾研究.－1999,(4)

美国对台湾战略决策的历史转折(1949—1950)/杨彪//华东师范大学学报(哲学社会科学版).－1999,(4)

"两国论"与美国的对华对台政策/王国贤//和平与发展.－1999,(4)

后冷战时代中美关系中台湾因素分析/丁银河//湖北商业高等专科学校学报.－1999,(4)

冷战后美国对台政策调整的内外动因/严军//安徽师范大学学报(人文社会科学版).－1999,(4)

克林顿政府对台政策的调整/杨洁勉//美国研究.－1999,(4)

论美国对华政策与两岸关系上的三种主张/周忠菲//世界经济研究.－1999,(5)

美国的台湾政策:历史与现实/潘锐//国际商务研究.－1999,(6)

50年代初期美国对台政策的历史回顾与现实思考/张田水//河南师范大学学报(哲学社会科学版).－1999,(6)

阻碍中美关系改善的一部法律——评美国国会通过《与台湾关系法》20周年/刘文宗//两岸关系.－1999,(6)

论70年代以来美国对台湾政策的变动性与稳定性/刘丽华//内蒙古师范大学学报(哲学社会科学版).－1999,(6)

美国学者认为:把台湾列入TMD范围内是美对外政策的严重错误/本刊编辑部//两岸关系.－1999,(7)

前事不忘,后事之师——中美关系中的台湾问题述评/苏格//两岸关系.－1999,(7、8)

冷战后美台关系的演变/马万义//当代亚太.－1999,(10)

美国未必情愿被拖入"台海战争"——中美关系专家苏格谈台海局势/农村经济与科技.－1999,(10)

美国必须三思而行——评美国对两岸的政策与前两岸关系局势的相互作用/李义虎//时代潮.－1999,(10)

"最为危险的一项对外政策法案"—美专家批评《加强台湾安全法案》/两岸关系.－1999,(12)

美国对李登辉"两国论"的反应/俞其锐//现代台湾研究.－1999,(总28)

第二次台湾海峡危机期间的美国对台政策/张桂华//聊城师范学院学报(哲学社

会科学版）. －2000,(1)

美国对华政策的演变及其对两岸关系的影响/许梅//东南亚研究. －2000,(1)

影响中美关系发展的四个主要因素/李俊江//东北亚论坛. －2000,(1)

二十一世纪美国对台湾海峡两岸政策探析/申华//解放军外国语学院学报. －2000,(1)

《美台共同防御条约》剖析/舒建中//自贡师范高等专科学校学报. －2000,(1)

美国在两岸事务中的两面性/吴雪元//当代海军. －2000,(1)

2000年美国总统选举对美国对台政策之影响/郑文华//台湾研究. －2000,(1)

美国对台湾问题政策的调整/郭震远//国际问题研究. －2000,(1)

试析八、九十年代美国对台湾安全的政策/李洪波//国际观察. －2000,(1)

论美国加强《与台湾关系法》的背景和美台"安全"关系/周忠菲//世界经济研究. －2000,(2)

史鉴：新中国成立初美国对台湾的政策/蒋述东//团结. －2000,(2)

冷战后的美国对台军售及其对台海局势的影响/王涛//台湾研究. －2000,(2)

中美建交与美国公众的"台湾情结"/林红//现代台湾研究. －2000,(2)

美国在台海问题上的两难处境及其抉择/于江欣//军事历史. －2000,(2)

冷战结束后美国对台政策的新调整/郭建平//学海. －2000,(3)

台湾政局变迁后美国对台政策的调整及影响/杨洁勉//外交学院学报. －2000,(3)

2000年的美国总统选举与美国的对台湾问题政策/郭震远//和平与发展. －2000,(3)

对美国加强《与台湾关系法》的政策分析——台湾问题与地区安全/周忠菲//国际观察. －2000,(3)

中美在台湾问题上的首次交锋/丁伟//军事历史. －2000,(3)

论朝鲜战争初期美国对台湾的"中立"政策/林泓//南平师专学报. －2000,(3)

从美国的世界战略看台湾问题/李明恩//天中学刊. －2000,(3)

论冷战后美国对台政策的调整/吴艳蓉//长白学刊. －2000,(3)

试析美国"中程协议"/赵勇//现代台湾研究. －2000,(3)

简析朝鲜战争爆发前美国对台湾的"撒手政策"/张昌林//胜利油田党校学报. －2000,(3)

中美关系与台湾问题述评/刘雄//党史研究与教学. －2000,(3)

分裂中国的反华行径——评美《加强台湾安全法》法案/综言//国家安全通讯. －2000,(4)

美台军事关系对中国解决台湾问题之影响/金小川//台湾研究. －2000,(4)

论美国在台湾问题上的作用/陈德民//高校理论战线. －2000,(4)

布什政府向台湾出售F－16战斗机的决定——美国对华政策决定因素的一个案例分析/张清敏//美国研究. －2000,(4)

1948年末至1950年美国对台政策之分析——兼与1945年至1948年美国对华政策比较/梁志//绥化师专学报. －2000,(4)

台湾决不是"美国的第51州"/张海涛//真理的追求. －2000,(4)

美国总统大选与两岸关系/肖锦松//现代台湾研究. －2000,(4)

台湾政局变化后的台美关系评析/刘

宏//台湾研究.－2000,(4)

台湾在美国亚太地缘战略中的作用/杨永斌//台湾研究.－2000,(4)

当前台海局势与中美关系/陈特安//人民论坛.－2000,(4)

美国干预台湾问题样式预测分析/孙立华//当代海军.－2000,(4)

化解海峡两岸统一问题中美国因素的思考/陈显泗//世界经济与政治论坛.－2000,(5)

冷战后美台关系浅析/胡凡//国防.－2000,(5)

美国对华地缘政治观与台湾问题/王孝才//郧阳师范高等专科学校学报.－2000,(5)

美国在"一个中国"原则问题上的政策/杨翠伟//山东工业大学学报(社会科学版).－2000,(5)

试析美国"一个中国"政策之内涵/郭建平//南京社会科学.－2000,(5)

论40～50年代美国对台政策的变动性与稳定性/刘丽华//内蒙古师大学报(哲学社会科学版).－2000,(5)

美国对两岸谈判的政策变化/刘国奋//当代亚太.－2000,(5)

新世纪美国的对台政策和战略误区/杨运忠//当代亚太.－2000,(6)

美国对华政策和台湾问题的未来/时殷弘//战略与管理.－2000,(6)

冷战后美国升级对台军售的战略意图分析/李世泽//广西民族学院学报(哲学社会科学版).－2000,(6)

台湾问题一直是中美关系的症结——回顾中美大使级会谈/过家鼎//国际问题研究.－2000,(6)

台湾在美国全球战略中的利益/陈宏//高校理论战线.－2000,(7)

冷战后美国干涉台湾问题战略策略评析/丁诗传//世界经济与政治.－2000,(7)

理想主义与美国的对台政策/王公龙//当代亚太.－2000,(10)

美国图谋分离台湾,蒋介石五次奋力抵制/张春英//两岸关系.－2000,(11、12)

第一次台湾海峡危机与中美关系/赵学功//历史教学.－2000,(12)

美国会武力介入台海军事冲突吗?/李锋锐//西南民兵杂志.－2000,(12)

试论美国在台湾问题上的两难困境/田世锭//安徽广播电视大学学报.－2001,(1)

冷战后美国国会对美台关系的影响/严峻//台湾研究.－2001,(1)

试析美国在两岸关系中的"战略模糊"政策/潘林峰//现代台湾研究.－2001,(1)

美台关系对中国第一代领导人对台策略的影响/陈霞//菏泽师范专科学校学报.－2001,(1)

美国军事干预台湾海峡的可能样式/孙立华//国防科技.－2001,(1)

战后美国政府的对台湾政策(40年代末—60年代初)/林晓光//台湾研究.－2001,(1)

试析民进党上台后美国对台关系的调整/虞晓波//世界经济与政治论坛.－2001,(1)

布什政府台海政策透视/牛军//国际经济评论.－2001,(1)

冷战结束后美国对台政策的调整及其对台海局势的影响/王坚德//福建师范大学学报(哲学社会科学版).－2001,(2)

中美关系的关键——台湾问题/于久涛//中国特色社会主义研究.－2001,(2)

美国是如何对待台湾问题的/修春萍//前线.－2001,(2)

影响美国新政府对华政策的因素/肖锦

松//现代台湾研究. －2001,(2)

美国新政府对华政策与台湾问题的未来/时殷弘//国际展望. －2001,(2)

美国学术界关于美国的台湾政策的观点述评/陈森吉//国际政治研究. －2001,(2)

论美国台海政策的两难后果/潘忠岐//太平洋学报. －2001,(2)

美国的国家利益与两岸政策的选择/潘林峰//现代台湾研究. －2001,(2)

冷战后台湾在美国对华关系中的地缘战略作用/杨永斌//哈尔滨学院学报. －2001,(2)

美国对台湾为何始终不肯放手？——也析台湾在美国全球战略中的地位和作用/杜莉、友林//现代台湾研究. －2001,(2)

美国反华势力和李登辉分裂祖国的阴谋/邹南阳//衡阳师范学院学报. －2001,(2)

冷战后美国对台政策及其未来走向/吕桂霞//聊城师范学院学报（哲学社会科学版）. －2001,(2)

影响中美关系的四大因素/孙建社//当代世界社会主义问题. －2001,(2)

美国新政府对台政策的调整/曾涛//现代台湾研究. －2001,(2)

浅析1945～1949年美国台湾政策的演变/周春燕//华东船舶工业学院学报（社会科学版）. －2001,(3)

台湾因素与1989—1993年的中美关系/李捷//党的文献. －2001,(3)

布什台海政策的变与不变/孙云//现代台湾研究. －2001,(3)

武力的限度：中美关系中的台湾问题——1995—1996年的台海对峙/[美]罗伯特·罗斯//战略与管理. －2001,(3)

中美“安全两难”与两岸关系未来：从中美撞机事件看来中美台小三角关系/潘林峰//现代台湾研究. －2001,(3)

美国对台独“保护伞”“华盖罩”的双重性/钟滢//统一论坛. －2001,(3)

美国的国家利益观与其对台政策的逻辑关系/张丽华//长白学刊. －2001,(3)

布什政府对台政策的基本走向/杨运忠//统一论坛. －2001,(3)

当前中美关系及其两岸关系的影响/肖锦松//现代台湾研究. －2001,(3)

美国“九一一”事件与两岸关系/汪守军//重庆社会主义学院学报. －2001,(4)

析第一次台海危机期间中国提出中美谈判倡议的时间和原因/孙岩//国际政治研究. －2001,(4)

论台湾问题对中美关系的影响/孙利军//常德师范学院学报（社会科学版）. －2001,(4)

台湾问题与中美两国的政策/刘淑梅//内蒙古师大学报（哲学社会科学版）. －2001,(4)

布什政府对华政策与TMD入台的新发展/朱锋//国际经济评论. －2001,(4)

美国全球战略与台湾问题/苏格//国际问题研究. －2001,(4)

美台军事关系发展述评/夏立平//国际问题研究. －2001,(4)

论台湾法律地位及其对中美关系的影响/周洪钧//华东政法学院学报. －2001,(4)

当前中美关系与台海两岸关系的相关性分析/黄泽华//世界经济研究. －2001,(4)

美国加快推动全面介入台湾问题的策略/曾涛//现代台湾研究. －2001,(4)

美国对台湾政策的趋向分析/贾中海//学术交流. －2001,(5)

从克林顿政府对台政策的变化看台湾问题对中美关系的影响/张奇//中央政法管理干部学院学报.－2001,(5)

后冷战时期的美国国会与台湾问题/魏军//国际论坛.－2001,(5)

美国如何干预未来可能的台海军事冲突/黄恺//现代台湾研究.－2001,(5)

美台军事关系的演变、特点及发展趋势/尹忠良//世界经济与政治论坛.－2001,(5)

评《与台湾关系法》/魏静//甘肃社会科学.－2001,(5)

历史变迁下的三连关系结构:对大陆、台湾与美国关系的分析/李永刚//现代台湾研究.－2001,(5)

论艾森豪威尔政府的对华政策与两次台海危机/滕海键//昭乌达蒙族师专学报.－2001,(5)

美国可能对我解放台湾实施"经济瘫痪战"/曹霞//当代经济.－2001,(5)

美国对台军售始终服务其国家利益/袁志明//两岸关系.－2001,(5)

要从根本点上研判美中关系/凌虚//现代国际关系.－2001,(6)

美国第一轮对台军售意味着什么/星云//现代军事.－2001,(6)

中美关系发展中的台湾问题/魏铎//内蒙古统战理论研究.－2001,(6)

美国会协防台湾吗?/刘虎//东南亚研究.－2001,(6)

布什政府对台湾问题政策走向分析/郭震远//国际展望.－2001,(6)

台湾当局对美游说活动及其影响/陈发瑶//浙江大学学报(人文社会科学版).－2001,(6)

美国人眼中的台湾问题/李志东//解放军外国语学院学报.－2001,(6)

从对布什对华政策的讨论中,看台湾领导人想干什么?/亚贝//两岸关系.－2001,(7)

台湾当局图谋提升美台实质关系/刘泽芳//国家安全通讯.－2001,(7)

冷战后美国在台湾的意识形态战略利益/杨永斌//当代亚太.－2001,(9)

台湾问题与中美关系/怡华//两岸关系.－2001,(9、10)

看布什政府的对台政策/陈培//两岸关系.－2001,(10)

美国对台政策调整的趋势及其危险性/黄仁伟//国际展望.－2001,(10)

布什政府怎样调整对台政策/李正信//领导文萃.－2001,(12)

1947～1949年美国对华政策与台湾问题剖析/张建华//长春工程学院学报(社会科学版).－2002,(1)

冷战后台湾对美游说活动评析/刘恩东//现代台湾研究.－2002,(1)

美国全球军事战略调整动向及对台湾问题的影响/李翌鹏//台湾研究集刊.－2002,(1)

试析美国插手台湾问题对祖国统一的影响/赵洪宝//阴山学刊.－2002,(1)

2001年中美关系回顾与展望/潘林峰//现代台湾研究.－2002,(1)

美国《核态势评估报告》评析/潘林峰//现代台湾研究.－2002,(2)

台湾问题与中美关系/杨守明//安徽师范大学学报(人文社会科学版).－2002,(2)

安全困境与后冷战时代的中美关系——兼论台湾问题/刘刚//国际论坛.－2002,(2)

台湾问题中的美国因素/杨中强//河南师范大学学报(哲学社会科学版).－2002,(3)

中美在台湾"入世"问题上的交锋/刘启芳//岳阳职业技术学院学报. -2002,(3)

美国国会与中美安全关系——以台湾问题为例的分析/夏立平//现代国际关系. -2002,(3)

中美关系正常化中的台湾问题/陈从阳//广西梧州师范高等专科学校学报. -2002,(3)

美国布什政府对台政策调整述评/周伟//现代台湾研究. -2002,(3)

60年代以来台湾核武器研制与美国对台政策/刘洪丰//青岛大学师范学院学报. -2002,(3)

两岸互动中的美国因素/刘国深//台湾研究集刊. -2002,(3)

布什主义与两岸关系/萧劲松//现代台湾研究. -2002,(3)

台湾问题:影响中美关系的最关键因素/王琍//高等函授学报(哲学社会科学版). -2002,(3)

从国际法看中美关系中的台湾问题/李艳辉//江南社会学院学报. -2002,(4)

台湾问题中的中美价值观因素及其影响/夏建平//云南行政学院学报. -2002,(4)

论20世纪50年代中美在台湾问题上的较量/谭晓曙//江汉大学学报(人文社会科学版). -2002,(4)

美国介入台湾问题的地缘分析/沈传新//现代台湾研究. -2002,(4)

台湾:美国亚太地缘战略的基点/陈春根//江西教育学院学报. -2002,(4)

从台湾问题看中美关系/赵玉英//黑龙江教育学院学报. -2002,(4)

美国对台湾问题的政策与美国全球安全战略/刘舸//北方论丛. -2002,(4)

美国对处理台湾问题主导权的争夺/潘忠岐//国际经济评论. -2002,(5)

美国与"台独"/于兴卫//现代台湾研究. -2002,(5)

近期美国台海政策走向/曾涛//现代台湾研究. -2002,(5)

后冷战时期美国在台湾的利益/胡锦山//世界经济与政治论坛. -2002,(6)

美国为何争夺台湾问题主导权?/潘忠岐//科学决策. -2002,(6)

台湾领导人与美国对台态度和政策/时殷弘//两岸关系. -2002,(6)

简析1887—1892年索尔兹伯里的海峡政策/赵军秀//首都师范大学学报(社会科学版). -2002,(6)

后冷战时代的中美关系与台湾问题——基本特征与发展态势/刘建飞//战略与管理. -2002,(6)

台湾问题与美国的霸权战略/碧波//统一论坛. -2002,(6)

台湾海峡危机、中美关系与亚洲的冷战/戴超武//史学月刊. -2002,(10)

美国不支持"台湾独立"——评析美台关系的发展/赵宇//台声. -2002,(12)

台湾"外交"与台美关系分析/潘林峰//现代台湾研究. -2002,(12)

美国对台军售的客观影响浅析/路君爕//现代台湾研究. -2003,(1)

美国介入台湾问题的动因及风险分析/王冲//天中学刊. -2003,(1)

2002年中美关系回顾与展望/潘林峰//现代台湾研究. -2003,(1)

处理好中国崛起过程中的中美关系和台湾问题/黄仁伟//毛泽东邓小平理论研究. -2003,(1)

消减两岸统一中美国因素的对策思考/汤光鸿//太平洋学报. -2003,(1)

美国对台湾地位问题的立场——也谈

“认识到”和“承认”/任东来//开放时代. -2003,(1)

近几年关于战后中国大陆、台湾地区与美国关系研究综述/叶张瑜//当代中国史研究. -2003,(1)

中美关系中的台湾问题/王巧荣//文明与宣传. -2003,(1)

美国台海政策的调整趋势/王孙鹏//现代台湾研究. -2003,(2)

如果台湾选择统一,美国会介意吗?/唐耐心//国际论坛. -2003,(2)

同美国学者交谈中美关系和台湾问题/江春泽//太平洋学报. -2003,(2)

《与台湾关系法》制订过程中的府院之争/徐荣//连云港师范高等专科学校学报. -2003,(2)

台湾大选中的美国因素/刘芳彬//山西社会主义学院学报. -2003,(2)

美国国会:影响中美关系的恒定因素——以台湾问题为视角/李华//云南行政学院学报. -2003,(3)

美中关系好转与台湾问题/史文//战略与管理. -2003,(3)

美国传统基金会与美国对华政策/巩序正//现代台湾研究. -2003,(3)

杜鲁门政府对台湾政策调整探析/孔凡河//洛阳大学学报. -2003,(3)

美国国会与台湾拓展国际空间的图谋——以支持台湾参加世界卫生组织为个案/邵育群//国际观察. -2003,(3)

中美关系的台湾症结/王吉荣//昭乌达蒙族师专学报. -2003,(3)

“9·11”事件后中美关系的变化及对两岸关系的影响/孙云//台湾研究集刊. -2003,(4)

美国国会“台湾联线”个案研究/信强//台湾研究集刊. -2003,(4)

美国迫使台湾当局从华南边境和沿海岛屿撤兵问题研究/牛大勇//当代中国史研究. -2003,(4)

对中美关系中台湾问题的两点再认识/阮传宏//江淮论坛. -2003,(4)

布什的台湾政策与美国的亚太战略和长期利益/霍特//世界经济与政治论坛. -2003,(5)

试析台湾问题中的美国因素/黄丽芬//常熟高专学报. -2003,(5)

美国对台政策与美台关系的发展/黄忯//现代台湾研究. -2003,(6)

“不沉的航空母舰”——透视美国在台湾的利益和对台政策/龚开国//两岸关系. -2003,(8、9)

台湾问题:美国又有新举动/刘芳彬//两岸关系. -2003,(9)

美国缘何关切台湾“公投”/关而言//领导文萃. -2003,(9)

美政策调整有利压缩“台独”国际空间/刘国深//瞭望新闻周刊. -2003,(12)

中美关系中台湾因素的微妙变化/郭隆隆//国际展望. -2003,(20)

美国两岸政策走向:模糊与聚焦/李本京//美国研究. -2004,(1)

中美关系的焦点——台湾问题/陈俊骢//云南社会主义学院学报. -2004,(1)

2003年中美关系回顾与展望/潘林峰//现代台湾研究. -2004,(1)

美国国会通过《台湾问题决议案》的原因分析/徐红艳//贵州师范大学学报(社会科学版). -2004,(2)

背后的真相——美国曾计划在台湾搞“政变”/刘维荣//档案天地. -2004,(2)

核武器与美国对第一次台湾海峡危机的政策/赵学功//美国研究. -2004,(2)

1979—1982年中美两国在台湾问题上

的分歧与斗争/陈立旭//延边党校学报. －2004,(2)

“3·20”后美国台海政策新动向/孙云//现代台湾研究. －2004,(3)

从台湾问题看美国对华政策的两面性/卞庆祖//和平与发展. －2004,(3)

美国的政策、英美“特殊关系”与第二次台湾海峡危机——兼论联盟关系对美国外交决策的作用和影响/戴超武//河北师范大学学报(哲学社会科学版). －2004,(3)

试析美国未来介入台湾问题可能的政策取向及限度/俞华//重庆社会主义学院学报. －2004,(3)

台湾“大选”与美国对台独的支持/曹富淼//江南社会学院学报. －2004,(3)

从布什政府对台政策的演变看两岸关系/陈世英//统一论坛. －2004,(3)

美国对台湾问题的“维持现状”政策与中国的战略选择/丁诗传//国际观察. －2004,(4)

美国国会“台湾小组”简况/孟亚波//国际资料信息. －2004,(4)

近期美台的关系发展和影响分析/董玉洪//现代台湾研究. －2004,(4)

台湾“总统”选举背后的中美台“两岸三边”关系透视/陈恩//东南亚研究. －2004,(4)

从鲍大可的著述看美国在台湾问题上的利益需求/李增田//国际论坛. －2004,(4)

台湾公投的由来及美国政府对此问题的态度和作用/孙岩//国际政治研究. －2004,(4)

论开展对美国国会外交之必要性——以台湾问题为例/李华//江苏行政学院学报. －2004,(4)

美国国会“蓝军”对美台政策的影响/信强//现代台湾研究. －2004,(4)

蒋介石力阻美国将台湾问题“国际化”/檀江林//当代中国史研究. －2004,(5)

美国国会与《与台湾关系法》的出台/徐红艳//当代中国史研究. －2004,(5)

美国国会与台湾问题——简析台湾当局的国会游说活动/郑安光//南京大学学报(哲学.人文科学.社会科学版). －2004,(5)

美国对台政策与两岸关系/潘林峰//现代台湾研究. －2004,(5)

台湾问题上的中、美、日博弈/张爱军//党政干部学刊. －2004,(5)

美国对两岸的“双遏阻”政策/吕萍//现代台湾研究. －2004,(5)

美国在台湾海峡扮演什么角色/修春萍//黄埔. －2004,(5)

台湾游说集团对美游说的特点及影响/邢海燕//世界经济与政治论坛. －2004,(6)

解放战争后期美国对华政策与台湾问题剖析/张建华//社会科学战线. －2004,(6)

全球化时代中美共同利益格局中的台湾因素/汪志强//湖北行政学院学报. －2004,(6)

中美关系与台湾问题/傅立民//国外社会科学文摘. －2004,(7)

透视当前台湾问题中的美国因素/王成兰//西南民族大学学报(人文社科版). －2004,(9)

台湾选举后的美国政策：预卜未来/容安澜//国际展望. －2004,(10)

台湾问题：中美建交前夕的交锋/王中人//党员干部之友. －2004,(11)

从台湾大选看美国对台海两岸的“双遏阻”政策/吕萍//东南亚纵横. －2004,(12)

美国共和党的“台湾观”/侯咏梅//瞭望. －2004,(36)

新中国建国前后美国的对华政策与台湾问题/周海峰//南昌教育学院学报. －2005,(1)

中苏同盟形成前后美国对台湾政策的转变/隋丽丽//烟台师范学院学报(哲学社会科学版). －2005,(1)

新中国成立前后美国对台湾的政策/赵辉兵//哈尔滨工业大学学报(社会科学版). －2005,(1)

1957年台湾反美风暴揭秘/莫元钦//湖北文史. －2005,(1)

2004年中美关系:回顾与展望/潘林峰//现代台湾研究. －2005,(1)

双轨并行:新形势下美国台海政策的走向/刘宏//现代台湾研究. －2005,(1)

监督与钳制:国会监督权与美台军售决策——以美国国会对《与台湾关系法》的监督为例/信强//台湾研究集刊. －2005,(2)

布什连任后美国对华政策走势简析/孔凡河、马倩//中共四川省委党校学报. －2005,(2)

中美关系的稳步发展与遏制"台独"/樊志华//四川省社会主义学院学报. －2005,(2)

美国国会议员与台湾当局间的互动及其影响——以美国国会"台湾小组"为例的分析/陈奕平//暨南学报(人文科学与社会科学版). －2005,(2)

1957年台湾反美风暴始末/村夫//武汉文史资料. －2005,(2)

台湾驻美机构揭密/童宜//党政论坛. －2005,(2)

布什政府第一任期对台政策评析/姜德琪//现代台湾研究. －2005,(3)

从台海局势看中国大陆美台的博弈关系/程凯//现代台湾研究. －2005,(3)

后冷战时期美国对台政策的建构/彭俊//现代台湾研究. －2005,(3)

杜鲁门拒蒋"出兵"缘由初探/林泓//集美大学学报(哲学社会科学版). －2005,(3)

肯尼迪政府与1962年台湾海峡危机/赵学功//南开学报(哲学社会科学版). －2005,(3)

台独问题是中美关系中的核心问题/高子平、温俊萍//上海理工大学学报(社会科学版). －2005,(3)

地缘政治中的中美关系与台湾问题/王伟男、周建明//台湾研究集刊. －2005,(4)

结构现实主义视角下后冷战时期的中美关系/韩更新、李保东//沈阳工程学院学报(社会科学版). －2005,(4)

杜鲁门对台政策声明出台的背景因素分析/徐友珍、汪武芽//武汉大学学报(人文科学版). －2005,(4)

1950年英美向五届联大提交的台湾问题提案/徐友珍//世界历史. －2005,(4)

小布什第一任期内台湾因素对中美关系的影响浅析/李宝俊、方柏华//国际论坛. －2005,(4)

评《美国对华政策与台湾问题》/万明//广西社会科学. －2005,(4)

从冷战结束到"9·11"事件美台关系的变化/何仲山、姚小玲//现代台湾研究. －2005,(4)

当前美国的台海政策/潘林峰//现代台湾研究. －2005,(4)

美国未来介入台湾问题可能的限度/俞华//理论参考. －2005,(5)

美日"共同战略目标"与台海局势/官力//理论参考. －2005,(5)

"美日台战略同盟"的台湾角色/王建民//理论参考. －2005,(5)

冷战期间美国在东亚的遏制战略/金卫星//苏州大学学报(哲学社会科学版).

－2005，(5)

从“中国帮”到“台湾帮”：美国国会亲台议员与美台决策/贾妍、信强//太平洋学报．－2005，(5)

浅谈台湾问题中的美国因素/衷小菊、王历荣//井冈山学院学报(社会科学版)．－2005，(5)

朝鲜战争与中国的台湾问题/乔兆红//当代中国史研究．－2005，(5)

布什政府台海政策调整初探/刘国奋//当代中国史研究．－2005，(5)

国际环境和中美关系互动：战略思想和政策规划/杨洁勉//国际问题研究．－2005，(6)

中美日三边关系中的台湾问题/向冬梅//思想理论教育导刊．－2005，(6)

美国对台湾的援助政策初探：1949～1953年/刘雅军//当代中国史研究．－2005，(6)

美国对台政策的趋向与中国的应对策略/姜德琪//现代台湾研究．－2005，(6)

美日同盟涉台条款溯源/李广民//日本学刊．－2005，(6)

试析冷战时期美国对台湾的“民主化”改造/程传林//现代台湾研究．－2005，(6)

台湾问题中的美国国会因素/王欢//社会观察．－2005，(7)

华沙会谈与中美对第二次台湾海峡危机的处理/李春玲//史学月刊．－2005，(7)

抗战胜利后美国东亚战略的转变——历程、动因及其教训/肖蓉//太平洋学报．－2005，(7)

美国“中国军力报告”与台海局势/官力//两岸关系．－2005，(8)

中美日台海生死较量/佚名//廉政瞭望．－2005，(10)

国家利益与中美关系曲折发展的原因/云莉//内蒙古电大学刊．－2005，(10)

中美关系的发展与两岸关系/官力//两岸关系．－2005，(10)

“台独”与美国矛盾激化/刘云//世纪桥．－2005，(11)

台湾反美风暴记/莫元钦//党史天地．－2005，(12)

邓小平与中美关系中的台湾问题/王艳//江西行政学院学报．－2006，(1)

自由制度主义与美台关系/童立群//现代台湾研究．－2006，(1)

美国国内政治生态与台湾问题上的“双轨政策”——以里根时代为例/严波//台湾研究集刊．－2006，(2)

中美关系与台湾问题之回顾/张平//河南教育(高校版)．－2006，(2)

绝对获益、相对获益与美国“维持现状”的台海政策——以美台围绕“废统”的博弈为例/李鹏//台湾研究集刊．－2006，(2)

透视历史与现实：台湾问题与中美俄三边关系/王新//史林．－2006，(3)

冷战后美国的东北亚区域战略分析/张海珍//重庆科技学院学报(社会科学版)．－2006，(3)

《“半自主”国会与台湾问题：美国国会外交行为模式》评介/张金翠//美国研究．－2006，(3)

美国国会与台湾问题——以1995年李登辉访美为例/舒刚赢//湘潭师范学院学报(社会科学版)．－2006，(3)

冷战后美日同盟在台湾问题上的战略契合/向冬梅//思想政治教育研究．－2006，(4)

论美国在台湾问题上的战略转变/陈亚锋//陇东学院学报(社会科学版)．－2006，(4)

浅析台湾利益集团与美国对华政策/周

培佩//菏泽学院学报. -2006,(4)

20世纪50年代中美两国围绕台湾问题的博弈/周彦//中共党史资料. -2006,(4)

试析美国国会两院"台湾联线"/马娟//世界经济与政治论坛. -2006,(4)

从胡主席访美看中美关系中的台湾问题/修春萍//两岸关系. -2006,(5)

浅析美国"台湾联线"的历史基础/王俊峰//国际论坛. -2006,(5)

"胡布会"对台湾问题定调/钟新文//台声. -2006,(6)

中美关系述评——论全球化时代中美共同利益格局中的台湾因素/陈颂良//理论月刊. -2006,(9)

美国是影响台湾问题的最大国际障碍/刘自强//徐州工程学院学报. -2006,(10)

布什政府台湾政策变化轨迹/刘力//学习月刊. -2006,(11)

试论中美关系正常化与台湾问题/韩一敏//理论导刊. -2006,(11)

冷战后美日同盟在台湾问题上的战略差异/祖彦//边疆经济与文化. -2006,(11)

世纪之交的中美关系与两岸关系/苏格//中国评论(香港). -1999,(9)

美国对台海两岸关系政策的基本方向及其影响/郭震远//中国评论(香港). -1999,(9)

九一一对中美及两岸关系的影响/徐博东//中国评论(香港). -2001,(12)

九一一后的美国与海峡两岸关系/郭震远//中国评论(香港). -2002,(1)

"9·11"事件后美国防务战略调整对台湾问题的影响/李鹏//海峡月刊(香港). -2002,(2)

美国对台政策变化的背后/修春萍//中国评论(香港). -2002,(7)

近期美国两岸政策解读/孙云//海峡(香港). -2002,(9)

美国台海政策的"清晰"与"模糊"/李鹏//海峡月刊(香港). -2002,(10)

中美关系与台湾问题的新模式/郭震远//中国评论(香港). -2003,(2)

美国对台湾问题政策动向及影响/郭震远//中国评论(香港). -2004,(10)

新一届美国政府对华政策展望/郭震远//中国评论(香港). -2004,(12)

不断变化中的中、美、台三角关系/章念驰//中国评论(香港). -2005,(1)

台湾问题正在成为美国的战略牵制和负担/郭震远//中国评论(香港). -2005,(3)

第二届布什政府对台政策评析/郭震远//中国评论(香港). -2005,(5)

5. 台日关系

日台关系的现状和发展趋势/吴寄南//台湾研究集刊. -1992,(1)

台日关系的发展及其对两岸关系的影响/刘国奋//台湾研究集刊. -1992,(3)

日台关系进入重视政治交往的新阶段/杨运忠//日本学刊. -1996,(3)

日本对台政策简析/刘宏//现代台湾研究. -1996,(总14)

论"日台条约"/张茜红//日本学刊. -1997,(3)

日本对台湾海峡介入政策的变迁/殷燕军//日本学刊. -1997,(6)

中日关系中的台湾问题/袁智兵//百科知识. -1998,(6)

涵盖台湾海峡的日美防卫合作新指针:兼论日本政府高层对"周边事态"的新解释/吴寄南//上海对台工作. -1998,(7)

影响中日关系的台湾问题/袁智兵//时事报告. －1998,(8)

对近年来日台关系发展的几点思考/袁智兵//世界经济与政治. －1998,(9)

日本的“台湾情结”/范跃江//现代台湾研究. －1998,(总21)

试析影响日本对华政策的“台湾情结”/范跃江//日本学刊. －1999,(2)

台日关系特点与日本角色刍议/刘宏//台湾研究. －1999,(4)

日本对台政策调整中的美国因素/王公龙//日本学刊. －1999,(6)

从“远东条款”到“周边事态”——亚太格局的转换与日本对台湾海峡防卫政策的调整/王公龙//世界经济与政治. －1999,(8)

日本对外战略与台湾问题/武寅//世界历史. －2000,(2)

日台关系的发展与我们的对策/赵光锐//日本学论坛. －2000,(3)

佐藤内阁时期“日台”关系/臧佩红//日本问题研究. －2000,(4)

战后日本对台湾政策的来龙去脉/陈奉林//日本学论坛. －2000,(4)

论析日本的“台湾帮”/薛龙根//台湾研究. －2000,(4)

吉田书简、“日台和约”与中日关系(1950—1952年)/林晓光//抗日战争研究. －2001,(1)

冷战后的日台关系浅析/孙云//台湾研究. －2001,(1)

冷战后的中日关系与台湾问题/孙云、董云//台湾研究集刊. －2001,(1)

日本政界“台湾帮”的动向及其对中日关系的影响/张进山//日本学刊. －2001,(2)

战后日本对台政策对中日关系的影响/马颖//南京林业大学学报(人文社会科学版). －2001,(2)

日本政界的台湾帮与台湾的对日院外活动/张进山//当代亚太. －2001,(2)

李登辉日本之旅的真实意图何在?/李家泉//统一论坛. －2001,(3)

国内外战后日台关系研究综述/陈奉林//台湾研究集刊. －2001,(3)

20世纪50年代以来日台关系的演变与中日关系/李伯军//解放军外国语学院学报. －2001,(4)

试析两岸关系中的日本因素/孙云//世界经济与政治论坛. －2001,(4)

日本因素对两岸关系的制约和影响/刘杰//日本研究. －2001,(4)

台湾历史上的爱国族与爱日家——以日台关系史为轴心所作的探索/尹章义//台湾研究. －2001,(4)

民进党上台后台湾当局的对日“外交”/孙云//世界经济与政治论坛. －2001,(6)

关于日本与台湾关系的一些思考/陈奉林//台湾研究. －2002,(3)

中日邦交正常化与台湾问题/李瑗//当代中国史研究. －2002,(3)

日本必须信守关于台湾问题的承诺/蒋立峰//日本学刊. －2002,(4)

冷战后中日关系中台湾问题的凸显及其缘由/阎静//世界经济与政治论坛. －2002,(6)

台湾在日本对外战略中的地位——从“利益线”到“生命线”/张耀武//山西大学学报(哲学社会科学版). －2002,(6)

情结与利益:日本与台湾关系的“虚”与“实”/刘宏//中国党政干部论坛. －2002,(8)

析90年代以来日本政界“台湾帮”的活动特点及其对台战略图谋/徐世刚//温州师

范学院学报.－2003,(1)

战后日本右翼势力与海峡两岸统一/孙立祥//中共天津市委党校学报.－2003,(2)

战后初期日台关系中的美国因素/陈奉林//台湾研究集刊.－2003,(2)

冷战结束后中日关系中的台湾问题/阎静//思想理论教育导刊.－2003,(2)

“大国意识”下的日本对台政策的调整/雷慧英//台湾研究集刊.－2003,(3)

蜕变——钓鱼岛问题在台湾/张植荣//国际论坛.－2003,(4)

日本对台海安全的战略考虑及其影响/李鹏//台湾研究集刊.－2003,(4)

日本右翼势力的“台湾情结”及其表象背后/孙立祥//石油大学学报(社会科学版).－2003,(5)

日本调查大陆架及台湾地区政治情势对钓鱼岛主权的影响/李中邦//日本学刊.－2003,(6)

台湾问题背后的日本/蒋兆勇//领导文萃.－2003,(11)

试论中日关系中的台湾问题/石左//中国特色社会主义研究.－2004,(1)

冷战后中日安全困境与台湾问题——兼论“对日关系新思维”/汪静//解放军外国语学院学报.－2004,(1)

台湾问题在中日关系中的历史演变及现实对策/阎静//华东船舶工业学院学报(社会科学版).－2004,(4)

台湾问题与日本/钱晓东//东南亚纵横.－2004,(5)

战后初期的国际形势与中日关系中的台湾问题/张耀武//山西大学学报(哲学社会科学版).－2004,(6)

日本正在成为中国统一的重大障碍/曾涛//现代台湾研究.－2004,(6)

警惕日本新军国主义者对台湾的阴谋/李恩涵//抗日战争研究.－2005,(1)

台湾海峡的日本挑衅/刘恒志//两岸关系.－2005,(3)

解析日本的“台湾情结”——从日本在台湾军国主义殖民史到现实利益诉求的嬗变/张仕荣//理论研究.－2005,(4)

日本殖民者的“皇民化”与“台独”的“去中国化”/佟建寅//天津成人高等学校联合学报.－2005,(4)

论战后日本对台政策对中日关系的影响/樊泓池、张杰//辽宁师专学报(社会科学版).－2005,(4)

现代日本“大东亚”战略的缘起/米庆余//太平洋学报.－2005,(7)

“美日新安保宣言”下日本对台政策的调整/周宣敏//湖南科技学院学报.－2005,(8)

当前台湾问题背后的日本因素/何丽、吕晔//理论学习.－2005,(11)

中日恢复邦交谈判中有关台湾问题的解决/谢慧君//理论界.－2005,(11)

近期日台关系与台海局势/王键、何仲山//现代台湾研究.－2006,(1)

论台湾为何是日本野心谋取的重要战略目标/张绪根//黄石理工学院学报.－2006,(5)

台湾问题将上升为中日关系中的政治问题/盛欣//亚非纵横.－2006,(6)

近十年来关于中日关系中台湾问题的研究述评/叶张瑜//思想理论教育导刊.－2006,(8)

浅析中日关系中的台湾因素/任亚先//吉林省教育学院学报.－2006,(9)

日本在台湾问题上小动作不断/刘庆//环球军事.－2006,(19)

日本对台湾问题政策的重要变化及其

影响/郭震远//中国评论（香港）. －2005，(6)

6. 台与其他地区关系

欧洲—台湾“实质外交”的重点/吴能远//台湾与东亚. －1984，(6)

欧台关系概况/[英]德雷夫特，张艾译//台湾研究集刊. －1987，(2)

俄罗斯与台湾地区关系的演进/王郦久//国际资料信息. －1994，(9)

东南亚国家与台湾关系的现状特点及发展趋势/乔之//东南亚研究. －1995，(1)

试析“九九”前后的台澳关系/罗祥喜//台湾研究. －1995，(1)

评朝鲜战争初期英国艾德礼政府的对台湾政策/李世安//中国人民大学学报. －1995，(2)

“大东盟”形成后台湾与东南亚国家关系的变化/肖仲承//东南亚纵横. －1995，(3)

台湾与欧洲关系发展现状及原因分析/张如海//台湾研究集刊. －1997，(2)

“金钱外交”能够拓展“国际空间”吗？——评李登辉的巴拿马之行/秦华//瞭望. －1997，(38)

俄中关系和台湾/[俄]米亚斯尼科夫//俄罗斯研究. －1998，(1)

斯大林与国共关系及台湾问题/胡争上//党的生活. －1998，(2)

俄对台政策与21世纪中国统一大业的完成/孙岩//国际政治研究. －2000，(3)

“柔性外交”，“台独”之旅——吕秀莲中美洲四国行的前前后后/彭维学//两岸关系. －2000，(12)

台湾越南关系的政治经济学/塞缪尔C·Y·邱//南洋资料译丛. －2001，(1、2)

从台驻澳机构负责人的更动看台澳关系的调整/郭健青//现代台湾研究. －2001，(3)

苏联对台湾问题的历史影响（20世纪40年代末～50年代初）/姜安//长春工程学院学报（社会科学版）. －2001，(3)

周边国家在台湾问题上所采取的策略/曾涛//现代台湾研究. －2001，(5)

充当“马前卒”与“冤大头”——陈水扁中美洲之旅/苏泰//台声. －2001，(7)

陈水扁中南美洲之行的幕后/彭鸣//国家安全通讯. －2001，(9)

90年代东南亚与台湾的关系/吴献斌//当代亚太. －2001，(11)

俄罗斯的对台政策对中国两岸统一的影响/蔡娟//世界经济与政治论坛. －2002，(1)

台湾与东南亚国家关系及其发展趋势/李鸿阶、黄春花//现代台湾研究. －2002，(1)

冷战期间台湾“联苏”的鼓噪与尝试/余科杰//台湾研究集刊. －2002，(1)

中苏关系中的台湾问题（1949～1959）/高新涛//广西社会科学. －2002，(1)

台湾又向东南亚抛“绣球”——评陈水扁的新南进政策/曹云华//东南亚研究. －2002，(5)

东亚合作进程中的台湾/张远鹏//亚太经济. －2003，(6)

亚太地缘政治格局与台湾问题/张文木//中国改革. －2003，(12)

台蒙关系实质之剖析：兼论台湾的“北进”政策/孟利平//现代台湾研究. －2004，(3)

论冷战后中国与东盟国家关系中的台湾问题/王彦智//宝鸡文理学院学报（社会科学版）. －2004，(3)

中英关系正常化过程中的台湾因素/尹

朝晖//西南交通大学学报(社会科学版).-2004,(4)

欧盟:台湾对外关系的新方向/杨丹伟//欧洲研究.-2004,(6)

东亚区域主义与两岸关系/张蕴岭//科学决策.-2004,(12)

略论台湾与东南亚关系的发展趋势/周明伟//厦门特区党校学报.-2005,(1)

冷战时期台湾与苏联秘密交往始末/宋凤英//党史纵横.-2005,(4)

台湾与苏联秘密接洽始末/何立波//兰台世界.-2005,(6)

台俄关系有升温的空间吗?/李传桐//社会科学论坛.-2005,(8)

(三)两岸政治关系

1. 概论

台湾关系的现状与前瞻/何亮亮//台湾与东亚.-1984,(4)

台湾与大陆的统一问题/[苏]V·巴雷尼科夫、S·冈察洛夫,张苾芜译//台湾研究集刊.-1986,(2)

国民党与中国统一/朱天顺//台湾研究集刊.-1986,(4)

实现第三次国共合作的可行性分析/陈盘//九江师专学报.-1987,(3)

试论第三次国共合作的必要性与可能性/姜殿文//齐齐哈尔大学学报(哲学社会科学版).-1988,(3)

1954—1955年台湾海峡紧张局势分析/范希周//台湾研究集刊.-1988,(4)

九十年代海峡两岸关系的展望与思考/郭相枝//台湾研究集刊.-1990,(4)

1958年台湾海峡紧张局势分析/范希周//台湾研究集刊.-1990,(4)

台湾政治改革对两岸关系的影响/[美]黎安友,张艾摘译//台湾研究集刊.-1991,(2)

“动员戡乱时期”的终止与海峡两岸关系的发展/范希周//海峡评论(台湾).-1991,(6)

新的国际形势与海峡两岸关系/朱卫东//台湾研究集刊.-1992,(3)

两岸交流中的政治文化问题/陈孔立//台湾研究集刊.-1993,(2)

一年来海峡两岸关系的新进展/李家泉//中央社会主义学院学报.-1994,(2)

谈根本不同的两种经济制度下的国共关系/罗辉权//福建省社会主义学院学报.-1994,(2)

台湾政局与两岸关系展望/李家泉//台湾研究集刊.-1994,(2)

台湾政局的最新发展及其对两岸关系的影响/刘国深//台湾研究集刊.-1994,(2)

台湾海峡的冬天与春天——两岸关系的历史回顾与展望/杨梓//疏导.-1994,(3)

略论近年来海峡两岸关系的发展/杨荣华//中央社会主义学院学报.-1994,(3)

和平解决台湾问题的回顾/王长生//文史精华.-1994,(4)

两岸关系的展望/李强//台湾研究集刊.-1994,(4)

海峡两岸“白皮书”比较分析/刘国深//台湾研究集刊.-1994,(4)

新世纪的机遇与挑战/李强//城乡经济.-1994,(5)

两岸统一与台湾人民的根本利益/本刊编辑//台声.-1994,(12)

对中共争取和平解放台湾方针的历史考察/刘守仁//军事历史.-1995,(1)

浅谈国共第三次合作统一中国的可能性/李晓杰//理论研究.-1995,(1)

论两岸政治与两岸交流之相互关系/吴能远//现代台湾研究. -1995,(1)

一字之差——学习《台湾问题与中国的统一》白皮书有感/许功锐//团结. -1995,(1)

两岸“两会”会谈的意义、成果和展望/金绍先//团结. -1995,(1)

一年来两岸关系的基本态势和展望/李家泉//台湾研究集刊. -1995,(2)

试论建国以来的国共关系/李松林//首都师范大学学报(社科版). -1995,(2)

台湾与祖国大陆命运与共/陈在正//台湾研究. -1995,(3)

两岸关系的“f字型三跨越发展策略”论——对走向二十一世纪(1995—2004年)台湾发展策略的一个探索/黄枝连//台湾研究. -1995,(3)

“九七”香港回归对两岸关系影响分析/范希周//台湾研究集刊. -1995,(3、4)

第二次国共合作的实现与祖国和平统一的展望/杜菊辉//益阳师专学报. -1995,(4)

“两岸关系的特殊组成部分”——“九七”后的港台关系述评/齐鹏飞//台湾研究. -1995,(4)

深入发展两岸关系必须打破政治僵局/开眠//台声. -1995,(5)

建国后,周恩来对蒋介石新的期待与争取/哲峰//领导文萃. -1995,(5)

第二次国共合作与“一国两制”/李荣武//齐齐哈尔大学学报(哲学社会科学版). -1995,(5)

推行分裂政策必将影响两岸关系/王在希//台声. -1995,(7)

和平解决台湾问题的历史回顾/中州统战. -1995,(8)

试论九十年台湾的“统独”之争/骆沙舟、夏晓云//现代台湾研究. -1995,(总10)

蒋纬国先生谈统一/关愚谦//华人时刊. -1995,(11)

一代伟人情未了——周恩来与对台工作/杨亲华//中国统一战线. -1995,(12)

世纪之交的海峡两岸关系/吴能远//现代台湾研究. -1995,(总12)

台湾当局违背“一个中国”原则举证/严景//社科信息文荟. -1995,(15)

中英香港问题与台湾海峡两岸关系/周华//经济前沿. -1996,(1)

从“武力解放台湾”到“和平统一祖国”——中国政府对台政策历史之考察/杨亲华//党史研究与教学. -1996,(1)

两次“台海危机”中国共间的默契与共识及其对两岸关系的影响/邓家倍//台湾研究. -1996,(1)

中国统一的障碍和前景/张保民//深圳大学学报(人文社会科学版). -1996,(1)

台湾问题与我国发展中美关系的原则立场/汪青松//当代中国史研究. -1996,(2)

《海峡两岸关系40年》评介/尹进//武汉大学学报(哲学社会科学版). -1996,(2)

中国人民解决台湾问题的决心能力和办法/杨碧琳//武汉理工大学学报(社会科学版). -1996,(2)

论目前两岸关系涉及到的三个主要问题/李义虎//国际政治研究. -1996,(2)

海峡两岸关系的回顾与前瞻/姜殿铭//台湾研究. -1996,(2)

抗战后期中国反对“台湾国际共管论”的一场严正斗争/左双文//中共党史研究. -1996,(2)

关于海峡两岸政治谈判问题的评析与思考/余克礼//台湾研究. -1996,(3)

中华文化与海峡两岸统一/娄杰//团结.－1996,(3)

50年代中期"和平解放台湾战略"形成初探/贺之军//台湾研究集刊.－1996,(3)

对主权问题的历史与现实之考察——兼论台湾问题/刘国奋//台湾研究.－1996,(3)

如何化解两岸对峙状态的思考/李家泉//台声.－1996,(3)

香港回归与两岸关系/赵兴春//社会科学研究.－1996,(3)

两岸关系紧张的根源/张黎宏//台声.－1996,(4)

八十年代海峡两岸对话与谈判/邓家倍//党史文汇.－1996,(4)

现代化与国家统一/李义虎//台声.－1996,(4)

台湾问题:中国的内政/[孟]M. A. 阿夫扎尔//友声.－1996,(4)

在当前形势下推动海峡两岸关系发展的若干思考/杨雪燕//福建省社会主义学院学报.－1996,(4)

实现祖国统一是中华民族的根本利益/马力//中央社会主义学院学报.－1996,(4)

海峡两岸关系的历史、现状与前景/左双文//湘潭师范学院学报(社会科学版).－1996,(4)

三次台湾海峡危机的比较评析/丁斗//国际经济评论.－1996,(5)

"总统"选举后的台湾政局与两岸关系/张敦财//福建对台工作.－1996,(5)

一个中国原则是台湾当局生存的前提/柳松//固原师专学报.－1996,(5)

台湾是中国人的台湾——从一条旧闻看台湾同胞反对分裂的态度/刘春//中国档案.－1996,(5)

关于最近两岸关系走向的几个问题/刘红//台声.－1996,(6)

《台湾问题与祖国统一》评介/朱小秋//理论导刊.－1996,(6)

建国初期毛泽东争取和平解放台湾的尝试/一青//领导文萃.－1996,(6)

国共两党反对"两个中国"的历史回眸/田海蓝//中南财经大学学报.－1996,(6)

两岸关系是影响台湾经济的最大因素/郁辛//台声.－1996,(7)

从台海危机看两岸关系及中美关系/徐孝哲//台声.－1996,(7)

海峡两岸关系纵横谈/赵万钧//党史博采.－1996,(8)

求同存异寻求共识理性探讨化解僵局——记1996年海峡两岸关系学术研讨会/杨燕民//台声.－1996,(9)

九七后台港关系展望/范跃江//台声.－1996,(9)

研究和描述两岸关系的力作——评《海峡季风:多棱镜下两岸关系透视》/海风//台声.－1996,(9)

两岸间两种截然不同的做法/魏大业//台声.－1996,(10)

三谈两岸关系与民意/本刊编辑//台声.－1996,(10)

我看四年后的两岸关系/徐孝哲//台声.－1996,(10)

从台海危机看两岸关系的走向/张博文//高校理论战线.－1996,(10)

两岸化解敌意的具体途径/李义虎//台声.－1996,(11)

香港主权回归对两岸关系发展之影响/李建敏//台声.－1996,(12)

未来四年台湾政局与两岸关系/吴能远//现代台湾研究.－1996,(总15)

台湾当局阻挠统一心态分析/戚建超//现代台湾研究.－1996,(总15)

借助香港回归动力，促进两岸和平统一/许卓松//现代台湾研究. -1996,(总16)

浅析余英时的两岸统一观——兼论美国极少数反华势力干涉海峡两岸统一的谬论/章念驰//瞭望. -1996,(28)

世纪之交：两岸关系往何处去？——1996海峡两岸关系学术研讨会综述/瞭望. -1996,(32)

论祖国大陆与台湾的历史发展趋向统一/张昌志//文史杂志. -1997,(1)

一九九六年台湾局势与两岸关系/吴能远//台湾研究. -1997,(1)

两岸关系的回顾与展望/游欣蓓//台声. -1997,(1)

党在"文化大革命"时期的对台工作/杨亲华//团结. -1997,(1)

邓小平"一国两制"战略构想对统一战线理论的新贡献/张广芳//江苏社会科学. -1997,(1)

香港回归将促进海峡两岸统一的历史进程/孙兆文//特区理论与实践. -1997,(1)

香港回归后台港关系展望/陈立云//特区理论与实践. -1997,(1)

台湾局势与两岸关系的回顾与展望/李强//经济时刊. -1997,(2)

"台湾地位未定论"溯源/苏格//台湾研究. -1997,(2)

试论"九七"后的港台关系/相云霞//淮阴师范学院学报(哲学社会科学版). -1997,(2)

开罗会议后中国政府收复台湾的准备/郭学旺//台湾研究. -1997,(2)

香港回归对解决台湾问题的影响及启示/刘富生//解放军体育学院学报. -1997,(2)

评现阶段海峡两岸关系/莫力根//内蒙古统战理论研究. -1997,(2)

"第二次台海危机"前因后果析/江渝//四川教育学院学报. -1997,(2)

海峡风云——50年代海峡两岸关系概述/王善中//军事历史. -1997,(2)

对实现台湾回归、祖国统一问题的思考/李金红//江汉大学学报(医学版). -1997,(3)

论香港回归对两岸统一的促进作用/陈蕴茜//江苏社会科学. -1997,(3)

试析影响两岸关系发展的若干因素/刘国奋//台湾研究. -1997,(3)

论香港回归与海峡两岸关系/孙林//学术论坛. -1997,(3)

三次"台海危机"始末/朱鑫//党史文苑. -1997,(3)

香港回归祖国对台湾的重大影响和特殊作用/陈建华//港澳经济. -1997,(3)

两岸关系：僵持之中等待调整和突破/唐书彪//今日中国(中文版). -1997,(3)

试论海峡两岸主要矛盾性质的演变/刘红//台湾研究. -1997,(3)

关于中国海峡两岸关系发展的研究(摘要)/徐东薰//国际政治研究. -1997,(3)

两岸应以务实的态度对待事务性问题的解决/王源//两岸关系. -1997,(3)

关于海峡两岸政治谈判的初步探讨/周志怀//台湾研究. -1997,(4)

两岸关系发展的契机与隐忧/谢郁//台湾研究. -1997,(4)

及早进行政治谈判推动两岸关系发展/余礼文//两岸关系. -1997,(4)

试析台湾问题在中国对外战略中的定位/蒲宁//台湾研究集刊. -1997,(4)

论香港回归对海峡两岸关系的影响/毛磊//中南财经大学学报. -1997,(4)

香港回归与海峡两岸关系/董世明//东

北师大学报(哲学社会科学版).－1997,(4)

中国统一的国际环境/颜声毅//贵州师范大学学报(社会科学版).－1997,(4)

两岸关系回顾与未来十年展望/朱显龙//台湾研究.－1997,(4)

香港回归成定局两岸前景更光明:从香港回归祖国看两岸关系前景/彭维学//上海对台工作.－1997,(5)

金门—建国初期对台关系的焦点/舒云//党史博览.－1997,(5、7)

做好台湾人民工作,致力祖国统一大业/李强//经济时刊.－1997,(6)

两岸重开协商时一个不容回避的问题/萧之光//两岸关系.－1997,(6)

一九九七年上半年台湾局势和两岸关系综述/申岩//上海对台工作.－1997,(7)

1978年前海峡两岸谋和足迹实录/杨亲华//炎黄春秋.－1997,(8)

为了国共第三次合作——周恩来和台湾问题/张宝善//福建党史月刊.－1997,(8)

香港回归对海峡两岸关系的影响/王作权//理论导刊.－1997,(9)

海峡两岸关系述评/吕东征//福建党史月刊.－1997,(10)

顺应历史发展潮流再创两岸关系新局面:两岸关系发展十年回顾/陈祥元//上海对台工作.－1997,(12)

一九九六年台湾局势与两岸关系:一个政治经济的分析/吴能远//现代台湾研究.－1997,(总17)

当前台湾政局与两岸关系:结合访台观感分析/吴能远//现代台湾研究.－1997,(总19)

达赖访台背景及其影响初析/纪明润//现代台湾研究.－1997,(总20)

香港回归对两岸关系的影响/罗祥喜//瞭望.－1997,(29)

香港回归对解决台湾问题的四点启示/唐树备//瞭望.－1997,(30)

两岸政治僵局的理念背景/李义虎//国际政治研究.－1998,(1)

“一个中国”的结与解/王升//台湾研究.－1998,(1)

十一届三中全会与两岸关系发展/李松林//北京党史.－1998,(1)

历史留下的遗憾——解放后国共两党三次秘密和谈始末/范小方//山西老年.－1998,(1)

论九七后的港台关系/黄嘉树//新视野.－1998,(2)

趋向稳定力求发展——1997年两岸关系回顾/范丽青//台声.－1998,(2)

不信东风唤不回——两岸关系研究手记/潘望喜//南京政治学院学报.－1998,(2)

李光耀接受台《中国时报》专访谈两岸关系等问题/甘泰//两岸关系.－1998,(2)

九七后港台关系发展趋势展望/鲍立衔//和平与发展.－1998,(2)

唐树备常务副会长谈两岸关系和两会联系与接触问题/两岸关系.－1998,(2)

试论当前我国周边不稳定安全因素及其对两岸关系的影响/曾涛//东南亚研究.－1998,(2)

台湾《香港澳门关系条例》特点评析/宋锡祥//政治与法律.－1998,(2)

关于1995—1996年台海危机的思考/周志怀//台湾研究集刊.－1998,(2)

统一台湾的概率分析/阎学通//太平洋学报.－1998,(3)

试析近年来两岸关系发展中的问题/刘国奋//台湾研究.－1998,(3)

台湾舆论对邱义仁等民进党人士参加

厦门大学学术会议的反应/张文生//台湾研究集刊. －1998,(3)

从第二次国共合作看台湾问题的解决/李长海//理论探讨. －1998,(3)

中国领导人为解决台湾问题的不懈努力/夏丽鹃//毛泽东思想研究. －1998,(3)

台湾的前途系于祖国统一/刘永涛//武警学院学报. －1998,(3)

周恩来在处理1958年“台海危机”中的杰出贡献/余科杰//北京党史. －1998,(3)

评台湾方面所谓两岸商谈“不预设任何前提”/刘墨//台声. －1998,(3)

胸中圆月明——周恩来与台湾问题/贾玉彬//党史纵横. －1998,(3)

政治谈判是两岸实现和平统一的必由之路/辛旗//台声. －1998,(3)

海峡两岸四党祖国统一政策异同/徐晓林//华中理工大学学报(社会科学版). －1998,(3)

新党访问团与北京有关部门座谈纪实/王峥//两岸关系. －1998,(3)

两岸政治谈判“具危险性”吗？/尚定//两岸关系. －1998,(3)

举行两岸政治谈判问题的理论思考/程林胜//世界经济与政治论坛. －1998,(4)

两岸政治分歧与未来两岸政治关系/张黎宏//台湾研究集刊. －1998,(4)

要有改善两岸关系的真正诚意——评海基会的一份“新闻稿”/雨农//两岸关系. －1998,(4)

坚持“一个中国”原则，积极推进两岸政治谈判/朱卫东//台湾研究. －1998,(4)

两岸关系发展二十年——纪念《告台湾同胞书》发表二十周年/周志怀//台湾研究. －1998,(4)

排除人为干扰促进中国统一/刘国奋//台湾研究. －1998,(4)

祖国和平统一进程中的重要里程碑/许世铨//台湾研究. －1998,(4)

祖国统一的潮流不可阻挡/姜殿铭//台湾研究. －1998,(4)

合则两利共图大业/毛仲伟//台湾研究. －1998,(4)

调整中的亚太大国关系及其对两岸关系的影响/宋萍//岭南学刊. －1998,(4)

两岸政治关系中“一个中国”问题之省思/刘佳雁//台湾研究. －1998,(4)

第七届海峡两岸关系学术研讨会综述/张黎宏//台湾研究. －1998,(4)

面向21世纪的海峡两岸关系/陈水林//浙江经济高等专科学校学报. －1998,(4)

拿出行动要比讲空话有用得多——评台湾方面在两岸协商和辜振甫先生来访问题上的做法/肖之光//两岸关系. －1998,(5)

期待两岸关系的新发展——从克林顿访华看两岸关系发展/王在希//台声. －1998,(5)

坚冰真的打破了吗？——评台湾当局对两会恢复交流的态度/辛旗//台声. －1998,(6)

扩大民间往来与两会交流推动两岸政治谈判/肖之光//两岸关系. －1998,(7)

香港模式对解决台湾问题的启示/李义虎//台声. －1998,(7)

曲折发展的两岸关系/姚巧华//中州统战. －1998,(7)

从克林顿访华看海峡两岸关系/李家泉//台声. －1998,(8)

台湾当局对两岸关系应有更务实的思考/仇开明//台声. －1998,(8)

谈谈关于两岸政治对话/刘墨//两岸关系. －1998,(8)

评台湾方面在辜振甫先生来大陆参访问题上的反复多变/马白//两岸关系.－1998,(9)

两岸政治谈判的障碍何在?/赵郁美//台声.－1998,(9)

对实现两岸政治谈判的思考/范德忠//台声.－1998,(9)

浅谈民进党与两岸关系/吴能远//台声.－1998,(9)

统一意识与两岸关系/茅家琦//台声.－1998,(10)

再谈两岸政治对话——写在辜振甫先生来访之前/刘墨//两岸关系.－1998,(10)

三谈两岸政治对话——写在辜振甫先生访问大陆之后/刘墨//两岸关系.－1998,(11)

辜振甫来访及其对两岸关系的影响/钟文//时事报告.－1998,(11)

国际舆论评辜振甫大陆之行/本刊编辑部//两岸关系.－1998,(11)

从对峙走向对话——简评辜振甫大陆之行/黄嘉树//两岸关系.－1998,(11)

相逢一笑共襄盛举——闽台关系20年纪实/吴明刚//福建党史月刊.－1998,(12)

两岸同胞的根本权益不容忽视/云舟//台声.－1998,(12)

辜振甫参访大陆的回顾与前瞻/王德//台声.－1998,(12)

海峡两岸交往50年/王光远//文史精华.－1998,(12)

民进党与两岸关系/吴能远//现代台湾研究.－1998,(总23)

用诚意推动两岸交流与互动——写在辜振甫参访沪京之际/尚定//瞭望.－1998,(40)

在曲折中走向稳定和政治对话——两岸关系二十年的回顾和展望/于沐//瞭望.－1998,(52)

发展两岸关系是台湾民意主流/杨毅周//台声.－1999,(1)

“汪辜会晤”后的两岸关系形势/李家泉//今日中国(中文版).－1999,(1)

两岸政治僵局的概念性解析/刘国深//台湾研究集刊.－1999,(1)

两岸关系的新阶段——汪辜会晤暨海基会祖国大陆参访述评/苏格//外交学院学报.－1999,(1)

1998年两岸关系评述/孙升亮//台湾研究.－1999,(1)

海峡两岸和平统一之基础与两岸关系回顾/蔡福金//中央社会主义学院学报.－1999,(1)

遏制“台独”与增强中华民族凝聚力/付广平//湖北省社会主义学院学报.－1999,(1)

促进两岸政治谈判是现阶段全面推进两岸关系的关键/杨雪燕//福建省社会主义学院学报.－1999,(1)

汪辜会晤与台湾前路/[美]沈己尧//台声.－1999,(1)

1998年海峡两岸关系述评/钟文//国家安全通讯.－1999,(2)

加强桂台交流,做好台湾人民工作的几点思考/李亚非//广西社会主义学院学报.－1999,(2)

澳门在两岸关系发展中的地位与作用/王京琼//台湾研究.－1999,(2)

1998年两岸关系述评/金中//台声.－1999,(2)

分裂祖国的行为没有历史和国际法依据/卢月//台湾研究.－1999,(2)

50、60年代中共和平解放台湾的可贵探索/张亚斌//延边大学学报(社会科学版).－1999,(2)

警惕台湾有人利用语言文化分裂祖国的图谋/张克辉//台湾研究. －1999,(2)

潮平两岸阔风正一帆悬——1998年两岸关系述评/杨亲华//两岸关系. －1999,(2)

两会“四项共识”后的两岸关系——记海峡两岸关系研究中心“两岸关系座谈会”/游欣蓓//两岸关系. －1999,(2)

和平统一台湾的十大有利条件/金勇兴//中央社会主义学院学报. －1999,(2)

“船愈近港口”——香港回归后台港关系考论/蒋婕虹//南京大学学报(哲学.人文科学.社会科学版). －1999,(2)

关于两岸关系的几个问题/刘红//台湾研究. －1999,(3)

论海峡两岸统一的历史必然性/金怡顺//青海师范大学学报(哲学社会科学版). －1999,(3)

TMD与两岸关系/朱锋//台湾研究. －1999,(3)

50年代两岸在港关系的历史考察/陈新文//台湾研究集刊. －1999,(3)

台湾政局与海峡两岸关系50年——总结过去、透察现在、把握未来/李家泉//台湾研究. －1999,(3)

解决两岸事务性问题重在诚意/范丽青//台声. －1999,(3)

浅析对台统一战略中的几个国际消极因素/吴艳蓉//莆田高等专科学校学报. －1999,(3)

50年代中共和平解放台湾的倡议与努力/苗生//党史文苑. －1999,(3)

1949年以前的台湾海峡两岸关系研究/姚礼明//北京大学学报(哲学社会科学版). －1999,(3)

对影响祖国和平统一若干外部因素之探讨/谢郁//台湾研究. －1999,(4)

汪道涵挂帅出征的台前幕后/裴高才、郭国权//海峡两岸. －1999,(4)

澳台关系是两岸关系的特殊部分/石四维//两岸关系. －1999,(4)

一个中国原则与两岸关系的定位/张文生//台湾研究集刊. －1999,(4)

李登辉谋求重新“定位”两岸关系问题之分析/刘国奋//台湾研究. －1999,(4)

澳门在两岸关系中的特殊地位/孟庆顺//台湾研究. －1999,(4)

紧张与缓和相伴，基本格局依旧：1998年两岸关系回顾/赵朴//海峡两岸. －1999,(4)

解决台湾问题不能无限期地拖下去/刘红//台湾研究. －1999,(4)

建国后中共和平解放台湾的倡议及努力/苗生//海峡两岸. －1999,(5)

两岸关系的关键是统一的诚意/吴能远//台声. －1999,(5)

台海两岸关系的制约因素与祖国统一进程/刘增合//中央社会主义学院学报. －1999,(5)

台湾问题与中国前途——兼评李登辉《台湾的主张》/张文木//战略与管理. －1999,(5)

困难与选择：对台湾问题的思考/时殷弘//战略与管理. －1999,(5)

国防现代化与台湾问题/张祖谦//战略与管理. －1999,(6)

“九九”后如何保持和规范澳门与台湾的关系/瞭望. －1999,(6)

台湾是中国不可分割的一部分——不容李登辉抹煞“台湾属于中国”的历史/季云飞//南京政治学院学报. －1999,(6)

对海峡两岸关系的回顾与展望/杨亲华//北京党史. －1999,(6)

两岸政治对话当走向政治谈判/安华//

瞭望.－1999,(6)

台湾政局走势与祖国统一/彭心安//厦门特区党校学报.－1999,(6)

曲折发展,忧喜参半:一九九九年上半年两岸关系综述/陆笑炎//上海对台工作.－1999,(7)

中华文化与两岸和平统一/周而凤//中共福建省委党校学报.－1999,(7)

主权与霸权的较量——新中国捍卫台湾主权纪略/孔德生//党史文汇.－1999,(7)

对中国和平统一的展望/杨义富//海峡两岸.－1999,(8)

美国学者谈两岸关系的发展方向/本刊编辑部//两岸关系.－1999,(8)

台湾问题的由来及两岸关系发展现状/钟文//时事报告.－1999,(8)

共同努力迈向新世纪——第8届海峡两岸关系学术研讨会侧记/逗点//台声.－1999,(9)

"波涛起伏难避免"——台湾岛内对辜振甫为"两国论""澄清"的反应/钟威//两岸关系.－1999,(9)

台北的言论"将两岸关系引向冲突"——国际舆论评辜振甫的"谈话稿"与陆委会"两国论"说帖/彭龙//两岸关系.－1999,(9)

中国对台湾海峡拥有主权权利和管辖权——李登辉的所谓"公共财"批判/万明//两岸关系.－1999,(9)

台海危机:世纪末的战争阴影/王茹梅//改革与理论.－1999,(9)

50年的中国,唯一的中国统一——50年不懈的追求/晨晨//法学天地.－1999,(10)

世纪之交的台湾形势与两岸关系/李强//经济时刊.－1999,(10)

道路是曲折的前途是光明的——评两岸关系五十年/周意//台声.－1999,(10)

"九九"后澳门涉台问题的基本原则和政策/中州统战.－1999,(10)

世纪之交话统一/李强//海峡情.－1999,(12)

从南北战争时期美英关系看今日台湾问题/曹富淼//现代国际关系.－1999,(12)

澳门回归后的两岸三地关系/董立文//经济前沿.－1999,(12)

话说台湾当局敦促汪道涵访台的"虚"与"实"/钟文//台声.－1999,(12)

抓住重点两岸谈判的新机会/刘墨//瞭望.－1999,(22)

一九九八年两岸关系述评/钟文//现代台湾研究.－1999,(总25)

世纪之交台湾政局与两岸关系/吴能远//现代台湾研究.－1999,(总26)

"两岸军事评估报告"发表对两岸关系影响/黄志//现代台湾研究.－1999,(总26)

展望廿一世纪海峡两岸关系/吴能远//现代台湾研究.－1999,(总27)

台湾当局阻碍两岸政治谈判原因探析/胡琴//现代台湾研究.－1999,(总28)

台湾政经形势与两岸关系/吴能远//现代台湾研究.－1999,(总28)

面向21世纪两岸关系的思考/郭更新//社会主义研究.－2000,(1)

试论福建在两岸关系中的地位与作用/郭更新//科学社会主义.－2000,(1)

新世纪两岸关系发展前景初探/高子川//世界经济与政治论坛.－2000,(1)

1999年两岸关系述评/刘红//台湾研究.－2000,(1)

台湾问题的历史回顾与未来走向/孟意华//湖北省社会主义学院学报.－2000,(1)

从三大因素看两岸关系的未来/李家泉//山西社会主义学院学报. －2000,(2)

清初统一台湾与当前台湾问题之比较/周家瑜//思茅师范高等专科学校学报. －2000,(2)

两岸关系不稳态与制度创新/刘国深//台湾研究集刊. －2000,(2)

台湾前提下的中国国家利益/张文彪//领导文萃. －2000,(2)

台湾“总统”选后岛内政局及两岸关系发展趋向/刘颖//现代台湾研究. －2000,(2)

台湾问题的历史轨迹与未来走势/王保庆//领导文萃. －2000,(2)

台湾问题的演变及前景/张历历//国防科技参考. －2000,(2)

台湾问题的历史轨迹/丁鲁//中国民兵. －2000,(2)

浅谈解决台湾与港澳问题的不同特点/刘雄//福州党校学报. －2000,(2)

澳门回归之后的两岸关系/吴能远//领导文萃. －2000,(2)

从“台湾民族论”的破产到“远亲近邻说”的还魂/蓝钢//现代台湾研究. －2000,(2)

台湾大选后两岸关系之展望/崔之清//世界经济与政治论坛. －2000,(3)

论两岸关系之危机/吴能远//现代台湾研究. －2000,(3)

加大解决台湾问题的力度与速度是当务之急/张丽春//山西经济管理干部学院学报. －2000,(3)

历史上的台湾三次回归/卢海鸣//纵横. －2000,(3)

祖国统一事业50年——1949—1999：新中国统一大业的进展及其历史经验/孙成武//长白学刊. －2000,(3)

陈水扁当权以后的两岸关系：一种谨慎的期待/萧功秦//战略与管理. －2000,(3)

营建中国福建祖国和平统一基地设想与项目的框架/福建省政府发展研究中心课题组//现代台湾研究. －2000,(3)

台湾问题的由来及发展趋势/袁兆霆//淮阴师范学院学报（哲学社会科学版）. －2000,(3)

台湾问题是内政和统一的问题/程薄技//新闻战线. －2000,(3)

20年和平统一进程的回顾/王升//瞭望. －2000,(3)

和平统一的有利条件与步骤/王升//瞭望. －2000,(3)

关于解决台湾问题的哲学思考/魏立峰//洛阳大学学报. －2000,(3)

试论蒋氏父子在台湾问题上的“一个中国”立场——兼驳吕秀莲的“远亲近邻”谬论/万生更//陕西教育学院学报. －2000,(3)

闽台关系50年：轨迹与启示/史习培//中共福建省委党校学报. －2000,(3)

台湾形势及其走向评析/高景生//辽宁公安司法管理干部学院学报. －2000,(3)

台湾“大选”后的两岸关系/周志怀//台湾研究. －2000,(3)

制约“台独”主张实现的几个主要因素/潘望喜//西安政治学院学报. －2000,(3)

台湾同胞是实现祖国和平统一的基本力量/杨文//台声. －2000,(3)

推进两岸关系发展实现祖国完全统一/陈云林//台声. －2000,(3)

“重建两岸‘和的逻辑’”/本刊编辑部摘录//两岸关系. －2000,(3)

唯有祖国统一，台湾才有前途/范德忠//现代台湾研究. －2000,(3)

论就台湾问题使用武力的“门槛”/时殷弘//战略与管理. －2000,(3)

台湾走向:让历史告诉未来/本刊编辑部//国防.－2000,(3)

白皮书的发表与两岸关系前景/黄嘉树//台声.－2000,(4)

从历史上看大陆与台湾的统一趋向性/刘国辉//呼兰师专学报.－2000,(4)

1992年共识海协海基两会协商之回顾与评析/许世铨//台湾研究.－2000,(4)

论周恩来对解决台湾问题的贡献/张万余//天水师范学院学报.－2000,(4)

两岸统一之路怎么走?/叶自成//国际政治研究.－2000,(4)

无限期拖延,就是选择战争——读《一个中国的原则与台湾问题》白皮书/周文顺//中州统战.－2000,(4)

从两次国共合作看海峡两岸的关系/谭明言//胜利油田党校学报.－2000,(5)

论统一是两岸关系的根本问题/周忠菲//世界经济研究.－2000,(5)

今年海峡两岸关系的走向/李义虎//瞭望.－2000,(5)

主权问题不能谈判/黄嘉树//台声.－2000,(5)

论民族亲情两岸统一进程中的作用/陈德民//党政干部论坛.－2000,(5)

建国初期中共为和平解决台湾问题的努力/苗生//文史春秋.－2000,(5)

知名学者李家泉谈台湾局势及两岸关系/李家泉//国家安全通讯.－2000,(6)

香港回归前后政治制度的变化对海峡两岸关系的影响/左成慈//南京大学学报(哲学.人文科学.社会科学版).－2000,(6)

绝不容许破坏两会商谈的基础/刘墨//两岸关系.－2000,(6)

对两岸关系和平与改善的共同期待——厦门两岸关系研讨会侧记/吴乃陶//两岸关系.－2000,(6)

美国学者为台湾问题出谋划策/文心//两岸关系.－2000,(6)

厦门特区对台优势及在促进祖国统一中的地位和作用/刘正英//党的文献.－2000,(6)

英刊文章分析——“台湾如果独立中国别无选择”/胡涛//两岸关系.－2000,(6)

台湾当局必须承认一个中国原则——记厦门“两岸关系研讨会”/张敏//台声.－2000,(6)

全球战略格局与祖国统一问题/周牟洮//青岛行政学院学报.－2000,(6)

“中国观念”与一个中国原则/辛旗//台声.－2000,(6)

评台湾当局新领导人在处理两岸关系上的言论/徐京城//政工学刊.－2000,(6)

对台军事斗争准备中的威慑战略/郝勋如//西安政治学院学报.－2000,(6)

台湾问题与中国前途——兼评李登辉《台湾的主张》/吴明//两岸关系.－2000,(6、7、8)

台湾问题的由来与发展/王升//人民公安.－2000,(7)

“后李登辉时代”的“李登辉路线”——台湾新领导人上台后两岸关系走向浅析/陈斌华//台声.－2000,(7)

充分认识厦门市在对台统战工作中的作用/张文生//厦门月刊.－2000,(7)

国民党下台后我们的安全战略/张文彪//领导文萃.－2000,(7)

关于今年以来两岸关系的若干问题/台声//党建.－2000,(7)

历史的责任理性的思考——记第九届海峡两岸关系学术研讨会/张敏//台声.－2000,(8)

美国学者认为:“两岸间的根本问题是台湾正在放弃对最终统一的承诺”/谢文//

两岸关系. －2000,(8)

“朝韩能,两岸为何不能?”/京翼//台声. －2000,(8)

拓展反“独”促统的空间/[美]李哲夫//台声. －2000,(9)

两岸关系十问/王建民//今日浙江. －2000,(9)

民进党执政后的两岸关系/李家泉//国家安全通讯. －2000,(10)

一波三折——海峡两岸关系的历史回顾/阙光联//党政干部学刊. －2000,(10)

海峡两岸50年代的历史和法律真实/刘国深//广东省社会主义学院学报. －2000,(10)

2000年两岸关系焦点:坚决捍卫一个中国原则/刘墨//两岸关系. －2000,(12)

李登辉下台后的台海形势/李家泉//瞭望. －2000,(14)

台湾新领导人的危险“选项”/安华//瞭望. －2000,(38)

50年代国共两党反对“两个中国”的历史回顾/张万余//天水行政学院学报. －2001,(1)

“遥望南云”,台湾何去?——一年来台湾政局与两岸关系的回顾与展望/李家泉//山西社会主义学院学报. －2001,(1)

论国家结构与两岸统一/张翼安//陕西省行政学院.陕西省经济管理干部学院学报. －2001,(1)

从新世纪的门槛看台湾问题/陈培//两岸关系. －2001,(1)

主权的法理分析与台湾问题/余元洲//信阳师范学院学报(哲学社会科学版). －2001,(1)

中华文化是实现两岸统一的坚实基础/鄂焕成//广西民族学院学报(哲学社会科学版). －2001,(1)

“台湾政局·两岸关系·华侨华人”学术座谈会纪要/晓雾//华侨华人历史研究. －2001,(1)

民进党上台后的两岸关系回顾/彭维学//统一论坛. －2001,(1)

从国际法的角度看台湾问题/徐俊文//湖北公安高等专科学校学报. －2001,(1)

试论海峡两岸关系的演变与特点/张植荣//国际政治研究. －2001,(1)

海峡两岸和平统一重大障碍粗探/高智生//广东省社会主义学院学报. －2001,(1)

从主权概念、国际法看中国对台湾拥有绝对的主权/姚礼明//台湾研究. －2001,(1)

齐心协力缔造和平统一/陈孔立//海峡月报. －2001,(1)

要“反独促统”也要“化独促和”/王津平//统一论坛. －2001,(1)

海外华人和中国统一/李遥//统一论坛. －2001,(1)

一个中国原则与两岸时局/李义虎//国际政治研究. －2001,(2)

在事实与规范之间——论国家统一前的两岸交往秩序/王建源//台湾研究集刊. －2001,(2)

台湾政治局势与两岸关系走向座谈会/吴能远、杨华基//现代台湾研究. －2001,(2)

一个中国原则是台海和平的保障/汪洋//统一论坛. －2001,(2)

台湾当局理应承认一个中国原则/楚仕心//两岸关系. －2001,(2)

两岸关系是谈,是打,还是拖?/张召忠//当代海军. －2001,(2)

回避一个中国原则的代价/吴能远//领导文萃. －2001,(2)

中共三代领导人为解决台湾问题所作

的探索/杨名刚//韶关学院学报. －2001,(2)

论两岸关系“软危机”/吴能远//台湾研究. －2001,(2)

试论50年来海峡两岸关系的战略互动/黄耀明//漳州职业大学学报. －2001,(2)

略论实现祖国完全统一与中华民族的伟大复兴/余克礼//台湾研究. －2001,(2)

两岸关系回头看/陈孔立//台湾研究. －2001,(3)

透视近期中美关系与台湾问题中几起重大事件/秦华//统一论坛. －2001,(3)

第一次“台海危机”与一个中国的原则/张万余//西北师大学报(社会科学版). －2001,(3)

从第二次国共合作的历史启示看祖国统一的必然趋势/刘长梅//内蒙古师大学报(哲学社会科学版). －2001,(3)

当前港澳台统战工作的形势与任务/解永强//江苏省社会主义学院学报. －2001,(3)

略谈主权与两岸关系/江国青//法学评论. －2001,(3)

“台湾海峡事件”与葛罗米柯访华/[俄]Б·Н·魏列夏金//纵横. －2001,(3)

总结对台军事斗争历史经验探讨新世纪祖国统一对策——“台湾军事历史与祖国统一”研讨会述评/崔国才//南京政治学院学报. －2001,(3)

试析21世纪初的中国国家安全环境/李忠武//南京政治学院学报. －2001,(3)

民族意识的弘扬与两岸关系的发展/蔡亘//中央社会主义学院学报. －2001,(3)

情注海峡两岸心系祖国统一——“文革”后期邓小平与台湾问题/王中人//党史纵览. －2001,(3)

民进党执政与海峡两岸关系/严安林//台湾研究. －2001,(3)

台湾问题:危机深化,转机何在?/黄景贵//海南大学学报(人文社会科学版). －2001,(3)

论中国的统一与政治思想的多样性趋势/周德群//辽宁税务高等专科学校学报. －2001,(3)

两岸关系发展中两个前途两种命运的较量/黄跃红//湖南教育学院学报. －2001,(3)

海峡两岸的利益冲突及对共同利益的寻求/李鹏//台湾研究集刊. －2001,(3)

青山遮不住毕竟东流去——2000年两岸关系述评/安华//台声. －2001,(3)

加强合作才能双赢——与台湾知名人士许信良先生一席谈/李卉妍//台声. －2001,(3)

台湾作为中国一部分的地位不容改变/彭鸣//统一论坛. －2001,(3)

台湾海峡的爆发点/[美]琼·J·德雷尔//国外社会科学文摘. －2001,(4)

台湾问题与海外华人反独促统/单纯//世界民族. －2001,(4)

中共第一代领导人与台湾问题/吴本荣//南京化工大学学报(哲学社会科学版). －2001,(4)

台湾战略地位的历史回顾/刘瑞贤//山西高等学校社会科学学报. －2001,(4)

从本土化或全球化看两岸关系:两种不同的政治思维/张文生//台湾研究集刊. －2001,(4)

海峡两岸关系50年的回顾与思考/李松林//新视野. －2001,(4)

反分裂的斗争有伐谋、伐交、伐兵和攻城四个层次,我们应该将战略重点置于大谋略运作和外交斗争台湾问题:大战略角度再思考/李希//国际展望. －2001,(4)

“一个中国”内涵与两岸关系/黄嘉树//台湾研究. -2001,(4)

情注海峡两岸台湾问题——两年徘徊期间邓小平心系祖国统一/王中人//党史纵览. -2001,(4)

现阶段台湾政局与两岸关系/吴能远//台湾研究. -2001,(4)

否认两会共识是拒绝重开两岸谈判的伎俩/肖之光//两岸关系. -2001,(4)

台湾问题与中华民族凝聚力/孟彩玲//陕西社会主义学院学报. -2001,(4)

我为什么主张中国统一/林洋港//统一论坛. -2001,(5)

关于当前台湾问题的几点认识/王玉林//中共成都市委党校学报. -2001,(5)

中华文化与祖国统一/汪义生//中央社会主义学院学报. -2001,(5)

伟大的历史使命——祖国完全统一,中华民族全面复兴/许嘉璐//统一论坛. -2001,(5)

实现祖国完全统一是全体中华儿女的神圣职责/周铁农//统一论坛. -2001,(5)

“文革”后期邓小平与台湾问题/王中人//文史精华. -2001,(5)

祖国统一大业的当务之急/庚欣//统一论坛. -2001,(5)

台湾当局在两岸关系上的“积极”与“消极”/严峻//今日中国(中文版). -2001,(5)

中国共产党致力于台湾回归、统一八十年/毛磊//中共党史研究. -2001,(5)

当前两岸关系的症结初析/林劲//世界经济与政治论坛. -2001,(6)

陈水扁上台一年来的两岸关系/李家泉//台声. -2001,(6)

影响海峡两岸关系因素的分析/孔朝霞//长春市委党校学报. -2001,(6)

统一与中国的全面现代化/李义虎//统一论坛. -2001,(6)

历史的昭示与未来的抉择——写在“汪辜会谈”八周年之际/汪道涵//两岸关系. -2001,(6)

略论台湾问题的形成/宋继和//山东教育学院学报. -2001,(6)

邓小平与中美建交过程中的台湾问题/王中人//党史博览. -2001,(8)

两党工作机构对话:新的管道与机制/袁红兵//两岸关系. -2001,(8)

围绕“台湾问题”的若干看法/何玮//福建党史月刊. -2001,(9)

畅所欲言凝聚共识——第十届海峡两岸关系学术研讨会侧记/澹台惠敏//台声. -2001,(9)

统一台湾的时间由什么决定/阎学通//领导文萃. -2001,(9)

集思广益凝聚共识——第十届海峡两岸关系学术研讨会/袁红兵//两岸关系. -2001,(9)

北京主办奥运与两岸关系/魏大业//国家安全通讯. -2001,(9)

五十年代初解决台湾问题的良机及启示/周丽娟//中央社会主义学院学报. -2001,(10)

营造海峡两岸良性互动的氛围/时殷弘//国际展望. -2001,(10)

从“冲突的边缘”演变为“僵持中有危机”/严安林//国际展望. -2001,(10)

对台海两岸关系的几点认识/马淑明//中央社会主义学院学报. -2001,(10)

“西藏问题”与“台湾问题”/李哲夫//台声. -2001,(11)

共同创造中国现代化的明天——“海峡两岸第九届中国现代化学术研讨会”综述/陈永浩//两岸关系. -2001,(11)

“九·二会谈”岂可替代“九二共识”/

严峻//两岸关系. -2001,(12)

十年耕耘路春华与秋实——海峡两岸关系协会十年工作回眸/肖之光//两岸关系. -2001,(12)

积极推动两岸城市交流——台北市长马英九访谈录/吴亚明//中国经济周刊. -2001,(14)

"九·二共识"不可否认/肖之光//求是. -2001,(15)

2001年两岸关系观察/刘红//台湾研究. -2002,(1)

2001年的两岸关系:预示未来发展的趋势/刘墨//两岸关系. -2002,(1)

交流与合作是两岸共同繁荣的必然选择/殷存毅//两岸关系. -2002,(1)

磁吸效应,两岸统一潜力在台湾增大/浩天//海峡两岸. -2002,(1)

台湾问题的由来/吴锐//渭南师范学院学报. -2002,(1)

试论两岸关系的张力与极限/刘国深//台湾研究. -2002,(1)

论和平方式解决台湾问题的历史成因/赵越//辽宁教育学院学报. -2002,(1)

新世纪澳台关系与两岸关系的发展/郭健青//中共福建省委党校学报. -2002,(1)

未来十年海峡两岸和平统一的积极因素分析/李纪岩//临沂师范学院学报. -2002,(2)

台湾问题的现状及解决途径/陈玉玲//陕西社会主义学院学报. -2002,(2)

更加积极地推进两岸关系的发展/力文//统一论坛. -2002,(2)

海峡两岸关系的回顾与展望/祖庆芝//甘肃行政学院学报. -2002,(2)

主权构成研究及其在台湾问题上的应用/黄嘉树、王英津//台湾研究集刊. -2002,(2)

2001年两岸关系简论/吴能远//现代台湾研究. -2002,(2)

等待蔡英文的"解释"/陈孔立//两岸关系. -2002,(2)

大中华统一势不可挡:从两岸发展前景看统一趋势/湘夷//海峡两岸. -2002,(2)

选后的台湾岛内局势和海峡两岸关系走向/郭震远//两岸关系. -2002,(2)

台湾问题的动态博弈分析/刘东峰//世界经济与政治论坛. -2002,(3)

海峡两岸存在的几个大是大非问题/李家泉//重庆社会主义学院学报. -2002,(3)

透视选战后的台湾政局和两岸关系/彭鸣//国家安全通讯. -2002,(3)

回到"九二共识"既有基础是改善与发展两岸关系的根本途径/余克礼//台湾研究. -2002,(3)

两岸关系中的东南亚因素/马嫂//东南亚研究. -2002,(3)

两岸关系回顾与展望/彭鸣//国家安全通讯. -2002,(3)

陈水扁"台独"言论与未来两岸关系/潘林峰//现代台湾研究. -2002,(4)

台湾当局武力拒统出路何在/碧波//统一论坛. -2002,(4)

"中国观念"与两岸关系/辛旗//台声. -2002,(5)

寒去尚有日春来岂无期?——试谈两岸关系的几个问题/李家泉//国家安全通讯. -2002,(5)

两岸关系会渐行渐远吗?/魏艾//台声. -2002,(5)

WTO之后两岸政治与经济互动之展望/辛旗//统一论坛. -2002,(6)

充分理解和化解台湾同胞的历史情结/孙兰春//山西高等学校社会科学学报. -2002,(8)

坚持一个中国的原则努力实现祖国统一——兼论解决港澳问题和台湾问题的差异/王泽林//东南亚纵横. －2002,(9)

当前台湾局势和两岸关系发展趋势/钟文//思想理论教育导刊. －2002,(10)

“三个可以谈”：突破两岸僵局的关键/陈孔立//两岸关系. －2002,(12)

拓展两岸关系良性发展空间推进祖国和平统一大业/史习培//中共福建省委党校学报. －2002,(12)

当前的两岸关系/吴能远//现代台湾研究. －2002,(12)

“作秀”表演难掩台独实质——评台湾当局领导人执政两周年的两岸关系/化青//瞭望. －2002,(23)

两岸关系发展五年评估/化青//瞭望. －2002,(44)

对重要战略机遇期两岸关系的思考与展望/徐博东//北京联合大学学报(人文社会科学版). －2003,(1)

积极发展两岸关系推进和平统一大业/崔之清//北京医科大学学报(社会科学版). －2003,(1)

两岸关系发展的新特点和新态势/李家泉//山西社会主义学院学报. －2003,(1)

2002年国际形势与台湾问题/苏格//两岸关系. －2003,(1)

海峡两岸安全战略的认识落差和政策矛盾/李鹏//台湾研究集刊. －2003,(1)

入世后的两岸关系与公安工作/陈由诚//中国人民公安大学学报. －2003,(1)

2002年两岸关系发展的主要特点/刘颖//现代台湾研究. －2003,(1)

两岸关系的过去、现在与将来/朱显龙//北京联合大学学报(人文社会科学版). －2003,(1)

两岸关系：回顾·评析·展望/刘国深//两岸关系. －2003,(1)

努力把握“三通”机遇反“独”促“统”争取台湾问题早日解决/王远启//山西社会主义学院学报. －2003,(2)

台海两岸分合历史之反思/孙力//史学集刊. －2003,(2)

非典疫情对两岸关系的影响与启示/李鹏//上海台盟. －2003,(2)

中国台湾问题化历史略述/刘阿明//江西社会科学. －2003,(2)

试析现阶段两岸关系/刘国深//台湾研究集刊. －2003,(2)

国际关系理论运用于两岸关系研究中的局限/李鹏//台湾研究集刊. －2003,(2)

主权与安全：海峡两岸的认识落差与政策困境/李鹏//现代台湾研究. －2003,(3)

民进党执政后岛内“台独”的发展及其趋势分析/张文生//现代台湾研究. －2003,(3)

两岸关系刍议/张久营//探索. －2003,(4)

目前两岸关系形势及发展趋势/何仲山、姚小玲//现代台湾研究. －2003,(4)

台湾问题的地缘政治思考/刘宏//扬州教育学院学报. －2003,(4)

中国综合国力的提升对两岸关系的影响/黄跃红//求索. －2003,(4)

台湾海峡两岸对峙局面的由来/郝海涛//党史文汇. －2003,(4)

解决台湾问题要有时间表/罗振建//统一论坛. －2003,(4)

台湾问题不能久拖不决的原因探析/何杨//池州师专学报. －2003,(4)

台湾问题的国际化复杂化趋势与对策/姚学慧//榆林学院学报. －2003,(4)

两岸关系论/吴能远//现代台湾研究. －2003,(4)

两岸关系必须坚持与时俱进/章念驰//现代台湾研究. -2003,(5)

台湾将如何面对大陆的崛起——读大前新著有感/曹小衡//两岸关系. -2003,(5)

积极促进两岸对话与谈判,开创两岸关系发展新局面/陈云林//两岸关系. -2003,(5)

从当前形势谈"台湾问题"/孙晶晶//湖州师范学院学报. -2003,(5)

香港回归后两岸关系管见/张敦财//现代台湾研究. -2003,(5)

海峡两岸对南沙和西沙群岛主权的共同维护/张春英//军事历史. -2003,(5)

主权构成分析框架下的两岸分裂性质/王英津//贵州民族学院学报(哲学社会科学版). -2003,(5)

"一个中国"是台湾当局必须面对的现实:纪念"汪辜会谈"10周年/李家泉//海峡两岸. -2003,(6)

当前台湾政局和两岸关系/李家泉//现代台湾研究. -2003,(6)

两岸交往引发的社会治安问题探讨/"海峡两岸关系与社会治安问题"课题组//福建公安高等专科学校学报——社会公共安全研究. -2003,(6)

五十年来实现两岸统一的五次有利时机/周崇亚//决策咨询. -2003,(6)

论辛亥革命与两岸统一问题/高路//江汉论坛. -2003,(6)

平等尊重同胞情谊/陈孔立//紫荆杂志. -2003,(8)

经济伙伴与政治宿敌?——两岸关系悖论解读/曹小衡//两岸关系. -2003,(8)

两岸关系发展的机遇与挑战/刘波//两岸关系. -2003,(9)

陈水扁上台以来的两岸关系/林劲//现代台湾研究. -2003,(10)

透视重要战略机遇期的两岸关系/黄海//瞭望. -2003,(11)

海峡两岸关系50年记略/翟兰芳//四川统一战线. -2003,(11)

建国初期国共两党反对"台湾地位未定论"的斗争/尹博//党史纵览. -2003,(12)

陈水扁要把台湾推向灾难/许世铨//两岸关系. -2003,(12)

两岸关系研究的现状与问题/董玉洪//现代台湾研究. -2004,(1)

两岸关系研究的方法论探讨"两岸关系研究"之方法论反省/杨开煌//现代台湾研究. -2004,(1)

2003年两岸关系回顾/刘红//统一论坛. -2004,(1)

风物长宜放眼量——观察两岸关系的基本点/张同新//两岸关系. -2004,(1)

台湾问题上的严重危险和战略必需/时殷弘//战略与管理. -2004,(1)

"两岸关系学"的建构与发展/苏嘉宏//现代台湾研究. -2004,(1)

论台湾是中国的神圣领土——从台湾名称的由来和演变说起/许正文//陕西师范大学继续教育学报. -2004,(1)

建国前后影响中国武力解决台湾问题的根本因素/刘舸//安徽师范大学学报(人文社会科学版). -2004,(1)

实现台湾和平统一之现状透析/杨松涛//浙江工贸职业技术学院学报. -2004,(1)

"台湾意识"的内涵与辨析:台湾问题/林苗挺//现代台湾研究. -2004,(2)

2003年两岸关系回眸/亲华//两岸关系. -2004,(2)

台湾问题:信心·耐心·决心/张建华//长春工程学院学报(社会科学版).

－2004,(2)

台海局势的演变与和平统一前景/李伯顺//现代台湾研究.－2004,(2)

试论20世纪70年代海峡两岸关系的若干问题/陈睦富//咸宁学院学报.－2004,(2)

关于两岸稳定与统一的现实观察与思考/吴少平//中共珠海市委党校珠海市行政学院学报.－2004,(2)

陈水扁的“台独”恶果——评动荡撕裂的台湾社会与危机四伏的两岸关系/朱显龙//统一论坛.－2004,(2)

台海形势与两岸关系之我见/李家泉//统一论坛.－2004,(2)

中国和平崛起与台湾问题的关系/闫安//内蒙古工业大学学报(社会科学版).－2004,(2)

“台独”危险存在仍须严阵以待——兼评台湾“公投法”对未来两岸关系的影响/长弓//两岸关系.－2004,(2)

蒋经国解冻两岸关系的一段往事/彭哲愚//中关村.－2004,(3)

台湾目前形势及两岸关系问题思考/李家泉//黄埔.－2004,(3)

对中国共产党和平解决台湾问题的历史考察/范国辉//唐山师范学院学报.－2004,(3)

试析选后台湾政局的走向和两岸关系/桑登平//世界经济与政治论坛.－2004,(3)

“3·20”选举结果对台湾政经局势及两岸关系的影响/肖锦松//现代台湾研究.－2004,(3)

试论中国大陆与台湾的北京奥运政治博弈——如何应对“台独”对2008年奥运会的要挟/程传银//南京体育学院学报(社会科学版).－2004,(4)

两岸关系中的经济与政治/吴能远//现代台湾研究.－2004,(4)

对岛内政局和两岸关系的几点看法/徐博东//统一论坛.－2004,(4)

蒋经国对台湾问题的思考与抉择/薛昕//党史纵览.－2004,(4)

关于台湾问题及海峡两岸关系探讨/孙国强//内蒙古统战理论研究.－2004,(4)

中国和平崛起与两岸统一/郑建邦//统一论坛.－2004,(5)

台湾“320选举”后的岛内政局及两岸关系走向分析/冯剑辉//黄山学院学报.－2004,(5)

开启海峡两岸和平交流之门——廖承志给蒋经国公开信的幕后故事/吴跃农//两岸关系.－2004,(5)

全球化、人类安全与后SARS时代——两岸非传统安全的新议题/王昆义//世界经济与政治.－2004,(7)

2004年两岸关系回顾/张勇//台声.－2004,(12)

邓小平和蒋经国在两岸问题上的趋近/吴跃农//文史精华.－2004,(12)

2004年两岸关系十大新闻/本刊编辑部//两岸关系.－2005,(1)

论台湾问题发展的新趋向/吴仲柱//福建党史月刊.－2005,(1)

2004年两岸关系十件大事/全台研//台声.－2005,(1)

2004年台湾政局及两岸关系回顾与展望/刘颖、周晨励//现代台湾研究.－2005,(1)

反“台独”斗争尖锐的一年——2004年两岸关系回顾/吴能远//两岸关系.－2005,(1)

2004年台湾政局与两岸关系回顾/刘综//湖南省社会主义学院学报.－2005,(1)

2004年两岸政治关系评析/孙升亮//

两岸关系.－2005,(1)

"3·26"之后的台湾政局与两岸关系/潘林锋//现代台湾研究.－2005,(2)

台湾"立委"选举对两岸关系的影响/吴能远//领导文萃.－2005,(2)

2004年两岸关系大事综述/王建民//太平洋学报.－2005,(2)

开辟解决台湾问题的新思路/李义虎//太平洋学报.－2005,(2)

台湾政治危机与两岸关系前景/刘国深//中共福建省委党校学报.－2005,(2)

当代中国海峡两岸政治关系的历史透视——政治领袖心态的案例分析/梁柱//湖南科技大学学报(社会科学版).－2005,(2)

两岸关系的困境与中国的和平崛起/舒均治//重庆社会主义学院学报.－2005,(2)

发挥澳门在两岸交流的特殊平台作用/林园丁//统一论坛.－2005,(2)

对跨越海峡握手的思考/蔡世彦//天津市社会主义学院学报.－2005,(2)

台湾问题的由来与现状/刘玉霞//团结.－2005,(3)

《反分裂国家法》颁布后的两岸关系/徐博东、陈星//现代台湾研究.－2005,(3)

连、宋访大陆之我见/张积祥//统一论坛.－2005,(3)

对福建贯彻《反分裂国家法》的几点思考/杨登超//现代台湾研究.－2005,(3)

两岸关系新形势/吴能远//现代台湾研究.－2005,(3)

论台湾问题的症结与前景/和平//北京社会科学.－2005,(4)

中国外交活动中涉台问题研析/黄嘉树、林红//中国人民大学学报.－2005,(5)

解决台湾问题的棋牌思维/陈骅//太平洋学报.－2005,(5)

国共两党的恩恩怨怨/李松林//人民论坛.－2005,(5)

"台湾学"创始人彻谈两岸问题陈孔立:我们把台湾人民摆在了一个正面的位置/胡赳赳、林翔//档案管理.－2005,(5)

中国古代"大一统"思想对当今和平统一事业的影响/范宏云//湖北行政学院学报.－2005,(5)

党际交流引领两岸互动——极端本土化政治图腾的倾塌/曹辛//理论参考.－2005,(5)

邓小平和蒋经国在台湾问题上的趋近/吴跃农//党史文苑.－2005,(5)

台湾问题与中国统一/李曼//郧阳师范高等专科学校学报.－2005,(5)

连战宋楚瑜访问大陆后的两岸局势/向雁//世纪桥.－2005,(5)

对中国共产党和台湾在野三党交流对话的思考/廖建平//衡阳师范学院学报.－2005,(5)

未来两岸关系中台湾民众的国家认同/陈正统//现代台湾研究.－2005,(6)

大势所趋的两岸和谈/杨雯//世纪桥.－2005,(6)

台湾"三合一"选后的岛内政局与两岸关系/潘林峰//现代台湾研究.－2005,(6)

连、宋大陆行对两岸关系的影响/吕有志、姚水琼//两岸关系.－2005,(7)

搭起心灵相通之桥——国、亲、新三党大陆行对台湾民众的影响/李启龙//两岸关系.－2005,(8)

中国的和平发展与台湾问题/姚洪越//理论月刊.－2005,(8)

政党关系在解决台湾问题中的作用/杨付红//党政论坛.－2005,(9)

关于发展海峡两岸关系的几点思考/韩瑞//理论导刊.－2005,(9)

如何观察新形势下的两岸关系/其隆//

两岸关系. －2005,(10)

国共两党基层交流为两岸关系发展注入活力/孙升亮//两岸关系. －2005,(10)

台湾问题上的战略大视野/李明//南风窗. －2005,(10)

对两岸关系的大历史观察/石齐平//南风窗. －2005,(10)

两岸关系：风雨历程56载/褚静涛//南风窗. －2005,(10)

台湾当局的两岸"恶法"应该休矣/胡石青//两岸关系. －2005,(12)

两岸政局背后的台商势力/孙展//中国新闻周刊. －2005,(18)

宋美龄与台湾归属问题研究/张晋、吕振波//德州学院学报. －2005,(21)

毛泽东关于两岸和平统一的战略思想及其现实意义/李合敏//阵地与熔炉. －2006,(1)

从维护国家统一看美国内战与当今台湾问题/刘伟//呼伦贝尔学院学报. －2006,(1)

从300位台商联名签署《台商宣言》谈起——对陈水扁的两岸政策说不/沈正一//统一论坛. －2006,(2)

2005年两岸关系十大新闻/四川统一战线. －2006,(2)

两岸主要政党的"不等边三角"关系/李家泉//中央社会主义学院学报. －2006,(2)

从认同的二元性看未来两岸关系的发展趋势/任勇//世界经济与政治论坛. －2006,(3)

中国和平崛起中的台湾问题/邵沁妍//西藏发展论坛. －2006,(3)

海峡两岸三大政党的"不等边三角"关系/李家泉//中共党史研究. －2006,(3)

从台湾国、亲、新三党来访论政党合作的新机制/范前锋//广州社会主义学院学报. －2006,(3)

海峡两岸三方对两岸关系问题的认知差异与互动模式变化/王建民//亚非纵横. －2006,(3)

论影响两岸和平发展的两种因素/李道湘//广州社会主义学院学报. －2006,(4)

陈水扁上台后的两岸关系/董世明//广州社会主义学院学报. －2006,(4)

论在两岸关系中大陆的"正面回应"/胡公展//上海市社会主义学院学报. －2006,(4)

论海峡两岸对峙格局形成的原因/李松林//当代中国史研究. －2006,(5)

从春天到春天：国共两党共识落实情况回顾/金建//台声. －2006,(6)

两岸关系一个中国——喜读《两岸关系纵横论》/石雨//上海市社会主义学院学报. －2006,(6)

从国共第三次合作的可能性看两岸未来/杨红//当代经理人. －2006,(7)

台湾问题和祖国统一/杨淑娟//共产党人. －2006,(19)

跨世纪的两岸关系再思考/章念驰//中国评论(香港). －1999,(1)

世纪末两岸关系展望：建立面向二十一世纪的海峡两岸新型关系/严安林//中国评论(香港). －1999,(3)

世纪末两岸关系展望：两岸关系有可能逐步走出对抗/李家泉//中国评论(香港). －1999,(3)

台湾九·二一大地震与两岸关系/李家泉//中国评论(香港). －1999,(11)

白皮书：一份观察时间表/陈孔立//海峡(香港). －2000,(4)

台新人当政后的两岸关系/李家泉//海峡(香港). －2000,(6)

历史的真实和许惠祐的谎言/陈孔立//海峡(香港). -2000,(7)

新世纪两岸关系将有何种新格局/黄嘉树//海峡(香港). -2001,(1)

两岸关系前瞻:发展两岸关系的理性选择/章念驰//中国评论(香港). -2001,(3)

和平统一必须从政治文化着手/刘国深//海峡月刊(香港). -2001,(15)

两岸善意的正面解读/陈孔立//中国评论(香港). -2002,(2卷)

两岸关系问题上当前台湾主流民意探讨/杨立宪//海峡(香港). -2002,(4)

打破关于两岸关系的迷思/张文生//海峡月刊(香港). -2002,(7)

海峡两岸存在的几个大是大非问题/李家泉//海峡(香港). -2002,(7)

两岸关系:现在与未来的反思/章念驰//中国评论(香港). -2003,(3)

SARS对两岸关系的影响与启示/章念驰//中国评论(香港). -2003,(7)

两岸关系格局与台湾前途/李鹏//中国评论(香港). -2003,(8)

两岸关系:性质与特点/黄嘉树//中国评论(香港). -2003,(9)

未来四年是两岸关系高度危险期/严安林//中国评论(香港). -2004,(5)

影响未来两岸关系发展的几个因素/徐博东、陈星//中国评论(香港). -2004,(9)

台湾问题与中国的前途和命运/章念驰//中国评论(香港). -2005,(5)

两岸关系转变的四点启示/徐博东、马淑明//中国评论(香港). -2005,(11)

"台湾主体意识"辨析与构建新型的两岸关系/章念驰//中国评论(香港). -2006,(6)

2. 对台政策

试论"一个国家,两种制度"/李家泉、姚一平//台湾研究集刊. -1985,(1)

现阶段两岸关系的性质与相处的若干原则/孔立//台湾研究集刊. -1994,(3)

探寻两岸政策互动的基础/周建明//台声. -1994,(12)

坚持统一,反对分裂——学习江总书记春节讲话的几点体会/李家泉//台湾研究. -1995,(1)

从"解放台湾"到"一国两制"——回顾我党对台方针的形成及发展/王春发//世纪桥. -1995,(2)

中共两代领导人对台统一观比较/樊继福//西北大学学报(哲学社会科学版). -1995,(3)

邓小平与对台工作——论邓小平在开辟海峡两岸关系新前景中的历史作用/杨亲华//北京党史. -1995,(3)

从"一纲四目"、"九条"方针政策到"八点"看法和主张的历史发展/杨树标//浙江社会科学. -1995,(3)

简论中国共产党解决台湾问题的新思路——学习江泽民同志"八条"的几点思考/范毅//首都师范大学学报(社科版). -1995,(3)

试论"一国两制"构想在对台政策上的新举措/潘佩孟//长白学刊. -1995,(4)

坚持一个中国的原则与实现和平统一/邓栽虎//理论与改革. -1995,(5)

略谈祖国和平统一的几个问题/李晓梅//理论与改革. -1995,(7)

江泽民关于祖国和平统一讲话的新意所在/李家泉//社科信息文荟. -1995,(7)

毛泽东"和平解放台湾"的思想与邓小平"一国两制"的构想/钟兴明//中共浙江省委党校学报. -1996,(1)

毛泽东在台湾问题上的"绞索政策"/郭希华//上海党史与党建. -1996,(2)

中国共产党对台“两手方针”的提出与运用/李瑗//当代中国史研究. －1996,(3)

毛泽东对台工作方针的发展/知一摘编//毛泽东思想研究. －1996,(4)

实现祖国和平统一的基本国策/王延平//华北电力大学学报（社会科学版）. －1996,(4)

建国后中国共产党对台政策的演变/王建科//南京社会科学. －1996,(4)

试析邓小平“一国两制”与江泽民“八项主张”/周一生//四川党史. －1996,(4)

邓小平实现台湾与祖国统一思想论纲/崇庆余//徐州师范大学学报（哲学社会科学版）. －1996,(4)

坚持原则依靠人民长期奋斗——关于和平统一祖国的几个问题/邵文超//行政与法. －1996,(4)

对台政策调整前两岸试探性和谈活动/山菊//团结. －1996,(4)

“一个中国”的原则是台海安定的基础/杨毅周//台声. －1996,(5)

试论邓小平关于祖国统一的理论和实践/高正国//学术探索. －1996,(5)

周恩来与和平解决台湾问题的构想/廖心文//瞭望. －1996,(29)

浅析50年代我党对台湾问题的政策/陈传刚//党史研究与教学. －1997,(1)

两岸关系政策发展与祖国统一/潘岳祥//台州学院学报. －1997,(1)

试析中国共产党对台方针中既“争取和平统一”又“不承诺放弃武力”政策/任晓莉//西安外国语学院学报. －1997,(2)

《告台湾同胞书》和九条方针是指导实现第三次国共合作的重要方针/李冬妮//嘉应大学学报. －1997,(2)

试述新中国对台政策与美国对台政策关系/罗珍//世纪桥. －1997,(2)

五十年代末中共对台政策的形成及实践/闫安//内蒙古工业大学学报（社会科学版）. －1997,(2)

论“一个中国”的原则/胡公展//中央社会主义学院学报. －1997,(3)

论中共对台统战政策的演变/刘洁//长白学刊. －1997,(3)

十一届三中全会以来我党对台政策的历史发展/林治理//烟台师范学院学报（哲学社会科学版）. －1997,(3)

我国政府对五十年代美蒋关系矛盾的利用及其斗争策略/江渝//成都大学学报（社会科学版）. －1997,(4)

周恩来对解决海峡两岸关系问题的理论贡献/钟兴明//石油大学学报（社会科学版）. －1997,(4)

中国共产党对台政策的演变/张利生//西北第二民族学院学报（哲学社会科学版）. －1997,(4)

幸存的一脉生机——“文革”时期的对台工作/杨亲华//党史纵横. －1997,(5)

我党是何时首次公开提出“和平解决台湾问题”主张的/袁春荪//党史文汇. －1997,(5)

邓小平“一国两制”思想的历史渊源探析/王中人//社会科学. －1997,(7)

毛泽东的“和平解放”台湾思想与邓小平的“一国两制”理论/理论导刊. －1997,(8)

再论做好台湾人民工作的若干问题/李强//经济时刊. －1997,(10)

从毛泽东的国共长期合作思想到“一国两制”的构想/北京联合大学学报. －1998,(1)

因应变局以和为贵——周恩来50年代对和平统一台湾问题的探索/朱诗柱//淮阴师范学院学报（哲学社会科学版）. －1998,

(1)

寄希望于具有光荣爱国主义传统的台湾同胞/华庆//台声.－1998,(1)

周恩来与“一国两制”和平统一祖国的科学构想/杨治远//天府新论.－1998,(1)

周恩来与“一国两制”构想/陈立旭//台湾研究.－1998,(1)

周恩来和平统一台湾的主张与邓小平“一国两制”构想/吴锋//天府新论.－1998,(1)

“一个中国”原则的核心地位/林劲//台湾研究集刊.－1998,(1)

周恩来对解决台湾问题的构想/林星//福建党史月刊.－1998,(1)

1949～1950年毛泽东对台湾问题的思考与决策/张亚斌//延边大学学报(社会科学版).－1998,(2)

周恩来同志解决台湾问题的思想与实践/马千喜//唐山师范学院学报.－1998,(3)

毛泽东、邓小平关于祖国统一理论的比较研究/张广信//天中学刊.－1998,(3)

略论对台宣传工作中的几个问题/孙维惠//南京政治学院学报.－1998,(3)

心系祖国统一——周恩来对台工作的思想和实践/李涛//中共浙江省委党校学报.－1998,(4)

中国政府在台湾问题上的谈判主张及其演变/杨立宪//台湾研究.－1998,(4)

毛泽东、周恩来关于和平解决台湾问题的探索/黄冬有//中央社会主义学院学报.－1998,(4)

我国政府在台湾问题上的谈判主张及其变化/桑梓//疏导.－1998,(5)

党的十一届三中全会与海峡两岸和平统一大业/史习培//党史研究与教学.－1998,(6)

论十一届三中全会在祖国统一进程中的地位和作用/高建新//扬州大学学报(人文社会科学版).－1998,(6)

为什么说“一国两制”是最好的维持现状/程金中//台声.－1998,(7)

试论如何进一步做好台湾人民工作/刘宝哲//中央社会主义学院学报.－1998,(12)

县市长选举中台湾民意最新动向与我对台策略/吴强//现代台湾研究.－1998,(总21)

不平凡的转折点——纪念《告台湾同胞书》发表20周年/范丽青//瞭望.－1998,(52)

民族的愿望世纪的期盼——纪念《告台湾同胞书》发表二十周年/陈云林//求是.－1999,(1)

光辉的文献历史的篇章——纪念《告台湾同胞书》发表20周年/汪道涵//两岸关系.－1999,(1)

关于“一个中国”原则的思考/刘红//台湾研究.－1999,(1)

“文革”时期中共对台政策/阎安//内蒙古工业大学学报(社会科学版).－1999,(1)

我党第三代领导集体对邓小平祖国统一理论的坚持和发展/潘敌//党史研究与教学.－1999,(1)

寄希望于台湾人民推动祖国统一进程/郭麦珍//陕西社会主义学院学报.－1999,(2)

论新中国五十年党和国家的对台工作/毛磊//武汉交通科技大学学报(社会科学版).－1999,(3)

周恩来关于和平解放台湾问题的斗争策略及启示/钟仲//吉首大学学报(社会科学版).－1999,(4)

周恩来关于和平解决台湾问题的理论

与实践/孙成武//长春市委党校学报. －1999,(4)

论周恩来关于台湾问题的思想/陆建洪//江海学刊. －1999,(5)

中国统一论纲/古金//黑龙江教育学院学报. －1999,(5)

对“汪辜会谈”六周年的几点思考/仇长根//上海对台工作. －1999,(5)

从未承诺放弃对台使用武力——中共三代领导集体解决台湾问题方针的历史考察/程广中//军事历史. －1999,(5)

一脉相承的和平统一祖国思想——从毛泽东、邓小平到江泽民/姜涛//中共成都市委党校学报. －1999,(6)

试论两代伟人与祖国统一的方针/史琳//内蒙古大学学报(人文.社会科学版). －1999,(6)

“寥廓海天,不归何待”——对台政策调整前两岸试探性和谈活动/杨亲华//党史纵横. －1999,(6)

一个中国原则不可违/杨毅周//台声. －1999,(9)

“一国两制”对“一纲四目”的发展/张尚清//理论前沿. －1999,(11)

中共对台政策与两岸关系五十年的变迁/李伯顺//现代台湾研究. －1999,(总28)

中苏分裂与中共对台政策的相关性/姜安//中共天津市委党校学报. －2000,(1)

中国共产党三代领导与“一国两制”的战略构想/崔萍//首都师范大学学报(社会科学版). －2000,(1)

新形势下对台工作的思考/王义秋//山东行政学院.山东省经济管理干部学院学报. －2000,(1)

对台工作若干议题刍议/和平//科学社会主义. －2000,(1)

台湾政局演变与我们党关于解决台湾问题的战略思考/蒋孝山//长春工程学院学报(社会科学版). －2000,(1)

试析“一国两制”对“一纲四目”的继承与创新/刘雄//中国统一战线. －2000,(1)

一个中国原则是维护台海和平的基石/姜殿铭//台湾研究. －2000,(2)

学习《一个中国的原则与台湾问题》的体会/林仁川//厦门政协. －2000,(2)

略论周恩来对台工作要义/杨荣华//台湾研究. －2000,(2)

“台湾问题不能无限期拖下去”是邓小平的一贯思想/胡哲峰//军事历史. －2000,(2)

毛泽东解决台湾问题的构想/陈立旭//台湾研究. －2000,(3)

中国共产党对台湾方针的历史发展/解永强//陕西社会主义学院学报. －2000,(3)

谈谈今年来的三个重要对台文件/刘墨//两岸关系. －2000,(3)

毛泽东邓小平对祖国统一问题的理论贡献/钟兴明//成都师范高等专科学校学报. －2000,(3)

坚持一个中国原则实现祖国和平统一——在京台胞座谈《一个中国的原则与台湾问题》白皮书/冀和//台声. －2000,(3)

关于邓小平实现台湾与祖国统一思想的哲学思考/谢丽华//福建师大福清分校学报. －2000,(3)

“一国两制”与台湾民众利益/傅铁生//中国统一战线. －2000,(3)

中共关于海峡两岸谈判思路及政策发展演变的轨迹/张春英//党史研究与教学. －2000,(3)

促进统一大势所趋一个中国不可动摇——国际舆论评《一个中国的原则与台湾问题》白皮书/两岸关系. －2000,(3)

政治、政策和变化中的台湾问题/黄小明//东南亚研究.-2000,(3)

谈《一个中国的原则与台湾问题》白皮书/[美]沈己尧//台声.-2000,(4)

毛泽东、邓小平关于台湾问题的战略思想述评/柳青珊//山东教育学院学报.-2000,(4)

承认一个中国原则是两岸关系改善发展的前提/肖之光//两岸关系.-2000,(4)

从"武力解决台湾问题"到"和平统一、一国两制"——建国后中共对台政策的演变/陈松友//世纪桥.-2000,(4)

谈对台湾人民的三大关怀/杨剑//现代台湾研究.-2000,(4)

两岸关系新阶段的形势与策略/吴能远//现代台湾研究.-2000,(4)

以非战争军事行动扼制"台独"/田越英//团结.-2000,(5)

坚持一个中国原则是台湾同胞根本权益的保障/肖之光//两岸关系.-2000,(5)

主权问题不容讨论——邓小平关于解决台湾问题的态度和设想/阎润鱼//当代中国史研究.-2000,(5)

发展两岸关系必须遵循一个中国原则/李赣骝//团结.-2000,(5)

"和平统一"要以不放弃使用武力来支撑/李亚非//广西民族学院学报(哲学社会科学版).-2000,(6)

邓小平关于台湾问题与中美关系的重要思想/齐平吉//社会科学战线.-2000,(6)

回到一个中国立场是台湾当局的唯一出路/杨国庆//台声.-2000,(6)

一个中国原则是台湾平安的保障/岩沧//台声.-2000,(6)

一个中国原则不能成为谈判的议题/杨毅周//台声.-2000,(6)

统一大势,不可阻挡——试论遏制台湾分裂逆流的对策/陈彦生//党史纵横.-2000,(6)

从"武力解决台湾问题"到"和平解放台湾"——五十年代中共对台政策的演变/陈松友//党史纵横.-2000,(7)

从国际法看一个中国的原则——兼批"台独"谬论/陶迎//理论月刊.-2000,(7)

绝不承诺放弃对台使用武力是我们的一贯方针/汤家玉//四川统一战线.-2000,(8)

"一个中国原则"是对台方针政策的核心/台轩//党建.-2000,(8)

试论邓小平解决台湾问题的思想/刘宗武//理论月刊.-2000,(9)

必须回到一个中国原则的共识上来/李家泉//国家安全通讯.-2000,(11)

中央第三代领导集体在解决台湾问题上的继承与发展/史习培//中央社会主义学院学报.-2000,(11)

中央对台方针政策的发展及其启示/胡德茂//厦门特区党校学报.-2001,(1)

"一国两制"与毛泽东和平统一祖国思想/冉绵惠//西南民族学院学报(哲学社会科学版).-2001,(1)

邓小平关于不承诺放弃使用武力解决台湾问题的战略考虑/白纯//台湾研究.-2001,(1)

试论党的第三代领导集体的对台政策与祖国统一/张运洪//党史研究与教学.-2001,(1)

中国共产党两岸关系政策的发展/李仁质//中央社会主义学院学报.-2001,(1)

三代中央领导集体对台政策纵论/孙成武//长春市委党校学报.-2001,(2)

中国共产党对台湾政策的历史演变/张元勋//信阳师范学院学报(哲学社会科学

版）. －2001,(2)

中国共产党对台政策的历史认识/田猛//长安大学学报(社会科学版). －2001,(2)

论邓小平关于解决台湾问题的战略构想/白纯//军事历史研究. －2001,(2)

略论邓小平关于解决台湾问题的战略思想/李桂英//长春大学学报. －2001,(2)

从历史和法理角度看一个中国原则/郭胜利//河南机电高等专科学校学报. －2001,(2)

关于落实"寄希望于台湾人民"方针的几点思考/杨凤//统一论坛. －2001,(2)

中国政府和平解决台湾问题的第一次提出/本刊编辑部//江苏省社会主义学院学报. －2001,(2)

坚持一个中国原则是两岸对话的基础/钱其琛//统一论坛. －2001,(2)

论祖国统一问题上的人民观/鄂焕成//浙江万里学院学报. －2001,(2)

从科学构想到伟大实践——党的第三代领导集体对邓小平"一国两制"和平统一祖国理论的丰富和发展/刘培平//发展论坛. －2001,(2)

我国政府第一次发表的台湾问题白皮书/本刊编辑部//江苏省社会主义学院学报. －2001,(2)

两岸关系回头看——纪念"叶九条"发表二十周年/陈孔立//台湾研究. －2001,(3)

试论江泽民同志对"一国两制"构想的继承与发展/张广敏//现代台湾研究. －2001,(3)

一个中国原则和92共识仍是两岸关系转圜的关键——瑞士日内瓦大学主办"东亚区域主义"研讨会两岸学者沟通综述/李义虎//国际政治研究. －2001,(3)

第二代中央领导集体与"一国两制"大决策/王永钦//党史文苑. －2001,(3)

邓小平论统一台湾问题/张殿军//兵团党校学报. －2001,(3)

一个伟大构想的雏形——纪念"叶九条"发表二十周年/姜殿铭//台湾研究. －2001,(3)

中共三代领导集体对台方针政策研究/何仲山//南京政治学院学报. －2001,(3)

党的第三代领导集体对祖国统一大业的历史性贡献/施凤堂//厦门特区党校学报. －2001,(3)

对台宣传工作的几点看法/之光//现代台湾研究. －2001,(3)

"九条方针政策"代表中国最广大人民的根本利益/茅家琦//台湾研究. －2001,(3)

试论我党对台政策的演变及其原因/林佑达//北京邮电大学学报(社会科学版). －2001,(3)

从两次炮击金门看毛泽东对台政策的变化/李晓海//军事历史. －2001,(3)

党的第三代领导集体对台方针政策之创新与发展/肖季文//军事历史研究. －2001,(3)

试论新时期的对台统战工作/刘洁//长白学刊. －2001,(3)

浅析邓小平解决台湾问题的思想/李岩峰//现代台湾研究. －2001,(4)

加强对外对台民间交流与合作/曾琪//学会. －2001,(4)

论党的第三代领导集体为解决台湾问题所作的重要贡献/张艳华//军事历史研究. －2001,(4)

当前两岸关系变化及其对策研究/张国镛//重庆社会主义学院学报. －2001,(4)

论中国共产党对台工作八十年/毛磊//

台湾研究. -2001,(4)

周恩来围绕台湾问题的外交思想与实践/文库//江苏省社会主义学院学报. -2001,(4)

子规夜半犹啼血,不信东风唤不回——叶剑英对和平解决台湾问题的探索/汤家玉//淮南师范学院学报. -2001,(4)

毛泽东"和平解放台湾"思想与邓小平"一国两制"构想之比较/李正治//鞍山钢铁学院学报. -2001,(4)

论朝鲜战争与中共对台政策的转变/蔡毓芝//扬州教育学院学报. -2001,(4)

实现两岸统一要注重台湾民众力量/高智生//中央社会主义学院学报. -2001,(5)

中国共产党与台湾分离主义斗争的历史特点/张春英//党史研究与教学. -2001,(5)

具体落实好"寄希望于台湾人民"/李映发//统一论坛. -2001,(6)

邓小平和平统一方略在台湾问题上的历史性突破/马淑明//长春大学学报. -2001,(6)

毛泽东、邓小平、江泽民关于实现祖国和平统一的战略构想(上)/缪群//统一论坛. -2001,(6)

打好新闻"预期遭遇战"——《军事科技周刊》反台独宣传的剖析/张锋//军事记者. -2001,(6)

"一中"原则对台湾是福非祸/严峻//两岸关系. -2001,(9)

一个中国原则是台湾安全之本/张铭清//环球军事. -2001,(10)

试论我党关于台海问题的方针和策略/黄友牛//党政干部论坛. -2001,(10)

近50年来我对台提出的优厚政策古今中外绝无仅有/王卫星//海峡两岸. -2001,(11)

台"立委"选举后的两岸政策走向/张立//海峡两岸. -2002,(1)

周恩来处理台湾问题的最后嘱托/纪敏//纵横. -2002,(1)

"不承诺放弃使用武力"与"和平统一"的辩证分析/李鹏//广东省社会主义学院学报. -2002,(2)

"三个代表"思想对解决台湾问题实现祖国统一的重要意义/李鹏//攀登. -2002,(2、3)

新中国三代领导人关于解决台湾问题的战略思想/宋伦//北京党史. -2002,(2)

中共第三代领导核心对台湾政策的调整/魏章柱//统一论坛. -2002,(3)

解决台湾问题要有紧迫感/罗振建//中央社会主义学院学报. -2002,(3)

影响台湾问题早日解决的因素及对策研究/汪守军//重庆社会主义学院学报. -2002,(3)

大陆对台动武的可能性评估/徐博东//现代台湾研究. -2002,(3)

坚持和平统一,但不承诺放弃使用武力是解决台湾问题正确的战略选择/李建德//陕西社会主义学院学报. -2002,(4)

由"武力解放台湾"到"和平解放台湾"方针转变的国际国内因素/王国永//天中学刊. -2002,(4)

打开两岸僵局的一个途径/亚贝//两岸关系. -2002,(4)

关于解决台湾问题的战略和步骤/邱光洪//昭通师范高等专科学校学报. -2002,(4)

关于台湾问题的几点思考/李仁质//中央社会主义学院学报. -2002,(5)

中国共产党第三代领导核心对台湾政策的调整/魏章柱//贵州师范大学学报(社会科学版). -2002,(5)

解决台湾问题要以维护和实现中国最根本国家利益为最高准则的思考/刘显邦//理论导刊. -2002,(5)

两岸关系的发展与中国政府对台方针政策/叶克冬//统一论坛. -2002,(6)

周恩来临终对台湾问题的批示/纪敏//炎黄春秋. -2002,(6)

关于台湾问题的研究与思考/王德军//长春大学学报. -2002,(6)

论毛泽东、周恩来对和平解决台湾问题的历史奠基/杨立新//长春大学学报. -2002,(6)

毛泽东、邓小平解决台湾问题构想之比较/靳云峰//档案学通讯. -2002,(6)

周恩来临终为抚顺释俘写下:处理台湾问题嘱托/纪敏//兰台世界. -2002,(9、10)

试论邓小平关于台湾问题的思想/范炳良//哈尔滨学院学报. -2002,(12)

贯彻八项主张,推进两岸关系/吴能远//现代台湾研究. -2003,(1)

制约两岸关系发展的若干因素及对策/黄丽芬//山西社会主义学院学报. -2003,(1)

我党海峡两岸关系政策的发展及启示/陈松友//雁北师范学院学报. -2003,(1)

对"三个代表"与解决台湾问题的理论思考/范前锋//河北省社会主义学院学报. -2003,(1)

"两岸对话"的逻辑结构及策略重整/高路//武汉交通管理干部学院学报. -2003,(1)

加大对台湾和海外黄埔同学宣传力度的做法/高德云//江苏省社会主义学院学报. -2003,(1)

中共三代领导人关于台湾问题的战略构想/黄丽芬//衡阳师范学院学报. -2003,(2)

实现祖国完全统一的战略思考/张广敏//现代台湾研究. -2003,(2)

统一战线与台湾回归/魏轶煊//山西社会主义学院学报. -2003,(2)

江泽民的"八项主张"与"三个代表"重要思想/化青//现代台湾研究. -2003,(2)

论析毛泽东和平解决台湾问题的思路/范前锋//广州社会主义学院学报. -2003,(3)

浅析和平统一的五大有利因素与四大挑战/徐博东//现代台湾研究. -2003,(3)

最大的努力——解读江泽民同志在十六大报告中的对台论述/李非//厦门大学学报. -2003,(3)

中国的外部困难和新领导集体面对的挑战——国际政治、对外政策、台湾问题/时殷弘//战略与管理. -2003,(3)

关于寄希望于台湾人民工作的思考/杨晓红//云南社会主义学院学报. -2003,(3)

论江泽民和平解决台湾问题的新理念/任伟民//军事历史研究. -2003,(3)

论毛泽东和平解放台湾的战略/张运洪//深圳职业技术学院学报. -2003,(4)

新理论新观点新内涵——谈十六大报告对台湾问题的新论述/张莉莉//河北省社会主义学院学报. -2003,(4)

江泽民同志解决台湾问题的理论和实践/张广敏//现代台湾研究. -2003,(4)

江泽民对邓小平实现台湾与祖国统一思想的继承与发展/李军晓//岭南学刊. -2003,(4)

十六大报告对解决台湾问题的新观点/鄂焕成//中共宁波市委党校学报. -2003,(5)

两岸对话与谈判是和平解决问题的唯一途径/汪道涵//两岸关系. -2003,(5)

两岸同胞团结起来,共同推进中华民族

的伟大复兴/唐家璇//两岸关系.－2003,(5)

新中国成立前后党中央制定"武力解放台湾"方针原因探析/秦克丽//西安政治学院学报.－2003,(5)

关于毛泽东和平解放台湾设想的研究/马建离//武汉大学学报(哲学社会科学版).－2003,(6)

更加"寄希望于台湾人民"——当前祖国大陆对台政策的新思维/杨毅周//台声.－2003,(6)

正确认识和处理台湾问题的几个关系—祖国和平统一战略思考研讨会观点综述/顾丽丽//理论前沿.－2003,(7)

中共第三代领导集体关于解决台湾问题的理论和实践/纪新青//前沿.－2003,(8)

一个中国原则的法理与情感——重建两岸同胞共同的中国认同/杨毅周//台声.－2003,(10)

毛泽东关于两岸和平统一的思想/吴珍美//上海党史与党建.－2003,(11)

武力模式:解决台湾问题的保留手段/王英津//现代台湾研究.－2004,(1)

中共中央第三代领导集体的对台战略与实践/张广敏//现代台湾研究.－2004,(1)

毛泽东争取和平解放台湾的尝试/亦青//先锋队.－2004,(1)

"八项主张"与台湾的命运/李重华//重庆社会主义学院学报.－2004,(1)

浅析邓小平关于解决台湾问题的战略思考/于英丽//北京党史.－2004,(1)

1949—1966年毛泽东解决台湾问题的方针/史习培//中共福建省委党校学报.－2004,(1)

中共中央和毛泽东关于解决台湾问题的重大决策之研究/张春英//党的文献.－2004,(2)

防止台湾问题出现最坏局面的对策思考/张雪忠//战略与管理.－2004,(3)

维护国家主权统一是解决台湾问题的核心/范前锋//重庆社会主义学院学报.－2004,(3)

两岸同胞团结起来共同制止"台独"分裂活动——中台办、国台办"5·17声明"解读/郃海//统一论坛.－2004,(3)

论中共第一代领导集体对台湾的政策及其变化/纪新青//山东农业大学学报(社会科学版).－2004,(4)

邓小平对毛泽东解决台湾问题的思想的丰富与发展/张丽//四川省社会主义学院学报.－2004,(4)

台海形势与中国国家发展战略/徐博东、李振广//现代台湾研究.－2004,(6)

做台湾民众工作研究/陈榕三//现代台湾研究.－2004,(6)

新形势下两岸关系战略与策略/吴能远//现代台湾研究.－2004,(6)

台湾问题的危险性、紧迫性与应对方略/余华川//现代台湾研究.－2004,(6)

和平统一台湾是中国共产党的一贯追求五十年来我对台和平统一政策回顾/王卫星//瞭望.－2004,(30)

论党的三代领导人对台湾问题的方略/刘小云//玉林师范学院学报.－2005,(1)

关于争取台湾民心/陈裔金//中央社会主义学院学报.－2005,(1)

有关解决台湾问题的几点建议/王学红//重庆交通学院学报(社会科学版).－2005,(2)

从日本看台湾问题——兼谈解决台湾问题的新思路/王伟彬//太平洋学报.－2005,(2)

与时俱进解放思想做好新形势下争取台湾民心的工作/陈玉玲//陕西社会主义学院学报.－2005,(2)

海峡两岸政策演变的历史考察/王争印//陕西青年管理干部学院学报.－2005,(2)

邓小平关于台湾问题的立场和策略/张晓娜//中共云南省委党校学报.－2005,(3)

论邓小平关于台湾问题的立场和策略/张晓娜//西华大学学报(哲学社会科学版).－2005,(3)

论统一战线为增强中华民族凝聚力发挥作用的主要途径/张贵元//山西社会主义学院学报.－2005,(4)

中国共产党和平统一台湾的主张不断丰富发展/苏庸碧//四川省社会主义学院学报.－2005,(4)

中共三代领导人对台政策演进的历史启示/郭艳文、栗守廉//佳木斯大学社会科学学报.－2005,(4)

《反分裂国家法》与两岸关系的新特点/汪澄清//两岸关系.－2005,(4)

试述中国共产党对台政策的与时俱进/汪浩、张春燕//忻州师范学院学报.－2005,(5)

争取台湾民心是制胜的关键/蔡永飞//统一论坛.－2005,(5)

《反分裂国家法》出台后两岸关系转化的四点启示/徐博东、马淑明//现代台湾研究.－2005,(5)

毛泽东关于解决台湾问题的战略思想述论/李合敏//中国海洋大学学报(社会科学版).－2005,(5)

台湾:问题及对策/刘长欣,李鸿显//石油大学学报(社会科学版).－2005,(6)

毛泽东对解放台湾的战略构想/魏庆//世纪桥.－2005,(6)

大陆调整对台政策后的主动和扁当局的困境/徐博东//台声.－2005,(7)

"寄希望"政策的演变及其前景分析/姚克//湖南科技学院学报.－2005,(8)

新时期对台工作的主要思路——以中美日关系为背景/张仕荣//中国党政干部论坛.－2005,(8)

中共领导人关于解决台湾问题的战略思想/砺剑//协商论坛.－2005,(10)

周恩来探索和平解决台湾问题的卓越贡献/张寿春//觉悟.－2006,(1、2、3)

邓小平在1975—1978年对解决台湾问题的贡献/邹谨//内蒙古农业大学学报(社会科学版).－2006,(2)

台海局势发展大方向:和解和平和谐统一——对孙子"不战而屈人之兵"思想的思考/汪育俊//江南社会学院学报.－2006,(2)

新一届中央领导集体解决台湾问题的战略思想探讨/张植卿//黄河科技大学学报.－2006,(3)

毛泽东关于海峡两岸祖国统一的思想及其实践意义/管义伟//洛阳大学学报.－2006,(3)

毛泽东和平解决台湾问题战略成果透析/马淑明//湖南科技大学学报(社会科学版).－2006,(4)

毛泽东邓小平对台湾政策的比较分析/李梅丽//科教文汇.－2006,(4)

战略与策略的结合:大陆对台湾的影响力投放/朱松岭//中央社会主义学院学报.－2006,(4)

实事求是与时俱进:中国共产党解决台湾问题的重要思想理论原则/李合敏//宁波大学学报(人文科学版).－2006,(4)

两岸关系和平发展的指导性建议/吴能远//两岸关系.－2006,(6)

和平发展是两岸关系的主题——2006年祖国大陆对台政策评述/杨毅周//台声. -2006,(12)

中国三代领导人对统一中国的战略思考/李家泉//中国评论(香港). -2000,(1)

江泽民有关两岸关系的新论述有五层意思/章念驰//中国评论(香港). -2000,(2)

《白皮书》与两岸关系/章念驰//中国评论(香港). -2000,(4)

中国现代化艰巨而复杂的整合过程(论国家的最终统一)/章念驰//中国评论(香港). -2000,(12)

"一个中国,存同化异"——关于建构两岸共识基础的建议/黄嘉树//中国评论(香港). -2001,(1)

和平统一须从文化着手/刘国深//海峡月刊(香港). -2001,(12)

政策激励与两岸关系/李鹏//中国评论(香港). -2002,(7)

五一七声明与北京对台新思维/黄嘉树//中国评论(香港). -2004,(7)

台湾问题与中国的战略机遇期/郭震远//中国评论(香港). -2005,(1)

中共第四代领导的对台工作纲领/郭震远//中国评论(香港). -2005,(4)

中国新领导核心对台政策的调整与新意/黄嘉树//中国评论(香港). -2005,(5)

对台政策新思维:特点与效用/杨立宪//中国评论(香港). -2006,(3)

胡锦涛对台战略思想的基本内涵/余克礼//中国评论(香港). -2006,(5)

大陆未来对台政策的基本走向/严安林//经济导报(香港). -2006,(19)

3. 大陆政策

李登辉执政后"大陆政策"的调整/周世跃//台湾研究集刊. -1990,(2、3)

试论国民党大陆政策的实质性转变/林劲//台湾研究集刊. -1991,(1)

国民党大陆政策转变的目的和原因/林劲//台湾研究集刊. -1991,(2)

笔谈:台湾当局的《国家统一纲领》/李强、徐博东//台湾研究集刊. -1991,(4)

从1991年两岸关系看台湾当局的大陆政策/李家泉//台湾研究集刊. -1992,(2)

李登辉大陆政策思想研究/杨梓//台湾研究. -1994,(1)

现阶段台湾当局大陆政策的基本目标及其影响/林劲//台湾研究集刊. -1994,(3)

李登辉时期台湾大陆政策与两岸关系/余何之//现代台湾研究. -1994,(3)

试评台湾当局的"一个中国"论/杨雪燕//福建省社会主义学院学报. -1994,(4)

读台湾民进党"大陆政策白皮书"的一点思考/魏大业//台声. -1994,(10)

析蒋介石对两岸关系之定位/郑元康//浙江大学学报(人文社会科学版). -1995,(3)

解决现实问题不必躲躲闪闪——评连战对两岸关系的"四点"主张/辛旗//台声. -1995,(4)

台湾"住民自决"理论及成因的剖析/马同斌//台湾研究. -1996,(1)

李登辉时代大陆政策的实质及其对两岸关系的影响/杨建华//江苏社会科学. -1996,(4)

国民党大陆政策的演变与第三次国共合作的战略探讨/孙堂厚//延边大学学报(社会科学版). -1997,(1)

试评李登辉的"大陆政策"/段和森//山西高等学校社会科学学报. -1997,(4)

"一个中国"的原则不容篡改——评台

当局"一个分治的中国"提法/王在希//台声. －1997,(4)

简评民进党的"中国政策研讨会"/杨立宪//台湾研究. －1998,(2)

民进党"中国政策研讨会"评析/朱天顺//台湾研究集刊. －1998,(3)

李登辉"戒急用忍"政策的由来/魏大业//台声. －1998,(3)

民进党大陆政策辩论会评析/杨毅周//台声. －1998,(4)

评台湾当局对海峡两岸政治谈判的立场/启文//台声. －1998,(5)

试看台湾当局的大陆政策/娄杰//台声. －1998,(6)

民进党的大陆政策及其前景分析/曹治洲//台声. －1998,(8)

"戒急用忍"阻碍两岸科技交流/郁辛//台声. －1998,(9)

岛内三党大陆政策现况述评/华容//台声. －1998,(12)

民进党"中国政策"辩论会评析/杨德明//现代台湾研究. －1998,(总22)

初析民进党大陆政策的调整及其影响/林祖兴、林迅//现代台湾研究. －1998,(总23)

偏安分离独台——国民党大陆政策的演变探微/蒋永甫//学术论坛. －1999,(1)

认同"一个中国"的原则是关键——评台湾当局的"三项共识"/沈正一//台声. －1999,(1)

台湾当局20年大陆政策透视/郑华//两岸关系. －1999,(3)

民进党大陆政策调整评析/孙升亮//台湾研究. －1999,(3)

分裂主义心路历程的自白——评李登辉的《台湾的主张》/苏水//台声. －1999,(7)

一个中国是无可争辩的事实:评台湾当局对"特殊国与国关系论"的书面说明/本刊编辑部//上海对台工作. －1999,(9)

近年来民进党大陆政策浅析/何丽苹//海峡两岸. －1999,(11)

"政党轮替",可望而未必可及:从民进党的新大陆政策谈起/陆笑炎//上海对台工作. －1999,(11)

试论民进党大陆政策及其影响/江少佳//现代台湾研究. －1999,(总27)

背叛国家民族利益的"台独"自白书——评李登辉的《台湾的主张》/刘文宗//外交学院学报. －2000,(1)

"中程协议"述评/赵勇//台湾研究集刊. －2000,(1)

对"两国论"的法理分析/覃晚萍//河池师范高等专科学校学报. －2000,(1)

台湾对澳门政策的演变及前瞻/陈蕴茜//台湾研究集刊. －2000,(4)

台湾新政府未来大陆政策走向分析/张汉龙//广西民族学院学报(哲学社会科学版). －2000,(6)

"民主"、"人权"招牌下的"台独"宣言——评台湾新领导人"5·20讲话"中的大陆政策/卫亮雁//台声. －2000,(7)

台湾国民党当局对大陆政策的演变/吴军//党史文汇. －2000,(10)

李登辉分裂祖国的自供状——评李登辉《亚洲的智略》/陈文彦//统一论坛. －2001,(1)

民进党大陆政策的演变/林劲//台湾研究集刊. －2001,(1)

民进党大陆政策的演变及其走向探析/魏志江//现代台湾研究. －2001,(1)

浅谈李登辉时代大陆政策的演变与大陆应对政策/李君//菏泽师范专科学校学报. －2001,(1)

"统合论"是"两国论"的新包装/张同新//统一论坛.－2001,(2)

民进党两岸政策发展演变初探/余克礼//台湾研究.－2001,(2)

浅析民进党上台后的大陆政策/杨泽军//世界经济与政治论坛.－2001,(3)

简析蒋介石"反攻大陆"政策与美国对台政策矛盾/张颖//台湾研究.－2001,(3)

"统合"掩饰不了"台独"的图谋/李鹏//广东社会主义学院学报.－2001,(4)

台湾当局大陆政策的两面性/严峻//台声.－2001,(4)

陈水扁"统合论"透视/钟焰//现代台湾研究.－2001,(4)

试论蒋经国对统一祖国采取僵硬立场的政治原因/杨振保//南都学坛.－2001,(5)

陈水扁的大陆政策/李振广//现代台湾研究.－2001,(5)

"去中华民国化"的七个征候/彭鸣//两岸关系.－2001,(7)

"去中国化":令人忧虑的发展方向/陈孔立//两岸关系.－2001,(7)

"新五不政策"有改善两岸关系的诚意吗?/任华//台声.－2001,(7)

陈水扁不断发出危险信号/朱显龙//海峡两岸.－2001,(12)

评台湾当局领导人所谓"新五不"承认一个中国原则才能改善两岸关系/邰平//瞭望.－2001,(25)

民进党大陆政策与两岸关系/吴能远//现代台湾研究.－2002,(1)

"两国论"是台湾当局现行两岸政策的核心/余克礼//台湾研究.－2002,(1)

民进党的大陆政策与未来两岸关系/潘平//重庆社会主义学院学报.－2002,(2)

台湾当局"去中国化"的实质与危害/谢郁//统一论坛.－2002,(2)

台湾当局"渐进式台独"透视/谢郁//台湾研究.－2002,(3)

"民进党上台两周年与两岸关系的走向"座谈会纪要/现代台湾研究.－2002,(3)

审视台湾当局的"渐近式台独"/刘佳雁//海峡两岸.－2002,(4)

现阶段民进党大陆政策分析/范希周//台湾研究集刊.－2002,(4)

看民进党如何打开两岸僵局/秦华//海峡两岸.－2002,(8)

台湾当局确立管制台商的双轨政策/王建民//两岸关系.－2002,(9)

台湾当局"制海"的图谋与徒劳/南疆盛//中国青年科技.－2002,(10)

台湾历史上的三次"去中国化"活动/李家泉//两岸关系.－2002,(10)

剖析陈水扁的"台湾前途决议文"/刘红//海峡两岸.－2002,(10)

台湾当局"渐进台独"的新发展/李家泉//国家安全通讯.－2002,(11)

评民进党"台独"路线的三次策略转型及其影响/陈榕三//现代台湾研究.－2003,(2)

国民党败退台湾后的中华民族政策/石亚洲//贵州民族研究.－2003,(3)

民进党当局的大陆政策与两岸关系/余克礼//统一论坛.－2003,(4)

试析李登辉当局对两岸关系"政治定位"的演变/古琳晖//学海.－2003,(5)

台湾民进党大陆政策分析/刘宇辉//国际政治研究.－2004,(4)

台湾当局两岸政策政经分离倾向/陈国强//现代台湾研究.－2005,(1)

民进党在两岸关系上的策略/周伟//现代台湾研究.－2005,(5)

近期台湾当局大陆政策分析/董玉洪//

现代台湾研究. －2005,(5)

从台湾史料看蒋介石“反攻大陆”政策之演变/王侃//史学月刊. －2005,(6)

台湾当局“以武拒统”的新动向/龚开国//两岸关系. －2005,(9)

“去中国化”浊流背后/孙升亮//瞭望. －2005,(31)

从“终统”看陈水扁“急独”政策走向/翁之光//现代台湾研究. －2006,(1)

从“伦敦演说”解读马英九的两岸政策/郑海麟//统一论坛. －2006,(2)

马英九的两岸路线图/童清峰//中国新闻周刊. －2006,(18)

混沌与矛盾的“5. 20“讲话/章念驰//海峡(香港). －2000,(6)

国民党“新论述”对两岸关系的影响/徐博东、陈星//中国评论(香港). －2004,(12)

台当局对大陆政策未来走向/严安林//经济导报(香港). －2005,(31)

陈水扁“废统”的意图及对台海局势的影响/刘佳雁//中国评论(香港). －2006,(4)

未来两年民进党大陆政策前瞻/徐博东、陈星//中国评论(香港). －2006,(7)

4. 两岸关系模式

试论“一国两制”构想的理论依据/刘放、方厚廉//佛山科学技术学院学报(社会科学版). －1985,(2)

“一国两制”社会基础探讨/李南熏、谢青平//广东社会科学. －1985,(3)

“一个国家两种制度”的理论和法律根据/李海波//河北法学. －1986,(4)

实行“一国两制”与发展台、港、澳的资本主义/罗健//台湾研究集刊. －1987,(1)

“一国两制”与新时期的统一战线/张真明//晋中师范高等专科学校学报. －1987,(2)

“一国两制”的法律保证/孙育玮//求是学刊. －1987,(2)

科学的构想伟大的贡献——学习邓小平同志“一国两制”的思想/孙连成//江西社会科学. －1987,(3)

试论“一国两制”实施后统一战线内部关系的新变化/王永生、王华巍//长白学刊. －1987,(6)

“一国两治”析论/杨锦麟//台湾研究集刊. －1988,(3)

“一国两制”方针的形成与发展述论/华楠//山东医科大学学报(社会科学版). －1988,(4)

实行“一国两制”的现实基础/曹云华、李丽冰//社会主义研究. －1988,(5)

“统一模式”述评/杨传荣//台湾研究集刊. －1990,(1)

“一国两制”构想的科学涵义和依据/洪光泉//华南师范大学学报(社会科学版). －1991,(2)

“对等政治实体论”剖析/杨立宪、王景舜//台湾研究集刊. －1992,(2)

评台湾当局的“一国两府”/林劲//统一论坛. －1992,(3)

“一国两制”是祖国和平统一的必由之路/苏志纬//西安航空技术高等专科学校学报. －1994,(2)

学习邓小平“一国两制”理论的断想/刘菊华//湘潭师范学院学报(社会科学版). －1994,(2)

“一国两制”概念中“一国”涵义分析/崇庆余//中央社会主义学院学报. －1994,(2)

略论“一国两制”与爱国统一战线/郭省三//福建省社会主义学院学报. －1994,(4)

“一国两制”构想是对统一战线理论的

新发展/彭莉//学习论坛.－1994,(10)

邓小平“一国两制”构想的理论基础/刘琦//佛山科学技术学院学报(社会科学版).－1995,(1)

关于“一国两制”构想的实践原则/于殿武//军队政工理论研究.－1995,(1)

邓小平“一国两制”构想的时代特色/翁绮玲//探求.－1995,(1)

“一国两制”与“一国两府”/王骅书//盐城师范学院学报(哲学社会科学版).－1995,(1)

再论“一国两制”与统一战线的新格局/高应临//黑龙江教育学院学报.－1995,(1)

“一国两制”构想的哲学依据/杨本立//胜利油田党校学报.－1995,(1)

从社会主义的本质看“一国两制”的开创性/宋晋川//河南社会科学.－1995,(2)

创造性的科学构想——学习邓小平“一国两制”的思想/陈新建//广西党史.－1995,(2)

“台湾自决论”的理论透视/鼓心安//台湾研究.－1995,(2)

邓小平“一国两制”构想刍议/丁俊萍//武汉大学学报(哲学社会科学版).－1995,(3)

浅析邓小平“一国两制”构想论的哲学基础/宿富连//社会科学家.－1995,(4)

坚持“一国两制”政治构想推动祖国和平统一大业/李景全//武警学院学报.－1995,(4)

浅谈邓小平“一国两制”的科学构想/孟繁策//中国青年政治学院学报.－1995,(4)

民族精神与祖国统一——论“一国两制”构想的民族精神意蕴/丁晓强//浙江学刊.－1995,(6)

邓小平的“一国两制”理论/郭小东//南方经济.－1995,(7)

“一国两制”是实事求是的光辉范例/张岚//承德民族师专学报.－1996,(1)

学习邓小平同志关于“一个国家、两种制度”伟大构想的体会/彭清源//团结.－1996,(1)

海峡两岸和平统一的伟大构想/黄修荣//中共党史研究.－1996,(1)

关于邓小平“一国两制”构想中的几个关系问题/侯远长//中州统战.－1996,(1)

邓小平“一国两制”科学构想是时代的伟大创举/刘宝昌//潍坊教育学院学报.－1996,(1)

邓小平“一国两制”战略构想的科学依据/徐永富//探求.－1996,(1)

“一国两制”构想的现实意义/李清德//山东工业大学学报(社会科学版).－1996,(2)

邓小平“一国两制”之“不变”思想探析/王中人//社会科学家.－1996,(2)

爱国主义与“一国两制”构想/刘一民//成都大学学报(社会科学版).－1996,(2)

坚持“一个国家,两种制度”的伟大构想完成和平统一祖国大业/覃际宽//广西社会科学.－1996,(2)

一国两制对台湾有利无害/姚荣龄//台声.－1996,(2)

试论邓小平的“一国两制”思想/赵书爱//华北水利水电学院学报(社科版).－1996,(2)

论“一国两制”构想的重要意义/白素玉//理论探索.－1996,(3)

论“一国两制”的辩证法意义/宋一秀//毛泽东邓小平理论研究.－1996,(3)

“一国两制”构想与实现祖国和平统一/侯舒和//聊城大学学报(哲学社会科学版).－1996,(3)

“中国圈”——一个理论与现实的雏形/

辛旗//战略与管理．－1996，(3)

对邓小平“一国两制”的科学性、历史性的认识/宋友谊//上海金融学院学报．－1996，(3)

邓小平“一国两制”科学构想的理论与实践/高正国//毛泽东思想研究．－1996，(4)

“一国两制”的科学构想是对马克思主义国家学说的重大突破/刘敏媛//克山师专学报．－1996，(4)

一国两制与中国统一/曹治洲//台湾研究．－1996，(4)

“一国两制”四性议/何成学//四川党史．－1996，(6)

分裂之路走不通——评析仿照“两德模式”制造“两个中国”的谬论/赵郁美//台声．－1996，(9)

“一国两制”战略构想的形成及内容/徐京利//中国档案．－1996，(10)

邓小平的“一国两制”与第二次国共合作的形式之比较/李杰//理论前沿．－1996，(17)

“一国两制”方针的形成和发展/汤家玉//安徽农业大学学报(社会科学版)．－1997，(1)

“一国两制”对我国国家结构形式的影响/王远美//北京教育学院学报．－1997，(1)

邓小平“一国两制”伟大构想的科学内涵与历史意义/张邦本//天水师范学院学报．－1997，(1)

试论“一国两制”战略构想对马克思主义国家学说的重大发展/于春荣//长春大学学报．－1997，(1)

“一国两制”：具有鲜明时代特色的伟大构想/都淦//经济体制改革．－1997，(2)

试论邓小平“一国两制”构想/苏南才仁//柴达木开发研究．－1997，(2)

试论“一国两制”构想的科学性及意义/赵金元//大理学院学报(社会科学版)．－1997，(2)

论“一国两制”/曹文灿//学术论坛．－1997，(2)

两次国共合作与“一国两制”的实现模式/李精华//黑龙江农垦师专学报．－1997，(2)

邓小平同志的“一国两制”构想是对马克思主义国家学说的创造性发展/赵友胜//解放军体育学院学报．－1997，(2)

浅论“一国两制”方针的正确性和科学性/黄明成//解放军体育学院学报．－1997，(2)

论“一国两制”的“前列”意识/张雪梅//解放军体育学院学报．－1997，(2)

科学的构想伟大的创举——邓小平“一国两制”构想浅探/徐兆熊//群众．－1997，(2)

浅论邓小平“一国两制”理论的形成及其特色/刘细清//九江师专学报．－1997，(3)

论邓小平“一国两制”构想的基本思想和伟大意义/曾凡炎//贵州师范大学学报(社会科学版)．－1997，(3)

邓小平“一国两制”论的深刻启示/许耀桐//科学社会主义．－1997，(3)

“一国两制”是实现中国可持续发展战略的伟大方针/董玉整//马克思主义与现实．－1997，(3)

邓小平的“一国两制”理论及其对马克思主义国家学说的贡献/向翔//云南社会科学．－1997，(3)

“一国两制”的理论与实践/廉希圣//政法论坛．－1997，(3)

“一国两制”科学构想形成的历史考察/

王颖//广东教育学院学报.－1997,(3)

马克思主义国家学说的新胜利——“一国两制”从构想变为现实/振华//广西大学学报(哲学社会科学版).－1997,(3)

由《基本法》的制定看邓小平“一国两制”对两岸关系发展的影响/田振杰//社会科学论坛.－1997,(3)

“一国两制”——邓小平原则性与灵活性高度统一的光辉典范/许圣元//泰安师专学报.－1997,(4)

“一国两制”——邓小平的一个伟大创造/刘金田//党建.－1997,(4)

“一国两制”:具有鲜明中国特色和时代特征的理论创见和战略决策/萧北婴//华侨大学学报(哲学社会科学版).－1997,(4)

邓小平的革命风格与“一国两制”构想/王家芳//南昌大学学报(社会科学版).－1997,(4)

“一国两制”是马克思主义国家学说的新发展/赵文琦//社科纵横.－1997,(5)

邓小平“一国两制”科学构想论/曹军//理论导刊.－1997,(5)

“一国两制”的基本特点和历史意义/吴奕新//学术研究.－1997,(6)

论“一国两制”伟大构想对海峡两岸关系走向与前景的作用/白艳//长白学刊.－1997,(6)

试论邓小平“一国两制”的伟大战略构想/孙英华//辽宁教育学院学报.－1997,(6)

从香港回归看“一国两制”的可行性/赵郁美//台声.－1997,(6)

“一国两制”的历史逻辑/袁韵芳//求索.－1997,(6)

对“一国两制”的哲学理解/鲁子平//理论导刊.－1997,(7)

爱国主义是“一国两制”的前提和基础/万琦//理论导刊.－1997,(7)

“一国两制”是解决台湾问题的最佳模式/彭维学//上海对台工作.－1997,(7)

“一国两制”与马克思主义唯物辩证法/刘示范//发展论坛.－1997,(7)

论“一国两制”科学构想的基本特征/红凯//创造.－1997,(7)

“一国两制”是一个实事求是的科学构想/刘海藩//中国党政干部论坛.－1997,(8)

“一国两制”不仅适合香港也适用于台湾/王在希//台声.－1997,(8)

“一国两制”战略构想的提出及其成功实践/寇慕真//中共福建省委党校学报.－1997,(8)

“一国两制”构想的哲学意义/燕补林//理论导刊.－1997,(9)

论邓小平“一国两制”构想的国际意义/柴宇平//福建论坛(经济社会版).－1997,(9)

“一国两制”理论的形成是祖国和平统一进程中的重要里程碑/彭国兴//理论导刊.－1997,(9)

“实事求是”原则与“一国两制”构想/仇长根//上海对台工作.－1997,(11)

邓小平爱国主义思想的基本特点与“一国两制”/吴金钟//毛泽东思想研究.－1998,(1)

邓小平民族自治思想与“一国两制”/徐嫩棠//贵州民族学院学报(哲学社会科学版).－1998,(1)

国共合作与“一国两制”/谢永萍//喀什师范学院学报.－1998,(1)

“一国两制”方式的方法论意义——读邓小平《稳定世界局势的新办法》一文/许庆朴//山东师大学报(社会科学版).－1998,(1)

“一国两制”构想的方法论意义/董启程//理论探索. -1998,(1)

“一国两制”理论研究及立法贡献/许崇德//思想理论教育导刊. -1998,(2)

从“一纲四目”到“一国两制”/靳良志//华中师范大学学报(人文社会科学版). -1998,(2)

“一国两制”是实现祖国完全统一的最佳模式/余克礼//台湾研究. -1998,(3)

“一国两制”构想与孙子的“不战而屈人之兵”/施芝华//军队政工理论研究. -1998,(3)

“一国两制”构想及伟大意义探析/罗晓东//琼州大学学报. -1998,(3)

邓小平关于“一国两制”构想的理论和实践意义/张凤山//台湾研究. -1998,(3)

“一国两制”对科学社会主义的新贡献/刘积高//毛泽东思想研究. -1998,(4)

谈“一国两制”构想的哲学思维/朱颖原//山西高等学校社会科学学报. -1998,(4)

论中共三代领导集体关于一国两制的伟大构想/耿丽华//辽宁大学学报(哲学社会科学版). -1998,(4)

“一国两制”对当代世界的影响/王宵前//江苏教育学院学报(社会科学版). -1998,(4)

《实践论》、《矛盾论》与“一国两制”的形成/苗体君//人文杂志. -1998,(4)

“一国两制”构想的由来和发展/毕剑横//毛泽东思想研究. -1998,(4)

“一国两制”与邓小平理论之精髓/洪韵珊//毛泽东思想研究. -1998,(4)

“一国两制”:崭新的伟大构想/郗淦//毛泽东思想研究. -1998,(4)

试论邓小平“一国两制”伟大构想的和合精神/平文艺//毛泽东思想研究. -1998,(4)

“一国两制”是实现祖国和平统一的伟大创举/龙良贤//毛泽东思想研究. -1998,(4)

“一国两制”对马克思主义国家学说的发展/谢启琛//毛泽东思想研究. -1998,(4)

“和平统一、一国两制”是祖国统一的最佳模式/刘红//台湾研究. -1998,(4)

关于“一国两制”理论的若干问题思考/廖锋//远程教育杂志. -1998,(5)

从矛盾的同一性和斗争性的辩证关系看“一国两制”/傅超//理论与改革. -1998,(5)

“一国两制”的理论探讨/陈鲁直//特区经济. -1998,(6)

“一国两制”是党对资产阶级和资本主义的政策在新历史条件下的发展/王晶//社会科学战线. -1998,(6)

两岸“双赢”之路——携手共创“一国两制”的台湾模式/李家泉//台声. -1998,(7)

“一国两制”是台湾人民维持现状的最好办法/钟文//时事报告. -1998,(8)

“一国两制”与世界经济的发展/严兴福//经济前沿. -1998,(8)

“一国两制”应该更适合台湾/邓亭//台声. -1998,(10)

“一国两制”与维持现状/杨毅周//台声. -1998,(10)

“一国两制”与祖国完全统一/吴能远//现代台湾研究. -1998,(总24)

关于“和平统一、一国两制”与海峡两岸关系的思考/马力//黑龙江省社会主义学院学报. -1999,(1)

《实践论》、《矛盾论》对“一国两制”的哲学导向/苗体君//宁夏大学学报(社会科学版). -1999,(1)

“一国两制”与二十一世纪的祖国和平统一/赵世臣//长春工业大学学报(社会科学版). -1999,(1)

浅析“一国两制”科学构想的哲学依据/余克礼//台湾研究. -1999,(1)

“一国两制”构想的理论蕴含/董本建//经济前沿. -1999,(1)

论邓小平“一国两制”构想的历史继承性和创新性/魏淑艳//沈阳建筑工程学院学报(社会科学版). -1999,(1)

“一国两制”研究的新收获——评《“一国两制”理论与实践》/管宁//福建论坛(文史哲版). -1999,(1)

第三代领导集体对“一国两制”思想的新贡献/刘晓博//成都大学学报(社会科学版). -1999,(1)

一个中国原则不可动摇——驳斥李登辉“两国论”/王静有//内蒙古统战理论研究. -1999,(2)

论邓小平“一国两制”构想的创造性特征/刘万文//唯实. -1999,(1)

“一国两制”:解决香港问题与解决台湾问题比较/史习培//中共福建省委党校学报. -1999,(2)

“一国两制”构想的科学贡献/王维友//上海对台工作. -1999,(2)

论邓小平“一国两制”构想的历史渊源/魏淑艳//东北大学学报(社会科学版). -1999,(2)

邓小平“一国两制”构想的提出及其在实践中的发展/才家瑞//理论与现代化. -1999,(2)

试论“一国两制”理论的经济意义/胡筱秀//中央社会主义学院学报. -1999,(3)

论“一国两制”统一理论的国家利益原则/潘敌//党史研究与教学. -1999,(3)

一个中国的原则岂容践踏——评台湾“修宪”与李登辉“两国论”/张天弓//湖北省社会主义学院学报. -1999,(3)

论“一国两制”构想的历史渊源/陈红桂//湖南省政法管理干部学院学报. -1999,(3)

香港、澳门与台湾实施“一国两制”模式比较/李正鸿//东北大学学报(社会科学版). -1999,(4)

中共实现祖国和平统一的“一国两制”构想述评/麻岩//山东省青年管理干部学院学报. -1999,(4)

敬以孙中山眼光透视李登辉“两国论”的实质/赖才芹//台湾研究. -1999,(4)

对“一国两制”构想的哲学思考/黄振发//河北广播电视大学学报. -1999,(4)

论“两国论”对国家利益原则的践踏/潘敌//台湾研究. -1999,(4)

“一国两制”与港、澳、台问题的和平解决/苏格//外交学院学报. -1999,(4)

评李登辉倒行逆施的“两国论”/姜长斌//理论视野. -1999,(5)

“一国两制”科学构想发展了关于正确处理人民内部矛盾的学说/史琳//内蒙古师大学报(哲学社会科学版). -1999,(5)

中国的主权和领土不容分割——析李登辉的“两国论”/刘奎波//科学社会主义. -1999,(5)

“一国两制”在香港的成功实践与台湾问题的解决/孙成武//东北师大学报(哲学社会科学版). -1999,(6)

试析“和平统一、一国两制”与海峡两岸统一/李晔//世纪桥. -1999,(6)

“一国两制”基本国策的马克思主义底蕴/娄杰//桂海论丛. -1999,(6)

李登辉“两国论”出台背景分析/周忠菲//世界经济研究. -1999,(6)

狡辩掩盖不了谋求分裂的本质——评

“两国论”对两岸关系基础的破坏/尚定//两岸关系．-1999,(8)

李登辉“两国论”的前因与后果/张同新//思想理论教育导刊．-1999,(8)

搞分裂不得人心——评李登辉的“七块论”/李家泉//今日中国(中文版)．-1999,(8)

从国际法原理驳李登辉的“两国论”/曹建明//法学．-1999,(9)

把台湾人民福祉当赌注的“两国论”/薛汉伟//高校理论战线．-1999,(9)

认清“两国论”的实质捍卫祖国的统一/本刊编辑部//教育与职业．-1999,(9)

李登辉“两国论”剖析/田万顺//中州统战．-1999,(9)

“两国论”将严重危及台湾民众的根本利益/王松银//台声．-1999,(9)

李登辉的“两国论”行不通/李兵//当代亚太．-1999,(9)

法理难容——驳李登辉的“两国论”/本刊评论员//中国司法．-1999,(9)

驳李登辉的“两国论”/晓文//国家安全通讯．-1999,(9)

“德国模式”不适用两岸关系/朱卫东//台声．-1999,(9)

分裂闹剧背后——李登辉“两国论”透视/郭泰文//山西老年．-1999,(9)

“两国论”与北约新战略/叶卫平//高校理论战线．-1999,(9)

斥与国际法相悖的“两国论”/周洪钧//法学．-1999,(9)

再没有比“一国两制”更合理的办法/刘书林//高校理论战线．-1999,(9)

“两国论”的实质是分裂祖国/尹凤英//高校理论战线．-1999,(9)

“一国两制”构想的实现与祖国统一大业的完成/潘紫薇//理论学习．-1999,(10)

台湾问题与李登辉的“两国论”/叶友华//中央社会主义学院学报．-1999,(11)

加紧分裂走向深渊——评李登辉等人将“两国论”纳入国民党文件/刘晓辉//台声．-1999,(11)

李登辉的“两国论”与台海形势/韦实//思想理论教育导刊．-1999,(12)

“两国论”出笼前后/唐人//党政论坛．-1999,(12)

“两国论”严重损坏台湾经济/杨亲华//台声．-1999,(12)

李登辉“两国论”评析/李怀义//理论前沿．-1999,(17)

历史事实和法律根据不容争辩——驳李登辉的“两国论”/李义虎//求是．-1999,(18)

“两德模式”不适用于两岸关系/王彦军//国际展望．-1999,(19)

第三条道路及其对两岸关系未来发展的影响/吴强//现代台湾研究．-1999,(总26)

“两国论”有悖于史，不容于法：评台湾当局有关“两国论”的书面说明/钟文//现代台湾研究．-1999,(总28)

一个中国的原则决不容践踏——评李登辉“两岸是两国”的谬论/玉德//瞭望．-1999,(29)

李登辉“两国论”之辨析与批判/陶红霞//商洛师范专科学校学报．-2000,(1)

浅析两岸关系中“奥运模式”的确立及其影响/刘健//南京体育学院学报．-2000,(1)

“两国论”违背了国家利益原则/潘雨//思想理论教育导刊．-2000,(1)

架起和平统一的金桥——“一国两制”的来龙去脉/陈立旭//党史纵横．-2000,(1)

香港“一国两制”的成功实践对台湾的启示/陈卫红//社会主义研究. -2000,(1)

祖国统一的最佳方式——试论“一国两制”的理论框架/邢祝国//哈尔滨工业大学学报(社会科学版). -2000,(1)

坚持“和平统一、一国两制”基本方针的战略意义/毛仲伟//台湾研究. -2000,(1)

试论“一国两制”理论的思想来源和理论准备/陆家洋//山西煤炭管理干部学院学报. -2000,(1)

试论“一国两制”战略构想的创造性/杨雪//沈阳农业大学学报(社会科学版). -2000,(1)

以求同存异、体谅包容的原则,推进“一国两制”在台湾的最后实践/张旭//黑龙江省社会主义学院学报. -2000,(1)

试论用“一国两制”解决台湾问题的现实可能性/陈玉玲//陕西社会主义学院学报. -2000,(1)

“一国两制”与我国的法律体系/庄金锋//上海市政法管理干部学院学报. -2000,(1)

中国和平统一模式的合理选择——两岸避免战与和困境的必要途径/李义虎//国际政治研究. -2000,(1)

李登辉“两国论”出笼的背景与意图/端木来娣//记者观察. -2000,(1)

海峡两岸五十年的历史和法律真实——驳李登辉的“两国论”迷思/刘国深//广东省社会主义学院学报. -2000,(1)

“一国两制”是解决台湾问题的最佳选择/余克礼//台湾研究. -2000,(1)

对“一国两制”形成的初探/苏庸碧//四川省社会主义学院学报. -2000,(2)

从台湾地区“法律”看“两国论”/程宗璋//江苏省社会主义学院学报. -2000,(2)

“一国两制”与中国的和平统一/苏格//亚太经济. -2000,(2)

“两国论”法理不容/徐兆基//福州党校学报. -2000,(2)

论“一国两制”理论的实践意义/谭欣//北方经贸. -2000,(2)

试析“一国两制”构想的哲学基础——兼论“台独”即意味着战争/王凤君//克山师专学报. -2000,(2)

邓小平“两个范围联盟”思想的形成及其依据/魏红//湖北省社会主义学院学报. -2000,(2)

“一国两制”科学构想是解决台湾问题的最好途径/刘玉玲//理论探讨. -2000,(2)

简谈港澳台问题之异同和台湾实行“一国两制”的内容/王静有//内蒙古统战理论研究. -2000,(2)

浅谈“一国两制”对台湾的和平统一/周桂茹//中共成都市委党校学报. -2000,(3)

邓小平“一国两制”构想是统一战线求同存异原则的生动体现/万里凤//南昌教育学院学报. -2000,(3)

“一国两制”的台湾模式/苏格//瞭望. -2000,(3)

与史不符、于法不容——论“两国论”的荒谬性/王立平//南京邮电学院学报(社会科学版). -2000,(3)

“一国两制”与和平统一互动关系的思考/杨翠伟//理论学刊. -2000,(3)

试论在一个中国的前提下实行两种制度联盟/王功安//湖北省社会主义学院学报. -2000,(3)

从“一国两制”的构想到“奥运模式”的形成/白君玲//解放军体育学院学报. -2000,(4)

驳关于“两国论”的几个歪理/鄂焕成//大连干部学刊. -2000,(5)

台湾问题的缘起——兼驳李登辉的“两国论”/谭晓曙//武汉教育学院学报. -2000,(5)

“一国两制”构想的理论原则和实践模式/李英梅//学术月刊. -2000,(5)

邓小平论“一国两制”构想的变与不变/管新华//广西青年干部学院学报. -2000,(5)

试析邓小平“一国两制”的继承性与独创性/王廷科//毛泽东思想研究. -2000,(6)

中国加入WTO对“一国两制”实践的意义/张铭//党政干部论坛. -2000,(6)

鼓吹“一中一台”的政治自白——评台湾新领导人“就职演说”/刘佳雁//发展论坛. -2000,(7)

一国两制：中央第三代领导集体在解决台湾问题上的继承与发展/史习培//中共福建省委党校学报. -2000,(7)

错误的类比与真实的用心——台湾问题不能仿效朝韩模式/郭震远//两岸关系. -2000,(8)

“一国两制”科学构想的历史文化底蕴/王祝福//理论月刊. -2000,(9)

90年代海外对邓小平“一国两制”理论研究的若干热点问题/李方祥//中共南宁市委党校学报. -2001,(1)

“一国两制”是祖国统一的最好模式——论大陆与台湾的关系/周红//渝州大学学报(社会科学版). -2001,(1)

李登辉“两个中国”政策面面观/李松林//北京科技大学学报(社会科学版). -2001,(1)

论邓小平“一国两制”理论的社会基础/张树桐//山西社会主义学院学报. -2001,(1)

一国两制构想的基本内容、理论依据及伟大意义/雷达//贵州民族学院学报(哲学社会科学版). -2001,(2)

“一国两制”与中华民族的四个情结/张树桐//重庆社会主义学院学报. -2001,(2)

两岸共创“一国两制”的台湾模式/李家泉//重庆社会主义学院学报. -2001,(2)

“一国两制”能保证台湾的安全、稳定和发展/王景辉//统一论坛. -2001,(2)

“两德模式”与“一国两制”之比较研究/王英津//新视野. -2001,(3)

“一国两制”不可曲解/丁伯駪//统一论坛. -2001,(3)

“三个代表”学说与一国两制/汤家玉//皖西学院学报. -2001,(4)

“一国两制”构想的法学思考和实践价值认定/郭毅玲//天水师范学院学报. -2001,(4)

两岸关系解决模式之国际法探讨/吴用//湖南省政法管理干部学院学报. -2001,(4)

联邦制、邦联制抑或“一国两制”——关于中国统一模式的政治学思考/林伯海//理论与改革. -2001,(5)

“一国两制”与中华民族凝聚力/李道湘//中央社会主义学院学报. -2001,(6)

对当前两岸形势的分析——评陈水扁“一边一国”讲话/周忠菲//世界经济研究. -2002,(1)

全面介析台湾政治模式的可喜成果——《台湾政治纵览》评介/王邦佐//政治学研究. -2002,(1)

“一国两制”在港澳的成功实践对解决台湾问题的影响和启示/裴丽珍//重庆社会主义学院学报. -2002,(2)

关于对台实行“一国两制”及相关问题探讨/李家泉//现代台湾研究. -2002,(2)

坚持用“和平统一、一国两制”基本方针

解决台湾问题/陈定容//重庆社会主义学院学报. -2002,(3)

"一国两制"符合两岸同胞的根本利益/曾重郎//统一论坛. -2002,(3)

解决台湾问题的最佳构想——"一国两制"/杨立宪//统一论坛. -2002,(3)

"一国两制"解决海峡两岸和平统一问题的法律思考/李婧//社会科学战线. -2002,(4)

香港回归对台湾问题解决的启迪/王绪成//山东电大学报. -2002,(4)

"和平统一、一国两制"是解决台湾问题的最佳方式/马力//黑龙江省社会主义学院学报. -2002,(4)

从"一国两制"在港澳的成功实践谈两岸统一/许光任//统一论坛. -2002,(4)

"一国两制"是解决台湾问题的最佳方式/唐树备//台声. -2002,(5)

"一国两制"是两岸统一的最佳模式/李家泉//统一论坛. -2002,(6)

台湾的前途在"一国两制"/花俊雄//统一论坛. -2002,(6)

香港回归对解决台湾问题的启示/陈培//两岸关系. -2002,(8)

从"一边一国论"看"台湾前途"/石客平//两岸关系. -2002,(10)

以"一国两制"为指导积极推动两岸关系发展/唐树备//求是. -2002,(11)

"一国两制":祖国统一的最佳方式/孙立极、吴亚明//海峡两岸. -2002,(12)

"一国两制"是两岸统一最佳方式的现实可能性/解忠//辽宁行政学院学报. -2003,(1)

邦联制模式与两岸统一之探析/王英津//台湾研究集刊. -2003,(3)

欧洲统合模式与两岸统一/王英津//太平洋学报. -2003,(3)

论"一国两制"的台湾模式/徐中明//四川职业技术学院学报. -2003,(3)

港澳与台湾"一国两制"模式比较研究/杨春方//学术论坛. -2003,(4)

同台湾乡亲比较"一国两制"与"台独"/范渊盛//台声. -2003,(12)

从台湾社会意识看"一国两制"的心理基础/杨凤//韩山师范学院学报. -2004,(1)

"一国两制"是解决台湾问题的最佳方式/杨华洋//贵州社会主义学院学报. -2004,(3)

"一国两制"是和平解决台湾问题的唯一途径/安瑞//陕西社会主义学院学报. -2004,(3)

维护国家主权统一是解决台湾问题的核心——学习邓小平"一国两制"理论的一点体会/徐骏华//福建省社会主义学院学报. -2004,(4)

"和平统一、一国两制"与中国"和平崛起"进程中的台湾问题/李鹏//广东省社会主义学院学报. -2004,(4)

"九二共识"是两岸复谈的基础/翁之光//现代台湾研究. -2004,(5)

"一国两制":解决两岸关系唯一正确的战略方针/王涛//宁夏党校学报. -2005,(1)

"一国两制"与两岸经贸关系的新变化/李非//中央社会主义学院学报. -2005,(2)

解决台湾问题仍离不开"一国两制"构想/李重华//湖北省社会主义学院学报. -2005,(2)

"一国两制"与两岸关系/杨华洋//贵州社会主义学院学报. -2005,(4)

试论江泽民对"一国两制"方针解决台湾问题的创新和发展/欧晓明//贵州社会主义学院学报. -2005,(4)

论"一国两制"解决台湾问题的现实基

础/李道湘//广州社会主义学院学报. -2005,(4)

邓小平的"一国两制"伟大构想与中华民族凝聚力的增强/刘民渡//四川省社会主义学院学报. -2005,(4)

"一国两制"与中国完全统一之思考/王华斌//宿州学院学报. -2005,(5)

两岸命运共同体与两岸公共生活的建构——以两岸民众的沟通为中心/王茹//台湾研究集刊. -2006,(3)

浅论民族自决权——兼评"台湾法理独立"之非法性/李国新//南阳师范学院学报. -2006,(4)

李登辉缘何抛出"两国论"/章念驰//中国评论(香港). -1999,(9)

统一台湾的概率分析/阎学通//中国评论(香港). -1999,(10)

如何理解"大陆与台湾同属于一个中国"/章念驰//中国评论(香港). -2000,(11)

怎样看待"一个中国"内涵与两岸关系/黄嘉树//中国评论(香港). -2001,(12)

"钱八条"与"一国两制"/李家泉//海峡(香港). -2001,(12)

合作发展与一国两制/章念驰//中国评论(香港). -2001,(12)

四 台湾法律

(一)台湾法律总论

1. 概论

台湾地区的律师惩戒制度/张明勇//中国律师. -1995,(12)

我国台湾地区国际私法学述评/金彭年//法学杂志. -1996,(3)

论台湾加入世界贸易组织的有关法律问题/何其生//台湾研究集刊. -1997,(4)

台湾地区新市镇开发与法令/周志龙//中国土地科学. -1999,(5)

论对我国台湾地区判例制度的借鉴/杨鹏慧//政治与法律. -2000,(2)

台湾法律中的容隐制/李辉//中山大学学报论丛. -2001,(6)

以"权利变换"促都市更新——台湾立法述评/江花桃//中外房地产导报. -2001,(9)

台湾关于空间权与发展权的立法研究/何庆//中外房地产导报. -2001,(18)

我国台湾地区的比例原则研究/黄海华//福建政法管理干部学院学报. -2002,(1)

《台湾法律通论》评介/康成杰//社会科学论坛. -2002,(2)

法理上的悖论——"护照加注台湾"事件评述/林敏慧//统一论坛. -2002,(2)

关于台湾参加政府间组织的国际法思考/邱程辉//广西政法管理干部学院学报. -2002,(3)

论台湾地区人身作为执行标的制度及其借鉴意义/桂华杰//行政与法. -2003,(3)

台湾地区犯罪学理论体系/虞浔//江苏警官学院学报. -2003,(5)

台湾犯罪学理论观点比较/虞浔//犯罪研究. -2003,(5)

台湾病历法律制度现状及发展/黄静

兰//中国医院. -2004,(2)

历史大潮中的逆流——《加强台湾安全法案》再审视/孙哲//贵州师范大学学报(社会科学版). -2005,(1)

日据时期台湾法制的殖民属性/范忠信//法学研究. -2005,(4)

台湾地区"法律"体系研究/刘诚//台湾法研究. -2006,(4)

2."宪法"

试论台湾"宪改"的法律作用/盛健//台湾研究. -1995,(1)

从理论与实践论台湾"公民投票法"活动/刘佳雁//台湾研究. -1996,(4)

"修宪"、"制宪"、"行宪"之争与台湾"宪政秩序"塑造中的"国家认同"/李鹏//台湾研究集刊. -2006,(3)

3.行政、财政、经济、土地、劳动各法

台湾引进侨外资的基本法规简介/张兆荣、张南舟//台湾研究集刊. -1983,(1)

台湾环境保护立法评析/彭莉//台湾研究集刊. -1988,(3)

台湾修正《科学工业园区设置管理条例》/肖朋//台湾研究集刊. -1989,(1)

试析台湾"奖励投资条例"/彭莉//台湾研究集刊. -1989,(1)

试析台湾夫妻法律关系的变化/朱勇//台湾研究集刊. -1989,(2)

研究和借鉴台湾投资立法/彭莉//中国经济. -1989,(3)

台湾加工出口区设置管理条例的发展变迁/彭莉//中国经济. -1990,(1)

略析台湾《少年事件处理法》/易荣华//台湾研究集刊. -1990,(1)

台湾新旧银行法比较研究/许心鹏//台湾研究集刊. -1990,(2、3)

台湾"国家赔偿"制度述评/陈泉生//台湾研究集刊. -1990,(2、3)

台湾贸易立法综论/彭莉//台湾研究集刊. -1991,(1)

《促进产业升级条例》析评/彭莉//台湾研究集刊. -1991,(4)

论台湾奖励投资条例/彭莉//法制瞭望. -1992,(3)

台湾加工出口区立法之研究/彭莉//台湾研究集刊. -1992,(3)

论台湾新《著作权法》的特点/宋锡祥//现代台湾研究. -1994,(3)

台湾反倾销制度评析/翁重德//现代台湾研究. -1995,(1)

论台湾《证券交易法》对证券市场的法律调整/宋锡祥//外国经济与管理. -1995,(1、2)

台湾反倾销法及其实施/翁重德//台湾研究集刊. -1995,(2)

台湾商标法对著名商标的法律保护/高东升//河北经贸大学学报. -1995,(2)

论台湾新修正《银行法》的特点/宋锡祥//外国经济与管理. -1995,(3)

试析台湾《贸易法》/彭莉//台湾研究. -1995,(4)

论台湾出口加工区的法律制度/宋锡祥//外国经济与管理. -1995,(4、5)

试谈台湾新修正《专利法》/宋锡祥//东南学术. -1995,(5)

台湾外资立法与政策/沈乐平//东南亚研究. -1995,(6)

论台湾科学工业园区的法律制度/宋锡祥//外国经济与管理. -1995,(6、7)

台湾四十年的土地立法(一)/赵晓耕//中国土地. -1995,(7)

台湾《"国外"期货交易法》探析/宋锡祥//外国经济与管理. -1995,(8)

论台湾《公平交易法》对企业营运的管制（上）/宋锡祥//外国经济与管理. -1995,(9)

试论我国公司内部的权力制衡机制——兼谈台湾《公司法》的监事制度/于群//行政论坛. -1996,(1)

论台湾《消费者保护法》/宋锡祥//外国经济与管理. -1995,(11、12)

论台湾《证券交易法》对证券商的法律调整/宋锡祥//现代台湾研究. -1995,(总12)

析台湾的《营业秘密法》及其对大陆立法的启示/冯涛//山东法学. -1996,(2)

台湾少数股东权法律保护制度探析/石劲磊//台湾研究集刊. -1996,(3)

试论台湾《贸易法》/宋锡祥//外国经济与管理. -1996,(3、4)

台湾公司法的历史沿革及其特点/杨威夷//台湾研究. -1996,(4)

台湾劳资争议仲裁制度探析/彭莉//台湾研究集刊. -1996,(4)

台湾保险业的法制管理简介/钟伟//保险研究. -1996,(5)

台湾地区高等教育立法之研究/杨景尧//教育发展研究. -1996,(6)

台湾海关对虚报行为的处罚：台湾《海关缉私条例》第37条之适用/翁重德//现代台湾研究. -1996,(总16)

最高额抵押的法律沿革和特征/胡大展//台湾研究集刊. -1997,(2)

台湾的经济发展与经济立法/陈水林//浙江经济高等专科学校学报. -1997,(3)

台湾地区地上权现况与展望/张义权//中国土地科学. -1997,(3)

浅析台湾证券交易法中的刑法规范/吴殿朝//新疆警官高等专科学校学报. -1997,(4)

台湾竞争法及其启示/邓启惠//当代亚太. -1997,(5)

台湾证券内幕交易立法评析/彭莉//亚太经济. -1998,(1)

“解严”前台湾有关新闻出版法规评析/刘燕南//台湾研究集刊. -1998,(1)

台湾地区电脑犯罪立法评析/黄丁全//中外法学. -1998,(2)

台湾证券立法述评/陈绍方//东南亚研究. -1998,(2)

台湾商业会计实务与相关法规概述/易玄//会计之友. -1998,(4)

台湾地区的商业秘密保护制度/崔明霞//团结. -1998,(5)

台湾“期货交易法”评析/宋锡祥//政治与法律. -1999,(1)

台湾公司法律制度的变迁与发展/王文杰//比较法研究. -1999,(1)

论台湾所得税法的最新修正/宋锡祥//外国经济与管理. -1999,(2)

Trips协议对台湾地区专利法的影响/彭莉//福建政法管理干部学院学报. -1999,(2)

台湾反倾销法述评/程宗璋//嘉兴学院学报. -1999,(3)

台湾土地税立法及对大陆的启示/许合进//甘肃政法学院学报. -1999,(3)

简论我国台湾地区“户籍法”/肖海英//山西警官高等专科学校学报. -1999,(4)

台湾《奖励民间参与交通建设条例》及有关法规评介/荣朝和//铁道经济研究. -1999,(4)

浅议台湾“公寓大厦”的立法管理/谭峻//中国房地产. -1999,(7)

台湾非财产损害赔偿法律制度的法源及内容/关今华//现代台湾研究. -2000,(1)

析台湾地区“金钱给付义务行政执行”中的权利保护/蔡文斌//法商研究-中南政

法学院学报. -2000,(2)

近10年来台湾著作权法与国际公约的接轨/彭莉//台湾研究集刊. -2000,(2)

台湾地区农地保护的法律调整与制度更新/谭峻//北京理工大学学报(社会科学版). -2000,(4)

台湾《农业发展条例》的修正与农业转型/赵玉榕//台湾研究集刊. -2000,(4)

我国台湾地区动产抵押登记制度的利弊分析/林馨//河北法学. -2000,(5)

台湾中小企业立法探论/周显志//经济前沿. -2000,(11)

台湾会计师法及其启示/周恺//审计研究. -2001,(1)

台湾征地立法:区分公用征收与区段征收/徐聪//中外房地产导报. -2001,(2)

电子签章法的立法原则及基本规则的分析——从《台湾电子签章法》和《电子商务示范法》谈起/宋伟//科技与法律. -2001,(4)

台湾地区公平交易法简介/曹红英//中国工商管理研究. -2001,(4)

评台湾当局的劳工工时"立法"/林长华//海峡情. -2001,(4)

战后台湾高等教育法规的演变/缪小勇//理工高教研究. -2001,(5)

论台湾新"著作权法"对合理使用的规范/宋锡祥//政治与法律. -2001,(6)

台湾房地产税法立法基础与问题探讨/谭峻//中国房地产. -2001,(6)

论国际组织名称之保护及商标与他人名称冲突之解决——从台湾商标法的两款错误规定谈起/刘孔中//中华商标. -2001,(7、8)

台湾《环境影响评估法》及其借鉴/宋锡祥//华东政法学院学报. -2002,(1)

评台湾证券法关于委托书征求人的资格及其可代理股数限制的规定/李翠颖//财经理论与实践. -2002,(2)

台湾动产担保交易立法之检讨/魏建文//怀化师专学报. -2002,(3)

WTO对台湾经贸法制的影响/彭莉//人民论坛. -2002,(4)

台湾《原住民族教育法》简述/陈立鹏//民族教育研究. -2002,(4)

台湾地区《金融控股公司法》评析/胡文涛//东南亚研究. -2002,(5)

我国台湾地区"政府审计"特色/审计理论与实践. -2003,(1)

论析2002年台湾地区证券法修订及对内地的启示/贺书彦//首都经济贸易大学学报. -2003,(2)

变革时代的公司立法——以台湾地区"公司法"的修改为中心考察/冯果//南京大学学报(哲学.人文科学.社会科学版). -2003,(2)

行政行为违反程序规范之法律效果——以台湾"行政程序法"相关规定为观察/赵蓁祥//行政法学研究. -2003,(4)

台湾公司重整制度对大陆的借鉴意义/蒋进//现代台湾研究. -2003,(4)

台湾侨外投资条例探析——兼评台湾当局的陆资对台投资政策法规/彭莉//台湾研究集刊. -2003,(4)

论中国台湾地区的行政执行制度及理论/胡建淼//法学论坛. -2003,(5)

中国台湾地区公司法公司合并形态增修要点/张郡伦//当代法学. -2003,(7)

加入世界贸易组织对台湾地区经贸立法的影响及其走向/彭莉//国际贸易问题. -2003,(11)

台湾地区"公司法"的修改及对大陆公司立法之借鉴/郑光辉//河南司法警官职业学院学报. -2004,(2)

台湾金融控股公司法研究/闫海//福建金融管理干部学院学报. －2004,(2)

台湾地区关联企业立法及其对大陆的借鉴意义/章于芳//广西政法管理干部学院学报. －2004,(2)

论证券交易中的典型市场操纵行为的认定—基于美国、日本和中国台湾地区证交法的比较研究/周锐//内江师范学院学报. －2004,(5)

台湾地区公司重整制度若干问题探讨——兼谈对大陆《破产与重整法》的借鉴意义/许欧凯//台湾法研究. －2005,(1)

决定台湾大专教师薪资之法律制度依据/谢棋楠//比较法研究. －2005,(1)

论台湾地区"公司法"对一人公司的相关规范/谢黎伟//台湾法研究. －2005,(2)

论台湾户籍法律制度及其借鉴/姚秀兰//环球法律评论. －2005,(2)

我国台湾地区"政府采购法"探析/程亚萍//台湾法研究. －2005,(3)

我国台湾地区"公司法"出资方式之评价——关于2001年之修正/王光东//台湾法研究. －2005,(3)

理论的优美与实践的困难:台湾工作罚评析——兼论大陆社会服务令/李波//台湾法研究. －2005,(3)

我国台湾地区"强制汽车责任保险法"立法特色及其借鉴/陈璟菁//保险职业学院学报. －2005,(3)

台湾《金融控股公司法》评述/卫新江//经济社会体制比较. －2005,(3)

论农地承包经营权的物权法律性质与特征——以台湾地区永佃权为参照/王权典、张建军//中国农业大学学报(社会科学版). －2005,(3)

台湾地区行政程序证据制度研究/吴敏//台湾法研究. －2005,(3)

台湾原住民族教育立法研究/陈立鹏//贵州民族研究. －2005,(4)

论台湾地区行政判决种类评述与借鉴/刘永刚//台湾法研究. －2005,(4)

台湾地区图书馆立法评析/王魏红//政法学刊. －2005,(4)

台强制汽车责任险"立法"借鉴/郑鸿//现代台湾研究. －2005,(4)

台湾建设工程监造法律制度/余文恭//建设监理. －2005,(5)

台湾教师教育的立法及其启示/盛冰//教育导刊. －2005,(6)

台湾地区"强制汽车责任保险法"评析/丁凤楚//上海保险. －2005,(11)

我国台湾地区《劳动基准法》的影响及其启示/苏恒轩//保险研究. －2005,(11)

由台湾地区之"妨害信用罪"引发的思考/姜雯//台湾法研究. －2006,(1)

台湾地区行政罚法简析/林沈节//台湾法研究. －2006,(1)

台湾《特殊教育法》立法及其启示/张继发//华中师范大学研究生学报. －2006,(2)

我国台湾地区国家赔偿制度研究/郑悦琛//焦作大学学报. －2006,(2)

台湾"特殊教育法"立法背景及其启示/张继发//南京特教学院学报. －2006,(3)

台湾地区地下金融法律问题探析/柴荣//长白学刊. －2006,(3)

董事竞业禁止之探讨——以我国台湾地区《公司法》第209条为中心/张云//湖北省社会主义学院学报. －2006,(3)

台湾地区行政程序中的协力行为/黄学贤//台湾法研究. －2006,(3)

试论台湾地区存款保险法律制度/柴荣//郑州大学学报(哲学社会科学版). －2006,(4)

台湾图书馆立法的后续行动与存在问

题/王敏//图书馆建设.－2006,(5)

我国台湾地区私立高等教育法规研究/聂琳燕//浙江树人大学学报.－2006,(5)

物权之自由与限制——以中国台湾地区与美国之不动产法制为例/胡天赐//河南省政法管理干部学院学报.－2006,(5)

从台湾地区《警察职权行使法》看自由裁量中的衡平精神/王亚群//科教文汇.－2006,(6)

城市房屋拆迁中的财产权益及其保护——兼论台湾地区公用征收收回权之借鉴/王书娟//广西政法管理干部学院学报.－2006,(6)

全面系统研究台湾地区行政法的专著——《台湾行政法论》评介/郭登科//河北法学.－2006,(6)

访问买卖之立法规制——以我国台湾地区《消费者保护法》为中心/张云//商场现代化.－2006,(35)

4. 民法

台湾《民法·继承篇》修正动因分析/彭莉//台湾研究集刊.－1993,(1)

台湾新旧《民法·继承篇》比较/彭莉//台湾研究.－1993,(2)

台湾民法与罗马法之关联/王文杰//比较法研究.－1996,(1)

略论民诉执行程序中的参与分配——兼与台湾地区相关规定比较/方圳斌//广东商学院学报.－1997,(1)

台湾的精神损害赔偿法及两岸比较/关今华//现代台湾研究.－1998,(总22)

现代台湾非财产损害赔偿制度的学说及研究/关今华//现代台湾研究.－2000,(4)

台湾地区医疗纠纷司法及立法趋向/史羊拴//中国卫生事业管理.－2000,(8)

我国香港、台湾地区内幕交易的民事责任/顾肖荣//上海市政法管理干部学院学报.－2002,(1)

我国台湾地区"民法"第191条之3评析/胡通碧//现代法学.－2002,(4)

台湾地区所有权保留制度对大陆之借鉴意义/郭锡昆//现代台湾研究.－2002,(5)

论台湾地区居民商标权的境外保护/杨和义//重庆工商大学学报(社会科学版).－2003,(2)

收养制度——中国台湾地区修法报告/李霞//当代法学.－2003,(8)

台湾地区继承法特色述评/徐卫//江苏警官学院学报.－2004,(1)

台湾法定夫妻财产制的变迁/张毅辉//环球法律评论.－2004,(1)

台湾地区《电脑处理个人资料保护法》中的行政资讯公开/王秀哲//黑龙江省政法管理干部学院学报.－2004,(4)

简析台湾专利制度的最新变化/杨德明//海峡科技与产业.－2004,(5)

违约责任中损害赔偿限制规则之新探——兼从我国台湾地区"民法"考/吴晓阳//浙江工商大学学报.－2005,(1)

台湾亲属相隐制度研究/唐治祥//现代台湾研究.－2005,(1)

两性平等的新里程碑——我国台湾地区新修正夫妻财产制度述评/许莉//华东政法学院学报.－2005,(1)

日本、韩国及我国台湾外观设计专利保护制度介析/钱亦俊//知识产权.－2005,(2)

台湾地区合会法制变迁探析/陈荣文//台湾研究集刊.－2005,(2)

台湾地区知识产权法制最新变化评析/杨德明//亚太经济.－2005,(2)

台湾民事证据保全制度考察/张亚琼、张宏//甘肃政法成人教育学院学报.

-2005,(3)

财产征收的概念辨析/高小勇//山西省政法管理干部学院学报.-2005,(3)

台湾地区民法上的行为能力制度/陈国奇//台湾法研究.-2005,(4)

我国台湾地区的知识产权战略及其绩效研究/王立军//科技管理研究.-2005,(5)

探究台湾地区硅知识产权的发展/威廉//电子与电脑.-2005,(12)

台湾地区"继承法"评述/郑玲玲//台湾法研究.-2006,(1)

不动产财产权的自由与限制——以台湾地区的法制为中心/谢哲胜//中国法学.-2006,(3)

德国民法的继受与台湾民法的发展/王泽鉴//比较法研究.-2006,(6)

5. 刑法

台湾环境刑法与环境犯罪研究/王秀梅//中国刑事法杂志.-1999,(3)

台湾岛强奸罪立法之新发展/李立众//人民检察.-2000,(11)

中国台湾地区之单行刑法要论/赵秉志//湖南省政法管理干部学院学报.-2001,(1)

简论台湾地区的附属刑法/于志刚//云南大学学报(法学版).-2001,(2)

台湾地区刑法典分则的特点及其完善趋势/赵秉志//河南省政法管理干部学院学报.-2001,(2)

对台湾法院刑事判决之认可研究——以韩书学劫持航空器案为起点/林维//中国刑事法杂志.-2002,(3)

台湾地区现行刑法典修正内容简介/赵秉志//云南大学学报(法学版).-2003,(4)

台湾地区刑事证据制度改革论纲/

台湾地区刑法新修正介评/王振海//台湾法研究.-2005,(4)

我国台湾地区刑法修正述评/马克昌//中国刑事法杂志.-2005,(4)

两极化刑事政策导向下的刑法修订——简评2005年最新修订的台湾刑法典/冯卫国、肖月//山东警察学院学报.-2005,(5)

台湾地区假释制度修正评述/武自亮//台湾法研究.-2006,(2)

我国台湾地区伪造、变造货币犯罪若干问题研究/王强//台湾法研究.-2006,(2)

台湾地区刑法中的妨害婚姻家庭罪/祝伟//台湾法研究.-2006,(2)

牵连犯存废辨析——评台湾刑法删除牵连犯的规定/战立伟//台湾法研究.-2006,(3)

我国台湾地区刑法中的"数罪并罚"——兼论与大陆刑法相关内容的比较/卢山//台湾法研究.-2006,(3)

质疑与论证:审视台湾《刑法》修正中的保安处分制度/崔楠//吉林公安高等专科学校学报.-2006,(5)

我国台湾地区宽严并进的刑事政策与刑法修正/郭健//云南大学学报(法学版).-2006,(6)

6. 诉讼法

台湾强制执行法中的第三人异议之诉/黄金龙//法律适用.-1996,(7)

台湾地区民事诉讼收费制度/钟凤玲//比较法研究.-1999,(1)

台湾地区民事诉讼当事人制度述评/齐树洁、谢岚//台湾研究集刊.-2000,(3)

台湾地区"仲裁法"的最新发展及其借鉴意义/齐树洁//福建政法管理干部学院学报.-2001,(2)

了解台湾地区行政争讼制度的佳作——读吴庚先生的《行政争讼法论》/刘莘//行政法学研究.-2001,(4)

论台湾仲裁制度的理论基础/陈炳富//南开管理评论.-2002,(2)

台湾国际民事诉讼中的合意管辖制度/吕晓莉//当代法学.-2002,(12)

台湾缓起诉制度简述/庞君淼//黑龙江省政法管理干部学院学报.-2004,(4)

台湾民事诉讼中合意选择法官制度透视/刘学在//国家检察官学院学报.-2004,(4)

台湾民事诉讼法简易诉讼程序制度初探/王阳//安阳师范学院学报.-2004,(6)

略论我国台湾地区民事诉讼中的人事诉讼程序及其借鉴童义/祝发东//台湾法研究.-2005,(1)

从法定法官到选择法官——台湾地区民事诉讼合意选定法官制度论析与启示/刘敏//学海.-2005,(1)

论台湾地区行政诉讼和解制/武春玲//台湾法研究.-2005,(1)

两岸证明妨碍理论之比较研究——以行政诉讼为视角/余茂玉//台湾法研究.-2005,(3)

台湾缓起诉制度介评/何挺//研究生法学.-2005,(3)

我国台湾地区行政诉讼类型化的评述与借鉴/郑友启//台湾法研究.-2005,(3)

论我国台湾地区行政诉讼简易程序及其借鉴意义/安玉磊//台湾法研究.-2005,(4)

论台湾地区行政诉讼法的演进/张力燕//辽宁警专学报.-2005,(6)

我国台湾地区的“缓起诉”制度及其借鉴意义/潘金贵//西南政法大学学报.-2006,(2)

我国台湾地区释字第418号解释探析——以行政诉权为视角/郝炜//台湾法研究.-2006,(3)

台湾民事诉讼二审上诉制度述评/李丽//台湾法研究.-2006,(4)

我国台湾地区小额诉讼程序述评及启示/许尚豪//法律适用.-2006,(9)

从法定法官到选定法官——台湾地区民事诉讼合意选定法官制度分析/陈暾颖//财经界.-2006,(11)

7.司法

台湾非财产损害赔偿制度的司法实践及发展/关今华//现代台湾研究.-2000,(3)

台湾法院调解制度的最新发展/齐树洁//台湾研究集刊.-2001,(1)

飘移在两种司法理念间的司法改革——台湾司法改革的社经背景与法制基础/苏永钦//环球法律评论.-2002,(1)

台湾地区大法官解释制度初探/袁明圣//江西财经大学学报.-2004,(3)

法院聘请或委托鉴定范围问题研究——以台湾地区法院送鉴实务为中心/郭华//山东审判.-2004,(5)

选定法官与法定法官——由我国台湾地区选定法官制度谈祖国大陆民事程序改革/廖中洪//西南政法大学学报.-2004,(6)

台湾地区检察制度管窥/田凯//检察实践.-2005,(1)

我国台湾地区消费者权益司法保护方法简析/王新红//时代法学.-2005,(3)

海峡两岸证据保全制度比较研究——兼论我国证据保全制度的完善/奚玮//台湾法研究.-2005,(4)

台湾地区与香港地区司法互助合作的新突破/张美榕//台湾法研究.-2005,(4)

人性化考量下的台湾地区司法改革/徐卫东、徐岱//吉林大学社会科学学报.－2005,(4)

由台湾地区"证人保护法"引发的思考/张韩//台湾法研究.－2006,(2)

台湾地区司法运作机制研究/林忠志//台湾法研究.－2006,(4)

完善我国的法院调解制度——兼对台湾法院调解制度的比较/易玲//理论界.－2006,(9)

（二）两岸法律关系

评《台湾地区与大陆地区人民关系暂行条例草案》/李强//台湾研究集刊.－1990,(2、3)

两种"两岸人民关系法"之对立与统一/陈安、彭莉//台湾研究集刊.－1990,(2、3)

评七个版本的"两岸关系法"/范忠信//台湾研究集刊.－1991,(1)

两岸股权式涉外合营企业组织结构之立法比较/彭莉//台湾研究集刊.－1993,(3)

海峡两岸刑事诉讼法律的冲突及其解决途径/陈泉生//台湾研究集刊.－1993,(3)

《台商大陆投资权益保障协议》初剖/彭莉等//台湾研究.－1993,(4)

海峡两岸民事司法协作问题研究/徐平//台湾研究.－1994,(2)

台湾当局有关两岸民事关系法律适用规定之评析/徐平//台湾研究集刊.－1994,(3)

两岸反不正当竞争法律制度之比较/彭莉//台湾研究集刊.－1994,(4)

关于《台湾同胞投资保护法》的几个问题/林迅//台湾研究集刊.－1994,(4)

两岸外资立法动因及法律体系比较研究/彭莉//瞭望.－1994,(5)

两岸消费者保护法律之比较/邱星洪//新疆警官高等专科学校学报.－1995,(1)

试论建立中国统一区际私法/陈雪//暨南学报(哲学社会科学版).－1995,(1)

解建群谈海峡两岸知识产权保护问题/江山//中国对外贸易.－1995,(1)

海峡两岸公司法比较研究/谢定远//北京政法职业学院学报.－1995,(1)

海峡两岸刑法中教唆犯理论之比较研讨/刘佳雁//台湾研究.－1995,(2)

台湾海峡海上纠纷与台湾当局的对策/谢钰军//台湾研究.－1995,(2)

"一国两制"下的知识产权制度协调探析/朱雪忠//华中理工大学学报(社会科学版).－1995,(2)

大陆、台湾、香港贪污罪之比较/马培贵//政法论丛.－1995,(2)

略论中国海峡两岸法律冲突与解决/蒋潇华//新疆警官高等专科学校学报.－1995,(2)

海峡两岸民事诉讼法比较/齐树洁//中外法学.－1995,(2)

试论台湾法源中的习惯——兼与大陆比较/张帆//中央政法管理干部学院学报.－1995,(3)

论《台湾同胞投资保护法》中的若干问题/彭莉//台湾研究集刊.－1995,(3、4)

海峡两岸破产法之比较/马昌明//台湾研究集刊.－1995,(3、4)

浅谈改善大陆吸收台资的法律环境/江平//中共四川省委省级机关党校学报.－1995,(4)

海峡两岸行政赔偿制度比较/关保英//山东法学.－1995,(4)

浅论海峡两岸法律之冲突/程永健//法律适用.－1995,(4)

海峡两岸徇私舞弊罪比较研究——兼谈我国徇私舞弊罪的立法完善/张巍//人民检察. -1995,(6)

海峡两岸新专利制度若干问题之比较/宋锡祥//财经研究. -1995,(7)

《台胞投资保护法》解读/南安//台声. -1995,(8、9、10)

海峡两岸专利法的比较研究/郑京水//法律适用. -1995,(9、10)

从TRIPS看海峡两岸对商业秘密的保护/杨贵院//现代台湾研究. -1995,(总11)

福建地方涉台立法研究/徐平//现代台湾研究. -1995,(总12)

海峡两岸商业银行法制的简略比较/周莉娟//现代台湾研究. -1995,(总12)

海峡两岸商标保护制度比较/王建平//工商行政管理. -1995,(22)

海峡两岸海商法之比较研究——船舶碰撞法/胡辉//中国海商法年刊. -1996

海峡两岸公司法律制度比较研究/贾玉健//陕西师范大学学报(哲学社会科学版). -1996,(1)

论台胞在大陆投资的法律保护问题/詹孝俊//中国法学. -1996,(1)

共建海峡两岸区际司法协助关系/宋茂荣//中外法学. -1996,(2)

海峡两岸知识产权法的比较研究/赖勤学//台湾研究. -1996,(2)

海峡两岸票据法异同之比较/李志学//福建行政学院福建经济管理干部学院学报. -1996,(2)

海峡两岸公司法之比较/潘嘉玮//台湾研究集刊. -1996,(2)

大陆与台湾著作权立法的国际化及其完善/马昌明//台湾研究集刊. -1996,(2)

海峡两岸结婚制度之比较/聂铄//比较法研究. -1996,(3)

厦门涉台立法评介/齐树洁、汤晓霖//台湾研究集刊. -1996,(3)

对海峡两岸旅游业务合作中的法律问题的思考/韩玉灵//北京第二外国语学院学报. -1996,(3)

台湾与大陆辩护制度比较/王新环//中国律师. -1996,(3)

海峡两岸贸易法比较/彭莉//台湾研究集刊. -1996,(3)

中国大陆及香港、台湾地区毒品犯罪的比较研究/戴群策//现代法学. -1996,(4)

大陆、台湾、香港贪污罪比较研究/宣炳昭//甘肃政法学院学报. -1996,(4)

我国海峡两岸刑法关于重伤规定的比较/邓振华//法律与医学杂志. -1996,(4)

海峡两岸商业秘密法律保护之比较/张啸尘//武警工程学院学报. -1996,(4)

中国大陆、港澳台法院与仲裁机构之间关系之比较/李春芳//政府法制. -1996,(5)

海峡两岸公诉制度比较研究/薛喜堂//现代法学. -1996,(6)

试论台商投资保护立法的协调与完善/郑京水//中央政法管理干部学院学报. -1996,(6)

海峡两岸商标权法律保护比较(续)/高子才//法律适用. -1996,(8)

“一国两制”下的当代中国法制建设/庄伟光//港澳经济. -1996,(10)

中国大陆与港澳台单独关税区法律关系探讨/杨荣珍//国际贸易. -1996,(10)

两岸证券管理的法律比较/周莉娟、许翔//现代台湾研究. -1996,(总15)

海峡两岸法院调解制度比较/杨德明//现代台湾研究. -1996,(总16)

大陆台湾受益指定权制度比较研究/偶

见//保险职业学院学报. －1997,(1)

大陆与台湾保险法之比较/季秀平//法学天地. －1997,(1)

海峡两岸婚姻成立要件比较/王莹//法学杂志. －1997,(2)

两岸仲裁合作之探讨/陈动//台湾研究集刊. －1997,(3)

海峡两岸合伙制度比较/黄健雄、齐树洁//台湾研究集刊. －1997,(3)

一国两制中的若干法律问题/饶戈平//中外法学. －1997,(3)

香港特区政府处理涉台问题的法律与政策依据探析/罗祥喜//台湾研究. －1997,(3)

大陆土地使用权与台湾地上权之比较/关涛//法学论坛. －1997,(3)

论海峡两岸婚姻成立要件的异同/翟桂范//洛阳大学学报(自然科学版). －1997,(3)

各地鼓励和保护台商投资立法综述/招英//两岸关系. －1997,(4)

大陆与台湾竞争法之比较/邓启惠//学术论坛. －1997,(5)

关于涉台继承公证的几个问题/吴引引//律师世界. －1997,(7)

海峡两岸侦查制度比较/杨德明//现代台湾研究. －1997,(总 17)

海峡两岸商事仲裁制度比较分析/沈伟//现代台湾研究. －1997,(总 18)

海峡两岸商业秘密法保护之比较研究/宋锡祥、俞敏//现代台湾研究. －1997,(总 19)

台湾律师执业条件与大陆之比较研究/陈业业//现代台湾研究. －1997,(总 20)

海峡两岸土地立法与经济政策互动作用的比较考察/陈祥健//现代台湾研究. －1997,(总 20)

论中国内地、香港、台湾、澳门非法婚/应懋//学术季刊. －1998,(1)

对两起涉台商标案例的分析/初开荣//两岸关系. －1998,(1)

中国大陆与台湾地区公司法比较/张小凤//甘肃教育学院学报(社会科学版). －1998,(1)

海峡两岸专利制度差异之比较/崔秀花//许昌师专学报. －1998,(1)

涉台遗产继承公证的几个问题/焦悦勤//陕西师范大学学报(哲学社会科学版). －1998,(2)

海峡两岸外贸法之比较/宋天志//外国经济与管理. －1998,(2、3)

海峡两岸抵押权制度之比较/胡良荣//镇江师专学报(社会科学版). －1998,(3)

海峡两岸侵占罪之比较检讨/李瑞生//国家检察官学院学报. －1998,(3)

两岸都要切实保护台商的正当权益——写在《台湾同胞投资保护法》颁布实施四周年/肖悦//两岸关系. －1998,(3)

现行台湾与祖国大陆精神损害赔偿法之比较及互为借鉴/关今华//亚太经济. －1998,(4)

海峡两岸禁止内幕交易法律制度比较研究/彭莉//台湾研究集刊. －1998,(4)

海峡两岸法院民商事专属管辖权的研析/张秀芳//殷都学刊. －1998,(4)

海峡两岸留置权制度若干问题的比较/胡良荣//镇江师专学报(社会科学版). －1998,(4)

海峡两岸外贸法之比较/海峰//政治与法律. －1998,(4)

侵害合同债权的民事责任研究——从一起涉台经济纠纷案件谈起/陈朝阳//现代法学. －1998,(5)

试析解决海峡两岸民商事司法管辖权

冲突的原则/张秀芳//河南师范大学学报(哲学社会科学版).-1998,(5)

海峡两岸行政赔偿立法之比较/章志远//政治与法律.-1998,(5)

海峡两岸劫机犯罪管辖权之冲突及其解决/陈咏兵//法律适用.-1998,(6)

中国大陆与港台地区货物买卖法律制度比较/杨金柱//湖南师范大学教育科学学报.-1998,(6)

对海峡两岸食品卫生法的比较研究/郭智成//中国公共卫生管理.-1998,(6)

以宏观的视野创造有利于两岸交往的法律环境——写在最高人民法院《关于人民法院认可台湾地区有关法院民事判决的规定》公布之际/王美琼//两岸关系.-1998,(6)

谈谈台湾民事判决裁定在大陆的认可与执行/陈海秋//法学论坛.-1998,(6)

最高人民法院关于人民法院认可台湾地区有关法院民事判决的规定/法律适用.-1998,(7)

浅谈海峡两岸民商事交往中的法律适用问题/姜茹娇//中国律师.-1998,(7)

购买保险享受税收优惠——大陆、台湾所得税法对个人购买保险的优惠措施比较/万晴瑶//上海保险.-1998,(7)

关于保障两岸当事人民事权益的司法解释的理解与适用/郭群//人民司法.-1998,(8)

海峡两岸法院民事判决仲裁裁决相互认可的法律实务/李梦舟//中国律师.-1998,(10)

研究涉台经贸法律保障两岸同胞权益——涉台经贸纠纷法律问题座谈会侧记/吴乃陶//两岸关系.-1998,(10)

改善大陆投资环境保护台商合法权益——《台湾同胞投资保护法》法制理论与实践研讨会侧记/江杨//台声.-1998,(12)

海峡两岸律师执业纪律之比较/陈泉生//现代台湾研究.-1998,(总22、23)

海峡两岸调解制度比较/杨德明//现代台湾研究.-1998,(总24)

大陆与台湾关于票据之各种背书比较分析/双阳//现代台湾研究.-1998,(总24)

海峡两岸抵押担保若干问题的比较和探究/关今华//现代台湾研究.-1998,(总24)

维护大陆居民入台居留的正当权益/蔡奕//现代台湾研究.-1998,(总24)

海峡两岸证券法几个问题的比较/林发新//福建政法管理干部学院学报.-1999,(1)

台湾当局“涉及两岸关系立法”之研究/朱维究//比较法研究.-1999,(1)

台湾前途问题之法律定位/梁文莉//广东广播电视大学学报.-1999,(1)

论台湾同胞投资的法律保护/曹建明//法学.-1999,(1)

海峡两岸侵犯财产罪的立法技术比较/田宏杰//中国刑事法杂志.-1999,(1)

澳门对台关系的法律思考——兼评台湾《香港澳门关系条例》/焦洪昌//比较法研究.-1999,(1)

改善投资环境保护台商合法权益——“《台湾同胞投资保护法》法制理论与实践研讨会”侧记/江杨//海峡科技与产业.-1999,(1)

大陆、香港、台湾证券法关于券商条款比较/吕斌//证券市场导报.-1999,(1)

台湾与大陆监狱法律制度之比较/孙平//法制与社会发展.-1999,(1)

台、港、澳与大陆刑罚目的之比较/谢望原//法学论坛.-1999,(1)

“一国两制”与中国区际法律冲突/刘冬京//南昌职业技术师范学院学报. －1999，(1)

话说台商投资权益保护/刘旗//两岸关系. －1999，(2)

海峡两岸司法协助课题研究之可行性研究/唐荣智//福建政法管理干部学院学报. －1999，(2)

如何申请认可和执行台湾地区法院的民事判决？/黄强//海内与海外. －1999，(2)

海峡两岸民商事关系法律适用刍议——兼评台湾“两岸人民关系条例”/裴普//现代法学. －1999，(2)

海峡两岸商事仲裁法律制度比较研究/齐树洁、蔡从燕//台湾研究集刊. －1999，(2)

海峡两岸著作权有关问题的比较研究/邓辉辉//湖南省政法管理干部学院学报. －1999，(2)

论两岸知识经济及其法律调整/唐荣智//台湾研究. －1999，(2)

海峡两岸婚姻问题之法律思考/元辉//政治与法律. －1999，(2)

Trips与海峡两岸专利制度/彭莉//台湾研究集刊. －1999，(2)

大陆与台湾著作权法之比较研究/李颖怡//中山大学学报(社会科学版). －1999，(2)

海峡两岸司法制度之沿革与未来取向/郑正忠//深圳大学学报(人文社会科学版). －1999，(2)

论发展闽台关系的涉台地方立法/林发新//台湾研究集刊. －1999，(3)

从国际法论主权不可分享及台湾的法律地位/刘文宗//台湾研究. －1999，(3)

海峡两岸有限责任公司法律制度比较研究/胡文涛//东南亚研究. －1999，(3)

海峡两岸保险代理法律制度比较研究/林兴登、蔡从燕//台湾研究集刊. －1999，(3)

大陆与港台无效婚姻制度比较研究/屈茂辉//湖南税务高等专科学校学报. －1999，(3)

海峡两岸合伙法律制度比较研究/林春彬//学术界. －1999，(3)

海峡两岸抵押制度的几点比较/廖翔华//宁德师专学报(哲学社会科学版). －1999，(3)

海峡两岸商业银行法律制度之比较/彭俊良//金融信息参考. －1999，(3)

浅析海峡两岸票据立法的不同价值取向/赵许明//金融理论与实践. －1999，(4)

大陆与港台地区票据法的比较研究/何小王//湖南税务高等专科学校学报. －1999，(4)

两岸民事举证责任若干问题之比较研究/蒋安//台湾研究集刊. －1999，(4)

略论海峡两岸民事司法协助的方案选择/陈芸//贵州警官职业学院学报. －1999，(4)

试论海峡两岸民事法律冲突的合理解决——《大陆地区与台湾、香港、澳门地区民事法律使用示范条例》与《台湾地区与大陆地区人民关系条例》比较研究/汪萍//江苏社会科学. －1999，(5)

海峡两岸专利犯罪有关问题的比较研究/赵秉志//湖南省政法管理干部学院学报. －1999，(5)

探寻两岸法律接轨之路/朱维究//团结. －1999，(6)

内地香港台湾商标法的沿革及商标权比较探讨/王立//法律适用. －1999，(6)

海峡两岸职务侵占罪比较研究/赵秉

志//政法论坛.－1999,(6)

海峡两岸刑法中受贿罪比较研究二题/贾剑敏//河南社会科学.－1999,(6)

祖国大陆保险法与台湾地区法规比较/崔明霞//中南财经大学学报.－1999,(6)

海峡两岸敲诈勒索罪比较研究/田宏杰//福建公安高等专科学校学报.－1999,(6)

海峡两岸劫机犯遣返问题的历程/王美琼//两岸关系.－1999,(7)

从国际法论主权不可分割及台湾的法律地位/刘文宗//真理的追求.－1999,(8)

两岸公民婚姻登记问题/周宇峰//两岸关系.－1999,(9)

从国际法看两岸关系/司平平//法学.－1999,(9)

略论海峡两岸民事司法协助/陈芸//现代台湾研究.－1999,(总26)

两岸经贸关系法制化问题回顾与展望/杨德明//现代台湾研究.－1999,(总27)

从海峡两岸比较看精神损害赔偿的完善/关义法//现代台湾研究.－1999,(总27、28)

中国大陆和澳门台湾地区行政赔偿诉讼比较/唐小波//学术季刊.－2000,(1)

海峡两岸司法协助研究之模式研究/唐荣智//福建政法管理干部学院学报.－2000,(1)

海峡两岸抵押制度比较研究/周勇//南京理工大学学报(社会科学版).－2000,(1)

《台湾同胞投资保护法实施细则》析论/刘佳雁//台湾研究.－2000,(2)

中国大陆与台湾地区行政诉讼法律适用的比较/郭丹//中共成都市委党校学报.－2000,(2)

海峡两岸仲裁合作问题探讨/唐荣智//两岸关系.－2000,(2)

两岸著作权法制度若干差异分析/张丽虹//淮海工学院学报.－2000,(2)

海峡两岸商标理论与实务之比较/杨萍//中国工商管理研究.－2000,(2)

大陆、澳门、台湾物权法体系的相互冲突与协调/伍玉功//湖南省政法管理干部学院学报.－2000,(2)

海峡两岸司法协作的途径/陈泉生//现代台湾研究.－2000,(2)

海峡两岸证券法律制度之比较/宋锡祥//现代台湾研究.－2000,(2)

浅谈《台湾同胞投资保护法实施细则》的特点/丁利明//台声.－2000,(2)

大陆与台湾刑事诉讼中回避制度之比较研究/杨粉米//西安建筑科技大学学报(社会科学版).－2000,(2)

论证券投资基金管理人法定义务的完善——兼对祖国大陆及香港、台湾地区相关规定的比较/李永福//政治与法律.－2000,(2)

评《台胞投资保护法实施细则》/杨德明//现代台湾研究.－2000,(2)

海峡两岸抢夺罪比较研究/田宏杰//法商研究－中南政法学院学报.－2000,(2)

海峡两岸淫秽犯罪新论/王宝来//法律科学－西北政法学院学报.－2000,(2)

海峡两岸司法协助研究之两岸司法协助的范围/唐荣智//福建政法管理干部学院学报.－2000,(2)

祖国台湾不容分割——从国际法看两岸统一/陶吉群//新疆社科论坛.－2000,(3)

论"一个中国"的法理基础/朱建业//法学杂志.－2000,(3)

香港特区首例认可台湾地区法院破产令判例评析/王建源//台湾研究集刊.－2000,(3)

台湾公司法与内地公司法之比较研究/周江洪//兰州大学学报（社会科学版）. －2000,(3)

海峡两岸代位权制度比较/陈业业//现代台湾研究. －2000,(3)

海峡两岸公证制度比较研究/福建政法管理干部学院学报. －2000,(3)

海峡两岸在收养制度方面冲突及其解决途径探讨/蒋新苗//台湾研究. －2000,(3)

海峡两岸离婚制度之比较/王胜芳//现代台湾研究. －2000,(3)

海峡两岸婚姻关系的法律问题/杨德明//现代台湾研究. －2000,(4)

大陆和台湾地区的行政诉讼法初步比较/杨海坤//政法论坛. －2000,(4)

大陆与台湾附带民事诉讼制度的几点比较/陈滨生//黑龙江社会科学. －2000,(4)

海峡两岸民事权益保障的法域分隔/王建平//河北法学. －2000,(4)

海峡两岸公司法若干问题比较研究/胡良荣//克山师专学报. －2000,(4)

略论WTO法与中国"一国四域"法律关系/张乃根//政治与法律. －2000,(4)

对解决中国大陆与港澳台地区法律冲突的几点看法/曾加//西北大学学报（哲学社会科学版）. －2000,(4)

TRIPS对两岸商标法的影响及两岸合作保护商标权的探讨/彭莉//台湾研究集刊. －2000,(4)

从海峡两岸《保险法》若干条文比较看我国大陆《保险法》之不足/丁凤楚//当代法学. －2000,(5)

两岸关系：两国关系?! ——从国际法的理论与实践看台湾的法律地位/沈强//党政干部学刊. －2000,(5)

海峡两岸禁娼立法之反思/王宝来//福建公安高等专科学校学报. －2000,(5)

中国内地与台湾地区、香港特区票据丧失补救制度比较研究/王小能//法制与社会发展. －2000,(6)

祖国大陆民事诉讼法中第三人制度与台湾地区相对应制度的比较/陈伟振//台声. －2000,(7)

我国海峡两岸会计法比较/盖地//会计研究. －2000,(7)

海峡两岸法院调解制度之比较/吴行政//法律适用. －2000,(11)

海峡两岸协议离婚与诉讼离婚之比较/欧阳媛//中国律师. －2000,(12)

从国际法上认识台湾属于中国/于永成//辽宁师范大学学报（社会科学版）. －2001,(1)

祖国大陆与台湾地区民事诉讼法中简易程序的比较/马虓//台声. －2001,(1)

两岸民事诉讼简易程序若干问题比较/初立君//湖南省政法管理干部学院学报. －2001,(1)

我国大陆与台湾地区公司法若干问题比较研究/胡良荣//华东船舶工业学院学报（社会科学版）. －2001,(1)

从国家主权原则谈台湾法律地位/司马文妮//宝鸡文理学院学报（社会科学版）. －2001,(1)

我国大陆与台湾地区国际私法学若干问题比较/金彭年//浙江社会科学. －2001,(1)

两岸预算法律制度比较/王永礼//福建政法管理干部学院学报. －2001,(2)

海峡两岸精神损害赔偿制度之比较及其完善构想/关今华//台湾研究. －2001,(2)

海峡两岸著作权法若干问题比较研

究——兼论我国大陆与台湾著作权立法的国际化及其完善/胡良荣//镇江师专学报(社会科学版).-2001,(2)

港台与内地破产法渊源与特征的比较/崔海滨//济宁师专学报.-2001,(2)

广东省落实台商投资保护法之研究/曾建元//经济前沿.-2001,(2)

港、澳、台与大陆离婚制度比较/曹艳芝//河北法学.-2001,(2)

法律如何保护两岸同胞著作权/张云平//两岸关系.-2001,(3)

海峡两岸反倾销法比较——兼论加入WTO后两岸相关对策/任志成//审计与经济研究.-2001,(3)

关于海峡两岸法院调解及其价值理论的思考/召俊武//汕头大学学报(人文社会科学版).-2001,(3)

海峡两岸假释制度比较研究/汪建成//法学论坛.-2001,(3)

两岸外资立法比较研究/樊惠谨//湖北大学成人教育学院学报.-2001,(3)

论台湾的法律地位兼驳"台独"理论/王鹏//河北法学.-2001,(3)

海峡两岸行政赔偿制度对比/王炼//天津市政法管理干部学院学报.-2001,(3)

刍议台商在大陆投资的法律保护/赵咏梅//福州党校学报.-2001,(4)

WTO架构下祖国大陆涉台经贸立法的调整——兼谈入世后福建再创涉台经贸立法新优势问题/彭莉//台湾研究集刊.-2001,(4)

论两岸经贸关系法律问题及解决途径/杨德明//亚太经济.-2001,(4)

论福建涉台法律工作对促进祖国统一的作用/杨德明//现代台湾研究.-2001,(4)

海峡两岸撤销权制度比较研究/陈业//现代台湾研究.-2001,(5)

海峡两岸民事诉讼级别管辖之比较研究/苏隆惠//山东审判.-2001,(6)

我国大陆、台湾、澳门合同法关于缔约责任一般条款的比较/辛万鹏//甘肃社会科学.-2001,(6)

涉台遗产继承中的有关问题/兰丽专//台声.-2001,(7)

海峡两岸婚姻家庭法比较研究/许承光//理论月刊.-2001,(10)

海峡两岸专利法若干问题比较研究——兼论我国大陆和台湾地区专利法的国际化及其完善/胡良荣//江苏大学学报(社会科学版).-2002,(1)

大陆与台湾、澳门地区逮捕制度之比较/邢克波//汕头大学学报(人文社会科学版).-2002,(1)

大陆与台湾民间审计准则的比较研究/周恺//审计研究.-2002,(1)

海峡两岸抢夺罪之比较/林咏华//甘肃政法成人教育学院学报.-2002,(1)

海峡两岸行政赔偿程序比较/伍劲松//广东行政学院学报.-2002,(1)

海峡两岸无效婚姻制度比较研究/黄丽娥//三明高等专科学校学报.-2002,(1)

WTO给两岸法律事务带来什么/李梦舟//中国律师.-2002,(1)

海峡两岸竞争法之比较研究——侧重反垄断法分析/蒋安//台湾研究集刊.-2002,(1)

海峡两岸个人所得税法比较刍议/郑捷琴//集美大学学报(哲学社会科学版).-2002,(2)

海峡两岸商标法若干问题比较研究——兼论中国大陆与台湾地区商标法的国际化及其完善/胡良荣//华东船舶工业学院学报(社会科学版).-2002,(2)

“金门协议”：两岸签订的第一个协议/张凤山//两岸关系. －2002,(2)

中国大陆、香港与台湾公司资本制度比较研究/蒋勤慧//甘肃政法成人教育学院学报. －2002,(2)

两岸民商事法律冲突的性质和解决/吴国平//福建政法管理干部学院学报. －2002,(2)

大陆、台湾刑法中保安处分制度比较研究/唐丹//甘肃政法学院学报. －2002,(2)

海峡两岸消费税法比较刍议/郑捷琴//厦门科技. －2002,(2)

台湾、香港律师惩戒制度比较研究/姚秀兰//深圳大学学报(人文社会科学版). －2002,(2)

两岸公司法中股份有限公司资本制度比较/林雅娜//现代台湾研究. －2002,(2)

两岸四地继承法若干问题比较研究/李海涛//黑龙江省政法管理干部学院学报. －2002,(3)

WTO架构下两岸经贸关系立法之展望/陈向聪//黑龙江省政法管理干部学院学报. －2002,(3)

两岸刑法学交流的硕果——评赵秉志主编的海峡两岸刑法问题比较研究成果/陈明华//政法论坛. －2002,(3)

从台湾加入世界贸易组织的法律根据看台湾的法律地位/邱程辉//中山大学学报论丛. －2002,(3)

海峡两岸律师制度比较研究/沈红卫//贵州警官职业学院学报. －2002,(3)

WTO与两岸经贸立法调整/彭莉//台湾研究集刊. －2002,(4)

大陆与台湾公司法监事会制度之比较/官本仁//现代台湾研究. －2002,(4)

大陆与台湾刑法中保安处分制度比较研究/唐丹//西南民族学院学报(哲学社会科学版). －2002,(4)

加入WTO对两岸经贸立法的影响/彭莉//台湾研究集刊. －2002,(4)

商业秘密缔约责任一般理论——我国大陆和台湾商业秘密缔约责任比较/陶清德//甘肃社会科学. －2002,(4)

我国大陆和台湾地区专利法若干问题比较研究——兼论海峡两岸专利法的最新修改和国际化及其完善/胡良荣//延安大学学报(社会科学版). －2002,(4)

2002年台湾地区两岸关系条例及其细则之修正/耿勇//河南省政法管理干部学院学报. －2002,(5)

海峡两岸民事判决的相互承认与执行：困境与出路/陈力//法治论丛. －2002,(5)

海峡两岸著作权制度比较/杨德明//现代台湾研究. －2002,(5)

中国大陆、香港、澳门、台湾行政审判制度的比较/刘晓善//辽宁财专学报. －2002,(5)

论“入世”后海峡两岸的经贸争端及其法律调整/蔡善强//政治与法律. －2002,(5)

中国大陆与台湾地区婚姻法律冲突及解决/金佩辰//新疆社会科学. －2002,(6)

我国大陆与台湾地区著作权法若干问题比较研究——兼论大陆著作权法的修改与海峡两岸著作权法的国际化及其完善/胡良荣//学海. －2002,(6)

海峡两岸注册会计师法律责任研究/孟平//会计研究. －2002,(8)

国际法视野中的台湾问题/卢继元//中共福建省委党校学报. －2002,(9)

海峡两岸产品责任法律制度之比较研究/吴宏//当代法学. －2002,(10)

从“两岸关系条例”的修正看两岸“三通”/陈蘋//两岸关系. －2002,(12)

略谈海峡两岸刑事司法协助/应添富//广西政法管理干部学院学报.－2003,(1)

两岸四地开展所得税税务合作的法律思考/朱炎生//涉外税务.－2003,(1)

也谈主权问题及在台湾问题上的应用——兼与黄嘉树、王英津商榷/陈动//台湾研究集刊.－2003,(1)

论祖国大陆公司法的完善——兼论祖国台湾公司法的借鉴意义/李雄舟//鄂州大学学报.－2003,(1)

两岸权利质权之比较/陈楚//山东公安专科学校学报.－2003,(1)

海峡两岸民商事区际司法协助制度之构建/肖建华//北京科技大学学报(社会科学版).－2003,(1)

论两岸经贸关系中的信用证问题/龚春生//河北经贸大学学报.－2003,(1)

海峡两岸夫妻财产制法律冲突及其解决/于飞//台湾研究集刊.－2003,(2)

从国际法角度论"台湾是中国领土不可分割的一部分"/郝梦飞//解放军外国语学院学报.－2003,(2)

海峡两岸《会计法》、《商业会计法》比较研究/吕博//北京工商大学学报(社会科学版).－2003,(2)

大陆与台湾审计制度的比较研究/周恺//审计研究.－2003,(2)

海峡两岸行政组织法研究比较/刘泽军//北方工业大学学报.－2003,(2)

论海峡两岸"新著作权法"对合理使用的规范——兼及现代合理使用制度的法理思考和探索/胡良荣//江苏大学学报(社会科学版).－2003,(2)

两岸消费者保护立法比较研究/刘春有//福建金融管理干部学院学报.－2003,(2)

海峡两岸银行法律制度比较研究/李丽娜//金融教学与研究.－2003,(2)

海峡两岸侦查程序中若干问题的比较/白俊华//中国人民公安大学学报.－2003,(3)

大陆和台湾消费者保护法之比较研究/王浩云//甘肃政法成人教育学院学报.－2003,(3)

海峡两岸著作权刑法保护的比较研究/周国强//江苏大学学报(社会科学版).－2003,(3)

从"两岸关系条例"修订看台湾当局阻挠"三通"的实质/陈萍//世界经济与政治论坛.－2003,(3)

海峡两岸重婚法律问题比较/黄丽娥//佳木斯大学社会科学学报.－2003,(3)

海峡两岸民事法律适用问题研究/许俊强//大连海事大学学报(社会科学版).－2003,(3)

海峡两岸票据抗辩限制原则除外制度研究/邱国侠//华东经济管理.－2003,(3)

海峡两岸个人所得税法的比较研究/柳建闽//福建农林大学学报(哲学社会科学版).－2003,(4)

海峡两岸海上货物运输合同立法之比较——兼论《中华人民共和国海商法》第4章的修改/陈小云//世界海运.－2003,(4)

海峡两岸新近修正之专利法比较研究/陈小云//大连海事大学学报(社会科学版).－2003,(4)

我国台湾地区民法承揽人抵押权之修改——兼评祖国大陆《合同法》第286条和有关司法解释/胡通碧//现代法学.－2003,(5)

加入WTO对福建涉台立法的影响与应对/杨德明//现代台湾研究.－2003,(6)

从国际法的承认理论与实践论台湾是中国的一部分/范宏云//江汉论坛.－2003,

(6)

多向度的现代汉语文明法律智慧——台湾的法学研究对于祖国大陆同行的影响/许章润//比较法研究. －2003,(6)

中国大陆与中国台湾地区伪证罪主体比较研究/陈正沓//当代法学. －2003,(6)

论大陆商标法的第二次修改及海峡两岸商标法的国际接轨/胡良荣//唯实. －2003,(6)

海峡两岸法定继承制度比较研究/翟桂范//学术交流. －2003,(6)

海峡两岸刑罚执行犹豫制度比较研究/魏昕//邵阳学院学报. －2003,(6)

我国大陆与台湾商业秘密缔约责任微义比较/辛万鹏//西北师大学报(社会科学版). －2003,(6)

从法律层面看入世对两岸关系的影响/黄辉//福建教育学院学报. －2003,(7)

对祖国大陆法院认可台湾地区法院民事裁判实务中若干问题的探讨/周道鸾//人民司法. －2003,(8)

海峡两岸专利侵权补救的比较研究/胡良荣//当代法学. －2003,(8)

海峡两岸银行业交流与合作的现状分析与展望/元惠萍//国际贸易问题. －2003,(10)

海峡两岸医疗责任保险合同的比较研究/陈玉玲//中国医院管理. －2004,(1)

海峡两岸仲裁立法的比较研究/王利明//法学评论. －2004,(1)

海峡两岸夫妻财产关系的法律比较/王洁//滁州职业技术学院学报. －2004,(1)

解读台湾当局新通过的"两岸人民关系条例"/杨茜//统一论坛. －2004,(1)

海峡两岸过失伤害罪之比较/陈庆//山西省政法管理干部学院学报. －2004,(1)

浅淡海商法修改与两岸区际法律冲突的解决途径/张敏//漳州师范学院学报(哲学社会科学版). －2004,(2)

试探解决海峡两岸婚姻法律冲突的有效途径/黄丽娥//东莞理工学院学报. －2004,(2)

海峡两岸仲裁裁决制度比较研究/黄良友//仲裁研究. －2004,(2)

海峡两岸民事管辖权冲突研究/段厚省//金陵法律评论. －2004,(2)

一国两制架构下海峡两岸区际私法构想——兼评台湾"两岸人民关系条例"/裴普//重庆大学学报(社会科学版). －2004,(2)

大陆与台湾内部审计制度的比较研究/周恺//审计研究. －2004,(2)

浅谈《保险法》的修改——兼论中国与台湾地区《保险法》/孟波//遵义师范学院学报. －2004,(3)

大陆台湾夫妻财产制度比较及述评/周庆峰//甘肃行政学院学报. －2004,(3)

海峡两岸继承法比较研究/郭明瑞//当代法学. －2004,(3)

海峡两岸司法协助模式新探/曾涛//湖南科技大学学报(社会科学版). －2004,(3)

浅析两岸三地物权法体系的相互冲突与协调/陈玉玲//福建政法管理干部学院学报. －2004,(3)

两岸民法土地相邻关系之比较/黄文煌//现代台湾研究. －2004,(4)

我国海峡两岸三地人体损伤程度鉴定之比较/何颂跃//中国司法鉴定. －2004,(4)

两岸物权法律制度比较与物权法律适用问题探讨/杨德明//现代台湾研究. －2004,(4)

有关台湾"大陆货品特殊防御机制"的法律思考/袁泉//国际经贸探索. －2004,

(4)

海峡两岸商业秘密法律保护比较研究——兼论我国大陆与台湾商业秘密立法的国际化及其完善/胡良荣//江苏大学学报(社会科学版).-2004,(5)

海峡两岸商标法律制度比较/詹云燕、官本仁//现代台湾研究.-2004,(5)

台湾问题的国际法辨析/郑昱//中山大学学报论丛.-2004,(6)

两岸刑事附带民事诉讼制度若干问题之比较/奚玮//现代台湾研究.-2004,(6)

关于海峡两岸民事司法协助若干问题的思考/许佩琴//华东政法学院学报.-2004,(6)

土地相邻关系比较——以台湾民法与大陆民法为个案/杨杰//甘肃农业.-2004,(7)

中国大陆与台湾地区刑事再审程序之比较研究/赵红星//河北法学.-2004,(11)

海峡两岸反不正当竞争法制度比较/张东生//商业经济.-2004,(12)

海峡两岸劳动用工法律制度的主要差异(上)/杨燕//两岸关系.-2005,(1)

两岸交往过程中的金融法律问题研究/郑定//台湾研究集刊.-2005,(1)

海峡两岸缺席判决制度比较研究/旷凌云//台湾法研究.-2005,(1)

海峡两岸医疗行为之法律界定的比较研究/卢顺珍//台湾法研究.-2005,(1)

两岸船舶适航制度之比较/黄丽红//台湾法研究.-2005,(1)

海峡两岸地籍制度比较研究/邱格磊//台湾法研究.-2005,(1)

海峡两岸信托受益权之比较/黄木生//台湾法研究.-2005,(1)

海峡两岸公司设立制度之比较/刘凯开//台湾法研究.-2005,(1)

《反分裂国家法》的制定与两岸现状的界定/花俊雄//统一论坛.-2005,(1)

海峡两岸夫妻财产制立法理念相同点探究/邓芳//求实.-2005,(1)

论台湾的法律地位——兼析《反分裂国家法》的特点和意义/梁文莉//广东广播电视大学学报.-2005,(2)

《反分裂国家法》及其解读/缪鹏年//现代台湾研究.-2005,(2)

试论海峡两岸区际私法的问题及改善对策/郭恒、李泉//甘肃政法成人教育学院学报.-2005,(2)

海峡两岸计算机犯罪比较研究/高晓//台湾法研究.-2005,(2)

两岸关于非法剥夺人身自由型犯罪之比较/丁世界、庄乾龙//现代台湾研究.-2005,(2)

海峡两岸民商事区际司法协助若干法律问题探讨/李燕芳//台湾法研究.-2005,(2)

浅析两岸收养制度/林娟//台湾法研究.-2005,(2)

试论机动车第三者责任强制保险制度之构建——海峡两岸保险法相关内容之比较借鉴/刘诚//台湾法研究.-2005,(2)

海峡两岸行政听证程序比较研究/关保英//台湾法研究.-2005,(2)

陈水扁执政后台湾当局对两岸经贸立法的调整/彭莉//世界经济与政治论坛.-2005,(2)

海峡两岸反倾销立法比较研究/罗许生、徐长斌//阿坝师范高等专科学校学报.-2005,(2)

一国四法域背景下两岸海商法统一探析/胡铭//台湾法研究.-2005,(2)

海峡两岸合会犯罪形态及刑事责任比较研究/陈荣文//现代台湾研究.-2005,

(2)

实施《反分裂国家法》与两岸关系展望/杨立宪//统一论坛. -2005,(2)

依法遏制“台独”胜似百万雄师——谈《反分裂国家法》对促进海峡两岸和平统一的关键作用/车英麟//统一论坛. -2005,(2)

两岸授权民间团体的协议行为研究/王建源//台湾研究集刊. -2005,(2)

浅析台湾的国际法地位/王洪//重庆三峡学院学报. -2005,(2)

海峡两岸司法解释之比较/吴萍//甘肃政法学院学报. -2005,(2)

海峡两岸未成年人犯罪刑事责任之比较/李金玉//台湾法研究. -2005,(3)

大陆与台湾地区关于警察盘查制度的比较/高洁如//台湾法研究. -2005,(3)

我国大陆与台湾地区一般累犯成立条件之比较/陈伟//台湾法研究. -2005,(3)

台湾地区与大陆地区法定夫妻财产制比较研究/袁琳君//石河子大学学报(哲学社会科学版). -2005,(3)

两岸区际司法协助的模式构想及其制度探讨/陈曦//福建政法管理干部学院学报. -2005,(3)

惩罚性赔偿性质分析及完善——对两岸《消保法》惩罚性赔偿责任性质的比较分析/李蕊智//台湾法研究. -2005,(3)

海峡两岸集体合同制度比较/沈静//台湾法研究. -2005,(3)

中国大陆与台湾地区之间法院民商事判决的承认与执行/黄韬//团结. -2005,(3)

法理结构的改变与台湾当局的两岸经贸立法/彭莉//厦门大学学报(哲学社会科学版). -2005,(3)

海峡两岸冲突法反致制度立法初探——兼谈反致与两岸民商事法律冲突的解决/于飞//现代法学. -2005,(3)

海峡两岸刑事附带民事诉讼制度比较研究——兼论大陆附带民事诉讼制度之完善/胡建军//安徽警官职业学院学报. -2005,(3)

海峡两岸商标权刑法保护的比较研究/黄磊//温州大学学报. -2005,(3)

海上保险中的物上代位制度——兼比较两岸海商法中的委付制度/柳威//特区经济. -2005,(3)

一部顺民意、保和平、促发展的法律——对《反分裂国家法》的几点认识/单声//统一论坛. -2005,(3)

论海峡两岸知识产权的保护/杨德明//现代台湾研究. -2005,(3)

海峡两岸公司设立制度之比较研究/陈红霞//成都行政学院学报. -2005,(3)

对台政策法律化:《反分裂国家法》浅析/张福宝//现代台湾研究. -2005,(3)

依法遏制台独分裂势力维护两岸和平稳定——兼论施行《反分裂国家法》应做好的若干工作/顾华详//福州党校学报. -2005,(4)

海峡两岸劳动保险法律制度的比较研究/肖信平//台湾法研究. -2005,(4)

两岸关于物权法定原则之认定/李凡//台湾法研究. -2005,(4)

析《反分裂国家法》与《与台湾关系法》的根本区别/李铁喜//惠州学院学报. -2005,(4)

试论台湾地区审计法的内容与特征——兼与大陆审计法相比较/杨大春//行政与法. -2005,(4)

《反分裂国家法》与孙中山的国家统一思想/王月高//内蒙古统战理论研究. -2005,(4)

两岸破产财产范围之比较研究/吴文琦//南阳师范学院学报.－2005,(4)

“两岸三地”经贸一体化法律体系构建/王虎华//国际市场.－2005,(4)

一部符合中华民族利益的法律/高翔//中国统一战线.－2005,(4)

《反分裂国家法》与台湾社会“国家认同”的塑造/郭艳//北京联合大学学报(人文社会科学版).－2005,(4)

海峡两岸再审程序比较研究/唐静//台湾法研究.－2005,(4)

论海峡两岸民商事法律冲突的特殊性/于飞//法律科学－西北政法学院学报.－2005,(4)

两岸房地产担保制度比较研究/吴传凯、张剑芸//现代台湾研究.－2005,(4)

两岸检察制度的比较与评价/吴乐佳//现代台湾研究.－2005,(4)

台湾、香港地区判例制度比较研究——兼论中国大陆引进判例制度的可行性/张鹏//政法学刊.－2005,(4)

秩序与立法:台湾当局大陆经贸立法分析/彭莉//台湾研究集刊.－2005,(4)

《反分裂国家法》的几个理论问题/张国强//安阳工学院学报.－2005,(5)

中国大陆与港澳台地区不动产登记制度之比较/张彪、李运强//湖南税务高等专科学校学报.－2005,(5)

论违约责任与侵权责任竞合的内涵——从与台湾法比较的角度解释《合同法》第122条/李小华//南昌大学学报(人文社会科学版).－2005,(5)

论台湾审计法的本质特征——兼评大陆审计法有关政府审计机关超然独立规定的完善/刘威、周恺//财贸研究.－2005,(5)

论离婚后子女直接抚养人的确定标准——海峡两岸立法及司法之比较/潘峰//福建金融管理干部学院学报.－2005,(5)

近年来中国大陆关于国际法中的台湾问题研究综述/徐静玉//岭南学刊.－2005,(5)

海峡两岸抢劫罪客观构成特征比较研究/陶月娥//中国人民公安大学学报.－2005,(5)

从法理的角度解读《反分裂国家法》/赵宝华、韦建//潍坊学院学报.－2005,(5)

台湾不能成为独立国家的国际法理由/苏明忠//神州学人.－2005,(5、6)

关于《反分裂国家法(草案)》的说明——二〇〇五年三月八日在第十届全国人民代表大会第三次会议/王兆国//中国人大.－2005,(6)

法定物权的社会成本——两岸立法政策的比较与建议/苏永钦//中国社会科学.－2005,(6)

海峡两岸遗嘱继承制度之比较研究/王翀//台声.新视角.－2005,(6)

我国台湾地区、德国与我国大陆治安管理处罚若干问题比较——《治安管理处罚法》的成就与可提升空间/余凌云、李金华//山东警察学院学报.－2005,(6)

海峡两岸产品缺陷责任法律制度比较/涂富秀//发展研究.－2005,(6)

海峡两岸公司法定分类之比较/赵勇峰、马瑞娟//黑龙江省政法管理干部学院学报.－2005,(6)

《反分裂国家法》——维护和平统一的一部好法/黎亮//理论与当代.－2005,(6)

论《反分裂国家法》的立法依据与现实意义/颜三忠、洪萍//求索.－2005,(10)

台湾海峡环境侵权区际民事救济初探/张磊//铜仁师范高等专科学校学报.－2006,(1)

海峡两岸合伙法律制度比较/何华//台

湾法研究. －2006,(1)

大陆与台湾地区的民事司法互助模式的新思考/张美榕//台湾法研究. －2006,(1)

从两岸法院调解制度之比较看法院调解与法院附设调解/陶然//台湾法研究. －2006,(1)

海峡两岸刑事附带民事诉讼制度之比较研究——兼论大陆附带民事诉讼制度之完善/胡建军//台湾法研究. －2006,(1)

海峡两岸刑事再审程序若干问题比较研究/杨瑞//台湾法研究. －2006,(1)

海峡两岸民事回避制度比较研究/兰耀军//台湾法研究. －2006,(1)

台湾诉讼和解与大陆法院调解之比较/张宏//中南财经政法大学研究生学报. －2006,(1)

两岸格式条款相关问题研究/林翠秀//台湾法研究. －2006,(2)

台湾诉愿法对构建大陆行政复议制度的启示/张寄//台湾法研究. －2006,(2)

海峡两岸船舶碰撞概念比较研究/田维娜//台湾法研究. －2006,(2)

祖国大陆与台湾地区婚姻法律制度的几点比较/覃晚萍//广西警官高等专科学校学报. －2006,(2)

海峡两岸结果加重犯之比较研究/范连玉//商洛师范专科学校学报. －2006,(2)

两岸民事诉讼简易程序之比较/胡靖//台湾法研究. －2006,(2)

海峡两岸试点直航后的海事法律冲突问题探析/雷才丽//中国水运(学术版). －2006,(2)

论海峡两岸知识产权法律冲突和法律适用问题/杨德明//台湾法研究. －2006,(2)

理论进步与实践发展的契合——海峡两岸夫妻财产制的立法理念相同点分析/段荣芳//台湾法研究. －2006,(2)

海峡两岸劳动合同立法比较研究/周子洪//当代经理人. －2006,(3)

关于操纵证券市场罪的比较研究——以日本与中国台湾地区为比较对象/陈建旭//北方论丛. －2006,(3)

台湾、澳门反洗钱犯罪的法理结构比较/董士昙//福建公安高等专科学校学报－社会公共安全研究. －2006,(3)

海峡两岸20年行政控权立法比较/关保英//河南司法警官职业学院学报. －2006,(3)

海峡两岸农产品贸易零关税机制的法律探讨/张蹇//广播电视大学学报(哲学社会科学版). －2006,(3)

两岸民事执行救济制度比较研究/唐静//台湾法研究. －2006,(3)

我国大陆与台湾地区一般累犯法律后果之比较及反思/陈伟//台湾法研究. －2006,(3)

论罪刑法定主义的立法实现——新修订之台湾刑法与大陆刑法之比较/张波//台湾法研究. －2006,(3)

海峡两岸行政诉讼若干问题比较研究/王榕//台湾法研究. －2006,(3)

海峡两岸仲裁制度比较/吴玲琍//甘肃政法学院学报. －2006,(3)

论海峡两岸司法文书及司法外文书送达/甘华玖//台湾法研究. －2006,(3)

海峡两岸冲突法识别制度的理论与实践/于飞//台湾研究集刊. －2006,(3)

海峡两岸婚姻成立要件比较研究/李陈青//台湾法研究. －2006,(3)

论两岸四地经贸争议解决/王传丽//法学杂志. －2006,(3)

两德统一与两岸统一之国际法比较分

析/范宏云//湖北行政学院学报.－2006,(3)

两岸婚约制度比较研究/林翠秀//台湾法研究.－2006,(4)

论两岸冲突法对侵权案中"弱者"的保护/屈广清//大连海事大学学报(社会科学版).－2006,(4)

两岸证据保全制度比较研究/奚玮//社会科学战线.－2006,(4)

共谋共同犯罪行为理论在海峡两岸的比较研究/杨俊//吉林公安高等专科学校学报.－2006,(4)

海峡两岸公平竞争法的差异与启示/魏晓楠//黑河学刊.－2006,(4)

海峡两岸冲突法对侵权案中"弱者"的保护初探/屈广清//福建法学.－2006,(4)

论海峡两岸判决离婚之管辖权/甘华玖//台湾法研究.－2006,(4)

海峡两岸婚约制度之比较/杨晓燕//红河学院学报.－2006,(4)

海峡两岸强奸罪犯罪主体之比较/高永明//中国矿业大学学报(社会科学版).－2006,(4)

大陆与台湾地区民商事司法协助现状及对策/陈建智//台湾法研究.－2006,(4)

我国台湾问题的法理探析/邢爱芬//西南政法大学学报.－2006,(4)

两岸三地刑事判决书语言情感度比较/杨海明//江汉大学学报(人文科学版).－2006,(5)

我国大陆与台湾地区搜查要件之分析研究——比较法视野的考量/刘玫//比较法研究.－2006,(5)

行政程序中的协力行为研究——基于两岸理论与实践的比较/黄学贤//苏州大学学报(哲学社会科学版).－2006,(5)

实践依法治国方略:寻求政策与法律的最佳结合点——有感于《反分裂国家法》的制定实施/王帮元//社会科学论坛(学术研究卷).－2006,(6)

两岸三地刑事判决书语言程式度比较研究/杨海明//修辞学习.－2006,(6)

试论我国大陆与台湾地区相互认可和执行仲裁裁决/宋连斌//时代法学.－2006,(6)

海峡两岸民商事案件管辖权的冲突及协调/李智//淮北煤炭师范学院学报(哲学社会科学版).－2006,(6)

两岸关于竞业禁止协议约定的法律探讨/李佳勋//河南师范大学学报(哲学社会科学版).－2006,(6)

强制责任保险与无过失保险可否兼容?——台湾的经验与大陆的教训/刘锐//中央财经大学学报.－2006,(7)

两岸交强险主要条款比较/黄学渊//中国保险.－2006,(8)

两岸刑事附带民事诉讼制度比较研究/孙晓辉//科教文汇.－2006,(8)

海峡两岸投资型保险商品监管及法律背景对比研究/卢百魁//湖北经济学院学报(人文社会科学版).－2006,(11)

海峡两岸累犯制度之比较/龚红卫//法制与社会.－2006,(14)

大陆新公司法对台湾公司法股权转让制度的借鉴/孙光建//法制与社会.－2006,(17)

两岸商事仲裁比较刍议/樊清华//商场现代化.－2006,(33)

五 台湾军事

美国武器销售：中国台湾纠纷/［美］多克·巴尼特，承上译//台湾研究集刊．－1985，(2)

台湾的新型地空导弹系统/杜丽//系统工程与电子技术．－1989，(3)

台湾军事特征初探/王在希//台湾研究集刊．－1990，(2、3)

中法战争前后的台湾海防/陈在正//台湾研究集刊．－1992，(4)

台湾对外武器采购问题初探/刘国奋//台湾研究集刊．－1993，(1)

中美《八·一七公报》与售台武器问题/周忠菲//台湾研究集刊．－1993，(3)

台湾近年军队、军事战略的调整与军品采购/郭建初//台湾研究集刊．－1994，(2)

台湾"军队国家化"问题刍议/李伯顺//现代台湾研究．－1995，(1)

1994年台军扩充军备的特点及趋势/曾涛//现代台湾研究．－1995，(1)

"浮动基地"——台湾海军新战术/苗生//航海．－1995，(2)

从"炮击事件"看台湾军方的"社会失落感"/付摘//国防．－1995，(3)

九十年代台湾扩充军备的特点及其趋势/曾涛//台湾研究集刊．－1995，(3、4)

现阶段国民党军官兵主要思想状况/陈显增//现代台湾研究．－1995，(总11)

台湾"守势防卫"战略及其影响探析/董玉洪//现代台湾研究．－1995，(总11)

台湾"拉斐特"级护卫舰队动向/徐开兴//船舶工业技术经济信息．－1995，(12)

近期台湾当局调整加强军备情况/董水观//现代台湾研究．－1995，(总12)

台湾海军绷紧神经/朱非一//当代海军．－1996，(1)

台湾政治转型对军队官兵思想的影响/杨帆//台湾研究集刊．－1996，(1)

台美之间的租舰交易/苗生//航海．－1996，(1)

台湾将领"台籍"化/朱非一//当代海军．－1996，(2)

台湾海军电子战装备综述/季宏//舰船电子对抗．－1996，(2)

台湾研制武器装备的概况/陈华//台湾研究集刊．－1996，(2)

台湾抗法斗争中的军队问题/杨彦杰//大同职业技术学院学报．－1996，(3)

台湾军方对我海军演习的反应/苗生//航海．－1996，(3)

台湾扩充武器库/阿轩//当代海军．－1996，(3)

台湾三军武备计划揭秘/张苏东//航海．－1996，(4)

近年来台湾当局提升军力概况/杨帆//台湾研究集刊．－1996，(4)

台湾军力简析/农村实用技术与信息．－1996，(5)

台湾海军"反封锁"三招/喻正学//当代海军．－1996，(6)

对台湾军事实力增强的回顾/刘英姿//飞航导弹．－1996，(8)

一九九五年台湾当局扩充军备情况综述/曾涛//现代台湾研究．－1996，(总13)

台湾武器装备科研、生产及采购特点/刘中山、杜文君//台湾研究集刊．－1997，(1)

浅析东盟与台湾军事与安全合作的现状及其趋势/曾涛//东南亚研究.-1997,(2)

台军"守势战略"新举措/梁军//当代海军.-1997,(2)

台湾海军为什么青睐陆军装备/韩庆//航海.-1997,(2)

台湾三军在裁减中扩建/只耕//当代海军.-1997,(3)

试析台海军未来"掌门人"/刻隆//当代海军.-1997,(3)

台军通过战略检讨提高作战能力/姜滨//航海.-1997,(5)

透过硝烟看动向——从台军演习析其作战思想变化/袁斯明//当代海军.-1997,(6)

台湾空军三种新型战斗机技术性能对比/郭道平//航空科学技术.-1997,(6)

清康、雍、乾三朝台湾军队建设述论/季云飞//安徽大学学报(哲学社会科学版).-1997,(6)

台湾在美国等外界势力支持下加紧三军现代化进程/余平//国际航空.-1997,(8)

论台湾的情治系统/张茜红//现代台湾研究.-1997,(总17)

当前台湾军购的一些特点/袁智兵//现代台湾研究.-1997,(总19)

台湾当局继续加速扩充军事力量的进程/曾涛//现代台湾研究.-1997,(总20)

清代台湾防务观演化之探析/季云飞//军事历史研究.-1998,(1)

台湾海军推出持续发展规划/阿轩//当代海军.-1998,(1)

郑成功收复台湾之战的情报工作/边向国//军事历史.-1998,(3)

台湾海军现役舰艇主要特点/袁斯明//航海.-1998,(3)

台湾海军舰艇装备的发展趋向/袁斯明//航海.-1998,(5)

台湾"精实案"整军计划和美国售台武器问题/毕士冠//飞航导弹.-1998,(5)

中国台湾选择改装型M41轻型坦克/廖绍兰//国外坦克.-1998,(7)

中国台湾决定调整部队编制/于德凤//国外坦克.-1998,(7)

台湾军方联勤弊案始末/郭守华//华人时刊.-1998,(14)

台湾军队加速精简暨装备更新举措及影响/希阳、志群//现代台湾研究.-1998,(总21)

近年来台湾军中弊案浅析/陈平辉//现代台湾研究.-1998,(总23)

台湾当局加速全面提升战力情况概述/曾涛//现代台湾研究.-1998,(总23)

台"汉光14号"演习评析/希阳、志群//现代台湾研究.-1998,(总23)

九十年代台湾军队更新武器装备情况分析/董玉洪//现代台湾研究.-1998,(总24)

2010年前后在役的台湾海军作战雷达/朱景明//舰船电子对抗.-1999,(1)

台湾海军舰艇发展50年/袁斯明//当代海军.-1999,(1)

台湾陆军大变革/王敏强//当代海军.-1999,(2)

台湾外购武备有几招/李杰//当代海军.-1999,(3)

论美台军事关系/代兵//台湾研究.-1999,(3)

近年台湾导弹发展概况/贾超为、郭秀清//台湾研究集刊.-1999,(3)

台湾军队轻武器的现状、特点及趋向/袁斯明//轻兵器.-1999,(4)

台湾战时指挥中心:衡山基地揭秘/黄光芹、韩嵩龄//海峡两岸. -1999,(4)

台湾缘何情钟"战区导弹防御系统"/贾超为//当代亚太. -1999,(4)

TMD与亚太安全/周忠菲//上海对台工作. -1999,(4)

简析台湾谋划参与TMD的意图及其影响/启文//国家安全通讯. -1999,(4)

美台军事关系的现状及其对中美关系的挑战/袁智兵//国际论坛. -1999,(4)

台湾加强东部海防建设/阿轩//当代海军. -1999,(5)

重组中的台湾海军陆战队/小林//当代海军. -1999,(5)

跛足的台湾海军/苗生//航海. -1999,(5)

台湾军队现代化透视/布泉一夫//军事历史. -1999,(5)

对台军事斗争对世界战略格局的影响初探/王宜为//世界经济与政治论坛. -1999,(6)

台湾军队反封锁作战——"五步曲"/袁斯明//航海. -1999,(6)

台"毒"CIH:两岸信息战的急先锋/轻飞扬//南风窗. -1999,(7)

台湾军备新动向/史建平//时事报告. -1999,(8)

台湾空军的主要航空武器装备/朱宝流//国际航空. -1999,(10)

台湾各军事基地均在我火力网之内(中国军事专家描述战争爆发后情景)/凌海剑//农村经济与科技. -1999,(10)

日韩和台湾现役和可能采用的主战型反导兵器及其性能概况/孙亚力//中国航天. -1999,(11)

为制造第二个"科索沃"营造环境——美国挑动日、韩及台湾建立战区反导体系/孙亚力//中国航天. -1999,(11)

台湾当局防务政策动向/秦思//海峡两岸. -1999,(12)

美台军事关系现状评议/韦弦//现代台湾研究. -1999,(总27)

台湾武力抗统的态势分析/安宁//厦门特区党校学报. -2000,(1)

台湾反导弹防御系统的发展/刘发来//中国航天. -2000,(1)

谁在挑战规则——台湾军贸市场追踪/朱启超//国防科技参考. -2000,(1)

曝光台海军新武器采研计划/宋元//当代海军. -2000,(1)

1999年台湾军事动态/龚开国//现代台湾研究. -2000,(1)

台湾陆军新战略及作战能力透视/赵兴国//国防科技参考. -2000,(1)

美国对台湾军售情况(1979—1999)/金小川//现代台湾研究. -2000,(1)

"海上决战"难使台湾免遭战火/阿轩//当代海军. -2000,(1)

清代初期两次对台作战的战略指导/任力//军事历史. -2000,(1)

台湾自研空空导弹管窥/张天光//航空兵器. -2000,(2)

螳臂焉能挡车——台湾军事实力透析/一舟//厦门科技. -2000,(2)

美国M41坦克在中国台湾改进升级/徐培忠//国外坦克. -2000,(2)

惨淡经营的台湾"水下力量"/李杰//当代海军. -2000,(2)

扑朔迷离的台湾潜艇发展/李杰//中国船检. -2000,(2)

台军"汉光"系列演习的主要特点/龚开国//现代台湾研究. -2000,(2)

论台军战时扩军及作战特点/张昌茂//现代台湾研究. -2000,(2)

台湾《国防报告书》出笼/国防科技参考. -2000,(2)

“决战境外”评析/王卫星//台湾研究. -2000,(3)

“军售佣金案”再暴台湾军购黑幕/戎文//两岸关系. -2000,(3)

警惕美日台军事关系的发展/林治远//国防. -2000,(3)

国共两军台湾海峡海战实录/苗生//海峡两岸. -2000,(3)

台湾问题的地缘战略分析/王春永//解放军外国语学院学报. -2000,(3)

台湾海军的导弹护卫舰/马骏杰//航海. -2000,(3)

台湾防空力量及发展动向/张天光//航空兵器. -2000,(3)

台湾精心构筑防空预警网/周义//当代海军. -2000,(3)

“洋武器”难为“台独”撑局面/曾广隆//当代海军. -2000,(4)

我国周边国家及台湾防空雷达装备情况/张纯学//飞航导弹. -2000,(4)

台湾海军官校的通才教育/赵建新//海军院校教育. -2000,(4)

台湾信息战研究现状/张小平//军事历史. -2000,(4)

台军体制大调整/阿轩//当代海军. -2000,(4)

台湾军力大透视/太空探索. -2000,(4)

美国向台湾提供了多少武器?/太空探索. -2000,(4)

未来美台军事关系走向的预测/金小川//现代台湾研究. -2000,(4)

台湾武器装备新发展/瞿宝林//太空探索. -2000,(5)

台湾试图发展核武器的历史考察/王卫星//军事历史. -2000,(5)

台湾海军组建快速反应部队/机电设备. -2000,(5)

“决战境外”行得通吗?/花爱春//当代海军. -2000,(5)

TMD能成为台独分子的“金钟罩”吗?/戴建军//太空探索. -2000,(5)

聚焦台湾轻武器/远林//轻兵器. -2000,(5、6)

踏破“台独”冰冻之地——海峡两岸军事形势面面观/黄炎//四川统一战线. -2000,(6)

台湾近年来的武器采购状况分析/张纯学//飞航导弹. -2000,(6)

台主战舰艇“成功”级武备介绍/牛强//当代海军. -2000,(6)

最新台湾导弹防御特别预算/官小雄//太空探索. -2000,(7)

台湾军方反“独”公开化/老年人. -2000,(7)

装备、士气:台湾军队靠哪条?/辛文//两岸关系. -2000,(7)

台湾研制RT2000多管火箭发射系统/时兆峰//飞航导弹. -2000,(7)

美国“铺路爪”雷达将落户台湾/陈富生//太空探索. -2000,(7)

台湾的导弹装备概况/中国航天. -2000,(7)

台湾的电子战装备及性能介绍/张纯学//飞航导弹. -2000,(8)

台湾军事情报工作扫描/曾威//国家安全通讯. -2000,(8)

美、俄、印及台湾地区武装力量简介/中国经济周刊. -2000,(8)

台湾海军实力评析/李杰//太空探索. -2000,(8)

台湾空军战力评析/李杰//太空探索.

-2000,(9)

台湾的后备役部队/毕黎明//中国民兵.-2000,(9)

走进台军地下堡垒——台军打算把衡山地堡建成台湾版的《五角大楼》/徐宏//西南民兵杂志.-2000,(11)

台湾的三道防线/周煦明//党政论坛.-2000,(12)

台湾正在消失的军事优势/[美]戴维·沙姆堡//国际展望.-2000,(14)

歼-7MG与IDF台海大对决/魏浩//国际展望.-2000,(14)

俄罗斯SS-N-22VS台湾雄风Ⅲ导弹/七海游龙//国际展望.-2000,(18)

俄罗斯记者眼中的台湾军队/石维高//国际展望.-2000,(22)

国民党将军反独促统合民心/寒丁//当代海军.-2001,(1)

美国和台湾地区装备费分析及思考/刘汉荣//指挥技术学院学报.-2001,(1)

台湾海军大做"精实"梦/南北//当代海军.-2001,(1)

美台军事关系的发展及对其遏制的对策思路/金小川//现代台湾研究.-2001,(1)

一根救不了"台独"性命的稻草——台湾导弹装备综述/兴洪//中国民兵.-2001,(1)

台海军"近海立体化整建"管窥/王宏亮//环球军事.-2001,(1)

2000年台湾军事动态/龚开国//现代台湾研究.-2001,(1)

台湾武器采购的"操盘手"/寒丁//当代海军.-2001,(1)

台湾经济动员的军事因素/张卫华//现代台湾研究.-2001,(1)

美国为台湾编织的新网——美售台"联合战术信息分发系统"评析/李文盛//环球军事.-2001,(1)

台军强力编织防空网/周义//当代海军.-2001,(2)

看看台军的"五大防线"/赵利//两岸关系.-2001,(2)

台湾海军驱护舰侦察探测能力分析及对策/张志刚//舰船电子工程.-2001,(2)

清代前期关于福建台湾海防地理形势的认识/王宏斌//史学月刊.-2001,(2)

台湾军事工业及自动化指挥控制系统的发展动向/周晓群//舰船电子对抗.-2001,(2)

刘铭传与台湾防务/陈婷//军事历史研究.-2001,(2)

台湾军队的武器装备状况/张纯学//飞航导弹.-2001,(2)

台湾军事战略思想透析/易冰//军事历史.-2001,(2)

美国对台军售及其践踏国际法行径/刘佳雁//台湾研究.-2001,(2)

美国对台军售回顾/段林萍//统一论坛.-2001,(2)

美国去年20亿美元对台军售是什么"货色"?/丁鲁//环球军事.-2001,(3)

"三大防线"也防不住/王进举//当代海军.-2001,(3)

"台湾军事历史与祖国统一"研讨会综述/郜耿豪//军事历史研究.-2001,(3)

论台湾的地缘战略地位/朱听昌//世界经济与政治论坛.-2001,(3)

台军澎湖演习曝光/叶晏//环球军事.-2001,(3)

回首2000:台湾C-3I系统和电子战装备进展/李体然//现代军事.-2001,(3)

美国最新售台武器全记录/国际展望.-2001,(3)

简析台湾当局疯狂军备的种种行径/王云//江苏省社会主义学院学报.－2001,(3)

台湾海军舰艇装备概况/王永寿//飞航导弹.－2001,(3)

台湾卫星发展计划/吉马//信息空间.－2001,(3)

台湾军力大透析/方敏//国防科技.－2001,(3)

台在提升电子战能力/周义//当代海军.－2001,(4)

台湾地缘战略地位的形成与变迁/李振广//国际政治研究.－2001,(4)

台湾海军装备发展新动向/王华//现代军事.－2001,(4)

台湾防空系统雷达的发展现状及性能分析/刘春生//航天电子对抗.－2001,(4)

从新版《国防报告书》看台湾军事战略的调整/刘艳//世界经济与政治论坛.－2001,(4)

败军之将岂可言勇——读者评美国兰德公司台湾海峡军事形势报告/伊东//国际展望.－2001,(4)

陈水扁是怎样掌控军权的/龚开国//现代台湾研究.－2001,(4)

台湾地区空战武器真实作战能力/青华//航空史研究.－2001,(4)

台湾想打“瘫痪战”/郭正野//百姓.－2001,(5)

“挟洋拒统”能否确保台海安全?/曾涛//统一论坛.－2001,(5)

台湾军事防线透视/国平//东南亚纵横.－2001,(5)

台湾启动新军购计划/寒丁//当代海军.－2001,(5)

台军注重反水雷作战/宋元//当代海军.－2001,(5)

台湾海军实力透视/迎南//环球军事.－2001,(5)

宙斯盾:卖,还是不卖之一——从购武看分裂野心和台购宙斯盾舰前景/陈培//两岸关系.－2001,(5)

台湾大规模“试导”意欲何为/真显柯//国家安全通讯.－2001,(5)

中法战争对台湾防务的影响/张炜玮//军事历史.－2001,(5)

海峡空战:拿什么对抗祖国大陆?——台湾地区空军空空导弹大盘点/朱洪峰//国际展望.－2001,(5)

台湾航空与防空武器装备发展透视/丁步东//现代军事.－2001,(6)

台湾当局大量采购军火将给台湾人民带来什么?/程浒//两岸关系.－2001,(6)

“国军”正被引向“台独”险境/龚开国//两岸关系.－2001,(6)

疯狂发展军备意欲何为/朱成虎//两岸关系.－2001,(6)

台湾购买美战术区域通信系统/陈富生//太空探索.－2001,(6)

台湾战争动员机制的历史考察/易冰//军事历史.－2001,(6)

闽台地区作战史的特点及启示/沈耀钦//军事历史.－2001,(6)

军队“本土化”的发展及对统“独”问题的影响/杨运忠//统一论坛.－2001,(6)

民进党执政以来美台军事关系的提升及影响/黄恺//现代台湾研究.－2001,(6)

台湾潜艇部队难成器/吴健//当代海军.－2001,(6)

台湾当局军事战略演变之评析/潘望喜//西安政治学院学报.－2001,(6)

台湾军事战略思想的变化/东平//国际展望.－2001,(7)

台拟启动新的武器研发计划/侯国兴//环球军事.－2001,(7)

台湾军力：战时到底能撑多久？/王亚伟//国际展望. －2001,(7)

全面解析台湾海军战斗力/迎南//当代海军. －2001,(7)

台湾空中防御体系揭秘——天网·强网·导弹网/文久//两岸关系. －2001,(7)

台湾防空的最后一颗子弹——台军自制捷羚式自行防空导弹系统剖析/洪哲政//国际展望. －2001,(7)

中国台湾防空导弹武器装备发展综述/曹泽阳//飞航导弹. －2001,(8)

"以武拒统"等于自取灭亡/迟延年//当代海军. －2001,(8)

透视美国对台军售/严峻//台声. －2001,(8)

日本人眼中的台湾海军/殷宪群//当代海军. －2001,(8)

战争阴影笼罩台湾海峡/林治远//领导文萃. －2001,(8)

中国台湾反舰导弹评析/田武//中国航天. －2001,(9)

显微镜下的台军防空神经/孙立华//国际展望. －2001,(9)

台军"汉光－17号"演习深度报道/国际展望. －2001,(9)

台湾间谍机关概览/李刚//环球军事. －2001,(9)

台军心战部队大扫描/夏平//当代海军. －2001,(9)

劣迹昭著——美对台军售50年/王卫星//环球军事. －2001,(10)

探探台湾军事工业的家底/李莉//国防科技工业. －2001,(10)

活动猖獗的台湾间谍/洪冰//两岸关系. －2001,(10)

解析台军海运能力/迟延年//当代海军. －2001,(10)

台海军要提升立体战力/曾威//当代海军. －2001,(10)

台军缘何购买"基德"级驱逐舰/胡博//国际展望. －2001,(11)

台军C－4ISR－EW系统的八个弱点/王进举//当代海军. －2001,(11)

台湾如何搜集大陆情报/党政论坛. －2001,(11)

台湾警用装备采购黑幕/杨剑//华人时刊. －2001,(11)

揭开台湾"特种部队"的面纱/李宣良//两岸关系. －2001,(11)

与核研究并进，开发中程弹道导弹——台湾当局绝密"宏全计划"曝光/鲁本源//国际展望. －2001,(13)

台湾：试射导弹是幻想以武拒统/方方//中国经济周刊. －2001,(14)

"洋武器"阻挡不了祖国统一的历史潮流/牛俊峰//环球军事. －2001,(15)

"小三通"后的台军金马战备/陈位昊//国际展望. －2001,(15)

台湾当局军队演习扫描/王卫星//环球军事. －2001,(16)

陈水扁上台一年来的台湾军队动向/王卫星//瞭望. －2001,(21)

透视台湾提高战争潜力的主要举措/王佳锁//国际展望. －2001,(22)

中国传统兵学与郑成功东征台湾之役/张云//军事历史研究. －2002,(1)

审视"前沿阵地"：一年后的金门、马祖战备/顾斌//海峡两岸. －2002,(1)

2001年台湾军事动态/龚开国//现代台湾研究. －2002,(1)

从首届"美台防卫高峰会"看美台军事关系的提升/黄忱//现代台湾研究. －2002,(2)

剖析台湾的"特种部队"/桑田//中国青

年科技.－2002,(2)

斥巨资买重型坦克,求美国造常规潜艇:且看今日台军/浩天//海峡两岸.－2002,(2)

台湾间谍行动内幕/邱华//国家安全通讯.－2002,(3)

台湾出现情报乱局的原因及影响/申华//现代台湾研究.－2002,(3)

中国台湾海军舰载导弹情况及对策/杨祖快//飞航导弹.－2002,(3)

台湾反导能力到底有多强?/连鲁军//环球军事.－2002,(3)

TMD与台湾问题/吴献斌//当代亚太.－2002,(4)

台湾军事战略的演变与现行军事战略分析/赵宗九//军事历史研究.－2002,(4)

论台湾的地缘战略价值/张国献//华北水利水电学院学报(社科版).－2002,(4)

危机与抉择——试析第一次"台湾海峡危机"/陈睦富//广西梧州师范高等专科学校学报.－2002,(4)

民进党上台执政两年的台湾军事情势走向/曾威//现代台湾研究.－2002,(4)

台湾近期"国防"政策走向/龚开国//现代台湾研究.－2002,(5)

台湾洋战机能成多大气候?/金海//环球军事.－2002,(5)

台军加强信息战能力的措施及影响/董玉洪//现代台湾研究.－2002,(5)

台湾军事战略与导弹的现状/陈文光//导弹与航天运载技术.－2002,(6)

台湾海军的奖励制度/夏平//政工学刊.－2002,(7)

美国武装台湾内幕/蔡伟//领导文萃.－2002,(7)

台海2005:两岸未来远攻武器/兴华//国际展望.－2002,(9)

台湾海峡:日渐倾斜的军事天平/远兵//国际展望.－2002,(9)

我看两岸武器装备竞争——台海两岸"阻独"对"谋独"斗争的一个方面/时殷弘//两岸关系.－2002,(9)

攻不易,守亦难台湾的军事地理环境/毕维恩//环球军事.－2002,(11)

台湾海峡第一条电缆与"闽台联防"思想的形成/曲光华//理论月刊.－2002,(11)

美国售台潜艇的另手打算/张鹏//海峡两岸.－2002,(11)

揭开中情局在台湾的面纱——台海上空的谍影/阿韫//国际展望.－2002,(12)

陈水扁重组台湾情治机构/何文//国家安全通讯.－2002,(12)

透视台湾的军事科研能力/王伟//环球军事.－2002,(12)

看破台湾本岛防御的中坚力量——台湾海军陆战旅/苗鹤青//国际展望.－2002,(13)

点评台湾2002年版《国防报告书》/权月明//环球军事.－2002,(16)

冷战后美台军事关系的发展及影响/陈超//现代台湾研究.－2003,(1)

2002年台湾军事动态/龚开国//现代台湾研究.－2003,(1)

2002:透视台湾军队/王卫星//两岸关系.－2003,(2)

从"国防报告书"的制海战略看台湾海军的实力与发展走向/曾威//舰载武器.－2003,(3)

第二次台湾海峡危机与中美关系/赵学功//当代中国史研究.－2003,(3)

台湾自研雷达产品的现状与发展/喻腊梅//火控雷达技术.－2003,(3)

透析伊战后美台军事关系/焦萍//现代台湾研究.－2003,(3)

陈水扁上台后台湾军队的重大变化/瞿定国、刘群//现代台湾研究. -2003,(3)

全面解析台湾50年来的军事战略——看破台湾军事战略/戴旭//国际展望. -2003,(4)

台湾地区军事科技工业能力调整/吴镝//舰船科学技术. -2003,(4)

“狮龙豹虎”难成水下气候——台湾潜艇部队现状发展内幕/潘长鹏//当代海军. -2003,(4)

台湾军队：四大动作走向“台独”/王卫星//环球军事. -2003,(4)

台湾秘密发展导弹防御系统/施春//国家安全通讯. -2003,(6)

2003年台湾军队六大最新动向/关朝江//舰载武器. -2003,(6)

现阶段美台军事关系的框架与特点/李洪波//现代台湾研究. -2003,(6)

台湾空中力量的战略调整/李世煌//国际航空. -2003,(7)

台湾军队发生质的变化/王卫星//两岸关系. -2003,(7)

台湾海军陆战队揭秘/余黄伟//当代海军. -2003,(7)

台湾军演外强中干/朱显龙//两岸关系. -2003,(8)

台湾拿什么决战“境外”——台湾决战“境外”战略装备盘点/王逸峰//舰载武器. -2003,(8)

拉法叶咒语——军售谜案再扰台湾/长空//南风窗. -2003,(8)

台湾反舰作战能力分析/陈锌胜//飞航导弹. -2003,(8)

台湾“成功”级导弹护卫舰及其作战能力分析/银河//舰载武器. -2003,(9)

台湾海军的未来发展及我海军对策/知洋//舰载武器. -2003,(10)

台湾海军防空战力有多强？/予阳//环球军事. -2003,(10)

台湾军演凸现六大特点/周国全//环球军事. -2003,(12)

台湾军工产业报告书/张庆//国际展望. -2003,(16)

现实困境与未来调整——台湾南海政策评析/戎振华//舰载武器. -2004,(1)

台湾“双先战略”构想透析/陈惜阳等//现代台湾研究. -2004,(1)

2003年台湾军事动态/龚开国//现代台湾研究. -2004,(1)

台湾海军院校教育概况/葛兵//海军院校教育. -2004,(1)

台湾海军C-3I系统装备现状和发展特点/马元申//火力与指挥控制. -2004,(1)

美对台军售中的台湾因素/戚兴元//安康师专学报. -2004,(1)

冷战后法俄两国与台海两岸的军售关系/刘再起//法国研究. -2004,(1)

台湾海军概况/武乐天//当代海军. -2004,(1)

蒋经国统驭台湾情报特工/毛德传//军事历史. -2004,(2)

清初统一台湾过程中闽海制海权的争夺/曾景春//军事历史. -2004,(2)

2003年台湾军事力量发展扫描/任海平//国防科技. -2004,(2)

美台军事技术合作的特点/李耐国//现代台湾研究. -2004,(3)

台军面临的冲击和困惑/曾涛//现代台湾研究. -2004,(3)

台湾海底防御的条件和能力/刘星华//现代舰船. -2004,(4)

台准备采取恐怖手段应对大陆对台动武/曾涛、余殿情//现代台湾研究. -2004,

(4)

关于晚清台湾军事变革的思考/韩文琦//军事历史研究. －2004,(4)

台湾地缘战略的海权解读/李玉平//现代舰船. －2004,(4)

鹰击长空——两岸空空导弹性能比较/徐刚//舰载武器. －2004,(4)

新中国成立前后中共中央武力解放台湾的战略筹划/秦克丽//军事历史. －2004,(4)

三次台湾海峡军事斗争决策研究/牛军//中国社会科学. －2004,(5)

台加紧推行“进攻性”军事战略/曾涛、余殿情//现代台湾研究. －2004,(5)

台湾军队发生新变化/王卫星//两岸关系. －2004,(6)

冷战后法国对台军售评析/杨胜云//现代台湾研究. －2004,(6)

试析1962年台湾“旭光作战计划”破产之原因/宋孝和//军事历史. －2004,(6)

蒋经国出掌台湾谍报系统之谜/木木//文史博览. －2004,(8)

两岸轻型导弹艇实力评析/银河//舰载武器. －2004,(8)

美国协防台湾战略剖析/王逸峰//舰载武器. －2004,(8)

台湾海军大扫描/陈安刚//现代舰船. －2004,(11)

台湾《兵器战术图解》杂志授权独家使用图文——欧洲轮式装甲车登陆台湾台军测试欧系装甲车内幕/苗鹤青//国际展望. －2004,(14)

台湾《兵器战术图解》杂志授权独家使用图文——台陆军下一代的“两吨半”/苗鹤青//国际展望. －2004,(15)

美国专家关于台湾海峡军力平衡的最新观点——倾斜的杠杆/张艳明//国际展望. －2004,(19)

台湾《兵器战术图解》杂志授权独家使用图文台湾妄图采购苏制装备秘辛台湾试飞苏式战机/苗鹤青//国际展望. －2004,(21)

台湾军方的战略演变/田冰//新闻周刊. －2004,(28)

陈水扁如何改造台湾军队/王卫星//瞭望. －2004,(36)

台海攻略新中国成立前后解放台湾作战计划与准备始末/赵一平//军事历史. －2005,(1)

台湾空军的武器装备/李红民//航空兵器. －2005,(1)

台湾制导武器发展剖析/范金荣//现代防御技术. －2005,(1)

台湾:中国海防安全的战略总枢纽/陈亚锋//陇东学院学报(社会科学版). －2005,(2)

关于台湾问题的战略思考/翟晓敏//太平洋学报. －2005,(2)

台湾新版《“国防”报告书》评析/马爱民//国防. －2005,(2)

美国军事战略调整及其对解决台湾问题的影响/黄友牛//学习月刊. －2005,(2)

“军事台独”发展势头评析/翟定国、刘群//现代台湾研究. －2005,(2)

台湾三军反舰导弹揭秘/周义//飞航导弹. －2005,(2)

陈水扁上台后加强对台军掌控的措施/董斌//皖西学院学报. －2005,(3)

解析2004年度台湾动员类军事演习/宛东生//国防. －2005,(5)

台湾弹道导弹与巡航导弹发展评析/周义//飞航导弹. －2005,(5)

美太平洋舰队干涉中国大陆武力解决台独问题的可能性及中国大陆的对策/张福

财//佳木斯大学社会科学学报. －2005,(5)

台湾海军潜艇发展现状及战力透析/李耕海//当代海军. －2005,(6)

一场军事“台独秀”:评台军“汉光21号”演习/瞿定国//现代台湾研究. －2005,(6)

台湾的军事侦察卫星系统/英兰//当代军事文摘. －2005,(8)

“装甲”还是“装假”——透视台军装甲部队真实战斗力/刘作坤//国际展望. －2005,(9)

从“汉光21”军事演习看近期台湾军事战略的变化/高月//舰载武器. －2005,(9)

台湾海岸巡防署探秘/吕贤臣、阚长青//现代舰船. －2005,(10)

台军购案引发轩然大波/刘争鸣//世纪桥. －2005,(11)

台湾《兵器战术图解》独家授权使用图文——台湾装甲部队的后盾台军履带式战斗支援车辆/苗鹤青//国际展望. －2005,(13)

台湾《兵器战术图解》独家授权使用图文——台美军事关系藕断丝连解读“美国在台协会”(AIT)的军事人员/苗鹤青//国际展望. －2005,(15)

“反斩首”、“反超限战”为演练重点明确提出潜艇攻击、封锁大陆沿海目标——透视台军“汉光21号”演习/苗鹤青//国际展望. －2005,(15)

台湾《兵器战术图解》独家授权使用图文台湾的海上警察——解读“海巡署”特勤部队/苗鹤青//国际展望. －2005,(16)

台军要从太空窥探大陆/官华利//环球军事. －2005,(18)

台湾反导能力透视/张志刚、袁建民//环球军事. －2005,(19)

台湾《兵器战术图解》独家授权使用图文台湾空军新编制浮出水面/苗鹤青//国际展望. －2005,(19)

兰德版和平崛起时代的中国威胁论出笼——中国军事现代化与台海平衡/[美]罗杰·克利夫,张宏飞//国际展望. －2005,(19)

台湾军购案的谜思/陈太曦//南风窗. －2005,(20)

美军准备介入台海?台美两军统一作战符号为求美援,台军不惜放弃军事独立/苏安//国际展望. －2005,(20)

台军“黑狼”计划揭秘/张治宇、李向阳//环球军事. －2005,(21)

台湾《兵器技术图解》独家授权使用图文——全面揭露台湾版SEAL庐山真面——台军两栖侦搜大队/苗鹤青//国际展望. －2005,(21)

岛内媒体披露台军“最精锐”部队最新内幕——“精实案”后的台军陆战队/苗鹤青//国际展望. －2005,(22)

台军恶补远战能力/杨道榀、樊海刚//环球军事. －2005,(22)

台军要跟大陆打网络战/纪铭//环球军事. －2005,(23)

研发无人机:台军未来五年的头等大事/宋伟峰//环球军事. －2005,(24)

陈水扁企图“以武谋独”:对2005年台湾军情的回顾与思考/龚开国//现代台湾研究. －2006,(1)

台湾军队政战工作调整及其影响分析/董玉洪//现代台湾研究. －2006,(1)

台湾军费支出负外部性透视/包敦典//军事经济研究. －2006,(3)

关于“台海应急作战的”若干思索/王伟//舰载武器. －2006,(5)

台湾海区水文环境及其对海上行动的影响/迎南//现代军事. －2006,(7)

寻找“水下杀手”——台湾袖珍潜艇的

过去与未来/叶明//现代舰船. -2006,(8)

从台湾《2006年国家安全报告》看台军未来建设/陈婷//现代军事. -2006,(8)

IDF升级台湾空军“翔升计划”透视/张立德//国际展望. -2006,(9)

台湾海军的水雷战能力/李玉荣//现代军事. -2006,(9)

台湾海军防空作战能力分析/翟妍丽//现代舰船. -2006,(10)

台湾当局军事冒险性增强/陈录庭//环球军事. -2006,(11)

台湾最大造船企业推出“潜舰自造”计划台湾中船公司潜艇建造能力评估/苗鹤青//国际展望. -2006,(13)

台军战斗机飞行员的摇篮——妄想TOPGUN揭秘台湾志航空军战术训练中心/徐兵营//国际展望. -2006,(15)

台海上空的“鱼鹰”台湾海军空中反潜兵力解析/豫夫//国际展望. -2006,(18)

战机、导弹、电子战饱和攻击，48小时压垮台湾？2010:解放军空天联合压制作战美国防务专家预言未来台海战争/[美]马克·A. 斯托克斯//国际展望. -2006,(18)

台军妄测大陆攻台三模式——台湾2006年“国防报告书”评析/李劲松//环球军事. -2006,(19)

关注“弊案时代”的台湾对外军购/赵楚//国际展望. -2006,(21)

六 台湾经济

(一)台湾总体经济

1. 概论

台湾经济向何处去?/李家泉、刘元//台湾研究集刊. -1983,(1)

进入增长低迷时期的台湾经济——1982年的回顾与1983年的展望/金泓汎//台湾与东亚. -1983,(1)

台湾经济的性质/吴能远//台湾研究集刊. -1983,(1)

台湾的“经济奇迹”/[美]萨姆·怀恩，王明侠译//台湾研究集刊. -1984,(1)

台湾经济的大回跃/[美]安德鲁·但，张山克译//台湾研究集刊. -1984,(3)

对公元2000年台湾经济的预测/郑希译//台湾与东亚. -1984,(4)

关于台湾经济形势的一些看法/李家泉//台湾与东亚. -1984,(4)

金门经济建设状况概述/杨华生//台湾研究集刊. -1985,(2)

台湾经济的增长和特点/[日]西村敏夫，雷慧英译//台湾研究集刊. -1985,(4)

台湾经济研究与发展经济学/段承璞//台湾研究集刊. -1986,(2)

进入“成熟期”的台湾经济及其课题/[日]大桥莫夫，汪慕恒译//台湾研究集刊. -1986,(4)

在十字路口的台湾经济/[日]张勇卫，孙诚华译//台湾研究集刊. -1987,(1)

战后台湾经济发展原因刍议/李非//台湾研究集刊. -1988,(1)

台湾的经济发展与市场集中/[日]川岛康男，汪慕恒译//台湾研究集刊. -1988,(1)

台湾经济发展的原因和条件/翁成受//台湾研究集刊. -1988,(1)

当前台湾经济发展的若干特点与趋势/邓利娟//台湾研究集刊. －1988,(2)

作为东亚新兴工业化地区的台湾经济/［日］刘进庆，雷慧英译//台湾研究集刊. －1988,(2、3)

论台湾八十年代的工资和物价/林长华//台湾研究集刊. －1988,(4)

台湾经济发展中的政府与民营部门/于宗先，杨一适译//台湾研究集刊. －1988,(4)

繁荣其表，危机其里——1987 年台湾经济述评/韩清海//台声. －1988,(5、6)

台湾经济的致命弱点/翁成受//台声. －1988,(8)

台湾投资环境之透视/李非//台声. －1988,(8)

也谈"台湾经济模式"/吴能远//台湾研究集刊. －1989,(1)

台湾经济的现状与展望/易锦铨，汪慕恒译//台湾研究集刊. －1989,(1)

论海岛经济开发系统设计/顾朝林//台湾研究集刊. －1989,(2)

政府对外向型发展的干预：新古典主义理论与台湾实践/［英］罗伯特·魏德，雷天放译//台湾研究集刊. －1989,(3)

"台湾经验"研究的方法论问题/韩清海//台湾研究. －1989,(4)

台湾经济发展过程与道路/翁成受//中国经济—厦门经济特刊. －1989,(4)

试论台湾经济面临的困境及发展趋势/翁成受//台湾研究集刊. －1990,(1)

80 年代台湾经济发展的几个特征/韩清海//台湾研究集刊. －1990,(1)

论台湾经济发展的主要因素/翁成受//台湾研究. －1990,(3)

台湾经济的近期发展趋势及其展望/［日］亚洲开发银行，汪慕恒译//台湾研究集刊. －1990,(4)

台湾"产业空洞化"的审思/许心鹏//瞭望周刊(海外版). －1990,(15)

停滞膨胀：台湾经济发展的深层隐忧/许心鹏//瞭望周刊(海外版). －1990,(44)

论台湾的经济波动/李非//台湾研究集刊. －1991,(2)

台湾经济发展阶段论/李非//亚太经济. －1991,(3)

世界经济格局的演变与台湾经济走势/李非//山东外贸. －1991,(10)

台湾与南朝鲜的经济发展比较研究/［日］渡边利夫、栗林纯夫，汪慕恒译//台湾研究集刊. －1992,(2)

试论战后台湾经济发展的基本特征/李非//山东外贸. －1992,(2)

台湾各个经济发展阶段上主导因素的变化/李非//山东外贸. －1992,(3)

台湾近期的经济发展/汪慕恒译//台湾研究集刊. －1993,(1)

台湾民间资本的增长过程/［日］刘进庆，雷慧英译//台湾研究集刊. －1993,(1)

试论台湾经济发展的经验与教训/林长华//台湾研究集刊. －1993,(3)

现阶段台湾经济面临的问题与发展趋势/许心鹏//台湾研究集刊. －1994,(1)

台湾经济增长分析/李非//台湾研究. －1994,(1)

一九九三年台湾经济特点/高文瑞//海峡两岸. －1994,(3)

台湾外向型经济的发展历程/陈珏新//中央社会主义学院学报. －1994,(3)

透视一九九三年台湾经济/蒋雅芳//海峡两岸. －1994,(3)

台湾的经济统计调查/施祖辉//统计与预测. －1994,(4)

台湾资本主义特性与未来走向——国

际比较研究/[日]刘进庆//台湾研究.－1994,(4),－1995,(1)

台湾出超经济形态由盛而衰/李非//福建企业管理.－1994,(7)

台湾经济高速发展的启示——读《台湾经济高速发展的经验》/葛大钟//上海综合经济.－1994,(10)

台湾经济的困扰/世宏//社科信息文荟.－1995,(1)

台湾宏观经济研究的十个课题/林长华//台湾研究.－1995,(1)

台湾:经济奇迹之外(一)/[美]西蒙等,袁月天译//现代台湾研究.－1995,(1)

2000年台湾经济发展的基本估计/张冠华//亚太经济.－1995,(2)

台湾的公营事业如何落入私囊/刁曼蓬//改革.－1995,(3)

日本地震对台湾产业的影响/圣炎//海峡科技与产业.－1995,(3)

九十年代台湾经济发展趋势分析/韩清海//台湾研究集刊.－1995,(3、4)

近期的台湾经济发展——亚洲开发银行《1994年报告书》/汪慕恒译//台湾研究集刊.－1995,(3、4)

从世界经济区域化进程看台湾经济的发展/翁成受//台湾研究集刊.－1995,(3、4)

90年代台湾经济发展趋势分析/韩清海//台湾研究集刊.－1995,(3、4)

亚洲"四小龙"的经济增长与通货膨胀/黄敬春//吉林财税高等专科学校学报.－1995,(4)

台湾"泡沫经济"的形成与崩溃/李非//亚太经济.－1995,(4)

1995年台湾经济展望/叶扬//现代台湾研究.－1995,(总10)

1994年台湾经济回顾/高文瑞//现代台湾研究.－1995,(总10)

台湾经济难点及其解困之策/俞其锐//现代台湾研究.－1995,(总12)

1995年台湾经济回顾与新年展望/翁成受//两岸经贸.－1996,(1)

台湾的"华侨、华人资本"企业:企业经营与资金营运/[日]涂照彦,汪慕恒译//台湾研究集刊.－1996,(1)

九十年代台湾经济发展趋势刍议/张茂法//华侨大学学报(哲学社会科学版).－1996,(1)

当前台湾经济发展"外热内冷"现象剖析/林长华//台湾研究集刊.－1996,(1)

探骊得殊的学术佳作——评戴武堂著《港澳台经济比较》/李宏健//中南财经大学学报.－1996,(2)

台湾经济的若干热点问题考察/莫复溥//广东经济.－1996,(2)

技术进步——亚洲四小龙再次腾飞的推动力/华蓉//中国科技信息.－1996,(2)

"四小龙"经验与中国现代化道路/何显明//当代亚太.－1996,(2)

台湾经济述评/邓利娟//世界经济年鉴.－1996,(3)

未来台湾经济发展趋势预测/李非//厦门大学学报(哲学社会科学版).－1996,(3)

九十年代台湾经济新动向与前景展望/潘定国//当代财经.－1996,(3)

《台湾经济研究》评价/庄德钧//山东社会科学.－1996,(3)

香港、台湾经济走势分析/魏怡华//预测.－1996,(3)

台湾的近期经济发展——日本经济企画厅《亚洲经济白皮书(1996年版)》/杨维中译//台湾研究集刊.－1996,(4)

台湾公关业的回眸和展望/非马//公关世界.－1996,(4)

“蒋王”之争与台湾经济发展道路的选择/梁钧平//经济科学. -1996,(4)

90年代以来台湾经济发展的新特点/邓利娟//世界经济. -1996,(6)

六十年代台湾的投资环境研究/叶建英//中共浙江省委党校学报. -1996,(6)

台湾地区经济发展对土地资源配置之影响/杨振荣//中国土地科学. -1996,(6)

台湾经济1995年回顾与1996年预测/张洁//现代台湾研究. -1996,(总13)

台湾失去三大优势经济稳定增长难以为继/之迪//东南亚南亚信息. -1996,(20)

台湾的环境保护统计/施祖辉//统计与预测. -1997,(1)

当前台湾经济发展困境分析/邓利娟//台湾研究集刊. -1997,(1)

略谈台湾经济发展的历程和前景/张琳//南昌高专学报. -1997,(1)

台湾、韩国发展过程的比较/[日]服部民夫、佐藤幸人,雷慧英译//台湾研究集刊. -1997,(1)

1996年台湾经济形势分析/林长华//亚太经济. -1997,(1)

台湾经济的现状与前景/潘定国//台湾研究. -1997,(2)

台湾经济快速发展原因辨析/刘永瑞//河北经贸大学学报. -1997,(3)

1996年台湾经济动向/日本经济企划调查课,杨维中译//台湾研究集刊. -1997,(3)

关于2010年台湾经济发展的预测及与江苏省经济发展的比较/周茂清//学海. -1997,(4)

’96台湾经济检讨/唐蕙敏//经济前沿. -1997,(4)

台湾永续发展之源流及其对东亚成长之启示/于宗先//开放导报. -1997,(4)

1996年台湾经济发展与1997年、1998年展望——日本亚洲开发银行经济发展展望报告书/日本亚洲开发银行,汪慕恒译//台湾研究集刊. -1997,(4)

台湾经济发展和布局的启示/张舒//辽宁大学学报(哲学社会科学版). -1997,(6)

台湾跨世纪经济发展展望/叶万安//开放导报. -1997,(6)

台湾经济发展的几个关键因素/王昭明//开放导报. -1997,(6)

国际学术界对“亚洲四小”经济发展奇迹的理论探讨/储祥银//国际贸易问题. -1997,(11)

台湾第一季度经济状况分析/张洁//现代台湾研究. -1997,(总19)

东南亚金融危机对台湾经济的影响/杨胜刚//台湾研究集刊. -1998,(1)

“新南北朝局面”梦幻之剖析——对“台湾奇迹”的另一种审视/李刚//桂海论丛. -1998,(1)

简评《台湾经济发展的成就与问题》/陈丽贞//台湾研究集刊. -1998,(2)

1997年台湾经济评析和1998年展望/韩清海//亚太经济. -1998,(2)

金融风暴波及台湾经济/阿强//台声. -1998,(2)

台湾总体经济指标预测/唐蕙敏//亚太经济. -1998,(2)

1997、1998年台湾经济的发展趋势与展望/日本经济企划厅调查局,汪慕恒译//台湾研究集刊. -1998,(3)

台湾经济形势述评/平石//台声. -1998,(3)

台湾经济发展经验的宝贵总结——《国鼎丛书》介评/杨欢进//华中理工大学学报(社会科学版). -1998,(3)

台湾何以受亚洲金融风暴冲击较小/石

一话//金融信息参考. -1998,(3)

亚洲金融危机与台湾经济/林长华//台湾研究集刊. -1998,(3)

台湾经济何以挺过东南亚金融风暴的冲击?/王建民//台湾研究. -1998,(3)

台湾泡沫经济的形成、发展和控制初析/王小敏//台湾研究. -1998,(3)

台湾R&D的现状及其原因/颜士梅//亚太经济. -1998,(3)

台湾专业性合作社的发展及其启示/林善浪//亚太经济. -1998,(3)

台湾经济:回顾与前瞻/唐蕙敏//经济前沿. -1998,(4)

台湾区域经济发展的经验及启示/李青//管理现代化. -1998,(6)

面临严峻挑战的台岛经济:一九九八年上半年台湾经济综述/陆笑炎//上海对台工作. -1998,(7)

台湾经济五十年的世纪回顾与展望/宋笛//经济问题探索. -1998,(8)

东南亚金融风暴冲击下的台湾经济/秦云//两岸关系. -1998,(10)

东亚金融风暴中台湾经济的表现/许玉香//投资北京. -1998,(11)

金融风暴对台湾经济的影响/许玉香//台声. -1998,(11)

台湾经济:1997年回顾与1998年预测/张洁//现代台湾研究. -1998,(总21)

台湾当前的经济金融形势/柴青山//国际金融研究. -1999,(1)

澳门·香港·台湾经济发展之比较/陈欣欣//比较法研究. -1999,(1)

台湾何以避过亚洲金融危机/潘华//广西社会主义学院学报. -1999,(1)

台湾经济1998年回顾与1999年展望/梁宏彦//亚太经济. -1999,(1)

台湾、韩国在亚洲金融危机中不同表现的对比研究/史远香//金融科学. -1999,(2)

受亚洲金融风暴影响的一九九八台湾经济/雨日//上海对台工作. -1999,(2)

台湾经济伦理的演变与重建/孙震//深圳大学学报(人文社会科学版). -1999,(2)

1998年台湾经济评析/崔之清//南京大学学报(哲学.人文科学.社会科学版). -1999,(2)

东南亚金融危机与台湾经济/陈世光//广东社会科学. -1999,(2)

试析台湾"经济优势"/陈峰君//两岸关系. -1999,(2)

台湾如何因应东亚金融危机/陈恩//国际经贸探索. -1999,(3)

"台湾经济优势"评估/陈峰君//东南亚研究. -1999,(3)

亚洲金融危机对台湾经济影响加深/王建民//今日中国(中文版). -1999,(3)

对目前台湾主要产业经济的了解和评价/王胜泉//海峡科技与产业. -1999,(3)

俄罗斯学者眼中的台湾经济/[俄]瓦吉姆.德米特利耶夫,徐坡岭译//台湾研究集刊. -1999,(4)

台湾将进入低成长高风险时期/杨淑娟//市场观察. -1999,(4)

金融危机对台湾经济影响较小因素浅析/陈恩//经济前沿. -1999,(4)

亚洲金融危机对台湾经济的影响/张远鹏//当代亚太. -1999,(4)

台湾何以受金融风暴冲击较小?/杨欢进//河北经贸大学学报. -1999,(4)

是经济问题,抑或是政治问题:剖析台湾经济之现状/周斌//上海对台工作. -1999,(4)

祖国大陆、香港、台湾经济区的发展/芦荣忠//亚太经济. -1999,(4)

台湾经济增长方式转变的结构分析/王兴化//亚太经济. -1999,(5)

台湾经济动态及走向/一斌//上海对台工作. -1999,(6)

台湾为什么能在亚洲金融危机中幸免于难/徐坡岭//开放导报. -1999,(7)

台湾经济发展的困境与出路/姚监复//经济研究参考. -1999,(8)

现代化不是陷阱——日本、新加坡、台湾的启示/黄霓//港澳经济. -1999,(11)

面对增强经济竞争力的挑战——中国生产力促进中心协会赴台澳考察报告/王雨生//中国软科学. -1999,(11)

略评亚洲金融危机对我国台湾经济的影响/张健群//银行家. -1999,(11)

"9·21大地震"对台湾经济的影响及启示/吉敏//两岸关系. -1999,(12)

台湾经济出现"本土性危机"/瞭望. -1999,(16)

台湾经济:1998年回顾与1999年预测/张洁//现代台湾研究. -1999,(总25)

台湾产业发展趋势剖析/陈蘋//现代台湾研究. -1999,(总26)

1998年、1999年的台湾经济形势/汪慕恒译//台湾研究集刊. -2000,(1)

1999年台湾经济回顾与2000年展望/陈蘋//现代台湾研究. -2000,(1)

浅析台湾政局变化对经济发展的影响/邓利娟//台湾研究集刊. -2000,(2)

台湾经济1999年回顾与2000年展望/林小芳//亚太经济. -2000,(2)

台湾的经济发展/雪利W·Y·郭//南洋资料译丛. -2000,(2)

1999-2000年台湾的经济发展与展望——亚洲开发银行《亚洲发展展望报告书(2000年)》/汪舟译//台湾研究集刊. -2000,(3)

现代化不是陷阱——日本、新加坡和我国台湾的启示/黄霓//山东农业(农村经济版). -2000,(3)

台湾经济成长背后的环境代价台湾经济/陈萍//海峡科技与产业. -2000,(4)

台湾现代经济发展探析/张向前//海峡科技与产业. -2000,(6)

试析台湾现代经济发展及对福建经济建设的启示/张向前//华东经济管理. -2000,(6)

台湾全年经济形势预测/谭金//两岸关系. -2000,(7)

台湾经济研究二十年回顾与展望/李非//台研产业科技交流. -2000,(9)

台湾经济发展的历程/吴金土//现代企业. -2000,(11)

当前台湾经济情势与主要问题/陈蘋//现代台湾研究. -2001,(1)

当前台湾经济面临的危机/王建民//金融信息参考. -2001,(1)

台湾经济开始下沉——台湾经济回顾与展望/刘建兴//统一论坛. -2001,(1)

台湾经济发展的过去与未来/戴武堂//湖北省社会主义学院学报. -2001,(1)

战后台湾经济的发展及其战略调整/张敏//南京建筑工程学院学报(社会科学版). -2001,(2)

世纪之交的台湾经济形势分析/林长华//亚太经济. -2001,(2)

台湾科技发展落后日韩——第六次全台科技全文的共识/沈正一//统一论坛. -2001,(2)

当前台湾经济的困境与出路/林长华//台湾研究集刊. -2001,(3)

2000—2001年台湾的经济发展与展望-日本亚洲开发银行2001年报告书/汪慕恒译//台湾研究集刊. -2001,(3)

2000年台湾经济分析/李永刚//南京大学学报(哲学.人文科学.社会科学版).-2001,(4)

2000年台湾经济回顾与评估/张丽芳//亚太经济.-2001,(4)

台湾经济恶化状况及成因分析/张冠华//台湾研究.-2001,(4)

台湾经济负增长说明了什么/刘建兴//统一论坛.-2001,(5)

剖析台湾经济困境与未来发展/蒋成//世界经济研究.-2001,(6)

学者观感——台湾经济在艰难中度过/刘震涛//两岸关系.-2001,(6)

近年来台湾经济为什么每况愈下?/严正//亚太经济.-2001,(6)

民进党掌权带来台湾经济严重萧条/刘建兴//统一论坛.-2001,(6)

美国"9·11"事件对台湾经济的影响/王鹏//厦门科技.-2001,(6)

"台独"阴云下的台湾经济困境/余赤平//科学投资.-2001,(7)

民进党执政一年台湾经济回顾与评估/张丽芳//台声.-2001,(7)

台湾经济问题症结何在/余何之//两岸关系.-2001,(7)

酷夏中的严冬——析台湾的经济危机/孙承斌//经济世界.-2001,(9)

影响台湾经济走出低谷的四大病因/蒋成//两岸关系.-2001,(9)

台湾经济边缘化的命运/张庆松//海峡两岸.-2001,(10)

发展两岸关系才能加快岛内经济复苏/常要京//海峡两岸.-2001,(10)

加入WTO对台湾经济的冲击/郭守华//海峡两岸.-2001,(12)

台湾经济衰退的思考与展望/陈蘋//现代台湾研究.-2002,(1)

21世纪初台湾经济的衰落/林长华//亚太经济.-2002,(1)

试析2001年台湾经济的衰退及其成因/林世渊//海峡科技与产业.-2002,(1)

21世纪初台湾经济形势与走向/李非//台湾研究集刊.-2002,(1)

21世纪初期台湾经济发展趋势/李非//台湾研究.-2002,(2)

台湾经济复苏的凭借是什么?/于宗先//两岸关系.-2002,(2)

台湾经济特点述论/何绵山//福建省社会主义学院学报.-2002,(3)

台湾地区统计体制概况/余芳东//中国统计.-2002,(3)

2001—2002年台湾经济的回顾与展望/[日]亚洲开发银行,杨维中译//台湾研究集刊.-2002,(3)

陈水扁上台以来的台湾经济脉相及前景透视/单玉丽//现代台湾研究.-2002,(4)

台湾居民消费变动的思考/龙志和//南方经济.-2002,(4)

浅析当前台湾经济形势与展望/胡石青//台湾研究.-2002,(4)

台湾经济增长速度的新转变/邓利娟//厦门大学学报.-2002,(5)

台湾经济的"两重性"特征/林其屏//海峡科技与产业.-2002,(5)

台湾经济的困境与出路/檀江林//台声.-2002,(6)

台湾经济陷入困境的两年/吴能远//两岸关系.-2002,(6)

台湾经济何时才能复苏?/杨淑娟//海峡两岸.-2002,(6)

当前台湾经济走势及扁当局的经济施政/陈蘋//海峡两岸.-2002,(8)

未来台湾经济发展的出路/李非//中国

航务周刊. －2002,(15)

2002年台湾经济形势分析/邓利娟//台湾研究集刊. －2003,(1)

2002台湾经济情势分析与2003年预测/陈蘋//现代台湾研究. －2003,(1)

"双向衰退"的台湾经济/林其屏//现代台湾研究. －2003,(1)

2002年台湾经济发展呈现"外温内冷"的格局/王建民//海峡科技与产业. －2003,(1)

台湾经济面临六大困境/陈式龙//海峡科技与产业. －2003,(1)

台湾经济2002年回顾与2003年展望/林长华//亚太经济. －2003,(1)

台湾的经济与能源供需关系动向/［日］后藤裕树，杨维中译//台湾研究集刊. －2003,(1)

民进党掌权两年多以来台湾经济"一落千丈"/刘建兴//海峡两岸. －2003,(1、2)

对台湾"新产业空洞化"的质疑/黄如良//亚太经济. －2003,(2)

2002：点评台湾经济/吴能远//两岸关系. －2003,(2)

未来台湾产业面临着技术瓶颈的困扰/李飒//海峡科技与产业. －2003,(2、3)

台湾地区GDP和能源消费的长期均衡关系分析/陈燕武//华侨大学学报（哲学社会科学版）. －2003,(3)

台湾经济纵横谈——台湾能否突破经济增长的"极限"？/曹小衡//两岸关系. －2003,(3)

SARS疫情对台湾经济的影响分析/张传国//现代台湾研究. －2003,(3)

2002年台湾经济的回顾与2003年的展望——亚洲开发银行2003年报告书/汪慕恒译//台湾研究集刊. －2003,(3)

新世纪头10年台湾经济趋势展望/吴献斌//晋东南师范专科学校学报. －2003,(4)

台湾经济已步入"准边缘化"/林其屏//海峡两岸. －2003,(4)

论台湾经济发展的新取向/李继翔//经济前沿. －2003,(6)

2002年台湾经济运行态势概述/袁隆生//浙江金融. －2003,(6)

台湾当局非典"泛政治化"的经济效应/石正方、邓利娟//两岸关系. －2003,(8)

他山之石——台湾地区EAP的发展与现状/林桂碧//企业研究. －2003,(18)

台湾经济边缘化问题之剖析/杜强//亚太经济. －2004,(1)

民进党执政后的台湾经济态势分析/林长华//厦门大学学报（哲学社会科学版）. －2004,(3)

关于台湾经济边缘化的几点思考/俞顺洪//亚太经济. －2004,(1)

台湾经济发展近览与前瞻/单玉丽//台湾农业探索. －2004,(3)

中国台湾在经济一体化中面临的挑战和契机/王直//国际经济评论. －2004,(5)

台湾经济发展趋势与两岸经济关系前景/曹小衡//南开经济研究. －2004,(5)

当前台湾经济形势分析/李非//两岸关系. －2004,(8)

2004—2005台湾经济的回顾和预测/刘建兴//统一论坛. －2005,(1)

2004年台湾经济的态势分析与2005年展望/林长华//台湾研究集刊. －2005,(1)

台湾出口加工区与大陆保税区功能转型比较/李友华//安徽师范大学学报（人文社会科学版）. －2005,(1)

2004年台湾经济走势分析/赖文凤//亚太经济. －2005,(1)

台湾经济的昔日发展与今日的边缘化/邹德发//亚太经济.－2005,(1)

台湾总体经济态势分析/盛九元//世界经济与政治论坛.－2005,(1)

台湾经济最新发展的全面与全新解析——读《21世纪以来的台湾经济:困境与转折》/唐永红//台湾研究集刊.－2005,(1)

2004年台湾经济:回顾与展望/单玉丽//现代台湾研究.－2005,(1)

台湾经济:2004年的回顾与2005—2007年的展望——亚洲开发银行报告书/汪慕恒译//台湾研究集刊.－2005,(2)

浅析台湾经济快速发展的外因(1950—1990)/李加洞//襄樊职业技术学院学报.－2005,(2)

试析台湾全球竞争力排名上升而经济倒退的矛盾/林长华//亚太经济.－2005,(2)

当前台湾经济形势分析与展望/张玉冰、李非//厦门大学学报(哲学社会科学版).－2005,(3)

台湾经济开放度与经济增长关系的实证研究/王鹏//台湾研究集刊.－2005,(4)

经济开高走低"保四"前景堪忧/陈蘋//现代台湾研究.－2005,(4)

对当前台湾经济形势的几点观察/王建民//两岸关系.－2005,(12)

民进党主政下台湾经济发展评说/陈蘋//现代台湾研究.－2006,(1)

台湾经济:2005年的回顾与2006—2007的展望——日本亚洲开发银行2006年报告书/汪慕恒译//台湾研究集刊.－2006,(2)

台湾经济现状与前景分析/邓利娟//厦门大学学报(哲学社会科学版).－2006,(3)

"终统"对台湾经济有何影响/柳英//两岸关系.－2006,(5)

"政治病":台湾"经济病"的根源/林其屏//亚太经济.－2006,(5)

台湾经济不振的原因何在?——析"内忧"与"外患"之说/刘建兴//统一论坛.－2006,(6)

信息经济、数位落差与知沟——以台湾为例/陈致中//中国市场.－2006,(22)

九十年代台湾经济发展的八大趋势/许心鹏//经济导报(香港).－1994,(236)

台湾经济将怎样走出困境/邓利娟//澳亚周刊(澳门).－2003,(8)

台湾经济下半年有望复苏/朱磊//经济导报(香港).－2003,(31)

台湾经济"外热内温"转向"内外皆温"(2004—2005年台湾经济形势分析)/王建民//经济导报(香港).－2005,(1)

台湾经济正走向衰落/王建民//经济导报(香港).－2005,(30)

2.政策

台湾当局"自由经济政策"之透视/庄维明//台湾与东亚.－1984,(3)

论台湾的"工业升级"/吴能远//台湾研究集刊.－1985,(1)

试论台湾当局的华侨经济政策/范希周//台湾研究集刊.－1986,(1)

美元贬值和石油跌价对台湾经济的影响及当局的对策/张小济//台湾研究集刊.－1986,(4)

试论八十年代台湾的货币政策和财政政策/黄宝奎//台湾研究集刊.－1987,(1)

台湾的第三次经济改革/刘映仙//台湾研究集刊.－1987,(1)

从"三化"看台湾经济的转轨/韩清海//台湾研究集刊.－1987,(3)

国营企业私有化浪潮与台湾公营事业

民营化/林长华//台湾研究集刊. －1987,(4)

论台湾对外投资政策的转变/林长华//台湾研究集刊. －1988,(1)

投入产出模型在政策情报调研中的应用——台湾发展战略分析实例/曹稼方//情报理论与实践. －1988,(2)

台湾改善投资软环境的策略及问题/张贻达、吴维炳//台湾研究集刊. －1988,(4)

台湾当局调整外贸战略的新动向/曾建丰//台湾研究集刊. －1989,(3)

台湾当局整顿地下投资公司的措施/周世跃//台湾研究集刊. －1989,(4)

台湾50年代财政金融政策初探/翁成受//福建学刊. －1990,(3)

台湾加工出口区投资优惠初探/彭莉//福建论坛. －1990,(4)

台湾的产业政策分析/[日本]刘进庆，雷慧英译//台湾研究集刊. －1991,(4)

台湾经济政策的调整及其发展趋势/翁成受//台湾研究. －1992,(2)

台湾经济形势与《振兴经济方案》/林长华//台湾研究集刊. －1993,(3)

从对大陆政策和引进外劳看台湾当局与企业关系的变化/[日]佐藤幸人，雷慧英译//台湾研究集刊. －1993,(4)

论台湾的产业升级/林长华//台湾研究集刊. －1993,(4)

台湾"经济自由化"的政治面因素/吴隆逸，汪慕恒译//台湾研究集刊. －1994,(1)

台湾当局"南向政策"浅析/高群服//台湾研究. －1994,(2)

国际资本流动规律与台湾当局的"南向政策"/林长华//台湾研究集刊. －1994,(2)

台湾稻米保护政策及其影响/赵玉榕//台湾农业情况. －1994,(4)

台湾产业界入关因应对策/厦门科技. －1994,(5)

略论台湾进口替代与出口导向阶段的经济政策/范爱军//亚太研究. －1994,(5)

浅析台湾当局"亚太营运中心"发展战略/凤懋伦//台湾研究集刊. －1995,(1)

从制药工业转型看台湾新产业政策/陈顿//经济导刊. －1995,(1)

1983－1993年台湾政策措施分配情况/台湾农业探索. －1995,(2)

台湾"国营企业"改革的最新趋势/许心鹏//亚太经济. －1995,(3)

台湾当局加强对外引资与投资的政策与策略/俞其锐//世界经济研究. －1995,(3)

台湾产业科技政策实证研究/凤进//浙江大学学报(人文社会科学版). －1995,(3)

台湾"农地释出"政策浅析/赵玉榕//台湾研究集刊. －1995,(3、4)

论台湾环境与社会经济的协调发展/张茂法//华侨大学学报(哲学社会科学版). －1995,(4)

台湾经济政策的新走向/李非//山东对外经贸. －1995,(5)

小议台湾当局经贸新政策/江中淮//山东对外经贸. －1995,(6)

李远哲论台湾科技政策/李远哲//海峡科技与产业. －1996,(1)

台湾公营企业民营化透析/范王榜//西北大学学报(哲学社会科学版). －1996,(2)

台湾公营企业民营化政策执行延宕的原因与分析/潘晋明//台湾研究论坛. －1996,(2)

略论台湾产业升级之瓶颈与谋略——兼评"产业空洞化"之虑/王俊//对外经贸实务. －1996,(4)

台湾近来强化财政金融改革动向/俞其锐//改革与战略. －1996,(5)

台湾当局设立经济区的政策与策略/俞其锐//开放导报. －1996,(7)

台湾以科技促进产业发展的特点/王宁寰//开放导报. －1996,(10)

当前台湾经济问题与因应之策:评《台湾产业发展与政策》/吴能远//现代台湾研究. －1996,(总13)

台当局在岛内外设立各类经济区的政策与策略/俞其锐//现代台湾研究. －1996,(总14)

台湾当局加速推行提高科技含量发展经济的政策/俞其锐//福建行政学院福建经济管理干部学院学报. －1997,(1)

台湾转变经济增长方式的策略/赵建中//当代亚太. －1997,(1)

浅谈我国利用外债的现状与经济发展战略——兼析台湾、韩国与拉美国家经济发展战略的差异/张良燕//福建财会管理干部学院学报. －1997,(1)

台湾鼓励民间科技发展措施/白雯//厦门科技. －1997,(2)

试析台湾经济战略调整及结构变化/饶志明//华侨大学学报(哲学社会科学版). －1997,(2)

台湾是如何实现经济体制与经济增长方式转变的/刘文军//亚太经济. －1997,(2)

台湾工业化过程中采取的农业支持与保护措施/施虹//沈阳农业大学学报. －1997,(3)

"南向"与"西进"政策对台商岛外投资行为的导向作用评估/陈鹭//宏观经济研究. －1997,(3)

公营事业民营化方式探讨——兼谈台湾民营化方式之选择/张茂法//华侨大学学报(哲学社会科学版). －1997,(3)

台湾高科技产业政策的形成与发展过程/叶先宝//台湾研究集刊. －1997,(4)

台湾科技产业发展战略与政策措施/刘霜桂//台湾研究. －1997,(4)

关于台湾科技转化机制、相关政策调节与法律措施的考察/柯立伐//科学管理研究. －1997,(5)

台湾"公营事业民营化"简析/高群服//当代亚太. －1997,(6)

经济政策与经济发展——台湾经济发展之评价/李诚//开放导报. －1997,(6)

日本和亚洲"四小龙"促进投资的干预性政策措施/迟进//世界经济. －1997,(7)

台湾高技术产业政策及其发展模式/庄义仁//世界经济研究. －1998,(2)

台湾加紧拓展海外及大陆经贸领域的新做法/俞其锐//改革与战略. －1998,(3)

略析民进党"产业政策研讨会"/林劲//台湾研究集刊. －1998,(3)

台湾"农地自由化"评述/赵玉榕//台湾研究集刊. －1998,(4)

评台湾当局再启"南向政策"/史立//台声. －1998,(4)

浅析台湾中小企业发展中的税收优惠政策/林小群//广西财政高等专科学校学报. －1998,(4)

台湾中小企业辅导政策及启迪/李红梅//中国市场. －1998,(7)

台湾扶持民营经济的措施与启示/陈剑屏//发展研究. －1998,(9)

台湾当局再度推动"南向政策"别有用心/秦华//瞭望. －1998,(10)

台湾地区造买船政策简析/王杰//中国水运. －1998,(10)

东南亚金融危机与台湾当局的"南向"政策/周茂清//台声. －1999,(1)

台湾当局的"南向政策"评析/汪慕恒//台湾研究集刊. －1999,(1)

台湾当局的“戒急用忍”政策及其对台资流向的影响/舒萍//南开学报(哲学社会科学版).－1999,(1)

台湾中小企业发展政策及借鉴/刘根荣//经济前沿.－1999,(1)

70年代台湾实施“小康计划”的历史考察/郭希华//台湾研究.－1999,(2)

台湾当局的“南向政策”剖析/汪慕恒//东南亚.－1999,(2)

略论台湾知识经济发展策略/曾建权//台湾研究.－1999,(3)

台湾扶持中小企业的启示/刘丽娟//吉林省经济管理干部学院学报.－1999,(3)

台湾高科技产业政策剖析/邵晨//科学学研究.－1999,(3)

台湾科技产业政策调整及其在东亚金融危机中的表现/赵海波//云南经济管理干部学院学报.－1999,(4)

台湾当局在经济转型期提高农民收入的对策分析/单玉丽//台湾研究.－1999,(4)

“南向政策”何去何从?/赵建中//东南大学学报(哲学社会科学版).－1999,(4)

美国、德国、日本、台湾中小企业政策及其比较研究/胡军//暨南学报(哲学社会科学版).－1999,(5)

台湾跨世纪产业发展之战略目标/刘霜桂//现代台湾研究.－1999,(总25)

加入WTO对台湾经济的影响及应对策略/高群服//亚太经济.－2000,(1)

科技创新——台湾决胜21世纪经济的关键/刘霜桂//海峡科技与产业.－2000,(1)

台湾的中小企业政策/承上//经济导刊.－2000,(2)

台湾科技政策的发展及其新趋向/李正风//清华大学学报(哲学社会科学版).－2000,(2)

评陈水扁“经济安全发展战略”/福建社科院现代台湾研究所//现代台湾研究.－2000,(2)

对台湾吸引海外人才发展高技术产业的研究/栗娜//清华大学学报(哲学社会科学版).－2000,(2)

台湾对中小企业的金融支持及其启示/范良//宁德师专学报(哲学社会科学版).－2000,(3)

台湾发展中小企业的政策/檀江林//合肥工业大学学报(社会科学版).－2000,(3)

台湾缩小收入差距的经验/冯氏惠//当代亚太.－2000,(3)

台湾开放服务业与服务贸易的做法及启示/封小云//经济前沿.－2000,(5)

台湾高科技产业发展中的政府作用/董新洲//特区与港澳经济.－2000,(6)

台湾发展高科技产业的策略研究/朱斌//高科技与产业化.－2000,(6)

台湾高科技产业政策的发展与变化/朱斌//发展研究.－2000,(7)

台湾的中小企业扶持策略/胡文涛//理论导刊.－2000,(8)

台湾延揽科技人才的措施/田中//全球科技经济瞭望.－2000,(12)

如何吸引海外人才(三)——台湾吸引海外人才的经验/钟焰//计算机周刊.－2000,(31)

台湾“开放型”科技产业政策研究/朱斌//科学学研究.－2001,(1)

台湾的科技创新与知识产权保护体制简介/史敏//科技与法律.－2001,(1)

台湾2001年强化依托大陆发展经济的趋势与政策/俞其锐//福建行政学院福建经济管理干部学院学报.－2001,(1)

台湾经济何去何从的争论掀起新高潮/

黑泰//两岸关系. -2001,(2)

加入WTO对台湾产业的影响及对策/俞其锐//海峡科技与产业. -2001,(2)

台湾公营企业民营化的背景分析/钱玉光//海峡科技与产业. -2001,(2)

台湾公营企业民营化对大陆国企民营化改革的启示/林火库//江西财经大学学报. -2001,(3)

提升台湾产业竞争力之策略/张茂法//统一论坛. -2001,(3)

台湾地区第一阶段农地改革与工业化起步/萧承勇//经济评论. -2001,(3)

试论台湾发展科技产业的政策与策略/郭国庆//国家教育行政学院学报. -2001,(3)

台湾高科技产业发展中的政府作用研究/邓泽宏//科技进步与对策. -2001,(3)

当前台劳力市场特点与台当局对策/高群服//亚太经济. -2001,(3)

台湾中小企业辅导政策之演变与评估/李宗哲//金融研究. -2001,(4)

90年代台湾对往中国大陆资本投资的限制/[美]彭登,汪舟译//台湾研究集刊. -2001,(4)

台湾"经发会"评析/贡学斌//统一论坛. -2001,(5)

台湾推动中小企业发展的新举措/檀江林//华东经济管理. -2001,(5)

在WTO环境下台湾小农户转型策略与做法/李谋监//西北农林科技大学学报(社会科学版). -2001,(6)

台湾中小企业的金融支持研究/叶耀明//华东理工大学学报(社会科学版). -2002,(1)

台湾知识经济发展策略及其启示/黄松玲//天津师范大学学报(社会科学版). -2002,(2)

台湾科技产业发展策略管窥/陈恩//科技进步与对策. -2002,(2)

台湾50余年来土地政策三次重大变革刍议/陈海秋//台湾研究. -2002,(3)

论台湾经济发展背后的财经政策/王建科//江苏经贸职业技术学院学报. -2002,(3)

对台湾"产业空洞化"的检验——兼与台湾学者谢宽裕商榷/鲍晓华//世界经济研究. -2002,(4)

从台湾当局的政策调整看岛内高科技产业发展前景/胡石青//海峡科技与产业. -2002,(4)

民进党执政后的台湾经济发展战略规划及前景评估/王建民//台湾研究. -2002,(4)

台湾产业升级策略及其启示/黄松玲//现代财经-天津财经学院学报. -2002,(4)

台湾创业投资:政策的力量/侯世涛//深圳特区科技. -2002,(4)

台湾"促进产业升级条例"及对我省制定产业政策的启示/蔡秀玲//福建论坛(经济社会版). -2002,(6)

台湾地区50年来土地政策的三次变革透视/陈海秋//经济前沿. -2002,(8)

弃大陆腹地,建新营运中心,民进党新经济政策取向剖析/朱磊//经济导报(香港). -2002,(47)

我国台湾的科技发展政策与科技成就/科司//全球科技经济瞭望. -2003,(1)

2003年台湾经济政策的调整及展望/王建民//海峡科技与产业. -2003,(2)

台湾经济"全球布局战略"评析/石正方//台湾研究集刊. -2003,(3)

台湾学术界关于纳米科技及其产业化的几种观点/林世渊//海峡科技与产业. -2003,(5)

台湾工业化进程中农民收入与负担政策的演变/周批改//中国经济史研究. －2004,(2)

台湾经济面临的挑战和政策方向述评/刘建兴//统一论坛. －2004,(5)

台湾创业投资政策与绩效/吕斌//现代经济探讨. －2005,(3)

台湾科技政策规划的发展/曾爱国//科技潮. －2005,(3)

评台湾当局在经济上的"保四"战/刘建兴、吴伟锋//两岸关系. －2005,(10)

台湾地区科技产业政策调整的经验及启示/赵海波//经济纵横. －2006,(5)

台湾创新政策及其成效分析/杨德明//亚太经济. －2006,(5)

台湾经济环境的新变化/许心鹏//经济导报(香港). －1994,(236)

台湾"国营企业"改革的新进展/许心鹏//经济导报(香港). －1994,(239)

肖万长的"台湾新政"/朱磊//经济导报(香港). －2003,(28)

"积极管理"新措施，加速台湾经济边缘化/王建民//经济导报(香港). －2006,(14)

3. 经济体制

台湾经济性质初探/金泓汎//台湾研究集刊. －1983,(1)

光明队伍的负担——台港新任经济部长准備改组感觉迟钝的官营经济/安德鲁·但泽，张山克译//台湾研究集刊. －1983,(1)

台湾社会经济性质与发展道路/李家泉//台湾研究集刊. －1983,(1)

试析台湾经济的性质/林长华//台湾研究集刊. －1984,(3)

外资、官资和民资——台湾的"三大资本"/魏大业//台湾与东亚. －1984,(3)

台湾经济的转型机制/金泓汎//台湾研究集刊. －1990,(2、3)

台湾经济体制的转换与经济发展/邓利娟//台湾研究集刊. －1993,(3)

混合经济制度加强了台湾经济的总体活力/茅家琦//南京大学学报(哲学社会科学版). －1995,(2)

战后台湾"公营"经济及其民营化的性质剖析/林长华//台湾研究集刊. －1996,(4)

台湾国民党党营事业的政治经济分析/张远鹏//世界经济与政治论坛. －1998,(1)

台湾民营经济的发展及其对大陆的借鉴作用/刘允斌//经济经纬. －1998,(2)

韩国与台湾的发展机制比较介评/[日]服部多美子//国外财经. －1999,(1)

台湾"BOT"模式启示/高群服//现代台湾研究. －2000,(1)

关于台湾民营经济发展的几点思考/王巍//华东理工大学学报(社会科学版). －2000,(3)

陈仪与台湾公营事业的初步建立——兼论台湾发展民营事业的政策取向/褚静涛//南京社会科学. －2003,(4)

台湾的创业投资体系/吕斌//现代台湾研究. －2005,(1)

试析台湾"均富型增长模式"的改变/邓利娟//台湾研究集刊. －2005,(3)

面对十字路口的台湾经济体制/吴能远//镜报(香港). －1988,(10、11)

4. 经济结构

台湾"科技升级"初析/姜玲芝//台湾与东亚. －1984,(4)

台湾的经济结构及其存在问题/[日]刘

进庆，汪慕恒译//台湾研究集刊. －1985，(1、2)

台湾产业结构的转换和劳动问题/[日]刘进庆，雷慧英译//台湾研究集刊. －1986，(1、3)

台湾经济面临着“第二次飞跃”/[日]刘进庆，雷慧英译//台湾研究集刊. －1986，(4)

论战后台湾第三产业的发展/卢涵//台湾研究集刊. －1988，(4)

80年代台湾工业化中市场结构的变化/[日本]谷浦孝雄，雷慧英译//台湾研究集刊. －1990，(1)

台湾产业结构转变与产业升级策略/庄义仁//台湾研究集刊. －1991，(4)

台湾经济发展模式特征与困境/李非//台湾研究集刊. －1991，(4)

论台湾经济结构的变化/林长华//厦门大学学报. －1993，(2)

论台湾经济结构存在的问题/林长华//台湾研究. －1993，(3)

台湾产业升级问题的再思考/韩清海//台湾研究集刊. －1993，(4)

台湾经济结构的变化/李非//亚太研究. －1994，(2)

转型时期的台湾经济/田襄//现代台湾研究. －1994，(3、4)－1995(1)

台湾经济迈向服务产业时代/李非//亚太经济. －1994，(4)

台湾产业结构现状及发展趋向/汤传锋//亚太研究. －1994，(5)

台湾经济发展模式论/李非//亚太研究. －1994，(6)

台湾第三产业的发展与启示/贺赛龙//宁波大学学报(人文科学版). －1995，(2)

台湾近年来产业结构与产业政策的变化/金祖钧//中国工业经济. －1995，(3)

浅谈台湾的产业升级/刘建兴//海峡科技与产业. －1995，(4)

浅谈台湾的产业结构/单玉丽//海峡科技与产业. －1996，(2)

转型期台湾经济增长方式的变化/张冠华//台湾研究. －1996，(3)

台湾省产业结构演进与城市化初探/杨荣南//经济地理. －1996，(3)

中国广东与中国台湾的产业结构比较/刘永清//华南理工大学学报(自然科学版). －1996，(5)

台湾工业化的过程/牛若峰//世界农业. －1996，(5)

亚洲“四小龙”产业结构变动及启示/黄少军//特区经济. －1996，(7)

台湾经济转型及其未来趋势探析/修春萍//台湾研究. －1997，(1)

对台湾产业升级的认识/陈克明//台湾研究. －1997，(2)

香港与亚洲其他“三小龙”产业结构比较初探/王建民//清华大学学报(哲学社会科学版). －1997，(4)

台湾制造业结构的变化及其存在问题/李仁柱//亚太经济. －1997，(5)

试析台湾传统产业的现状与发展策略/张洁//现代台湾研究. －1997，(总18)

关于台湾产业升级问题的思考/陈克明//经济研究参考. －1997，(32)

论台湾经济转型及其对劳工的影响/黄安余//台湾研究集刊. －1999，(2)

绿色产业和环保科技产业将是台湾21世纪发展的重点产业/刘霜桂//海峡科技与产业. －1999，(6)

台湾经济转型、产业升级与高新技术产品出口研究/王子先//经济研究参考. －1999，(8)

台湾产业升级的历程、特点和前景/皮

军//台湾研究集刊．－2000，(2)

台湾工业结构调整走势/王胜泉//海峡科技与产业．－2000，(2)

台湾科技管理与产业结构转变/陈蘋//现代台湾研究．－2000，(3)

论台湾产业结构的演变及其原因/张骥//台湾研究．－2000，(3)

台湾经济结构转换模式的分析与思考/刘彦生//台湾研究．－2000，(4)

台湾传统产业的困境与出路/林长华//台湾研究集刊．－2000，(4)

台湾产业结构高度化：成效、问题与影响/胡军//当代亚太．－2000，(9)

台湾传统产业陷入困境/刘建兴//台声．－2000，(10)

台湾传统产业的问题与挽救措施/高群服//现代台湾研究．－2001，(1)

新世纪初台湾经济结构的变化趋向/中国社会科学院台湾研究所课题组//台湾研究．－2001，(1)

世纪末的台湾经济产业升级任重而道远/陈克明//海峡科技与产业．－2001，(2)

台湾产业结构变动分析/徐剑锋//台湾研究．－2001，(3)

台湾经济结构转型现状及前景/陈文鸿//开放导报．－2002，(1)

台湾工业化进程中农业结构的升级及其动因/黎元生//台湾研究．－2002，(1)

台湾产业结构升级的成效、问题及其趋势/陈晓东//世界经济研究．－2002，(1)

台湾加工出口区的产业升级与制度变迁/钟坚//台湾研究．－2002，(1)

台湾产业结构调整及其启示/陈晓东//台湾研究．－2002，(1)

威权体制下经济现代化的结构性条件/孙代尧//现代台湾研究．－2002，(3)

台湾加工出口区转型与两岸“三通”/张锐刚//台湾研究．－2002，(4)

台湾高科技产业现存问题与发展前景/杨华//承德民族职业技术学院学报．－2002，(4)

台湾产业结构演进的动因分析及其对广州外贸发展的启示/申明浩//经济前沿．－2002，(10)

论台湾对外经济循环结构变化趋势/李非//中国航务周刊．－2002，(23)

台湾加工出口区转型升级中的制度变革和创新/王海东//亚太经济．－2003，(2)

台湾入世后传统产业受冲击及因应方式一览表/海峡科技与产业．－2003，(2)

20世纪90年代台湾经济发展和产业升级/瞿商//聊城大学学报（社会科学版）．－2003，(3)

台湾经济结构的缩影——以宜兰为例/何绵山//福建省社会主义学院学报．－2003，(3)

略论台湾经济需求结构的调整及问题/邓利娟//台湾研究集刊．－2003，(4)

台湾劳动密集型产业淡出与产业“空洞化”问题研究/黄如良//福建论坛（人文社会科学版）．－2004，(8)

台湾经济新一轮转型中的困局/林其屏//现代台湾研究．－2005，(1)

论台湾经济转型与就业关联/黄安余//中国经济史研究．－2005，(3)

台湾高科技产业现状研究/林世渊、赵奕山//亚太经济．－2005，(5)

关于加工出口区的几点新情况和新认识——访余光亚先生/李永泰//海峡科技与产业．－2005，(6)

台湾技术创新群落发展模式及其对大陆的启示/肖雁飞、沈玉芳//世界经济研究．－2005，(7)

中国台湾地区的产业升级之路/陈荣

文//社科纵横.－2006,(4)

台湾产业外移与“产业空洞化”问题探讨/孙兆慧//亚太经济.－2006,(5)

台湾产业结构演进及对两岸经济关系的影响/朱磊//当代中国史研究.－2006,(6)

台湾地区要素投入对经济增长的作用/王鹏//经济地理.－2006,(6)

台湾产业结构转型对振兴东北经济的启示/张继良//当代经济研究.－2006,(7)

5.计划与管理

管理会计在台湾/S. H. Chin, DavisL. Chang//上海会计.－1980,(5)

剖析台湾“国家建设六年计划”/许心鹏//台湾研究集刊.－1992,(2)

台湾实施“国建六年计划”的前景及其对两岸关系的影响/韩清海//台湾研究集刊.－1992,(3)

试论台湾的宏观经济管理/邓利娟//台湾研究.－1994,(4)

台湾会计师事务所的现状与特点/晏金发//财会通讯.－1994,(12)

台湾制定会计准则的经验启示/陈皓萍//商业经济与管理.－1995,(1)

台湾地区实质计划体系之检讨/杨重信//城市发展研究.－1995,(2)

市场经济条件下日、台、韩的经济计划/杨建荣//外国经济与管理.－1995,(10)

台湾经济建设计划与公营企业的经营/赵建中//陕西师范大学学报(哲学社会科学版).－1996,(1)

台湾的投入产出统计及其应用/施祖辉//统计与预测.－1996,(2)

简介《国鼎丛书》之八——《台湾的经济计划及其实施》/但蒙//开放导报.－1996,(5)

台湾质量管理的主要特点/罗国英//中国质量.－1997,(6)

台湾生产力中心运行机制及管理模式研究/郭民生//中国科技论坛.－2000,(1)

台湾会计师税务鉴证制度探析/宋献中//中国注册会计师.－2002,(1)

评台湾“挑战2008”六年发展重点计划/刘建兴//统一论坛.－2002,(6)

台湾的科技发展计划/王玲//全球科技经济瞭望.－2002,(6)

台湾经济的计划与市场/曹小衡//两岸关系.－2003,(6)

由知识管理概念推动产业创新与示范性—以台湾为例/姜国辉、李耿贤//管理学报.－2005,(2)

对2004年台湾会计舞弊案的思考/耿建新、蒋力//审计研究.－2005,(4)

6.建设与发展

台湾新竹科学工业园区述评/喻尚威//台湾研究集刊.－1983,(1)

台湾出口加工区面临的困难及其前景/房慧闽//台湾与东亚.－1983,(3)

台湾出口加工区的绩效与发展趋势/益步//台湾与东亚.－1983,(3)

台湾科技发展述论/姜玲芝//台湾研究集刊.－1988,(1)

台湾科技发展与两岸科技交流/田夫//引进与咨询.－1994,(3)

台湾学术界专利数快速累进对科技进步具量化效益/厦门科技.－1994,(4)

台湾地区科技园区与区域发展策略研究/施鸿志//城市发展研究.－1995,(1)

对台湾科学技术现状的认识/林兆驹//云南科技管理.－1995,(2)

试论台湾的出口加工区/俞剑平//台湾研究.－1995,(3)

试论台湾经济自由区/俞剑平//浙江大学学报(人文社会科学版).－1995,(3)

台湾科技发展与两岸科技优势互补比较/韩清海//华侨大学学报(哲学社会科学版). －1995,(4)

台湾加工出口区的回顾与展望/黄振云//海峡科技与产业. －1996,(1)

科技产业化的重要途径——北京新技术产业开发试验区与台湾新竹科学工业园区的启示/颜振军、刘大春//当代世界与社会主义. －1996,(1)

台湾加工出口区的产业规模及发展前景/厦门科技. －1996,(2)

台湾新竹科学工业园的快速发展及原因分析/台湾研究. －1996,(2)

台湾的科技发展/田雅云//海峡科技与产业. －1996,(3)

浅谈台湾的科技成果转化/苗润//海峡科技与产业. －1996,(3)

台湾科技发展战略概析/刘霜桂//东南亚研究. －1996,(4)

基础科研能力的国际比较研究:国际经合组织国家、台湾和韩国/文武//国外社会科学. －1996,(6)

台湾科技产业的突破与发展/孙道存//东南亚南亚信息. －1996,(12)

台湾的技术能力浅析/赖勤学、徐治立//现代台湾研究. －1996,(总 15)

台湾科技的若干情况调研/高静//世界科技研究与发展. －1997,(1)

台湾新竹科学工业园区发展启示录/寇廷耀//科研管理. －1997,(3)

对台湾经济竞争力排名问题的分析/殷存毅//台湾研究. －1997,(3)

论台湾经济竞争力的发展趋势/林长华//台湾研究集刊. －1997,(3)

台湾新竹科学工业园区的特色与启示/钟坚//深圳大学学报(人文社会科学版). －1997,(4)

中国台湾科技研究发展概况/宋豪举//世界科技研究与发展. －1997,(5)

台湾加工出口区的现状与未来发展趋势——访台湾"经济部"加工出口区管理处副处长洪瑞/王健刚//浦东开发. －1997,(8)

台湾 21 世纪科技发展蓝图/侯国清译//中国高新技术企业杂志. －1998,(2)

台湾发展高新技术产业的动向/林起章//华东科技. －1998,(2)

台湾新竹科学工业园区的特色及启示/栗娜//科技导报. －1998,(3)

世纪之交的台湾科技发展/赵玉榕//台湾农业探索. －1998,(4)

台湾经济增长方式转变的经验及教训/孙敬水//世界经济与政治. －1998,(5)

台湾新竹科学工业园区对浦东开发的启示/杨周彝//上海管理科学. －1998,(6)

异军突起的台湾科技产业/高群服//两岸关系. －1998,(7)

台湾创办出口加工区的经验——读《国鼎丛书》第六册/沈立人//开放导报. －1998,(8)

台湾的"科技岛"计划与科技工业园区建设/李庚//城市. －1999,(1)

赴台湾技术交流考察报告/陶斌岩//机床与液压. －1999,(2)

台湾新竹工业园区的工研院模式/钱文之//中国科技信息. －1999,(2)

台湾发展高新技术产业的主要经验/陈泰生//高科技与产业化. －1999,(3)

台湾发展高科技产业的作法与隐忧/刘建兴//海峡科技与产业. －1999,(3)

台湾新竹科学工业园区建设概况/钟坚//台湾研究集刊. －1999,(4)

台湾发展高新技术产业的作法/陈泰生//海峡科技与产业. －1999,(4)

台湾的创业投资与高科技/应维云//中国改革.－1999,(5)

台湾技术成果转化的关键环节与做法/秦洪明//海峡科技与产业.－1999,(5)

硅谷和新竹的联系:技术团体和产业升级/安娜李·萨克森尼安//经济社会体制比较.－1999,(5)

台湾台南科学工业园区的规划与建设/钟坚//特区经济.－1999,(6)

培育高科技产业的沃土——台湾科学园发展给我们的启迪/林敦//海峡科技与产业.－1999,(6)

台湾是怎样发展高新技术产业的/小光//经济世界.－1999,(7)

台湾创业投资的发展经验及其启示/南方金融.－1999,(7)

台湾创业投资的发展及启示/韩凤芹//经济研究参考.－1999,(8)

亚洲"四小龙"发展高新技术产业的经验及启示/高茜//决策咨询.－1999,(11)

台湾科技产业与经济发展/郑祥//现代台湾研究.－1999,(总25)

台湾如何发展高新技术产业/领导决策信息.－1999,(49)

台湾创业投资事业发展研究/张晓加//台湾研究集刊.－2000,(1)

台湾高科技产业发展中存在的问题/梁宏彦//台湾研究集刊.－2000,(1)

台湾部分产业的回顾与展望/王维//海峡科技与产业.－2000,(1)

台湾高新技术产业发展的经验的启示/郭励弘//政策与管理.－2000,(2)

台湾高科技产业的发展/张祖英//清华大学学报(哲学社会科学版).－2000,(2)

台湾风险投资与新竹科学工业园区的发展/姚慧华//清华大学学报(哲学社会科学版).－2000,(2)

台湾新竹科学工业园区的统计体系/赵彦云//北京统计.－2000,(2)

台湾发展高科技的特点/叶穗瑜//海峡科技与产业.－2000,(4)

台湾科技资源配置的特点与机制及其借鉴意义/朱付元//科学学与科学技术管理.－2000,(5)

台湾政府在高新技术产业发展中的作用及其对广东的启示/吴蕾//广东行政学院学报.－2000,(5)

探究台湾高科技产业之发展/张冰//华东经济管理.－2000,(5)

台湾高科技创新发展浅析/侯广辉//经济前沿.－2000,(5)

台湾之行的启示——科技局局长李连和谈台湾高科技产业考察感受/愚慧//深圳特区科技.－2000,(5)

台湾高技术产业的发展及其启示/张今声//经济社会体制比较.－2000,(6)

台湾部分科技产业的回顾与展望/王维//海峡科技与产业.－2001,(1)

一个不同于"硅谷的"发展模式——对台湾新竹科学工业园区成功崛起的思考/韩正忠//中国科技信息.－2001,(15)

从美国、台湾高科技产业看中国的高新技术产业发展/宋东林//河南科学.－2001,(3)

关于在外向型区域发展本地企业集群的一点思考——墨西哥和我国台湾外向型加工区域的对比分析/王缉慈//世界地理研究.－2001,(3)

台湾地区高科技产业发展及其启示/朱毅//武汉市经济管理干部学院学报.－2001,(3)

台湾地区高科技产业创新活动与竞争力——以专利信息分析之观点探讨/马难先//科技与法律.－2001,(4)

浅析台湾高科技产业发展对建设绵阳科技城的启示/蔡淑华//绵阳师范高等专科学校学报. -2001,(5)

台湾新竹科学工业园区现状/刘祖常//海峡科技与产业. -2001,(5)

发展中的台湾新竹科学工业园区/王金英//今日科技. -2001,(5)

台湾科技产业的现状及其外移原因/张志明//统一论坛. -2001,(5)

台湾重点发展的高科技明星产业（之一）资讯业/霜天//海峡科技与产业. -2001,(6)

从台北国际航太展看台湾的航太业/高群服//海峡科技与产业. -2001,(6)

台湾生物技术产业的调整与21世纪初的走向/林世渊//海峡科技与产业. -2001,(6)

台湾新竹科学工业园区——一个不同与硅谷的发展模式/韩正忠//发展. -2001,(8)

台湾创业投资发展实践及其教训/陈凤娣//台湾研究. -2002,(4)

近年台湾的"竞争力"浅析/刘建兴//统一论坛. -2002,(5)

技术的前瞻性和高成长性——台湾创投追逐的重点/蔡凡//科技创业月刊. -2002,(10)

论台湾地区高新技术产业发展的主要特点和经验/韩莉//北京联合大学学报. -2003,(2)

台湾高科技产业的艰难抉择/黎生强//两岸关系. -2003,(8)

风险投资与高科技产业的互动理论和实证研究——以台湾为例的实证分析/戴淑庚//经济体制改革. -2003,(10)

台湾创业投资事业发展的环境分析/林世渊//亚太经济. -2004,(1)

台湾高科技产业的发展特征/林端宜//海峡科技与产业. -2004,(3)

台湾地区科技发展现况与展望/丁一倪//科技导报. -2004,(9)

台湾环保科技园区的发展现状及其前景/杜强//亚太经济. -2005,(1)

主动学习型创新系统——以台湾地区创新系统为例/张建余//科学学与科学技术管理. -2005,(1)

创业投资与发展南京民营经济——以中国台湾地区创业投资产业发展为例/刘瑞翔//南京社会科学. -2005,(1)

民间投资基础设施需三大保障——以台湾高速铁路BOT方案为例/林晓言//中国投资. -2005,(2)

台湾科技产业竞争力评析/代明//中国科技论坛. -2005,(2)

台湾生物科技园区规划与建设概况/杨军//台湾农业探索. -2005,(4)

高科技台湾的生存命脉/杨喆//海峡科技与产业. -2005,(4)

台湾的科技创新服务体系/周建平//海峡科技与产业. -2005,(5)

对台湾高科技产业发展存在问题的分析/黄鸿都//科学学与科学技术管理. -2005,(7)

台湾地区创业投资发展态势/张波、王竞//中国创业投资与高科技. -2005,(8)

台湾新竹科学工业园区的发展模式及启示/李晔//科学管理研究. -2006,(3)

台湾三大科学工业园区发展概况/王建民//海峡科技与产业. -2006,(3)

台湾支柱产业发展现状及其向岛外转移的趋势/高巍//亚太经济. -2006,(3)

台湾科技发展的总体水平与主要问题/王鹏//海峡科技与产业. -2006,(4)

台湾科技产业的竞争力与两岸科技交

流的关系探讨/胡石青//海峡科技与产业. －2006,(4)

台湾经济竞争力剖析及其发展前景/周忠菲//世界经济研究. －2006,(5)

台湾高新技术产业发展对欠发达地区的启示/常婷婷//科学管理研究. －2006,(5)

出口加工区(EPZs)发展的影响因素分析——台湾、韩国和菲律宾EPZs比较研究/兰勇//科技进步与对策. －2006,(6)

台湾台南科学园区调研报告/毛蕴诗//决策与信息. －2006,(10)

台湾新竹发展高新技术产业的经验及对苏州的启示研究/夏海力//科技创业月刊. －2006,(11)

7. 对外经济关系

台湾引用侨外资本的利弊得失/魏大业//台湾与东亚. －1983,(1)

侨外资本在台湾经济中的地位/常经//台湾研究集刊. －1983,(1)

台湾省与美国经济关系/吴能远//台湾与东亚. －1984,(1)

利用外资与台湾经济发展/吴能远//台湾研究集刊. －1984,(3)

1951至1965年美国对台"经援"试析/葛小佳//台湾研究集刊. －1984,(3)

评台湾平衡台日贸易逆差的策略/张贻达//台湾与东亚. －1984,(5)

台湾三个出口加工区的日本资本/古运全//台湾与东亚. －1984,(5)

日本资本加紧对台湾汽车业的渗透/吴寄南//台湾与东亚. －1984,(6)

"美援"与台湾经济的性质/陈福敏//台湾研究集刊. －1985,(1)

美国私人垄断组织在台湾的直接投资/李非//台湾研究集刊. －1985,(2)

试析外资对台湾外贸的影响/林涛//台湾研究集刊. －1985,(4)

台湾的外资工业选择地点的倾向/[美]罗杰、马克·尔塞耶,张苾芜译//台湾研究集刊. －1986,(2)

对外投资与台湾企业的跨国经营/卢涵//台湾研究集刊. －1986,(4)

台湾的加勒比海盆地投资热剖析/林长华//亚太经济. －1986,(4)

侨资外资与台湾外贸的发展/张贻达//台湾研究集刊. －1987,(1)

台湾的技术引进/翁成受//台湾研究集刊. －1987,(4)

台湾对外投资动向引人注目/李非//国际展望. －1987,(19)

台湾资本对外投资剖析/韩清海//浙江金融. －1988,(7)

台湾技术引进的特点和教训/翁成受//瞭望. －1988,(11)

试析外国资本在台湾的发展及影响/李非//当代国际问题研究. －1989,(3)

东南亚台资浅析/周明伟//台湾研究集刊. －1990,(1)

台湾对外直接投资的发展趋势及其经济影响/李鸿阶//台湾研究集刊. －1990,(4)

近年来台湾对外直接投资浅析/许心鹏//瞭望(海外版). －1990,(32)

80年代后半期台湾成为对外投资者/[日]佐藤幸人,雷慧英译//台湾研究集刊. －1991,(2)

台湾资本大量外流析论/汪慕恒//台湾研究集刊. －1991,(3)

论台湾当局申请加入关贸总协定/张苾芜//台湾研究集刊. －1991,(3)

台湾的对外资本投资:与南朝鲜的比较/[日]涂照彦,汪慕恒译//台湾研究集刊. －1991,(4)

台湾电机电子技术的引进与发展/[日]佐藤幸人，雷慧英译//台湾研究集刊. -1992,(1)

台湾的经济发展与对外直接资本投资/[日]涂照彦，汪慕恒译//台湾研究集刊. -1992,(4)

1991—1992年台湾的外资投资与对外投资/日本贸易振兴会，汪慕恒译//台湾研究集刊. -1993,(2)

台湾的产业升级与日台经济关系/[日]大桥英夫，汪慕恒译//台湾研究集刊. -1993,(4)

欧共体统一大市场建立对台湾的影响及对策/何其帼//中国经济问题. -1993,(4)

试论台湾海外投资的新特点/邓利娟//特区经济. -1993,(11)

试析韩国与台湾经济发展的异同点/李欣欣//亚太研究. -1994,(1)

台湾对外投资趋势/李非//国际贸易. -1994,(9)

1992年、1993年台湾的外资投资与对外投资－日本贸易振兴会白皮书/汪慕恒译//台湾研究集刊. -1994,(3)

台湾“入关”问题概览/怀谷//引进与咨询. -1994,(3)

台湾当局筹设亚太营运中心的目的及影响/叶扬//现代台湾研究. -1994,(3)

台资在亚太地区新流向及扩大吸收台资的思路/黄仲联//现代台湾研究. -1994,(4)

台湾对东南亚投资的动因及前景之分析/崔大宏//台湾研究集刊. -1994,(4)

台湾“入关”的背景、过程及影响/许心鹏//亚太研究. -1994,(5)

台湾建立“亚太营运中心”的举措、前景及对两岸关系的影响/张立新//现代台湾研究. -1995,(1)

台越经贸关系发展对南海局势的影响/周良彪//东南亚研究. -1995,(1)

1993、1994年台湾的外资投资与对外投资/汪慕恒译//台湾研究集刊. -1995,(2)

台湾在东南亚投资的阶段分析/周明伟//台湾研究. -1995,(4)

台湾在印尼投资的现状、特点与趋势/陈恩//东南亚研究. -1995,(6)

日本与台湾机床在东南亚市场竞争状况分析/刘威//机电产品市场. -1995,(11)

台湾加快推动亚太营运中心建设/曾涛//现代台湾研究. -1995,(总11)

浅析台湾当局因应“大东盟”的建立所采取的措施/曾涛//现代台湾研究. -1995,(总12)

台湾利用外资对大陆的借鉴作用/袁慧萍//陕西师范大学学报(哲学社会科学版). -1996,(1)

台湾引资与投资中有关问题及其启示/王倩//陕西师范大学学报(哲学社会科学版). -1996,(1)

台湾吸引外资分析/李非//华侨大学学报(哲学社会科学版). -1996,(1)

台湾对外投资特点/云雨//海峡科技与产业. -1996,(1)

1994—1995年台湾的外资投资与对外投资——日本贸易振兴会白皮书/汪慕恒译//台湾研究集刊. -1996,(2)

台湾与东盟国家关系的现状及其发展趋势综析/曾涛//东南亚研究. -1996,(2)

台湾“南向政策”在越南进展缓慢/周良彪//东南亚研究. -1996,(2)

台湾当局吸引资金与对外投资的政策措施/俞其锐//福建经济管理干部学院学报. -1996,(2)

台湾对外投资现状及特点/殷存毅//台湾研究. -1996,(2)

台湾在东南亚投资分析/周明伟//国际贸易问题. -1996,(3)

台湾吸引外资浅论/林长华//厦门大学学报(哲学社会科学版). -1996,(3)

台湾"亚太营运中心计划"的背景与前景/曹小衡//台湾研究. -1996,(4)

亚太营运中心的困境/陈文鸿//战略与管理. -1996,(4)

九十年代以来台湾与东南亚国家经贸关系的发展/谢法成//东南亚纵横. -1996,(4)

台湾资本在越南的投资发展趋势/汪慕恒//台湾研究集刊. -1996,(4)

台湾省对外经贸新特点/曹小衡//国际贸易. -1996,(7)

世界经贸格局与台湾经济发展/张茂法//国际贸易问题. -1996,(7)

台湾营建"亚太制造中心"面临的商机与挑战/蔡宏明//东南亚南亚信息. -1996,(8)

近年来台湾资本海外投资的流向剖析/周明伟//海南金融. -1996,(10)

评台湾"南向政策"在越南的推行成效/周良彪、罗璟斌//现代台湾研究. -1996,(总13)

台越发展实质关系及对我影响/罗璟斌//现代台湾研究. -1996,(总14)

台湾对东南亚投资的发展过程及其"南向政策"/张洁//现代台湾研究. -1996,(总15)

台湾吸引资金与对外投资的政策措施/俞其锐//投资理论与实践. -1996,(2/3)

台湾对印尼的直接投资浅析/吴崇伯//南洋问题研究. -1997,(1)

台湾对日贸易逆差问题刍议/高群服//台湾研究. -1997,(1)

1995—96年台湾的外资投资与对外投资/汪慕恒译//台湾研究集刊. -1997,(2)

亚太经济整合过程中台湾角色的转变/张冠华//台湾研究. -1997,(3)

论台湾对外直接投资的特点及其影响/林俊国//华侨大学学报(哲学社会科学版). -1997,(3)

从台缩减对日贸易逆差措施看台日经贸关系/刘宏//现代台湾研究. -1997,(总17)

评析台湾当局对中南美洲的"经贸外交"/俞其锐//现代台湾研究. -1997,(总19)

台湾吸引外资和对外投资的现状及特点/郝红梅//国际经济合作. -1998,(1)

日台企业对外直接投资(FDI)的特有优势比较——以中小制造业为例/洪诗鸿//内蒙古工业大学学报(社会科学版). -1998,(1)

台湾对东南亚经贸战略的调整及其前景/王勤//国际贸易问题. -1998,(12)

浅议台美关于台加入WTO达成协议问题/高群服//台湾研究. -1998,(2)

东南亚金融危机与台湾资本海外投资流向/汪慕恒//台湾研究集刊. -1998,(2)

台湾借东南亚金融危机重启南向政策/陈文//东南亚纵横. -1998,(3)

1996～1997年台湾的外资投资与对外投资——日本贸易振兴会白皮书/汪慕恒译//台湾研究集刊. -1998,(3)

台湾资本输出的现状和政策介评/刘建兴//台湾研究. -1998,(3)

急于加入WTO的重大让步——浅析台美协议草签的背景及其反响/高群服//中国市场. -1998,(4)

台湾实施"亚太营运中心计划"的进展

与前景/邓利娟//亚太经济. -1998,(5)

东南亚金融危机下的台湾对东南亚投资/高群服//中国党政干部论坛. -1998,(8)

台湾当局重启“南向政策”的原因及其现状/张洁//现代台湾研究. -1998,(总22)

台湾“南向政策”述评/陈蘋//现代台湾研究. -1998,(总24)

日本资本对台湾直接投资的发展与趋势/庄义逊//台湾研究集刊. -1999,(1)

台湾的海外投资与货币危机/[日]刘庆瑞,杨维中译//台湾研究集刊. -1999,(1)

冷战前期美国亚太政策对海峡两岸经济发展的影响/张德明//武汉大学学报(社会科学版). -1999,(1)

台湾加入关贸总协定与世界贸易组织析论/朱秀华、洪涛//台湾研究集刊. -1999,(2)

1997—1998年台湾的外资投资与对外投资——1999年日本贸易振兴会白皮书：投资篇/汪慕恒译//台湾研究集刊. -1999,(2)

台湾对马来西亚直接投资分析/陈鹭//南洋问题研究. -1999,(2)

华侨资本对台湾投资的发展与趋势/庄义逊//华侨华人历史研究. -1999,(2)

台湾资本在东南亚地区的投资流向剖析/汪慕恒//东南学术. -1999,(2)

台湾资本海外投资流向变化趋势剖析/汪慕恒//太平洋学报. -1999,(2)

台湾在世界半导体产业中的地位/陈文华//半导体技术. -1999,(4)

台湾对外资企业的管理与服务/庄义逊//中国工商管理研究. -1999,(5)

美国资本对台湾直接投资的发展及趋势/庄义逊//亚太经济. -1999,(5)

华侨华人资源对台湾经济发展的贡献/林珊//亚太经济. -1999,(6)

美国对台湾的技术输出/代兵//世界经济与政治. -1999,(9)

外商在台湾的直接投资形态分析/庄义逊//现代台湾研究. -1999,(总28)

台湾对海外台胞资源的利用分析/厦南国//台湾研究. -2000,(1)

试论战后的日台贸易关系/林长华//台湾研究集刊. -2000,(1)

一个中国原则与台湾加入世贸组织问题/黄献光//台湾农业探索. -2000,(1)

1998 -1999年台湾的外资投资与对外投资——日本贸易振兴会《2000年投资白皮书》/汪慕恒译//台湾研究集刊. -2000,(2)

台湾技术引进的发展问题及趋势/庄义逊//台湾研究. -2000,(3)

台湾对外经贸地区结构的动态分析/朱磊//台湾研究. -2000,(3)

战后日台贸易逆差析论/张茜红//现代台湾研究. -2000,(4)

试析台湾在泰国的直接投资/周闽//厦门特区党校学报. -2000,(6)

二战后日台贸易逆差析论/刘桂兰//河南师范大学学报(哲学社会科学版). -2000,(6)

台湾地区对外投资产业选择策略的演变/方爱华//中国软科学. -2000,(7)

台湾在东南亚投资剖析/周明伟//经济师. -2000,(8)

台湾是如何面对WTO的?/梁全顺//中国牧业通讯. -2000,(12)

台湾对印度尼西亚的投资关系分析/林梅//东南亚. -2001,(1)

新经济对台美经济关系的影响/朱磊//台湾研究. -2001,(1)

对台湾产业资本外移的几点判断/朱钟棣//亚太经济.－2001,(2)

台湾在泰国的直接投资探析/周明伟//贵州财经学院学报.－2001,(2)

台湾纺织业加入WTO之因应策略/刘瑞图//中国纺织经济.－2001,(2)

韩台发展高科技产业的比较分析/王鹏//亚太经济.－2001,(2)

台湾产业加入WTO影响与因应对策/俞其锐//改革与战略.－2001,(2)

1999—2000年台湾的外资投资与对外投资——日本贸易振兴会《2001年投资白皮书》/汪慕恒译//台湾研究集刊.－2001,(2)

战后美台投资关系研究/林长华//厦门大学学报(哲学社会科学版).－2001,(3)

台湾高科技产业"西移"趋势分析/詹泽兰//海峡科技与产业.－2001,(3)

20世纪90年代澳大利亚与台湾、韩国经贸关系回顾/刘德海//苏州铁道师范学院学报(社会科学版).－2001,(4)

试析台湾经济对外依赖程度及承受外部风险能力/王建民//台湾研究.－2001,(4)

台湾产业外移特点与我省对策/赵奕山//亚太经济.－2001,(5)

入世后台湾传统产业面临的困境/张庆武//海峡科技与产业.－2001,(6)

台湾高科技产业西移趋势分析/林世渊//开放导报.－2001,(12)

台商西进投资新趋向/王建民//今日中国(中文版).－2001,(12)

加入WTO对台湾高科技产业的影响/世渊//海峡科技与产业.－2002,(1)

全球化趋势与台湾产业发展的前景/麦朝成//开放导报.－2002,(1)

两岸入世对东亚经济的影响/高尚全//开放导报.－2002,(1)

借鉴台湾经验发展合格外国机构投资者/何春建//北方经济.－2002,(1)

21世纪初台湾高科技产业"西移"的趋势/林世渊//台湾研究集刊.－2002,(1)

东亚经济格局的变化与台湾经济的未来/林凌//社会科学研究.－2002,(2)

东亚区域经济合作及对两岸关系的影响/许世铨//台湾研究.－2002,(2)

台湾韩国新加坡对外投资对我国民营企业的启示/徐晓玲//宁波职业技术学院学报.－2002,(3)

美援与战后台湾的经济改造/牛可//美国研究.－2002,(3)

美国及台湾地区风险投资项目评估决策/山城//华东科技.－2002,(3)

2000—2001年台湾的外资投资与对外投资——日本贸易振兴会投资白皮书(2000年)/汪慕恒译//台湾研究集刊.－2002,(3)

美援与中国台湾的制度创新/崔天模//经济学家.－2002,(4)

加入WTO对台湾经济的影响及其因应/陈向聪//亚太经济.－2002,(5)

台湾在亚太地区投资分析/周明伟//当代亚太.－2002,(6)

台湾加入WTO的应对策略及措施/殷存毅//开放导报.－2002,(10)

台湾重启"南向政策"剖析/肖锦松//现代台湾研究.－2002,(12)

台湾当局何以重提"南向"政策?/苏志军//两岸关系.－2003,(1)

2001—2002年台湾外资投资、对外贸易的现状与走势——日本贸易振兴会白皮书/汪慕恒译//台湾研究集刊.－2003,(1)

台湾推行新"南向政策"分析/周明伟//南洋问题研究.－2003,(1)

台湾对东南亚直接投资与"南向政策"/

王勤//台湾研究集刊. －2003,(2)

台湾第三波“南向政策”之考察/顾武英//现代台湾研究. －2003,(2)

台湾与越南经贸关系日渐加强/许梅//当代亚太. －2003,(3)

全球经济一体化与两岸经济协作/林长华//厦门大学学报(哲学社会科学版). －2003,(3)

2002—2003年台湾的对外贸易与外资投资——日本贸易振兴会白皮书/汪慕恒译//台湾研究集刊. －2003,(4)

台湾在东南亚直接投资的现状与趋势/王勤//当代亚太. －2003,(4)

从亚太区域经贸合作趋势论未来海峡两岸经贸关系发展/周明伟//厦门特区党校学报. －2003,(5)

影响台湾经济走势的内外部因素分析/舒萍//南开经济研究. －2003,(6)

国际经济组织与两岸互动——从亚洲金融风暴谈起/麦瑞台//广西财政高等专科学校学报. －2003,(6)

台湾当局“南向政策”透视/冯邦彦//暨南学报(人文科学与社会科学版). －2003,(6)

台商“南向”解析：对外投资/王惠、刘震涛//现代台湾研究. －2003,(6)

我国两岸三地对美直接投资的进入模式：一项基于数据的分析报告/张一弛//管理世界. －2003,(10)

台湾与东盟经贸关系的现状与前景/周明伟//当代亚太. －2003,(10)

台湾对外直接投资特点分析/朱芳//青海金融. －2003,(12)

台湾资讯产业“西移”与经济安全/徐翠红//海峡科技与产业. －2004,(1)

试析台湾海外经济关系的转变/邓利娟//亚太经济. －2004,(1)

东亚经济一体化格局下台湾经济的边缘化/石正方//厦门大学学报(哲学社会科学版). －2004,(1)

台湾对东南亚的投资分析与发展趋势/李骁//云南社会主义学院学报. －2004,(2)

评析韩国、台湾资本市场对外开放的方法与策略/赵昆//中共杭州市委党校学报. －2004,(3)

CEPA对台湾的影响/吴莉芳//两岸关系. －2004,(4)

台湾与东南亚经贸关系现状分析/周明伟//厦门特区党校学报. －2004,(6)

如何看待国际机构对台湾竞争力与投资环境的评估/王建民//海峡科技与产业. －2004,(6)

台湾合格境外投资者制度的缺陷与借鉴/陈式龙//海峡科技与产业. －2004,(6)

台湾在越南投资分析/周明伟//当代亚太. －2004,(8)

台湾地区对外投资、侨外投资的发展探析/石正方//国际贸易问题. －2004,(12)

台湾地区中小企业海外投资国际化进程研究/廖勇凯//国际贸易问题. －2004,(12)

台湾和日本资本输出管理的经验及对我国的启示/宋建军//财经问题研究. －2005,(2)

台湾全力打造亚太生物中心/温民能//海峡科技与产业. －2005,(3)

政治多元化与港澳台族群的和平跨居——全球化背景下的华南经济圈研究之三/廖杨//广西民族研究. －2005,(3)

香港、台湾、东南亚华人企业集团的海外事业扩展/崔晨、柳弘//南洋资料译丛. －2005,(4)

台湾对东盟国家和大陆投资比较分析/刘国彬、李寿双//广西民族学院学报(哲学

社会科学版).－2005,(5)

台湾国际竞争力及其经济状况分析——依据近年台湾在世界经济论坛上的排名情况/徐莉//海峡科技与产业.－2005,(5)

从CEPA看中国四方一体化——一项基于区域经济合作视角的分析/周忠菲//亚太经济.－2005,(5)

中国各区域对外贸易的决定因素分析——中国八大区域与东亚三经济体间的贸易/李准晔//经济研究.－2005,(8)

微妙的三角日、韩、台三地产业转移/涂东晓//新财经.－2005,(8)

LED跨国公司的专利策略及台湾LED产业的应对策略/孟海燕//电子知识产权.－2005,(9)

EMV迁移:亚太地区四个市场全面启动/建华//金卡工程.－2005,(10)

"南向政策"挡不住西进潮流/刘荣茂、李岳云//现代经济探讨.－2005,(11)

亚太地区产业结构优化升级的共性与特性/薛亚芹、王述英//太平洋学报.－2005,(12)

亚太地区经济合作的新格局与海峡西岸经济区建设/马元柱//学术问题研究.－2006,(1)

亚洲经济一体化与台湾经济的困境/钟美荣//江西金融职工大学学报.－2006,(4)

东亚经济整合对台湾经济及发展战略的影响/刘国彬//广西民族学院学报(哲学社会科学版).－2006,(5)

台湾当局"南进印度"透视/陈蘋//福建论坛(人文社会科学版).－2006,(8)

相对、绝对收益之矛盾与台湾当局的东亚区域政策/王少//当代亚太.－2006,(11)

政策因素对境外投资的介入及其效果——基于新加坡和中国台湾的案例分析/梁若冰//当代亚太.－2006,(11)

中国—东盟自由贸易区对台湾地区经济的影响/陈雯//国际贸易问题.－2006,(8)

台湾加入关贸总协定的经济分析/许心鹏//经济导报(香港).－1994,(239)

台湾入世面面观/张冠华//海峡(香港).－2001,(12)

台湾招商引资出新招/王建民//经济导报(香港).－2003,(13)

海内外大企业在台设研中心升温/王建民//经济导报(香港).－2003,(26)

台湾签署"自由贸易协定"的背后/朱磊//经济导报(香港).－2003,(36)

8.劳动经济

台湾的人力开发与经济发展/庄义仁//台湾与东亚.－1984,(5)

台湾笼络海外华裔科技人才的措施/姜玲芝//台湾与东亚.－1984,(12)

台湾的经济发展和劳动力市场结构/[日]陈俊勋,雷慧英译//台湾研究集刊.－1985,(2)

目前台湾工业劳动力存在的三个问题/林长华//台湾研究集刊.－1985,(4)

试论台湾的劳动工资问题/林长华//台湾研究集刊.－1986,(3)

台湾农业劳动力流动浅析/赵玉榕//台湾研究集刊.－1987,(3)

台湾80年代的工资与物价/林长华//台湾研究集刊.－1988,(4)

台湾农业劳动力轉移问题探析/韩俊//台湾研究集刊.－1988,(4)

论台湾的基本工资调整/林长华//台湾研究集刊.－1992,(4)

台湾就业市场若干特点分析/何其帼//

台湾研究集刊. －1992,(4)

台湾的劳工短缺与工业升级/林长华//厦门大学学报. －1993,(2)

台湾输入劳工的基本要求和条件/黄璧//国际市场. －1994,(1)

台湾职业训练政策与立法之概说/余焕模//职业教育研究. －1994,(6)

台湾职业训练的演进历程/余焕模//职业教育研究. －1994,(9)

台湾的人力资源开发/杨欢进//生产力研究. －1995,(6)

台湾妇女状况与工作对策/张全林//现代台湾研究. －1995,(总10)

从劳动市场变化看台湾职业训练的发展趋势/承上//台湾研究集刊. －1996,(1)

台湾吸引人才的有益经验/俞云平//中国科技信息. －1996,(2)

台湾产业升级中的人才培养/江华//石油大学学报(社会科学版). －1996,(2)

台湾外籍劳工问题探析/黄安余//现代台湾研究. －1996,(总15)

台湾光复以来的劳资关系状况考察(续)/杨立宪//台湾研究. －1997,(2)

台湾的职工薪资统计/施祖辉//统计与预测. －1997,(4)

论台湾引进外籍劳工的影响/黄安余//台湾研究集刊. －1997,(4)

台湾的收入分配/吴献斌//当代亚太. －1998,(9)

论台湾外籍劳工政策中的大陆劳工问题/黄安余//现代台湾研究. －1998,(总21)

近年来台湾妇女职业地位状况与原因分析/颜士梅//现代台湾研究. －1998,(总23)

台湾人力资源开发的启示/程剑薇//漳州职业大学学报. －2000,(1)

台湾地区人才外流与回归成因分析及启示/王洪兵//湖北广播电视大学学报. －2000,(1)

台湾农工就业互动与劳工特点评析/黄安余//台湾研究. －2000,(2)

台湾经济转型与制造业劳动成本变动/王兴化、张锐钢//台湾研究集刊. －2000,(3)

台湾引进外籍劳工之分析/何海兵//现代台湾研究. －2000,(3)

日益恶化的台湾失业问题刍议/王涛//现代台湾研究. －2001,(2)

台湾生物技术产业人才的培育/黄晓艺//海峡科技与产业. －2002,(3)

当前台湾失业问题剖析/林长华//台湾研究集刊. －2002,(4)

对台湾人力资源开发的考察/严正//亚太经济. －2002,(4)

台湾现代人力资源开发分析/张向前//海峡科技与产业. －2002,(4)

浅析台湾失业情势恶化的成因/何隽//现代台湾研究. －2002,(5)

教育、人力资本和兼顾公平的增长——理论、台湾经验及启示/陈钊//上海经济研究. －2002,(11)

台湾人才政策对福建人力资源开发的启示/张退之//中国人力资源开发. －2002,(12)

祖国大陆与台湾吸引海外华人人才措施之比较/刘权//华侨华人历史研究. －2003,(1)

台湾高级人才的新远见/杨金定//两岸关系. －2003,(1)

当前台湾失业状况及当局的应对措施/高群服//现代台湾研究. －2003,(2)

我国台湾就业保障体系与失业保险制度的演进/宋斌文//人口学刊. －2003,(3)

试析台湾失业问题/刘俊//现代台湾研究. -2003,(4)

台湾人才竞争力衰退的隐忧及其根源/刘建兴//统一论坛. -2003,(4)

影响台湾内部迁徙的经济因素探讨/洪嘉瑜//深圳大学学报(人文社会科学版). -2003,(5)

入世后两岸四地人才资源投入产出模型理论分析/张向前//工业技术经济. -2003,(5)

韩国及香港、台湾地区人力资源开发对西部的启示/张嘉强//西部论丛. -2003,(5)

台湾劳工养老保险“三重安全网”的探讨/王秋寅//中南大学学报(社会科学版). -2003,(6)

台湾人力资源开发对福建的启示/张退之//中国职业技术教育. -2003,(14)

中国大陆、台湾、香港服务业女性职业前景——一项英国经济、社会科学基金项目(ESRC)研究计划/伍锡康(PatriciaFosh)//中华女子学院学报. -2004,(2)

台湾企业的退休金制度/林姗姗//海峡科技与产业. -2004,(2)

两岸四地人力资源与经济发展综合评价指标体系构建分析/张向前//内江师范学院学报. -2004,(4)

日、韩及台湾地区农村劳动力转移的经验与启示/王均文//山东经济战略研究. -2004,(4)

台湾产业升级中人力资源的运用及启示/廖明//两岸关系. -2004,(6)

韩国、日本、新加坡、台湾地区企业人力资源开发与管理掠影/张红霞//现代人才. -2005,(1)

人力资源市场化的一种模式——台湾1111人力银行/李永泰//海峡科技与产业. -2005,(2)

大陆与台湾农业劳动力转移比较研究/黄安余//江海学刊. -2005,(2)

台湾的外籍劳动力发展状况及其影响分析/张洁//现代台湾研究. -2005,(3)

台湾青少年就业分析/黄安余//青年探索. -2005,(4)

试析台湾妇女的经济参与度:妇女就业/陈美云//现代台湾研究. -2005,(5)

台湾劳动力流动方式及成因分析/黄安余//学术界. -2005,(5)

台湾外派人员无边界职业观的实证研究/李鸿波、万希//重庆大学学报(社会科学版). -2005,(6)

职业培训系统工程分析——台湾某企业集团职业培训系统研究/黄志昌//中国职业技术教. -2005,(9)

台湾地区专业人力需求分析/孙仲山、王信智//职业技术教育. -2005,(16)

台湾地区人力资本投资与经济增长关系研究/王鹏//厦门大学学报(哲学社会科学版). -2006,(2)

台湾产业就业人力结构变动与人力资源发展/李朝贤//武汉职业技术学院学报. -2006,(3)

台湾外籍劳工对就业的影响及对策/黄安余//产业与科技论坛. -2006,(4)

台湾现代农业人力资本的变化及对大陆的启示/闫逢柱//中国农学通报. -2006,(4)

台湾人才资源开发策略对广东的启示/曾建权//生产力研究. -2006,(8)

9. 企业经济

台湾的集团企业/韩清海//台湾研究集刊. -1983,(1)

台湾私人资本主义集团企业的性质及其发展趋向/林长华//台湾研究集刊. -

1983,(1)

台湾中小企业素质初探/益步//台湾与东亚. -1984,(12)

经济实力迅速膨胀的台湾"集团企业"/刘映仙//台湾研究集刊. -1985,(1)

国泰财团的勃兴与瓦解/韩清海//台湾研究集刊. -1985,(4)

台塑关系企业经营管理初探/翁成受//台湾研究集刊. -1985,(4)

台湾的企业家、国家与跨国公司/汤姆斯·B. 戈尔德,周翔鹤、刘国奋译//台湾研究集刊. -1986,(1)

台湾的中小企业/翁成受//台湾研究集刊. -1986,(4)

台湾官僚资本企业管理体制的特点和问题/林长华//台湾研究集刊. -1987,(3)

国营企业、外资企业与民营企业在台湾工业化过程中的作用/[日]刘进庆等,翁成受译//台湾研究集刊. -1989,(2、3)

台湾集团企业的现状及趋势/韩清海//台湾研究集刊. -1989,(3)

浅析台湾的中小企业/李非//台湾研究. -1989,(3)

台湾公营资本的特征及其发展趋势/李非//台湾研究. -1990,(1)

台湾财团向"多国籍企业"发展趋势剖析/韩清海//台湾研究集刊. -1990,(2、3)

台湾的中小企业问题与国际分工/[日]刘进庆,雷慧英译//台湾研究集刊. -1990,(2、3、4)-1991,(1)

台湾公营企业在海外的投资活动/郁林//台湾研究集刊. -1991,(1)

台湾民营跨国公司的经营策略/卢涵//台湾研究集刊. -1991,(3)

台湾企业集团的特征和资本积累形态/韩清海//台湾研究集刊. -1992,(1)

论台湾产业转型期的中小企业/林长华//台湾研究. -1993,(2)

王永庆经营理念初探/廖延豹//台湾研究集刊. -1993,(2)

中小企业与台湾经济的发展/何其帼//城乡经济. -1993,(10)

试论台湾创业投资事业的特点/林世渊//科技导报. -1995,(1)

当前台湾中小企业发展中的问题/高群服//经济导刊. -1995,(2)

台湾中小企业的兴起和发展政策——访台湾中央大学管理学院院长单骥教授/徐惠容//开放导报. -1995,(2)

台湾中小企业的发展及作用/沈杰//中国乡镇企业. -1995,(2)

从当前台湾中小企业的困境得到的一些启示/林长华//中国中小企业. -1995,(2)

台湾中小企业发展概览/陈乃醒//中国工业经济. -1995,(3)

台湾中小企业的发展及启示/韩菁//中国集体经济. -1995,(3)

论台湾私人企业集团化的发展趋势/林长华//台湾研究集刊. -1995,(3,(4)

东亚的资本主义与文化——对韩国与台湾不同的企业结构的分析/尹保云//战略与管理. -1995,(4)

台湾中小企业的二重性特征/李非//中国中小企业. -1995,(5)

台湾中小企业的发展及其特性/李非//山东对外经贸. -1995,(6)

台湾公营企业分析/李非//中国经济问题. -1995,(6)

台湾中小企业的发展经验及借鉴/邱凯//现代企业. -1995,(11)

台湾中小企业生长的启示/李军//发展论坛. -1996,(1)

台湾集团企业的发展与特色/李非//台

湾研究.－1996,(1)

香港台湾企业文化浅析/刘诚实//企业文化.－1996,(1)

台湾企业管理四十年变迁/史可鉴//市场观察.－1996,(1)

台湾中小企业的基本特征/刘建兴//海峡科技与产业.－1996,(2)

台湾地区企业集团运行模式的研究/丁安华//港澳经济.－1996,(2)

我国大陆与台湾香港公司能力的比较研究/赖紫宁//法学评论.－1996,(2)

台塑企业集团的经营现状/赵文骝//广东化工.－1996,(2)

台湾中小企业的联合创新/夏晓林//亚太经济.－1996,(3)

台湾中小企业发展探析/王乐忠//山东大学学报(社会科学版).－1996,(4)

台湾家族企业的内部整合及其领导风格/孙治本//战略与管理.－1996,(5)

困惑·参照·觅路——读《台湾公营企业运行机制研究》/沈立人//开放导报.－1996,(5)

台湾、香港中小企业发展状况比较/薛加玉//南方经济.－1996,(6)

台湾对中小企业发展的扶持及其启示/杨美景//特区经济.－1996,(6)

亚洲“四小”自由企业制度的建立和发展/杜方利//世界经济.－1996,(7)

宏碁的营销策略/之迪//东南亚南亚信息.－1996,(19)

台湾中小企业面面观/卞新国//镇江师专学报(社会科学版).－1997,(1)

台湾中小企业对外直接投资的主要特点和策略/陈永清//港澳经济.－1997,(1)

台湾中小企业的成功与大陆中小企业的发展/高帆//陕西社会主义学院学报.－1997,(1)

台湾公营事业发展状况及其面临困境/韩清海//台湾研究.－1997,(2)

台湾“老板”的企业发展/[日]沼崎一郎,雷慧英译//台湾研究集刊.－1997,(2)

海峡两岸中小企业管理的比较与借鉴/林峰//华侨大学学报(哲学社会科学版).－1997,(3)

台湾中小企业发展问题研究/李红梅//台湾研究.－1997,(3)

试论台湾大型家族企业集团世代交替/王绪圻//台湾研究.－1997,(4)

台资企业融资的探讨/邓利娟//中国中小企业.－1997,(7)

台湾中小企业的成功和大陆私营经济的发展/刘秋芳//河南科技.－1997,(7)

台湾中小企业的对外直接投资/陈永清//经济前沿.－1997,(8)

台湾中小企业面临的困难及发展对策/刘雅静//外国经济与管理.－1997,(12)

台湾企业集团的发展及其特点/张洁//现代台湾研究.－1997,(总17)

台湾中小企业产业网络浅析/陈蘋//现代台湾研究.－1997,(总20)

台湾中小企业的发展转型及未来走向/时旸//现代台湾研究.－1997,(总20)

论台湾中小企业及其经济转型/高群服//南开管理评论.－1998,(3)

台湾中小企业辅导政策及其启迪——兼评“抓大放小”的国有企业改革战略/李红梅//首都师范大学学报(社会科学版.－1998,(3)

台湾安度东南亚金融危机,中小企业功不可没/韩文亮//中国中小企业.－1998,(4)

台湾中小企业突破发展瓶颈的难题及其走势/颜士梅//浙江大学学报(人文社会科学版).－1998,(4)

台湾中小企业发展经验与启示/陈剑屏//汕头大学学报(人文科学版).－1998,(5)

台湾中小企业的外销策略/亚诺//经营管理者.－1998,(6)

台湾经济的主流——中小企业/邱明正//中国外资.－1998,(6)

台湾小企业的管理机制/邱明玉//工厂管理.－1998,(9)

台湾企业的走向——南向、西向,不如“内向”/[美]沈己尧//台声.－1998,(10)

台湾中小企业的发展及其地位/陆笑炎//上海对台工作.－1998,(11)

台湾企业竞争力的提高及其启示/张国华//上海企业.－1998,(12)

台湾中小企业问题及政策研究/高群服//现代台湾研究.－1998,(总24)

近期台湾企业爆发财务危机述评/高群服//瞭望.－1998,(51)

台湾中小企业发展政策及其借鉴意义/刘根荣//开放潮.－1999,(1)

台湾企业的质量经营/毓华摘//建筑机械化.－1999,(2)

台湾中小企业的发展及其对大陆的启示/刘彦生//东南学术.－1999,(2)

台湾中小企业发展情况概览/柳红//改革.－1999,(2、3)

台湾企管顾问工作对大陆的借鉴意义/颜光华//经济与管理.－1999,(3)

来自“中小企业王国”的报告——台湾中小企业发展的历程及其成功经验/凌耀初//学术季刊.－1999,(3)

香港台湾发展小企业的经验/丁伯康//金融信息参考.－1999,(3)

台湾中小企业发展问题探析/吴传清//经济评论.－1999,(3)

知识型企业竞风流——台湾成长最快的百家企业透析/夏静//中国市场.－1999,(4)

近十年台湾制造业中小企业的发展与调整/洪民荣//台湾研究集刊.－1999,(4)

台湾成功发展中小企业的有益启示及其金融思考/周长春//江南论坛.－1999,(4)

台湾成功发展中小企业的有益启示/马济良//农村金融研究.－1999,(9)

台湾中小企业的发展经验及其借鉴/陈晓红//国有资产管理.－1999,(12)

台湾中小企业融资体系剖析与借鉴/张文棋//现代台湾研究.－1999,(总25)

台湾中小企业的融资困境、因应与借鉴/苏美祥//现代台湾研究.－1999,(总28)

从台湾企业产品开发经验谈产品设计企划与开发/纺织导报.－2000,(1)

浅析王永庆的用人艺术/曾建权//台湾研究.－2000,(1)

台湾中小企业发展面面观/黄立军//发展研究.－2000,(3)

论台湾集团企业的发展趋势/林长华//亚太经济.－2000,(3)

台湾企业策略联盟风之所想/贺印梅//海峡科技与产业.－2000,(3)

台湾“中国钢铁公司”经营管理成功之道/吴质义//工业工程与管理.－2000,(5)

台湾中小企业的发展方向/贺云//海峡科技与产业.－2000,(5)

台湾中小企业的发展对福建的启示和借鉴/黄立军//海峡科技与产业.－2000,(5、6)

台湾乡村企业发展的启示/陈萍//中国农村经济.－2000,(6)

“入世”与台湾企业经营战略调整/林世渊//亚太经济.－2000,(6)

台湾的企业管理新趋势/林世渊//海峡

科技与产业. -2000,(6)

台湾中小企业发展历程的启示/田丹//经济论坛. -2000,(9)

台湾企业发展的几点启示/张殿远//中共宁波市委党校学报. -2001,(2)

创业育成中心与台湾中小企业的技术升级/林世渊//海峡科技与产业. -2001,(3)

台湾企业"e化"的趋势与特点/林世渊//海峡科技与产业. -2001,(5)

企业联盟管理技术的合并应用——台湾企业管理模式/黄福堂//企业活力. -2001,(8)

从独家垄断到开放竞争——台湾石油市场与台湾中油公司转型/穆爽//石油企业管理. -2001,(10)

台湾企业e趋势:多用网络,少用马路/林世渊//企业研究. -2001,(12)

借鉴台湾企业管理经验发展大陆中小企业/张雪峰//现代财经-天津财经学院学报. -2001,(12)

台湾中小企业成功给我们的启示/蒋磊//经济论坛. -2001,(17)

资讯基础建设与台湾企业e化/林世渊//中国电子商务. -2001,(21)

台湾家族企业培养接班人的做法及启示/郑胜利//乡镇企业研究. -2002,(1)

台湾中小企业技术进步的问题、辅导策略及启示/颜士梅//科技进步与对策. -2002,(1)

台湾关系企业中弱势群体的权益保护——兼谈台湾关系企业的公司立法/叶秋华//河南省政法管理干部学院学报. -2002,(1)

进口替代时期台湾企业的成长环境与发展概况/韩清海//台湾研究集刊. -2002,(1)

台湾中小企业海外直接投资研究/杨大楷//世界经济研究. -2002,(1)

台湾中小企业创业决策关键因素/李自如//中南工业大学学报(社会科学版). -2002,(2)

浅谈台湾公有企业改革中的问题/赵东//海峡科技与产业. -2002,(3)

台湾中小企业的市场竞争态势分析/郭惠玲//海峡科技与产业. -2002,(3)

台湾企业管理伦理评述/刘军平//西安联合大学学报. -2002,(3)

企业训练与组织绩效关系之探讨——以台湾地区制造业为例/黄同圳//人类工效学. -2002,(3)

台湾发展中小企业经验的启示/陈一平//世界经济与政治论坛. -2002,(4)

台湾中小企业界定标准的演变分析与启示/林汉川//福建论坛(经济社会版). -2002,(4)

台湾家族企业的管理模式/卢长宝//海峡科技与产业. -2002,(4)

世纪之交的台湾集团企业/何绵山//海峡科技与产业. -2002,(5)

台湾集团企业经济的走向和特点/何绵山//海峡两岸. -2002,(10)

台湾中小企业何以能成为国际化的先锋/邓晓华//中国高新区. -2002,(12)

台湾中小企业的发展现状/龙志和//社会科学论坛. -2002,(12)

台湾物流企业的运作模式/高霞//中国物流与采购. -2002,(12)

台湾中小企业采用知识管理之研究/梁定澎//合肥工业大学学报(自然科学版). -2003,(1)

台湾创业投资的运作模式及其经验借鉴/夏龙河//世界经济研究. -2003,(1)

国际化的先锋——台湾中小企业/邓晓

华//统一论坛. -2003,(2)

比较台湾和温州民间信用的发展，揭示民间信用和中小企业的相互关系/吴晓棠//温州大学学报. -2003,(2)

韩国、日本和台湾地区中小企业发展经验与借鉴/王爱武//现代技能开发. -2003,(3)

公营企业民营化及民营企业在台湾经济发展中的作用/佟建寅//工会理论与实践-中国工运学院学报. -2003,(4)

我国台湾地区中小企业何以能成为国际化的先锋/邓晓华//苏南科技开发. -2003,(4)

两岸企业薪资管理的差异及其改革/李自如//中南大学学报（社会科学版）. -2003,(6)

我国台湾地区中小企业的发展及启示/刘秋芳//河南省政法管理干部学院学报. -2003,(6)

台企研发本土化方兴未艾/张传国//两岸关系. -2003,(9)

台湾中小企业竞争市场五策略/王梅//市场周刊. 商务. -2003,(11)

创新始于平常——台湾连锁小吃创业成功揭秘/朱政广//管理与财富. -2003,(11)

面对市场流失台湾业者要做好产业规划和分析/林则宏//出版参考. -2003,(19)

台湾中小企业的发展与产业结构调整/林苗挺//三明高等专科学校学报. -2004,(1)

我国台湾企业的专利管理及其绩效研究/王立军//电子知识产权. -2004,(1)

台湾中小企业发展新趋势/闫守常//商业研究. -2004,(1)

留根？拔根？台湾企业面临的选择/林其屏//现代台湾研究. -2004,(2)

对台湾“联邦”企业文化理念的一次探究/叶文瑜//北京电影学院学报. -2004,(4)

台湾中小企业发展及其辅导政策/赖文凤//亚太经济. -2004,(5)

从独立董事的角度看传统文化对家族企业的影响——对台湾与美国的家族企业进行比较/方璇//中外企业家. -2004,(6)

台湾中小企业发展的政策环境与启示/徐宗玲//开发研究. -2004,(6)

关于台湾地区中小企业社会服务支持体系的几点思考/邓泽宏//科技进步与对策. -2004,(6)

论传统文化对家族企业及其独立董事的影响——兼对中国台湾与美国的家族企业进行比较/卓文燕//市场周刊. 财经论坛. -2004,(7)

论软规制建设与中小企业的发展问题——兼论香港、台湾、浙江中小企业发展的软环境建设/邓泽宏//江汉论坛. -2004,(9)

从台湾理律员工舞弊案看企业内部控制/徐岩//合作经济与科技. -2004,(23)

台湾中小企业主经济思想探微/柳杨//现代台湾研究. -2005,(1)

论二十世纪晚期台湾公营企业民营化/杨志军//湖南商学院学报. -2005,(4)

风险投资及德恩创投案例研究（下）/刘震涛、王鹏//海峡科技与产业. -2005,(4)

台湾中小企业辅导机制对厦门发展民营经济的启示及对策/石正方//亚太经济. -2005,(5)

应用竞争政策扶持中小企业发展——以台湾地区为例/韩竹//开放导报. -2005,(5)

台湾中小企业迅速国际化的原因/黎海波//海峡科技与产业. -2005,(5)

深化企业改革规范治理结构——海峡两岸企业改革与重组学术研讨会综述/邵学峰//经济与管理研究. －2005,(11)

台湾高科技企业发展经验分析/黄大卫//现代管理科学. －2005,(11)

台湾企业文化浅探/韦莹//经济与社会发展. －2005,(12)

基于子整体组织模式对企业知识共享与创新管理的探究——关于三家台湾计算机公司的案例分析/梁多//现代管理科学. －2006,(1)

台湾的企业并购分析/吴洪//北京邮电大学学报(社会科学版). －2006,(2)

台湾中小企业的信用保证基金/黎海波//海峡科技与产业. －2006,(2)

基于战略视角探讨企业购并后的经营效率——以台湾金融控股企业为例/邱华创//太平洋学报. －2006,(2)

台湾企业策略联盟绩效评估/黄西真//亚太经济. －2006,(3)

台湾地区中小企业对外直接投资发展研究/韦昌鑫//对外经济贸易大学学报. －2006,(4)

台湾中小企业与大陆乡镇企业比较研究/刘红伟//现代乡镇. －2006,(4)

台湾中小企业融资体制对大陆的启示/阮春燕//时代经贸(理论版). －2006,(5)

台湾中小企业对外直接投资的发展及启示/韦昌鑫//国际经贸探索. －2006,(5)

台湾中小企业国际化的成功经验及启示/尹红欣//特区经济. －2006,(8)

台湾企业的效益观/杨建中//中外企业文化. －2006,(9)

台湾 OEM 和 ODM 企业升级挑战/童书兴//进出口经理人. －2006,(11)

中小企业是经济发展的火车头——台湾地区经验借鉴/步平//经济视角. －2006,(12)

投资环境对创投公司投资策略之影响——台湾地区创投公司问卷调查分析/郭淑贤//集团经济研究. －2006,(25)

10. 城市经济

台湾的城市化与城市问题/唐孚忱、邵秦译//台湾与东亚. －1983,(3)

论台湾城市化的形成与发展/李非//台湾研究集刊. －1987,(4)

台湾地区城市与区域发展研究/梅雪//经济地理. －1989,(2)

台湾地区城市规划的回顾与展望/林泽田//城市规划. －1989,(5)

台湾的住宅建设/李敏泉//台湾研究集刊. －1990,(1)

论当前台湾住宅问题/高群服//现代台湾研究. －1995,(1)

当前台湾地区都市土地使用管制制度之课题与解决方向之刍议/谢静琪//中国土地科学. －1996,(6)

都市扩张用地与农地竞用冲突现象之研究——以台中市为例/韩乾//中国土地科学. －1996,(6)

台湾区段征收实例与优缺点之比较分析/张梅英//中国土地科学. －1996,(6)

城市土地利用与农地保护——'96 海峡两岸土地学术研讨会综述/戴银萍//中国土地科学. －1996,(6)

台湾地区都市发展农地管制与永续性发展战略/吴功显//中国土地科学. －1996,(6)

台湾地区城市发展评介/李庚//北京规划建设. －1996,(6)

台湾都市发展中的土地问题与对策/赵达文//中国土地科学. －1996,(6)

台湾地区住宅平面形式受房地产市场影响之研究/苏毓德//东南大学学报(自然

科学版). -1997,(1)

台湾“城市化与都市农业”考察报告/范子文//台湾农业探索. -1997,(3)

台湾的住房价格、住宅政策及其对大陆住房改革的启示/杨胜刚//消费经济. -1997,(4)

应用路线价系数法于台湾地区市地重划地价查估之研究/陈奉瑶//中国土地科学. -1998,(6)

谈谈台湾的“自营式”物业管理/付春光//中国房地产. -1999,(10)

台湾水资源的供需现状分析/王涛//亚太经济. -2000,(4)

台湾地区都市计划体制的发展变迁与展望/辛晚教//城市发展研究. -2000,(6) -2001,(1)

以价值链观点看台湾房地产的全程开发/阮如舫//中国房地产. -2001,(1)

地区都市发展架构与策略探讨——以台湾杨梅镇为例/梁又文//规划师. -2001,(2)

再谈台湾地区的市地重划/萧承勇//中外房地产导报. -2001,(4)

香港与台湾房地产代理模式之比较/王炜//中外房地产导报. -2001,(9)

台湾房地产市场透视/张保平//中外房地产导报. -2001,(11)

台湾:新世纪房地产发展策略/隋力//中外房地产导报. -2001,(15)

台湾区段征收与市地重划/萧承勇//中外房地产导报. -2001,(19)

台湾市政建设考察见闻/史官云//杭州科技. -2003,(1)

高雄港城经济发展的困境与出路/石正方//亚太经济. -2004,(3)

台湾城市化经验及其对汕头市之借鉴/杜干庭//特区经济. -2003,(12)

我国台湾地区土地利用规划的特点及其启示/李边疆//资源与人居环境. -2004,(4)

台湾地区景观研究领域及其发展方向/张小飞//地球科学进展. -2004,(5)

台湾地区市地重划的启示/张秀智//城乡建设. -2004,(6)

台湾地区“都市计划容积移转办法”及其对我国城市房屋拆迁补偿合理化的启示/阳庚德//天津成人高等学校联合学报. -2005,(1)

两岸房地产市场投资风险分析/娄国豪//滁州职业技术学院学报. -2005,(2)

海峡两岸大城市市辖区区级行政管理体制比较/马祖琦//经济地理. -2005,(2)

我国台湾地区的土地征收制度/宋均梅、陈利根//国土资源科技管理. -2005,(6)

台湾地区房地产市场景气分析体系与借鉴/王建新//城市开发. -2005,(7)

海峡两岸房地产诈欺比较研究/郑志政//经济论坛. -2005,(9)

台湾地区地下空间开发利用管理体制、机制和法制研究/刘春彦//辽宁行政学院学报. -2006,(3)

土地经济价值的影响因素分析——以台湾住宅用地为例/杨明勋//特区经济. -2006,(5)

(二)台湾部门经济

1. 农业经济

台湾省农业生产结构的变化/杨辉//农业现代化研究. -1982,(1)

台湾茶业剖析/丁俊之//福建茶叶. -1982,(2)

台湾农业面临的问题及其经营方式的演变/吕从周//农业现代化研究. -1982,

(4)

台湾畜牧业发展的特点和面临的问题/杨辉//农业现代化研究. -1982,(6)

台湾农业在经济发展中的作用和展望/吴壮达//台湾研究集刊. -1983,(1)

台湾农业生产何以趋向衰落/杨辉//福建农业科技. -1983,(1)

农业技术改进与生产多样化——台湾农业发展策略的两个重要方面/喻尚威//台湾与东亚. -1983,(2)

台湾蘑菇的科研与生产/吴榕明//福建农业科技. -1983,(5)

台湾山坡地开发利用概况/刘克辉//福建农业科技. -1983,(6)

台湾农业的资本主义发展/林长华//台湾与东亚. -1984,(1)

台湾家庭农场经营面积的扩大与第二次土地改革/赵玉榕//台湾研究集刊. -1984,(1)

台湾植物区系特征/黄威廉//台湾研究集刊. -1984,(1)

台湾粮食生产问题浅析/单玉丽//台湾与东亚. -1984,(3)

台湾农业形态转变的先兆/喻尚威//台湾与东亚. -1984,(6)

台湾省丰富的农业生物资源/杨辉//台湾研究集刊. -1985,(1)

台湾农业生产的现状/钟敏修//台湾研究集刊. -1985,(1)

台湾农业经济的发展概述/古运全//台湾研究集刊. -1985,(2)

台湾现阶段农业发展策略/张颂安//台湾农业探索. -1985,(4)

台湾山地保留地发展概况/承上//台湾研究集刊. -1985,(4)

渔业在台湾经济发展中的地位和作用/张颂安//台湾农业探索. -1986,(1)

试析台湾稻米的生产过剩/赵玉榕//台湾研究集刊. -1986,(1)

农业全面机械化采取的五项措施/本刊编辑部//台湾农业探索. -1986,(2)

台湾农村经济关系的变化/李家泉、刘映仙//台湾研究集刊. -1986,(3)

高雄市农业发展的研究/林更生//台湾研究集刊. -1986,(3)

台湾山区农业发展措施初探/曾玉荣//台湾农业探索. -1986,(3)

日、台促进农业发展的措施/吟一//台湾农业探索. -1986,(3)

"农复会"对台湾农业发展的作用/林更生//台湾农业探索. -1986,(3)

台湾农地保护政策与土地利用/曾玉荣//台湾农业探索. -1986,(4)

台湾近期农业政策措施与长期规划/宗文//台湾农业探索. -1987,(1)

谈谈发展福建畜牧业的一些看法——借鉴台湾畜牧业发展的经验/方德强//台湾农业探索. -1987,(2)

浅论台湾林业的经营方向/金重//台湾农业探索. -1987,(2)

台湾农产品购销体系初探/王子齐//台湾农业探索. -1987,(2)

台湾山坡地农牧开发利用的成效/程振琇//农业现代化研究. -1987,(3)

台湾粮食产销政策措施/王子齐//台湾农业探索. -1988,(1)

台湾观光农园得失分析及其发展趋势/林更生//台湾农业探索. -1988,(2)

浅谈台湾农产品产销的辅导措施/宗文//台湾农业探索. -1988,(2)

台湾农业科技水平现状/吕从周、曾玉荣//台湾农业探索. -1988,(3)

未来台湾林业发展趋势/汤忠民、曾安婷//台湾农业探索. -1988,(3)

经济自由化与国际化对台湾农业的冲击及台湾的对策/林更生//台湾农业探索. -1988,(3)

廿一世纪台湾农业的展望/台湾农业探索. -1988,(4)

台湾水产养殖的科技现况与研究趋向/程振琇、钟敏修//台湾农业探索. -1988,(4)

台湾的农业保护原则/台湾农业探索. -1988,(4)

台湾种植业发展趋势/刘克辉//台湾农业探索. -1988,(4)

台湾的农业政策与保护/黄中壬//台湾农业探索. -1989,(1)

台湾农产品外贸对农业生产结构的影响/赵玉榕//台湾研究集刊. -1989,(4)

台湾农业规模经营的发展/曾玉荣//台湾农业探索. -1990,(1)

战后台湾农业政策演变初探/曾玉荣//台湾农业探索. -1990,(4)

台湾农地管理制度浅析/赵玉榕//台湾研究集刊. -1990,(4)

台湾农业基础设施建设的研究/杨辉//台湾农业探索. -1990,(4)

台湾的农会组织及其业务绩效/程振琇//台湾农业探索. -1990,(4)

台湾未来农业发展措施/熊涓涓//福建农业科技. -1990,(4)

台湾省的农业推广事业与组织体系/程振琇//台湾研究集刊. -1992,(1)

台湾农业经营方式浅论/赵玉榕//台湾研究集刊. -1992,(2)

小私有农业与台湾农业的出路/林长华//台湾研究集刊. -1992,(4)

台湾农户兼业化分析/赵玉榕//台湾农业情况. -1992,(4)

台湾"二次土改"风波/许心鹏//台港澳经济. -1993,(3)

从"入关"看台湾农业的危机/赵玉榕//台湾研究集刊. -1993,(3)

台湾农业为工业化提供资本积累的模式及时间探析/李澂//台湾研究. -1994,(2)

台湾农业政策新走向分析/赵玉榕//发展研究. -1994,(2)

台湾省的耕地利用与高效农业生产体系/龙习才//台湾农业探索. -1994,(2)

国民党败退台湾后实行土地改革原因初探/王武//现代台湾研究. -1994,(3)

台湾农业经济结构的转变及其启示/锦岳//现代台湾研究. -1994,(3)

再论"入关"与台湾农业危机/赵玉榕//台湾研究集刊. -1994,(3)

台湾推动地区农业的发展/本刊编辑部//台湾农业探索. -1994,(3)

台湾农业科技发展重点/本刊编辑部//台湾农业探索. -1994,(4)

台湾养猪业发展现状及其环保挑战之对策/成广仁//现代农业. -1994,(7、11)

小农制与东亚现代化模式——对台湾地区和韩国经济转型时期农业制度的考察/董正华//战略与管理. -1995,(1)

台湾农业政策白皮书/玉荣//台湾农业探索. -1995,(1)

台湾养禽业的特色及其启示/刘荣章//台湾农业探索. -1995,(1)

台湾粮食保护价格制度探讨/杨世基//台湾农业探索. -1995,(1)

浅议台湾推动永续农业的举措与启迪/程振琇//台湾农业探索. -1995,(1)

台湾开发农业的特点/李玉栋//台湾农业探索. -1995,(1)

台湾种苗产业的新进展及其启示/程振琇//台湾农业探索. -1995,(2)

台湾蔬菜价格安定措施——兼谈大陆蔬菜产销体系改革/曾玉荣//台湾农业探索.－1995,(2)

台湾的农业生产与贸易自由化/万雄//台湾农业探索.－1995,(2)

台湾促进农机化的政策措施/白人朴//福建农机.－1995,(2)

台湾稻米的未来发展策略初探/黄波//农牧产品开发.－1995,(2)

工业化进程中的台湾粮食生产政策/尹云松//农业技术经济.－1995,(2)

回顾台湾农业研究十七年/杨辉//台湾农业探索.－1995,(3)

台湾农业推广工作概况和特点/李厚忠//中国农技推广.－1995,(3)

1991～1994年台湾水产科研立题动向分析/范惠莹//台湾农业探索.－1995,(3)

台湾的养猪业及其启示/王永康//国外畜牧学.猪与禽.－1995,(3)

试比较大陆与台湾的土地改革/晓邢//殷都学刊.－1995,(4)

影响台湾农业发展前景的因素探析/刘克辉//东南学术.－1995,(4)

台湾茶叶多样化产品开发现况与趋势/本刊编辑部//福建农业.－1995,(6)

浅析大陆与台湾的土地改革/婉君//党史博采.－1995,(6)

台湾茶业发展现状与回顾/曾玉荣//海峡科技与产业.－1995,(6)

山地烧垦农业刍议——台湾少数民族传统经济研究/张崇根//中央民族大学学报(哲学社会科学版).－1995,(6)

台湾的主要农业政策及对我们农村改革发展的启示/缪建平//中国农垦经济.－1995,(9)

经济发展对台湾农业的冲击和影响/刘克辉//现代台湾研究.－1995,(总11)

外国和台湾地区的农地改革/李燕琼//农村经济.－1995,(11)

台新农业方案政策/本刊编辑部//台湾农业探索.－1996,(1)

台湾农业经营发展特点与主要策略/杨素惠//台湾农业探索.－1996,(1)

台湾扩大农业经营规模的途径/单玉丽//江西农业经济.－1996,(1)

近二十年来台湾茶叶销势变化/赵和涛//台湾农业探索.－1996,(1)

精致农业对台湾农业的影响与成效/曾玉荣//台湾农业探索.－1996,(1)

预期"入关"对台湾农业的影响/林野//世界热带农业信息.－1996,(2)

台湾茶及副产品综合利用现状与发展趋向/赵和涛//台湾农业探索.－1996,(2)

台湾的农业改革与农业政策/陈恩//台湾研究.－1996,(3)

台湾农业产销调整十大策略/厦门科技.－1996,(3)

台湾和大陆两种土地改革差异简析/娄和瑞//中共党史研究.－1996,(4)

台湾农业发展的基本经验及其启迪/曾晓光//台湾农业探索.－1996,(4)

以"单独关税区"加入WTO对台湾农业的影响及因应对策/邱煜辉//台湾农业探索.－1996,(4)

台湾林业的考察报告/吴榜华//吉林林业科技.－1996,(4)

台湾的农产品流通体制/谭向勇//世界农业.－1996,(5)

论台湾农业发展的困境及趋势/瞿永玲//文史哲.－1996,(5)

台湾省农业的发展/杨素惠//农业技术经济.－1996,(6)

台湾地区实施农地变更管制之研究/陈奉瑶//中国土地科学.－1996,(6)

台湾的农业政策/张一帆//世界农业. －1996,(9)

论经济发展中的台湾农会/杨德才//现代台湾研究. －1996,(总 13)

台湾的农地保护政策/李晓明//世界农业. －1997,(1)

论台湾稻米生产的危机和应变策略/曾晓光//台湾农业探索. －1997,(1)

台湾远洋渔业的现状及发展对策/王逦//台湾农业探索. －1997,(1)

台湾畜牧业自动化发展规划概况/刘荣章//台湾农业探索. －1997,(1)

台湾农业政策演变过程之剖析/许经勇//东南学术. －1997,(1)

从当前台湾农业发展面临的困境引起的思考/许经勇//当代财经. －1997,(1)

台湾推行农业政策困扰引起的思考——从推进农业规模经营与实施稻谷保证价格制度谈起/许经勇//福建论坛(经济社会版). －1997,(1)

台湾花卉产业的现状及发展趋势/林更生//厦门科技. －1997,(1)

1996 年台湾农业生产统计结果/台湾农业探索. －1997,(2)

台湾永续农业的发展及其启示/陈奇榕//台湾农业探索. －1997,(2)

台湾农业产业结构调整新动向/一岫//台湾农业探索. －1997,(2)

台湾农业增长方式的演变及成因探讨/单玉丽//台湾研究. －1997,(2)

台湾农业发展受挫的深层原因分析/许经勇//经济问题. －1997,(2)

台湾农业的管理与发展/王晓燕//山东省农业管理干部学院学报. －1997,(2)

台湾扩大家庭农场经营规模的途径与成效/黄波//世界农业. －1997,(2)

台湾茶业转型发展成因分析/周江梅//台湾农业探索. －1997,(3)

浅谈台湾农业数据库建设/刘善文//台湾农业探索. －1997,(3)

台湾农业科技发展现状和方向/江喜昌//厦门科技. －1997,(3)

台湾农产品对外贸之发展/刘克辉//亚太经济. －1997,(3)

台湾糖业考察报告/陈如凯//甘蔗. －1997,(4)

台湾实施农业自动化发展动态/程振琇//台湾农业探索. －1997,(4)

从台湾省第二阶段农地制度改革的必要性与困扰引起的思考/许经勇//当代经济研究. －1997,(4)

台湾农会自我服务及对福建农业服务体系建设的启示/彭一艺//台湾农业探索. －1997,(4)

台湾省养猪业与饲料工业考察报告/李永福//饲料与畜牧. －1997,(6)

台湾发展农业的经验/赖柏森//广东农业科学. －1997,(6)

台湾农业发展经验初探/陈鹭//北方经济. －1997,(6)

台湾农会的经济功能及其启示/陈甬军//农业经济问题. －1997,(7)

台湾农业发展的经验:循序策略与整合做法/谢森中//中国农村经济. －1998,(1)

农复会与台湾农业的现代化/徐鲁航//台湾研究. －1998,(1)

台湾农业研究工作回顾/台湾农业探索. －1998,(1)

台湾的农地转移/相重扬//世界农业. －1998,(2)

台湾农地保护政策与措施/毛育刚//中国土地科学. －1998,(2)

国民党在大陆与台湾的土地改革比较研究/文红玉//党史研究与教学. －1998,

(2)

台湾农产品运销管理制度及其借鉴/欧阳莉静//亚太经济.-1998,(2)

台湾渔业技术推广工作之变迁与启示/陈为琛//厦门科技.-1998,(2)

台湾的两次“土改”及其启示/周宽哲//台湾农业探索.-1998,(3)

台湾都市农业的发展及启示/刘荣章//台湾农业探索.-1998,(3)

台湾花卉产业运作与借鉴/熊丽//云南科技管理.-1998,(3)

台湾农业的宏观调控浅析/李颜//琼州大学学报.-1998,(3)

贸易自由化压力下的台湾农业政策调整/郭忠兴//台湾研究集刊.-1998,(4)

台湾农业市场特色考察报告/蔡和睦//台湾农业探索.-1998,(4)

台湾园艺作物发展近况与可资借鉴的经验/余德生//福建热作科技.-1998,(4)

国外与台湾地区土地使用管制和农地保护的经验/刘书楷//中国土地科学.-1998,(6)

加入WTO对台湾农业的影响及前景展望/单玉丽//亚太经济.-1998,(6)

台湾地区农地重划探讨/吴功显//中国土地科学.-1998,(6)

台湾地区农地权益制度与农地生产效率/苏志超//中国土地科学.-1998,(6)

山坡地永续利用之研究——以台北县汐止镇林肯大郡为例/李永展//中国土地科学.-1998,(6)

台湾农地改革及其对农业劳动力转移的作用/陶建平//农业经济.-1998,(6)

台湾渔业推广工作浅析/陈为琛//中国渔业经济.-1998,(6)

WTO与农业国际化:台湾经验及其启示/钟甫宁//农业经济问题.-1998,(8)

教育、科研、推广三结合的台湾农业/福建农业.-1998,(8)

台湾农业高新技术的研究与开发/单玉丽//科技导报.-1998,(10)

台湾农业产销班——台湾省农民基层组织的变化/相重扬//世界农业.-1998,(11)

台湾永续农业的发展/程振琇//海峡科技与产业.-1999,(1)

论台湾可持续森林经营/黄挺//台湾农业探索.-1999,(1)

谈谈台湾农业网络资源的利用/郑培新//台湾农业探索.-1999,(1)

台湾农业产业的发展及对福建的启示/林国华//台湾农业探索.-1999,(1)

台湾休闲农业发展现状与功能/曾玉荣//台湾农业探索.-1999,(1)

析评台湾永续农业发展目标与举措/程振琇//台湾农业探索.-1999,(1)

台湾农民组织与农业现代化/熊健//乡镇经济.-1999,(1)

台湾品牌农产品发展概况及措施/周江梅//台湾农业探索.-1999,(1)

台湾农业合作社发展现状/苑鹏//中国供销合作经济.-1999,(5)

台湾提高肉鸡产业竞争力的几项措施/李建华//台湾农业探索.-1999,(2)

台湾现代农业发展的主要特征/林国华//发展研究.-1999,(2)

台湾农业合作经营组织——“合作社”的发展绩效及其启迪/程振琇//台湾农业探索.-1999,(2)

台湾农业品种改良对农业的贡献/李建华//台湾农业探索.-1999,(2)

台湾提高农业竞争力的措施与思考/江梅//台湾农业探索.-1999,(2)

台湾农产品运销的形式和启示/邱章

泉//台湾农业探索.－1999,(2)

台湾的农会组织及其功效/刘荣章//台湾农业探索.－1999,(2)

台湾芦笋种植历史及其盛衰原因浅析/丁振强//中国农史.－1999,(2)

立体农业在台湾/王前忠//海峡科技与产业.－1999,(2)

小农制与台湾农业的发展/高兴松//台湾研究集刊.－1999,(2)

台湾现代农业的发展及对福建的启示/林国华//海峡科技与产业.－1999,(2)

台湾农业产销班整体资讯化计划现况/郑培新//台湾农业探索.－1999,(2)

台湾提高农业竞争力的措施/周江梅//海峡科技与产业.－1999,(3)

台湾永续农业发展现况/黄献光//台湾农业探索.－1999,(3)

台湾农业现况、问题及启示/范维培//台湾农业探索.－1999,(3)

借鉴台湾农业发展策略促进福建现代农业发展/曾玉荣//台湾农业探索.－1999,(3)

台湾的都市农业/刘荣章//新疆农业科技.－1999,(3)

台湾水果产销现状及其发展趋势/沈兆敏//中国南方果树.－1999,(4)

台湾农会组织面临的危机与挑战/熊健//农业经济问题.－1999,(4)

台湾加入 WTO 与其农业保护政策的调整/赵玉榕//台湾研究集刊.－1999,(4)

现阶段台湾农业保护的依据与政策取向/赵玉榕//台湾研究集刊.－1999,(4)

台湾农业的演变和在经济发展中的贡献/杜受祜//中华文化论坛.－1999,(4)

台湾农民运销组织考察报告/郑田瑞//台湾农业探索.－1999,(4)

小农经营结构与台湾的农业发展/洪民荣//中国农村经济.－1999,(4)

台湾农业合作社的历史演进与发展现状/苑鹏//中国农村经济.－1999,(4)

台湾糖业公司与海外投资/林进兴//广西蔗糖.－1999,(4)

台湾农技推广对漳州的启迪/周宽哲//海峡科技与产业.－1999,(4)

台湾农业自动化十年成就与启示/李建华//台湾农业探索.－1999,(4)

台湾农业信用保证制度及其对大陆农村金融改革的借鉴/杨胜刚//农村金融研究.－1999,(10)

中国的农业调整:台湾的经验及其涵义/D. GaleJohnson//农业经济问题.－1999,(11)

台湾果树的良种化及福建的引进概况/余亚白//福建农业学报.－2000,(1)

有机农业在台湾的经营/郑培新//台湾农业探索.－2000,(1)

台湾水稻产业现况及其加入 WTO 应对策略/谢华安//台湾农业探索.－2000,(1)

台湾农业发展的若干启迪/丁振强//台湾农业探索.－2000,(1)

台湾农业标准化近况/董景兆//世界标准化与质量管理.－2000,(1)

台湾农业农机化简况及特点/俞其锐//海峡科技与产业.－2000,(1)

台湾糖业研究所逐步调整研究领域的启示/卢川北//福建农业学报.－2000,(1)

台湾农业结构调整与农产品市场建设的做法和经验/章杏//福建农业科技.－2000,(1)

台湾农业科技发展概况/涂勋//福建农业学报.－2000,(1)

台湾农产运销制度演变与农业发展/许文富//福建农业学报.－2000,(1)

台湾农业结构变迁与农业政策调整/刘健哲//福建农业学报.-2000,(1)

台湾加入WTO农业政策走向及相应措施/郑培新//台湾农业探索.-2000,(2)

台湾农业生物技术"国家型"科技计划实施概况/黄献光//台湾农业探索.-2000,(2)

台湾农业产业发展策略/李建华//台湾农业探索.-2000,(2)

台湾农产品进出口贸易浅析/刘荣章//台湾农业探索.-2000,(2)

台湾农会组织及其对我国农业发展的启示/朱立军//安徽农业大学学报(社会科学版).-2000,(2)

台湾农产品营销的启示/张巨勇//福建农业大学学报(社会科学版).-2000,(2)

台湾第一阶段农地改革与工业化起步/萧承勇//华中农业大学学报(社会科学版).-2000,(3)

台湾的农业合作社和产销班/严正//台湾研究集刊.-2000,(3)

台湾农业产业化发展的启示/黄敏//海峡科技与产业.-2000,(3)

浅谈加入WTO对福建、台湾农业发展的影响及台湾因应对策之借鉴/林卿//台湾农业探索.-2000,(3)

台湾肉食产品运销现代化发展与思考/徐柏园//中国农垦经济.-2000,(3)

承接台湾养猪业外移的若干思考/周宽哲//台湾农业探索.-2000,(4)

台湾农业科技的近况与启示/周江梅//台湾农业探索.-2000,(4)

台湾农业废弃物资源的再利用研究/李建华//台湾农业探索.-2000,(4)

光复前台湾农业水资源的开发与利用/林仁川//台湾研究集刊.-2000,(4)

台湾有机农业发展现状及启示/林秀琴//海峡科技与产业.-2000,(5)

台湾花卉、茶产业化发展对我们的启发/徐柏园//中国农垦经济.-2000,(5)

台湾农会的金融业务及启示/郭沛//中国农村信用合作.-2000,(9)

重视弱势产业——台湾农业发展与政策演变的启示/胡瑞法//国际贸易.-2000,(10)

海峡两岸农地制度改革比较与分析/林卿//福建农业大学学报(社会科学版).-2001,(1)

台湾的农业产业化及对祖国大陆的启示/张骥//台湾研究.-2001,(1)

大陆建国后土地改革和台湾土地改革之比较/陈锋//广西教育学院学报.-2001,(1)

台湾农地制度改革之分析与借鉴/林卿//台湾研究.-2001,(1)

台湾有机农产品发展及启示/林志勇//台湾农业探索.-2001,(1)

台湾有机农业初探/杨军//台湾农业探索.-2001,(1)

台湾有机农业发展现状及借鉴/林秀琴//台湾农业探索.-2001,(1)

2001年台湾农业发展目标与措施/李建华//台湾农业探索.-2001,(1)

台湾农产品国际竞争力状况分析/曾玉荣//台湾农业探索.-2001,(1)

台湾外销农产品产业内贸易指数分析/曾玉荣//台湾农业探索.-2001,(2)

台湾农业结构调整的经验及对我省的启示/黎元生//台湾农业探索.-2001,(2)

台湾有机农业的发展概况/叶新福//福建农业大学学报(社会科学版).-2001,(2)

论20世纪90年代以来台湾农业产业化升级/张骥//河北大学成人教育学院学报.-2001,(2)

台湾农业技术推广的经验及启示/黄聪敏//台湾农业探索. －2001,(3)

加入 WTO 后海峡两岸农业合作之探析/单玉丽//台湾研究. －2001,(3)

台湾第二次经济转型期农业发展走势述评/单玉丽//台湾研究集刊. －2001,(4)

台湾农业知识经济的现状与发展趋势/黄献光//海峡科技与产业. －2001,(4、5)

台湾地区的农地重划及其社会经济效益/萧承勇//农业工程学报. －2001,(5)

台湾生物技术产业调整与发展趋向/林世渊//亚太经济. －2001,(5)

台湾农业的发展及启示/陈彤//海峡科技与产业. －2001,(6)

台湾农业合作社场之研究/吴明哲//西北农林科技大学学报(社会科学版). －2001,(6)

台湾耕地利用变迁及永续利用策略之研究(摘编)/杨振荣//中国土地科学. －2001,(6)

台湾小农经济下农民组织之角色任务/毛育刚//西北农林科技大学学报(社会科学版). －2001,(6)

20 世纪 50 年代初大陆与台湾土地改革比较/栾雪飞//东北师大学报(哲学社会科学版). －2001,(6)

台湾农业合作社场的经营问题与未来展望/李朝贤//西北农林科技大学学报(社会科学版). －2001,(6)

台湾农产品运销发展的历程及趋势/单玉丽//现代台湾研究. －2001,(6)

台湾农业应对加入 WTO 的政策措施/俞其锐//现代台湾研究. －2001,(6)

台湾的"农会"发展与组织/刘钦泉//西北农林科技大学学报(社会科学版). －2001,(6)

台湾的土地改革与社会转型/杨沐喜//台声. －2001,(9)

台湾农业发展历程与演变/涂勋//中国乡镇企业. －2001,(10)

当前台湾农业科技发展的特点分析/张伟光//福建论坛(经济社会版). －2001,(11)

台湾农业应对"入世"的政策措施/俞其锐//开放潮. －2001,(12)

台湾农业应对入 WTO 的政策措施/俞其锐//改革与战略. －2002,(1)

台湾农产食品加工业之发展/林子清//福州大学学报(自然科学版). －2002,(1)

台湾农会运销组织的发展、困境及因应之道/郑崇阳//亚太经济. －2002,(1)

台湾发展有机农业的主要成效及其借鉴作用/翁伯奇//科技导报. －2002,(1)

台湾土地利用变迁及其永续发展之研究/张长义//地球信息科学. －2002,(1)

台湾土地资源永续发展策略/庄翰华//地球信息科学. －2002,(1)

台湾观光农业的发展与启示/林秀琴//台湾农业探索. －2002,(1)

台湾乳业发展及入世后的影响与应对策略/杨军//台湾农业探索. －2002,(1)

台湾的兼业农现象及其启示/韩慧敏//理论学刊. －2002,(2)

借鉴中国台湾模式走农业产业化道路/李宗道//湖南农业科学. －2002,(2)

台湾农业应对入世的措施/俞其锐//海峡科技与产业. －2002,(2)

台湾的槟榔业及其独特的槟榔文化/林更生//海峡科技与产业. －2002,(2)

台湾第二时期农业政策的演变及启示/郑百龙//台湾农业探索. －2002,(2)

台湾花卉产业的发展与福建的对策思考/陈元勇//台湾农业探索. －2002,(2)

台湾农业及农业政策考察/程剑//安徽

农业科学. -2002,(3)

台湾农业高科技发展与闽台合作策略/冯玉兰//台湾农业探索. -2002,(3)

台湾水土保持技术考察综述/刘士余//江西农业大学学报(自然科学版). -2002,(3)

颇具特色的台湾农会/贺军伟//陕西水利. -2002,(3)

泰国、中国台湾发展花卉产业的启示/陈彤//亚太经济. -2002,(4)

台湾农业科技产业发展考察报告/王红宁//台湾农业探索. -2002,(4)

国民党在台湾土改评析/才家瑞//台湾研究. -2002,(4)

台湾农业的过去和现状/刘树//统一论坛. -2002,(5)

台湾农业合作社的发展现状及其运作机制/张洁//亚太经济. -2002,(5)

建设市场体系应对入世挑战——对台湾农业考察的启示/柯炳生//小城镇建设. -2002,(5)

浅淡入世对台湾渔业的影响及对策/杨军//海峡科技与产业. -2002,(5)

台湾农业如何应对 WTO 挑战——台湾农业考察的启示与建议/海峡农业交流协会考察团//中国农村经济. -2002,(6)

台湾茶叶产业的发展及其入世后因应策略/陈忠毅//海峡科技与产业. -2002,(6)

入世后,台湾农业面临的挑战和出路/刘建兴//海峡两岸. -2002,(8)

台湾农业发展现状及其启示/高焕喜//山东农业(农村经济版). -2002,(9)

台湾农地保护政策演变/毛育刚//中国土地. -2002,(10)

台湾少数民族农业综合建设之研究/薛玲//台湾农业探索. -2003,(1)

台湾休闲农业区规划与管理之研究/蔡进发//北京第二外国语学院学报. -2003,(1)

论台湾"和平土改"的不可再造性/曲光华//中州大学学报. -2003,(1)

台湾农业考察报告/广西农学会农业专家赴台湾考察团//广西农学报. -2003,(2)

台湾农业发展策略对祖国大陆"三农"政策选择的借鉴/邹定斌//宁夏农学院学报. -2003,(2)

2001~2002 年台湾农产品进出口贸易概析/刘荣章//台湾农业探索. -2003,(2)

台湾农民组织转型策略/陈明吉//台湾农业探索. -2003,(2)

台湾农业集约经营的模式及启示/王征南//经济纵横. -2003,(2)

台湾农业产业化支持政策及其运作/黄金辉//思想战线. -2003,(2)

台湾地区因应加入世界贸易组织的稻米政策调整/黄濒仪//中国稻米. -2003,(3)

提高农民组织化程度势在必行——台湾农会的作用对提高我省农民组织化程度的启示/李茂岚//山西农经. -2003,(3)

台湾粮食平准基金分析/李婉//湖南农业大学学报(社会科学版). -2003,(3)

台湾农业转型与福利农业的形成/许茂林//台湾农业探索. -2003,(4)

农业产业一体化经营中的台湾农民合作组织/许茂林//台湾农业探索. -2003,(4)

台湾农业推广教育及启示/黄聪敏//海峡科技与产业. -2003,(4)

台湾加入 WTO 后农业发展新策略/廖树宏//台湾农业探索. -2003,(4)

台湾农业政策发展历程对福州农业发展的启示/陈华钦//台湾农业探索. -2003,

(4)

台湾花卉产业发展经验及启示/林玢//海峡科技与产业.－2003,(5)

台湾农业面临巨大挑战/刘树//统一论坛.－2003,(5)

台湾农民合作组织企业家成长机制探讨/许茂林//经济前沿.－2003,(7)

政府干预与台湾的福利农业/许茂林//开放导报.－2003,(7)

台湾农业如何应对入世后的挑战/赵玉榕//两岸关系.－2003,(11)

台湾耕地保护政策的演变/朱德举//国土资源情报.－2004,(1)

台湾农业国际竞争力变动的实证分析/黎元生//福建省社会主义学院学报.－2004,(2)

略谈台湾农会及其对大陆农业的启示/吴越//台湾农业探索.－2004,(3)

从农业的游憩化与产业化探讨台湾休闲农园之发展/陈文锦//台湾农业探索.－2004,(3)

当代台湾农业概述/文化//古今农业.－2004,(4)

台湾新一轮农业危机的探索/单玉丽//中国农学通报.－2004,(5)

台湾农业概况与新世纪农业发展前景/廖龙盛//福建农业.－2004,(5)

农业结构调整:台湾增加农民收入的重要途径/单玉丽//现代台湾研究.－2004,(6)

台湾农业企业化经营及启示/熊健//技术经济.－2004,(8)

台湾休闲农渔园区发展策略/陈昭郎//中国供销商情.－2004,(10)

台湾的农地政策及启示/许坚//中国国土资源经济.－2004,(11)

台湾城郊型农业营销体制架构及其启示/黄松玲//天津师范大学学报(社会科学版).－2005,(1)

台湾水土保持的研究综述/李锦育//中国水土保持科学.－2005,(1)

台湾水产养殖业之困境与发展策略/李建华//福建农业科技.－2005,(1)

台湾土地改革及其对大陆的启示/陈雪松//南方农村.－2005,(1)

台湾农业生产演变与转型/魏晓//湖南农业科学.－2005,(1)

台湾花卉业的现状与特色/周世朗//福建农业.－2005,(10)

台湾农产贸易面面观/刘健哲、黄炳文//台湾农业探索.－2005,(2)

台湾之农村社区更新/刘健哲//台湾农业探索.－2005,(2)

国外及台湾地区土地用途管制制度研究比较/陆冠尧//广东土地科学.－2005,(2)

台湾农业救助的政策措施与前景分析/单玉丽//亚太经济.－2005,(2)

台湾福利农业的构建对大陆农业支持政策的启示/李建华、许茂林//现代台湾研究.－2005,(2)

国外与我国台湾地区土地用途管制制度问题启示/潘科//国土资源科技管理.－2005,(3)

台湾茶业现状及发展趋势之分析/管曦//福建茶叶.－2005,(3)

台湾农业金融体系的形成、影响与借鉴分析/苏美祥//台湾农业探索.－2005,(3)

略论1949—1953年的台湾土地改革/王侃//中共浙江省委党校学报.－2005,(3)

台湾农民合作组织概况/吴越//台湾农业探索.－2005,(4)

浅谈台湾农业生物技术产业发展策略及投资大陆概况/刘用场、李建华//台湾农

业探索. -2005,(4)

台湾农业机械化的发展及政府扶持经验/黎海波//河北农机. -2005,(4)

台湾地区农业政策的历史演变及其对大陆农业发展的启示/邓远建//农业与技术. -2005,(4)

民进党上台前后台湾农业发展问题之透析/单玉丽//世界经济与政治论坛. -2005,(5)

论台湾农村组织的运行及其对大陆的借鉴意义/靳利华//社会主义研究. -2005,(5)

国外及中国台湾地区土地用途管制制度研究比较/陆冠尧、朱玉碧//中国农学通报. -2005,(8)

台湾合会经验及其对中国大陆的启示/萧芍芳//中国农村经济. -2005,(8)

台湾农地改革对解决我国"三农"问题的启示/曾志勇、崔义中//生产力研究. -2005,(9)

从台湾农业发展成就看我市农业产业发展路向/杜千庭//汕头科技. -2006,(1)

台湾农业策略联盟建设概况/吴越//台湾农业探索. -2006,(1)

加入WTO以来台湾农业发展及其因应措施/本刊编辑部//台湾农业探索. -2006,(1)

台湾农村发展模式对福建新农村建设的启示/李伟伟//台湾农业探索. -2006,(1)

"黄金发展阶段"日本、韩国和中国台湾土地利用浅析/刘新卫//国土资源情报. -2006,(2)

台湾农村剩余劳动力转移的经验教训/张雅丽//山西社会主义学院学报. -2006,(3)

台湾"三生"农业发展历程及其借鉴/郑百龙//中国农业科技导报. -2006,(4)

台湾富丽农村建设及其对洛江区新农村建设的启示/丁中文//台湾农业探索. -2006,(4)

台湾农业及农村发展经验考察/赵一夫//台湾农业探索. -2006,(4)

台湾农业发展现状、问题及出路/蒋亚杰//福建行政学院福建经济管理干部学院学报. -2006,(4)

台湾农业合作社的发展及其对大陆的启示——以台湾汉光果菜合作社为案例的实证分析/吴丽民//现代经济探讨. -2006,(5)

台湾花卉产业发展现状及启示/曹芳萍//中国农垦. -2006,(5)

台湾农业旅游与休闲产业的发展经验/吕明伟//海峡科技与产业. -2006,(6)

论台湾兼业农与就业关联/黄安余//产业与科技论坛. -2006,(6)

台湾经验:依靠农会建设农村/于建嵘//农村.农业.农民. -2006,(7)

台湾农民合作组织在市场体系中的作用/福建农业. -2006,(8)

中国台湾农业机械化发展经验与启示/杨洲//世界农业. -2006,(8)

农业企业化经营与新农村建设——基于台湾乡村建设的经验/倪健//中国乡镇企业. -2006,(9)

台湾农业机械化之演进与未来/谢钦城//现代农业装备. -2006,(9)

台湾渔业的困境与出路/赵玉榕//两岸关系. -2006,(10)

推进农业合作组织体制与机制创新——台湾发展农业合作组织之启迪/单玉丽//发展研究. -2006,(10)

英国、日本、中国台湾地区食品革命与农业调整的经验/王恩胡//世界农业. -2006,(11)

透视台湾土地改革/陈恩//南风窗. －2006,(12)

台湾发展休闲观光农业的经验与问题/严力蛟//新农村. －2006,(12)

台湾农村建设经验及其启示/黄明英//书屋. －2006,(12)

台湾农业政策体系的效应及其启示/许佳妮//安徽农业科学. －2006,(21)

2. 工业经济

台湾是如何促进机床出口的/季国雄//制造技术与机床. －1980,(11)

台湾机床工业1980年生产概况/施孝永//制造技术与机床. －1982,(3)

台湾棉纺织业的发展与前景/韩清海//台湾研究集刊. －1984,(3)

台湾省工业经济发展综述/古运全//河北大学学报(哲学社会科学版). －1984,(3)

台湾塑胶公司的发展及其未来/敦·沙皮罗,吴敏译//台湾与东亚. －1984,(6)

国际分工与台湾工业发展/段承璞//台湾研究集刊. －1985,(2)

台湾煤炭业的兴衰/李非//台湾研究集刊. －1985,(3)

台湾的航空工业/汪亚卫//台湾研究集刊. －1985,(4)

1986～1990年台湾省能源需求预测/方园//能源研究与信息. －1986,(2)

台湾食品工业对农业发展的贡献/金重//台湾农业探索. －1986,(3)

台湾环境污染与工业发展政策/张景旭、贺弘景//台湾研究集刊. －1988,(1)

台湾纺织业面临的困境与出路/许心鹏//国际经济合作. －1989,(8)

台湾省和南朝鲜化纤、纺织业比较及对策/本刊编辑部//纺织导报. －1989,(15)

台湾的石化工业/赵文骝//台湾研究集刊. －1991,(1、2)

台湾的制药工业/陈蘋//现代台湾研究. －1994,(3)

台湾的水泥工业/魏少晖//现代台湾研究. －1994,(3)

台湾的橡胶工业/陈蘋//现代台湾研究. －1994,(4)

台湾的玩具工业/魏少晖//现代台湾研究. －1994,(4)

台湾房地产市场新趋势/张世宏//经贸世界. －1994,(5)

台湾石化工业的发展与挑战/本刊编辑部//厦门科技. －1994,(6)

台湾汽车零部件工业的现状与发展趋势/金志铨//汽车与配件. －1994,(7)

台湾涤纶加工丝工业现状分析/袁杰//中国纺织经济. －1994,(12)

台湾的机械工业/陈蘋//现代台湾研究. －1995,(1)

台湾钢铁业发展概略/唐新元//企业改革与管理. －1995,(1)

台湾汽车工业现状调查与分析/江显芬//汽车与配件. －1995,(1)

台湾地区工业发展与区位变迁/林建元//城市发展研究. －1995,(1)

台湾橡胶工业生产经营状况及动向/鞠洪振//中国橡胶. －1995,(2)

台湾90年代的管理信息系统问题：一个工业分析/本刊编辑部//国外社会科学. －1995,(3)

台湾纺织工业发展政策与措施/本刊编辑部//海峡科技与产业. －1995,(4)

台湾矽品精密工业公司的发展策略/林世渊//海峡科技与产业. －1995,(4)

台湾石油化学工业现状及发展动态/武众//当代石油石化. －1995,(5)

台湾制造业发展浅析/韦筠//海峡科技

与产业. －1995,(5)

台湾钢铁工业发展策略与措施/本刊编辑部//海峡科技与产业. －1995,(5)

台湾消费性电子业面临的问题与对策/本刊编辑部//海峡科技与产业. －1995,(6)

台湾的钢铁工业/陈蘋//现代台湾研究. －1995,(总10)

台湾的电力工业/陈蘋//现代台湾研究. －1995,(总11)

台湾饮料工业浅析/林世渊//现代台湾研究. －1995,(总12)

台湾塑胶制品工业/陈蘋//现代台湾研究. －1995,(总12)

台湾计算机工业在国际分工体系中的地位不容忽视/禾牧//世界机电经贸信息. －1995,(13)

台湾提高机床技术扩大出口的政策策略/陈循介//精密制造与自动化. －1996,(1)

论台湾出口导向型工业化战略的选择/张世宏//江淮论坛. －1996,(2)

台湾模具工业现状与发展的方向/吴联芳//厦门科技. －1996,(2)

复合材料产业在台湾的现状与趋势/赵渠森//高科技纤维与应用. －1996,(3)

台湾高性能复合材料工业发展策略/本刊编辑部//海峡科技与产业. －1996,(3)

台湾饮料业的发展现状及趋势/姜抗援//海峡科技与产业. －1996,(3)

台湾航空工业现状与发展动向/吴联芳//厦门科技. －1996,(3)

台湾矿业现状与两岸合作前瞻/黄辉//海峡科技与产业. －1996,(4)

台湾航太业、高级材料业的发展模式/本刊编辑部//海峡科技与产业. －1996,(4)

台湾乳品工业发展的现状与趋势/林世渊//中国乳品工业. －1996,(4)

台湾印刷工业发展的现状与趋势/林世渊//印刷技术. －1996,(4)

台湾机械工业的自动化发展趋势/杨春林//世界制造技术与装备市场. －1996,(4)

台湾半导体工业的崛起及发展/张冠华//海峡科技与产业. －1996,(5)

台湾房地产业存在的问题及其原因透视/海桥//中国房地产金融. －1996,(5)

台湾LED产业的发展现况/彭淑卿//世界电子元器件. －1996,(5)

台湾工业升级问题之探讨/张冠华//亚太经济. －1996,(5)

中国台湾仪器仪表产业发展与趋势/孙洁如//世界电子元器件. －1996,(5)

台湾石化工业发展动向/吴联芳//厦门科技. －1996,(6)

台湾纺织业现状及投资取向/晓楠//东南亚南亚信息. －1996,(6)

台湾机械工业现状和发展方向/汪建国//海峡科技与产业. －1996,(6)

且看台湾化纤厂商如何面对衰退的市场/徐永亮//中国纺织经济. －1996,(9、10)

台湾自行车工业的发展与思考/杨向东//中国自行车. －1996,(12)

台湾的造纸工业/陈蘋//现代台湾研究. －1996,(总13)

台湾食品工业的发展态势及我们的对策/杨雅生//中国商贸. －1996,(14)

台湾玩具工业发展的现状与趋势/林世渊//现代台湾研究. －1996,(总14)

台湾的金属制品工业/陈蘋//现代台湾研究. －1996,(总14、15)

台湾石化工业发展与“政府”的角色演变/陈蘋//现代台湾研究. －1996,(总16)

台湾工业转型与升级的现状、问题及前景/张冠华//台湾研究. －1997,(1)

对台湾工业发展模式的探讨/曾建权//

台湾研究. -1997,(1)

台湾机械零件工业的发展概况/高上品//机电一体化. -1997,(5)

台湾化学工业概况/白颐//化工技术经济. -1997,(5)

台湾矿业现状和两岸合作前景/曾澜//中国矿业. -1997,(6)

台湾制造业:"空洞"并未形成"升级"良中有恙/李仁柱//经济前沿. -1997,(10)

台湾的生物技术工业/陈蘋//现代台湾研究. -1997,(总18)

1997年台湾机床业的现状与展望/王正青//世界制造技术与装备市场. -1998,(1)

台湾机床业的发展给我们的启迪/沈福金//制造技术与机床. -1998,(2)

台湾石材工业发展近况及市场动态/李运璧//石材. -1998,(3)

台湾"中国钢铁公司"发展浅析/戚水仙//冶金经济与管理. -1998,(4)

台湾省食品工业的运营谋略/蒋建平//世界农业. -1998,(4)

台湾石油化工现状及对祖国大陆投资趋势/刘增慧//中国石油和化工. -1998,(5)

台湾地区纺织业调整对我们的启示——赴台湾地区考察纺织行业的体会/戴玉琪//山东纺织科技. -1998,(6)

台湾印制电路板业发展的概况、特点和趋向/祝大同//世界电子元器件. -1998,(12)

台湾食品加工业发展之研究/何黎明//现代台湾研究. -1998,(总22)

台湾医疗仪器产业的现况与展望/严婉锜//海峡科技与产业. -1999,(1)

台湾成衣产业的过去、现在与未来发展/刘幸//福建轻纺. -1999,(1)

台湾包装工业浅析/孙昭文//包装世界. -1999,(2)

台湾食品工业发展的启示/肖唐镖//江西食品工业. -1999,(2)

台湾汽车业今年的发展态势/王维//海峡科技与产业. -1999,(2)

台湾石化工业发展现状/金秋//海峡科技与产业. -1999,(4)

台塑六轻对台石化业的影响/赵东//海峡科技与产业. -1999,(4)

台湾石材业现状与海峡两岸合作前景/张光铁//石材. -1999,(5)

台湾汽车大型钣金覆盖件模具工业发展现状/王艺宏//汽车与配件. -1999,(39)

台湾"绿色食品"发展现状及经验/曾玉荣//台湾农业探索. -2000,(1)

台湾糖业公司50年发展的经验与启示/潘世明//福建农业科技. -2000,(1)

中国台湾聚酯业跨世纪展望/王茵//石油化工技术经济. -2000,(3)

台湾工业经济与科技发展前景/贵文//工业技术进步. -2000,(3)

台湾地区化纤工业的现状及展望/化协//纺织信息周刊. -2000,(4)

中国台湾省石化工业现状及发展/翟伟平//石油化工动态. -2000,(5)

台湾光电产业概况及展望/江桢裕//世界产品与技术. -2000,(5)

台湾食品加工企业发展给我们的启示/叶小钰//上海轻工业. -2000,(6)

台湾光电产业的发展及做法/李永泰//海峡科技与产业. -2000,(6)

台湾制造业的发展及存在的问题分析/朱旭东//亚太经济. -2000,(6)

对台湾炭纤维工业的考察报告/张旺玺//碳素技术. -2000,(6)

台湾省电力工业改革的初步方案/朱成

章//中国电力. －2000,(8)

台湾电力公司的电力市场调查/朱成章//华东电力. －2000,(9)

台湾地区与韩国汽车工业发展及对我国的启示/张超//投资北京. －2000,(9)

台湾电力公司的发展与经营状况/毛晋//中国电力. －2000,(10)

台湾纺织工业的发展趋势/本刊编辑部//福建轻纺. －2000,(10)

1949年以前台湾石油工业的发展历程与特点/汪波//中共福建省委党校学报. －2000,(12)

台湾橡胶工业的现状及发展/徐文英//中国橡胶. －2000,(15)

台湾产业用纤维工业现状与展望/徐兴雄//纺织信息周刊. －2000,(44)

21世纪台湾农机工业新展望/庄石鑑//福建农机. －2001,(2)

台湾核四电厂续建意义何在/曲展//海峡科技与产业. －2001,(2)

台湾染料工业的现况与展望/赵豫州//染料工业. －2001,(3)

1999/2000年台湾食品产业回顾与展望/华杰//中外食品. －2001,(3)

规模生产技术——台湾制造业的竞争力/张双辉//工业工程与管理. －2001,(3)

台湾机械工业问题与展望/本刊编辑部//现代制造. －2001,(4)

台湾推动工业升级的政策及其评析/檀江林//现代台湾研究. －2001,(5)

2000年台湾化学工业发展情况/吕戈光//国际化工信息. －2001,(5)

台湾光电产业格局的演进与发展趋势/世渊//海峡科技与产业. －2001,(5、6)

台湾地区复合材料工业概况/钱世准//建材工业信息. －2001,(9)

近年台湾地区化学工业发展状况/翟伟平//上海化工. －2001,(11、12、13)

考察台湾纺织工业的几点启示/章友鹤//现代纺织技术. －2002,(1)

台湾食品工业发展现状/郭俊德//福州大学学报(自然科学版). －2002,(1)

对台湾工农业产品产量的主成分分析/吴晓磊//应用数学. －2002,(1)

科技进步与台湾食品工业之发展/刘廷英//福州大学学报(自然科学版). －2002,(1)

保健食品在台湾之发展现况/龚瑞林//福州大学学报(自然科学版). －2002,(1)

台湾制造业损益表结构的新儒学考察/林国雄//苏州铁道师范学院学报(社会科学版). －2002,(1)

台湾电力业的状况及面临的问题/朱成章//海峡科技与产业. －2002,(2)

台湾食品业调整大陆发展策略/刘幸//福建轻纺. －2002,(3)

探讨新世纪台湾印刷产业的发展策略/张中一//印刷技术. －2002,(3)

台湾家具产业概况/董静//家具与室内装饰. －2002,(3)

台湾地区化学工业发展近况/翟伟平//上海化工. －2002,(4)

台湾印刷产业的优势与劣势/张中一//广东印刷. －2002,(4)

中国入世对台湾印刷业的效应/林和安//广东印刷. －2002,(5)

台湾石化工业发展近况/钱伯章//海峡科技与产业. －2002,(5)

试论台湾航太工业的发展特点/林世渊//亚太经济. －2002,(6)

浅析台湾制造业国际竞争力的衰退/陈晓东//经济前沿. －2002,(7)

高科技产业生态与中国台湾新竹科学工业园区的发展/林共市//科技进步与对

策. －2002,(8)

中国台湾化学工业发展情况/翟伟平//国际化工信息. －2002,(9)

台湾食品工业发展历程、意义与启示/熊刚初//乡镇经济. －2002,(10)

透析台湾制造业国际竞争力的衰退/陈晓东//国际贸易问题. －2002,(12)

台湾石化业的发展历程及现状分析/张洁//现代台湾研究. －2002,(12)

台湾染整业现况及发展趋势/蔡金狮//纺织信息周刊. －2002,(34)

台湾化纤工业发展现状/张宏鼎//纺织信息周刊. －2002,(34)

台湾石化业回顾与展望/黄国维//国际化工信息. －2003,(2)

台湾工业工程理论及应用发展回顾/王国明//工业工程与管理. －2003,(3)

台湾环保产业发展及其政策演进分析/林世渊//亚太经济. －2003,(3)

台湾石化工业现状和发展扫描/丰洋//中国石油和化工. －2003,(4)

中国台湾机床工业发展概况及其竞争力分析/陈循介//精密制造与自动化. －2003,(4)

台湾推动纳米技术产业化的四项措施/林世渊//海峡科技与产业. －2003,(5)

台湾水泥工业现状及未来展望/KonradJ. K. Lan//新世纪水泥导报. －2003,(5)

台湾精密仪器与自动化产业的发展及其动因/林世渊//海峡科技与产业. －2003,(6)

2002年台湾橡胶工业概况及两岸橡胶工业经贸合作展望/范仁德//中国橡胶. －2003,(21)

科学工业园区与台湾产业经济的发展/陈王琨//广西财政高等专科学校学报. －2004,(1)

台湾纺织业的成功经验和建议/庚晋//海峡科技与产业. －2004,(2)

台湾的微电子技术及产业/罗浩平//电子与封装. －2004,(3)

借鉴台湾经验加快大陆创业投资业发展/陈晓枫//福建省社会主义学院学报. －2004,(3)

台湾纺织业投资祖国大陆的现状及趋势/李晨//海峡科技与产业. －2004,(4)

2003年台湾纺织业回顾与展望/吴伟钦//纺织信息周刊. －2004,(5)

两岸纺织产业的互动与合作研究/洪岚//经济与管理研究. －2004,(6)

台湾机床工业的发展现状/胡兴军//海峡科技与产业. －2004,(6)

新竹科技园区高科技制造业的发展启示/郑霞//上海理工大学学报(社会科学版). －2005,(2)

中国台湾半导体业的发展概况/章从福//半导体信息. －2005,(3)

考察台湾食品工业归来的思考/史虹//江西食品工业. －2005,(3)

台湾地区机床行业发展初探/卜基桥//现代制造. －2005,(4)

对台湾制造业发展的初步研究——从产业群的角度出发/何念如//南京财经大学学报. －2005,(5)

地方治理及其产业重构——台湾金门酒厂个案/洪启东、吴豪哲//城市规划. －2005,(9)

全球生产网络视角下的侨资加工贸易技术模仿创新特征研究——以台湾宝成集团制鞋业代工为例/卜国琴、张耀辉//特区经济. －2005,(10)

浅析台湾地区产业集群的发展演变——以制造业为例/何念如//世界经济情况. －2006,(2)

台湾地区机床工业的发展变迁/王正青//世界制造技术与装备市场.－2006,(3)

台湾食品工业发展经验及借鉴/曹旭东//农产品加工.－2006,(7)

我国台湾地区木工机械制造行业形成与发展概况/胡万明//林业机械与木工设备.－2006,(7)

3.信息产业经济

试论台湾发展信息产业的策略和措施/张贻达//台湾研究集刊.－1985,(1)

为争取另一贸易奇迹,台湾转向发展电子业/潘天顺译//台湾研究集刊.－1985,(2)

台湾电子工业的过去现在和将来/韩清海//电子外贸.－1987,(6)

电子产业——台湾产业升级的新领域/[日]刘进庆,雷慧英译//台湾研究集刊.－1989,(4)

台湾电信业发展纵览/田夫//台湾研究集刊.－1994,(2)

1994～1995年台湾信息服务业市场回顾与展望/本刊编辑部//山西电子技术.－1995,(1)

台湾拓展资讯产业的策略/本刊编辑部//福建质量信息.－1995,(6)

台湾集成电路工业的概况及其特点/王阳元//海峡科技与产业.－1996,(1)

台湾的信息咨询业及两岸信息交流的开展/刘霜桂//情报资料工作.－1996,(2)

1995年上半年台湾PC软件市场分析/董彤//软件世界.－1996,(3)

台湾信息产业发展若干问题述评/郑建明//台湾研究.－1997,(1)

台湾电子信息产业发展综述/臧其梅//现代电子技术.－1997,(1)

亚洲"四小龙"信息工业的发展历程及特点/许晶华//图书与情报.－1997,(1)

台湾资讯工业成长现况与趋势/廖旺//情报资料工作.－1997,(2)

台湾网络产业的发展现状与趋势分析/郭东强//华侨大学学报(哲学社会科学版).－1997,(2)

近四年来台湾个人电脑产销分析/千里//市场与电脑.－1997,(2)

台湾资讯产业崛起及启示/闫锋//南开经济研究.－1997,(4)

台湾资讯电子业的发展及其对中国统一构成的挑战/陈文鸿//战略与管理.－1997,(6)

台湾IC工业的发展和现状/蔡菊荣//微电子技术.－1998,(1)

中国台湾微电子工业的长期发展战略/黄德均//世界电子元器件.－1998,(3)

后进地区科技产业发展策略探讨——以台湾半导体产业与光碟机产业为研究对象/刘常勇//南开管理评论.－1998,(3)

港、澳、台地区电信发展综述/郭志强//通讯世界.－1999,(1)

试析台湾科技信息资源/陈喜乐、廖志丹//台湾研究集刊.－1999,(1)

台湾资讯电子业的成长及其启示/刘鲁鱼//开放导报.－1999,(1)

台湾资讯业发展的启示/刘传标//海峡科技与产业.－1999,(2)

信息产业的培育和成长有赖于全社会的支助——考察台湾"资讯工业策进会"的启示/沈立人//世界经济与政治论坛.－1999,(3)

台湾半导体业的发展与管理/刘文俊//微电子技术.－1999,(4)

1997年韩国、台湾、新加坡机器人市场状况/本刊编辑部//机器人技术与应用.－1999,(4)

台湾电子资讯产业发展给我们的启示/

陈晋文//海峡科技与产业. －1999,(5)

台湾信息产业政策演进之评述/郑建明//情报科学. －1999,(5)

台湾宏基电脑公司成功启示/胡建华//企业经济. －1999,(7)

台湾入世进展与其在电信领域的调整与承诺/本刊编辑部//世界电信. －1999,(11)

台湾资讯产业发展的启示/刘传标//现代台湾研究. －1999,(总26)

台湾资讯电子业发展模式的特点及借鉴/胡石青//台湾研究. －2000,(1)

台湾电子资讯产业的现状与发展趋势/林世渊//海峡科技与产业. －2000,(1)

台湾新竹科学工业园区发展模式探讨/金小川//现代台湾研究. －2000,(3)

台湾资讯硬件产业透析/张晓加//台湾研究集刊. －2000,(4)

浅析入世对台湾资讯产业的影响/左永兰//海峡科技与产业. －2000,(4)

台湾信息产业发展状况/王波//厦门科技. －2000,(5)

台湾半导体产业的崛起及对我们的启示/高粱//国际经济评论. －2000,(5)

台湾信息产业发展态势探析/钟明//世界经济与政治论坛. －2000,(5)

台湾电子科技业的发展及展望/高群服//海峡科技与产业. －2000,(6)

试析台湾信息产业科技资源管理/陈喜乐//科学学与科学技术管理. －2000,(7)

入世与台湾资讯产业发展透析/左永兰//经济前沿. －2000,(8)

台湾地区集成电路工业的发展/钟秀//电子产品世界. －2000,(8)

台湾软件产业发展剖析/张晓加//台湾研究集刊. －2001,(1)

台湾信息化进程概述/郑建明//情报科学. －2001,(2)

台湾信息产业的发展及其启示/程光//亚太经济. －2001,(2)

惊世之美——台湾IC产业飞速发展的奥秘/远飞//深圳特区科技. －2001,(2)

台湾信息家电业的发展与启示/陈元勇//海峡科技与产业. －2001,(3)

对台湾半导体业发展的思考/于夔康//半导体技术. －2001,(4)

台湾地区信息产业的发展以及启示/曹霞//上海综合经济. －2001,(6)

台湾地区IC设计产业的现状与趋势/杨邦朝//世界电子元器件. －2001,(7)

从“西进潮”看台湾电子信息产业的危机与出路/顾钱江//经济世界. －2001,(10)

台湾电子信息业未来走势/张煦//电子产品世界. －2001,(20)

台湾科技与产业发展策略论析/蔡秀玲//福建省社会主义学院学报. －2002,(2)

台湾半导体产业发展透视/范骏//世界经济与政治论坛. －2002,(2)

2001年台湾部分科技产业发展回顾/本刊编辑部//海峡科技与产业. －2002,(2)

台湾光电产业发展迅猛/陈苗海//世界电子元器件. －2002,(2)

台湾消费性电子产业的转型与走向/林世渊//海峡科技与产业. －2002,(3)

台湾重点发展的高科技产业（之三）——半导体产业/刘霜桂//海峡科技与产业. －2002,(3)

步入转型期的台湾信息电子产业/张冠华//台湾研究. －2002,(3)

台湾地区科技发展的策略与措施/徐涛//天津科技. －2002,(3)

台湾推动知识服务产业发展探析/陈蘋//现代台湾研究. －2002,(4)

试论台湾IC产业发展的特点/林世

渊//亚太经济. -2002,(4)

台湾IC产业的现状问题与未来走向/林世渊//海峡科技与产业. -2002,(4)

台湾通讯产业的变迁与动因分析/林世渊//世界经济与政治论坛. -2002,(4)

中国台湾电信市场现状/杨菠//世界电信. -2002,(5)

台湾的半导体产业/刘霜桂//全球科技经济瞭望. -2002,(7)

台湾地区科技100强排名/本刊编辑部//多媒体世界. -2002,(8)

台湾地区电子商务发展现况与因应/林瑞珠//科技与法律. -2003,(1)

台湾产业拥抱纳米科技的憧憬/陈萍//开放导报. -2003,(1)

台湾产业结构的优化:以信息化带动工业化/张方华//科技进步与对策. -2003,(2)

台湾光电产业的发展趋势/李飒//东南亚纵横. -2003,(4)

论台湾2003年LCD产业之发展趋势/易善//现代显示. -2003,(5)

台湾新竹科学工业园创新网络剖析/王振//世界经济研究. -2003,(6)

台湾软件产业的发展及其扶持政策研究/林世渊//世界经济与政治论坛. -2003,(6)

台湾IC产业的发展/吕正钦//电子产品世界. -2003,(17)

台湾高科技股板块的走势分析——以电子类股为例/郑晖阁//海峡科技与产业. -2004,(2)

提升台湾IC制造业竞争力之策略选择/张保隆//工业工程与管理. -2004,(3)

我国台湾地区新竹IC产业集群的成长环境研究/王立军//高科技与产业化. -2004,(10)

台湾光盘产业的未来分析/胡懿辉//光盘技术. -2005,(1)

台湾信息产业发展新的战略方向——信息服务业/吕斌//情报杂志. -2005,(2)

台湾半导体产业发展现状与趋势/朱磊//海峡科技与产业. -2005,(2)

台湾新竹科学园区光电产业发展趋势与策略/曹小琴//中国高新区. -2005,(2)

台湾IT产业竞争力研究及两岸深度合作建议/修文群//海峡科技与产业. -2005,(2)

韩国与台湾微电子产业发展模式的比较研究/朱传波//杭州电子科技大学学报. -2005,(2)

从台湾微电子产业的发展看利用外资与提高自主创新能力的关系/冷民//中国科技论坛. -2005,(3)

台湾:液晶面板产业发展现状与趋势/朱磊//海峡科技与产业. -2005,(4)

中韩台电子信息制造业企业规模战略比较——国际经济自由化进程中的"十一五"计划思考/宁露涛//经济社会体制比较. -2005,(4)

台湾IT产业发展的两大教训/汤明哲//中国企业家. -2005,(24)

台湾信息服务业的发展/黎海波//中国信息导报. -2006,(3)

台湾发展光电产业的启示/方宇//海峡科技与产业. -2006,(3)

我国台湾地区数字内容产业的发展举措及启示/范丽莉//情报理论与实践. -2006,(6)

技术进步、制度变迁与台湾IC产业发展/黄景章//财贸经济. -2006,(8)

4. 交通运输、旅游经济

台湾旅游业的发展和趋势/陈飞宝//台湾研究集刊. -1983,(1)

台湾陆路交通的发展/葛小佳//台湾研究集刊. -1983,(1)

台湾建立储运中心的目的与措施/益步//台湾与东亚. -1983,(2)

台湾旅游业的特点及其困境/何亮亮//台湾与东亚. -1984,(2)

试析台湾海运定期航线/王长云//台湾研究集刊. -1984,(3)

台湾海运业的发展初探/于章//台湾研究集刊. -1984,(3)

台湾民用航空事业的发展与展望/李非//台湾研究集刊. -1984,(3)

台湾的旅游资源与旅游区/郝尔力//台湾与东亚. -1984,(6)

台湾交通运输业的发展与趋势/李非//公路交通史研究. -1989,(5)

台湾运输业的分工与结构初探/李非//台湾研究集刊. -1992,(2)

论台湾交通发展的特征/李非//福建交通科技. -1992,(2)

浅析台湾航海运输业的发展特点/李非//水运管理. -1992,(11)

台湾的航空运输/李非//民航经济与技术. -1992,(12)

台湾旅游业之经济分析/李非//台湾研究. -1993,(1)

亚太经济区域化与台湾"亚太营运中心"/林长华//台湾研究集刊. -1993,(1)

台湾港口的经济特点与功能/李非//水运管理. -1993,(2)

台湾空运业的发展与特点/李非//民航经济与技术. -1993,(2)

台湾国际旅游业的发展与特点/李非//中外第三产业. -1993,(3)

台湾的航空港埠业/李非//民航经济与技术. -1993,(5)

台湾交通的供求关系/李非//公路杂志. -1993,(11)

台湾山岳型旅游资源/李非//海峡两岸. -1994,(3)

台湾的旅游区划/李非//中国第三产业. -1994,(6)

台湾地区航政管理体制的沿革与现状/王春阁//台湾研究. -1995,(3)

论台湾旅游业的若干作用和发展特点/黄福才//台湾研究. -1995,(4)

台湾海运业的发展、现状和政策/本刊编辑部摘录//交通与运输. -1995,(4、5)

台湾地区道路交通安全与执法问题之探讨/蔡中志//交通企业管理. -1995,(10)

台湾入出境旅游市场浅析/辛悉//中国旅游. -1996,(2)

台湾捷运交通系统的发展和经验教训/本刊编辑部//地下工程与隧道. -1996,(2)

台湾两大集装箱港的发展规划/闫劲松//港口科技动态. -1996,(12)

台湾旅游资源评价/李非//现代台湾研究. -1996,(总14)

台湾大众捷运交通系统的发展与特点/李庚//城市. -1998,(1)

台湾旅游市场前景浅析/陈雯//桂林旅游高等专科学校学报. -1998,(3)

台湾港口的竞争力现状/龚义式//集装箱化. -1998,(3)

台湾交通、运输、邮电发展特征/贺辛//交通与运输. -1998,(4)

台湾空港、海港及海运航线的布局/贺辛//交通与运输. -1998,(6)

物流业在台湾地区的兴起及特点/沈祖德//商场现代化. -1999,(4)

刍议高雄港的发展方向/张茂法//台湾研究集刊. -2001,(1)

台湾发展亚太海运中心采行四项具体方案/本刊编辑部摘录//水路运输文摘.

-2001,(2)

台湾港口开发和对福建的启示/黄民生//福建地理.-2001,(2)

台湾货载保留政策新动向/刘友洪//中国水运.-2001,(2)

试析台湾高速铁路的规划建设/凌起//世界地理研究.-2001,(3)

台湾高速铁路融资及建设体制的启示/吴玲//铁道经济研究.-2001,(5)

台湾高速铁路吸纳民间投资的经验借鉴/林晓言//技术经济.-2002,(3)

台湾森林游乐区的志愿者及其管理制度/李怒云//森林与人类.-2002,(5)

台湾旅游业的经营新策略/陈锋仪//经营与管理.-2002,(6)

台湾庙会与旅游观光/庹修明//贵州民族学院学报(哲学社会科学版).-2003,(2)

近观台湾的森林旅游与花卉产业/梁青元//广西林业.-2003,(3)

台湾现代物流业的运作模式及其借鉴意义/陈少晖//商讯商业经济文荟.-2003,(3)

台湾现代物流业的发展模式及其启示/江庆//云南财贸学院学报(社会科学版).-2003,(4)

台湾旅游客源市场的结构与开发浅谈/赖文凤//经济前沿.-2003,(5)

台湾现代物流业给我们的启示/陈少晖//中国物流与采购.-2003,(10)

台湾主要国际贸易港口现状与未来发展趋势研究/徐逸桥//中国港口.-2003,(11)

便携式计算机全球供应链管理:台湾直接配送的空运物流系统/王宇晨//北京交通大学学报:社科版.-2004,(3)

台湾外籍飞行员的雇佣及相关问题/毛青彪//中国民用航空.-2004,(9)

台湾离岛地区观光发展之研究——以澎湖群岛为例/陈元阳//中国供销商情.-2004,(10)

台湾旅游业的发展与启示/苏耿聪//福建省社会主义学院学报.-2005,(2)

台湾休闲产业的发展——试与西方发达国家相比较/陈美云、何娉//山东农业大学学报(社会科学版).-2005,(3)

台北捷运公司网络危机管理个案研究/姚惠忠、徐志豪//广告大观(理论版).-2005,(5)

古村落社区旅游的另一种思路——借鉴台湾社区营造经验/余向洋//黄山学院学报.-2005,(5)

魅力独特的台湾旅游业/申冬云//两岸关系.-2005,(11)

台湾乡村旅游的发展及启示/吴人韦//台湾农业探索.-2006,(3)

台湾捷运建设、融资与政府政策的关系/金玉莹//现代城市轨道交通.-2006,(6)

中国台湾的四大自由贸易港区/苏雄义//港口经济.-2006,(6)

5. 邮电经济

台湾的邮电通信/李非//公路交通史研究.-1990,(2)

台湾通信业现状/艾恕//通讯世界.-1998,(9)

港澳台地区电信发展概况/郭志强//北京电信科技.-1999,(1)

台湾电信的发展现状和未来/简仁德//电气电子教学学报.-2001,(4)

台湾通信业的格局变迁与发展趋势/林世渊//海峡科技与产业.-2003,(4)

中国台湾移动市场现状/李珊//世界电信.-2005,(4)

6. 贸易经济

台湾将设置自由贸易区/杨亚非//台湾

研究集刊．－1983，（1）

台湾设置自由贸易区的构想及其面临的困难/庄维明//台湾与东亚．－1983，（2）

台湾对外贸易严重衰退－暗淡的1982年与1983年的前景/郭铁民//台湾与东亚．－1983，（2）

欲假手外人的台湾外贸/齐凡//台湾与东亚．－1983，（4）

战后台湾和日本的贸易关系/李世光//台湾与东亚．－1983，（4）

近年台湾外销的困境及其出路/张贻达//台湾研究集刊．－1984，（1）

台美贸易的发展与动向/张贻达//台湾研究集刊．－1984，（3）

台湾设立自由贸易区的方案已经定型/日本台湾研究所，涤南译//台湾研究集刊．－1984，（3）

战后台日贸易关系剖析/苏丽萍//台湾研究集刊．－1984，（3）

台湾筹设"自由贸易区"之意图/王健//台湾与东亚．－1984，（5）

台湾与美、日贸易的特点及其趋势/何其帼//台湾研究集刊．－1985，（1）

台美贸易关系的特点和展望/何其帼//台湾研究集刊．－1985，（2）

台湾大贸易商为何难以发展/张贻达//台湾研究集刊．－1985，（3）

国际经济环境与台湾对外贸易/何其帼//台湾研究集刊．－1986，（3）

台湾农产品和农产加工品外销的特点及问题/何其帼//台湾研究集刊．－1986，（4）

台湾农产品出口贸易浅析（上）/曾玉荣//台湾农业探索．－1987，（1）

从台湾外销花卉业的坎坷道路吸取经验/仲秀//台湾农业探索．－1987，（2）

台湾对外贸易战略和政策之演变/韩清海//台湾研究集刊．－1988，（2）

台湾制订加强对欧贸易计划/水心//台湾研究集刊．－1988，（4）

台美农产品贸易摩擦的现状及其趋势/赵玉榕//台湾研究集刊．－1990，（2、3）

台湾当前对东欧贸易浅析/何其帼//台湾研究集刊．－1990，（4）

现阶段台湾外贸的特征与发展趋势/何其帼//台湾研究集刊．－1991，（1）

台湾市场消费行为透析/陈晖//华侨大学学报（哲学社会科学版）．－1991，（2）

论台湾岛内市场开放/何其帼//台湾研究集刊．－1991，（3）

台湾对外贸易政策趋向开放/李非//山东外贸．－1994，（4）

台湾地区水泥市场现状及展望/罗立波//水泥工程．－1994，（4）

台湾对外贸易模式的转变/李非//国际贸易．－1994，（4）

台湾外贸商品结构的调整变化/李非//技术经济与管理．－1994，（4）

台湾外贸循环从"旧三角"走向"新三角"/李非//海峡经贸．－1994，（10）

台湾外贸重心转向亚太地区/李非//国际贸易．－1995，（3）

1994年台湾外贸形势评析/李非//山东对外经贸．－1995，（3）

当前台湾物价上涨现象及对策/张晓军//台声．－1995，（6）

台湾对外经贸格局从旧三角走向新三角/本刊编辑部//中国经济信息．－1995，（6）

台湾1996年对外贸易预测/本刊编辑部//东南亚南亚信息．－1996，（2）

台湾石化产品的市场走向/唐伟家//海峡科技与产业．－1996，（6）

台湾近期房地产市场评析/张红//中国

房地产. －1996,(9)

台湾茶饮料市场发展特点与启示/赵和涛//台湾农业探索. －1997,(1)

台湾外贸发展模式之考察/李志学//华侨大学学报(哲学社会科学版). －1997,(1)

台湾连锁商业发展现状与趋势分析/黄维礼//华侨大学学报(哲学社会科学版). －1997,(2)

出口扩张时期台湾对外贸易快速发展及其原因之探析/张世宏//安徽大学学报(哲学社会科学版). －1997,(4)

1996年台湾的对外贸易——日本贸易振兴会白皮书/杨维中译//台湾研究集刊. －1997,(4)

欧元实施对台湾外贸的影响/博瀚//世界机电经贸信息. －1998,(13)

1997年台湾的对外贸易——日本贸易振兴会白皮书/杨维中译//台湾研究集刊. －1999,(2)

台湾建筑陶瓷市场动向/徐美君//建材工业信息. －1999,(2)

台湾地区房地产市场现状分析/马毓杰//中国房地产金融. －1999,(8)

台湾房地产市场分析/马毓杰//中外房地产导报. －1999,(20)

金门商业贸易的发展与变迁/杨彦杰//现代台湾研究. －1999,(总27)

1998—1999年台湾的对外贸易——日本贸易振兴会白皮书/杨维中译//台湾研究集刊. －2000,(1)

台湾珠宝市场概况及前景/吴舜田//宝石和宝石学杂志. －2000,(2)

台湾的批发市场是怎样运行的?/徐柏园//中国商贸. －2000,(3)

1999—2000年台湾的对外贸易——日本贸易振兴会白皮书/汪慕恒译//台湾研究集刊. －2000,(4)

战后美台贸易关系发展趋势分析/林长华//台湾研究集刊. －2001,(1)

台湾量贩店的兴起和演变/左得//中国商贸. －2001,(1)

台湾服务贸易领域因应加入WTO的措施/胡石青//海峡科技与产业. －2001,(2)

2000—2001年台湾的对外贸易——日本贸易振兴会白皮书/杨维中译//台湾研究集刊. －2001,(4)

台湾加入世界贸易组织有关食品进口关税减让情况分析/李黎//农村实用工程技术. －2002,(4)

扭曲发展——台湾地区知识产权权利耗尽与平行进口体制解析/余翔//国际贸易. －2002,(6)

台湾居民食物消费变化规律及其对中国大陆的启示/张建杰//技术经济. －2003,(3)

台湾的蔬菜水果市场体系建设/缪建平//福建农业. －2003,(7)

台湾知识型服务业发展现状与挑战/陈蘋//发展研究. －2003,(8)

台湾地区外贸战略演变的现实思考/朱剑荣//兰州学刊. －2004,(2)

台湾地区对外贸易与产业经济的历史发展/陈王琨//广西财政高等专科学校学报. －2004,(2)

台湾地区零售药店的现状与发展趋势/龚毅//中国药房. －2004,(3)

台湾中药产业现状分析/林端宜//海峡科技与产业. －2004,(3)

台湾地区国际保理业发展的经验借鉴/高洁//国际贸易问题. －2004,(4)

对我国台湾设置自由贸易港区的若干思考/肖钟熙//集装箱化. －2004,(7)

台湾农产品贸易比较优势的测算与分

析/李艾宇、任爱荣//中国农业大学学报(社会科学版). -2005,(3)

台湾及国外农产品生产履历制度的构建与启示/王缨//台湾农业探索. -2005,(3)

2004—2005年台湾的对外贸易与外资投资-日本贸易振兴会白皮书/汪慕恒译//台湾研究集刊. -2005,(4)

1980年代台湾克服巨额贸易顺差的经验/叶万安//东南大学学报(哲学社会科学版). -2005,(5)

台湾发展知识型服务业的经验与启迪/李红梅//海峡科技与产业. -2005,(6)

台湾发展知识服务产业的难点与机会/陈萍//福建论坛(人文社会科学版). -2005,(7)

台湾零售业的演进及管理创新/卢长宝、张朝中//发展研究. -2005,(9)

生活形态营销——以台湾地区个人洗护用品营销为例/周文娟//企业管理. -2005,(11)

台湾发展场外交易市场的经验及其对大陆的启示/过文俊//当代亚太. -2005,(12)

台湾汽车业经销通路经营行为与购买意愿的经济学分析/郑荣华、赵定涛//商场现代化. -2005,(28)

消费者在线交易信任影响因素的实证研究——来自台湾的证据/曹振华//南开管理评论. -2006,(4)

台湾家乐福的e化策略/刘盈秀//信息与电脑. -2006,(4)

Pchome——台湾购物网站"状元"的经营之路/郭瑞林//信息与电脑. -2006,(8)

台湾上半年外贸顺差何以锐减/王建民//经济导报(香港). -2005,(34)

7. 财政

剖析台湾财政管理的几个问题/黄有土等//台湾研究集刊. -1983,(1)

台湾财政的性质、特征及问题初探/黄有土等//台湾研究集刊. -1984,(1)

台湾实施新制(加值型)营业税/杨华生//台湾研究集刊. -1986,(2)

关于台湾财政赤字原因的探讨/刘莘稼//财贸研究. -1986,(3)

谈台湾省房屋税/潘晋明//福建财政. -1988,(1)

台湾鼓励投资的税收优惠/刘金枝//涉外税务. -1989,(7)

台湾财政收支的发展与展望/邓利娟//台湾研究集刊. -1991,(2)

台湾财政支出浅析/邓利娟//台湾研究集刊. -1991,(4)

试论台湾财政收入的特点/邓利娟//台湾研究集刊. -1992,(2)

台湾涉外税制初探/许心鹏//台湾研究集刊. -1992,(2)

台湾现行税制浅析/邓利娟//税务研究. -1992,(12)

论台湾土地增值税与第二次土地改革/林长华//台湾研究集刊. -1993,(1)

试论近年台湾税收制度的改革/邓利娟//台湾研究. -1993,(2)

海峡两岸个人所得税制比较研究/邓利娟//台湾研究集刊. -1994,(1)

试析台湾的分税制/邓利娟//台湾研究集刊. -1994,(3)

分税制出台的前前后后/丁坚铭//海峡两岸. -1994,(3)

台湾关于土地增值税的争论/杨重光//中外房地产导报. -1994,(8)

台湾的分税制——税收征管制度述评/

邓利娟//涉外税务.－1994,(11)

台湾土地增值税课征特点与经验借鉴/刘军//中外房地产导报.－1995,(1)

当前台湾财政问题评析/高群服//台湾研究.－1995,(1)

台湾财政宏观管理手段分析/邓利娟//台湾研究集刊.－1995,(3、4)

海峡两岸个人所得税制的比较及思考/杨荣彦//华侨大学学报(哲学社会科学版).－1995,(4)

台湾的税务管理/徐志//外国经济与管理.－1995,(6)

台湾税务人员的管理/徐志//中国税务.－1995,(7)

海峡两岸企业(营利事业)所得税之比较/阎长峰//台湾研究.－1996,(1)

台湾的蓝色申报制度/徐志//涉外税务.－1996,(2)

祖国大陆与台湾土地税收制度的比较/詹云燕//亚太经济.－1997,(1)

台湾税收制度的改革和存在的问题/张勇勤//华侨大学学报(哲学社会科学版).－1997,(1)

增值税应纳税额的计算/邓利娟//涉外税务.－1997,(4)

台湾的税收及其改革——李国鼎著《台湾的财政金融与税收改革》编后/沈立人、徐惠蓉//开放导报.－1997,(10)

台湾地区土地税收述评/尤克介//税务研究.－1997,(10)

台湾保险业对外开放的成功经验及其借鉴/韩凤朝//外国经济与管理.－1997,(10)

台湾土地增值税及其与大陆的比较/王小映//中外房地产导报.－1997,(20、21)

海峡两岸证券市场税制比较分析/叶宝珠//台湾研究集刊.－1999,(3)

台湾关于出口的税收制度述评/周俊琪//涉外税务.－1999,(7)

台湾的经济发展与税收政策/王华路//统计与决策.－1999,(8)

台湾的房地产税/赵四海//中外房地产导报.－1999,(10)

台湾房地产税制的特点/邓宏乾//中外房地产导报.－1999,(19)

台湾的两税合一制及其优点——兼论对大陆税制改革的启示/王海东//涉外税务.－2000,(5)

台湾的遗产及赠与税/张海波//涉外税务.－2000,(10)

台湾地区土地税的地位和作用/萧承勇//中外房地产导报.－2000,(18)

台湾与大陆增值税的比较/陈贺菁//涉外税务.－2001,(2)

台湾遗产及赠与税及特点/姚秀兰//税务.－2001,(2)

两岸税制税政的比较分析/于明宜//河北经贸大学学报.－2001,(3)

两岸增值税比较/杜朝运//台声.－2001,(5)

两岸增值税的比较与评价——兼论大陆增值税的改进与完善/黄董良//财经论丛.－2001,(6)

海峡两岸个人所得税的若干比较/郑捷琴//厦门科技.－2001,(6)

评析台湾地区实施的两税合一税制/安体富//涉外税务.－2001,(8、9)

台湾的税务处罚制度/胡俊坤//山东税务纵横.－2001,(10)

大陆与台湾税收结构的比较分析/王爱华//福建税务.－2001,(11)

中国大陆、香港、台湾的税制比较/王丽莎//湖北财税.－2001,(16)

台湾税务处罚制度/胡俊坤//税务.

－2002,(1)

海峡两岸或有事项及资产负债表日后事项准则比较/张铁庄//财会通讯.－2002,(4)

台湾农业税的演变及启示/熊健//安徽农业大学学报(社会科学版).－2002,(5)

海峡两岸税制比较研究/福建省地税局“台湾税收研究”课题组//福建论坛(经济社会版).－2002,(10)

台湾地区为纳税人服务的经验与启示/李丽凤//涉外税务.－2002,(12)

大陆、台湾、香港个人所得税制的差异分析及思考/欧阳佳妮//湖北行政学院学报.－2003,(3)

台湾发展中小企业的财税支持体系研究/程红丹//贵州财经学院学报.－2003,(4)

两岸三地个人所得税制的透析与借鉴/欧阳佳妮//湖北大学学报(哲学社会科学版).－2003,(5)

台湾产业技术发展的阶段性财税政策及启示/束军意//科学学与科学技术管理.－2003,(5)

海峡两岸税务行政权的比较/黄兆琼//福建税务.－2003,(11)

台湾财政恶化的原因剖析/陈萍//亚太经济.－2004,(1)

台湾地区房地产税收制度的经验和借鉴/余永峰//中国房地产金融.－2004,(3)

台湾财政形势恶化及其原因分析/张洁//现代台湾研究.－2004,(3)

台湾涉外税政变革趋势及对两岸税收关系的影响/曾志学//涉外税务.－2004,(4)

台湾调节国际收支顺差的经验及其对大陆的启示/韩红梅//中国外汇管理.－2004,(5)

海峡两岸消费税比较与借鉴/程松柏//北方经贸.－2004,(5)

浅析台湾税收制度/苏美祥//现代台湾研究.－2004,(6)

我国大陆与台湾消费税制比较和借鉴/李坤//经济纵横.－2005,(1)

台湾地区营利事业所得税“蓝色申报”制度评价及借鉴/刘植才//涉外税务.－2005,(2)

海峡两岸税制对投资的影响及其借鉴/但利琴//理论月刊.－2005,(2)

浅析台湾当局的债务与税收/刘建兴、吴伟锋//统一论坛.－2005,(4)

台湾农业税制演变及对大陆的启示/樊丽明、郭琪//财贸经济.－2005,(9)

意大利、韩国和台湾地区土地增值税制的借鉴和启示/周昭霞//生产力研究.－2005,(9)

海峡两岸税法关于折旧规定的比较/陈南华、邓子基//涉外税务.－2005,(10)

海峡两岸财务预测制度的比较/蔡秋玉//福建省社会主义学院学报.－2006,(3)

台湾非营利组织税收制度及其启示/陈南华//涉外税务.－2006,(5)

台湾土地税对大陆土地税制建设的启示/叶少群//发展研究.－2006,(11)

海峡两岸财产税制比较及借鉴/杨卫华//地方财政研究.－2006,(12)

8. 金融、银行

台湾“中央银行”职权的变化初探/黄有土//台湾研究集刊.－1983,(1)

汇率制度频繁变动对台湾经济的影响/林将//台湾与东亚.－1983,(4)

台湾经济发展过程中的金融政策/黄宝奎//台湾研究集刊.－1986,(2)

台湾的汇率制度和外汇市场/张小济//台湾研究集刊.－1987,(1)

试析台湾经济发展的资金来源/邓利

娟//台湾研究集刊. －1987,(2)

略析台湾的资金"过剩"/邓利娟//台湾研究集刊. －1987,(4)

试论台湾的股票市场/黄宝奎//台湾研究集刊. －1988,(1)

台湾放宽外汇管制后资金的海外出路/江曙霞//台湾研究集刊. －1988,(2)

五十年代初期台湾的优利存款制/辛雅利//台湾研究集刊. －1988,(4)

1988年台币汇率稳中有降/邓利娟//台湾研究集刊. －1988,(4)

台湾外汇储备问题刍议/李非//台声. －1988,(5、6)

1988年台湾股市风暴/祥禾//台湾研究集刊. －1989,(1)

台湾公债举借概况/邓利娟//台湾研究集刊. －1989,(1)

试析当前台湾的通货膨胀/何其帼//台湾研究集刊. －1989,(3)

台湾汇率制度改革述评/邓利娟//台湾研究集刊. －1989,(3)

台湾信托投资公司的发展及前景/黄宝奎、董坚勇//台湾研究集刊. －1989,(4)

台湾外债管理的经验与教训/邓利娟//发展研究. －1989,(7)

初评当前台湾金融紧缩政策/翁成受、许心鹏//浙江金融. －1989,(11)

台湾金融制度创新背景分析/翁成受、许心鹏//国际金融导刊. －1990,(1)

台湾农业金融制度剖析/黄宝奎、张文棋//台湾研究集刊. －1990,(2、3)

台湾金融改革研究/许心鹏//台湾研究. －1990,(3)

台湾的投资不足与资金外流/邓利娟//台湾研究集刊. －1990,(4)

台湾股市何以暴涨暴跌/许心鹏//台湾研究集刊. －1990,(4)

台湾农业外援资金及国际贷款利用概况/曾玉荣、王子齐//台湾农业探索. －1990,(4)

台湾公债政策评析/邓利娟//中国经济问题. －1990,(6)

台湾"国际金融中心"问题探讨/黄仁山//福建金融. －1990,(11)

台湾保险市场初探/许心鹏//台湾研究集刊. －1991,(2)

台湾举借、使用、偿还外债的政策特点/翁成受//国际金融导刊. －1991,(3)

台湾境外金融中心探析/许心鹏//台湾研究集刊. －1991,(4)

台湾农村金融浅析/陈飞天、徐联芳//福建金融. －1991,(5)

台湾的外商银行评介/黄宝奎//台湾研究集刊. －1992,(3)

台湾公债市场的发展、特点与趋势/王建民//台湾研究集刊. －1992,(4)

金融管制与经济成长:台湾的实证/许心鹏//亚太经济. －1992,(6)

台湾劳工保险制度初探/何其帼//台湾研究集刊. －1993,(1)

台湾金融体制的演变、基本框架与发育程度分析/许心鹏//世界经济研究. －1993,(1)

台湾股市信用交易制度研究/许心鹏//台湾研究集刊. －1993,(2)

货币市场分割与金融的放松管理:台湾的对金融压抑论的否定/许心鹏译//经济资料译丛. －1993,(3)

台湾金融自由化、国际化与海峡两岸金融合作/许心鹏//亚太经济. －1993,(5)

台湾防治通货膨胀的宏观调控政策及其启示/彭金荣//天津师大学报(社会科学版). －1994,(2)

八十年代末台湾金融风暴的启示/胡石

青//台湾研究. －1994,(2)

台湾治理通胀面面观/刘志勇//经贸世界. －1994,(2)

台湾的存款保险制度/黄宝奎、黄仁山//台湾研究集刊. －1994,(2)

台湾股票市场税收制度研究/许心鹏//台湾研究集刊. －1994,(4)

台湾证券商对上市公司的辅导制度/叶景成//证券市场导报. －1994,(4)

台湾的金融体系/武健//中国经济信息. －1995,(1)

台湾的金融改革及其启示/陈勇//深圳大学学报(人文社会科学版). －1995,(1)

台湾建立区域金融中心评析/胡华军//唯实. －1995,(1)

台湾经济发展过程中的金融特征/唐旭//战略与管理. －1995,(1)

台湾和日本股票市场的教训及启示/熊毅//决策借鉴. －1995,(1)

台湾的通货膨胀与对策/王家骥//浙江金融. －1995,(2)

台湾股市的投机性及其原因分析/林俊国//华侨大学学报(哲学社会科学版). －1995,(2)

台湾地下金融现象透视/高群服//台湾研究集刊. －1995,(2)

论台湾货币市场的形成和发展/闻岳春//当代亚太. －1995,(3)

台湾股市管窥/刘群//税收与企业. －1995,(3)

台湾三次反通胀政策评析/吴国华//浙江大学学报(人文社会科学版). －1995,(3)

亚洲"四小龙"汇率制度改革及其体制基础探析/黄建忠//厦门大学学报(哲学社会科学版). －1995,(4)

战后台湾、韩国外汇体制的演变/蔡剑波//经济学动态. －1995,(5)

台湾股市与大陆股市的比较及启示/春辉//中国投资. －1995,(5)

台湾证券市场回顾与前瞻/曹小衡//证券市场导报. －1995,(6)

大陆与台湾比较研究:通货膨胀/宁敖//金融与经济. －1995,(6)

台湾证券市场对外开放之经验/朱富春//证券市场导报. －1995,(6)

后来居上的台湾公债市场/邓利娟//证券市场导报. －1995,(6)

台湾的通货膨胀治理及启示/王文平//计划与市场. －1995,(7)

台湾治理通货膨胀的政策措施及启示/郑良芳//海南金融. －1995,(10)

台湾建立"区域金融中心"的构想及前景/曹小衡//台声. －1995,(10)

台湾货币政策及对大陆改革的启示/林大成//武汉金融. －1995,(12)

台湾保险业开放以后的市场状况——台湾保险公司如何应付外资保险公司对市场的冲击/吴传诚//上海金融. －1996,(1)

试论台湾的金融宏观管理体系/邓利娟//台湾研究集刊. －1996,(1)

大陆、台湾股票市场前景分析/陈勇//陕西师范大学学报(哲学社会科学版). －1996,(1)

台湾近年来金融"国际化"的发展及面临的问题/胡石青//台湾研究集刊. －1996,(1)

台湾合作制研究/福建师大闽台合作经济比较课题组//中国集体经济. －1996,(2)

台湾、韩国汇率变动与经贸发展关系的实证分析/王建民、胡增印//台湾研究. －1996,(2)

台湾证券市场发展现状/谭向东//中国城市金融. －1996,(2)

台湾合作金融体系的剖析与启示/张文

棋//农村金融研究. －1996,(2)

韩国、台湾对外资银行的监管及给我们的启示/薛东舟//福建金融管理干部学院学报. －1996,(3)

台湾证券市场的历史、现状与发展/谭向东//中国经贸导刊. －1996,(3)

台湾保险业的管理初探/钟伟//亚太经济. －1996,(3)

台湾金融业现状及两岸金融合作前景/陈式海//福建金融. －1996,(3)

台湾金融体制现状分析/邓利娟//台湾研究. －1996,(3)

台湾外汇储备过量增长的负效应/范爱军//当代亚太. －1996,(4)

台湾亚太金融中心展望与挑战/晓楠//东南亚南亚信息. －1996,(4)

台湾证券市场国际化的经验及其借鉴/王金叶//决策借鉴. －1996,(4)

外国商业银行在台湾的经营策略及对我们的启示/吴晓棠//金融科学. －1996,(4)

台湾的金融改革/万仪//东南亚研究. －1996,(5)

台湾对外开放保险市场的做法及其借鉴意义/刘文军//经济导刊. －1996,(5)

略论台湾利率自由化的进程/胡晓辉//浙江金融. －1996,(5)

台湾金融自由化历程/丁强//开放导报. －1996,(5)

台湾农村金融体系与资金动作之探索/单玉丽//亚太经济. －1996,(6)

浅析韩国、台湾保险市场的对外开放/李林静//南方金融. －1996,(6)

海峡两岸城市房地产抵押制度之比较/王克衷//东南学术. －1996,(6)

台湾证券市场国际化的经验及启示/王金叶//投资理论与实践. －1996,(8)

台湾的农会金融事业/张强//世界农业. －1996,(8)

台湾外汇远期交易的发展及其借鉴/巴曙松//中央财经大学学报. －1996,(9)

台湾股市的信用交易制度及借鉴/郑振龙//中国城市金融. －1996,(10)

台湾股票市场的发展与特点/刘诗武//经济前沿. －1996,(10)

台湾发展"亚太金融中心"的展望/刘绍梁//东南亚南亚信息. －1996,(12)

剖析台湾农会信用部运作过程中的金融风暴之源/许经勇//福建金融. －1996,(12)

台湾合作金融制度剖析与借鉴/张文棋//现代台湾研究. －1996,(总13)

试论台湾金融自由化及其对祖国大陆之借鉴意义/蒋序刚//现代台湾研究. －1996,(总16)

战后初期台湾反通货膨胀三大政策评析/方晓珍//安庆师范学院学报(社会科学版). －1997,(1)

台湾金融"国际化"问题浅议/胡日东//华侨大学学报(哲学社会科学版). －1997,(1)

台湾巨额外汇储备是怎样保值获利的?/陶士贵//国际市场. －1997,(1)

台湾外汇政策演变与经济增长/孙林//台湾研究. －1997,(3)

90年代以来台湾金融自由化、"国际化"的新发展/邓利娟//福建金融. －1997,(4)

台湾的金融自由化改革/史远香//金融科学. －1997,(4)

台湾产物保险市场及营运发展/王事展//保险职业学院学报. －1997,(4)

90年代以来台湾金融自由化国际化新进展/邓利娟//福建金融. －1997,(4)

海峡两岸保险业的合作与前景/杨秀丽//保险研究. －1997,(5)

金融自由化:韩国与台湾的比较分析/张荔//国际金融研究. －1997,(5)

港澳台金融事业对内陆经济发展的借鉴/徐唐龄//民主与科学. －1997,(5)

台湾当局抑制金融风潮影响的对策及趋势分析/俞其锐//改革与战略. －1997,(6)

台湾的共同基金市场及其启示/马荣//福建金融. －1997,(8)

台湾中小企业融资问题初探/承上//福建金融. －1997,(8)

台湾存款保险制度研究/邱宇文//港澳经济. －1997,(8)

台湾高科技金融市场的发展/王立军//中国科技信息. －1997,(9)

台湾保险业的渐进式对外开放/韩凤朝//上海企业. －1997,(10)

近期台湾金融动荡浅析/胡晓辉//浙江金融. －1997,(12)

台湾银行经营管理剖析与启示/张文祺//现代台湾研究. －1997,(总18)

台湾高科技产业的筹资市场分析/苏美祥//现代台湾研究. －1997,(总18)

台湾地区证券市场发展探索/翁东玲//现代台湾研究. －1997,(总20)

台湾营建亚太金融中心之现状与前景分析/苏美祥//现代台湾研究. －1997,(总20)

对台湾实施金融“国际化”的原因及存在问题的探讨/胡日东//经济研究参考. －1997,(32)

台湾寿险市场新进入者的发展历程/徐蓁//保险职业学院学报. －1998,(1)

简析1997年台湾金融市场动荡的原因及影响/胡石青//台湾研究. －1998,(1)

从美国经验看台湾创业投资的发展/石滋宜//中国科技产业. －1998,(1)

台湾中小企业的融资辅导体系及借鉴/鲁晓峰//金融教学与研究. －1998,(1)

台湾共同基金的发展及对我们的借鉴/杨胜利//经济纵横. －1998,(1)

新加坡与台湾地区银行卡工程建设之考察/邵臻浩//上海金融. －1998,(1)

近期台湾金融动荡的原因及影响/胡石青//台声. －1998,(2)

台湾地区抑制金融危机影响的对策/俞其锐//国际资料信息. －1998,(2)

台湾基金业的发展/翟太煌//外国经济与管理. －1998,(3)

台湾证券市场发展的经验教训及其对祖国大陆的启示/邓利娟//台湾研究. －1998,(3)

新加坡和台湾为何受金融危机影响较小/赵锡安//机电新产品导报. －1998,(3)

台湾动产担保的三项制度/江国勇//政治与法律. －1998,(4)

亚洲金融危机中的台湾金融/朱磊//两岸关系. －1998,(5)

台湾应对金融危机的政策及其效果/吴荣义//经济学家. －1998,(6)

台湾证券市场初探/翁东玲//当代亚太. －1998,(6)

台湾因应金融危机的思路和举措/俞其锐//国际资料信息. －1998,(7)

台湾存款保险制度述评/杨胜刚//外国经济与管理. －1998,(7)

台湾外汇期权的评价与会计处理/肖文进//金融会计. －1998,(8)

评台湾因应金融风波中的做法/方生//开放导报. －1998,(10)

台湾融资辅导制度值得借鉴/杨健//经贸导刊. －1998,(10)

亚洲金融风暴:台湾的经验与前景/麦朝成//开放导报.－1998,(11)

台湾股份有限公司的经营约束机制/宋红松//中外企业家.－1998,(11)

走向电子化——台湾金融业一瞥/朱磊//两岸关系.－1998,(11)

台湾中小企业融资辅导体系及其启示/罗碧辉//武汉金融.－1998,(12)

台湾金融自由化进程分析/范骏//台湾研究.－1999,(1)

台湾中小企业融资辅导制度及其借鉴/杨健//亚太经济.－1999,(1)

台湾地区资本市场国际化的启示和借鉴/周睿//华东师范大学学报(哲学社会科学版).－1999,(1)

论台湾信托业的改革与发展/杨胜刚//台湾研究.－1999,(2)

台湾如何应对欧元启动/高群服//中国市场.－1999,(2)

台湾合作金融制度的发展及其对我们的启示/林玉妹//福建师范大学学报(哲学社会科学版).－1999,(3)

论我国台湾地区保险投资的演进及启迪/王绪瑾//北京商学院学报.－1999,(3)

试论现阶段的台湾金融形势/邓利娟、梁宏彦//台湾研究集刊.－1999,(3)

一只"生病的猫":台湾经济金融状况刍议/陆笑炎//上海对台工作.－1999,(3)

台湾应对欧元的政策趋势及启示/俞其锐//福建行政学院福建经济管理干部学院学报.－1999,(4)

台湾中小企业的融资体制及启示/叶耀明//世界经济文汇.－1999,(4)

汇率与资本管制:台湾的实证研究/朱美丽//深圳大学学报(人文社会科学版).－1999,(4)

对台湾长期股权投资业务处理的评价/潘远增//财会通讯.－1999,(5)

台湾强化金融工作对策/俞其锐//海峡科技与产业.－1999,(5)

台湾保险业现状与展望/王传通//保险研究.－1999,(6)

台湾证券市场透视/冯洁//亚太经济.－1999,(6)

台湾网上银行发展近况/何济川//中国信息导报.－1999,(6)

当前台湾逾期放款与呆账问题浅析/高群服//中国市场.－1999,(6)

台湾对中小企业的金融支持/吴安东//现代商业银行.－1999,(8)

台湾房地产经营证券化的发展及启示/陈章喜//经济前沿.－1999,(9)

台湾寿险业面临的挑战及其对大陆寿险业的启示/邹玉娟//上海保险.－1999,(11)

论台湾中小企业融资体系及对福建的借鉴意义/苏美祥//福建论坛(经济社会版).－1999,(12)

台湾金融面临的危机及原因解析/苏美祥//现代台湾研究.－1999,(总26)

台湾应对欧元的策略及启示/俞其锐//现代台湾研究.－1999,(总26)

台湾证券市场的发展与启示/冯洁//现代台湾研究.－1999,(总28)

1999年台湾金融形势与2000年展望/苏美祥//现代台湾研究.－2000,(1)

台湾金融再造工程分析/苏美祥//亚太经济.－2000,(1)

论地震风险责任保险——从台湾地震引起的损失谈起/李俊晞//保险研究.－2000,(1)

台湾金融业面临的危机/苏美祥//海峡科技与产业.－2000,(2)

台湾金融体制的改造/范骏//世界经济

与政治论坛. -2000,(3)

台湾股市问题初探/高群服//海峡科技与产业. -2000,(3)

台湾风险投资的发展阶段与特点/李松涛//亚太经济. -2000,(3)

关于台湾社会保险制度改革与建立"国民年金"制度的探讨/王建民//台湾研究. -2000,(4)

台湾金融发展面临的问题与挑战/杨胜刚//台湾研究. -2000,(4)

台湾保险市场开放历程及评析/刘金章//华南金融研究. -2000,(5)

亚洲金融风暴后的台湾金融业/王海东//现代金融. -2000,(8)

台湾:利率市场化改革的经验/赵晓//中国外汇管理. -2000,(9)

我国台湾地区房地产证券化的发展轨迹及其启示/毛金强//中国房地产金融. -2000,(10)

台湾寿险产品开发对内地寿险业的启示/魏华林//保险研究. -2000,(11)

亚洲金融危机后的台湾金融业/王海东//国际金融研究. -2000,(11)

台湾对不动产估价之检讨/何庆//中外房地产导报. -2000,(23)

新经济时代下台湾金融体制的变革/高跃生//亚太经济. -2001,(1)

2000年台湾金融形势回顾与展望/苏美祥//现代台湾研究. -2001,(1)

金融危机后台湾资本海外投资增势与流向变化分析/周明伟//厦门特区党校学报. -2001,(1)

从台湾股市暴跌看岛内信心危机/程建华//统一论坛. -2001,(1)

台湾合作金融发展趋势及其启示/王海东//亚太经济. -2001,(1)

台湾的全民健康保险业/寿昌//海峡科技与产业. -2001,(2)

台湾证券市场的主要特征及启示/金小川//海峡科技与产业. -2001,(2)

台湾高科技产业的金融支持分析/苏美祥//现代台湾研究. -2001,(2)

QFII的进入与台湾证券市场对外开放/谢联胜//证券市场导报. -2001,(2)

论会计环境对上市公司会计信息披露制度的影响——兼论中国大陆与港、台地区上市公司会计信息披露制度的比较/吕博//南京金融高等专科学校学报. -2001,(3)

台湾证券市场的结构与特征/金小川//台湾研究集刊. -2001,(3)

台湾证券市场对外资开放进程及启示/王海东//中国投资. -2001,(3)

日本、中国台湾经验与我国中小企业的金融支持/祝炳奎//农村金融研究. -2001,(3)

民进党执政一年台湾金融情势回顾与前景展望/张丽芳//厦门科技. -2001,(3)

台湾证券市场对外资开放的进程/王海东//亚太经济. -2001,(3)

台湾"柜台买卖第二类股票"制度的形成与影响/林世渊//海峡科技与产业. -2001,(4)

台湾当局对证券业的最新管理措施/俞其锐//海峡科技与产业. -2001,(4)

台湾风险投资产业的运作实践及其启示/卢赛莲//现代台湾研究. -2001,(5)

台湾证券投资基金及其对祖国大陆的启示/邹定斌//海峡科技与产业. -2001,(5)

WTO与台湾金融业面临的挑战及对祖国大陆的启迪/李红梅//海峡科技与产业. -2001,(5)

台湾金融业如何支持中小企业成长/沈星宝//中国中小企业. -2001,(5)

台湾证券市场投资者保护机制/吕振隆//证券市场导报. -2001,(6)

当前台湾金融形势及其走向分析/邓利娟//福建金融. -2001,(7)

从台湾实践看股指期货对现货市场的影响/应望江//证券市场导报. -2001,(7)

台湾地区信用卡业务发展的几点启示/胡昌苗//中国信用卡. -2001,(11)

台湾风险投资业发展成功的原因及其启示/商国发//金融纵横. -2001,(12)

台湾创业投资研究/卢锐//中国科技信息. -2001,(13)

模糊时间数列的分析与预测:以台湾地区加权股价指数为例/吴柏林//应用数学学报. -2002,(1)

台湾网上证券交易的发展及其启示/姚文平//证券市场导报. -2002,(1)

台湾全民健康保险制度评价/刘晓强//国际医药卫生导报. -2002,(1)

台湾金融市场与"亚太金融中心计划"发展简析/朱磊//台湾研究. -2002,(3)

台湾金融改革评析/章和杰//台湾研究. -2002,(3)

台湾上市公司股权结构与盈余信息内涵之关联性研究/蔡信夫//山东财政学院学报. -2002,(4)

台湾基金业开放历程/管雪峰//海峡科技与产业. -2002,(5)

金融市场剧烈动荡下的政府干预行为分析——对港府"金融保卫战"与台湾当局政策护盘的案例研究/吴富佳//江淮论坛. -2002,(5)

台湾金融业六大困境与金融对策/沈中华//金融研究. -2002,(5)

金融控股公司在台湾/檀江林//银行家. -2002,(5)

开放中的成长——台湾证券市场对外开放的经验与教训/陈胜权//新财经. -2002,(6)

2001年台湾金融运行实录/袁隆生//上海金融. -2002,(6)

中国台湾地区金融改革借鉴/吕耀明//国际金融研究. -2002,(6)

台湾证券市场对外开放的经验与教训/陈胜权//金融信息参考. -2002,(8)

金融控股制度对于台湾保险业的影响/孙珍珍//两岸关系. -2002,(8)

台湾金融问题严重/吴能远//两岸关系. -2002,(9)

中国台湾地区的QFII制度及其启示/韩德宗//国际金融研究. -2002,(10)

台湾运用QFII机制的实证分析/谢耘//开放导报. -2002,(10)

借鉴台湾银行卡发展经验加快内地银行卡发展步伐/陈静//中国信用卡. -2002,(11)

改革势大力沉见效尚需时日——台湾近年来金融改革述评/袁隆生//福建金融. -2002,(11)

利率市场化:台湾的改革及启示/孙少锋//东南亚纵横. -2002,(12)

台湾金融业危机与治理分析/苏美祥//现代台湾研究. -2002,(12)

2002年台湾股市回顾及展望/胡石青//海峡科技与产业. -2003,(1)

台湾银行民营化进程的借鉴与启示/董红蕾//上海经济研究. -2003,(1)

2002年台湾金融形势回顾/苏美祥//现代台湾研究. -2003,(1)

台湾金融自由化中的银行民营化改革/董红蕾//台湾研究集刊. -2003,(1)

台湾中小企业信用担保的实践及其借鉴/中国人民银行厦门市中心支行课题组//上海金融. -2003,(1)

民营银行市场准入的路径选择——台湾的经验与启示/董红蕾//财经论丛. -2003,(2)

民营银行：台湾的经验与教训/熊继洲//金融研究. -2003,(2)

台湾基层金融改革风波原因及前景透视/单玉丽//台湾研究集刊. -2003,(2)

台湾健康保险制度观/林端宜//中国中医药信息杂志. -2003,(2)

一路风雨——2002年台湾金融形势述评/王建民//银行家. -2003,(2)

台湾保险业人力的新机遇/陆红梅//两岸关系. -2003,(2)

台湾风险投资促进高科技产业发展的机制——兼论其对大陆的启示/戴淑庚//台湾研究集刊. -2003,(3)

台湾的金融发展和产业升级/赵向琴//台湾研究集刊. -2003,(3)

台湾民间金融的发展与演变/黄家骅//财贸经济. -2003,(3)

台湾地区公营银行民营化的进展与问题/杨胜刚//国际金融研究. -2003,(3)

台湾地区公营银行民营化与我国银行业改革/马晓青//国际贸易问题. -2003,(3)

台湾金融业现状及两岸金融交往的设想/福建省金融学会赴台湾金融考察团//福建金融. -2003,(3)

台湾农地金融制度及其对大陆的借鉴作用/宋文献//洛阳师范学院学报. -2003,(4)

台湾商业银行个人金融业务发展概况/余德玉//中国信用卡. -2003,(4)

台湾远期外汇市场发展的经验借鉴/潘思中//中国外汇管理. -2003,(4)

从台湾地区经验看QFⅡ制度对祖国大陆证券市场的影响/潘烜、管华雨//中国外资. -2003,(4)

美日英韩四国及台湾地区保险资金运用的启示/张洪涛//保险研究. -2003,(5)

台湾公营银行民营化之分析/赖文凤//南方金融. -2003,(5)

投资连接险：台湾激进投资者的选择/檀江林//两岸关系. -2003,(5)

2002年台湾金融运行实录/袁隆生//上海金融. -2003,(5)

台湾股票市场发展与高新科技资本取得之研究/陈王琨//广西财政高等专科学校学报. -2003,(6)

台湾实施不动产抵押债权证券化制度之研究：银行专业经理人之观点与营运效率之分析/林左俗//深圳大学学报（人文社会科学版）. -2003,(6)

台湾的利率政策与利率市场化/孟建华//武汉金融. -2003,(6)

台湾保险业的转型阵痛/汪晓华//两岸关系. -2003,(7)

台湾民营银行的监管及启示/熊继洲//上海金融. -2003,(7)

台湾保险业的非典理赔/檀江林//两岸关系. -2003,(7)

台湾资本市场渐进开放与新台币汇率稳定的实证分析/黄涛//中国外汇管理. -2003,(8)

借鉴台湾引入QFII的市场进程/巴曙松//中国投资. -2003,(8)

台湾共同抵押制度及其借鉴/谢湘辉//行政与法. -2003,(8)

台湾保险业监管的新动向/檀江林//两岸关系. -2003,(8)

台湾柜台市场发展探析/张笑雪//发展研究. -2003,(8)

台湾地区市民健康保险体系研究/刘丽伟//哈尔滨学院学报. -2003,(9)

台湾保险市场的开放及对大陆的启示/冯煜//两岸关系.－2003,(10)

台湾推出中小企业上柜制度/韦全//金融信息参考.－2003,(10)

台湾封闭式基金转开放的历程与启示/北方证券研究所//金融信息参考.－2003,(11)

台湾民营银行开放10年教训/夏冰//经济.－2003,(11)

分业还是混业?——台湾地区金融控股公司的实证研究/杨宣群//武汉金融.－2003,(12)

台湾兴柜股票市场探析/王刚//经济前沿.－2004,(1)

简析台湾外汇管理热点问题/黄涛//海峡科技与产业.－2004,(1)

台湾兴柜股票市场探析及其对我国内地技术产权市场发展的启示/王刚//管理现代化.－2004,(1)

台湾民营银行的发展路径及评析/周楠//武汉金融.－2004,(2)

台湾股票市场发展与高新科技产业资本取得的研究——基于上柜制度的说明/陈王琨//科技管理研究.－2004,(2)

台湾股市现状透视/朱磊//两岸关系.－2004,(2)

外汇储备、汇率波动和货币政策操作——台湾案例分析/李培育//金融研究.－2004,(2)

金融整合与金融监管——台湾地区金融控股公司与金融监理制度/刘慧玲//河南金融管理干部学院学报.－2004,(2)

台湾资本形成的理论与实证分析/朱磊//现代台湾研究.－2004,(2)

台湾金融体系的组织架构/刘云//中国金融.－2004,(3)

台湾股票市场有效界面实证分析——对马科维茨理论的验证/刘雪燕//亚太经济.－2004,(3)

台湾金融体系的自由化进程/刘云//中国金融.－2004,(4)

台湾保险业内部稽核制度及借鉴/余忠萍//上海会计.－2004,(4)

台湾公营企业民营化的股权处置方式/刘壮成//国际经济合作.－2004,(5)

从台湾民营银行面临的困境看大陆的金融自由化/姜明//华东经济管理.－2004,(5)

台湾股票市场发展与高新科技资本的取得/陈玉琨//海峡科技与产业.－2004,(5)

近年来台湾金融监管改革分析/钟焰//世界经济研究.－2004,(6)

银行业问题及治理:对中国台湾与日本的比较研究/肖文//国际贸易问题.－2004,(6)

台湾证券市场转板机制动因及影响/陈全伟//证券市场导报.－2004,(7)

我国台湾地区金融控股公司研究/盛和泰//保险研究.－2004,(9)

人民币远期外汇交易结构失衡问题研究——台湾远期外汇市场发展经验借鉴/郭婕//上海金融.－2004,(9)

台湾退抚基金首次海外委托投资的特点分析/王卫华//证券市场导报.－2004,(11)

中国台湾银行民营化的启示与借鉴/曾英姿//特区经济.－2004,(12)

新台币升值对台湾经济的影响及其启示/刘云//中国金融.－2004,(15)

证券金融公司法律监管的若干问题日本与我国台湾地区相关制度之借鉴/穆治平//中国律师.－2005,(1)

我国台湾地区本票制度的特点及启示/

陈晓红//金融会计. －2005,(1)

美国和我国台湾封闭式基金转开放对我国的启示/林文顺//南开经济研究. －2005,(1)

XCS分类元系统于金融投资决策上之应用——以台湾加权指数为例/陈安斌、苏俊辅//管理学报. －2005,(2)

发展经济体中的合会金融:台湾的经验/李晓佳//中国农村观察. －2005,(2)

台湾地区急需解决银行业过度拥挤的问题/吴金梅//银行家. －2005,(2)

台湾调节外汇收支顺差对我国大陆的启示/郑航滨//金融与经济. －2005,(2)

产融结合的台湾国泰金融控股公司/舒志军//经济导刊. －2005,(3)

"海峡两岸农村金融改革研讨会"综述/朱文生//上海金融学院学报. －2005,(3)

台湾金融控股公司发展现状及启示/王鹤//商场现代化. －2005,(4)

台湾金融控股公司的监管/戴淑庚,张亦春//台湾研究集刊. －2005,(4)

台湾银行业民营化剖析/谢静钦、张文棋//现代台湾研究. －2005,(4)

资产证券化的台湾经验/张锌//中国投资. －2005,(4)

利用蚂蚁系统对公司股票的投资分析——以台湾上市公司股票为例/谭百玲、裴文//苏州大学学报(哲学社会科学版). －2005,(4)

台湾地区债券市场的发展及其对大陆的启示/吴成颂//安徽大学学报(哲学社会科学版). －2005,(5)

2004年台湾金融运行实录/袁隆生//上海金融. －2005,(5)

从民间金融组织到正规金融机构——谈台湾中小企业融资之问题/裴天士//东岳论丛. －2005,(5)

台湾地区的民间金融/李建民//银行家. －2005,(5)

台湾OTC市场发展沿革及启示/张丰//现代台湾研究. －2005,(6)

台湾中小企业如何解决融资问题/张凌云//华东科技. －2005,(6)

我国台湾地区的信贷资产证券化的法律环境分析/袁继国、李启永//集团经济研究. －2005,(7)

国内外期货公司经营模式及经营能力比较/汪炜,于洁//经济导刊. －2005,(7)

台湾成立"农业金库"改善农业金融秩序/刘光辉//金融信息参考. －2005,(7)

台湾地区应对新台币升值压力的经验及其启示/余文建//福建金融. －2005,(8)

从中国台湾实践看祖国大陆证券市场中小投资者权益保护/欧阳瑞//特区经济. －2005,(8)

我国台湾征信业监管及对内地的借鉴与启示/人民银行兰州中心支行征信管理处//甘肃金融. －2005,(8)

台湾股票市场的特点与高新科技资本的生成/曾驭然//科技创业月刊. －2005,(9)

国外及我国台湾地区中小企业融资担保的经验/彭静、王春平//北方经济. －2005,(10)

小型开放经济体资本流动条件下政府汇率调控研究——以可调整钉住汇率制的中国台湾为例/黄涛//经济问题探索. －2005,(10)

论上市公司独立监事制度/李明辉//河北法学. －2005,(10)

台湾地区存款保险机制运作及其借鉴意义/王勉//福建金融. －2005,(10)

台湾地区证券市场的渐进开放之路/黄涛//银行家. －2005,(11)

从历史的角度看台湾地区金融机构法律职能的变迁/柴荣//西南民族大学学报(人文社科版).-2005,(11)

台湾地区金融业的发展——以富邦金控为例/蔡明忠//杭州金融研修学院学报.-2005,(11)

台湾地区工程保险的启示/王和//中国保险.-2005,(12)

台湾可转换债券赎回条款中禁止赎回期间的实证研究/徐宇文//世界经济情况.-2005,(12)

台湾可转换债券提早赎回条款的实证研究/徐宇文//世界经济情况.-2005,(18)

证券金融公司运作模式的国际比较及其启示/黄德权//商场现代化.-2005,(19)

汇率变动对证券市场影响的实证研究/刘超//商场现代化.-2005,(26)

浅析台湾地区不动产证券化制度/陈承美//政法学刊.-2006,(2)

对平准基金操作效果的再思考——台湾国安基金操作绩效研究/尹辉//内蒙古农业大学学报(社会科学版).-2006,(3)

台湾"中央存款保险公司"20年之运行成败/刘澄//无锡商业职业技术学院学报.-2006,(4)

台湾金融改革及存款保险制度带来的启示/王聪//经济社会体制比较.-2006,(4)

台湾地区金融自由化分析及借鉴/张宏昕//福建金融.-2006,(5)

日本金融法律体制在台湾地区的影响/柴英//河南社会科学.-2006,(5)

花旗银行在台湾之市场营销策略简析/吴保运//市场营销导刊.-2006,(5)

台湾金融自由化改革及其启示/李春平//上海经济研究.-2006,(5)

台湾结售汇管理制度的变革路经及其经验/杜朝运//上海金融.-2006,(7)

结售汇管理制度的变革路径:台湾地区经验及借鉴/张洁//海南金融.-2006,(7)

台湾股市发展历程及其趋势/许庆修//经济管理.-2006,(7)

"两税合一"对台湾上市公司股利税资本化的影响/杨奇原//证券市场导报.-2006,(8)

台湾地区金融改革及存款保险制度考察报告/王聪//广西金融研究.-2006,(8)

金融、银行台湾风险投资业的发展/伍颖//中国科技投资.-2006,(9)

加入WTO后的台湾金融业/李纪珠//银行家.-2006,(10)

20世纪80—90年代台湾新银行的发展动因及后效/何佩珊//世界经济情况.-2006,(11)

中小企业信用担保——台湾模式/林汉廷//银行家.-2006,(11)

台湾多层次资本市场的形成、发展及对大陆的启示/闻岳春//上海金融.-2006,(11)

台湾议约型权证的产品结构和交易制度比较/蔡向辉//证券市场导报.-2006,(12)

融券机制与波动性、流动性的相关性研究——基于台湾证券市场的实证检验/张磊//北方经济.-2006,(20)

台湾国际金融中心能取代香港吗/许心鹏//金融导报(香港).-1993,(33)

当前台湾金融形势与金融改革/王建民//经济导报(香港).-2004,(9)

(三)两岸经济关系

1.概论

香港投资者对台湾的诱惑持谨慎态度/

路易斯·多罗莎利奥，肖锦松译//台湾与东亚. －1983，（2）

祖国统一与台湾经济发展/张宝祺//佛山科学技术学院学报（社会科学版）. －1985，（1）

台海两岸经贸关系的发展与趋势/李非//台湾研究集刊. －1988，（3）

台湾经济与大陆沿海发展战略/卢涵//台湾研究集刊. －1988，（3）

台湾海峡两岸贸易发展概述（1949 年以前）/李非//福建论坛. －1988，（5）

台湾经济的变局和两岸经济互动关系/韩清海//瞭望. －1988，（32）

海峡两岸经济合作的广阔前景/韩清海//瞭望. －1988，（32）

谈厦台经济合作可能性/翁成受//中国经济. －1989，（2、3）

海峡两岸经贸关系的发展和展望/王武//天津社会科学. －1989，（3）

也谈中国经济圈/朱天顺//台湾研究集刊. －1989，（4）

台湾海峡两岸的经贸发展对国共两党重新合作的影响/程莉莉//南都学坛. －1989，（4）

台资企业在大陆的困难与出路/李非//亚太经济时报. －1989，（6）

90 年代两岸经贸关系发展趋势评析/李非//瞭望. －1990，（40）

“动员戡乱”期终止后海峡两岸经贸关系的走向/韩清海//台湾研究集刊. －1991，（3）

台海两岸经济关系发展概观/翁成受//海峡两岸. －1991，（3、4、5、6、7、8）

海峡两岸经济互补的实质/李宏硕、伍朝阳//台湾研究集刊. －1992，（1）

海峡两岸经贸关系发展趋势展望/李非//国际贸易. －1992，（1）

两岸经济互补及竞争/李非//海峡经贸月刊. －1993，（2）

海峡两岸经济合作关系研究/许心鹏//台湾研究集刊. －1993，（3）

从世界经济区域化看两岸经贸关系/翁成受//台湾研究. －1993，（3）

国际经济环境与两岸经贸关系/李非//山东外贸. －1993，（4）

两岸经贸关系的走势分析/翁成受//福建通讯. －1993，（4）

再论世界经济区域化态势与两岸经贸关系的发展/翁成受//台湾研究集刊. －1993，（4）

中国经济圈综论/许心鹏//城乡经济. －1993，（6）

试析香港在两岸互动关系中的中介角色/王艳萍//台湾研究. －1994，（1）

论海峡两岸经济的竞争性与互补性/李非//亚太经济. －1994，（1）

论 90 年代国际直接投资环境及大陆与台湾的合作前景/周叔莲//台湾研究. －1994，（1）

海峡两岸经贸关系发展阶段论/李非//山东对外经贸. －1994，（2）

闽台科技信息交流和服务的现状与对策/朱立文//引进与咨询. －1994，（2）

海峡两岸产业分工合作的架构与趋势/韩清海//台湾研究集刊. －1994，（3）

“三通”对两岸社会经济发展之影响/刘映仙//台湾研究. －1994，（3）

两岸经贸的现状与前景/殷存毅//台湾研究. －1994，（3）

试论大陆与台湾经济上的现时差距之原因/谷春祥//锦州师范学院学报（哲学社会科学版）. －1994，（3）

台湾与闽东南地区产业结构调整及产业合作/苏伟凌//现代台湾研究. －1994，

(3)

闽台产业体系的比较与合作主导产业的选择/单玉丽//现代台湾研究.－1994,(4)

台湾建立"亚太营运中心"与两岸经贸关系/熊家金//台声.－1994,(10)

从东亚经济新格局看两岸经贸关系/陈国强//台湾研究.－1995,(1)

1994年两岸经济关系的回顾与1995年展望/李家泉//台湾研究集刊.－1995,(1)

"亚太区域营运中心"与两岸经济关系/张冠华//台湾研究.－1995,(1)

两岸经贸关系回顾与展望/李非//台声.－1995,(1)

九十年代琼台产业合作前景展望/李学军//台湾研究.－1995,(1)

两岸贸易合作的发展与前景/江小工//中国工商.－1995,(1)

九十年代中后期海峡两岸经贸关系展望/曹小衡//亚太经济.－1995,(1)

海峡两岸会计比较研究/陈良华//亚太经济.－1995,(1)

海峡两岸产业合作的区域格局及前景展望/李学军//经济地理.－1995,(1)

跨世纪的挑战与海峡两岸经贸关系/韩清海//台湾研究集刊.－1995,(1)

闽台科技社团现状比较与合作探讨/刘建正//学会.－1995,(2)

关于两岸产业分工问题之刍议/刘映仙//台湾研究.－1995,(2)

试论"亚太营运中心"与两岸关系发展/刘志坚//南开管理评论.－1995,(2)

琼台两岛经济发展道路之比较研究/张山克//台湾研究.－1995,(2)

1993年以来的两岸经贸关系/张邦钜//金融教学与研究.－1995,(2)

中国大陆与台湾地区经贸关系现状及发展前景/李琳//北京经济瞭望.－1995,(2)

海峡两岸经贸关系发展的特点与两岸三地经济合作/郭传玺//郑州大学学报(哲学社会科学版).－1995,(2)

大陆、港、澳、台的经济协作与中国经济之发展/林凌//经济体制改革.－1995,(2)

海峡两岸经贸关系研究/沈坤荣//国际经贸探索.－1995,(2)

世界经济新格局下的两岸经济合作/丁乙//台声.－1995,(3)

海峡两岸科技交流与合作浅议/韩清海//台湾研究.－1995,(3)

两岸经贸关系走势/李非//华侨大学学报.－1995,(3)

海峡两岸经贸关系进一步发展的几个问题/洪银兴//中国社会科学.－1995,(3)

海峡两岸调整中的经济格局/曹小衡//台声.－1995,(3)

海峡两岸产业合作的宏观思考/吴能远//台湾研究集刊.－1995,(3、4)

试论台湾"合会"在两岸经贸交往中的作用/雷文平//台湾研究.－1995,(4)

新时期两岸经贸关系之探讨/陈蘋//南开管理评论.－1995,(4)

台湾科技发展与两岸优势互补比较/韩清海//华侨大学学报.－1995,(4)

海峡两岸经贸发展新趋向/余孙升//台声.－1995,(4)

北京新技术产业开发试验区与台湾新竹科学园比较初探/赵慕兰//中国高新技术企业杂志.－1995,(4)

中华经济圈的评析与对策探讨/陈恩//暨南学报(哲学社会科学版).－1995,(4)

抓住机遇增强优势再创辉煌——闽台科技合作交流的回顾与展望/吴城//海峡科

技与产业. －1995,(4)

台湾产业的升级与大陆经济的发展/沈毅//中国社会科学院研究生院学报. －1995,(4)

中国大陆科技对台湾的磁场作用/刘霜桂//东南亚研究. －1995,(4)

从台湾产业升级看两岸科技合作/傅利平//南开经济研究. －1995,(4)

两岸经济互补的若干思考/周英//战略与管理. －1995,(5)

台湾对大陆的经济依存度及其对两岸关系的影响/陈文鸿//战略与管理. －1995,(5)

台商的经营策略/高群服//台声. －1995,(5)

两岸共筑经贸合作之桥——第三届“变迁中的两岸经贸关系研讨会”综述/赵健//台声. －1995,(5)

海峡两岸经济合作前景及对策构想/方舟//商业经济与管理. －1995,(5)

台湾与香港的经济关系：现状及1997年后的趋势/梁法清//国外社会科学文摘. －1995,(6)

祖国统一与台湾经济新发展/姜义华//社科信息文荟. －1995,(6)

试论闽台区域经济分工合作/韩清海//福建学刊. －1995,(6)

台港贸易关系发展的回顾与前瞻/陈恩//国际经贸探索. －1995,(6)

’95两岸经贸关系展望/仲辛//社科信息文荟. －1995,(6)

大陆改革开放对海峡两岸关系的影响/王海琳//中南财经大学学报. －1995,(6)

从经济、政策变动探讨两岸产业分工/张冠华//海峡科技与产业. －1995,(6)

大陆与港台产业分工现状与重构/裴长洪//国际经济合作. －1995,(6)

两岸经贸合作的走向/李非//台声. －1995,(7)

1994年海峡两岸经贸特点和发展趋势/史远香//国际经济合作. －1995,(8)

中国大陆与台湾地区的经贸关系/安民//外向经济. －1995,(8)

海峡两岸民间审计之比较/周友梅//中国审计. －1995,(10)

1994年两岸经贸关系回顾/杨德明//现代台湾研究. －1995,(总10)

论厦门对台经贸合作再创辉煌/李非//厦门大学学报. －1995,(增刊)

中国大陆、香港、澳门、台湾经贸合作前景展望/喻扬//新东方. －1996,(1)

浅论两岸经贸关系/冯宗宪//陕西师范大学学报(哲学社会科学版). －1996,(1)

试论海峡两岸区域经济合作/李非//陕西师范大学学报(哲学社会科学版). －1996,(1)

海峡两岸经贸关系新构想/李国强//陕西师范大学学报(哲学社会科学版). －1996,(1)

海峡两岸经贸发展的现状、障碍及建议/党兴华//陕西师范大学学报(哲学社会科学版). －1996,(1)

图们江地区开发与台湾参与的战略选择/关智//陕西师范大学学报(哲学社会科学版). －1996,(1)

浅论海峡两岸的科技交流与合作/陈宁//亚太经济. －1996,(1)

“一国两制”与闽台经贸关系/全毅//亚太经济. －1996,(1)

闽台经济合作的产业选择/单玉丽//亚太经济. －1996,(1)

福建对台经贸的现状与前景/翁成受//福建对外经贸. －1996,(1)

“台湾‘直选’前两岸经贸关系及展望”

研讨会综述/李建永//战略与管理. －1996,(1)

关于海峡两岸经贸关系未来发展潜力的分析与对策/蔡建峰//陕西师范大学学报(哲学社会科学版). －1996,(1)

试论两岸经贸关系主导权位移问题/余孙升//台声. －1996,(2)

“一国两制”下大陆与港澳台的经济关系/蒋士伟//当代亚太. －1996,(2)

浅议外汇体制改革对海峡两岸经贸合作的影响/严立虎//海峡科技与产业. －1996,(2)

两岸现代化的同步发展/徐贤修//海峡科技与产业. －1996,(2)

沪台经济合作的现状、特点及成因/仇长根//海峡科技与产业. －1996,(2)

放眼新世纪构筑大格局/韩清海//厦门特区调研. －1996,(2)

台湾对大陆经贸合作大趋势/沈坤荣//中外管理导报. －1996,(2)

台湾建立亚太营运中心对浦东开发开放的影响/陈恩//东南亚研究. －1996,(2)

海峡两岸产业分工的现状和发展途径/黄松玲//天津师大学报(社会科学版). －1996,(3)

开创鲁台经贸合作新局面/刘小龙//当代亚太. －1996,(3)

经济互利是两岸关系发展的主导因素/陈子舜//学术论坛. －1996,(3)

经贸联系在两岸政治冲突中的化解作用刍议/修春萍//台湾研究. －1996,(3)

海峡两岸经济关系发展阶段论/李非//台湾研究集刊. －1996,(3)

发展模式、制度变迁及大陆与台湾的经济关系——评《南中国的经济变化》/杨明洪//天府新论. －1996,(4)

发展中的两岸经济交流/[日]加藤康二,雷慧英译//台湾研究集刊. －1996,(4)

两岸产业分工合作模式之探讨/邓利娟//福建学刊. －1996,(4)

海峡两岸公司资本制度比较研究/苏志强//台湾研究集刊. －1996,(4)

大陆与台湾公关业发展之比较/张雷//公关世界. －1996,(4)

东亚经济新格局与两岸经贸关系/杨耀//南方经济. －1996,(4)

两岸产业分工合作模式之探讨——评“两岸产业垂直分工”论/邓利娟//东南学术. －1996,(4)

内蒙古与台湾地区经济合作的现状与展望/白玉金//内蒙古统战理论研究. －1996,(4)

海峡两岸比较审计研究/黄世忠//中国注册会计师. －1996,(4)

闽北对台科技交流现状与问题/李孔锐//海峡科技与产业. －1996,(4)

建设台湾海峡西岸经济区的战略构想/郭文贵//开放潮. －1996,(5)

海峡两岸产业发展与科技研发初析/王建民//海峡科技与产业. －1996,(5)

海峡两岸经贸合作的作用/郑竹园//经济界. －1996,(5)

迈向21世纪的两岸科技交流与合作/宁中//亚太经济. －1996,(5)

海峡两岸注册会计师制度比较研究/王建刚//广西审计. －1996,(5)

关于我国香港、澳门和台湾地区适用ICSID机制问题的研究/邓德雄//港澳经济. －1996,(5)

台湾经济发展的得失及与两岸经济关系/郑竹园//东南亚南亚信息. －1996,(6)

厦门引进台资的产业导向/康涛//宏观经济管理. －1996,(6)

中国“两岸三地”独立审计准则比较/王

立彦//中国注册会计师. －1996,(7)

闽台一道同云雨海峡再架科技桥——闽台科技交流综述/秦威//学会. －1996,(7)

中国大陆与台湾地区财务会计制度比较/王世定//城市金融论坛. －1996,(7)

厦门与台湾产业发展水平的差异与合作/陈鹭//发展研究. －1996,(7)

两岸经贸关系的走势/翁成受//上海对台工作. －1996,(9)

台湾亚太营运中心计划对"九七"香港回归的影响——兼论深甬经济合作的机遇与对策/郭万达//特区经济. －1996,(9)

海峡两岸经贸关系备忘录/周华//经济前沿. －1996,(9)

海峡两岸直接、双向经贸合作展望/高巍//国际贸易问题. －1996,(10)

福建对台经贸的形势与对策/韩清海//中国研究. －1996,(11)

从台湾的能源管制谈发展两岸能贸的重要性/俞剑平//中国能源. －1996,(12)

榕台经贸合作的现状分析与前景探测/翁珠弟、陈晖//现代台湾研究. －1996,(总14)

面向新世纪的闽台经贸合作/吴能远、马元柱//现代台湾研究. －1996,(总14)

台湾对大陆和东南亚经贸关系发展态势浅析/郑泽清、李宪建//现代台湾研究. －1996,(总14)

世界经济整合大潮下的闽台经贸关系/黄印春、叶杨//现代台湾研究. －1996,(总16)

"中华经济协作系统"发展趋势探讨/李泊溪//经济研究参考. －1996,(ZB)

两岸经贸关系发展的新特点/国家计委对外经济研究所调查组//经济研究参考. －1996,(ZH)

海峡两岸经贸关系求索/李宏硕//台湾研究. －1997,(1)

论台湾与大陆的经贸关系及其影响/郭学旺//山西师大学报(社会科学版). －1997,(1)

海峡两岸经贸关系若干问题/吴能远//台湾研究集刊. －1997,(1)

新时期闽台经贸合作的阶段特点及成因/郑复龙//福建党史月刊. －1997,(1)

突破两岸僵局以经贸为先——中国大陆对台湾策略操作进入新阶段/程林胜//世界经济与政治论坛. －1997,(1)

论海峡两岸统一的物质基础/单卫华//山东大学学报(社会科学版). －1997,(1)

海峡两岸合并财务报表的比较/宋莉//石家庄经济学院学报. －1997,(2)

从亚太地区经济发展看海峡两岸的经贸关系/王建民//两岸关系. －1997,(2)

两岸的产业合作与分工问题研究/李鸿阶//华侨大学学报(哲学社会科学版). －1997,(2)

台湾亚太营运中心的建立对两岸经贸关系的可能影响/盛健//世界经济. －1997,(3)

香港回归与海峡两岸经贸关系的发展/刘洁//东北亚论坛. －1997,(3)

海峡两岸社会经济发展综合实力比较/王建民//台湾研究. －1997,(3)

世纪之交的海峡两岸经贸关系之刍议/刘映仙//台湾研究. －1997,(3)

海峡两岸高新技术的优势互补与合作前景/孙锦祥//广西财政高等专科学校学报. －1997,(3)

进退两难:台湾对大陆经济关系的新特征/陈文鸿//战略与管理. －1997,(3)

香港回归与海峡两岸经贸关系展望/方生//特区经济. －1997,(3)

进一步扩大闽台经贸合作/李鸿阶//当代亚太.－1997,(3)

浅析两岸经贸关系发展的基本态势/翁成受//两岸关系.－1997,(3)

海峡两岸经济往来的演进与动力释析/谭向东//经济学动态.－1997,(3)

从当前两岸经贸关系看广西应有的对策/李亚非//广西社会科学.－1997,(3)

台湾经济的未来与两岸经济关系/张冠华//台湾研究.－1997,(4)

海峡两岸中国现代化学术研讨会在台湾举行/王小兵//两岸关系.－1997,(4)

论政治因素对两岸经贸交流的影响/修春萍//两岸关系.－1997,(4)

香港回归后两岸及中美经贸关系的发展趋势/黄仁伟//世界经济研究.－1997,(4)

"九七"前后台澳经贸关系探析/林芸//港澳经济.－1997,(4)

闽港台三边关系演变与福建发展机遇/夏桂年//亚太经济.－1997,(4)

政治因素与两岸经贸关系/修春萍//台湾研究.－1997,(4)

闽台第一产业内部结构的互补性/林长华//台湾研究集刊.－1997,(4)

广西与台湾两省区经贸合作的前景与对策/李亚非//桂海论丛.－1997,(4)

两岸经贸关系跨世纪发展前景/龚莉//世界经济.－1997,(4)

两岸"资本多数决"制度及其法律控制比较/杨清//学术界.－1997,(4)

江苏、台湾两省经济合作问题研究/周茂清//世界经济与政治论坛.－1997,(4、5)

两岸分别加入WTO对相互间经贸关系的影响/舒萍//南开经济研究.－1997,(5)

海峡两岸企业文化比较/王乐忠//企业文化.－1997,(5)

台商投资香港的现状及展望/刘早荣//两岸关系.－1997,(5)

建立台湾海峡经济区的战略构想/福建特色研究会课题组//东南学术.－1997,(5)

中西部地区经济发展及与台湾的经济合作/刘映仙//中国工商.－1997,(5)

海峡两岸经济协作的顾后与前瞻/唐杰//经济前沿.－1997,(5)

中国海峡两岸经济科技优势的提升与合作/隋映辉//世界科技研究与发展.－1997,(5)

论香港回归后两岸经贸的发展/张作乾//广东社会科学.－1997,(6)

从全球竞争力排名探讨两岸经济发展走向/高希均//开放导报.－1997,(6)

海峡两岸产业分工合作/黄范章//开放导报.－1997,(6)

"煞车"难阻交流潮——海峡两岸经贸交流的回顾与展望/何庆良//今日中国(中文版).－1997,(6)

论两岸经贸关系的进展与效果/郑竹园//两岸关系.－1997,(6)

两岸科技合作中介组织模式之探讨/刘常勇//软件工程师.－1997,(6)

互补求新合作求变联合求发展——探索环渤海地区与香港、台湾经济互补发展/何玉清//环渤海经济瞭望.－1997,(6)

香港回归后粤台关系展望研讨会综述/范海泉//广东社会科学.－1997,(6)

海峡两岸基本会计准则比较研究/阎德玉//中南财经大学学报.－1997,(6)

加强学术交流促进两岸城市可持续发展/廉仲//城市发展研究.－1997,(6)

两岸经贸:中国经济新亮点/章轲//企业经济.－1997,(7)

香港回归与两岸经贸关系/潘定国//开

放导报. －1997,(7)

台湾在香港的利益透视/谢力军//上海对台工作. －1997,(8)

浅析九七后台澳关系发展趋向/盛九元//上海对台工作. －1997,(8)

海峡两岸经贸关系的战略思考/黄范章//宏观经济研究. －1997,(8)

两岸三地经济增长的同步化现象/黄仁伟//探索与争鸣. －1997,(8)

香港回归祖国后两岸三地企业合作前景/时英//国际经济合作. －1997,(8)

建立稳定而良好的两岸关系——台湾经济发展战略调整与两岸经贸发展/王建民//国际贸易. －1997,(8)

迈向二十一世纪的郑台经济合作/李双印//中州统战. －1997,(9)

厦门发展对台经贸的新机遇/翁成受//厦门特区调研. －1997,(10)

厦门与台湾经贸发展的新态势及面临的机遇/戴淑庚//沿海经贸. －1997,(10)

两岸经贸关系与台湾发展后劲/王建民//经济前沿. －1997,(10)

福建发展对台经贸机遇、内涵及思路/翁成受//新亚经贸. －1997,(11)

海峡两岸科技和产业发展的竞争性与互补性/刘霜桂//华东科技. －1997,(12)

海峡两岸与香港经贸发展比较及展望/李罗力//开放导报. －1997,(12)

蓬勃发展的闽台经贸合作与双向交流——五年来闽台关系发展综述/茗新//台声. －1997,(12)

我国大陆与台湾地区公司资本制度比较/张如强//西安金融. －1997,(12)

大陆与台湾注册会计师制度的比较/黄立新//财会通讯. －1997,(12)

对未来台厦产业合作的探讨/陈鹭//国际经济合作. －1997,(12)

海峡两岸产业经济发展比较:福建产业发展的偏差与结构性矛盾/连好宝//现代台湾研究. －1997,(总17)

新世纪两岸经贸关系发展之省思/吴能远//现代台湾研究. －1997,(总18)

“九七”后祖国大陆与台、港经贸合作关系探析/曾涛//现代台湾研究. －1997,(总18)

闽台经贸合作的现状与前景/陈藾//现代台湾研究. －1997,(总19)

建立闽台经济合作区初探/俞其锐//现代台湾研究. －1997,(总20)

从香港回归看福建发展对台经贸新机遇及促进统一的大思路/翁成受//闽台交往研究. －1997,(22)

剖析海峡两岸经贸关系/郑庆勇//经济研究参考. －1997,(32)

面向21世纪促进京台经济技术合作的发展/曹听生//经济研究参考. －1997,(32)

迈向21世纪的两岸经贸关系/方生//经济研究参考. －1997,(32)

海峡两岸会计准则的比较分析/傅芳芳//远程教育杂志. －1998,(1)

海峡两岸高技术园区运作比较/程文//亚太经济. －1998,(1)

可持续发展与台湾海峡环境保护带/金泓汎//亚太经济. －1998,(1)

东莞与台湾的产业结构比较/吴志林//东莞理工学院学报. －1998,(1)

世贸组织协定的基本原则与两岸经贸关系前景/夏桂年//亚太经济. －1998,(1)

香港、台湾与祖国大陆经济关系的发展及资本融合/王建民//台湾研究. －1998,(1)

北京新技术产业开发区与台湾新竹园区的科技人力资源管理/徐治立//厦门科技. －1998,(1)

香港回归后大陆与港澳台经贸合作之博弈分析/张悦月//西安交通大学学报(社会科学版).-1998,(1)

论当前两岸经贸关系的发展形势/李非//瞭望.-1998,(1)

迈向新世纪的海峡两岸经贸关系/吴能远//台湾研究集刊.-1998,(1)

建构面向未来的中华现代企业管理文化——兼论大陆与台湾企业管理文化的差异与趋同/李鸿飞//沈阳师范学院学报(社会科学版).-1998,(1)

海峡两岸经贸关系与大陆工业化/张培刚//经济学家.-1998,(1)

面向二十一世纪的海峡两岸经贸关系展望——兼评香港回归对两岸经贸关系的影响/刘映仙//台湾研究.-1998,(1)

海峡两岸经贸展望/王志明//南京经济学院学报.-1998,(1)

闽台第二产业结构的互补性/林长华//台湾研究集刊.-1998,(1)

迈向二十一世纪的沪台经济合作/仇长根//上海对台工作.-1998,(1)

加强经贸合作促进共同繁荣——试析祖国大陆与香港、台湾经济合作关系/张子凤//台湾研究.-1998,(1)

区域经济整合与台湾海峡经济区的构想/刘克辉//东南学术.-1998,(2)

两岸经贸交流:稳步发展前景广阔/万红强//台声.-1998,(2)

福州马尾在闽台经贸合作中的作用及发展对策/康宁//福州师专学报.-1998,(2)

1997年两岸经贸关系发展评析与展望/王建民//台湾研究.-1998,(2)

海峡两岸合并会计报表相关规定之比较/张简//中国注册会计师.-1998,(2)

对香港回归后闽台经贸合作关系的思考/曾建权//台湾研究.-1998,(2)

中国大陆与港台地区的经济互动/丁又双//石油大学学报(社会科学版).-1998,(2)

闽台第三产业结构比较——闽台产业结构比较研究之三/林长华//台湾研究集刊.-1998,(2)

论当前两岸经贸关系发展的形势及其对策/于双庆//华东理工大学学报(社会科学版).-1998,(3)

中国大陆、台湾、香港经济计量连接模型趋势模拟与政策建议/胡劲//华侨大学学报(哲学社会科学版).-1998,(3)

从台湾经济观点看两岸经贸交流十年进展与未来前景/[日]刘进庆//两岸关系.-1998,(3)

亚洲金融风暴对两岸经贸关系的影响/邓利娟等//台湾研究集刊.-1998,(3)

闽台经贸关系的现状和发展/吴少平//引进与咨询.-1998,(3)

WTO与两岸经贸互动关系/韩清海//台湾研究集刊.-1998,(3)

关于发展对台经济交流与合作的思考/王康//理论导刊.-1998,(3)

福建对台经贸合作的社会学思考/李献忠//龙岩师专学报.-1998,(3)

办好台资企业有利对外开放——我省台资企业发展现情分析/张兴定//四川统一战线.-1998,(3)

“21世纪亚太经济发展与两岸关系学术研讨会”综述/林长华//台湾研究集刊.-1998,(3)

海峡两岸科技财力资源状况比较分析/官鸣、赖勤学//台湾研究集刊.-1998,(4)

海峡两岸对公营企业改革的比较与启示/张冠华//台湾研究.-1998,(4)

两岸经贸形势呼唤“三通”/李非//台

声. －1998,(4)

海峡两岸暨香港经济合作前景广阔/万红强//记者观察. －1998,(4)

台湾与澳门经贸关系发展初探/陈恩//台湾研究. －1998,(4)

论海峡两岸经济整合的基础和形式/王海港//亚太经济. －1998,(4)

加入WTO对海峡两岸经贸关系的影响/陈萍//华侨大学学报(哲学社会科学版. －1998,(4)

海峡两岸经贸交往与两岸统一的关系研究/张国初//经济界. －1998,(5)

从经济全球化角度看两岸经贸关系/丘磐//经济界. －1998,(5)

克林顿访华之后两岸经贸关系发展趋势/吴景平//经济界. －1998,(5)

试析台商投资大陆对台湾经济发展的贡献/翁成受//两岸关系. －1998,(5)

台湾经济前途与两岸经济关系/张冠华//两岸关系. －1998,(6)

海峡两岸经贸交流有关资料及观点综述/武汉大学港澳台经济研究中心课题组//经济评论. －1998,(6)

两岸科技术交流展望/周胜次//开放导报. －1998,(6)

两岸加入WTO对两岸经贸关系的影响/韩清海、赵玉榕//厦门特区调研. －1998,(7)

“一国两制”初步实践中的经济整合及其理论基础/方宁生//经济前沿. －1998,(7)

中国内地、港、台与亚太经济关系/郭益耀//经济前沿. －1998,(8)

两岸经贸关系发展的新态势/金碚//中国工业经济. －1998,(8)

发挥台资企业协会作用促进台资企业健康发展/李双印//中州统战. －1998,(8)

加强海峡两岸科技合作迎战高新技术产业新纪元/林竹//科学学与科学技术管理. －1998,(8)

台湾因素:21世纪福建发展的关键机遇/杜强//福建论坛(经济社会版). －1998,(8)

金融风暴对台湾经济及两岸经贸关系的影响/陈强//当代亚太. －1998,(9)

廿一世纪海峡两岸经贸关系展望/温汉宏//特区经济. －1998,(9)

论两岸三地企业合作前景/白凯//中州统战. －1998,(9)

海峡两岸科技交流与合作的重大意义/吴献斌//当代亚太. －1998,(10)

互补互利共同发展——记海峡两岸经济科技互补研讨会/朱建华//台声. －1998,(10)

亚太金融危机与两岸关系/赖尚龙//台声. －1998,(10)

把两岸经贸关系推向新阶段/黄范章//开放导报. －1998,(10)

汕台经济进一步交流合作的前瞻/吴道和//经济前沿. －1998,(10)

厦台经济合作的现状及发展对策/张馨//特区经济. －1998,(10)

尊重事实携手共进——论海峡两岸经贸合作的意义及前景/李义虎//两岸关系. －1998,(11)

在反金融危机中加强两岸的经济协作/林凌//开放导报. －1998,(11)

亚洲金融危机下的两岸经贸/杨鼎森//海峡两岸. －1998,(12)

改善两岸关系要拿出诚意来——评“两岸共同协助东南亚国家解决金融风暴”论调/秦华//瞭望. －1998,(20)

闽台两地经贸关系的回顾与展望/徐鹏程//现代台湾研究. －1998,(总21)

海峡两岸与世界贸易组织/陈苹//现代台湾研究. -1998,(总22)

东南亚金融危机对两岸经贸关系之影响分析/苏美祥//现代台湾研究. -1998,(总22)

“闽南与台港经济发展”研讨会综述/苏美祥//现代台湾研究. -1998,(总23)

亚洲金融危机与两岸经贸新格局/虞晓波、张焕发//现代台湾研究. -1998,(总24)

东南亚金融危机对台湾经济及两岸经贸关系的影响/李鸿阶//现代台湾研究. -1998,(总24)

以前瞻性眼光看待两岸科技交流/曲萌//瞭望. -1998,(40)

闽台经贸交流与合作可持续发展研究/戴淑庚、翁成受//台湾研究集刊. -1999,(1)

1998年两岸经贸关系发展评析与1999年展望/王建民//台湾研究. -1999,(1)

变动中的东亚经济格局与两岸经济关系前景/曹小衡//台湾研究. -1999,(1)

大连与台湾经贸合作:问题、对策与前景/杨刚//大连大学学报. -1999,(1)

建设海峡西岸繁荣带促进闽台经济交流与合作/刘克辉//亚太经济. -1999,(1)

海峡两岸公司能力之比较与分析/于京珍//湛江师范学院学报(社会科学版). -1999,(1)

论“一国两制”原则下台湾投资者资格的认定/谢伟//贵州商业高等专科学校学报. -1999,(1)

闽台可持续发展交流与合作问题研究/戴淑庚//东南学术. -1999,(1)

上海、台湾科技实力定量比较研究/张晓加//台湾研究集刊. -1999,(2)

两岸三地经济趋势的连接模型分析及政策建议/吴承业//预测. -1999,(2)

回眸崎岖路——两岸经贸关系20年/王建民//两岸关系. -1999,(2)

大陆港台的经贸往来与“中华经济区”/郎丽华//北京航空航天大学学报(社会科学版). -1999,(2)

海峡两岸经贸关系的特点与发展建议/阎金明//国际经贸探索. -1999,(2)

厦门对台经贸发展的新格局/李非//开放潮. -1999,(2)

两岸科技与产业合作的新特点/刘霜桂//海峡科技与产业. -1999,(2)

拓展对台经贸关系促进两岸和平统一/沈丹阳//亚太经济. -1999,(2)

涓涓细流终汇大海——两岸经贸交流20年回顾/王晖//台声. -1999,(2)

迎接知识经济挑战推进闽台经济合作/赵奕山//海峡科技与产业. -1999,(2)

21世纪闽台经济与科技合作预测/林更生//海峡科技与产业. -1999,(2)

沪港台经济的可持续性合作研究/许定//江西财经大学学报. -1999,(2)

面向新世纪的粤台经济合作/刘世萱//岭南学刊. -1999,(2)

亚洲经济危机对两岸经济之影响和两岸经贸协作的新形势/[日]刘进庆//台湾研究集刊. -1999,(3)

台湾科技产业发展现状与两岸科技交流及合作前景/刘映仙//台湾研究. -1999,(3)

两岸经贸关系二十年来的回顾与前瞻/张子凤//台湾研究. -1999,(3)

关于大连与台湾发展经贸关系的现实思考/李靖宇//决策咨询通讯. -1999,(3)

新形势下加强闽台经贸合作的探讨/许安心//福建农业大学学报(社会科学版). -1999,(3)

试析“三大因素”在闽台经贸合作发展中的交互作用/郑复龙//党史研究与教学. －1999,(3)

试论中国大陆与香港、台湾的经济一体化/余剑梅//浙江社会科学. －1999,(3)

跨世纪闽台科技交往探析/单玉丽//亚太经济. －1999,(3)

世纪之交两岸经贸前景展望/龚宏斌//国际经济合作. －1999,(3)

亚洲金融风暴后两岸经贸走势与展望/韩清海//台湾研究集刊. －1999,(3)

吸引台商来祖国大陆投资的工作重心转移刍议/朱磊//台湾研究. －1999,(3)

亚洲金融危机后的两岸经贸关系/李罗力//开放导报. －1999,(4)

中国大陆和港台地区民商代理之比较/王果纯//湖南师范大学社会科学学报. －1999,(4)

台湾与内地关系企业制度之比较研究/汪公文//甘肃行政学院学报. －1999,(4)

两岸科技合作与交流展望/海峡两岸科技交流中心//海峡科技与产业. －1999,(4)

台商在两岸经贸关系发展中的地位与作用/余克礼//台湾研究. －1999,(4)

加入 WTO 对两岸经济关系的影响/严元祥//台湾研究. －1999,(4)

面向二十一世纪的海峡两岸经贸合作/陈鹭//世界经济研究. －1999,(5)

新世纪两岸经贸关系展望/方生//经济界. －1999,(5)

二十年来两岸经贸关系的发展/邓利娟//福建统一战线. －1999,(5)

关于海峡两岸经济互动问题的几点看法/安义中//经济体制改革. －1999,(6)

WTO 与两岸关系/曹建明//国际商务研究. －1999,(6)

开拓两岸科技产业合作的新纪元/徐昆明//海峡科技与产业. －1999,(6)

厦门:增创吸引台资新优势/陈鹭//国际经济合作. －1999,(6)

世界经济区域化与两岸经济合作/李非//亚太经济. －1999,(6)

试论海峡两岸科技人力资源的特点/徐治立//厦门科技. －1999,(6)

以科技合作推动两岸经贸发展/陈泰生//开放导报. －1999,(6)

祖国大陆对台疗养服务贸易前景分析/聂聆//国际经济合作. －1999,(7)

WTO 下两岸通商探析/田昆//发展研究. －1999,(7)

略论海峡两岸经济互动问题/安义中//国际市场. －1999,(9)

WTO:既是契机也是挑战——两岸经贸关系述评/刘泽芳//台声. －1999,(9)

闽台经济互补性分析及前景展望/秦宝华//福建论坛(经济社会版). －1999,(9)

亚洲经济危机对两岸经济之影响和两岸经贸协作之启示/[日]刘进庆//台声. －1999,(9)

两岸经贸及 WTO 下通商探析/田昆//对外经贸实务. －1999,(10)

海峡两岸经济合作中的特殊现象分析/李非//台声. －1999,(12)

21 世纪沪台经贸与两岸关系/仇长根//上海对台工作. －1999,(12)

回归后的澳门与台湾的经贸关系/刘雪琴//两岸关系. －1999,(12)

海峡两岸经贸关系发展的前景/张敏//山东对外经贸. －1999,(12)

澳台经济合作展望/董险峰//台声. －1999,(12)

闽台交流二十年回顾/陈蘋//现代台湾研究. －1999,(总 25)

对深化闽台经贸合作关系的探讨/马

克//现代台湾研究.－1999,(总27)

闽台经贸关系的回顾与检讨(1996年迄今)/陈蘋//现代台湾研究.－1999,(总27)

榕台经济交流五十年回顾/陈晖//现代台湾研究.－1999,(总28)

两岸经贸关系的回顾与展望/陈蘋//现代台湾研究.－1999,(总28)

两岸经贸关系的跨世纪展望/方生//开放导报.－2000,(1)

中国入世,广东与台湾经贸合作的新趋势/谭艳娟//广东经济.－2000,(1)

两岸"入世"后的经贸关系初探/高立平//台湾研究.－2000,(1)

1999年两岸经贸关系回顾与2000年展望/林小芳//现代台湾研究.－2000,(1)

加入WTO与两岸经贸关系/余何之//现代台湾研究.－2000,(1)

论21世纪初两岸经济合作发展趋向/李非//台湾研究集刊.－2000,(1)

海峡两岸公司经理人制度比较研究/宋传荣//台湾研究集刊.－2000,(2)

海峡两岸科技园区现状比较/庄裕美//华侨大学学报(自然科学版).－2000,(2)

粤台产业科技合作的特点/方秀文//海峡科技与产业.－2000,(2)

加入WTO对海峡两岸经贸合作的影响/陈海宏//海峡科技与产业.－2000,(2)

海峡两岸科技园区协同发展的可行性研究/庄裕美//福州大学学报(社会科学版).－2000,(2)

加入世贸组织后两岸经贸关系的分析/黄泽民//经济界.－2000,(2)

两岸经贸关系的回顾与前瞻/郭俊贤//经济界.－2000,(2)

海峡两岸加入WTO的经济形势与经济互动/严正//管理与财富.－2000,(2)

海峡两岸经济互动的基本特点、问题及对策/娄杰//桂海论丛.－2000,(2)

两岸经贸发展前景与美国新经济/裴长洪//世界经济.－2000,(2)

海峡两岸科技资源配置比较研究/朱付元//清华大学学报(哲学社会科学版).－2000,(2)

认真探索规律,巩固和发展两岸经济关系/刘震涛//清华大学学报(哲学社会科学版).－2000,(2)

如何把握两岸经济关系走向/赵甲明//清华大学学报(哲学社会科学版).－2000,(2)

琼台两岛合作的现状与前景/夏鲁平//新东方.－2000,(2)

浅议加入WTO对两岸经贸关系及台湾经济的影响/高群服//世界经济与政治.－2000,(2)

海峡两岸经济交流与合作的回顾与展望/何仲山//中共中央党校学报.－2000,(3)

祖国大陆和台湾地区公司资本制度的比较研究/钟明霞//政治与法律.－2000,(3)

亚洲经济全面复苏后的两岸经贸关系发展形势/王建民//北京市经济管理干部学院学报.－2000,(3)

把握两岸经济合作转折点/李非//瞭望.－2000,(3)

光明在前阴霾难除——两岸经贸关系述评/胡石青//金融信息参考.－2000,(3)

经济全球化趋势与两岸经济互动/李非//台湾研究集刊.－2000,(3)

海峡两岸分别加入WTO对其经贸关系发展的影响/卢荣忠、余准深//台湾研究集刊.－2000,(3)

把握两岸经济合作的转折点/李非//瞭

望. -2000,(3)

从前线到台商投资热土的原因及其意义探析/卢茂材//党史研究与教学. -2000,(3)

常德对台招商引资工作的前景与对策/罗富国//湖南省社会主义学院学报. -2000,(3)

海峡两岸工商界的交流与合作/罗艳//现代台湾研究. -2000,(3)

两岸"入世"后经贸关系的预测和意见/汪尧田//上海商业. -2000,(4)

加入 WTO 后的闽台产业合作/单玉丽//现代台湾研究. -2000,(4)

论海峡两岸经济竞争与互补/李非//台湾研究集刊. -2000,(4)

21 世纪两岸经贸关系展望学术研讨会综述/叶建亮//浙江社会科学. -2000,(4)

WTO 与海峡两岸经贸关系/温汉宏//特区经济. -2000,(4)

加入世贸组织对海峡两岸经济关系的影响/严正//亚太经济. -2000,(4)

世界经济大趋势与海峡两岸经济合作前景/王海东//亚太经济. -2000,(4)

海峡两岸科技人力资源管理策略比较研究/徐治立//科技管理研究. -2000,(4)

经贸交流对两岸经济发展影响的比较分析/毛新斌//台湾研究. -2000,(4)

世界经济大趋势及海峡两岸经贸合作前景/王海东//理论观察. -2000,(5)

大陆与台湾注册会计师制度比较和借鉴/周恺//审计研究. -2000,(5)

两岸加入 WTO 与科技合作/杨德明//海峡科技与产业. -2000,(5)

论海峡两岸经济贸易互补互动之关系/罗明才//经济体制改革. -2000,(6)

一个中国原则与台湾经济发展/邓利娟//台声. -2000,(6)

两岸经贸关系的现状与未来/刘映仙//台声. -2000,(6)

21 世纪两岸经贸关系展望学术研讨会述要/谢文武//经济学动态. -2000,(6)

闽台经济发展比较与分工合作/李非//亚太经济. -2000,(6)

世贸组织框架下中国内地与港澳台经贸关系/华晓红//国际贸易问题. -2000,(8)

海峡两岸科技与产业合作发展之演变/刘霜桂//福建论坛(经济社会版). -2000,(9)

关于设立海峡两岸经济合作区的建议/王忠伟//发展研究. -2000,(9)

台湾高科技"大陆热"的初析和联想/陈培//两岸关系. -2000,(10)

试验合作——海峡两岸经贸合作试验区问题的探讨/王元京//国际贸易. -2000,(11)

"入世"后海峡两岸及香港怎么办?——第六届海峡两岸及香港特区经贸合作研讨会综述/黄少华//台声. -2000,(12)

台湾对祖国大陆经济的依存研究:一个基于联接模型的分析/潘文卿//世界经济. -2000,(12)

中国加入世贸组织对台湾经济的影响/陈文鸿//开放导报. -2001,(1)

WTO 框架下两岸经贸关系走向分析/邓利娟//台湾研究. -2001,(1)

现阶段两岸经贸关系的进展与障碍/邓利娟//台声. -2001,(1)

福建在推动两岸合作中的独特优势/陈蘋//亚太经济. -2001,(1)

榕台两岸的交往与合作/陈锦谷//福州党校学报. -2001,(1)

两岸经济的持续增长分析/周诚君//江

苏社会科学.－2001,(1)

世纪之交的两岸经贸关系/陈恩//国际贸易问题.－2001,(1)

浙江与台湾三次产业结构比较/徐剑峰//台湾研究集刊.－2001,(1)

把台商投资区升级为海峡两岸经贸合作区/王元京//中国投资.－2001,(1)

新经济中大陆将超越台湾/金玉梅//知识经济.－2001,(1)

加入WTO对台湾海峡两岸经贸关系的影响/黄儒伟//福州大学学报(哲学社会科学版).－2001,(2)

闽台高新技术产业合作前景看好/周赛琴//开放潮.－2001,(2)

两岸经贸交流回顾与展望/王建民//台声.－2001,(2)

大陆台湾经贸关系的现状与加入WTO后的发展趋势/董敏//南京建筑工程学院学报(社会科学版).－2001,(2)

两岸经济的竞争与合作——兼论两岸加入WTO后的经贸关系/朱云鹏//经济前沿.－2001,(2)

海峡两岸科技产业合作的现状研究/郭国庆//西安邮电学院学报.－2001,(2)

"入世"后榕台经贸合作前景探析/陈晖//福州党校学报.－2001,(2)

深化海峡两岸经济科技合作/王亦军//厦门科技.－2001,(2)

酝酿结构性变化的两岸经贸关系/周志怀//台湾研究.－2001,(2)

来自第七届海峡两岸城市发展研讨会的报告/沈青松//江南论坛.－2001,(2)

台澳经贸关系发展的现状与前瞻/陈恩//岭南学刊.－2001,(2)

厦门与台湾高科技产业发展合作战略研究/戴淑庚、翁成受//台湾研究集刊.－2001,(2)

论21世纪初期海峡西岸对台城市经贸合作/李非//台湾研究集刊.－2001,(2)

新世纪两岸经济关系将如何发展/李非//两岸关系.－2001,(2)

新形势下的闽台合作格局及其发展对策研究/洪睫//现代台湾研究.－2001,(2)

努力开创两岸经贸融合的新局面/李大壮//统一论坛.－2001,(2)

试析经济全球化对台海两岸经贸关系的影响/江西元//世界经济研究.－2001,(3)

海峡两岸经贸交流的未来走向/杨胜刚//国际经济评论.－2001,(3)

新时期的两岸经贸关系:互补性、障碍和机遇/孙宁华//南京大学学报(哲学.人文科学.社会科学版).－2001,(3)

台商的企业文化管窥/郭玉聪//台湾研究集刊.－2001,(3)

桂台经济合作的现状、前景与对策/张燕东//桂海论丛.－2001,(3)

经济全球化背景下海峡两岸经贸合作研究/陈筱芳//贵州师范大学学报(社会科学版).－2001,(3)

加入WTO对两岸经济发展的影响/刘霜桂//海峡科技与产业.－2001,(3)

厦门如何再造对台经贸合作良景/邓利娟//开放潮.－2001,(3)

2000年台湾股灾后两岸经贸关系新动向和前景展望/王海东//重庆社会科学.－2001,(3)

入世后两岸经贸互动趋势之蠡测/陈蘋//现代台湾研究.－2001,(3)

海峡两岸加入WTO后的经济互动关系展望/余克礼//台湾研究.－2001,(3)

两岸经济关系现势及前景/郑竹园//台湾研究.－2001,(3)

海峡两岸经济一体化的选择与定位/曹

小衡//台湾研究. －2001,(3)

建立闽台高科技产业区域协同发展体系刍议/朱斌//科学中国人. －2001,(3)

积极推进闽台资源与环境领域科技交流与合作/福建省自然资源学会//学会. －2001,(3)

一个祖国大陆与台湾宏观经济联接模型/潘文卿//数量经济技术经济研究. －2001,(3)

闽台经贸合作前景的探讨/王芳//福建广播电视大学学报. －2001,(4)

加入WTO与西部大开发对海峡两岸经济的影响/李建中//西北工业大学学报(社会科学版). －2001,(4)

加入WTO后两岸经贸关系展望/郑竹园//两岸关系. －2001,(4)

经济全球化与海峡两岸经贸发展及四地经济整合前景/傅骊元//经济界. －2001,(4)

两岸加入WTO后的互补合作/王志兵//海峡科技与产业. －2001,(4)

琼台经济合作呈现新格局——来自在琼台资企业的报告/何哲良//特区展望. －2001,(4)

加入WTO与两岸经贸互动/吴宜//海峡科技与产业. －2001,(4)

两岸科技产业合作的最佳时机/陈泰生//海峡科技与产业. －2001,(4)

闽台高科技产业竞争力协同提升的思考/谢章澍//亚太经济. －2001,(4)

祖国大陆对台湾的磁吸作用/刘霜桂//海峡科技与产业. －2001,(4)

世界经济新形势与两岸经贸合作/施学光//世界经济与政治论坛. －2001,(4)

加入WTO后两岸经济发展和农业合作/林毅夫//两岸关系. －2001,(5)

现阶段两岸经济整合的大趋势/方宁生//统一论坛. －2001,(5)

试析一年来两岸经贸的特点及存在的问题/黄跃荣//海峡科技与产业. －2001,(5)

两岸入WTO相互影响的分析与建议/俞其锐//改革与战略. －2001,(5)

外资流入对两岸经贸合作的意义及其启示/周忠菲//世界经济研究. －2001,(5)

海峡两岸保全制度比较研究/黄琳//重庆社会科学. －2001,(5)

台湾经济衰退与两岸经贸关系发展/赵玉榕//海峡导报. －2001,(5)

从APEC谈两岸共同繁荣/沈正一//统一论坛. －2001,(6)

WTO框架下的两岸经贸关系发展趋势/李鸿阶//亚太经济. －2001,(6)

我省高技术产业化环境的建设与台湾高科技产业“西移”/林其屏//亚太经济. －2001,(6)

第八届海峡两岸城市发展研讨会综述/本刊编辑部//城市发展研究. －2001,(6)

《海峡两岸共同市场》评析/林长华//厦门月刊. －2001,(6)

美国“9·11”事件对台湾经济及两岸经贸的影响/王鹏//现代台湾研究. －2001,(6)

入世后海峡两岸经济互动发展的前景研究/杨冰//河北经贸大学学报. －2001,(6)

台湾与香港经贸关系发展的现状与前景/陈恩//岭南学刊. －2001,(6)

同在WTO框架下——入世对两岸经贸关系的影响/华晓红//国际贸易. －2001,(7)

两岸经济整合大势所趋/王建民//中国改革. －2001,(9)

两岸经济合流正双向化、水平分工化/

郑竹园//两岸关系. -2001,(9)

闽港澳台人士谈四地经贸合作/林小端//发展研究. -2001,(9)

加入WTO对两岸经贸关系影响评估/王建民//开放导报. -2001,(9)

两岸经贸合作发展势不可挡/邓利娟//两岸关系. -2001,(10)

台商:台湾经济发展的功臣/为民//两岸关系. -2001,(10)

闽港澳台区域经济合作与澳门的作用/李炳康//福建论坛(经济社会版). -2001,(10)

入世后两岸经贸关系走向/李非//开放潮. -2001,(10)

入世:两岸经贸关系机遇多于挑战/王建民//今日中国(中文版). -2001,(11)

海峡两岸科技合作的特点与前景/杨德明//发展研究. -2001,(11)

新世纪的两岸城市经贸合作展望/李非//海峡两岸. -2001,(11)

加入WTO后两岸知识产权的相互保护/彭莉//台声. -2001,(11)

新经济与两岸经贸关系新格局/盛九元//海峡两岸. -2001,(11)

台湾对大陆的推力与拉力/王骏//两岸关系. -2001,(12)

21世纪初榕台经贸发展的机遇、挑战和对策/陆芳//发展研究. -2001,(12)

两岸入世后的经贸关系/张汉林//两岸关系. -2001,(12)

新形势下台湾和浦东经贸合作的新机会/傅丰诚//浦东开发. -2001,(12)

台商IT产业资本西进与两岸产业分工/方宁生//特区经济. -2001,(12)

"一国四席"应在WTO框架内建立自由贸易区/郭万达//开放导报. -2001,(12)

把握两岸经贸关系迅速发展的契机——从WTO看两岸经贸新格局/范风国//国际展望. -2001,(22)

加入世界贸易组织对两岸关系的意义与影响/熊玠//南昌航空工业学院学报(社会科学版). -2002,(1)

台湾入世对其经济和两岸经贸关系的影响/桑登平//华人时刊. -2002,(1)

海峡两岸的"三通"现状与发展趋势/周志怀//台湾研究. -2002,(1)

厦门高雄城市经贸合作优势互补/王光国、刘德俭//现代台湾研究. -2002,(1)

入世后两岸经贸合作前景更为宽广/胡石青//台声. -2002,(1)

长江三角洲新产业带的兴起与海峡两岸发展/田伯平//世界经济与政治论坛. -2002,(1)

两岸"入世",台湾的利弊得失/芦苇//海峡两岸. -2002,(1)

2000年以来两岸经贸走势及入世后之展望/李罗力//开放导报. -2002,(1)

新世纪初期利于两岸三地经贸合作的要素分析/高巍//国际贸易问题. -2002,(1)

入世后两岸经贸互动与发展/房震//世界经济研究. -2002,(1)

走一条曲折较少的发展之路——读《郑竹园论海峡两岸经济》/裴小革//经济学动态. -2002,(1)

浅析加入WTO后的两岸经贸关系/时良瑞//现代台湾研究. -2002,(2)

中国大陆经济走向与两岸经济合作前瞻/曹小衡//台湾研究. -2002,(2)

在WTO架构下推动两岸经贸的全面发展/刘建兴//统一论坛. -2002,(2)

中国"入世"后海峡两岸经贸问题"政治化"之防治/陈安//中国法学. -2002,(2)

海峡两岸先后加入世界贸易组织对两

岸经济发展的影响/许玉香//中华儿女（海外版）. -2002,(2)

加入 WTO 后的台湾经济与两岸经济关系/张黎宏//中华儿女（海外版）. -2002,(2)

入世后闽台经贸关系发展的战略思考/邓利娟//亚太经济. -2002,(2)

试析台湾经济走向及对两岸关系的影响/邓利娟//台湾研究. -2002,(2)

从加入 WTO 谈两岸经贸关系/陈杰卡//广东商学院学报. -2002,(2)

论海峡两岸经贸关系的制度化安排/周志怀//台湾研究. -2002,(2)

世纪初年台湾经济呈现"五低三高"/李非//开放潮. -2002,(2)

浅论 WTO 框架下的两岸经贸关系/陈少晖//福州党校学报. -2002,(2)

加入世贸组织后，海峡两岸经贸合作与交流展望/王二虎//陕西社会主义学院学报. -2002,(3)

发展两岸经贸关系，增进两岸共同利益/张冠华//统一论坛. -2002,(3)

五十年来大陆、台湾经济实力增长的比较/赵海生//世界经济研究. -2002,(3)

五十年代初海峡两岸"土改"之比较研究/黄跃红//南通师范学院学报（哲学社会科学版）. -2002,(3)

加入 WTO 后的两岸经贸关系/周忠菲//国际观察. -2002,(3)

探讨台海两岸经济文化交流的合法性/廖建清//福建水产. -2002,(3)

加入 WTO 对两岸经贸关系的影响/范英杰//理论学习. -2002,(3)

入世对海峡两岸关系的影响/王志伟//安徽师范大学学报（人文社会科学版）. -2002,(3)

加入 WTO 与两岸关系的发展/周忠菲//世界经济研究. -2002,(3)

台湾加入 WTO 后对岛内经济及两岸经济关系的影响/刘兵//亚太经济. -2002,(4)

两岸入世后发展区域特色与闽台经贸合作的战略思考/尹晓波//华侨大学学报（哲学社会科学版）. -2002,(4)

两岸入世对两岸及港澳关系的影响/杨聪荣//开放导报. -2002,(4)

台湾入世对岛内经济及两岸经济关系的影响/刘兵//南开经济研究. -2002,(4)

两岸经贸发展存在的问题及改进措施/谷佳//齐齐哈尔大学学报（哲学社会科学版）. -2002,(4)

两岸入世后经贸关系发展前瞻/张汉林//经济世界. -2002,(4)

浅析加入 WTO 后的两岸关系/肖红//广东省社会主义学院学报. -2002,(4)

入世后两岸经贸关系展望/胡晓鹏//开放导报. -2002,(4)

入世对两岸经济关系之影响/刘富善//台湾农业探索. -2002,(4)

两岸经济实力消长及其意义/王建民//两岸关系. -2002,(4)

入世对海峡两岸经贸关系的影响与政策选择思考/华晓红//台湾研究. -2002,(4)

大陆与台湾"入世"对两岸经济关系的影响/赵春明//世界经济研究. -2002,(5)

两岸经济合作机制的选择及制度框架/陈向聪//现代台湾研究. -2002,(5)

两岸经济关系发展走向析/刘霜桂//统一论坛. -2002,(5)

加入世贸后两岸经贸关系走势分析/张磊//辽宁经济. -2002,(6)

西部开发对台湾产业发展的影响/李红梅//海峡科技与产业. -2002,(6)

入世后海峡两岸经贸格局的变化与走势/陈恩//国际经贸探索. -2002,(6)

昆山与台湾经济合作的新发展/林世渊//海峡科技与产业. -2002,(6)

从产业结构看两岸直接三通的必要性和可能性/张耀辉//汕头大学学报(人文社会科学版). -2002,(6)

发展"两岸四地"经济一体化促进中国经济的持续增长/喻志军//成人高教学刊. -2002,(6)

两岸四地"老板"行为特征比较/全毅//东南学术. -2002,(6)

四川省与台湾两地经贸交流及产业合作领域初探/陈丽丽//国际贸易问题. -2002,(7)

入世后两岸经贸关系的发展趋势/张宏//当代亚太. -2002,(7)

依存度是两岸经贸发展的需要/张春英//两岸关系. -2002,(7)

祖国大陆对台湾:长期优势对短期优势/时殷弘//世界经济与政治. -2002,(7)

两岸经济依存度的提高会削弱台湾的竞争力吗?——近期海峡两岸经贸关系评述及展望/卢文鹏//开放导报. -2002,(7)

两岸经贸关系新趋势/王建民//国际经济合作. -2002,(7)

WTO框架下加强两岸四地经济合作的思考/王丽华//理论学习. -2002,(10)

海峡两岸物业管理制度比较研究/杨梅//江南论坛. -2002,(11)

中华经济体与台湾经济的出路/林长华//台湾研究集刊. -2003,(1)

在WTO条件下,推进"两岸四地"的经济整合/李灏//开放导报. -2003,(1)

从CEPA看两岸经贸合作之前景/杨春//开放导报. -2003,(1)

两岸四地CEA之建构/江丙坤//开放导报. -2003,(1)

入世对两岸经贸关系的影响/王晓燕//南通工学院学报(社会科学版). -2003,(1)

2002年海峡两岸经贸关系回顾与展望/周明伟//厦门特区党校学报. -2003,(1)

两岸经贸关系的发展与趋势/吴献斌//当代亚太. -2003,(1)

两岸实质经济整合与国际创新网络/陈信宏//开放导报. -2003,(1)

两岸经贸关系新动向透视/杨胜云//台声. -2003,(2)

QFII制度:台湾经验及对祖国大陆的启示/张亚斌//国际经济合作. -2003,(3)

背靠大树好乘凉:论台湾经济与大陆腹地的关系/陈萍//现代台湾研究. -2003,(3)

两岸人文资源与台商在大陆之运作/曾玲//台湾研究集刊. -2003,(3)

SARS疫情对两岸经济影响的对比分析/张传国//现代台湾研究. -2003,(3)

"入世"后两岸经贸的新变化/刘建兴//统一论坛. -2003,(3)

入世一年两岸经贸关系的发展及其影响/邓利娟//亚太经济. -2003,(3)

加入WTO后两岸经贸发展考察/杨松//台声. -2003,(4)

试析入世后海峡两岸关系发展的走势/李华//贵州大学学报(社会科学版). -2003,(4)

更紧密经贸关系对台湾产业的影响/李飒//海峡科技与产业. -2003,(5)

加入WTO与川台经贸合作的机遇和挑战/四川省人民政治台湾事务办公室课题组//海峡两岸. -2003,(5)

CEPA对发展两岸经贸关系的影响/李鸿阶//现代台湾研究. -2003,(5)

海峡两岸经贸合作的回顾与前瞻/严正//亚太经济. -2003,(5)

WTO协议规则在我国大陆台湾的不同实施情况比较及其协调/李伯侨//暨南学报(哲学社会科学版). -2003,(5)

中国西部开发对台商及台湾经济的影响/李红梅//新视野. -2003,(6)

经济全球化趋势下两岸三地如何连手打造全球运筹规划/游广铭//探索. -2003,(6)

海南与台湾经济增长因素对比分析/郑远强//琼州大学学报. -2003,(6)

加入WTO后两岸经贸关系的发展/严正//福建师范大学学报(哲学社会科学版). -2003,(6)

论两岸经济关系发展的状况、特征和走向/卜贵林//南京师大学报(社会科学版). -2003,(6)

两岸经贸热度未减的背后/曹小衡//两岸关系. -2003,(7)

SARS疫情对两岸经贸关系的影响/张传国//台声. -2003,(7)

两岸良性政治格局是台湾经济持续发展的可靠保证/刘舸//台声. -2003,(8)

CEPA与两岸经贸关系前景/曹小衡//两岸关系. -2003,(9)

经济全球化、WTO与两岸直接"三通"——从经济与法律角度的分析/唐永红//特区经济. -2003,(9)

入世后的两岸经贸争端及处理机制/王建民//世界经济研究. -2003,(11)

关于台湾与中国大陆经济合作及整合的思考/门洪亮//经济前沿. -2003,(11)

试析海峡两岸经贸新格局下的合作与争端问题/叶剑//国际贸易问题. -2003,(11)

WTO后两岸经贸关系的特点、短期前景及长期趋势/周忠菲//世界经济研究. -2003,(11)

大陆台商的现状、特点及作用/李非//厦门月刊. -2003,(12)

把握CEPA机遇两岸四地共同发展/麦志权//今日印刷. -2003,(12)

青山遮不住,毕竟东流去——2003年海峡两岸经济关系发展述评/何世忠//今日中国(中文版). -2004,(1)

客观认识两岸经贸关系的作用/邓利娟//东南学术. -2004,(1)

发展两岸经贸、实现两岸"三通"有利于祖国统一/李伯顺//东南学术. -2004,(1)

两岸经济融合是促进祖国和平统一的重要力量/陈蘋//东南学术. -2004,(1)

台湾经济的回顾与展望/陈蘋//现代台湾研究. -2004,(1)

台湾经济走向与两岸经济合作思考/曹小衡//亚太经济. -2004,(1)

台资企业经营战略新特点与海峡两岸经济合作/张远鹏//亚太经济. -2004,(1)

海峡西岸经济区初探/王志梅//亚太经济. -2004,(1)

论"泛海峡西岸"的空间架构/黄家骅//东南学术. -2004,(1)

海峡西岸经济区的战略定位与梯度推进/陈明森//东南学术. -2004,(1)

两岸经贸格局发生新变化/王建民//开放潮. -2004,(2)

关于建立两岸更紧密经贸关系问题/林璟//当代亚太. -2004,(2)

借鉴台湾出口加工区经验推动保税区转型/李琳//实事求是. -2004,(2)

大陆成为台湾经济发展的重要动力/邓利娟//两岸关系. -2004,(2)

大陆与台湾物业管理制度之比较/王艳//现代台湾研究. -2004,(3)

海峡两岸经贸关系发展与台湾经济结构调整/陈其林//厦门大学学报(哲学社会科学版).-2004,(3)

CEPA与两岸经贸关系/张传国//世界经济与政治论坛.-2004,(3)

两岸经贸交流创造互利双赢局面/李非//两岸关系.-2004,(3)

WTO框架下海峡两岸经贸关系的新格局/林媛媛//商业研究.-2004,(3)

建设海峡西岸经济区与海峡经济区构建/郑庆昌//福建农林大学学报(哲学社会科学版).-2004,(4)

战略驱动与发展的必然——从区域发展进程看建设海峡西岸经济区/詹志洁//发展研究.-2004,(4)

CEPA对海峡两岸经贸关系的影响/赖文凤//东南亚纵横.-2004,(4)

海峡经济区在东南沿海经济带中的战略地位/林珊//亚太经济.-2004,(4)

台湾区域经济转型的两岸视角/石正方//台湾研究集刊.-2004,(4)

2004年在闽台商调研报告/陈萍//现代台湾研究.-2004,(5)

在闽台经济互动中推进海峡西岸经济区的建设/邓利娟//亚太经济.-2004,(5)

台商在两岸经济发展中的作用/吴铭//统一论坛.-2004,(5)

台湾与大陆的经贸现状和趋势/张洪源//山东工商学院学报.-2004,(6)

入世后两岸四地人力资源开发合作与中华区域经济发展分析/张向前//当代财经.-2004,(6)

入世后两岸经贸关系发展及制度选择/蔡娟//理论探索.-2004,(6)

海峡两岸的经贸现状及走向/刘权//理论界.-2004,(6)

发展两岸经贸实现互利双赢/李非//统一论坛.-2004,(6)

两岸未来经济互动模式预测/张庆松//台声.-2004,(7)

两岸经贸牵动台湾经济/陈蘋//发展研究.-2004,(8)

海峡两岸具体会计准则的比较/陈庆保//经济论坛.-2004,(9)

台湾经济转型与两岸经贸关系/张冠华//台声.-2004,(9)

CEPA后两岸更紧密经贸关系建立的可行性分析/吴庄莹//经济前沿.-2004,(10)

台湾大选后两岸经贸关系前瞻/冯邦彦//经济前沿.-2004,(10)

海峡西岸经济区生产力布局初探/黄国良//福建论坛(社科教育版).-2004,(12)

浅谈两岸签署CEPA或类似经贸安排的必要性/俞裕铨//经济论坛.-2004,(12)

从经济区划理论看海峡西岸经济区的合理性/邹筱乐//中共福建省委党校学报.-2004,(12)

海峡西岸经济区在构建海峡经济区中应先行一步/林其屏//福建农林大学学报(哲学社会科学版).-2005,(1)

香港与内地经济一体化:CEPA对两岸经贸合作的启示/杨春//经济地理.-2005,(1)

台湾经济"四化"问题与两岸经济合作/石正方//台湾研究集刊.-2005,(1)

海峡两岸经贸交流的现状及未来展望/吴庆春、舒均治//河南社会科学.-2005,(1)

2004—2005年两岸经贸形势分析/王建民//海峡科技与产业.-2005,(1)

WTO框架下海峡两岸经济交往及合作方式探讨/唐永红//国际经贸探索.-2005,(1)

全面阐释海峡西岸经济区概念——福建区域经济发展战略的新构想/林金忠//福建行政学院福建经济管理干部学院学报.－2005,(1)

海峡两岸经济交流与解决两岸问题的思考/林崇诚//世界经济与政治论坛.－2005,(2)

发挥闽、台优势,建设海峡西岸经济区/饶玉琳//台湾法研究.－2005,(2)

区域经济整合与台湾海峡经济区构建/刘克辉//台湾农业探索.－2005,(2)

构建海峡经济区,提升区域竞争力/刘立菁//现代台湾研究.－2005,(3)

全球化时代的政府与企业——以两岸经贸关系为例/冷则刚//开放时代.－2005,(3)

祖国大陆和台湾地区经济周期的相关性研究/余佩琨//技术经济.－2005,(3)

海峡两岸关系发展对台湾对外直接投资的影响/张琼燕//中南大学学报(社会科学版).－2005,(3)

建设海峡西岸经济区的战略思考/王开明//福建农林大学学报(哲学社会科学版).－2005,(3)

中国大陆经济的减速及其对台湾经济的影响/[日]伊藤信悟,杨维中译//台湾研究集刊.－2005,(3)

台湾海峡经济圈构想/张良强、雷德森//亚太经济.－2005,(3)

对祖国大陆与台湾地区经济依存关系的分析/华晓红//国际贸易问题.－2005,(4)

1985～2002年台湾地区在大陆专利活动分析/杨中楷//科学与科学技术管理.－2005,(4)

新形势下发展闽台经贸关系之探讨/周明伟//厦门特区党校学报.－2005,(4)

加入WTO后两岸应加速对接合作/李锐//海峡科技与产业.－2005,(4)

CEPA后的两岸四地经贸关系走势/关秀丽//海峡科技与产业.－2005,(4、5)

把握发展机遇创新开放举措推进海峡西岸经济区建设/叶双瑜//中国经贸.－2005,(5)

构建台湾海峡经济区的现实基础与发展思路/单玉丽//现代台湾研究.－2005,(5)

比较台海两岸石油资源及其对两岸的战略影响/郝望//石油大学学报(社会科学版).－2005,(5)

发挥优势促闽台经贸合作/郑宗杰//中国经贸.－2005,(5)

试论两岸经济整合的战略意义/钟焰//现代台湾研究.－2005,(5)

2004年台湾经济回顾/王建民//理论参考.－2005,(5)

影响台湾经济发展主要因素与两岸经济关系前瞻/曹小衡//中国经贸.－2005,(5)

建立两岸共同市场的效应分析/陈能睿//东南学术.－2005,(5)

闽台社会经济发展趋势比较研究/张玉冰、李非//亚太经济.－2005,(5)

海峡经济区的空间演进:结构、特征与问题/石正方、邓利娟//厦门大学学报(哲学社会科学版).－2005,(5)

福建发挥对台经贸优势探讨/陈榕三//现代台湾研究.－2005,(6)

海峡经济区与海峡西岸经济区/黄端//发展研究.－2005,(6)

CEPA后的两岸四地经贸关系走势观察/关秀丽//经济前沿.－2005,(7)

闽台产业合作现状及其前景分析/庄宗明,林畅//开放潮.－2005,(8)

加快海峡经济区的合作和发展——兼与长三角、珠三角、环渤海经济区比较/程恩富、蒋爱洁//福建论坛(人文社会科学版).-2005,(8)

闽台同绘海峡经济区新蓝图/陈自由//两岸关系.-2005,(9)

台海两岸政治经贸交流新风云录/车治国//世纪桥.-2005,(9)

关于海峡西岸经济区构架的探讨/王彦晓、陈巧玉//经济师.-2005,(10)

海峡两岸经济一体化的发展趋势和目标定位/黄绍臻//福建论坛(人文社会科学版).-2005,(10)

两岸经济整合的战略内涵/钟焰//理论参考.-2005,(11)

当前台湾产业向大陆转移的趋势/李非//理论参考.-2005,(11)

两岸经贸与区域经济一体化/周忠菲//理论参考.-2005,(11)

市场导向、组织学习与组织创新的关系——中国大陆与台湾的比较/谢洪明、陈春辉//科学学与科学技术管理.-2005,(12)

台湾地区与韩国在大陆市场的博弈/熊俊莉//两岸关系.-2005,(12)

加强闽台科技资源整合的思考/卢迪龙、朱斌//科学学与科学技术管理.-2005,(12)

两岸经济建立机制化合作的策略与途径/周忠菲//经济前沿.-2006,(1)

海峡两岸产业分工研究:一个文献回顾/周丽群//广西经济管理干部学院学报.-2006,(2)

大力推进闽台产业对接建设海峡西岸经济区/吴德进//福建理论学习.-2006,(2)

海峡两岸创投业合作问题探讨/陈凤娣//三明学院学报.-2006,(3)

直接双向全面"三通"对两岸经济社会发展的影响与展望/王学俭//社科纵横.-2006,(3)

两岸产业结构演变及其影响因素比较分析/李丽//海南广播电视大学学报.-2006,(3)

闽台文化交流与海峡西岸经济区建设/李瑞德//统一论坛.-2006,(3)

两岸经济合作目标愿景及其影响/殷存毅//海峡科技与产业.-2006,(3)

两岸经贸交流时空演进:历程、现状与趋势/石正方//浙江工贸职业技术学院学报.-2006,(3)

构建台湾海峡经济区的几点思考/全毅//开放导报.-2006,(4)

技术标准的国际竞争与两岸合作/杨剑//世界经济与政治论坛.-2006,(4)

海峡西岸经济区建设与两岸经贸合作/吴能远//亚太经济.-2006,(5)

海峡两岸经贸合作的特点与趋势研究/张为付//南京财经大学学报.-2006,(5)

国共经贸论坛为两岸和平发展增添新动力/邓利娟//两岸关系.-2006,(5)

创新范式转型背景下的两岸合作创新/郑胜利//海峡科技与产业.-2006,(5、6)

经济全球化下的两岸经贸关系/华晓红//今日中国论坛.-2006,(6)

两岸经济整合的现实基础与发展趋势/张玉冰//亚太经济.-2006,(6)

中国大陆经济增长对台湾地区经济影响的述评/林瑞斌//内蒙古财经学院学报.-2006,(6)

对两岸经济合作机制与合作模式的几点看法/王建民//海峡科技与产业.-2006,(6)

承接台湾产业外移实现两岸资源互补

与共赢——台湾产业外移动因与福建的承接/王知桂//福建行政学院福建经济管理干部学院学报．-2006,(6)

从东亚生产结构变化看两岸经贸关系发展/周忠菲//海峡科技与产业．-2006,(6)

论海峡两岸“共同推进经贸正常化努力构建经济一体化”/萧新桥//财经界．-2006,(6)

世界区域经济一体化趋势与两岸经济一体化/刘瑛华//马克思主义与现实．-2006,(6)

两岸经贸交流持续发展/胡石青//两岸关系．-2006,(7)

闽台产业对接与海峡西岸经济区建设/严正//中共福建省委党校学报．-2006,(7)

经济全球化与海峡两岸统一/温雪勇//福建党史月刊．-2006,(8)

对两岸经济一体化与台湾经济出路的思考/刘吉//财经界．-2006,(8)

发挥经济上的互补作用促进两岸经济共同发展/高铁生//中国流通经济．-2006,(9)

经济全球化背景下两岸经贸关系构想/马强//两岸关系．-2006,(9)

两岸经贸对经济共同繁荣的影响/郭慧//中国统计．-2006,(9)

两岸经济合作：机制与模式探讨/孙兆慧//国际经济合作．-2006,(10)

两岸四地会计师业务发展问题探讨/陈贵端//中国注册会计师．-2006,(12)

海峡西岸经济区建设中开发区的公司化运作/马元柱//发展研究．-2006,(12)

关于闽台经贸合作及建立海峡西岸经济区的探索/王三阳//经济前沿．-2006,(12)

两岸经济整合势在必行/陈蘋//发展研究．-2006,(12)

影响两岸三地私营企业家成长的关键因素研究/王俊峰//集团经济研究．-2006,(15)

大陆对台湾经济制裁的可行性分析/薛本辉//法制与社会．-2006,(16)

海峡经济区的合作机制与战略推进/张作兴//中国经济周刊．-2006,(18)

海峡两岸民间审计的差异分析/颜晓旭//商业会计．-2006,(20)

厦门对台经贸的现状及前景/翁成受//世界经济（香港）．-1994,(12)

应该把什么样的两岸经贸关系带入下一个世纪/王建民//中国评论（香港）．-1999,(4)

入世后两岸经贸的机遇与挑战/邓利娟//海峡（香港）．-2000,(8)

两岸加入 WTO 后双方经贸关系如何定位/殷存毅//中国评论（香港）．-2001,(6)

两岸经济合作机制：两岸经济合作的理论视角与实践程序/殷存毅、姜山//中国评论（香港）．-2002,(4)

台湾市场对大陆开放了多少？/张冠华//海峡（香港）．-2002,(6)

2002：入世后两岸经贸关系的新趋势/王建民//海峡（香港）．-2002,(8)

中华经济区的规模与融合/王建民、郑为力//海峡（香港）．-2002,(10)

经济竞争加剧，呼唤两岸民企合作/殷存毅//经济导报（香港）．-2002,(42)

从两岸经济关系看台湾经济发展，台湾当局应十分珍惜来之不易的发展机遇/李保明//中国评论（香港）．-2003,(3)

SARS 疫情对两岸经济的影响/张传国//中国评论（香港）．-2003,(7)

两岸经济合作机制:前提与前景/盛九元//中国评论(香港).-2005,(7)

两岸经贸进入机制化发展新时期/周忠菲//经济导报(香港).-2005,(33)

2005年两岸经贸新特点/王建民//经济导报(香港).-2006,(4)

两岸经贸论坛的"论"与"行"/张冠华//中国评论(香港).-2006,(5)

加入WTO以来台资企业在上海的发展/周忠菲//经济导报(香港).-2006,(10)

毛巾争议开启两岸WTO框架下的互动/王建民//经济导报(香港).-2006,(10)

首届两岸经贸论坛的积极成果及对未来的影响/盛九元//经济导报(香港).-2006,(19)

政治障碍阻挡两岸经贸正常化/王建民//经济导报(香港).-2006,(23)

两岸经济合作的十大模式——两岸经济合作模式与合作机制的探讨/王建民//经济导报(香港).-2006,(41、44)

两岸应共建中华经济区/王建民//经济导报(香港).-2006,(49)

2.政策

海峡两岸关系的新动向及发展两岸经贸往来的对策思路/盛国雄//华侨大学学报(哲学社会科学版).-1988,(2)

台湾当局大陆科技政策之探析/姜玲芝//台湾研究集刊.-1993,(1)

台海农业政策新走向/赵玉榕//发展研究.-1993,(12)

台湾当局的大陆经贸政策及两岸经贸关系前景评析/刘映仙//台湾研究.-1994,(1)

浅谈新个人所得税法对台商的影响/邓利娟//涉外税务.-1994,(2)

台湾当局对大陆经贸政策的趋势/翁成受//海峡两岸.-1994,(6)

台湾对大陆经贸政策的演变/李非//山东对外经贸.-1994,(12)

台湾的大陆经贸政策走向探析/黄松玲//天津师大学报(社会科学版).-1995,(3)

经贸发展成为台对大陆政策主旋律——台湾"第三次大陆工作会议"评述/王建民//台声.-1995,(8)

台湾经济政策与两岸经贸关系的发展趋势/高文瑞、李伯顺//现代台湾研究.-1995,(总12)

福建扩大利用台资方略谈/戴淑庚//沿海经济.-1996,(9)

台当局紧缩大陆经贸政策的手法与意图/彭维学//上海对台工作.-1996,(11)

闽台产业合作的途径与对策/李鸿阶、单玉丽//现代台湾研究.-1996,(总13)

甬台经贸和直航中的若干法规政策问题研究/胡和勤//宁波大学学报(人文科学版).-1997,(1)

从两岸政策反差看经贸合作走向/徐京跃//发展.-1997,(2)

评析台湾"国发会"经济发展和两岸经贸关系议题/戴淑庚//台湾研究集刊.-1997,(2)

建设"海峡西岸经济繁荣带"对策研究/郑思奋//福州大学学报(社会科学版).-1997,(3)

拓展闽台经贸合作面临的问题与对策/曾建权//国际贸易问题.-1997,(9)

香港回归后闽台经贸关系进一步发展的对策研究/福建社科院课题组//福建论坛(经济社会版).-1997,(12)

当前台湾当局"大陆经贸政策"及其对台商投资大陆的影响/赵奕山//现代台湾研究.-1997,(总20)

关于拓展闽台经贸合作的几点思考/张洁、苏美祥//现代台湾研究．－1998,(总24)

在亚洲金融风波下厦门加快台资引进的对策建议/陈泰生//特区经济．－1999,(2)

在亚洲金融危机下加快台资引进的对策建议/陈泰生//鹭江职业大学学报．－1999,(3)

今年加强闽台交往的对策思路/俞其锐//海峡科技与产业．－1999,(4)

两岸加入WTO对双方的影响与对策/王光国//海峡科技与产业．－1999,(4)

加速推动两岸区域经贸合作的战略构想/李非//国际商务．－1999,(5)

加强闽台农业交流与合作的对策和措施/金素珍//福建农业．－1999,(12)

拓展榕台经贸合作之对策思考/林水华、陈兆平//现代台湾研究．－1999,(总25)

1999年加强闽台交往的对策建议/俞春锐//现代台湾研究．－1999,(总25)

试析台湾加入WTO处理两岸经贸关系的原则/俞其锐//现代台湾研究．－2000,(1)

台湾对大陆经贸交流政策选择/余序洲//中南民族学院学报(人文社会科学版)．－2000,(1)

发展闽台经贸合作的策略思考/陈声宇//亚太经济．－2000,(1)

迈入新世纪厦门对台招商的对策研究/厦门市港台与特区经济研究课题组//鹭江职业大学学报．－2000,(4)

关于加强重庆对台经济工作的思考/章麒//重庆社会主义学院学报．－2000,(4)

试析海峡两岸经贸关系中的政策互动/刘洪禹//世纪桥．－2000,(4)

加入WTO对两岸经贸的影响及我之对策/张远鹏//世界经济与政治论坛．－2000,(5)

新时期促进海峡两岸投资模式升级的对策思考/李红//广西民族学院学报(哲学社会科学版)．－2000,(6)

大选后两岸经贸关系发展形势与对策/蒋永甫//广西民族学院学报(哲学社会科学版)．－2000,(6)

台湾新当局祖国大陆经贸政策走向/赵奕山//海峡科技与产业．－2000,(6)

福建对台招商引资的现状、问题与对策/李非//海峡经贸．－2000,(7)

当前台湾对大陆经贸政策的走向评析/邓利娟//国际贸易问题．－2000,(11)

析台湾对两岸经贸关系设置的政策法律障碍/陈岱松//政治与法律．－2001,(1)

台湾新政府大陆经贸政策调整策略与主要论调/王建民//开放潮．－2001,(1)

台湾近中期“大陆经贸政策”走向分析/俞其锐//海峡科技与产业．－2001,(1)

台湾对大陆的经贸政策/李非//南风窗．－2001,(3)

评萧万长的“两岸共同市场”构想/邓利娟//台湾研究集刊．－2001,(3)

“近台快攻”——福建对台招商引资的对策建议/李非//开放潮．－2001,(5)

台放宽台商投资与两岸经贸往来限制一瞥/王建民//开放潮．－2002,(1)

入世后台湾当局对两岸经贸政策调整评析/王建民//台湾研究．－2002,(2)

加入WTO对两岸关系的影响与经贸合作模式的选择/刘烈龙//中南财经政法大学学报．－2002,(3)

建立两岸经济合作中的争端解决机制/王智猛//开放导报．－2002,(4)

加入WTO后两岸经贸政策的调整/张

春英//中南财经政法大学学报. -2002,(6)

台湾"入世"前后对两岸经贸政策的调整/李继翔//两岸关系. -2002,(7)

台湾在两岸经贸交往新阶段的政策趋势与我们的对策建议/俞其锐//改革与战略. -2002,(9)

新形势下海峡两岸产业合作新策略/王鹏//开放潮. -2003,(1)

加入世贸组织后台湾对大陆经贸政策的动向/李非//国际贸易问题. -2003,(1)

台湾海峡两岸地缘经济整合的驱动机制与途径/樊杰//地理学报. -2003,(3)

促进两岸交流的若干设想/庄威//海峡科技与产业. -2003,(3)

闽台产业合作的趋势及对策/全毅//现代台湾研究. -2003,(4)

CEPA:推动"一国两制"间经贸整合的新举措/陈蘋//现代台湾研究. -2003,(5)

"一个中国"原则是实现两岸经济合作的基础/严正//现代台湾研究. -2003,(5)

台湾当局在两岸"三通"上的主要对策及前景分析/朱行//世界经济与政治论坛. -2003,(5)

民进党两岸经贸政策的延续和变化/李鹏//现代台湾研究. -2003,(6)

推动租税统一,加强两岸关系/于明宜、陈虹//现代台湾研究. -2003,(6)

以"通"拒通行不通——评陈水扁两岸直通"三阶段"说/张同新//两岸关系. -2003,(10)

海峡西岸经济区建设与政府作用探讨/林建漳//现代台湾研究. -2004,(4)

"两岸四地"财务会计政策的比较/赵旸//国际贸易问题. -2004,(8)

海峡两岸经济技术合作政策新取向/杨德明//发展研究. -2004,(12)

构建海峡经济区的若干思路/陈榕三//现代台湾研究. -2005,(3)

台湾民进党当局在两岸"三通"问题上的立场及我应采取的对策/朱松岭//北京联合大学学报(人文社会科学版). -2005,(4)

党的台湾政策新发展与榕台经贸走向/游伯笙//福州党校学报. -2005,(5)

闽台协同推进科技产业合作的策略研究/陈雅兰、贺建军//海峡科技与产业. -2005,(5)

海峡两岸产业合作的策略/王鹏//经营与管理. -2005,(5)

"两岸一中"与台湾海峡经济区/严正//福建师范大学学报(哲学社会科学版). -2005,(5)

近五年来台湾两岸经贸政策回顾/张洁//现代台湾研究. -2005,(6)

两岸经贸政策对经贸关系的影响与发展趋势/李盾//湖北经济学院学报(人文社会科学版). -2006,(1)

论对台湾经贸政策调整/李计广//亚太经济. -2006,(4)

台湾民进党执政以来对大陆的经贸政策评述/周忠菲//海峡科技与产业. -2006,(4)

台湾当局"大陆经贸政策"何去何从?/张莉//两岸关系. -2006,(4)

政策刍议民进党当局的两岸经贸政策/孙兆慧//北京联合大学学报(人文社会科学版). -2006,(4)

海峡区域经济的"和商"战略思考/廖文杰//商业时代. -2006,(31)

台当局对大陆经贸政策的两面性/王鹏//海峡(香港). -2002,(10)

台调整对大陆经贸政策/王建民//经济导报(香港). -2004,(31)

苏贞昌的大陆经贸政策走向/王建民//

经济导报(香港). －2006,(22)

3. 投资

经济特区吸引外来投资的若干问题浅议/于章//台湾研究集刊. －1984,(1)

香港资本寻求在台湾进行投资的动态/涤南//台湾研究集刊. －1984,(3)

香港资本在台湾的投资/李非//台湾研究集刊. －1986,(4)

"经济解严"后台资流港动向/李非//亚太经济时报. －1987,(8)

从台商投资看大陆环境系统的适应性/李非//台湾研究集刊. －1990,(2、3)

台商投资大陆的发展趋势/李非//国际展望. －1990,(11)

台商在大陆投资型态分析/李非//瞭望周刊(海外版). －1990,(23)

论台商在大陆的投资形态/李非//亚太经济. －1993,(3)

吸引台资的机遇和对策/李强//城乡经济. －1993,(5)

海峡两岸实施投资优惠政策效果比较/张春斌//现代台湾研究. －1994,(3)

台商在闽投资向高级形态转化/李非//福建对外经贸. －1994,(4)

台商在大陆和东南亚投资软环境比较/陈国强//现代台湾研究. －1994,(4)

台湾扩张大陆投资新阶段/李非//经济导报. －1994,(7)

台商在闽投资向高级形态发展/李非//山东对外经贸. －1994,(7)

天津市吸引台资的现状及战略选择/黄松玲//天津师大学报(社会科学版). －1995,(1)

台商投资大陆的现况和远景/翁成受//台湾研究. －1995,(1)

税制改革对台商投资影响之评析/邓利娟//台湾研究集刊. －1995,(2)

论台湾的岛外投资——兼论中国大陆吸引台资问题/林长华//厦门大学学报. －1995,(2)

福建引进台资的走势与发展对策/刘克辉//亚太经济. －1995,(2)

福建台商投资状况研究/林金枝//台湾研究. －1995,(2)

台商投资进入转折期——从广东省考察看台商在大陆投资趋势/王建民//中国改革. －1995,(3)

台商投资大陆呈现五大趋势/江小工//中国工商. －1995,(3)

利用台资:广东的现状、问题和对策/陈志英//东南亚研究. －1995,(3)

海峡两岸经贸投资的非均衡性及其对策/王少平//计划与市场. －1995,(4)

台商对大陆投资的成因、现状及前景/张邦钜//金融教学与研究. －1995,(4)

广东引进台资的发展态势与政策建议/龚唯平//海峡科技与产业. －1995,(5)

论两岸双向投资/彭垂铭//台声. －1995,(6)

台商投资大陆的回顾与展望/翁成受//经济学动态. －1995,(7)

投资大陆新策略——台商外商联盟/景州//台声. －1995,(8)

关于台商在广西投资的现状与发展前景的调查/黄绍经//广西金融研究. －1995,(9)

大陆赴台投资浅论/林长华//现代台湾研究. －1995,(10)

台湾对外投资的现状、特点和趋势/郑泽清、刘剑津//现代台湾研究. －1995,(总11)

台商投资内地心态分析/陈恩//经济前沿. －1996,(1)

台湾投资大陆的新态势/都兴才//引进与咨询.－1996,(1)

台湾在祖国大陆投资的特点及其发展趋势/汪应洛//陕西师范大学学报(哲学社会科学版).－1996,(1)

台商投资大陆的动因、特点及对策/杨忠//国际经济合作.－1996,(1)

大陆与东南亚地区投资环境和台商投资情况比较/王建民//亚太经济.－1996,(3)

台商投资大陆的动因及现状剖析/黄安余//经济科学.－1996,(3)

初析台湾大财团在大陆投资发展趋势/胡石青//台湾研究.－1996,(4)

台商投资大陆结构与特征/本刊编辑部//国际市场.－1996,(4)

评"台商投资限制论"/韩清海//台湾研究集刊.－1996,(4)

世纪之交台商投资大陆的动因和趋向/何绿野//经济科学.－1996,(5)

看好祖国大陆——台商投资新特点及发展趋势/刘雪琴//国际贸易.－1996,(6)

台商在祖国大陆投资新特点/陈辑//东南亚南亚信息.－1996,(7)

台商投资大陆前景分析/苏美祥//现代台湾研究.－1996,(总13)

台商投资大陆现状与思考/刘文军//经济研究参考.－1996,(29)

台湾对中国大陆和东南亚的投资/陈祥明,徐斌译//台湾研究集刊.－1997,(1)

闽西山区吸引台资的现状、问题及对策思考/陈萍//台湾农业探索.－1997,(2)

台商到大陆投资与台湾经济发展/开明//两岸关系.－1997,(2)

台湾资本在中国大陆的投资/[日]佐藤幸一,汪慕恒译//台湾研究集刊.－1997,(3)

台商抢滩大陆市场的新趋势/张晓明//企业经济.－1997,(4)

回顾与展望(一)鼓励和保护台胞投资的前前后后/姚康//台声.－1997,(9)

如何突破台湾当局的限制政策进一步扩大吸收台资/韩清海//厦门特区调研.－1997,(11)

台商在大陆及上海投资状况及特点分析/刘丛生//华东科技.－1997,(11)

台商投资保障问题与解决途径:重温"江八点"所获得一点启示/范忠信//现代台湾研究.－1997,(总17)

台湾大企业投资大陆的原因,现状与趋势/傅玉能//现代台湾研究.－1997,(总17)

九十年代福建引进台资的分析与对策建议/杜筱文//现代台湾研究.－1997,(总18)

厦门利用台资的特点及其影响/唐蕙敏//现代台湾研究.－1997,(总20)

台商对大陆投资的趋势简析/周明伟//经济研究参考.－1997,(32)

福建台资企业投资产业形态分析/李非//福建统一战线.－1998,(1、2)

台商投资区的现状及其前景/金扬//亚太经济.－1998,(2)

台湾资本投资香港的现状与前景/陈恩//台湾研究.－1998,(2)

推动海峡两岸相互投资的思考/王志明//苏州大学学报(哲学社会科学版).－1998,(4)

推进台商大陆投资发展问题探讨/纪尽善//经济界.－1998,(5)

台商投资大陆对台湾经济发展的贡献/翁成受//两岸关系.－1998,(5)

台商在大陆投资特征分析/李非//开放潮.－1998,(5)

台湾水泥业赴大陆投资现状/从玉莲//中国建材. -1998,(5)

台商在大陆投资形势分析/李非//台声. -1998,(12)

改善投资环境:扩大台商投资之关键/汪慕恒//现代台湾研究. -1998,(总22)

浅谈台胞承包经营企业/朱福明//现代台湾研究. -1998,(总23)

台商新一波投资大陆热预测及对策思考/俞其锐//现代台湾研究. -1998,(总24)

台商投资祖国大陆的新态势/本刊编辑部//领导决策信息. -1998,(43)

亚洲金融风暴对台商投资大陆的影响及几点启示/戴淑庚//世界经济研究. -1999,(1)

21世纪台商投资大陆趋向预测/李非//国际贸易问题. -1999,(2)

广东台资企业的投资活动和特点/黄朝晖//八桂侨刊. -1999,(3)

资本流动与两岸三地经济安全/李宏硕、王兴化//台湾研究集刊. -1999,(3)

台商在祖国大陆投资的发展及前景/周明伟//厦门特区党校学报. -1999,(4)

台商投资深圳高新技术产业的成效与问题/张金生//开放导报. -1999,(7)

两岸经贸互动下大陆台资的总体发展特征与拓资策略/杨荫凯//科技导报. -1999,(10)

厦门引进台资之现状与趋势分析/林桦//现代台湾研究. -1999,(总25)

台商直接投资现状与发展对策/宋建荣//中国外汇管理. -2000,(1)

台商投资祖国大陆与两岸关系/吴能远//台湾研究集刊. -2000,(1)

试析台资企业在广东的投资活动/黄朝晖//暨南学报(哲学社会科学版). -2000,(4)

闽台在WTO框架下应该双向投资/朱云安//两岸关系. -2000,(4)

论台湾边际产业转移祖国大陆之成效/俞剑平//海峡科技与产业. -2000,(5)

从台湾技术密集型产业走势看两岸投资模式升级/李红//广西大学学报(哲学社会科学版). -2000,(6)

台湾对祖国大陆贸易与投资走向分析/杨亚非//广西民族学院学报(哲学社会科学版). -2000,(6)

投资祖国大陆与港台经济发展模式变迁/王兴化//台湾研究. -2001,(1)

台湾资讯产业的成长及其对中国大陆的投资/朱炎//台湾研究集刊. -2001,(2)

关于台商投资的调研报告/封小云//经济前沿. -2001,(2)

台商企业投资大陆存在的主要问题简说/罗清峰//经济前沿. -2001,(2)

论台商在祖国大陆的投资现状与环境优化/郭国庆//福建行政学院福建经济管理干部学院学报. -2001,(3)

促进厦门台商投资区发展的若干建议/彭莉//现代台湾研究. -2001,(4)

台湾高科技产业投资祖国大陆的现状与趋势/张莉//台声. -2001,(4)

台商投资祖国大陆的几个重要变化/霜天//海峡科技与产业. -2001,(4)

台湾企业在闽投资情况研究/李小玲//发展研究. -2001,(5)

论台湾同胞投资主体资格的认定/姜正扬//西北师大学报(社会科学版). -2001,(5)

从台湾投资大陆的重要变化看台湾产业发展前景/刘霜桂//统一论坛. -2001,(5)

“入世”后台商投资内地的变化趋势/林

其屏//国际经贸探索.－2001,(5)

台湾高科技产业投资祖国大陆的原因/张远鹏//国际贸易问题.－2001,(9)

台商投资该流向何方?——粤台产业互动暨台商投资权益保护研讨会综述/胡海卿//经济前沿.－2001,(9)

上海如何吸引新一轮台商投资/应望江//上海综合经济.－2001,(9)

台湾同胞投资企业的形式及其比较分析——"西部大开发"过程中有关吸引外资的思考之一/姜正扬//西南民族学院学报(哲学社会科学版).－2001,(10)

祖国大陆经济对台商直接投资的依存研究:一个基于联接模型的分析/潘文卿//世界经济.－2001,(10)

台商在浦东投资发展的趋势/陆德明//浦东开发.－2001,(12)

台商对中国大陆的投资以及对两岸关系的影响/周建明//世界经济研究.－2002,(1)

台湾在大陆的投资及其对两岸经济的积极影响/陈廷吉//广州市财贸管理干部学院学报.－2002,(1)

两岸入世对台商投资祖国大陆的影响/李非//亚太经济.－2002,(1)

台湾在海南投资分析/王智猛//开放导报.－2002,(1)

厦门引台资创新思路/邓利娟//中国外资.－2002,(1、2)

台湾高科技产业投资祖国大陆新趋势/王鹏//海峡科技与产业.－2002,(2)

大陆对台湾投资的磁吸作用分析/刘霜桂//福建论坛(经济社会版).－2002,(2)

共谋两岸创业投资的交流与合作/陈蘋//亚太经济.－2002,(3)

两岸加入世界贸易组织对台商投资的影响/李非//厦门大学学报(哲学社会科学版).－2002,(4)

WTO背景下的两岸三地经贸投资关系/刘占军//河南大学学报(社会科学版).－2002,(4)

台湾海峡两岸风险投资合作的可行性及前景/张丰//国际贸易问题.－2002,(5)

台湾信息产业在长江三角洲地区的集结/谢禾生//海峡科技与产业.－2002,(6)

海峡两岸的投资互动及其前景/黄梅波//国际经济合作.－2002,(7)

难以阻挡的潮流——台湾信息产业在大陆的投资/王刚//国际经济合作.－2002,(7)

台湾电子资讯厂商加快祖国大陆抢滩布局/檀江林//经济前沿.－2002,(8)

台湾对苏州投资分析/康志勇//江南论坛.－2002,(10)

台湾地区IT产业在大陆投资的结构演变研究/马凤彪//上海经济研究.－2002,(11)

台湾企业投资祖国大陆行为分析/朱文晖//开放导报.－2003,(1)

新世纪台商投资心态嬗变探析/陈恩//台湾研究集刊.－2003,(2)

祖国大陆人员、机构和资金入台可行性与对策/李非//厦门月刊.－2003,(2)

台湾半导体产业投资祖国大陆势不可挡/庚晋//海峡科技与产业.－2003,(3)

试析福建吸引台商投资的优势变化/张洁//现代台湾研究.－2003,(4)

两岸投资回顾与展望/杨欢进//经济与管理.－2003,(4)

大陆台商投资本土化的动因、方式与影响/张传国//台湾研究.－2003,(4)

台商直接投资对大陆沿海地区经济效应的实证分析/张传国//台湾研究集刊.－2003,(4)

台湾地区 IT 产业在大陆投资发展与对策研究/陈荣安//南京财经大学学报. -2003,(5)

台湾钢铁业加速投资祖国大陆/缪家群//海峡科技与产业. -2003,(5)

公司治理、环境因素与利益相关者对台湾上市电子公司赴大陆投资决策影响的实证研究/沈智慧//南开管理评论. -2003,(6)

台商投资大陆区域的变化及未来趋势预测/洪世键//现代台湾研究. -2003,(6)

台湾 IT 业投资大陆的趋势与分析/谭昶//经济前沿. -2003,(7)

台湾风险投资业赴大陆投资的原因、策略及布局分析/陈少晖//经济前沿. -2003,(8)

台商投资西部的主要障碍与政策选择/张传国//亚太经济. -2003,(9)

关于“长三角”承接台湾 IT 产业转移的分析与思考/王福洲//经济前沿. -2003,(9)

台商直接投资祖国大陆的空间扩散研究/张传国//国际贸易问题. -2003,(10)

台商对祖国大陆直接投资的地域差异与成因分析/张传国//世界经济. -2003,(11)

西部开发与台商投资/苏美祥//现代台湾研究. -2004,(3)

台湾高科技产业大陆投资趋势分析/行云编//企业文化. -2004,(3)

台商对祖国大陆投资与两岸制造业分工/黄少敏//世界经济研究. -2004,(3)

2000 年以来两岸投资关系的新发展及其效应/张传国//厦门大学学报(哲学社会科学版). -2004,(4)

台商在大陆投资趋势及政策建议/李鸿阶//现代台湾研究. -2004,(6)

跨国公司在海峡两岸 R&D 投资的特征及其发展趋势/王克光//科学学与科学技术管理. -2004,(9)

台湾在大陆投资现状分析及引资对策/范宇新//理论学习. -2004,(9)

台商在大陆投资若干问题研究综述/闫安//内蒙古工业大学学报(社会科学版). -2005,(1)

台湾 IC 产业西进祖国大陆的趋势分析/CCID 信息技术研究院//海峡科技与产业. -2005,(1)

福州引进台资现状分析与对策研究/台盟福州市委会课题组//现代台湾研究. -2005,(2)

台湾高科技产业投资大陆走向/李非//台声. -2005,(2)

台湾产业转移大陆的阶段性分析/王鹏//云南财贸学院学报(社会科学版). -2005,(2)

台商大陆投资对两岸关系发展的推动效应/张传国//台湾研究集刊. -2005,(2)

1991—2003 台商大陆直接投资对台湾经济的影响研究/李隆生//东南学术. -2005,(4)

台湾服务业投资大陆的地域结构分析/段小梅//海峡科技与产业. -2005,(6)

台湾企业投资大陆的阶段性特征分析/王鹏//经济前沿. -2005,(6)

台商投资大陆新变化和新趋势/王建民//中国报道. -2005,(7)

外商直接投资与技术外溢效应——基于长三角和珠三角的比较分析/郑云//南方经济. -2005,(9)

当前台湾产业外移的特点与对大陆投资趋势/李非//两岸关系. -2005,(9)

台湾向大陆产业转移的新动向/范越龙//两岸关系. -2005,(12)

台湾企业集团大陆投资现况与策略研究/石正方//台湾研究集刊.－2006,(2)

海峡两岸资本流动现状与问题分析/严思屏//福建省社会主义学院学报.－2006,(2)

区域经济规模对海峡西岸经济区建设与台商投资的影响分析/林民书//福建论坛(人文社会科学版).－2006,(7)

台湾大型企业投资大陆途径模式之调研/黄庆森//现代管理科学.－2006,(9)

是"老虎噬兔"还是"虎落平阳"－析岛内8英寸芯片赴大陆投资争议/张冠华//海峡(香港).－2002,(4)

长江三角洲经济发展与台商投资/盛九元//海峡(香港).－2002,(6)

台商投资大陆趋本土化/王建民//经济导报(香港).－2005,(19)

台商大陆投资转向中西部/陈险峰、王建民//经济导报(香港).－2006,(34)

4.农业关系

台湾经济学界对两岸农业关系的评议/一岫//台湾农业探索.－1994,(2)

以闽台农民产业团体合作促进创汇农业发展的构思/程振琇//台湾农业探索.－1994,(4)

闽台两省膳食结构的比较与农业决策/杨辉//台湾农业探索.－1994,(4)

闽台创汇农业差距及发展启迪/曾玉荣//台湾农业探索.－1995,(1)

加速闽台农业合作与交流的思考/郑田瑞//台湾农业探索.－1995,(2)

漳台农业投资合作及几点思考/赵玉榕//台湾农业情况.－1995,(3)

试探台湾对两岸农业交流的意向/程振琇//台湾农业探索.－1995,(3)

闽日台优质稻发展比较/黄波//台湾农业探索.－1995,(3)

从台湾创汇农业发展历程谈福建农产品加工业/程振琇//台湾农业探索.－1995,(4)

台闽农业合作之浅见/江荣吉//福建热作科技.－1995,(4)

漳州"海峡两岸农业合作示范区"总体构想/福建社科联《漳州"海峡两岸农业合作示范区"综合研究》课题组//东南学术.－1995,(5)

漳台农业投资合作研究/赵玉榕//东南学术.－1995,(6)

台湾经验与海南农业发展/李颜//新东方.－1996,(1)

海峡两岸农业比较优势的研究/杨瑞珍//台湾农业探索.－1996,(1)

海峡两岸农业竞争与互补/郭忠兴、李岳云//台湾研究集刊.－1996,(1)

漳州与台湾的农业合作/纪永茂//中国农村经济.－1996,(2)

海峡两岸渔业发展中的若干相关因素/谢真//中国渔业经济研究.－1996,(2)

闽台扩大土地规模经营途径之探讨/黄波//台湾农业探索.－1996,(2)

闽台农业科研机构比较与思考/程振琇//台湾农业探索.－1996,(2)

海峡两岸农业发展与合作/张南//天津师大学报(社会科学版).－1996,(2)

闽台农业发展现状及特点比较——闽台农业发展比较及合作研究之一/曾玉荣//台湾农业探索.－1996,(2)

闽南、台湾浅滩渔场单拖渔业现状及管理对策/张壮丽//海洋渔业.－1996,(3)

两岸科技与产业合作成功的一个实例——对潮州鳗鱼养殖业发展的分析与思考/王馨//海峡科技与产业.－1996,(3)

闽台花卉发展比较与展望/郑熙//台湾农业探索. －1996,(3)

建立“福鼎对台引进农业综合开发区”设想/曾玉荣//台湾农业探索. －1996,(3)

闽台农业发展方向及趋势比较——闽台农业发展比较及合作研究之二/曾玉荣//台湾农业探索. －1996,(3)

闽台农业的交流与合作/尤珩//台湾农业探索. －1996,(3)

两岸农业合作与交往走势分析/赵玉榕//台湾研究集刊. －1996,(3)

闽台养禽业比较及福建养禽业发展的建议/刘荣章//台湾农业探索. －1996,(4)

台湾与大陆香菇业发展现状探讨/陈如英//台湾农业探索. －1996,(4)

闽台热带园艺合作与发展的若干思考/何忠春//海峡科技与产业. －1996,(4)

京台农业合作空间广阔——从京台农业发展对比研究探讨两地合作的可行性/靳晋//海峡科技与产业. －1996,(5)

依靠科技进步,加快我区现代化农业建设——浅谈龙岩地区对台农业引进合作的构思/朱康中//福建农业. －1996,(10)

推动闽台农业交流与合作之探索/单玉丽//现代台湾研究. －1996,(总16)

论经济转型时期的桂台农业合作/韦桂红//学术论坛. －1997,(1)

闽台粮食生产特点与科技发展比较/程振琇//台湾农业探索. －1997,(1)

闽北与台湾农业合作现状与对策/陈建生//台湾农业探索. －1997,(1)

两岸农业交流与合作的渊源与农产品贸易结构的研究/林更生//台湾农业探索. －1997,(1)

闽台农产品加工比较及合作探讨/李哲敏//台湾农业探索. －1997,(2)

台湾农业升级与大陆农业产业化——在转型过程中实现两岸农业的合作发展/王兴化//台湾研究. －1997,(2)

台湾海峡海洋捕捞业管理策略和投资方向/戴天元//台湾海峡. －1997,(2)

试探两岸农业推广的特点与问题/汪真//台湾农业探索. －1997,(3)

闽台畜牧业比较及合作前景探讨/冯玉兰//台湾农业探索. －1997,(3)

台湾农业升级与祖国大陆农业产业化——在转型过程中实现两岸农业的合作发展/李宏硕//亚太经济. －1997,(3)

加快建设漳州“海峡两岸农业合作实验区”发展思路/海峡两岸(漳州)农业合作实验区办公室//台湾农业探索. －1997,(4)

闽台农业高层次合作的必要性和构想/赵玉榕//台湾研究集刊. －1997,(4)

可持续农业的发展及两岸合作的前景/曾晓光//台湾农业探索. －1997,(4)

论两岸农业合作的基础与前景/李宏硕//两岸关系. －1997,(5)

“21世纪两岸农业发展方向”学术研讨会简述/陈家骥//山西农经. －1997,(6)

试析海峡两岸的农业科技合作/刘霜桂//华东科技. －1997,(7)

台湾当前农业问题及两岸合作浅议/高群服//现代台湾研究. －1997,(总17)

两岸生物技术产业合作之探计/林世渊//现代台湾研究. －1997,(总20)

建立闽东对台农业引进区的探讨/马赛华//台湾农业探索. －1998,(1)

充分发挥两地优势加快滇台农业合作/蒋贵生//两岸关系. －1998,(1)

台湾农业产业化发展探讨及其启迪/曾玉荣//台湾农业探索. －1998,(1)

两岸直航对福建茶叶产销的影响与思考/蔡贤恩//台湾农业探索. －1998,(1)

**紧密闽台农业合作加快农业现代化步

伐——龙海市对台农业合作调查/康建辉//台湾农业探索.－1998,(1)

台琼农业生产比较之研究/黄循精//热带农业科学.－1998,(1)

发挥区位优势,促进集美对台农业交流/赵玉榕//厦门特区调研.－1998,(1)

闽台、榕台、漳台农业的比较与启示/郑金贵//台湾农业探索.－1998,(2)

漳台农业合作交流的趋势与特点/郑金贵//台湾农业探索.－1998,(2)

漳台农业合作回顾与展望/林殿阁//台湾农业探索.－1998,(2)

漳台农业合作中土地使用问题的探讨/章良海//台湾农业探索.－1998,(2)

浅谈两岸糖业合作/郑培新//台湾农业探索.－1998,(3)

京台观光休闲农业合作前景评析/范子文//台湾农业探索.－1998,(3)

从当代桂台农业生产结构的演进看广西农业生产结构的调适方向/韦桂红//广西社会主义学院学报.－1998,(3)

浅谈南平与台湾种植业开发合作的前景与对策/沈钦霖//台湾农业探索.－1998,(4)

发展榕台农业合作之管见/刘克辉//台湾农业探索.－1998,(4)

深化闽台农业合作加速福建农业产业化进程推动闽台农民专业合作组织的合作探讨/程振琇//台湾农业探索.－1998,(4)

优势互补吸纳岛内农业外移——介绍福州海峡两岸农业合作实验区/林新//福建农业.－1998,(5)

闽台茶叶产销合作构思与对策研究/蔡贤恩//福建论坛(经济社会版).－1998,(6)

台湾现代农业成效及对福建的启示与对策思考/翁伯奇//亚太经济.－1998,(7)

对台农业合作加快漳州农业升级转型/林新//福建农业.－1998,(9)

关于榕台粮食作物生产交流合作的思考/黄峨//福建农业科技.－1999,(1)

中国大陆现代农业发展策略之思考——台湾现代农业发展策略之借鉴/曾玉荣//福建农业大学学报.－1999,(1)

加强闽台农业合作加快农业现代化步伐——龙海市对台农业合作调查/康建辉//福建农业.－1999,(1)

关于桂台农业合作问题的思考/吕池//广西社会主义学院学报.－1999,(1)

闽台农业合作与福建农业发展/童万亨//福建农业大学学报(社会科学版).－1999,(1)

浙江和台湾农业发展现状及未来趋势比较/郑江平//浙江大学学报(农业与生命科学版).－1999,(2)

闽台农业合作琅岐示范区发展构想/江爱杰//福建农业大学学报(社会科学版).－1999,(2)

闽台农业合作前景探讨/吴声怡//福建农业大学学报(社会科学版).－1999,(2)

建设高新技术化、管理制度化的现代农业——台湾农业产业化成功的启示/黄敏//台湾农业探索.－1999,(3)

龙海市对台农业合作调查/康建辉//海峡科技与产业.－1999,(3)

台湾饲料业经营策略的演变/洪平//中国饲料.－1999,(3)

中国大陆与台湾的离农就业及其分配效应分析/王诚//浙江社会科学.－1999,(3)

台湾农业的发展对福建农业的影响/杨辉//福建农业.－1999,(4)

海峡两岸跨世纪农业科技合作之探析/单玉丽//台湾研究集刊.－1999,(4)

台湾农业 WTO 咨商结果及产业发展

策略/范维培//台湾农业探索. －1999,(4)

加大对台农业力度改变传统农业状态/戴有成//福建农业. －1999,(4)

台湾现代畜牧业的产业特色及闽台合作的思考/刘荣章//台湾农业探索. －1999,(4)

南平市对台农业开发合作设想/孙婷婷//台湾农业探索. －1999,(4)

鲁台合作培育农业科技创新体系研究/华静茹//海峡科技与产业. －1999,(4)

建设海峡西岸高效持续农业示范区的基本思路与技术对策——以福建省龙海市为例/翁伯奇//中国人口. 资源与环境. －1999,(4)

台湾粮食、农地政策对浙江农业发展的适用性/郑江平//浙江社会科学. －1999,(4)

关于闽台农业合作的几个问题/童万亨//福建论坛(经济社会版). －1999,(5)

闽台农业合作前景及其途径/张洁//海峡科技与产业. －1999,(6)

两岸园艺从交流走向合作/祝旅//两岸关系. －1999,(10)

加强闽台农业合作,推进福建农业现代化建设/单玉丽//现代台湾研究. －1999,(总26)

“十五”期间闽台农业合作构想/张洁//现代台湾研究. －1999,(总27)

闽台蔗糖业合作与交流的现状与对策/林一心//福建农业大学学报. －2000,(1)

闽东与台湾农业与茶业科技合作交流探索/姚信恩//福建农业大学学报. －2000,(1)

加入WTO对闽台养禽业的影响及对策/周琼//福建农业大学学报. －2000,(1)

海峡两岸蛋鸡产业发展特点比较/李建华//福建农业大学学报. －2000,(1)

新世纪闽台园艺产业合作对策/钱午巧//福建农业大学学报. －2000,(1)

闽台现代农业发展策略之探讨/曾玉荣//福建农业大学学报. －2000,(1)

加入WTO闽台农业合作对策探讨/谢华安//福建农业大学学报. －2000,(1)

漳台农业合作的现状与经验/章良海//福建农业大学学报. －2000,(1)

对加强两岸农业交流与合作的几点探讨/马万义//台声. －2000,(1)

借鉴台湾经验推进我省农业产业化进程/范一青//亚太经济. －2000,(1)

桂台两地种茶业的比较与启示/吕池//广西社会主义学院学报. －2000,(2)

90年代闽台农业交流及合作研究综合报告/曾玉荣//台湾农业探索. －2000,(2)

海峡两岸农业合作实验区生产发展之我见/赵建林//闽江职业大学学报. －2000,(2)

发展龙岩与台湾农业交流合作之我见/葛文清//闽西职业大学学报. －2000,(2)

提高闽台农业合作水平迎接WTO挑战/郭哲民//台湾农业探索. －2000,(3)

两岸加入WTO后闽台农业合作的走向/单玉丽//台湾农业探索. －2000,(3)

WTO和两岸农业的合作/林毅夫//台湾农业探索. －2000,(3)

加入WTO对台闽园艺科技发展的影响与对策/谢清祥//台湾农业探索. －2000,(3)

加入WTO后闽台农业合作的走向/单玉丽//台湾研究集刊. －2000,(3)

闽台农业科技合作交流现状、问题及对策/林嘉騋//福建省社会主义学院学报. －2000,(4)

大连海洋农业的演进与发展前景——兼与我国台湾对比分析/张耀光//地理学与

国土研究. -2000,(4)

海峡两岸加入WTO与农业结构调整/蔡秀玲//台湾农业探索. -2000,(4)

闽台农业合作与福建农业现代化发展/陈榕//亚太经济. -2000,(5)

台湾发展休闲农业对大陆当前农业结构调整的启示/黄爱萍//福建农业科技. -2000,(6)

台湾农业发展态势及其对福建农业的影响/杨辉//农业信息探索. -2000,(7)

琼台农业合作的发展现状/文振雄//新东方. -2000,(9)

WTO背景下的闽台农业合作特点/黄献光//福建农业. -2000,(11)

21世纪海峡两岸农业交流与合作的构想/陈晓东//台湾农业探索. -2001,(1)

海峡两岸粮食政策与制度比较/熊健//安徽农业大学学报(社会科学版). -2001,(1)

台湾海峡两岸农业气候资源比较研究/廖善刚//福建地理. -2001,(1)

福建农垦与台湾农业合作探索/黄其辉//中国农垦经济. -2001,(1)

台湾光复初期的闽台农业交流/史习培//现代台湾研究. -2001,(1)

农田保护:海峡两岸之比较/谭峻//中外房地产导报. -2001,(1)

加入WTO对海峡两岸农业的挑战与合作机遇/曾玉荣//台湾农业探索. -2001,(2)

海峡两岸农业合作浅论/陈彤//现代台湾研究. -2001,(2)

海峡两岸渔业在加入WTO后的合作前景初探/林志锋//福建水产. -2001,(3)

论闽台农业区域经济合作/黄旭华//台湾农业探索. -2001,(3)

新时期闽台农业合作的形势和潜力剖析/单玉丽//台湾农业探索. -2001,(3)

加入WTO两岸农业所受冲击及合作构想/张洁//现代台湾研究. -2001,(3)

台湾农业比较优势与两岸合作研究/李哲敏//台湾农业探索. -2001,(4)

闽台优势互补促进福建农业的可持续发展/李建华//台湾农业探索. -2001,(4)

两岸经济成长阶段农地非农化的比较研究/曲福田//中国土地科学. -2001,(6)

闽台农业合作中的经济运行机制探讨/福建农业大学经贸学院课题组//技术经济. -2001,(7)

试析闽台农业合作与水产科教合作/曹秀珍//高等农业教育. -2001,(8)

两岸农业合作:现状与前瞻/刘玉春//国际经济合作. -2002,(1)

祖国大陆粮油食品的发展及两岸合作设想/陈式龙//海峡科技与产业. -2002,(1)

漳台农业合作的前景与对策:福建海峡两岸(漳州)农业合作实验区调研报告/林其屏//现代台湾研究. -2002,(1)

看成功范例谈两岸农企产业的合作/张哲朗//福州大学学报(自然科学版). -2002,(1)

WTO后两岸农业合作的新发展/刘芳//亚太经济. -2002,(2)

台商农业投资新趋势与两岸农业投资合作构想/李岳云//国际贸易问题. -2002,(3)

入世后两岸农业合作的新发展/刘芳//海峡科技与产业. -2002,(3)

加入WTO后海峡两岸的农业合作问题/石静如//台湾农业探索. -2002,(3)

WTO与两岸农业交流及合作展望/陈开国//开放导报. -2002,(4)

**实现两岸农业双赢的好形式——记两

岸农业合作试验区/刘树//统一论坛. －2002,(4)

两岸精准农业技术合作交流的若干建议/黄献光//海峡科技与产业. －2002,(4)

加入 WTO 后两岸农业合作展望/赵玉榕//台湾农业探索. －2002,(4)

两岸经济发展和农业合作/林毅夫//台湾农业探索. －2002,(4)

海峡两岸精准农业的发展现状与合作对策/黄献光//台湾农业探索. －2002,(4)

浅析两岸农业交流与合作前景/李建华//台湾农业探索. －2002,(4)

农产品加工业:台湾经验与浙江实践及对策/沈瑛//浙江社会科学. －2002,(4)

两岸四地蔬菜产业的合作与发展/汤勇//中国蔬菜. －2002,(6)

海峡两岸农产品成本比较与分析/曾玉荣//农业技术经济. －2002,(6)

海峡两岸"入世"后的农业合作/石静如//调研世界. －2002,(6)

入世后闽台农业面临的挑战与对策/赵玉榕//开放潮. －2002,(7)

在 WTO 框架下加快两岸农业合作的思考/曾玉荣//福建论坛(经济社会版). －2002,(8)

福州海峡两岸农业合作实验区的现状与展望/华荣斌//台湾农业探索. －2003,(1)

加强海峡两岸农业合作共同提升农业竞争力/韩长赋//农业经济问题. －2003,(1)

两岸农业经贸合作的回顾与展望/陆云//农业经济问题. －2003,(1)

从经贸关系看两岸农业合作前景/陆云//台湾农业探索. －2003,(1)

推进漳州海峡两岸农业合作实验区建设的新思路/章良海//台湾农业探索. －2003,(1)

入世后两岸农业的合作/江荣吉//台湾农业探索. －2003,(1)

两岸农业交流状况及其入世后的前景分析/陈彤//改革与战略. －2003,(1)

入世后两岸农业交流与合作展望/陈彤//海峡科技与产业. －2003,(1)

台湾经验对我国大陆农业发展的思考/田泽永//新疆石油教育学院学报. －2003,(1)

从台商大陆农业投资谈两岸农业的合作与分工/黄献光//台湾农业探索. －2003,(2)

入世后海峡两岸农业合作前景的畅想/邹定斌//海峡科技与产业. －2003,(2)

两岸农业合作的现状分析与前景探讨/李英明//亚太经济. －2003,(2)

海峡两岸农地数量变化的比较研究/陈江龙//地域研究与开发. －2003,(2)

入世后海峡两岸农业发展:相互依存、交流与合作/牛若峰//农业经济问题. －2003,(2)

台湾防卫入世后大陆农业冲击的对策/姚监复//中国农业资源与区划. －2003,(3)

海峡两岸(海南)农业合作试验区发展概况/郭孟//海峡科技与产业. －2003,(3)

海峡两岸农产品竞争力比较、分析与产业合作/曾玉荣//福建农林大学学报(哲学社会科学版). －2003,(3)

入世后台湾农业发展与两岸农业互动前景/赵玉榕//台湾研究集刊. －2003,(4)

福建海峡两岸农业合作实验区的发展趋势与对策思考/柯瑞清//台湾农业探索. －2003,(4)

台湾与大陆农业推广工作异同及启示/姚学慧//榆林学院学报. －2003,(4)

**台湾现代农业资讯及其对福建现代农

业的启示/祁建民//福建农林大学学报(哲学社会科学版). -2003,(4)

入世后两岸农业交流与合作潜力分析/李建华//海峡科技与产业. -2003,(5)

两岸农业合作互惠双赢/韩长赋//两岸关系. -2003,(6)

海峡两岸农业交流与合作/刘翠萍//开放导报. -2003,(7)

加入WTO后两岸农业的交流与合作/本刊编辑部//福建农业. -2003,(8)

海峡两岸农产品贸易与直接投资的关系分析/曾寅初//管理世界. -2004,(1)

加入WTO后两岸农产品贸易发展前景及影响因素/陈忠毅//台湾农业探索. -2004,(1)

海峡两岸农业发展政策比较/熊健//安徽农业大学学报(社会科学版). -2004,(1)

海峡两岸沿海土地制度比较研究/樊静//法学论坛. -2004,(1)

创新海峡两岸农业科技合作机制的探索/范维培//中国农业科技导报. -2004,(2)

两岸农业合作对台湾农产品贸易的影响/周江梅//台湾农业探索. -2004,(3)

两岸有机(绿色)农业交流合作探讨/黄献光//福建农业科技. -2004,(3)

入世后两岸四地农业合作的财政政策协调/王国清//财经科学. -2004,(3)

加强两岸农业合作,繁荣海峡西岸经济区/郑金贵//福建农林大学学报(哲学社会科学版). -2004,(4)

我国大陆农产品出口台湾地区的变动分析/李艾宇//中国农业大学学报. -2004,(5)

闽台农业合作与建设海峡西岸经济区/林卿//中国农业科技导报. -2004,(6)

海峡两岸观光休闲农业发展之比较/段兆麟//中国供销商情. -2004,(10)

台湾水果业及其近年挺进大陆市场概况/林燕腾//柑桔与亚热带果树信息. -2004,(11)

厦门与台湾农业科技合作与交流研究/潘杨柳//厦门科技. -2005,(1)

海峡两岸的土地利用问题/许坚//中国土地科学. -2005,(1)

浅谈两岸农业合作的成效、趋势及闽台合作的建议/李建华//台湾农业探索. -2005,(2)

加快新时期闽台两岸农业合作的策略思考/谢华安//台湾农业探索. -2005,(2)

进一步深化闽台农业合作共同建设海峡西岸经济区/黄跃东//台湾农业探索. -2005,(2)

两岸农业贸易和投资协作之研究/程漱兰、张慧东//台湾研究集刊. -2005,(2)

两岸农业经贸合作趋势与福建策略/黄献光//台湾农业探索. -2005,(2)

海峡两岸同携手热作发展竞风流——从闽台农业合作经验看两岸热作产业合作前景/高咸周//中国热带农业. -2005,(3)

浅谈新形势下闽台农业合作与交流策略/杨军//台湾农业探索. -2005,(3)

深化闽台农业合作的途径选择/林国华//台湾农业探索. -2005,(3)

海峡两岸乌龙茶产业带建设的构想/杨江帆、管曦//福建农林大学学报(哲学社会科学版). -2005,(3)

闽台农业合作的回顾与前瞻/杨德明//统一论坛. -2005,(3)

加强闽台农业合作促进农民增收/张雅静、林卿//台湾农业探索. -2005,(3)

关于深化两岸农业合作的建议/修文群//海峡科技与产业. -2005,(3)

海峡两岸农业交流与合作发展现状/王

建民//海峡科技与产业. -2005,(3)

两岸农业合作的新契机/赵玉榕//两岸关系. -2005,(3)

两岸农地产权制度的演变及启示/徐孝林、沈晓梅//台湾农业探索. -2005,(3)

台湾资本在海南农业中的投资现状、绩效、问题及对策分析/常英伟、黄景贵//海南广播电视大学学报. -2005,(4)

新时期深化闽台农业合作的对策研究/陈国欣//台湾农业探索. -2005,(4)

加强闽台林业合作推进绿色海峡西岸建设/洪志猛、叶功富//台湾农业探索. -2005,(4)

发展闽台现代农业物流,促进台湾海峡经济区的形成/单玉丽//台湾研究集刊. -2005,(4)

“共同市场”机制是两岸农业合作的最佳模式/何洁华//东南学术. -2005,(5)

漳台园艺合作趋势展望/纪旺盛//热带农业科学. -2005,(5)

加强两岸农业投资合作交流的做法建议/段兆麟//海峡科技与产业. -2005,(5)

海峡两岸农业交流合作的发展及建议/王金凤//海峡科技与产业. -2005,(5)

从英国和我国台湾、香港的旅游农业谈我国旅游农业的发展前景/方原//中国果菜. -2005,(6)

闽台农业合作重在资源要素整合与优化配置/林卿、林子华//开放潮. -2005,(8)

两岸农业交流合作前景广阔/吕徐晓燕//今日中国(中文版). -2005,(8)

闽台两地农业产业协同发展模式研究/卢秀龙//现代台湾研究. -2006,(1)

进一步提升海峡两岸(福建)农业交流与合作的研究/吴明其//台湾法研究. -2006,(1)

加快福建农业科技创新促进海峡西岸经济区建设/谢华安//台湾农业探索. -2006,(2)

在闽台湾农民创办产销班实证分析与思考/郑少红//台湾农业探索. -2006,(2)

农会组织与建设新农村——基于台湾经验的政策建议/于建嵘//中国农村观察. -2006,(2)

浅谈闽南——台湾浅滩渔场渔业资源可持续利用/陈方平//福建水产. -2006,(2)

加快海峡两岸(三明)现代林业合作的问题思考/蔡新民//台湾农业探索. -2006,(2)

福建漳浦“台湾农民创业园”项目研究/陈国欣//台湾农业探索. -2006,(2)

加速海峡西岸经济区现代农业建设的对策思考/李建华//福建农林大学学报(哲学社会科学版). -2006,(3)

两岸农业交流和合作成两岸经济新增长点/张秀芳//海峡科技与产业. -2006,(3)

两岸农业生物技术产业现状及合作对策/郑百龙//海峡科技与产业. -2006,(4)

海峡两岸农业合作试验区建设的探索/刘伟//福建农林大学学报(哲学社会科学版). -2006,(4)

台湾休闲农业理念在泉州的应用探索/余大杭//台湾农业探索. -2006,(4)

大陆引种台湾树种现状及基因资源保存策略初探/罗美娟//台湾农业探索. -2006,(4)

加强两岸农业交流与合作的新契机/胡顺娟//两岸关系. -2006,(4)

农地制度改革:当前进程与两岸比较/赵振军//资源与产业. -2006,(4)

借鉴台湾地区经验促进大陆农业产业化/孙兆慧//国家行政学院学报. -2006,

(4)

推动两岸农业合作机制与合作模式的多元化发展/王建民//海峡科技与产业. -2006,(5)

中国农业循环经济发展现状及两岸协同发展之探讨/邓启明//技术经济. -2006,(5)

促进两岸农业共同发展的合作模式/官俊荣//两岸关系. -2006,(5)

台湾农民在福建创办产销班的经验及启示/陈雀芸//中国热带农业. -2006,(5)

借鉴台湾经验,扎实推进新农村建设的若干思考/单玉丽//福建论坛(人文社会科学版). -2006,(6)

两岸农业合作模式:资源流动与整合——以闽台农业合作为例/林卿//福建师范大学学报(哲学社会科学版). -2006,(6)

两岸农业经贸合作的新机遇/左常升//今日中国论坛. -2006,(6)

海峡两岸农业经济一体化分析/陶红军//农业现代化研究. -2006,(6)

从对台农业新举措看海峡两岸农业交流/王金凤//两岸关系. -2006,(6)

关于共建和谐双赢的两岸农业科技合作机制之探讨/苏柱华//中国农学通报. -2006,(8)

构建海峡农业经济区的若干思考/宋建晓//福建论坛(人文社会科学版). -2006,(8)

两岸农业合作的发展策略/李非//两岸关系. -2006,(9)

福建应积极承接台湾林产业转移/黄家铭//发展研究. -2006,(10)

台湾的农业发展道路对我们的启示/柳靓//甘肃农业. -2006,(10、11)

提升海峡两岸农业经济一体化水平的研究/赵亮//全国商情(经济理论研究). -2006,(11)

推动两岸农业交流与合作发展的对策研究/李非//两岸关系. -2006,(11)

海峡两岸农业合作模式的绩效及其前景分析/温思美//农业经济问题. -2006,(11)

两岸农业合作潜能须释放/王建民//经济导报(香港). -2005,(18)

对两岸农业合作的思考/王建民//经济导报(香港). -2005,(41)

两岸农业合作须加强一体化运筹/周忠菲//经济导报(香港). -2006,(45)

两岸农业合作应有更大目标/王建民//经济导报(香港). -2006,(46)

5. 工业关系

台湾的水泥业与两岸合作前景/田地//中国工商. -1990,(10)

对两岸工业经济关系及政策的研究/金碚//中国工业经济. -1995,(1)

海峡两岸加工工业合作前景/李岱//经济地理. -1995,(1)

两岸钢铁业的现状与合作前景/黄惜时//台湾研究集刊. -1995,(1)

台湾信息产业的特点与两岸合作/王立人//中国信息导报. -1995,(2)

两岸包装工业的交流与发展/谢荣全//中国包装. -1995,(2)

两岸食品工业政策的探析/李正明//食品研究与开发. -1995,(2)

厦台合办科学工业园区的探讨/厦门市科学技术委员会//海峡科技与产业. -1995,(4)

促进海峡两岸工业经济技术合作的一些对策建议/冯沪生//陕西师范大学学报(哲学社会科学版). -1996,(1)

从全球看海峡两岸科学园区发展/孔宪法//城市. －1997,(1)

大陆、台湾信息产业交流、合作现状论析/郑建明//中国图书馆学报. －1997,(3)

闽台建材业的现状及合作前景/郭经伟//福建建材. －1998,(3)

中国半导体产业发展的建议——从台湾的经验谈起/陈文鸿//战略与管理. －1998,(3)

海峡两岸化学工业：优劣势·互补性·合作前景/郑友竹//两岸关系. －1998,(4)

闽台协同发展电子信息产业之探讨/陈雅兰//研究与发展管理. －1998,(4)

两岸合作策略联盟架构——台湾农机组团访闽成果/庄石//福建农机. －1998,(4)

开展闽台电子信息业合作之我见/陈雅兰//中国信息导报. －1998,(9)

闽台电子信息产业发展及其合作机遇/黄颂恩//海峡科技与产业. －1999,(1)

近年台湾省石化工业的发展及其与祖国大陆的关联/沈吕宁//石油化工技术经济. －1999,(1)

台资企业行为方式的研究价值及决定因素/平视之//世界经济文汇. －1999,(3)

海峡两岸高科技园区协同发展的前景与对策/陈雅兰//中国软科学. －1999,(3)

充满诱惑的热土——记成都海峡两岸科技产业园区/巫先君//台声. －1999,(4)

利用台湾机械产业优势加强两岸企业合作/机械经贸合作考察团赴台考察小组//世界机电经贸信息. －1999,(4)

两岸纺织业的合作与展望/俞剑平//海峡科技与产业. －1999,(5)

风景这边独好——综述台湾大型石化业投资江苏沿江地区/李绪元//台声. －1999,(5)

21世纪闽台电子信息业合作的若干思考/李现华//现代台湾研究. －1999,(总25)

两岸工业互补性研究/吴国华//台湾研究. －2000,(1)

两岸企业发展比较及启示/睢国余//经济界. －2000,(2)

大陆与台湾汽车工业的优势互补探讨/刘元//上海汽车. －2000,(3)

海峡两岸科技园区协同发展的对策研究/庄裕美//现代台湾研究. －2000,(3)

闽台在信息高技术产业的合作研究/林世渊//台湾研究集刊. －2000,(3)

津台两地产业合作趋向/黄松玲//天津师大学报(社会科学版). －2000,(6)

论台湾加入WTO与两岸产业合作/杨德明//海峡科技与产业. －2000,(6)

"海峡两岸企业改革与发展研讨会"会议综述/黄群慧//中国工业经济. －2000,(9)

两岸科技与产业的合作发展态势/刘霜桂//统一论坛. －2001,(1)

二十一世纪闽台信息产业合作展望/张丽芳//现代台湾研究. －2001,(1)

入世后闽台电子信息产业合作趋势研究/陈雅兰//发展研究. －2001,(2)

探讨台湾翔鹭公司对地区产业发展的作用/杨志蓉//海峡科技与产业. －2001,(3)

闽台高科技产业竞争力比较研究/谢章澍//福州大学学报(哲学社会科学版). －2001,(3)

台湾海峡两岸协同发展高技术产业前景研究/黄敬前//中国软科学. －2001,(4)

论加入WTO对两岸科技产业合作的影响/吴介一//东南大学学报(哲学社会科学版). －2001,(4)

台湾资讯产业在中国大陆的经营方式/朱炎//台湾研究集刊.－2001,(4)

加入WTO对两岸家电产业的冲击与对策/霜天//海峡科技与产业.－2001,(5)

"入世"与两岸中小企业的经营战略/郑诗田//华东经济管理.－2001,(5)

闽台经贸合作与产业合作基地建设研究/郑伟民//经济地理.－2001,(5)

论台湾科技产业发展的缺陷与两岸合作模式/郭国庆//中国科技论坛.－2001,(6)

浙江台湾制造业结构变动比较与浙江产业结构调整/徐剑锋//浙江学刊.－2001,(6)

从台湾经验看内地质量管理的未来/叶斯水//中国质量.－2001,(6)

开启两岸电子商务合作新契机/范向琪//信息系统工程.－2001,(7)

闽台民间科技交往的发展与创新/高文仲//学会.－2001,(8)

加入WTO对两岸纺织产业的影响分析/台湾纺拓会//纺织信息周刊.－2001,(40)

两岸企业携手共探家纺路——海峡两岸家纺行业合作研讨会侧记/刘煜//纺织信息周刊.－2001,(48)

论台湾海峡两岸区域高科技产业的有效互补/朱斌//科学学研究.－2002,(1)

台湾资讯产业在中国大陆的产业集结地/朱炎//台湾研究集刊.－2002,(1)

两岸高科技产业的合作与发展/陈小艳//台声.－2002,(1)

构架海峡两岸纺织产业合作发展的桥梁/梁勇//江苏纺织.－2002,(2)

加入WTO后两岸科技产业合作的契机/汪素芹//现代台湾研究.－2002,(2)

两岸科技产业合作与发展的基础·契机·路径/汪素芹//世界经济研究.－2002,(3)

加入WTO与海峡两岸电子产业的整合/张远鹏//亚太经济.－2002,(3)

大陆信息产业较台湾之后发优势/韩冬黎//台湾研究集刊.－2002,(3)

两岸信息家电业发展之比较/陈元勇//现代台湾研究.－2002,(4)

加入世贸后两岸科技产业的合作与发展/汪素芹//海峡科技与产业.－2002,(4)

台湾IT产业落户长江三角洲的研究——"西进北移"的发展态势、动因与效应/查志强//世界经济研究.－2002,(5)

海峡两岸IT业现况及合作展望/曹小衡//南开经济研究.－2002,(6)

两岸科技产出指标比较研究/黄宁燕//科学学研究.－2002,(6)

从台湾IC产业发展看海峡两岸科技合作/林嘉//发展研究.－2002,(7)

入世后海峡两岸橡胶工业经贸合作展望/范仁德//中国橡胶.－2002,(8)

入世后台湾产业转移大陆新趋势/王鹏//海峡两岸.－2002,(8)

两岸产业合作与发展的新态势/寇廷耀//台声.－2002,(9)

两岸纺织业入世后的新契机/刘瑞图//中国纺织.－2002,(10)

台湾海峡两岸区域高科技产业协同发展的机制研究/朱斌//中国软科学.－2002,(11)

台湾成品油市场的开放及两岸合作前景/孔祥云//国际石油经济.－2002,(11)

台湾高科技产业与两岸产业合作趋势/李非//厦门大学学报(哲学社会科学版).－2003,(1)

海峡两岸IT产业优势互补性探析/唐德琴//经济前沿.－2003,(1)

海峡两岸IT产业合作现状与趋势研究/郭国庆//中国科技论坛. －2003,(1)

海峡两岸光电产业的现状及合作动因/喻春波//中国地质大学学报(社会科学版). －2003,(2)

对台湾高科技产业“西移”的思考/朱少颜//台湾研究集刊. －2003,(3)

“第四波”台湾科技产业西移趋势分析/林世渊//海峡科技与产业. －2003,(4)

我国台湾新竹园区与我国大陆政府主导型管理模式比较/谢兵//中国科技论坛. －2003,(5)

加入WTO对台湾资讯业的影响和因应策略/赵旼//海峡科技与产业. －2003,(5)

海峡两岸高科技产业的优劣势比较及互补性/王鹏//厦门科技. －2003,(6)

海峡两岸高科技产业的优劣势比较分析/王鹏//科技与经济. －2003,(6)

入世后海峡两岸钢铁业合作展望/甘小青//冶金管理. －2003,(7)

厦门海湾型城市建设中台资产业集群发展的意义及其对策/石正方//特区经济. －2003,(11)

新时期海峡两岸科技合作与祖国统一/叶雪梅//厦门科技. －2004,(1)

两岸科技产业发展前景及因应策略/张树军//海峡科技与产业. －2004,(1)

论海峡两岸高科技产业分工合作的发展策略/王鹏//特区经济. －2004,(2)

台湾IC产业发展与两岸合作/林嘉騋//海峡科技与产业. －2004,(2)

两岸工业化进程经济结构变迁分析/郑远强//统计研究. －2004,(4)

促进两岸产业的合作与发展/王鹏//统一论坛. －2004,(6)

厦门与台湾高科技产业发展合作的限制因素分析及合作构想/戴淑庚//科技与经济. －2004,(6)

台湾大陆合资企业跨文化管理分析/谢宁铃//引进与咨询. －2004,(7)

两岸高科技产业的竞争与合作/冯邦彦//经济前沿. －2004,(8)

两岸高校科技电子资源的共享策略与合作模式/赵世华//农业图书情报学刊. －2004,(9)

加快中国大陆半导体工业的发展——与中国台湾半导体工业比较/莫大康//电子产品世界. －2004,(9)

海峡两岸高科技产业分工探析/王鹏//当代亚太. －2004,(11)

海峡两岸信息产业合作前景分析/本刊编辑部//海峡科技与产业. －2005,(1)

全球化下台湾企业集团的大陆布局与两岸关系/何达薷//重庆社会主义学院学报. －2005,(1)

政府规制、市场引导与海峡两岸企业孵化器经营管理研究/卢锐//东南大学学报(哲学社会科学版). －2005,(1)

海峡两岸晶圆代工的对比/翁寿松//半导体行业. －2005,(2)

海峡两岸高科技产业竞争力比较及分工合作模式/王鹏//国际经贸探索. －2005,(2)

台湾制造业转移大陆的趋势分析/张洪源//榆林学院学报. －2005,(2)

海峡西岸经济区建设中的闽台科技合作研究/林世渊//亚太经济. －2005,(2)

海峡两岸产业合作的互补关系及发展策略/王鹏//海峡科技与产业. －2005,(3)

海峡两岸科技发展体系架构对比研究/葛菁//世界科技研究与发展. －2005,(3)

WTO与两岸IT产业的合作发展/黄鸿都//中国科技论坛. －2005,(3)

引进台资促进东北老工业基地振兴的总体构想/于昌华、方永乐//海峡科技与产业. -2005,(4)

信息产业分工、海峡两岸分布及大陆的对策探讨/林建雄//科技管理研究. -2005,(5)

台湾与大陆石油化学工业理性共舞/黄蕾//中国科技财富. -2005,(10)

台湾IT制造业转移大陆的背后/杜向阳、邓惠君//中国经济周刊. -2005,(44)

从中芯国际看两岸半导体产业的合作与竞争/王建民//经济前沿. -2006,(1)

厦门承接台湾软件业(IC设计)转移的可行性与对策研究/戴松若//厦门科技. -2006,(2)

推动两岸中小企业的交流与合作/李非//浙江工贸职业技术学院学报. -2006,(3)

新形势下,台湾和东北老工业基地合作互动的基本思路/关秀丽//海峡科技与产业. -2006,(3)

建设海峡经济区应关注企业虚拟化运营创新/林子华//亚太经济. -2006,(3)

两岸科技合作的新发展/周伟//两岸关系. -2006,(4)

台湾产业发展和向大陆转移及其展望/叶万安//海峡科技与产业. -2006,(4)

促进"海峡西岸经济区"中小企业技术创新的政策措施及意义/郑孝华//当代经理人. -2006,(4)

福建全面推进海峡西岸先进制造业基地建设的思路与对策/郑勇//宏观经济研究. -2006,(6)

上海张江高科技园区与台湾新竹科学工业园区比较新探——基于产权要素的细分/蒋雪琴//世界经济情况. -2006,(8)

长三角地区台湾企业集群价值链研究/曹琼//科技进步与对策. -2006,(8)

推动海峡两岸企业合作与交流/王磊//经营与管理. -2006,(9)

外来资本主导代工生产模式下当地企业升级困境与突破——以中国台湾笔记本电脑内地封闭式生产网络为例/于明超//中国工业经济. -2006,(11)

海峡两岸科技产业协同发展的新探析——《闽台协同发展高科技产业探索》读后/吴能远//发展研究. -2006,(11)

海峡两岸高技术产业的互补性及合作模式探析/许合先//科技管理研究. -2006,(12)

两岸科技合作,重舸未过万重山/王建民//经济导报(香港). -2002,(39)

两岸科技产业合作:首推电子和农业/王建民//经济导报(香港). -2002,(40)

两岸高科技产业的合作前景/盛九元//经济导报(香港). -2005,(46)

6. 交通运输关系

台湾定期海运航线与对外贸易/王长云//台湾与东亚. -1984,(6)

两岸直航的船旗问题/林迅//台湾研究集刊. -1993,(2)

海峡两岸直接通航问题初探/李非//水运管理. -1993,(9)

天津港与台湾通航的有利条件浅析/徐慧芝//中国港口. -1995,(2)

两岸直航与境外海运中心/林长华//台湾研究集刊. -1995,(2)

"境外转运中心"与两岸直航/罗克//台声. -1995,(3)

"三通"与福建/李非//台湾研究集刊. -1995,(3、4)

试析甬台直航的条件及途径/郇军//中

共宁波市委党校学报.－1995,(4)

海峡两岸通航与台湾《境外营运中心》问题/方舟//交通企业管理.－1995,(7)

福建与台湾实现海上直接通航的探讨/《闽台通航研究》课题组//中国软科学.－1995,(8)

海峡两岸直航的经营管理问题分析/范厚明//中国远洋航务公告.－1995,(9)

海峡两岸船员聘雇问题的探讨/吴中校//交通企业管理.－1995,(9)

对海峡两岸合作实施海上救助的构想/杨国惠//中国远洋航务公告.－1995,(11)

长江中下游港口至台湾集装箱运输实务研讨/吴永富//中国远洋航务公告.－1995,(11)

海峡两岸携手合作长江航运大有可为/戴金象//中国远洋航务公告.－1995,(11)

把握直航机遇,发展厦门海运/刘明桂//现代台湾研究.－1995,(总12)

台湾当局建立"境外航运中心"对大陆港口运输的影响及对策/卢军//综合运输.－1996,(1)

台湾建设"亚太营运中心"与两岸关系/庄义仁//国际政治研究.－1996,(1)

试论宁波台湾直航之可能性/吴国华、王立人//台湾研究.－1996,(2)

两岸直航对厦门港的影响及对策初探/李照//水运管理.－1996,(6)

"九七"后港台海运问题获得解决的意义与启示/肖之光//两岸关系.－1997,(1)

两岸"三通"问题的现状及走势/翁成受//台湾研究.－1997,(2)

两岸及香港货柜运输之前景/李寅飞//中国远洋航务公告.－1997,(2)

中国大陆入境旅游业中台湾客源市场的特征和走向/黄福才//厦门大学学报(哲学社会科学版).－1997,(3)

台湾海峡两岸直航问题研究/赵奕山//亚太经济.－1997,(3)

海峡两岸直航对香港国际航运业的影响/海文//中国远洋航务公告.－1997,(5)

香港回归将加速两岸直接三通进程/卢荣忠//港澳经济.－1997,(5)

香港回归海峡两岸通航对上海国际航运中心的影响/刘卫平//中国港口.－1997,(5)

从香港回归看两岸直接"三通"/李非//台声.－1997,(10)

两岸直航对两岸经济效益之分析与评估/李南贤//两岸关系.－1998,(1、2)

努力推进海峡两岸直接"三通"/刘映仙//台湾研究.－1998,(4)

台湾海峡两岸试点直航现状与近期运量预测/姜杏娟//中国港口.－1998,(5)

大连港与高雄港发展比较研究初探/叶振辉//兰台世界.－1998,(8)

谈汕台直接通航的可行性/陆集源//珠江水运.－1998,(11)

海峡两岸船舶试点直航一周年回顾/王继旭//现代台湾研究.－1998,(总22)

两岸共同构建台湾海峡航运港口体系/陈克明//海峡科技与产业.－1999,(1)

论汕头与台湾直接通航的必要性与可能性/刘建其//特区经济.－1999,(2)

海峡两岸海上通航问题回顾与展望/邓孙禄//水运管理.－1999,(3)

关于台胞旅游市场的分析与探讨/胡善凤//合肥联合大学学报.－1999,(3)

促进福建涉台宗教旅游持续发展的探讨/杨文棋//北京第二外国语学院学报.－1999,(4)

台湾海峡两岸港湾资源特点和开发利用/黄民生//热带地理.－1999,(4)

两岸"三通"的现状与前景/钟文//国家

安全通讯. －1999,(5)

论汕头与台湾直接通航的必要性和可行性/刘建其//汕头大学学报(人文科学版). －1999,(6)

海峡两岸定点直航与经贸关系发展的分析/滕玉梅//武汉交通科技大学学报(社会科学版). －2000,(3)

试论大陆—台湾地缘旅游的开发——以厦门同安为例/郑耀星//世界地理研究. －2000,(3)

海峡两岸航运和经贸关系/姜杏娟//中国水运. －2000,(4)

两岸“三通”与建设台湾海峡经济带/全毅//现代台湾研究. －2000,(4)

两岸通航模式与经贸关系分析/姜杏娟//集美大学学报(自然科学版). －2000,(4)

台湾海峡两岸海上直航的回顾与展望/姜杏娟//中国港口. －2000,(4)

海峡两岸海上直航的展望/滕玉梅//交通科技. －2000,(5)

闽台港口开发对比/黄民生//经济地理. －2001,(1)

论两岸“三通”与旅游直航/林长榕//经济前沿. －2001,(1)

关于福州港与马祖岛通航的几点建议/张宗瑜//发展研究. －2001,(2)

构建台湾海峡航运港口体系探析/张向前//福建行政学院福建经济管理干部学院学报. －2001,(2)

试析建设台湾海峡航运港口体系/张向前//广东行政学院学报. －2001,(2)

榕台试点直航的现状及对策/伍南腾//发展研究. －2001,(2)

坚持一个中国原则推进两岸直接“三通”/海桥//两岸关系. －2001,(2)

两岸“三通”的历史回顾/陈榕三//现代台湾研究. －2001,(2)

闽台旅游可持续发展浅析/景秀艳//现代台湾研究. －2001,(2)

金马“小三通”有什么样的背景/朱卫东//领导文萃. －2001,(3)

评点小三通/阿轩//当代海军. －2001,(3)

构建闽台森林生态旅游区域合作发展的资源开发体系/林水富//林业经济问题. －2001,(3)

论海峡两岸直航问题/李非//台湾研究集刊. －2001,(4)

从试点直航看厦门经贸合作的前景/赵玉榕//台湾研究集刊. －2001,(4)

海峡两岸海上货物运输模式的分析研究/姜杏娟//厦门科技. －2001,(4)

海峡两岸海上直航问题探讨/李非//台湾研究集刊. －2001,(4)

刍议金门旅游/程立初//发展研究. －2001,(5)

沪台海上直航的作用和影响/寿建敏//中国水运. －2001,(5)

从“闽台旅游区”的构建看福建客源市场的拓展/刘纬华//襄樊学院学报. －2001,(5)

海峡两岸海上直航的现状及对策/周庭芳//武汉理工大学学报(社会科学版). －2001,(5)

两岸三通与沪港台港口的发展/寿建敏//中国港口. －2001,(5)

金马地区与福建沿海定点直航的现状透视/王建民//开放潮. －2001,(5)

两岸“三通”现状及入世后的前景预测/刘汤//现代台湾研究. －2001,(6)

闽台港口航运合作分析/赖荣欣//泉州师范学院学报. －2001,(6)

入世为实现两岸全面直航提供了机遇/

杨蔚然//海峡科技与产业. －2001,(6)

从福州港看两岸试点直航发展大趋势/张榕//中国港口. －2001,(9)

“入世”与“三通”/胡石青//台声. －2001,(11)

海峡两岸海上通航观察/李非//台声. －2001,(11)

海峡两岸货物承运人责任之比较研究/陈晅富//中国海商法年刊. －2002

两岸直航的必然趋势/刘雪琴//国际贸易. －2002,(1)

对两岸“三通”问题的分析与思考/周丽华//台湾研究. －2002,(3)

加入WTO与两岸“三通”/叶华青//广西社会主义学院学报. －2002,(4)

闽台邮政运输交往由来/陈榕三//现代台湾研究. －2002,(4)

海峡两岸的“三通”现状及发展趋势/戴碧强//统一论坛. －2002,(5)

直接通航未来两岸航运的必然模式/杨锦昌//中国水运. －2002,(6)

长江三角洲台商投资热与两岸经贸航运发展/寿建敏//港口经济. －2002,(6)

论两岸旅游的发展潜力/杨帆//开放导报. －2002,(7)

两岸交流旅游政策必须“见微知著”、“防微杜渐”/石齐平//两岸关系. －2002,(9)

两岸直航旅游走向与对策探析/林长榕//经济前沿. －2002,(10)

关于实现两岸直接“三通”的几点思考/世宏//现代台湾研究. －2002,(12)

两岸加入WTO后的“三通”前景分析/黄志//现代台湾研究. －2002,(总43)

海峡两岸旅游电子商务发展与合作对策/林中燕//东南学术. －2003,(1)

闽台直航形势评析/陈榕三//现代台湾研究. －2003,(1)

“三通”于两岸经济共同发展之效应分析/石正方//台湾研究集刊. －2003,(2)

“三通”不会影响台湾的“军事安全”/刘红//统一论坛. －2003,(3)

两岸直接“三通”的六个“有利于”/王天敏//统一论坛. －2003,(3)

海峡两岸民间信仰文化旅游开发战略研究/《海峡两岸民间信仰文化旅游开发研究》项目组//亚太经济. －2003,(3)

两岸港口集装箱运输的新格局/王建民//统一论坛. －2003,(4)

江苏——台湾港口间货源市场与航线配置分析/徐剑华//港口经济. －2003,(4)

海峡两岸小三通进展分析及福建对台直航策略研究/黄民生//经济地理. －2003,(4)

闽台物流业发展与合作探析/苏美祥//现代台湾研究. －2003,(5)

民间协商是尽快推动实现“两岸直航”的最佳途径/辛旗//统一论坛. －2003,(6)

“重头戏”如何重开锣？——海峡两岸旅游合作的新机遇及相关法律问题/日月谭//两岸关系. －2003,(9)

经济全球化、WTO与两岸直接三通——从经济与法律角度的分析/唐永红//特区经济. －2003,(9)

从两岸大宗散货贸易及运输看两岸货运直航/越东//两岸关系. －2003,(10)

两岸三通三地港口发展战略初探/秦同瞬//中国港口. －2003,(10)

建设AIS海峡两岸航运信息平台/杨秉曦//航海. －2004,(1)

海峡两岸民间信仰文化旅游开发的SWOT分析/余美珠//重庆师范大学学报(自然科学版). －2004,(2)

海峡两岸民间信仰文化旅游开发构想/

袁书琪//重庆师范大学学报(自然科学版).－2004,(3)

两岸“三通”对两岸经济发展的影响/吴仪//统一论坛.－2004,(5)

海峡两岸“三通”的回顾与前瞻/陈恩//亚太经济.－2004,(6)

充分发挥福建在两岸“三通”中的作用/杨德明//统一论坛.－2004,(6)

美国、日本和我国台湾地区物流业发展比较/王述英//淮阴师范学院学报(哲学社会科学版).－2005,(1)

从台商“春节包机”看两岸直航的必然趋势/熊建设//江西教育学院学报.－2005,(2)

海峡两岸旅游管理比较研究/陈彦屏、曹诗图//世界地理研究.－2005,(3)

关于构建闽台农产品物流中心的思考/陈萍//台湾农业探索.－2005,(4)

台湾物流产业发展与福建物流现代化/苏美祥//现代台湾研究.－2005,(5)

汕头港与台湾南部港口先行实现海上直航的有利条件与对策/洪雪文//集装箱化.－2005,(5)

浅议开放大陆民众赴台旅游/陈苹//世界经济与政治论坛.－2005,(6)

京台物流合作展望/李薇薇//海峡科技与产业.－2005,(6)

两岸物流的合作方向/林光//广东交通.－2005,(6)

港航在打造全新的台湾农产品物流中大有作为/黄华林//中国港口.－2005,(10)

世界最大的海峡通道工程——台湾海峡通道/邵文//世纪桥.－2005,(12)

大陆与台湾地区民航空管的区别/章志强//空中交通管理.－2006,(1)

福建旅行社开发台湾散客旅游市场研究/陈秀惠//华侨大学学报(哲学社会科学版).－2006,(2)

厦金直航与两岸关系/林劲//浙江工贸职业技术学院学报.－2006,(3)

两岸和香港港口物流共同化发展研究/金新道//中国水运(学术版).－2006,(4)

两岸交流迈出的新步伐——述评两岸包机节日化及其它的框架性安排/刘建兴//统一论坛.－2006,(5)

两岸直航的发展形势、经济影响与政策走向/李非//两岸关系.－2006,(5)

两岸直航对产业发展策略、企业全球布局的影响/曹小衡//两岸关系.－2006,(5)

加快两岸直航推动经济共同发展/张冠华//交通建设与管理.－2006,(5)

海峡两岸直航问题探讨/李非//亚太经济.－2006,(5)

台湾对内地居民的旅游吸引力之透析/刘焱//桂林旅游高等专科学校学报.－2006,(5)

加强闽台旅游合作打造海峡旅游品牌/李丹//发展研究.－2006,(6)

武夷山和阿里山文化与旅游的对接/罗小平//发展研究.－2006,(6)

两岸“三通”对香港经贸中介地位的影响分析/陈恩//广东社会科学.－2006,(6)

大陆旅游业台湾客源市场开发建议——从台湾《联合报》大陆游广告谈起/段迎豪//桂林旅游高等专科学校学报.－2006,(6)

加快推动两岸直航进程的思考/张冠华//两岸关系.－2006,(7)

改革体制整合资源打造海峡西岸经济区龙头大港/王学来//中国港口.－2006,(8)

交通运输关系海峡两岸和香港物流共同化发展研究/金新道//中国水运.－2006,(9)

从两岸关系新变化看厦门旅游业发展前景/田雪荆//财经界. －2006,(12)

直面"三通"：让三通回归其经济本意/张冠华//中国评论(香港). －2002,(8)

对当前三通形势的评估/王建民//海峡(香港). －2002,(8)

以民间谈判推动三通/张冠华//海峡(香港). －2002,(8)

两岸直接"三通"对香港航运与经济的影响/王建民//经济导报(香港). －2003,(34)

"两岸直航三阶段论"用意何在? /朱磊//经济导报(香港). －2003,(35)

7. 贸易关系

台港贸易的过去、现在与未来/张贻达//台湾研究集刊. －1985,(4)

台湾通过香港的转口贸易/李非//台湾研究集刊. －1986,(3)

台湾与大陆在国际市场上的竞争趋势/张忆//台湾研究集刊. －1988,(3)

海峡两岸间接贸易分析/李非//台湾研究集刊. －1991,(1)

大陆对台直接贸易分析/李非//山东外贸. －1992,(8)

论海峡两岸贸易关系的周期性波动/李非//亚太经济. －1993,(3)

海峡两岸间接贸易不平衡性剖析/李非//国际经贸. －1993,(5)

对海峡两岸转口贸易商品结构的分析/李非//山东外贸. －1993,(6)

九十年代两岸农产品资源贸易及互补前景/邓心安//台湾研究. －1995,(1)

海峡两岸钢铁间接贸易评介/唐新元//南开管理评论. －1995,(1)

海峡两岸中药的贸易与发展/叶海涛//中国药房. －1995,(1)

近几年两岸机床经贸剖析/夏文浩//制造技术与机床. －1995,(1)

海峡两岸钢铁间接贸易介评/唐新元、秦延通//台湾研究集刊. －1995,(1)

大陆与台湾在美日市场的竞争/关美宝//东南亚研究. －1995,(2)

海峡两岸贸易关系发展的现状、问题与对策/李非//台湾研究. －1995,(2)

海峡两岸房地产市场当前态势分析比较/戚名琛//中国房地产. －1995,(2)

两岸贸易关系发展的现状、问题与对策/李非//台湾研究. －1995,(2)

试论建立海峡两岸民间商业性的有序劳务合作/王胜泉//台湾研究. －1995,(3)

大陆、港澳、台湾发展自由贸易联系和金融密切化的模式/王光伟//南开管理评论. －1995,(3)

"九七"前后台湾与香港贸易关系/陈恩//台湾研究集刊. －1995,(3、4)

海峡两岸贸易关系向直接形态转化/李非//国际贸易. －1995,(7)

从生产结构和贸易结构类型的逆转看两岸贸易与投资/周纲//经济学家. －1996,(5)

闽台贸易：拓展直接贸易/陈祖武//国际贸易. －1996,(6)

福建扩大对台贸易的形势与对策/李非//台湾研究集刊. －1996,(9)

对台商检工作初探/周玮//中国检验检疫. －1996,(10)

海峡两岸贸易失衡剖析/林长华//台湾研究集刊. －1997,(1)

两岸贸易的商品结构分析/金文//南开经济研究. －1997,(4)

闽台民间贸易的现状与趋势/苏丕雄//福建金融. －1997,(6)

两岸贸易对台湾经济影响的计量分析/戴淑庚、邓利娟//台湾研究集刊. -1998,(1)

东山商贸口岸及其对台通商贸易/连心豪//台湾研究. -1998,(2)

海峡两岸间接贸易分析与展望/兰培真//集美航海学院学报. -1998,(3)

两岸贸易发展的特点与趋势研究/戴淑庚//国际经贸探索. -1998,(5)

台湾海峡两岸恢复直接贸易的经济后果/王直//数量经济技术经济研究. -1998,(5)

两岸经贸关系及台资、台湾商品进入大陆市场的分析/陈小平//财贸经济. -1998,(7)

亚洲金融风暴对两岸贸易的影响/宋二姝//国际经济合作. -1998,(8)

海峡两岸商业自动化的发展差异/丁玉章//商场现代化. -1998,(10)

亚洲金融危机对两岸贸易有何影响/刘雪琴//两岸关系. -1998,(12)

用产业内贸易理论对两岸机电产品贸易的结构分析/阎锋、霍凌稚//现代台湾研究. -1998,(总21)

祖国大陆与香港、台湾贸易关系浅探/李永明//现代台湾研究. -1998,(总22)

1998年台湾对祖国大陆贸易概况及分析/陈纯华//海峡科技与产业. -1999,(1)

金融危机对台湾外贸及两岸贸易的影响/闵琼//世界机电经贸信息. -1999,(3)

台湾纺织业及两岸纺织品贸易现状/张莉//两岸关系. -1999,(6)

台海两岸贸易、投资与相互依赖关系之探讨/高长//开放导报. -1999,(12)

论海峡两岸的贸易形态问题/李非//台湾研究集刊. -2000,(2)

试论两岸出口产品"竞争"/俞剑平//商业研究. -2000,(9)

两岸加入WTO后对输美纺织品配额影响分析/本刊编辑部//纺织信息周刊. -2000,(20)

两岸贸易对台湾总体经济影响的计量模型/胡中祥//经济科学. -2001,(1)

浅析两岸贸易往来/何任伟//东华大学学报(社会科学版). -2001,(1)

WTO:开启中华自由贸易区的阀门:两岸四地新经贸关系浅析/迟福林//海峡两岸. -2002,(1)

加入WTO后福州对台贸易研究/潘佳//现代台湾研究. -2002,(2)

比较海峡两岸内幕交易制度/曾涛//政法论丛. -2002,(2)

"台货"走私已成为我省打击走私的新任务/刘文标//现代台湾研究. -2002,(4)

在世贸组织框架内,海峡两岸经贸关系的重新塑造/詹其柽//国际贸易问题. -2002,(4)

两岸双方加入WTO的两岸接触商谈问题研究/潘锐//国际商务研究. -2002,(5)

在WTO框架下构建两岸自由贸易区的可行性分析/李建波//学习论坛. -2002,(8)

海峡两岸贸易往来的过去与今天/邰茂//海峡两岸. -2002,(9)

从台湾的经验看购物中心在中国大陆的发展/沙振权//商业研究. -2002,(13)

关于建立两岸自由贸易区的国际法思考/范宏云//湖北经济学院学报. -2003,(1)

浅谈入世后海峡两岸贸易纷争的预防方式/许育红//外交学院学报. -2003,(1)

海峡两岸IT产业贸易依存度分析/邵皓萍//经济前沿. -2003,(1)

发展大陆购物中心可借鉴台湾经验/沙振权//中国统计. －2003,(2)

仍将会长期存在——祖国大陆对台湾贸易逆差问题研究/刘雪琴//国际贸易. －2003,(3)

构建海峡两岸自由贸易区的可行性分析/林媛媛//国际经贸探索. －2003,(3)

从两岸经贸关系看台湾“自由贸易区战略”的未来/孙晓玲//当代亚太. －2003,(6)

从两岸贸易内容看分工大势两岸产业并起贸易类项不再偏斜/黎坚//中国科技产业. －2003,(12)

建立两岸四地自由贸易区的法律思考/孙晓萍//国际经贸探索. －2004,(1)

台湾经济与两岸贸易分析/吴忠吉//世界经济与政治论坛. －2004,(1)

非洲国家与我国台湾地区间贸易状况浅析及内地对策/智宇琛//中国社会科学院研究生院学报. －2004,(4)

台湾知识密集型服务业在祖国大陆的发展现状及趋势——以昆山为例/王惠//亚太经济. －2004,(5)

加入WTO后构建两岸四地自由贸易区的设想/李蕴慧//北方经贸. －2004,(8)

新形势下的两岸农产品贸易发展及闽台贸易对策/吴越//台湾农业探索. －2005,(2)

台湾:农产品对外贸易的总量和结构特征分析/任爱荣//海峡科技与产业. －2005,(3)

台湾水果零关税进入对大陆热区果业的影响/甘勇辉//中国热带农业. －2005,(3)

论中华自由贸易区的构建/刘春凌//安徽工业大学学报(社会科学版). －2005,(4)

台湾农产品对接祖国大陆市场的分析与建议/郑金贵//福建农林大学学报(哲学社会科学版). －2005,(4)

台湾水果及相关农产品登陆的影响分析/林筱文//台湾农业探索. －2005,(4)

市场开放后台湾农产品对广东市场的影响及对策/牛孝国、万忠//南方农村. －2005,(5)

海峡两岸产业内贸易及其决定因素研究/张传国//国际贸易问题. －2005,(5)

两岸农产品贸易商机无限/赵玉榕//两岸关系. －2005,(9)

台湾农产品出口大陆问题分析/闫逢柱//经济前沿. －2005,(9)

中国大陆与台湾经贸关系整合的起点:自由贸易区/龙贞杰//生产力研究. －2005,(9)

关于海峡两岸建立CEPA的分析与构想/封小云//理论参考. －2005,(11)

台湾水果零关税进入大陆的思考/祁欢//农村.农业.农民. －2005,(11)

大陆与台湾建立自由贸易区的经济分析和法律思考/尹花//南方经济. －2005,(11)

两岸共同市场研究/孙少岩//经济与管理研究. －2005,(12)

台湾水果出口大陆的市场效果分析/任爱荣、赵一夫//农业经济问题. －2005,(12)

台湾零售业投资大陆的策略探析/陈恩、李雪琪//经济论坛. －2005,(23)

协同管理之应用研究——以两岸水果产销联盟组织为例/黄澄清、梁梁//商场现代化. －2005,(28)

台湾农产品亮相凸现四大特点/魏玉栋//农产品市场周刊. －2005,(39)

台湾农产品出口大陆的潜力分析/赵一夫//海峡科技与产业. －2006,(2)

萧万长“两岸共同市场”构想浅析/林长华//台湾研究集刊. －2006,(2)

从开放性次区域自由贸易区到全面性两岸经济一体化——海峡两岸经济一体化实现路径研究/唐永红//国际经贸探索.－2006,(2)

设立福州海峡西岸经济区台湾农产品物流中心的初探/王登清//福建省社会主义学院学报.－2006,(3)

海峡两岸农产品贸易依存度分析/蒋颖//福建农林大学学报(哲学社会科学版).－2006,(3)

加强两岸技术交流合作促进两岸农产品认证一体化发展/罗斌//海峡科技与产业.－2006,(3)

台湾水果营销形态的演化与借鉴/沈丹红//台湾农业探索.－2006,(4)

两岸四地建立中元区的可行性研究——基于OCA指数的分析/黄晓东//国际贸易问题.－2006,(4)

两岸经济关系转型与服务业合作/张冠华//海峡科技与产业.－2006,(4)

台湾农产品贸易的困境与出路/单玉丽//亚太经济.－2006,(4)

发挥闽台商缘优势构建闽台共同市场/郭铁民//发展研究.－2006,(5)

台湾水果厦门中转问题研究/中共厦门市委党校课题组//厦门特区党校学报.－2006,(5)

从区域经济整合看海峡两岸自由贸易区的构建/吴乐进//特区经济.－2006,(5)

从第三产业的发展比较两岸经济结构/王亮//统计与咨询.－2006,(5)

海峡两岸贸易互补性研究/刘秀玲//汕头大学学报(人文社会科学版).－2006,(6)

台湾海峡两岸经贸新发展及其贸易机制问题/邹定斌//石家庄经济学院学报.－2006,(6)

台湾水果及加工品在大陆的市场销售前景分析/彭可茂//价格理论与实践.－2006,(6)

福建作为"两岸共同市场"试点可行性分析/施宇辉//福建论坛(人文社会科学版).－2006,(6)

建立闽台自由贸易区的动因和经济效应分析/黄衍电//福建论坛(人文社会科学版).－2006,(6)

海峡两岸共同市场的规模经济效应分析/王蔚//江苏商论.－2006,(11)

从贸易到合作:海峡两岸共谋双赢/陈松辉//广东科技.－2006,(11)

对台湾水果"零关税"进入大陆市场的思考/于红//中国职工教育.－2006,(12)

台湾水果进入大陆市场对两岸果业发展的影响/黄春华//科技资讯.－2006,(31)

两岸加入WTO后的经贸互动展望/余克礼//中国评论(香港).－2001,(12)

台湾缺席APPC的利弊得失/章念驰、陈少斌//海峡(香港).－2001,(12)

长三角应率先试行两岸共同市场/周忠菲//经济导报(香港).－2005,(41)

对京台服务业的合作的思考/王建民、陈险峰//经济导报(香港).－2006,(37)

8.金融关系

闽台金融合作问题初探/张文棋//福建金融.－1990,(4)

对发展闽台经贸中金融若干问题的探讨/李良溪、黄清海//福建金融.－1991,(8)

论90年代海峡两岸金融交流与合作/许心鹏//福建金融.－1993,(8)

金融合作:两岸经济交往迈向高级/李非//海峡经贸月刊.－1993,(8)

琼台金融合作现状、设想与对策/吴岱明//特区展望.－1994,(2)

上海证券业与台湾交流的前景展望/管金生//上海综合经济. －1994,(3)

闽台金融合作初探/陈祖华//发展研究. －1994,(12)

两岸金融往来关系分析及对策/颜雪卿//亚太经济. －1995,(1)

论海峡两岸的金融合作/许心鹏//台湾研究集刊. －1995,(1)

略论海峡两岸之金融关系/黄仁山//财金贸易. －1995,(1)

海峡两岸证券制度的比较/冯涛//山东法学. －1995,(4)

对台商融资问题的思考/仇长根//新金融. －1995,(4)

台湾证券市场国际化与海峡两岸证券市场合作展望/张更鑫//陕西师范大学学报(哲学社会科学版). －1996,(1)

台湾的亚太金融中心构想与两岸金融关系/黄宝奎//台湾研究集刊. －1996,(2)

海峡两岸保险业合作探讨/刘文军//台湾研究. －1996,(2)

加强闽台金融合作促进两岸经济共同发展/中国人民银行福建省分行金融研究所课题组//福建金融. －1996,(3)

两岸农业金融制度要点比较及有关建议/綦彦臣//金融研究. －1996,(9)

两岸三方金融合作初探/李华杰//南方经济. －1997,(2)

厦门拓展离岸金融业务的可行性分析/周星//开放潮. －1997,(3)

香港回归与两岸金融合作/苏美祥、蓝海//现代台湾研究. －1997,(总 19)

海峡两岸信用合作社比较研究/杨胜刚//财经理论与实践. －1998,(1)

新台币流动状况与两岸金融交往政策研究/周业梁//福建金融. －1998,(2)

从金融风暴看协调内地和港台金融政策的重要性/郭楚//特区理论与实践. －1998,(2)

台湾税制及两岸税收关系问题探索/唐向//亚太经济. －1998,(2)

加强香港、内地、台湾金融政策协调有利于港、台汇率的稳定/郭楚//亚太经济. －1998,(2)

两岸个人所得税征课规定初探/简芳益//中国注册会计师. －1998,(3)

海峡两岸动产抵押制度比较研究/关军//法学论坛. －1998,(3)

两岸三地金融合作与交流关系的演变及趋势/翁东玲//亚太经济. －1998,(4)

进一步促进两岸金融往来与合作/柏士珍//两岸关系. －1998,(4)

台湾营建亚太金融中心的前景及对闽台金融交往的影响/苏美祥//福建论坛(经济社会版). －1998,(5)

借鉴台湾地区模式发展大陆风险投资/司德亮//价格月刊. －1998,(6)

加强闽台寿险业交流与合作问题的探讨/杨大祖//福建金融. －1998,(7)

加快发展闽台寿险业务合作的探讨/杨大祖//保险研究. －1998,(8)

两岸三地金融合作的历史与前景展望/陈福强//福建金融. －1998,(9)

中国大陆与港、台保险合同之比较/彭红//上海保险. －1998,(10)

对海峡两岸证券市场相互合作的探讨/沈艺峰//国际经济合作. －1998,(12)

海峡两岸股份有限公司治理结构之差异比较/李爱荣、陈建彬//现代台湾研究. －1998,(总 23)

浅议两岸金融交流与合作的发展/熊俊//海峡科技与产业. －1999,(3)

建立内地、香港、台湾金融安全协调机制刍议/郭楚//广东社会科学. －1999,(4)

加入WTO对两岸金融服务业的影响及两岸合作之探讨/苏美祥//台湾研究集刊. -1999,(4)

闽台金融合作之战略思考/苏美祥//现代台湾研究. -1999,(总27)

两岸金融往来合作历程与发展前景/沈汇//中国外汇管理. -2000,(1)

两岸金融监管比较研究/朱磊//台湾研究. -2000,(1)

新台币流动状况与新世纪两岸金融合作构想/周业梁//中国外汇管理. -2000,(1)

大陆与台湾50年融资关系分析/李敦祥//学术论坛. -2000,(2)

两岸资本市场的分析和比较/吴光伟//经济界. -2000,(2)

福建利用台资的金融对策思考/苏美祥//现代台湾研究. -2000,(4)

中国大陆与港、台地区上市公司财务报告之比较/吕博//南京金融高等专科学校学报. -2000,(4)

台湾金融体制及两岸金融关系前景/黄德根//国际金融研究. -2000,(12)

2000年台湾股灾对海峡两岸经贸关系的影响/王海东//财贸研究. -2001,(1)

台湾股票市场与祖国大陆股票市场的比较/栾雅钧//亚太经济. -2001,(1)

加入WTO与两岸金融业合作探讨/苏美祥//现代台湾研究. -2001,(3)

中国大陆与香港特区、中国台湾地区上市公司财务报告比较研究/张天西//北京商学院学报. -2001,(3)

两岸三地上市公司信息披露制度比较研究/张天西//四川会计. -2001,(4)

关于海峡两岸合作举办风险投资基金的探讨/邱华炳//亚太经济. -2001,(4)

加入WTO后发展两岸金融关系的策略研究/严谷军//武汉金融. -2001,(4)

两岸海上货物运输保险制度比较研究/张桂红//福建政法管理干部学院学报. -2001,(4)

海峡两岸风险投资业合作的可行性研究/张丰、邱华炳//台湾研究集刊. -2001,(4)

中国大陆与香港、台湾地区上市制度比较与借鉴/吕博//四川会计. -2001,(6)

大陆与台湾共同推进两岸金融合作/裴平//世界经济与政治论坛. -2001,(6)

加入WTO后两岸金融业合作形势展望/胡喆//现代台湾研究. -2001,(6)

推动两岸金融合作与交流的建议/中国人民银行厦门市中心支行课题组//上海金融. -2001,(7)

海峡两岸票据背书制度比较/邹海龙//金融会计. -2001,(7)

两岸金融交往的障碍与对策分析/中国人民银行厦门市中心支行课题组//金融研究. -2001,(8)

加入WTO与两岸银行业的改革和重组——“第七届两岸金融学术研讨会”综述/李东荣//南方金融. -2001,(12)

在合作中共同发展的海峡两岸保险业/郝演苏//两岸关系. -2001,(12)

新时期港澳在两岸金融合作中的中介作用/王文娟//南方金融. -2002,(1)

亚洲货币合作呼唤内地、香港、台湾金融协调/郭楚//广东社会科学. -2002,(1)

两岸三地公司跨地区上市的前景分析/吕博//广西经济管理干部学院学报. -2002,(1)

两岸直航后的课税问题:差异与统一/于明宜//河北经贸大学学报. -2002,(1)

台湾金融业投资祖国大陆大势所趋/黄跃荣//海峡科技与产业. -2002,(3)

两岸入世后金融交流与合作问题的探讨/邓利娟//台湾研究集刊. -2002,(3)

论两岸三地上市公司会计信息披露的区域性协调/吕博//浙江财税与会计. -2002,(4)

海峡两岸个人所得税法律制度之比较/唐世中//湖南经济. -2002,(4)

拓展闽台金融交往的思路/苏美祥//现代台湾研究. -2002,(4)

入世后海峡两岸金融合作发展契机与趋势/郑航滨//福建金融管理干部学院学报. -2002,(5)

海峡两岸金融一体化模式/元惠萍//东南学术. -2002,(5)

加入WTO与"两岸三地"保险业的发展/戴凤举//保险研究. -2002,(5)

两岸四地货币一体化的探讨/廖增梁//宁夏党校学报. -2002,(5)

两岸金融合作能否加快步伐/邓利娟//两岸关系. -2002,(5)

海峡两岸金融和外汇管理改革进程与借鉴/郑航滨//福建金融管理干部学院学报. -2002,(6)

两岸银行业互动进行时/檀江江//银行家. -2002,(7)

台资对两岸经贸发展的积极影响/刘雪琴//国际经济合作. -2002,(7)

入世催生两岸保险业合作/郝大为//两岸关系. -2002,(7)

里昂证券眼中的两岸三地资本市场/李颖//银行家. -2002,(8)

两岸房地产税收比较/漆亮亮//涉外税务. -2002,(9)

两岸金融:合作共荣/王建民//银行家. -2002,(9)

两岸金融业务直接往来的突破与局限/邓利娟//两岸关系. -2002,(9)

论WTO框架下的两岸金融合作/林秀萍//学会. -2002,(10)

审时度势促进两岸保险业协同发展/郝演苏//两岸关系. -2002,(10)

两岸金融:合作挡不住/杨胜刚//银行家. -2002,(11)

加强两岸金融合作推动两岸经贸发展/褚静涛//两岸关系. -2002,(12)

两岸金融合作的制度瓶颈及对策/贾兴光//开放导报. -2003,(1)

加入世贸后两岸三地合作与证券期货业/邹蓝//开发研究. -2003,(1)

祖国大陆、香港和台湾地区证券交易所制度比较研究/杨洁//广西大学学报(哲学社会科学版). -2003,(1)

两岸金融合作的新亮点/柏士珍//两岸关系. -2003,(1)

关于开辟厦门为两岸金融合作实验区的建议/张帆//统一论坛. -2003,(2)

台湾与大陆中小企业信用担保体系的比较研究与启示/王小哈//管理科学. -2003,(2)

加入WTO对台湾金融服务业的影响/苏美祥//海峡科技与产业. -2003,(2)

两岸个人金融收益课税比较/魏润水//福建税务. -2003,(2)

海峡两岸货币流动现状与金融合作发展对策/郑航滨//福建金融管理干部学院学报. -2003,(2)

QFII制度:台湾经验及对大陆的启示/张亚斌//湖南商学院学报. -2003,(3)

合格外国机构投资者(QFII):台湾与内地制度之比较/李锐//武汉金融. -2003,(3)

入世以来两岸金融关系的变迁及策略建议/林竞君//亚太经济. -2003,(4)

入世后两岸金融合作展望/陈燕//亚太

经济. -2003,(4)

海峡两岸理财的诚信机制构建/林升铿//技术经济. -2003,(4)

人民币区域化和海峡两岸货币合作机制问题/郑航滨//福建金融管理干部学院学报. -2003,(5)

大陆A股与台湾股票市场系统风险的实证分析/张莉珠//中南大学学报(社会科学版). -2003,(6)

海峡两岸QFII比较及发展/巴曙松//西部论丛. -2003,(7)

对两岸金融合作状况的分析/国世平//经济前沿. -2004,(1)

金融衍生业务两岸合作空间大/伍冰玉//中国科技产业. -2004,(1)

信用与担保:两岸民间交流与合作的保障/日月谭//两岸关系. -2004,(2)

人民币在台湾地区流通问题初探/李伟//福建金融. -2004,(2)

海峡两岸高新技术企业融资结构比较研究/梁莱歆//管理评论. -2004,(3)

浅析海峡两岸保险业的合作与发展/许志跃//漳州职业大学学报. -2004,(3)

海峡两岸保险中介制度比较研究/陈丽//上海保险. -2004,(3)

海峡两岸银行业往来现状与合作构想/傅仲珩//福建金融. -2004,(4)

单一货币:中国和平崛起新思路——关于主导推动两岸四地和亚洲逐步实现单一货币的考析/施峰//经济研究参考. -2004,(5)

"两岸四地"财政制度比较研究/施文泼//亚太经济. -2004,(5)

两岸金融交流与合作/刘云//中国金融. -2004,(5)

建立"海峡两岸金融合作实验区"的设想/朱孟楠//发展研究. -2004,(5)

两岸金融监管、资本账户开放和外汇管理制度比较/程宪平//中国外汇管理. -2004,(5)

海峡两岸货币领域的合作及其对策/谌坤//福建金融管理干部学院学报. -2004,(6)

新世纪海峡两岸金融合作的设想/林筱文//福建金融. -2004,(6)

两岸四地税收制度比较与经济协调发展/刘邦驰//财政研究. -2004,(9)

两岸金融合作孕育新动力/易杳//开放潮. -2004,(9)

离岸金融发展与海峡两岸金融合作机制研究/郑航滨//南方金融. -2004,(11)

从中央经济工作会议看两岸金融合作/朱磊//两岸关系. -2005,(1)

海峡两岸双重征税问题探讨/丁倩兰//福建财会管理干部学院学报. -2005,(1)

两岸公司资本制度差异的比较研究/郑勇//特区经济. -2005,(2)

论中国银行业的对外开放和对内开放——兼谈台湾地区银行业开放的经验/王曙光//山西财经大学学报. -2005,(3)

大陆保险市场开放对台湾保险业的机遇与挑战/李玉泉//中国保险. -2005,(3)

票据信用交易制度比较研究——以中国大陆、台湾地区及日本的票据法为考察对象/李伟群//比较法研究. -2005,(3)

两岸银行民营化和股份制改革的比较和启示/郑航滨//福建金融管理干部学院学报. -2005,(3)

蒋硕杰先生的汇率理论及其对中国大陆的启示/徐艳、何泽荣//台湾研究集刊. -2005,(3)

两岸风险投资的发展轨迹和模式/陈子昂//海峡科技与产业. -2005,(3)

两岸股市发展特征与提升股市竞争力研究/李鸿阶//现代台湾研究. -2005,(5)

海峡两岸货币清算机制比较和模式研究/郑航滨//福建金融. －2005,(5)

海峡两岸银行结算的现状及代理关系发展建议/李波、黄景贵//海南金融. －2005,(8)

台湾金融机构投资大陆市场探析/曹琼//黑龙江对外经贸. －2005,(9)

海峡两岸 QFII 制度的比较研究/朱孟楠、姜占英//福建金融. －2005,(11)

浅议海峡两岸金融合作存在的问题及政策建议/郑昕//商场现代化. －2005,(11)

台湾金融业向大陆转移分析/范越龙//经济论坛. －2005,(22)

建立闽台货币清算机制的可行性/郑航滨//现代台湾研究. －2006,(1)

人民币升值对台湾和世界经济发展的影响/吴金宝//贵州工业大学学报（社会科学版）. －2006,(2)

改善海峡西岸经济区金融生态环境的政策思考/施宇辉//福建农林大学学报（哲学社会科学版）. －2006,(3)

海峡两岸现行税种差异比较分析/王爱华//亚太经济. －2006,(4)

经济国际化给两岸上市公司带来的机遇/宋林飞//世界经济与政治论坛. －2006,(4)

从台湾地区民营银行发展看大陆民营银行设立/云青//甘肃社会科学. －2006,(5)

海峡两岸制造业企业发展的税收政策分析/李廉水//南京财经大学学报. －2006,(5)

香港和台湾金融监管体制的比较分析/高京刚//襄樊职业技术学院学报. －2006,(6)

构建海峡两岸风险投资合作平台的探讨/单玉丽//世界经济与政治论坛. －2006,(6)

海峡两岸农业合作现状与融资需求调研/杜彦坤//农业发展与金融. －2006,(7)

扩大海峡两岸风险投资的合作分析/吕宏程//浙江金融. －2006,(8)

支持海峡西岸经济区建设的税收政策选择/张金水//福建论坛（人文社会科学版）. －2006,(8)

以两岸金融合作化解两岸地下金融热潮/胡延华//特区经济. －2006,(9)

新形势下两岸金融直接交往与合作政策研究/中国人民银行福州中心支行课题组//中国外汇. －2006,(9)

关于海峡两岸保险合作的思考/林铭霖//福建金融. －2006,(9)

海峡两岸经贸往来中的双重征税问题/郭晓林//国际经济合作. －2006,(9)

吉林省中小企业发展中的金融支持研究——结合台湾地区模式的实证分析/麻彦春//经济纵横. －2006,(10)

论大陆与台湾地区税收关系的调节处理/叶少群//当代经济. －2006,(10)

海峡西岸区域金融生态环境存在的问题与对策探讨/陈初升//中国科技信息. －2006,(24)

台商如何在大陆融资？/朱磊//经济导报（香港）. －2003,(21)

浅析人民币升值对台商投资的影响/盛九元//经济导报（香港）. －2005,(31)

两岸货币清算呼之欲出/朱磊//经济导报（香港）. －2005,(39)

两岸金融合作需抓紧时机/盛九元//经济导报（香港）. －2005,(44)

两岸金融合作寻求新突破/王建民//经济导报（香港）. －2006,(5)

(四)台湾经济史

从两篇史料看台湾古代社会经济/陈国强//中国社会经济史研究.－1982,(2)

关于郑成功时代若干经济问题的讨论/西河//中国社会经济史研究.－1982,(3)

台湾海关税收和税收分配统计(1862—1894)/汤象龙//中国社会经济史研究.－1982,(3)

郑氏时期台湾农民的田赋负担/陈动//中国社会经济史研究.－1982,(3)

我国近代最早自主的新式邮政——一八八八年台湾邮政改革略述/潘君祥//中国社会经济史研究.－1983,(1)

台湾三十一年来经济发展概况/马璧//台湾研究集刊.－1983,(1)

清初台湾农业区域的形成/杨国桢//台湾研究集刊.－1983,(2)

清代台湾与祖国大陆的贸易结构/林仁川、陈杰中//中国社会经济史研究.－1983,(2)

试论康熙年间大陆与台湾统一的经济必然性/林仁川、陈支平//台湾研究集刊.－1983,(2)

清初台湾商品经济与资本主义萌芽/黄福才、吴锦生//台湾研究集刊.－1983,(2)

论康熙朝对台湾的农业政策和措施/颜章炮//台湾研究集刊.－1983,(2)

沈葆桢与台湾基隆煤矿的开发/郑泽清//台湾与东亚.－1983,(2)

台湾经济的初期开发/郑泽清//台湾与东亚.－1983,(3)

荷兰殖民者统治下的台湾经济/郑泽清//台湾与东亚.－1983,(4)

一六八三年以前台湾的开发/[美]许文雄,葛小佳译//台湾研究集刊.－1984,(1)

清季台湾经济的初步近代化/郑泽清//台湾与东亚.－1984,(1)

清代台湾大租述论/杨国桢//台湾研究集刊.－1984,(1)

台湾经济的过去,现在和未来/李家泉//台湾研究集刊.－1984,(3)

清代台湾经济的开发和发展/郑泽清//台湾研究集刊.－1984,(4)

试论清初台湾封建经济的特征/黄福才//台湾研究集刊.－1984,(4)

清代台湾农业的全面开发和发展/郑泽清//台湾与东亚.－1984,(6)

评"台运"/陈小冲//福建论坛(文史哲版).－1985,(1)

清代台湾大小租的产生及其社会条件/邓孔昭//厦门大学学报.－1985,(1)

刘铭传在台湾建省后的财政措施/吴玫//台湾研究集刊.－1985,(3)

论外国商业资本对台湾贸易的控制(1860－1894)/李祖基//台湾研究集刊.－1985,(3)

战后台湾经济发展分期问题刍议/段承璞//台湾研究集刊.－1985,(4)

十九世纪台湾的海关税收分析/邓利娟//台湾研究集刊.－1985,(4)

郑氏文武官田租税考/邓孔昭//台湾研究集刊.－1986,(1)

十七世纪上半叶荷兰东印度公司的对华贸易扩张/陈小冲//中国社会经济史研究.－1986,(2)

从台米产销看台湾经济重心之北移/王长云//台湾研究集刊.－1986,(2)

关于台湾社会经济性质的再探讨/李家泉//台湾研究集刊.－1986,(4)

台湾建省后岁入考订/邓孔昭//中国社会经济史研究.－1987,(1)

论清代台湾经济重心的北移/李祖基//台湾研究集刊.－1987,(2)

明清时期崇武在闽台关系中的地位与作用/周立方、杨彦杰//台湾研究集刊. -1987,(2)

清代台湾大租的性质和作用——驳所谓“庄园说”/陈碧笙//台湾研究集刊. -1987,(3)

清代台湾的合股经营/郑振满//台湾研究集刊. -1987,(3)

论官办基隆煤矿的创办和经营/潘君祥//中国社会经济史研究. -1988,(1)

清代台湾大米对福建的输入——以兵眷米谷为中心/杨彦杰//中国社会经济史研究. -1988,(1)

清代台湾给垦字研究/周翔鹤//台湾研究集刊. -1988,(2)

清代台湾乡族组织的共有经济/郑振满//台湾研究集刊. -1988,(2)

早期台湾人口与耕地的重新估算/孔立//台湾研究集刊. -1988,(3)

清代台湾垦照与番社给垦字研究/周翔鹤//台湾研究集刊. -1989,(1)

略论刘铭传在台湾实行的丈田清赋/黄天祝//中国社会经济史研究. -1989,(2)

垦首考辨——清代台湾后期土地文书研究之一/周翔鹤//台湾研究集刊. -1989,(2)

清代早期台湾中部北部平地的乡村经济和业户经济/周翔鹤//台湾研究集刊. -1989,(3)

台湾经济40年的成就与问题/翁成受//中国经济. -1989,(4)

台湾开发史刍论(附评论)/尹章义//台湾研究集刊. -1990,(1)

台湾总督府对福建路矿权益的渗透与扩张/陈小冲//台湾研究集刊. -1990,(2、3)

关于四十年来台湾经济发展的评估/李家泉//台湾研究集刊. -1990,(4)

清代台湾土地开发史上垦首、业主、佃首等名称的地理分布/周翔鹤//台湾研究集刊. -1991,(1)

宋元时期福建与台湾的贸易关系/林仁川//福建论坛. -1991,(1)

清代前期台湾的田园赋则/李祖基//台湾研究集刊. -1991,(2)

宜兰开发与开漳圣王崇祀/张文绮//台湾研究集刊. -1991,(2)

清代台湾开发史上的个体开垦者/周翔鹤//台湾研究集刊. -1991,(3)

清代台湾之官庄/李祖基//台湾研究集刊. -1992,(3、4)

道光二十三年台湾田赋改折考/李祖基//台湾研究集刊. -1993,(1)

清代台湾民间抵押借贷研究/周翔鹤//中国社会经济史研究. -1993,(2)

从碑记看台南贸易商与开基武庙/陈在正//台湾研究集刊. -1993,(4)

略论早期闽台贸易往来关系/林仁川//福建文史. -1993,(6)

台湾在近代中国经贸关系中的地位/李非//历史教学. -1993,(7)

清前期海峡两岸的通航及其影响/林仁川//史学集刊. -1994,(1)

日据时期台湾经济总体评价/周翔鹤//台湾研究. -1994,(2)

十七世纪上半期的中国糖业及对外蔗糖贸易/陈绍刚//中国社会经济史研究. -1994,(2)

近代台湾粮食和经济作物生产关系的一个定量分析/周翔鹤//中国社会经济史研究. -1994,(3)

潮汕与台湾历史上的贸易关系/陆集源//交通世界. -1994,(4)

战后台湾经济的发展与社会变化/[日]

若林正丈，雷慧英译//台湾研究集刊.-1995,(1)

日据时代台湾茶业的经济结构与贸易/陶德臣//中国农史.-1995,(1)

日本统治下的台湾金融业/于彤//民国档案.-1995,(1)

简述日本占领台湾时期的通货问题/邹建华//中山大学学报(社会科学版).-1995,(1)

日据时期台湾改良糖廍研究/周翔鹤//台湾研究集刊.-1995,(2)

清代后期台湾北部平地与山区经济的定量比较/周翔鹤//中国社会经济史研究.-1995,(2)

日据时期(1922年以前)台湾农家经济与“米糖相尅”问题/周翔鹤//台湾研究.-1995,(2)

台湾养猪五十年发展史/张学义//国外畜牧学.猪与禽.-1995,(3)

乙未割台后日本政府对台湾的经济掠夺/陈佳//东南学术.-1995,(3)

清代台湾的农田水利/张芳//农业考古.-1995,(3)

“九·一八事变”后日本对台湾经济掠夺重点的转变/郭学旺//台湾研究.-1995,(3)

明郑时期台湾社会经济若干问题的探讨/邓孔昭//清史研究.-1995,(4)

清代闽台地区稻的分布与生产/马波//中国农史.-1995,(4)

海峡两岸通航史话/朱少伟//航海.-1995,(4)

1895—1931年台湾食糖贸易研究——台湾、日本、大陆三角贸易考察/习五一//近代史研究.-1995,(5)

清代台湾南部制糖业的结构/丹尼兹，杨彦杰译//现代台湾研究.-1995,(总10、11、12、13)

荷据时代的闽台经济交往:以商业贸易为中心/杨彦杰//现代台湾研究.-1995,(总11)

日据时期台湾经济研究方法论/周翔鹤//台湾研究集刊.-1996,(1)

略论1840～1895年闽台贸易关系/黄福才//厦门大学学报(哲学社会科学版).-1996,(1)

清末台湾东部山地的开发——以同光之际的招垦为例/杨彦杰//台湾研究集刊.-1996,(2)

台湾史前农业探微/向安强//中国社会科学.-1996,(2)

1949年后台湾经济的分期问题/林长华//台湾研究集刊.-1996,(3)

1880—1937台湾与日本小工业和家庭手工业的比较研究/周翔鹤//台湾研究集刊.-1996,(3)

1896—1902台湾农产品商品化的计量研究/周翔鹤//中国社会经济史研究.-1996,(4)

台湾殖民地经济概论/陈泽尧//河南师范大学学报(哲学社会科学版).-1997,(1)

荷据时期台湾社会构成和经济/林仁川//中国社会经济史研究.-1997,(1)

日据初期台湾稻米输日问题研究/周翔鹤//台湾研究集刊.-1997,(1)

论清代大陆与台湾贸易各阶段的特点/黄福才//中国经济史研究.-1997,(2)

明清时期台湾蔗糖业的发展/陈学文//台湾研究.-1997,(3)

三十年代台湾海峡海上走私与海关缉私/连心豪//中国社会经济史研究.-1997,(3)

埤圳·结首制·“力裁业户”——水利古书所见垦拓初期宜兰社会状况/周翔鹤//

台湾研究集刊. －1997,(3)

台湾基隆煤矿史话/毅强//当代矿工. －1997,(6)

清初台湾郑氏政权与英国东印度公司的贸易/林仁川//中国社会经济史研究. －1998,(1)

论清代台湾商品市场的演变/黄福才//中国社会经济史研究. －1998,(1)

日据台时期闽台贸易考略/叶涛//中国边疆史地研究. －1998,(1)

清代台湾拓垦过程中的股份制经营——兼论中国农业资本主义萌芽理论的不成立/曹树基//中国社会科学. －1998,(2)

台湾土著社会的两种生产制度研究/谢冰//中南民族学院学报(人文社会科学版). －1998,(4)

台湾光复初期的经济问题/李祖基//台湾研究集刊. －1998,(4)

台湾茶叶发展史略及市场趋势/曹国扬//中国茶叶加工. －1999,(1)

战后初期台湾经济恢复的历史特殊性/方晓珍//当代亚太. －1999,(1)

日本殖民者对台湾的经济掠夺/赵铁锁//台湾研究. －1999,(1)

日据时期的台湾农业科技/施洁斌//古今农业. －1999,(1)

台湾五十年(1895～1945)农业科研述要/向安强//中国科技史料. －1999,(2)

十七世纪初荷兰在澎湖、台湾的贸易/李金明//台湾研究集刊. －1999,(2)

台湾原始稻作农业形态探研/向安强//中国农史. －1999,(2)

晚清台湾近代化论析/孙林//学术月刊. －1999,(2)

台湾早期海港与陆岛网络的初步形成/吕淑梅//中国社会经济史研究. －1999,(2)

17世纪初荷兰殖民者在澎湖、台湾的海盗贸易/李金明//台湾研究. －1999,(3)

台湾地区农业思想的若干特点/钟祥财//学术季刊. －1999,(4)

关于清代台湾一田二主制的一个分析模式/周翔鹤//中国社会经济史研究. －1999,(4)

杨廷理开发台湾噶玛兰诗论/星汉//学术论坛. －1999,(4)

从投资环境看晚清台湾煤矿的失败/孙海泉//福建论坛(文史哲版). －1999,(5)

日据时期的大陆赴台劳工/陈小冲//台湾研究集刊. －2000,(1)

从契约文书看清代以来福建与台湾的民间关系/支平、峥嵘//台湾研究集刊. －2000,(1)

施琅与清初开海设关通洋/连心豪//中国社会经济史研究. －2000,(1)

光复初期的台湾茶业/陶德臣//中国农史. －2000,(1)

清朝前期台米协济漳泉地区的特殊政策/孙清玲//福建师范大学学报(哲学社会科学版). －2000,(2)

台湾光复初期的邮票发行/陈钢//民国档案. －2000,(2)

台湾近代早期技术发展略探/汪广仁//清华大学学报(哲学社会科学版). －2000,(2)

割台后海峡两岸贸易关系的新变化——以金顺益案为中心/陈小冲//台湾研究集刊. －2000,(2)

郑成功、蓝鼎元、刘铭传关于发展台湾农业经济的思想/钟祥财//中国农史. －2000,(2)

光复初期的台湾邮政述略/管辉//南京邮电学院学报(社会科学版). －2000,(2)

论战后的日台投资关系/林长华//台湾

研究集刊. -2000,(2)

论清代前期的闽台对渡贸易政策/黄国盛//福州大学学报(社会科学版). -2000,(2、3)

清代台湾土地开垦、经济组织与社会经济形态——评曹树基《清代台湾拓垦过程中的股份制经营》一文/周翔鹤//台湾研究集刊. -2000,(3)

清代台湾宜兰水利合股契约研究/周翔鹤//中国经济史研究. -2000,(3)

日据时期台湾经济发展刍议/曾润梅//台湾研究. -2000,(4)

漫谈台湾商业发展史/焦萍//中国商贸. -2000,(7)

诸割据时期台湾经济性格之镜鉴/周文顺//学术研究. -2000,(7)

光复前台湾农业能源的开发与利用/林仁川//中国社会经济史研究. -2001,(1)

光复初期关于台湾币制的争论和台币的发行/史全生//民国档案. -2001,(1)

也谈清代台湾土地开垦、经济组织与社会经济形态——对周翔鹤相关批评的答复/曹树基//台湾研究集刊. -2001,(1)

清代台湾地权交易/周翔鹤//中国社会经济史研究. -2001,(2)

明郑时期台湾海峡海上交通问题的探讨/周翔鹤//台湾研究集刊. -2001,(2)

晚清台湾乡村制茶/周翔鹤//台湾研究集刊. -2001,(2)

清代台湾的地权交易——以典契为中心的一个研究/周翔鹤//中国社会经济史研究. -2001,(2)

试论日据时期的台海两岸交通/陈小冲//台湾研究集刊. -2001,(3)

清代台北芦洲的土地赋税关系/陈支平//中国社会经济史研究. -2001,(3)

战时经济统治下的台湾煤矿业(1937—1945)/陈慈玉//中国经济史研究. -2001,(3)

康熙初年荷兰船队来华贸易史料/安双成//历史档案. -2001,(3)

1885—1891年台湾农业开发述评/陈九如//中国农史. -2001,(4)

清代台湾土地文书中的"四至"等问题——清代台湾土地文书札记二题/周翔鹤//台湾研究集刊. -2001,(4)

日据时期闽台经济关系研究/谢冰//中南民族学院学报(人文社会科学版). -2001,(5)

试析刘铭传重商主义在台湾的实施/刘影虹//南方经济. -2001,(7)

刘铭传与台湾铁路近代化/陈九如//安徽师范大学学报(人文社会科学版). -2002,(1)

论清代前期台湾社会"男有耕而女无织"/黄国盛//东南学术. -2002,(1)

宋元时期闽台交通关系发展进程/陈榕三//现代台湾研究. -2002,(1)

为蒋家王朝经济领航的台湾技术官僚/孙代尧//炎黄春秋. -2002,(2)

清代前期移民台湾与福建社会经济的变迁/林星//福建省社会主义学院学报. -2002,(2)

从契约文书看日据时期台北芦洲的土地赋税关系/陈支平//台湾研究集刊. -2002,(2)

明代海商集团与漳州月港兴衰/陈榕三//现代台湾研究. -2002,(2)

清代台湾地方的开发与岛上对外交通/李祖基//台湾研究集刊. -2002,(2)

日据时期台湾农业经济研究/刘丽君//漳州师范学院学报(哲学社会科学版). -2002,(3)

从传统农本思想看郑成功的台湾屯垦/

徐斌//福建商业高等专科学校学报．－2002，(3)

明清时期台湾的稻米生产/林仁川//中国农史．－2002，(3)

晚清以前大陆农业科技向台湾地区传播的演进/丁振强//南京农业大学学报(社会科学版)．－2002，(3)

资源委员会与光复初期的台湾经济/白纯//台湾研究．－2002，(3)

浅析李国鼎发展台湾高科技产业的思想/李书锋//张家口师专学报．－2002，(4)

日据时期台湾农业研究/范小芳//台湾研究．－2002，(4)

清代台湾粮食运销大陆的意义/黄跃荣//台声．－2002，(4)

历史上闽台间的定点直航/陈榕三//现代台湾研究．－2002，(5)

清代移民与台湾食盐贸易制度化/刘正刚//暨南学报(哲学社会科学版)．－2002，(6)

近代闽台交通运输状况回顾/陈榕三//现代台湾研究．－2002，(12)

台湾地籍制度考/海峡两岸地籍管理研讨会代表团//中国土地．－2003，(1)

刘铭传与近代台湾经济发展/周其厚//石家庄经济学院学报．－2003，(1)

从契约文书看清代台湾竹堑社的土著地权问题/周翔鹤//台湾研究集刊．－2003，(2)

浅析清朝大陆移民开发台湾的不利因素/阮思华//广东史志．－2003，(2)

十七世纪海峡两岸贸易的大商人——商人Hambuan文书试探/杨国桢//中国史研究．－2003，(2)

日据时期台湾经济的基本特征/李非//台湾研究．－2003，(3)

简论近代台湾与香港贸易/张晓辉//广东社会科学．－2003，(5)

日本对台湾的经济掠夺及其后果(1895—1945)/刘丽君//闽江学院学报．－2003，(6)

小议郑成功在台湾拓土开田的历史意义/林琳//厦门科技．－2003，(6)

清代福州与台湾的经贸关系/林仁川//榕台关系初探．－2003，(7)

清代台湾海峡两岸的经济交流/金悦//辽宁经济．－2003，(9)

《台湾社会经济史研究》评介/林金树//中国史研究动态．－2003，(12)

清代前期台湾与沿海各省的经贸往来/黄国盛//福建师范大学学报(哲学社会科学版)．－2004，(1)

郑成功父子对台湾经济发展和安全的影响/张曙光//甘肃行政学院学报．－2004，(1)

海峡两岸关于光复初期台湾经济政策的研究述评/白纯//现代台湾研究．－2004，(2)

清代台湾制糖业的发展/阮思华//华南农业大学学报(社会科学版)．－2004，(2)

福建向台湾移民的家族外植与联系/陈支平//中国社会经济史研究．－2004，(2)

日据时期殖民资本在台湾营运活动的分析/黄俊凌//漳州职业大学学报．－2004，(2)

陈仪与台湾公营事业的初步建立——兼论台湾发展民营事业的政策取向/褚静涛//历史档案．－2004，(3)

施琅统一台湾与清初的开海贸易/刘凤云//中共福建省委党校学报．－2004，(3)

评荷兰在台湾海峡的商战策略/林仁川//中国社会经济史研究．－2004，(4)

清代前期移民台湾对泉州社会经济的影响/丁玲玲//泉州师范学院学报．－2004，

(5)

从清代方志看河南人与台湾开发的关系/刘正刚//中国地方志. -2004,(11)

光绪年间台湾修建铁路史料/历史档案. -2005,(1)

论清代台湾的"开山抚番"政策/魏春初//绍兴文理学院学报(社科版). -2005,(1)

日本侵占台湾时期对蚕丝业的开发与资源掠夺/顾国达//丝绸. -2005,(2)

清代移民开发边疆与少数民族关系——以台湾为例/刘正刚//中国边疆史地研究. -2005,(3)

抗战时期在台日本殖民政府的经济政策及其对战后台湾经济的影响/白纯//民国档案. -2005,(3)

试析日本据台时期对台农业移民及其危害/吴本荣//中国社会经济史研究. -2005,(3)

光复初期台湾的贸易管制政策(1945—1948)/白纯//南京社会科学. -2005,(12)

日据前期在台湾日本人的工商业活动/周翔鹤//台湾研究集刊. -2006,(2)

光复初期台湾农会与合作社分合问题/程朝云//台湾研究集刊. -2006,(2)

福建支援台湾光复后的建设/叶真铭//炎黄纵横. -2006,(3)

试论殖民时期台湾甘蔗种植业的发展/于亚娟//广西农学报. -2006,(5)

17世纪上半叶荷兰东印度公司在台湾经营的三角贸易/李德霞//福建论坛(人文社会科学版). -2006,(5)

清政府对台湾劳动力资源的配置/孙清玲//福建师范大学学报(哲学社会科学版). -2006,(6)

海峡两岸关于光复初期台湾经济政策研究60年回望/白纯//南京政治学院学报. -2006,(6)

七 台湾文学

(一)台湾文学综合评论与研究

海外文学与台湾文学现状/聂华苓//河南大学学报(社会科学版). -1980,(4)

闽南风情与台湾乡土文学/黄重添、庄明萱//海峡文学丛刊. -1983,(1)

简论台湾乡土文学的新进展/黄重添//台湾研究集刊. -1984,(2)

钟理和论/韦体文//台湾研究集刊. -1984,(2)

台湾文学研究综述《附资料目录索引》/夏钟//台湾研究集刊. -1984,(2)

台湾新文学作品的方言使用/李熙泰//台湾研究集刊. -1984,(2)

激荡而又沉思的记录/卢善庆//台湾研究集刊. -1984,(4)

台湾文学发展的趋势及其他/王晋民//当代文坛. -1984,(11)

绚烂的艺术彩光/黄重添//台湾研究集刊. -1985,(1)

当前台湾文艺界的一场重要论争述评/王晋民//台湾研究集刊. -1985,(2)

"牺牲是为了爱"/潘亚暾//台湾研究集刊. -1985,(3)

《王谢堂前的燕子》批评方法漫论/徐学//台湾研究集刊. -1985,(4)

从新生代创作看台湾文学的发展/黄重添//厦门大学学报. -1986,(1)

从吴浊流的创作看风格对文学的影响/庄明萱、黄重添//台湾研究集刊. －1986,(2)

关于台湾文学研究的断想/黄重添//台声. －1986,(3)

一个寂寞的歌人——论琦君的创作/李源//广东社会科学. －1986,(3)

评叶石涛对台湾文学继承与发展传统问题的见解/庄明萱//台湾研究集刊. －1987,(1)

新批评的倡导者颜元叔与台湾文学批评的演进/徐学//台湾研究集刊. －1987,(2)

吴浊流的文学见解/谢中征//华南师范大学学报(社会科学版). －1987,(2)

两种情致一样旋律——从《母女浪游中国》到《我的台湾之旅》/张慧光//当代文坛. －1987,(5)

关于近期台湾鲁迅研究情况简介/朱双一//鲁迅研究动态. －1987,(6)

“台湾作家定位”之我见/林承璜//台湾研究集刊. －1988,(1)

萧白笔下的隔离世界/韦体文//台湾研究集刊. －1988,(3)

《赖柏英》和林语堂的乡情/万平近//台湾研究集刊. －1988,(3)

大陆的台湾文学研究回顾及展望/周林//台湾研究集刊. －1988,(4)

众声喧哗多元发展/何笑梅//台港文学选刊. －1989,(1)

寻求台湾文学研究的突破口——福建省台湾文学研讨会综述/夏莞//台湾研究集刊. －1989,(1)

试论台湾作家七等生/寒青//台湾研究集刊. －1989,(3)

寻求台湾文学研究的突破口/朱双一//香港文学. －1989,(3)

“台湾文学”与“台湾意识”刍议/林承璜//台湾研究集刊. －1989,(4)

台湾社会——文化变迁中的心理摄像/朱双一//台湾研究集刊. －1989,(4)

文学意象·审美趣味·观众心理——读(台湾)姚一苇《欣赏与批评》札记/卢善庆//理论与创作. －1989,(5)

当代台湾文学特点刍论/黄重添//华人之声. －1989,(6)

从性度看海峡两岸女性文学的差异/黄重添//台湾研究集刊. －1990,(1)

台湾社会运作形式的省思——黄凡作品论/朱双一//台湾研究集刊. －1990,(2、3)

谈《人生行路》与《情结》的结构艺术/何笑梅//台湾研究集刊. －1990,(4)

真情应在淡泊中——三毛及其创作简论/陈倩//信阳师范学院学报(哲学社会科学版). －1990,(4)

后现代:对模拟论和一元论的扬弃/朱双一//台港文学选刊. －1990,(5)

80年代台湾女性文学/徐学//台港文学选刊. －1990,(10)

幽默是一种深沉的喜感/朱双一//台港文学选刊. －1990,(11)

论当代台湾乡土文学的文化精神——一个以五四文学为参照的思考/毛宗刚//世界华文文学论坛. －1991,(1)

江苏文化的二元结构和江苏籍台湾作家的创作特色/曾阳//世界华文文学论坛. －1991,(1)

论尉天骢在台湾乡土文学论战中的地位和作用/方忠//世界华文文学论坛. －1991,(1)

80年代台湾都市文学/朱双一//福建论坛. －1991,(1)

八十年代台湾文学批评与文学消费/徐

学//台湾研究集刊. -1991,(1)

略论台湾文学中的民族文化基因(摘录)/黄重添//世界华文文学论坛. -1991,(2)

唐山流寓话巢痕——试论台湾当代文学的中国人文精神/杨匡汉//世界华文文学论坛. -1991,(2)

略论台湾文学中的民族文化基因/黄重添//福建论坛. -1991,(4)

从困境中走出——论台湾现代派作家文化选择意识的变迁/张恒春//台湾研究集刊. -1991,(4)

黄凡都市文学作品一瞥/何笑梅//萌芽. -1991,(12)

余光中文学批评风格论/徐学//江南大学学报. -1992,(1)

《白先勇论》与鲁迅研究——读袁良骏新著的一点启示/周林//台湾研究集刊. -1992,(1)

论当代台湾文学的文化主题/王宗法//台湾研究集刊. -1992,(1)

大众消费文化的影响及台湾文坛的因应/朱双一//台湾研究集刊. -1992,(2)

台湾乡土文学对于闽南文化的感应/许建生//台湾研究集刊. -1992,(4)

新女性主义和台湾女性文学/何笑梅//台湾研究集刊. -1993,(2)

社会变迁中的病态心灵显像——王幼华论/朱双一//台港文学选刊. -1993,(5)

闽南文化与台湾乡土文学/许建生//漳州师范学院学报(哲学社会科学版). -1994,(1)

"反共文艺"的鼓噪与衰败/朱双一//台湾研究集刊. -1994,(1)

文化冲突:从伦理到政经——旅美华人留学生文学比较论/朱双一//厦门大学学报. -1994,(2)

略论台湾文学文化的趋向/朱双一//学术研究. -1994,(2)

从老兵悲歌到眷村史乘/朱双一//台湾研究集刊. -1994,(3)

《流星雨》与闽南移民拓台/许建生//现代台湾研究. -1994,(3)

台湾文学在当代大陆的传播与反响/徐学//文科研究通报. -1994年创刊号

"海洋精神"的诗歌实践意义——兼论朱学恕的海洋文学理论/吴其盛//世界华文文学论坛. -1995,(1)

所来各有自因由两相异——"乡土文学"与"寻根文学"比较之一/吴奕锜//华文文学. -1995,(1)

祖国大陆的台湾文学研究述评/朱双一//文科研究通报. -1995,(1)

两岸文学交流不应存在"敌意"——兼评(台湾)向明先生的《不朦胧,也朦胧》/古远清//华文文学. -1995,(1)

从概念化向文学本体的回归——六十年代后台湾军中文学的走向/许建生//福建论坛(人文社会科学版). -1995,(1)

乡愁存在与语言逻辑——蒋勋《眼前即是如画的江山》的叙述方式/朱怀江//新疆职业大学学报. -1995,(1)

都有一颗中国心——论《塞纳河畔》的思想艺术特色/王宗法//台湾研究集刊. -1995,(1)

赴台马来西亚侨生文学的中华情结和南洋色泽/朱双一//台湾研究集刊. -1995,(1)

关于余光中评价问题的论争/北乡子//文学自由谈. -1995,(2)

评析中肯勇树新见——评林承璜的《台湾香港文学评论集》/赵朕//唐山师范学院学报. -1995,(2)

从"无根一代"的烦恼,到"大陆学子"的

抗争——海峡两岸的留学生文学/方道文//河北师范大学学报（哲学社会科学版）．－1995，(2)

论战时台湾抗日新文学创作的审美特征/苏光文//台湾研究．－1995，(2)

乡土和庙堂文学的交融——阿盛论/朱双一//台湾研究集刊．－1995，(2)

评叶石涛的“对等阶位文学观”/施文裔//福建论坛（人文社会科学版）．－1995，(3)

台湾中青年作家有关日本侵华和中国抗战历史题材的创作/朱双一//台港与海外华文文学评论和研究．－1995，(3)

敲响“大地反扑”的警钟——台湾环保文学刍议/吴尚华//安徽教育学院学报（社会科学版）．－1995，(3)

“劫后文章民族恨，皮里春秋爱国情”——略谈日据前期台湾文学抗日爱国的民族精神/汪毅夫//台湾研究．－1995，(3)

当代台湾文学的人文主义脉流/朱双一//厦门大学学报（哲学社会科学版）．－1995，(3)

台湾中、青年作家有关日本侵华和中国抗战历史题材的创作/朱双一//世界华文文学论坛．－1995，(3)

近年来台湾文学中的新人文主义倾向/朱双一//台湾研究集刊．－1995，(3、4)

独具风韵别样美——试论三毛作品的艺术特色/张爱文//内蒙古电大学刊．－1995，(4)

现实主义理论和批评的新世代视域——略论台湾文学批评家吕正惠/朱双一//文艺理论与批评．－1995，(5)

影响与开拓——论鲁迅对赖和小说的影响/杨剑龙//文艺理论与批评．－1995，(5)

大角度研究台湾文学——读刘登翰《文学薪火的传承与变异》/朱双一//台声．－1995，(8)

写在秋海棠叶上的爱：台湾乡情文学鉴赏之一/包恒新//现代台湾研究．－1995，(总10)

“孤儿”的“恋母情结”：台湾乡情文学鉴赏之二/包恒新//现代台湾研究．－1995，(总11)

江南好，一曲唱断肠：台湾乡情文学鉴赏之三/包恒新//现代台湾研究．－1995，(总12)

台湾新女性主义文学现象研究/樊洛平//北京师范大学学报（社会科学版）．－1996，(1)

评台湾文学中的分离主义倾向/赵遐秋//文艺理论与批评．－1996，(1)

台湾文学中的“新女性”角色设计/朱双一//台湾研究集刊．－1996，(1)

海内外张爱玲研究述评/灵真//华文文学．－1996，(1)

笔卷当代风云——略论戴小华的创作/陆士清//世界华文文学论坛．－1996，(1)

论台湾女性文学的父亲主题/黄发有//晋阳学刊．－1996，(1)

从一个作家看台湾与海外华文文学——读《悲悯情怀——白先勇评传》/陈辽//华文文学．－1996，(2)

“因为懂得，所以慈悲”——读刘俊《悲悯情怀——白先勇评传》有感/杨帆//世界华文文学论坛．－1996，(2)

台湾客家文学中的女性角色/张典婉//世界华文文学论坛．－1996，(2)

银碗的凹度酝酿着光的秒数/朱双一//评论和研究．－1996，(2)

定位台湾文学的三种方法/徐学//台湾研究．－1996，(2)

女性天空与女性文学的新空间——评

袁琼琼《自己的天空》/李孝佺//青岛大学师范学院学报.－1996,(2)

从控诉、抗争到人格的重建——当代台湾女性文学历程考察/黄丽梅//台湾研究.－1996,(3)

试析欧阳子作品的心理写实/彭燕彬//殷都学刊.－1996,(3)

把教育的痼疾揭出来给人看——论黄春明作品中的教育问题/尉天骄//世界华文文学论坛.－1996,(3)

罗兰的中国传统文化情结/庄若江//世界华文文学论坛.－1996,(3)

新女性主义的高扬——当代台湾女作家笔下的女性形象/李艳梅//内蒙古民族师院学报(汉文版·哲学社会科学版).－1996,(3)

陈映真先生谈台湾后现代问题/陈映真//东方艺术.－1996,(3)

台湾文学中的环境意识——以马以工、韩韩、心岱和宋泽莱为中心/陈映真//文学评论.－1996,(3)

从文学看战后台湾社会主要矛盾和人民革命斗争/朱双一//台湾研究集刊.－1996,(3)

余光中文学创作之启示/倪金华//华侨大学学报(哲学社会科学版).－1996,(3)

近期台湾文学思潮的变动/马相武//学术研究.－1996,(4)

谈台湾文学中的"后现代主义"问题/陈映真//文艺理论研究.－1996,(4)

关于两岸文学交流的一些想法/周良沛//文艺理论与批评.－1996,(5)

犀利·放达·温馨——龙应台、三毛、席慕蓉三家论札之一/王进//西南民族学院学报(哲学社会科学版).－1996,(6)

金门乡土蕴育的存在哲学/朱双一//台港文学选刊.－1996,(11)

余光中香港时期的文学评论/古远清//学术研究.－1996,(11)

一位历史学家眼中的日据时代的台湾文学——评林载爵的《台湾文学的两种精神》/古远清//台声.－1996,(12)

台湾早期女权主义者的悲剧——读魏子云《星色的鸽哨》/陈辽//世界华文文学论坛.－1997,(1)

一个"知识人"对另一个"知识人"的读解——关于黎湘萍所著《台湾的忧郁》/赵园//当代作家评论.－1997,(1)

1995年台湾文坛有关"本土化"的一场论争/朱双一//台湾研究集刊.－1997,(1)

"世界中文报纸副刊学术研讨会"综述/周林//台湾研究集刊.－1997,(2)

葱绿配桃红——施叔青及其《香港的故事》/张荔//世界华文文学论坛.－1997,(2)

并不孤独的灵魂——论郭枫创作的主体精神与文化意蕴/潘先伟//南京大学学报(哲学.人文科学.社会科学版).－1997,(2)

当代海峡两岸女性文学比较论/朱小瑶//广东农工商职业技术学院学报.－1997,(3)

谈台港澳和海外华文文学研究的问题/林承璜//唐山师范学院学报.－1997,(3)

世纪之交的台港澳暨海外华文文学青年学者研讨会综述/朱立立//华侨大学学报(哲学社会科学版).－1997,(3)

当代台湾女性文学的发韧及其主题/钱虹//华东师范大学学报(哲学社会科学版).－1997,(4)

林耀德与台湾"都市文学"/高剑//台湾研究.－1997,(4)

龙应台的文学批评论/汤溢泽//衡阳师范学院学报.－1997,(5)

试论台湾新文学/张桂年//江西教育学院学报.－1997,(5)

悲哀的浪漫与无望的追问——解读台湾作家龙瑛宗的《时间的嬉戏》/段怀清//名作欣赏．－1997,(6)

文学往何处去——从现代到后现代/姚一苇//文教资料．－1997,(6)

都市化与台湾文学的变迁/朱双一//南方文坛．－1997,(6)

世纪之交的台港文学研究/朱双一//台声．－1997,(7)

台湾的乡土文学/雨人//出版参考．－1997,(12)

上天是厚我华人的：台湾乡情文学鉴赏之五/包恒新//现代台湾研究．－1997,(总18)

土：医治思乡病的良药——台湾乡情文学鉴赏之六/包恒新//现代台湾研究．－1997,(总20)

格局与姿态——当前台港澳暨海外华文文学研究之反思/陈马林//世界华文文学论坛．－1998,(1)

重构女性话语——论台湾女性主义文学/庄园//华文文学．－1998,(1)

於梨华和她的《屏风后的女人》/李子云//世界华文文学论坛．－1998,(1)

高阳系统中的平民世界/徐学//台湾研究．－1998,(1)

"妖孽"与"观世音"——尹雪艳形象内涵论/范肖丹//河池师范高等专科学校学报．－1998,(1)

"自我书写"中的性意识——浅析大陆和台湾女性文学作品中的性描写/张丽琍//中华女子学院学报．－1998,(1)

"一个是'中国'，一个是'基督教'"——论张晓风的创作与基督教文化/杨剑龙//世界华文文学论坛．－1998,(1)

男弱女强——台湾女作家笔下的两性关系/李仕芬//台湾研究集刊．－1998,(1)

倾听有情世界的声音——台湾作家林清玄及其有声作品/黄黎星//阅读与写作．－1998,(2)

宿命与漂流——王安忆《米尼》与聂华苓《桑青与桃红》内涵比较/高广方//盐城师范学院学报(哲学社会科学版)．－1998,(3)

吕赫若与战争末期台湾的"历史现实"——《清秋》析论/吕正惠//文艺理论与批评．－1998,(3)

浅谈郭良惠及其笔下的台北女人/张宪彬//天中学刊．－1998,(4)

女性心灵的诠释——席慕蓉的创作心态与情感方式/樊洛平//许昌师专学报．－1998,(4)

同源分流归大海——中国大陆与台湾当代文学异同论/王宗法//世界华文文学论坛．－1998,(4)

黄春明与中国现代乡土文学传统/朱双一//台湾研究集刊．－1998,(4)

"同化、愚化、奴化"的标本——谈日据时期台湾文学中的某些称谓/于平//世界华文文学论坛．－1998,(4)

台湾通俗文学与中国文化/方忠//世界华文文学论坛．－1998,(4)

精神的荒废——张良泽皇民文学论的批评/陈映真//文艺理论与批评．－1998,(4)

皇民化与现代化的纠葛——王昶雄《奔流》的另一种读法/吕正惠//文艺理论与批评．－1998,(4)

为着共同的民族、乡土之爱——黄春明作品研讨会概述/尉天骄//世界华文文学论坛．－1998,(4)

淋漓健笔写多愁——谈晓风《愁乡石》的修辞技巧/何宇平//修辞学习．－1998,(5)

疾风知劲草严霜识贞木——吴浊流笔

下的知识分子形象/卢斯飞//阅读与写作. -1998,(5)

港台比较文学形成与发展的背景、标志及特征/徐扬尚//学术交流. -1998,(5)

试论“皇民文学”/刘孝春//文艺理论与批评. -1998,(6)

台湾“皇民文学”的总清算——从台湾文学的尊严出发/曾健民//文艺理论与批评. -1998,(6)

刚强之外——台湾女作家笔下男性角色的自我省视/李仕芬//广州师院学报. -1998,(10)

论陈映真的创作特质/吴海燕//华文文学. -1999,(1)

台湾现实主义文学精神的继承和丰富/曾建民//台湾研究集刊. -1999,(1)

试论台湾文学作品中的乡愁情结/郑春//山东大学学报(社会科学版). -1999,(1)

台港及海外华人女作家文本透视/蒋淑贤//辽宁工程技术大学学报(社会科学版). -1999,(1)

台湾女性文学的走向/黄树红//广东教育学院学报. -1999,(1)

海峡两岸暨港澳文学交流十年感言/袁良骏//两岸关系. -1999,(1)

从女性主义文学批评谈到台湾女作家/李仕芬//广州师院学报. -1999,(1)

从吕赫若小说透视日据时期的台湾文学/黎湘萍//中国现代文学研究丛刊. -1999,(2)

研讨台港澳暨海外华文文学发展新动向/周林//世界华文文学论坛. -1999,(3)

殖民地的伤痕:“脱亚入欧”论、皇民化教育与台湾文学中的认同危机/吕正惠//文艺理论与批评. -1999,(3)

一棵树上的两朵奇葩——海峡两岸现代派文学比较/成秀萍//唐山高等专科学校学报. -1999,(3)

三论海峡两岸当代文学发展流变的殊途同归——同一的民族文化根性和心理态势/陆卓宁//广西民族学院学报(哲学社会科学版). -1999,(3)

两岸四地文学比较研讨会综述/戴洁//世界华文文学论坛. -1999,(3)

海峡两岸现代派文学比较/成秀萍//彭城职业大学学报. -1999,(3)

论台湾文学五“性”/陈辽//福建论坛(文史哲版). -1999,(3)

林海音的女儿情结与文化乡愁/黄发有//齐鲁学刊. -1999,(3)

从“台湾文学经典”看台湾文学精神/黄万华//台湾研究集刊. -1999,(3)

台湾文学研究在大陆/白舒荣//世界华文文学论坛. -1999,(4)

对世界的一种奇异注视——论台湾文学中的疯人艺术形象/林青//当代文坛. -1999,(4)

论吕赫若的《冬夜》——《冬夜》的时代背景、审美上的成就和吕赫若的思想与实践/陈映真//文艺理论与批评. -1999,(4)

艰难的起步可贵的拓展——台湾女性文学研究概观/李娜//天津大学学报(社会科学版). -1999,(4)

三毛的创作姿态与文体选择/樊洛平//信阳师范学院学报(哲学社会科学版). -1999,(4)

试论黄春明与陈映真/林瑞明//文艺理论与批评. -1999,(4)

现代情思与古典神韵的交融——读《冬日以望远镜赏鸟》致马骢/吴开晋//聊城师范学院学报(哲学社会科学版). -1999,(6)

原乡人的血必须流回原乡:台湾乡情文学鉴赏之七/包恒新//现代台湾研究.

－1999，(总 26)

当代台湾的浪漫文学/朱双一//台湾研究集刊．－2000，(1)

回归传统——谈中国古典文学对白先勇创作的影响/庄鸿文//铜仁师范高等专科学校学报．－2000，(1)

阴性书写与政治拆求的微型炸弹——解读《香炉》话说李昂/王金城//世界华文文学论坛．－2000，(1)

大陆近二十年台湾女性文学研究综述/李娜//河南教育学院学报(哲学社会科学版)．－2000，(1)

台湾女性主义文学的世界性与本土性/刘红林//现代台湾研究．－2000，(1)

步履艰难的叛逆——台湾现代派文学价值重估/李风//世界华文文学论坛．－2000，(2)

重返心灵的故乡——重读陈映真近年作品并论其新作《归乡》/黎湘萍//世界华文文学论坛．－2000，(2)

黄春明的文学观念/古远清//理论与创作．－2000，(2)

西而不化与西而化之——余光中汉文学语言论之一/徐学//台湾研究集刊．－2000，(2)

台湾文学与中国文学不是“两国文学”——两岸“争夺”台湾文学诠释权述评/古远清//台声．－2000，(2)

日本的台湾文学研究之学术检讨/倪金华//世界华文文学论坛．－2000，(3)

试析台湾乡土文学的民族意识/陈锡清//江西广播电视大学学报．－2000，(3)

“台湾文学”是增进两岸民族团结的渠道——读杨逵《台湾文学问答》/许南村//文艺理论与批评．－2000，(3)

走向学术语境——祖国大陆台湾文学研究二十年/刘登翰//台湾研究集刊．－2000，(3)

范泉和“建设台湾新文学论争”/陈映真//世界华文文学论坛．－2000，(4)

在风雨飘摇中绽开的文学花苞——“台湾新文学论议”的思想和时代/曾健民//世界华文文学论坛．－2000，(4)

简论台湾新文学论争之收获与意义/上村优美//世界华文文学论坛．－2000，(4)

台湾新文学重建的历史见证——关于40年代后期台湾文学问题的讨论/樊洛平//世界华文文学论坛．－2000，(4)

台湾文学中“出世意念”新质/王列耀//华文文学．－2000，(4)

“‘台湾文学’论争”中的滇人罗铁鹰/周良沛//文艺理论与批评．－2000，(6)

1999 台湾文坛：花果凋零/翟述//出版参考．－2000，(7)

试论 90 年代台湾文学中的海洋题材创作/陈思和//学术月刊．－2000，(11)

挺立于世界语种文学之林的华文文学/朱双一//期望超越．－2000，(11)

忧世却不厌世——当代台湾香港现实主义文学论/赵小琪//广州师院学报．－2000，(12)

乡愁是一湾浅浅的海峡——浅谈余光中作品中的思乡情结/路晓冰//延安教育学院学报．－2001，(1)

台湾文学理论批评的历史扫描/古远清//台湾研究集刊．－2001，(1)

传统的回归——略论白先勇与中国传统文学/翟兴娥//德州学院学报．－2001，(1)

“乡土”与“现代”之争的背后——“光复后的台湾文学”的趋同性及内在动因/李风//东方论坛．－2001，(1)

欧坦生、文艺春秋和光复后台湾文学的若干问题/朱双一//新文学史料．－2001，

(1)

论海峡两岸女性写作的思想资源和文化身份/刘传霞//济南大学学报. -2001,(1)

白先勇与延续于台湾的“五四”新文学传统/朱双一//华文文学. -2001,(1)

台湾作家的香港关注——以余光中、施叔青为中心的考察/刘登翰//福建论坛(人文社会科学版). -2001,(2)

从政治抗争到文化扎根——台湾“原住民文学”创作的演变/朱双一//厦门大学学报. -2001,(2)

在风雨飘摇中绽开的文学花苞——“台湾新文学论议”的思想和时代/曾健民//文艺理论与批评. -2001,(2)

台湾现代主义文学的中西艺术融合/张渝生//文艺研究. -2001,(2)

试论台湾女性主义文学中的男性形象/刘红林//华文文学. -2001,(2)

女性写作的开拓之路——张爱玲与施叔青笔下的女人/叶玉芳//龙岩师专学报. -2001,(2)

拓展·发现·提升——2000年大陆的台湾文学研究综述/刘俊//世界华文文学论坛. -2001,(2)

新时期的台港文学研究/古远清//天津师范大学学报(社会科学版). -2001,(2)

评《台湾通俗文学论稿》/陈辽//徐州师范大学学报(哲学社会科学版). -2001,(2)

后现代文化语境中的台湾通俗文学/方忠//台湾研究. -2001,(2)

闽台文学交流探析/李正光//福建广播电视大学学报. -2001,(2)

略论近代中国作家的台湾情结/石弘//开封教育学院学报. -2001,(2)

凤凰·鳄鱼·吸血鬼——试论台湾文学创作中的几个同性恋意象/陈思和//南方文坛. -2001,(3)

台湾文学:特定的民族文化形态/张黛芬//世界华文文学论坛. -2001,(3)

廓清脉络谬论昭然——论《“文学台独”面面观》/钱涛//世界华文文学论坛. -2001,(3)

刘登翰先生论台湾文学/立立//华侨大学学报(人文社会科学版). -2001,(3)

“台独”派·皇民遗老和日本右派的构图/石家驹//文艺理论与批评. -2001,(3)

试论台湾女性主义文学对身体自主的追求/刘红林//台湾研究集刊. -2001,(3)

女性主义文学的同路人——台湾言情文学二三谈/刘红林//学海. -2001,(4)

台湾都市文学研究理路辨析/朱立立//东南学术. -2001,(5)

新时期“寻根文学”与台湾“乡土文学”之比较/吴奕锜//社会科学. -2001,(5)

被忽略的悲哀——读林海音《金鲤鱼的百裥裙》和《烛》/周文萍//名作欣赏. -2001,(5)

天马·海风·新青年——1930年代菲华期刊的若干资料/朱双一//香港文学. -2001,(7)

台湾现代派文学思潮批判/古继堂//洛阳师范学院学报. -2002,(1)

解读西川满/李诠林、倪金华//台湾研究集刊. -2002,(1)

台湾的乡愁文学与探亲文学/宋晓玲//呼兰师专学报. -2002,(1)

文学精神与时代性格——论台湾《联合报》副刊的“文艺性”模式/肖伟//台湾研究集刊. -2002,(1)

《台湾新文学思潮史纲》序言/陈映真//世界华文文学论坛. -2002,(1)

2001年台湾文学景象/许俊雅//当代作家评论. -2002,(2)

台湾新文学民俗描写中的“传统”与“现代”/朱双一//台湾研究集刊. -2002,(2)

论海峡两岸女作家笔下男性形象的文化意蕴/曹书文//当代文坛. -2002,(2)

二十世纪台湾地区中国古代妇女作家研究述评/张雁//中国文学研究. -2002,(2)

南洋游记逃难记狱中记/朱双一//世界华文文学论坛. -2002,(2)

文学视野中的郑成功——“遗民忠义精神”及其在日据时代台湾的传衍/朱双一//台湾研究集刊. -2002,(3)

现代主义:一面虚张声势的旗——台湾现代派文学的另一种解读/邓全明//世界华文文学论坛. -2002,(3)

“台湾人与河北人是同乡”:台湾乡情文学鉴赏之八:[蔡文甫:《乡情》]/包恒新//现代台湾研究. -2002,(3)

评陈友冰先生《海峡两岸唐代文学研究史》/尚永亮//文学评论. -2002,(3)

台湾的台湾现代派文学研究管窥/朱立立//华侨大学学报(哲学社会科学版). -2002,(3)

歌谣:客家人开发台湾的文学反映/罗可群//广东外语外贸大学学报. -2002,(3)

日本、中国大陆与台湾的台湾文学研究比较观/倪金华//台湾研究集刊. -2002,(4)

无情·疏离·对抗——台湾女性主义文学中的两性关系/刘红林//江苏社会科学. -2002,(4)

从个例论当代台湾文学论述的演变——以叶石涛为分析对象/计璧瑞//华文文学. -2002,(4)

试论台湾《文学杂志》对新批评的介绍和运用/程晓飞//世界华文文学论坛. -2002,(4)

女性出头一片天——台湾女性文学一瞥/彭燕彬//河南教育学院学报(哲学社会科学版). -2002,(4)

福建省十·五规划课题“日本的台湾文学研究”及其衍题述要/李诠林//华文文学. -2002,(5)

论台湾新闺阁文学对婚姻自主的诉求/刘红林//东南学术. -2002,(6)

台湾纯文学市场另一波文艺复兴/于佳//出版参考. -2002,(13)

姚一苇学生时代的文学创作和戏剧活动/朱双一//新文学史料. -2003,(1)

殖民者的台湾之“爱”——略评《由加利树林里》兼及张良泽的崇日心态/朱双一//台湾研究集刊. -2003,(1)

人生的三种书写——读陈若曦早期作品/王静//台湾研究集刊. -2003,(1)

论鲁迅对台湾现代文学的影响/陶德宗//重庆三峡学院学报. -2003,(1)

关注“弱势群体”,同铸艺术情结——台湾乡土作家王祯和与黄春明创作比较/韩春萌//江西教育学院学报. -2003,(1)

台湾作家对西方现代主义的接受方式及其局限/赵小琪//河北学刊. -2003,(1)

俄国文学在台湾的翻译和研究情况/张婉瑜//国外文学. -2003,(1)

论台湾文学民族精神的缺失与回归/贺仲明//世界华文文学论坛. -2003,(1)

知识者的现实认知与文化想象/黎湘平//台湾研究集刊. -2003,(2)

孙中山民族主义思想与余光中文学风格/徐学//台湾研究集刊. -2003,(2)

两岸三地文论另一道风景线——20世纪台湾文学理论批评发展轮廓/古远清//湖北经济学院学报. -2003,(2)

评《台湾文学论稿》/章宏伟//新闻出版交流. -2003,(2)

台湾乡土文学研究的内涵、演进及相关论争/陈友冰//学术探索. -2003,(2)

论日据台湾日文写作语言的社会功能/计璧瑞//世界华文文学论坛. -2003,(2)

一个"版本"三种解读——日本、中国大陆和台湾学者之"皇民文学"评论及分析/周建华//世界华文文学论坛. -2003,(2)

20世纪台湾文学理论批评发展轮廓/古远清//东方论坛. -2003,(2)

美华文学与台湾作家群/朱立立//华侨大学学报(哲学社会科学版). -2003,(3)

"为大众"的文学语言观——论赖和对台湾话文的主张/刘红林//世界华文文学论坛. -2003,(3)

研究两岸文学与文化关系的力作——评朱双一新著《闽台文学的文化亲缘》/何笑梅//世界华文文学论坛. -2003,(4)

写在《台独派的台湾文学论批判》之前/陈映真//世界华文文学论坛. -2003,(4)

曲折行进中的台湾当代女性文学/黄睿//呼兰师专学报. -2003,(4)

写实与魔幻相结合的现实质疑——台湾新世代作家张大春的创作特色/许剑铭//语文学刊. -2003,(4)

台湾文学研究的区域文化视角——试评朱双一新著《闽台文学的文化亲缘》/程晓飞//华文文学. -2003,(5)

乡土风情与本土意识——大陆、台湾乡土文体与文学语言比较/范钦林//江苏教育学院学报(社会科学版). -2003,(5)

海峡两岸女性主义文学批评之比较/罗婷//湖南社会科学. -2003,(6)

"洋"文学与"土"作家——外国作家及文学思潮对大陆和台湾乡土作家的冲击与影响/王林//佛山科学技术学院学报(社会科学版). -2004,(1)

弘扬本土文化恢复客家尊严——谈台湾的客家文学/古远清//嘉应学院学报. -2004,(1)

传统沉疴下的海峡两岸女性创作比较/张岚//浙江海洋学院学报(人文科学版). -2004,(1)

语言的转换与文学的进程关于台湾文学的一种解说/汪毅夫//中国现代文学研究丛刊. -2004,(1)

全球化与台湾/杨渡//世界华文文学论坛. -2004,(1)

学术双璧:《文学台湾》和《小说香港》/黄万华//华文文学. -2004,(1)

海峡两岸学界的互融与共通——写在《两岸三地唐代文学研究论著集成》出版之际/陈友冰//两岸关系. -2004,(2)

台湾的"劳伦斯"——李昂创作谈/王文兴//长春理工大学学报(社会科学版). -2004,(2)

艰难的志业,温柔的恶声——"世华文学"在台湾/杨宗翰//东南学术. -2004,(2)

论海峡两岸文学的政治性变迁/李卉//重庆三峡学院学报. -2004,(2)

西川满台湾民俗题材文学中的中华文化/李诠林//安徽教育学院学报. -2004,(2)

发轫期的中国台湾女性文学的文化主题——乡愁情结/涂显镜//贵阳师范高等专科学校学报(社会科学版). -2004,(3)

台湾女性文学中的女性意识/张华//昌吉学院学报. -2004,(4)

战时台湾文学的抵抗意识/黄万华//中国文学研究. -2004,(4)

论台湾当今本土文学创作/古远清//东方论坛. -2004,(5)

论台湾原住民作家对原住民生存价值的人文关怀/李瑛//云南民族大学学报(哲学社会科学版). -2004,(5)

曾心仪：台湾女性书写的新型路线/樊洛平//许昌学院学报. －2004,(6)

海峡两岸的台湾文学研究/钱虹//学术研究. －2004,(8)

当下台湾文学现状二题/古远清//创作评谭. －2004,(12)

当前大陆学界台湾文学研究与教学中的几个问/赵遐秋//世界华文文学论坛. －2005,(1)

2003年大陆台湾文学研究综述/李晨//华文文学. －2005,(1)

台湾乡土文学的一面旗帜——陈映真乡土文学观释读/王向阳//湖南人文科技学院学报. －2005,(1)

试论台湾文学的南北分立现象/古远清//华文文学. －2005,(1)

台湾自然写作的读者意识/陈大为//华文文学. －2005,(1)

论转型期海峡两岸的中国留学生文学/陈莉萍//浙江工商职业技术学院学报. －2005,(1)

台湾后现代主义文学思潮的产生及特点/陈婉霞//玉溪师范学院学报. －2005,(2)

中国台湾女性主义文学批评略论/林树明//南开学报(哲学社会科学版). －2005,(2)

用整体性思路研究两岸文学/英溪//中国现代文学研究丛刊. －2005,(2)

男权话语遮蔽下的婚姻真相揭示——试论林海音对台湾女性文学的开拓/樊洛平//北京联合大学学报(人文社会科学版). －2005,(2)

台湾新文学中的"陈三五娘"/朱双一//台湾研究集刊. －2005,(3)

台湾女性文学发展概论/林丽琴//黑河学刊. －2005,(3)

论杨逵日据时期的文学书写/朱立立、刘登翰//中国现代文学研究丛刊. －2005,(3)

20世纪90年代的台湾文学报刊/古远清//新乡师范高等专科学校学报. －2005,(3)

台湾怀乡文学的女性书写——从《城南旧事》、《失去的金铃子》、《梦回青河》谈起/樊洛平//海南师范学院学报(社会科学版). －2005,(3)

试论日据时期台湾文坛的"幻影之人"翁闹——与郁达夫比较/张羽//台湾研究集刊. －2005,(3)

做一个有个性的台湾文学研究工作者——台版《分裂的台湾文学》后记/古远清//世界华文文学论坛. －2005,(4)

中华文化和台湾文学/陈映真//世界华文文学论坛. －2005,(4)

同根异脉同名异质——浅析海峡两岸的"寻根文学"/姚韫//沈阳教育学院学报. －2005,(4)

评世纪之交的海峡两岸文学交流/陶德宗//重庆三峡学院学报. －2005,(4)

后现代语境中的日常生活叙事——大众文化与台湾文学论纲之一/方忠//徐州师范大学学报(哲学社会科学版). －2005,(4)

从跨族裔的角度审视蔡明亮的"身份"写作/崔军//世界华文文学论坛. －2005,(4)

台湾文学思潮的发现、探微与批判——读朱双一《台湾文学思潮与渊源》/陈辽//华文文学. －2005,(5)

《文学台湾》：记忆、理解、想象的"三重奏"/翟恒兴//济宁师范专科学校学报. －2005,(5)

反抗绝望与止于苍凉——鲁迅与张爱玲现代意识比较/段金花//山东文学.

-2005,(8)

重临的问题:关于日据时期台湾文学研究的思考/肖成//现代台湾研究.-2006,(1)

上世纪五十年代在台湾文坛独树一帜的《野风》杂志/钦鸿//华文文学.-2006,(2)

陈映真的现代性思考与现代台湾/徐纪阳//芜湖职业技术学院学报.-2006,(2)

大陆第一部研究台湾女性主义文学的专著——读评《台湾女性主义文学新论》/陈辽//世界华文文学论坛.-2006,(2)

文学与政治的畸形扭结——评当前台湾文化界的一种现状/沈庆利//世界华文文学论坛.-2006,(2)

台湾的自然写作及其研究/曹惠民//华文文学.-2006,(3)

理解自然的新道路——试谈台湾自然书写与研究在新世纪的几种演化类型/吴明益//华文文学.-2006,(3)

台湾《联合报》副刊的文学传承与角色变迁/李晓红//厦门大学学报(哲学社会科学版).-2006,(3)

精神诉求的不同"范式"——两岸文学人道主义精神的勾联/陆卓宁//中国文学研究.-2006,(3)

台湾女批评家风采一瞥——以郑明娳、龙应台为例/刘宇//常州工学院学报(社科版).-2006,(3)

《文学台湾》:寻找"遗失"的记忆/翟恒兴//中国石油大学学报(社会科学版).-2006,(4)

凡人的异类离散的尽头——台湾"眷村文学"两代人的叙述/张错//中国比较文学.-2006,(4)

民族文化精神的延展与维系——台湾文学中的母亲意象和母爱情感的书写/翟瑞青//河北大学学报(哲学社会科学版).-2006,(4)

多重话语霸权下的女性文学"命名"——台湾五十年代女性创作生态追思/陆卓宁//南方文坛.-2006,(5)

在美国想象与中国想象之间——冷战时期台湾旅美作家群的认同问题初论/朱立立//文学评论.-2006,(6)

大陆的台湾文学出版和台湾文学研究(1979—1989)/王文艳//华文文学.-2006,(6)

"鲁迅战斗精神"对台湾的影响/徐秀慧//华文文学.-2006,(6)

从朱氏姐妹作品浅析台湾的眷村文学的离散主题/杜娟//当代经理人.-2006,(8)

(二)台湾各体文学评论与研究

1. 诗歌

隔海说诗/流沙河//当代文坛.-1982,(5)

叶维廉的诗与传统/丘熊熊//台湾研究集刊.-1984,(2)

试析丘逢甲诗歌的艺术特色及其诗歌理论/黄志萍、徐博东//台湾研究集刊.-1987,(1)

台湾史诗海峡亲情——谈《东宁百咏》的爱国思想和历史意义/陈存广//华侨大学学报(哲学社会科学版).-1987,(1)

八十年代台湾诗歌发展新动向的考察/许建生//芒种.-1987,(2)

论非马的诗/朱双一//台湾研究集刊.-1987,(2)

向阳诗歌:田园模式的变奏/朱双一//福建论坛.-1988,(1)

台湾现代诗的两极对位/余禺//台湾研究集刊.-1988,(2)

论台湾现代主义诗精神的表现形态/朱双一//台湾研究集刊. －1988,(2)

意境:诗人与读者的共同创造——读台湾诗人覃子豪的《追求》与《距离》/李元洛//当代文坛. －1988,(2)

笠:现实经验论的艺术导向/朱双一//台港文学选刊. －1988,(5)

搭架现实与传统的心桥——略谈台湾新生代诗社/朱双一//台港文学选刊. －1988,(6)

台湾现代诗的发展历程——访台湾诗人杜国清/王晋民//台湾研究集刊. －1989,(2)

清新的风甜美的泉——读台湾林良等三人的儿童诗/陈文祥//台湾研究集刊. －1989,(3)

中西诗美的联姻——台湾诗人洛夫诗作片论/李元洛//当代文坛. －1989,(6)

视觉美的追寻——台湾图像诗/朱双一//台港文学选刊. －1989,(7)

《乱都之恋》:鲜血与泪水的凝聚——论台湾诗人张我军/陈浩泉、曹毓民//苏州科技学院学报(社会科学版). －1990,(3)

乡愁、诗化的张默——读《爱诗》/王林书//世界华文文学论坛. －1991,(1)

试谈蓉子诗作中的乡愁意识/王振科//世界华文文学论坛. －1991,(1)

台湾新文学运动先驱张我军的诗歌理论/潘颂德//东疆学刊. －1991,(3)

台湾乡土诗歌与闽南风情/许建生//台湾研究集刊. －1991,(3)

"神"与"牧师"——痖弦诗《神》简析/贲立人//阅读与写作. －1994,(4)

诗评家的邪路——读《两岸文学交流不应存在"敌意"》/南乡子//华文文学. －1995,(1)

我们期待怎样的交流——海峡两岸诗歌交流之检讨/葛乃福//华文文学. －1995,(1)

民族文化现代文化之精品——台湾诗人莫渝作品解读/曾汉祥//南昌高专学报. －1995,(1)

试论台湾现代诗的西化与回归/罗振亚//绥化师专学报. －1995,(1)

台湾现代诗四首赏析/刘成东//攀枝花大学学报. －1995,(1)

不朦胧也朦胧——评古远清的《台港朦胧诗赏析》/向明//华文文学. －1995,(1)

《晚景》论纪弦/刘登翰//诗探索. －1995,(1)

崇高美的热望——陈千武诗歌创作的精神追求/刘小新//华侨大学学报(哲学社会科学版). －1995,(1)

台湾现代诗的发展与风格演变/洛夫//世界华文文学论坛. －1995,(1)

世纪末台湾现代诗传播情境/林耀德//诗探索. －1995,(2)

论"笠"诗社的美学追求/刘小新//华侨大学学报(哲学社会科学版). －1995,(3)

总把民生挂心怀——于右任诗作纵谈/张永芳//党史纵横. －1995,(4)

在传统的树桩上嫁接现代——论泰华新诗的美学特色/翁奕波//世界华文文学论坛. －1995,(4)

痖弦诗歌的语言艺术/沈奇//文学评论. －1995,(4)

试论丘逢甲诗作中的"台湾意识"/黄志平//湖南师范大学教育科学学报. －1995,(4)

一颗折射着冷冽光芒的晶石——试论台湾诗人林亨泰的理论和创作/张恒春//北华大学学报(社会科学版). －1995,(4)

《新诗大千》介绍台湾新诗/曲炜//台声. －1995,(7)

劫后归来两岸情：1895—1923：台湾诗人在福建/汪毅夫//现代台湾研究.－1995，(总10、11)

台湾女诗人诗风景探幽/张荔//北华大学学报(社会科学版).－1996，(1)

60年代台湾的乡土诗/莫渝//华文文学.－1996，(1)

女性与历史的和鸣——冯青诗论/王金城//世界华文文学论坛.－1996，(1)

罗门深深深深罗门——浅析诗人罗门的孤独主题/应宇力//同济大学学报(社会科学版).－1996，(1)

银碗的凹度酝酿着光的秒数——略论林耀德的诗创作/朱双一//世界华文文学论坛.－1996，(2)

界牌边一朵咯血的杜鹃——读洛夫诗《边界望乡》/李槟//世界华文文学论坛.－1996，(2)

台湾现代派诗歌独特的文化内涵/刘红林//江海学刊.－1996，(2)

浓妆淡抹总含情——淡莹诗歌情感表现的三种境界/周可//华文文学.－1996，(2)

铭心入史存此愁——台湾诗人大荒及其《存愁》/沈奇//海南师范学院学报(人文社会科学版).－1996，(2)

西瓜寮下的诗情——读台湾诗人詹澈的诗/古远清//台声.－1996，(4)

文恺诗的超现实品格与实验精神/周可//世界华文文学论坛.－1996，(4)

与天同游——罗门诗歌精神散论/沈奇//世界华文文学论坛.－1996，(4)

日据时期台湾新诗的抗议和隐忍/朱双一//台湾研究.－1996，(4)

都市与田园的痛苦乐章——罗兰《声音的联想》赏析/胡小宁//阅读与写作.－1996，(8)

诗凝两岸未了情/余自言//台声.－1996，(11)

以声传情声情并茂——对余光中《布谷》一诗的读解/汪海峰//甘肃教育.－1996，(12)

大陆学者拼贴的"台湾新诗理论批评图"/萧萧//华文文学.－1997，(1)

人类深层精神世界的折光——纪弦的三首诗赏析/魏邦良//阅读与写作.－1997，(1)

问君能有几多愁——评郑愁予的爱情诗/刘志一//世界华文文学论坛.－1997，(1)

寂寞的"显学"——《台湾现代诗人散论》跋/沈奇//世界华文文学论坛.－1997，(1)

中西双重融合的典范——评余光中的诗/李朝//四川大学学报(哲学社会科学版).－1997，(1)

偏颇·错置·不实？——古继堂著《台湾新诗发展史》初探笔记/张默//华文文学.－1997，(1)

萧萧先生批评大陆学者的盲点——对《大陆学者拼贴的"台湾新诗理论批评"图》一文的回应/古远清//华文文学.－1997，(1)

雨过山自绿，风过海自平——关于《台湾新诗发展史》的回应/古继堂//华文文学.－1997，(1)

试论台湾"葡萄园"诗歌创作特色及其理论主张——兼谈中国现代诗走向/方航仙//黎明职业大学学报.－1997，(1)

台湾近代后期诗歌的情感特征/包恒新//福建论坛(文史哲版).－1997，(1)

论罗门城市诗的现代警示意义/马千里//安康师专学报.－1997，(1)

论洛夫诗歌中的时间意识/杨少伟//河

南教育学院学报（哲学社会科学版）．－1997,(2)

80年代以来台湾诗坛的三大流脉及其艺术视角/朱双一//厦门大学学报（哲学社会科学版）．－1997,(2)

略论林焕彰的诗创作/朱双一//亚洲华文作家杂志．－1997,(2)

试论台湾"葡萄园"诗歌创作特色及其理论主张/方航仙//台湾研究集刊．－1997,(3)

从超越的飞翔到回归的停泊——透视洛夫诗歌的思想内涵/李润霞//世界华文文学论坛．－1997,(3)

台湾女诗人研究述评/高红雨//兵团教育学院学报．－1997,(4)

永恒的乡恋——台湾诗人的乡愁之作/罗马//贵州文史丛刊．－1997,(4)

台湾儿童诗阅读札记/郑英//南京理工大学学报（社会科学版）．－1997,(4)

试论余光中的诗歌艺术/童肇勤//郧阳师范高等专科学校学报．－1997,(4)

试论台湾本土诗人创作中的中国情绪和中国意识/刘红林//扬州大学学报（人文社会科学版）．－1997,(4)

台湾诗学中意象概念的追寻/俞兆平//台湾研究集刊．－1997,(4)

一面小旗，满天风势——评台湾张健的诗集《春夏秋冬》/古远清//阅读与写作．－1997,(7)

近代台湾诗人的抗英事迹和爱国诗文/汪毅夫//台声．－1997,(12)

文晓村的新诗情结与《葡萄园》诗刊/高文升//华文文学．－1998,(1)

对西方现代诗和东方古典诗的双重逼近——论张默诗歌形式建构的妙谛及其音乐美/陶保玺//淮南师范学院学报．－1998,(1)

现代性：台湾诗歌艺术的阐释——评沈奇《台湾诗人散论》/王德领//世界华文文学论坛．－1998,(1)

一曲低回的乡愁咏叹调——也谈余光中的《布谷》/吴晟//名作欣赏．－1998,(2)

民族魂主宰的一次新诗革命——台湾新诗论争二十年回眸/古继堂//台湾研究．－1998,(2)

论台湾新诗现代化的二道难题/钟俊昆//许昌师专学报．－1998,(2)

时间和空间：台湾现代主义诗歌的生成/张晓平//华文文学．－1998,(2)

本色的批评与散漫的激情——沈奇诗学批评述评/吕刚//诗探索．－1998,(3)

"创世纪"与"葡萄园"诗歌比较/方航仙//华侨大学学报（哲学社会科学版）．－1998,(3)

新旧齐辉中西交融——台湾诗歌的特色与走向/子衿//世界华文文学论坛．－1998,(3)

台湾现代派诗的思想与艺术殊相/罗振亚//台湾研究集刊．－1998,(4)

祖国山河之爱：中国新诗的走向——访台湾著名诗人周伯乃/金果林//台声．－1998,(5)

瞬间与永恒——席慕蓉诗歌生命悲剧底蕴的揭示及其超越/郭跃鹏//新闻出版交流．－1998,(5)

华夏文化中国心——琼瑶作品中的古诗词/华彤//两岸关系．－1998,(5)

从余光中的诗看台湾现代主义诗潮/雷巧旋//中山大学学报论丛．－1998,(5)

略论台湾现代派诗的早期形态/张桃洲//世界华文文学论坛．－1999,(1)

从冬眠的蛹到飘逸的蝶——台湾诗人丁颖先生诗作漫议/陶保玺//淮南师范学院学报．－1999,(1)

滴水看世界，微尘见大千——台湾著名诗人林焕彰小诗选评/陈发玉//铜陵学院学报.－1999,(1)

台湾后现代诗欣赏——读陈黎的《岛屿边缘》/古继堂//名作欣赏.－1999,(1)

如歌的行板——狄金森与席慕容诗歌的比较/张靖//山东师大外国语学院学报.－1999,(1)

论台湾创世纪诗社的"大中国诗观"/章亚昕//山东社会科学.－1999,(1)

乡情寻脉台岛诗潮——台湾当代乡情诗走向/李铁军//阴山学刊.－1999,(3)

古典与浪漫——论台湾女诗人方娥真/孙淑艳//齐齐哈尔大学学报(哲学社会科学版).－1999,(3)

忧国忧民收复台湾是丘逢甲诗作的主旋律/李坦生//三明高等专科学校学报.－1999,(4)

笔端浩气满乾坤，除却悲歌百不存——丘逢甲诗歌"英气"漫谈/杨子怡//韩山师范学院学报.－1999,(4)

论纪弦与现代主义诗歌的关系/喻国伟//柳州师专学报.－1999,(4)

关于女性的话题——海峡两岸女性诗歌比较/吴晓川//西南民族学院学报(哲学社会科学版).－1999,(4)

文化同源与母语融铸——关于台湾诗歌的随想/张同吾//淮北煤师院学报(哲学社会科学版).－1999,(4)

浅谈余光中诗歌的民族风格/雷巧旋//阅读与写作.－1999,(6)

一身是骨——读台湾作家大荒的诗集《剪取富春半江水》/李传玺//台声.－1999,(10)

听洛夫深圳谈诗/李晃//世界华文文学论坛.－2000,(2)

从跨文化角度看台湾现代诗的精神取向/杜心源//世界华文文学论坛.－2000,(2)

论余光中诗歌的祖国情结/张景兰//淮海工学院学报.－2000,(2)

"在我们贫瘠的餐桌上"：50年代的台湾《现代诗》季刊/奚密//中国现代文学研究丛刊.－2000,(2)

月是故乡明——读余光中《登楼赋》/王永兵//阅读与写作.－2000,(3)

在现代文明与传统文化的交接点上——台湾蓉子诗歌简评/施军//徐州教育学院学报.－2000,(3)

台湾现代派诗歌与西方影响/廖四平//宝鸡文理学院学报(社会科学版).－2000,(4)

从跨文化角度看台湾现代诗的语言策略/杜心源//齐鲁学刊.－2000,(4)

论施善继和詹澈的诗创作/古继堂//文艺理论与批评.－2000,(4)

离愁深似海，泣血盼回归——谈余光中"咏怀诗"/徐云浩//周口师范高等专科学校学报.－2000,(4)

略论丘逢甲诗歌的文化情结与抒情意象/陈永标//华南师范大学学报(社会科学版).－2000,(4)

超现实主义的诗与禅——论洛夫的诗歌创作/向忆秋//桂林市教育学院学报.－2000,(4)

时间是不流血的战争——尹玲诗集《当夜绽放如花》主题研究/陈君华//镇江师专学报(社会科学版).－2000,(4)

大地之恸浴火重生——台湾诗人笔下的"九·二一"大地震/阎崑//台声.－2000,(4)

论余光中诗歌的中国情结/徐光萍//烟台师范学院学报(哲学社会科学版).－2000,(4)

“一路吟唱民族的琴歌”——记台湾“大海洋”诗社/古远清//台声. －2000,(5)

台港散文诗的新突破/徐成淼//黔南民族师范学院学报. －2000,(6)

挥不尽的离愁斩不断的根脉——四首台湾著名乡愁诗的意象与构思/胡国文//阅读与写作. －2000,(6)

常得你一生痴痴的仰望——评析余光中的乡愁诗/李莉//辽宁师专学报(社会科学版). －2000,(6)

台湾诗歌对后现代主义的接受与变形/赵小琪//学习与探索. －2000,(6)

爱国诗人丘逢甲的咏怀台湾诗/孙同发//政工学刊. －2000,(12)

丘逢甲诗歌“英气”漫论/杨子怡//中国韵文学刊. －2001,(1)

漂泊的身世与超越的情怀——论台湾创世纪诗社的创作心态/章亚昕//淮南师范学院学报. －2001,(1)

余光中的诗歌美学思想/彭立勋//世界华文文学论坛. －2001,(1)

论余光中的“乡愁诗”/柴焰//中州大学学报. －2001,(1)

雨滴回旋魅力无穷——余光中《听听那冷雨》品读/张溥//语文学刊. －2001,(1)

漂泊情怀总是诗——读台湾诗人绿蒂《沉淀的潮声》/古远清//阅读与写作. －2001,(1)

论台湾现代主义诗歌运动/廖四平//锦州师范学院学报(哲学社会科学版). －2001,(2)

纪台湾诗钟源流/陈子波//中国韵文学刊. －2001,(2)

诗心·诗学·诗话——两岸现代诗学对话/简政珍//天津社会科学. －2001,(2)

真情、至性、唯美——评台湾诗人绿蒂的《沉淀的潮声》/熊国华//世界华文文学论坛. －2001,(2)

洛夫诗歌的辩证色彩/向忆秋//广西民族学院学报(哲学社会科学版). －2001,(2)

台湾女性诗歌中的女性主义表征/刘红林//镇江师专学报(社会科学版). －2001,(3)

余光中思乡恋土诗歌特色论/张永健//益阳师专学报. －2001,(4)

谈当代台湾文学中的乡愁诗——兼评焦桐的《大陆的台湾现代诗评论》/王宗法//世界华文文学论坛. －2001,(4)

论台湾现代派诗歌的传统文化内涵/刘艺林//华文文学. －2001,(4)

寻根,浓得化不开的乡愁——访台湾著名诗人余光中/方国云//老年人. －2001,(4)

台湾现代诗派的西化与回归/黄岚//当代文坛. －2001,(5)

心有灵犀两岸同——台湾诗人王禄松的小诗/马立鞭//阅读与写作. －2001,(5)

论纪弦大陆时期的诗歌创作/潘颂德//海南师范学院学报(人文社会科学版). －2001,(6)

台湾诗坛坐标上的《葡萄园》/吕进//江汉论坛. －2001,(10)

“诗品出于人品”——读台湾汪洋萍《古体新诗十四行》/古远清//阅读与写作. －2001,(10)

岛屿悲歌——余光中《乡愁》诗赏析/刘建琼//语文教学通讯. －2001,(19)

台湾儿童诗发展概观/谭旭东//淮北煤师院学报(哲学社会科学版). －2002,(1)

论台湾现代诗的“抒情”/黄飞//宁波大学学报(人文科学版). －2002,(1)

解严之后:台湾诗坛的诡变/古远清//文艺理论与批评. －2002,(2)

古诗传统的现代转化——余光中与李

贺/徐学//台湾研究集刊. -2002,(2)

李金发与台湾现代诗/李静//石家庄经济学院学报. -2002,(2)

吴兴华、新诗诗学与50年代台湾诗坛/贺麦晓//诗探索. -2002,(2)

“一源多元”文化语境中的台湾当代海洋诗/王泉//华文文学. -2002,(3)

诗歌——架起海峡两岸沟通的彩桥/夏青//海内与海外. -2002,(3)

暗潮汹涌,明浪飞腾——论战不断的20世纪90年代台湾现代诗坛/古远清//南方文坛. -2002,(3)

略论台湾女诗人创作中的女性文体特征/刘红林//华文文学. -2002,(3)

台湾散文诗的新突破——莫渝《阅读台湾散文诗》简评/徐成淼//世界华文文学论坛. -2002,(4)

古典的现代咏叹——台湾部分现代诗浅识/刘谷诚//湛江师范学院学报. -2002,(5)

七万个灵魂塑成的浮雕——台湾诗人罗门的《麦坚利堡》赏析/张晓冬//语文天地. -2002,(18)

万般妙意归于趣向——余光中诗歌意象世界初探/蔡青//台湾研究集刊. -2003,(1)

山海“意象和弦”——台湾诗人丘逢甲的中原情结和海洋意识/梁文宁//广东教育学院学报. -2003,(1)

收复台湾的凯歌——读郑成功七言绝句《复台》/回俊才//政工学刊. -2003,(2)

台湾60年代的哀伤史诗/杨正辉//电影评介. -2003,(2)

清代讴歌统一台湾诗作解读/包恒新//福建论坛(人文社会科学版). -2003,(3)

论杜国清爱情诗中意象的运用/刘云//台湾研究集刊. -2003,(4)

浅论台湾爱情诗二人情景表达的多种模式/吴晓川//宜宾学院学报. -2003,(4)

一种诗评的典范——读余光中《井然有序》中的诗集序文/朱双一//华文文学. -2003,(6)

“现代主义”与“新古典”的互补——论台湾20世纪50～70年代的现代诗/王光明//文艺评论. -2003,(6)

论20世纪70年代台湾诗歌的“本土”意识/王光明//华文文学. -2003,(6)

郑成功《登岘石山》诗的真伪问题/刘经发//现代台湾研究. -2003,(6)

多情缠绵的爱情小夜曲——读三位台湾女诗人的抒情小诗/钱虹//名作欣赏. -2003,(7)

海峡两岸并蒂花——《永远的尹雪艳》和《长恨歌》中两个女性形象比较/杨利娟//中州大学学报. -2004,(1)

创造诗的机智与惊喜——试论“矛盾修辞法”对台湾旅美诗人非马艺术创作的影响/黄蓉//修辞学习. -2004,(1)

分合之缘——兼论海峡两岸诗歌的整体动态平衡/杨匡汉//广东教育学院学报. -2004,(1)

台湾新诗诗论的一株奇葩——评《台湾新诗十家论》/郭长德//淮南师范学院学报. -2004,(2)

海峡两岸后现代诗学理论的比较/朱水涌//厦门大学学报(哲学社会科学版). -2004,(2)

台湾现代派诗风吹拂下的东南亚华文诗坛/赵顺宏//华文文学. -2004,(2)

亚里士多德《诗学》在两岸/曹明//中国戏剧. -2004,(2)

海峡两岸:后现代诗考察与比较/陈仲义//文艺评论. -2004,(3)

高标独树,新诗诗体学理论建设的又一

面风旗——兼论《台湾新诗十家论》的卓越贡献/陈发玉//淮南师范学院学报. -2004,(3)

爱情吟唱的不同境界——五六十年代海峡两岸爱情诗比较/李如//世界华文文学论坛. -2004,(3)

论台湾编《清代文学论著集目》的得与失——以诗歌为中心/朱则杰//山东师范大学学报(人文社会科学版). -2004,(4)

台湾宋诗研究的现况和展望/张高评//黄冈师范学院学报. -2004,(4)

海峡两岸当代女性诗歌比较/凌孟华//重庆师范大学学报(哲学社会科学版). -2004,(5)

郁结的历史与美学的迹线——台湾散文诗创作的境况与实绩/黄永健//华文文学. -2004,(5)

徘徊与眺望——50至60年代台湾现代主义新诗发展状况及诗人转型择要/王圆圆//重庆邮电学院学报(社会科学版). -2004,(6)

论台湾图像诗——从艺术表现论的实验性层次谈起/李倩//社会科学辑刊. -2004,(6)

台湾爱国诗人丘逢甲的正气诗/顾育豹//下一代. -2004,(11)

台湾文学中的乡愁诗/丘峰//社会科学. -2004,(12)

精神家园与文化回归——台湾歌词创作的文化诗学特征之一/陈煜斓//漳州师范学院学报(哲学社会科学版). -2005,(1)

台湾三大诗社互动而又冲突的关系——以笠、蓝星及创世纪为例/古远清//诗探索. -2005,(1)

台湾的现代性"怨恨修辞"/蒋小波//台湾研究集刊. -2005,(1)

论零雨的后现代诗歌写作/王金城//台湾研究集刊. -2005,(2)

郑愁予、周梦蝶现代诗古典韵味之比较/王德培//伊犁教育学院学报. -2005,(2)

深深中华情赤诚祖国心——评台湾沦亡后海峡彼岸的主流诗歌创作/陶德宗//世界华文文学论坛. -2005,(3)

宏观与微观的精辟透析东方和西方的历史交融——评赵小琪《台湾现代诗与西方现代主义》/杨经建//华文文学. -2005,(3)

诗钟与击钵吟之辨/黄乃江//台湾研究集刊. -2005,(4)

台湾现代派诗的"母语情结"/姜耕玉//东南大学学报(哲学社会科学版). -2005,(4)

台湾三大诗社诗论之比较/古远清//中国海洋大学学报(社会科学版). -2005,(4)

名家诗词浅析——有感于台湾光复60周年/任树民//青海师专学报. -2005,(5)

共沥中华赤子血谱写千秋正气歌——评海峡两岸以台湾沦亡为题材的近代诗作/陶德宗//重庆社会科学. -2005,(6)

陶保玺与他的《台湾新诗十家论》——兼评《台湾新诗十家论》/孙仁歌//两岸关系. -2005,(8)

充满悲情的爱国歌吟——台湾诗歌四首解读/陶德宗//名作欣赏. -2005,(24)

80年代以来的台湾新诗理论批评/古远清//中国海洋大学学报(社会科学版). -2006,(1)

诗缘:维系台海两岸的坚韧纽带/陈忠义//厦门理工学院学报. -2006,(2)

女性主义视野下的80年代海峡两岸爱情诗——以舒婷、席慕蓉的诗歌为例/赵妍//世界华文文学论坛. -2006,(2)

"打我们自己的鼓,舞我们自己的龙"——70年代的台湾新诗理论批评/古远清//南京师范大学文学院学报. -2006,(3)

多元发展混声合唱——20世纪80年代台湾新诗创作概貌/古远清//甘肃社会科学.－2006,(3)

50年代台湾新诗:从呼喊走向内心/古远清//中国海洋大学学报(社会科学版).－2006,(6)

余光中早年在厦门的若干佚诗和佚文/朱双一//现代中文文学评论(香港).－1995,(6)

2.戏曲

姚一苇历史剧的现代性与民族性/徐学//台湾研究集刊.－1987,(3)

台湾当代戏剧创作的发展演变/齐建华//台湾研究集刊.－1992,(2)

琼瑶电视剧的情爱世界/陈飞宝//中外电视.－1993,(11)

论马森独幕剧的观念核心与形式独创/徐学、孔多//台湾研究集刊.－1994,(1)

悲剧与救赎的神话——论张晓风戏剧作品精神内涵的一个重要方面/徐学、周可//台湾研究集刊.－1994,(4)

马森戏剧理论的内在理路及观念系统/周可//世界华文文学论坛.－1995,(4)

台湾戏剧界关于"后现代剧场"的论战/曹明//世界华文文学论坛.－1995,(4)

论台湾当代小剧场的前卫剧/彭耀春//台湾研究集刊.－1999,(2)

"对当时政治环境一种痛苦的反射"——论姚一苇的戏剧创作/彭耀春//台湾研究集刊.－2000,(2)

台湾当代小剧场的揭幕式——论《荷珠新配》/彭耀春//台湾研究集刊.－2001,(3)

历史,并非在此定格——由电视文学剧本《台湾风云》引发的思考/红孩//理论与创作.－2001,(5)

思乡的路不远——《台湾往事》记怀/郑洞天//北京观察.－2004,(2)

转型:从写实传统到现代主义——论1960至70年代台湾话剧的发展/胡星亮//台湾研究集刊.－2005,(2)

缱绻难尽的这纸情书——从台湾西田社制作《情书》一探台湾小剧场戏曲的可能/傅裕惠//福建艺术.－2005,(5)

电影《心音》:演绎大陆歌迷与台湾歌星的另类爱情/黑水//电影.－2005,(9)

女性眼中的现实偶然与未来必然——台湾影片《203040》浅析/姜韫霞、吴凡//写作.－2005,(23)

3.小说

思乡的情怀离奇的世相——初读聂华苓的几本小说/章子仲//湖北大学学报(哲学社会科学版).－1982,(5)

台湾版《台静农小说集》漫谈/张杰//齐齐哈尔大学学报(哲学社会科学版).－1983,(4)

评宋泽莱的《角上的新娘》/黄重添//福建文学.－1983,(5)

曾心仪小说的独特性/黄重添//福建文学.－1983,(8)

试论三十年代台湾小说/朱南//台湾研究集刊.－1984,(2)

试论白先勇小说的悲剧意识/朱学群//台湾研究集刊.－1984,(2)

台湾乡土小说女性形象雏论/庄明萱//台湾研究集刊.－1984,(2)

宋泽莱小说艺术散论/王华//台湾研究集刊.－1984,(2)

从中篇小说看台湾当代小说的发展趋势/黄重添//天津师范大学学报.－1984,(6)

洪醒夫小说艺术散论/武寒青//台湾研究集刊.－1985,(2)

台湾当代乡土小说的审美追求/黄重添//台湾研究集刊．－1985，(2)

白先勇短篇小说的抒情特色/徐杰//台湾研究集刊．－1985，(3)

台湾作家宋泽莱小说的当代性/黄重添//天津师范大学学报．－1985，(6)

在两种文化的冲撞之中——论施叔青的小说/刘登翰//台湾研究集刊．－1986，(1)

台湾乡土文学的一个波澜——读钟肇政的两个三部曲/黄重添//台湾研究集刊．－1986，(1)

台湾人民爱国抗日的壮丽画卷——读钟肇政的小说《沉沦》/成远镜、方吉长//娄底师专学报．－1986，(2)

试论林海音小说的独特性/韦体文//台湾研究集刊．－1986，(3)

略谈廖蕾夫的《隔壁亲家》方言运用的鲜活性/郑通涛//台湾研究集刊．－1986，(3)

多刺的“玫瑰”与冰冷的“小寡妇”/黄重添//台湾研究集刊．－1986，(4)

“永远不屈的铁血之魂”——吴浊流与其长篇小说《亚细亚的孤儿》/关连阁//齐齐哈尔大学学报(哲学社会科学版)．－1986，(4)

琼瑶小说的情节构式及其爱情观/徐学//台湾研究集刊．－1986，(4)

我看琼瑶小说/徐学//海峡．－1987，(1)

陈若曦小说论/潘亚暾、汪义生//台湾研究集刊．－1987，(1)

台湾女性小说发展景观/黄重添//台港文学选刊．－1987，(2)

从《杀夫》一瞥李昂的文化探索/封祖盛//台湾研究集刊．－1987，(2)

台湾近期小说发展管窥/黄重添//厦门大学学报．－1987，(3)

《等待春天》人物浅析/何笑梅//台湾研究集刊．－1987，(4)

谈台湾几部反映青少年问题的小说/朱双一//台湾研究集刊．－1987，(4)

《牛肚港的故事》艺术结构管见/许建生//台湾研究集刊．－1987，(4)

评廖辉英的《今夜微雨》/庄明萱//台湾研究集刊．－1987，(4)

台湾大河小说中两座相互辉映的丰碑——比较《台湾人》和《寒夜》两个三部曲/潘亚暾、汪义生//当代文坛．－1987，(4)

台湾现代派小说得失之我见/黄重添//华文文学．－1987，(6)

从《台北，台北！》看王拓创作的突破/黄重添//台湾研究集刊．－1988，(1)

小说《游园惊梦》与同名话剧比较分析/林青//台湾研究集刊．－1988，(2)

评高阳的《慈禧全传》/许建生//台湾研究集刊．－1988，(3)

台湾企业家的心路——评杨青矗新作二部曲《连云梦》/黄重添//台湾研究集刊．－1988，(4)

略论廖辉英小说的女性意识/何笑梅//台湾研究集刊．－1988，(4)

“三通”与“三情”的交融——评台湾女作家陈若曦的长篇小说《远见》/李华飞//文史杂志．－1988，(5)

台湾政治小说片谈/黄重添//福建论坛．－1988，(5)

古龙武侠小说的现代特征及文化价值/朱双一//福建论坛．－1989，(1)

闽南方言在台湾小说中营造乡土特色的形式/许建生//台湾研究集刊．－1989，(1)

不断地超越自己——朱秀娟长篇小说创作片论/黄重添//台湾研究集刊．－1989，

(2)

柏杨的小说世界/林青//台湾研究集刊. -1989,(3)

80年代台湾小说创作整体观/黄重添//海内外文学. -1989,(3)

白先勇与《红楼梦》三题/袁良骏//台湾研究集刊. -1990,(1)

台湾长篇爱情婚姻小说综论/黄重添//华文文学. -1990,(1)

80年代台湾小说实验/朱双一//台港文学选刊. -1990,(1)

爱是一种需要学习的艺术——杨小云短篇小说印象/何笑梅//台港文学选刊. -1990,(3)

廖辉英小说印象/黄重添//华人之声. -1990,(6)

高阳·曹雪芹·《红楼梦》/林青//台湾研究集刊. -1991,(1)

台湾现代都市社会的投影——萧飒小说漫论/黄重添//世界华文文学论坛. -1991,(1)

论台湾的阿Q(摘录)——《锣》中的憨钦仔/林承璜//世界华文文学论坛. -1991,(2)

论吴浊流和他的小说创作/王耀辉//华侨大学学报(哲学社会科学版). -1991,(2)

七十年代台湾小说三题/王淑秧//文艺理论与批评. -1991,(3)

寸有所长尺有所短——关于台湾言情小说/黄重添//台湾研究集刊. -1991,(4)

台湾科幻小说的创作及其特点/何笑梅//台湾研究集刊. -1992,(3)

近年台湾小说艺术模式的变革/朱双一//福建论坛. -1993,(2)

论李昂鹿城小说及其意义/徐学//当代作家评论. -1993,(2)

一幅色彩驳杂的理想蓝图:七等生小说论/包恒新//现代台湾研究. -1994,(3)

孤侠与乡愁——王鼎钧短篇小说研析/徐学//台湾研究集刊. -1994,(3)

现代主义与传统文化的璧合——白先勇小说创作概论/王焱//天中学刊. -1995,(1)

弗洛伊德主义和台湾现代派小说/刘红林//世界华文文学论坛. -1995,(1)

突围者的迷惘与梦幻——台湾小说《女强人》解析/郭宝亮//华北电力大学学报(社会科学版). -1995,(1)

现代台北生活DE广角镜——读台湾女作家郭良蕙的小说/王宁//团结. -1995,(1)

被扭曲了的灵魂——试论日据时期台湾小说中的洋奴形象/王震亚//佳木斯大学社会科学学报. -1996,(1)

置身于红尘世界的反思——廖辉英小说中女性人物形象简析/彭燕彬//河南电大. -1996,(1)

丛甦小说简论/徐志啸//世界华文文学论坛. -1996,(1)

孽海浮沉企望归岸——浅谈白先勇长篇小说《孽子》/周丽瑛//世界华文文学论坛. -1996,(2)

从小说看台湾女性价值观的嬗变/何笑梅//台湾研究集刊. -1996,(2)

台湾女性生存现实的形象写照——评赵淑敏《惊梦》中的婚恋小说/王敏//中华女子学院学报. -1996,(2)

论陈映真的乡土小说创作/卢风//理论与创作. -1996,(3)

论张系国的放逐系列小说/沈荟//世界华文文学论坛. -1996,(3)

“原”汁“原”味的呈现——略论高山族作家田雅各的小说创作/朱双一//民族文学研究. -1996,(4)

评台湾女作家赵淑敏的小说艺术/袁良骏//文史哲. -1996,(4)

高阳历史小说论/吴秀明//文学评论. -1996,(4)

略论高山族作家田雅各的小说创作/朱双一//民族文学研究. -1996,(4)

赖和小说的写作技巧/陈兆珍//台湾研究集刊. -1996,(4)

贫弱女性的保护神——曾心仪与她的新女性主义小说/彭燕彬//河南社会科学. -1996,(5)

台湾女作家笔下的爱情小说/张默芸//台声. -1996,(8)

闺怨与闺怨之外:台湾新女性主义长篇小说发展之一瞥/肖成//现代台湾研究. -1996,(总15)

历史与人道的双重陷落——痖弦《上校》赏析/袁文杰//阅读与写作. -1996,(12)

一条充满栀子花香的小巷:台湾乡情文学鉴赏之四:[林海音小说《晚晴》]/包恒新//现代台湾研究. -1996,(总15)

闺怨与闺怨之外:台湾新女性主义长篇小说发展之一瞥/肖成/现代台湾研究. -1996,(总15)

从文化视角观当代海峡两岸现代主义小说的异同/田中阳//湘潭大学社会科学学报. -1997,(2)

古典与现代的两难——评钟晓阳的小说世界/庄园//世界华文文学论坛. -1997,(2)

台湾女作家小说创作管见/王凤莲//淄博学院学报(社会科学版). -1997,(2)

台湾现代派小说的"寻找"意向及其悲剧结局/韩元//山东师大学报(社会科学版). -1997,(2)

社会现实生活的真实写照——高阳笔下的妓女形象/程翔章//培训与研究-湖北教育学院学报. -1997,(4)

走进心灵深处——欧阳子的心理小说赏析/田锐生//心理世界. -1997,(5)

书评的新视角——读《龙应台评小说》/邓宾善//当代文坛. -1997,(5)

意、趣、神、色——台湾小说《将军族》审美赏析/黄裳裳//文艺理论与批评. -1997,(5)

台湾当代小说中的女性/何笑梅//小说评论. -1997,(6)

美好的交流与聚会——'96海峡两岸少年小说研讨会走笔/方卫平//台声. -1997,(7)

吕赫若小说的民俗学解读/汪毅夫//现代台湾研究. -1997,(总19)

暴风雨到来之前——读吕赫若小说《冬夜》/何标//世界华文文学论坛. -1998,(1)

吕赫若小说创作的中国性/朱双一//台湾研究集刊. -1998,(1)

"王谢子弟"穷途路旅美华人无根心——论白先勇短篇小说的思想倾向/程鹏//西南师范大学学报(哲学社会科学版). -1998,(1)

吕赫若小说的命运模式/马相武//台湾研究集刊. -1998,(1)

台湾武侠小说的历史流变/方忠//台湾研究. -1998,(1)

高阳小说中的自叙色彩/徐学//华中师范大学学报. -1998,(2)

乡土情结:走不出的沼泽地——谈沈从文、钟理和乡土小说文化内涵的异同/王文胜//世界华文文学论坛. -1998,(2)

古龙武侠小说创作史论/方忠//镇江师专学报(社会科学版). -1998,(3)

台湾女作家孟瑶与她的小说/张敏//文史杂志. -1998,(3)

都市梦呓与散文化叙述——衣若芬(台湾)小小说创作论/杨凤英//湛江师范学院学报(社会科学版).-1998,(3)

爱情·婚姻·社会——《台湾爱情小说选》评/张默芸//大同职业技术学院学报.-1998,(3)

两岸乡土小说的共同文化背景及异质话语的解剖/丁帆//南京大学学报(哲学.人文科学.社会科学版).-1998,(3)

亦亲亦疏:台湾女作家小说中的父与子/李仕芬//台湾研究集刊.-1998,(3)

台湾女作家好色?——谈谈情色小说/陈若曦//世界华文文学论坛.-1998,(4)

小市镇人物的困境与救赎——黄春明小说简论/尉天骢//世界华文文学论坛.-1998,(4)

黄春明乡土小说论/樊洛平//世界华文文学论坛.-1998,(4)

“男女两造情境”的不倦营构——廖辉英小说创作模式论/陈娇华//世界华文文学论坛.-1998,(4)

台湾现代派小说心理描写管窥/施修蓉//广西教育学院学报.-1998,(4)

台湾经济转型期的乡土眷恋和都市批判——黄春明小说创作一面观/刘登翰//世界华文文学论坛.-1998,(4)

黄春明笔下乡土小人物生与死的意义/尉天骄//河海大学学报(哲学社会科学版).-1999,(1)

黄春明小说的时代特征/王宗法//台湾研究集刊.-1999,(1)

徘徊于传统与现代之间——欧阳子小说的道德视界/范钦林//江苏教育学院学报(社会科学版).-1999,(1)

在黄春明、陈映真作品研讨会上之随想随说/周良沛//文艺理论与批评.-1999,(1)

新婚恋关系下的新悲剧——评萧飒的短篇小说/古继堂//理论与创作.-1999,(1)

从性禁区透视女性生存——浅析李昂小说中的女性与性/王曙芬//辽宁大学学报(哲学社会科学版).-1999,(1)

婚恋关系的悲剧况味——萧飒《深巷斜阳》的美丽与凄婉/古继堂//台湾研究.-1999,(1)

怀旧的思绪感伤的情调——台湾当代作家白先勇小说世界评析/杨淑华//大理学院学报(社会科学版).-1999,(1)

七十年代黄春明小说中的新殖民主义批判意识——以《莎哟娜啦·再见》、《小寡妇》和《我爱玛莉》为中心/陈映真//文艺理论与批评.-1999,(2)

现实主义乡土小说的两地先驱——鲁迅、赖和乡土小说比较论/范钦林//南通师范学院学报(哲学社会科学版).-1999,(2)

从台湾社会的现实中一路走来——论黄春明小说的时代开创性、启蒙性和艺术性/曾健民//文艺理论与批评.-1999,(2)

自恋主义文化的写真——评郝誉翔的短篇小说《洗》/巫汉祥//台湾研究集刊.-1999,(3)

黄春明小说的时代特色/何标//台声.-1999,(3)

情深苦果——读苏伟贞的《老爸关云短》/李仕芬//台湾研究集刊.-1999,(3)

台湾小说单音形容词的重叠形式——海峡两岸词的重叠形式的对比研究/廖礼平//徐州师范大学学报(哲学社会科学版).-1999,(3)

台湾小说女性意识透视/朱晓镜//常熟高专学报.-1999,(3)

现代消费社会的另类叙事——论黄春明小说的现实主义价值/黎湘萍//文学评

论. －1999,(3)

1930年代朝鲜和台湾的劳动者题材小说初探——以人物形象与矛盾之性质为中心/金炡旭//文艺理论与批评. －1999,(3)

评白先勇小说《孽子》的救赎主题/何宗龙//安徽农业大学学报(社会科学版). －1999,(4)

形象细腻质朴自然——评陈漱意长篇小说《蝴蝶飞》/张默芸//福建论坛(文史哲版). －1999,(5)

黄春明小说的文化品格/李献文//衡阳师范学院学报. －1999,(5)

论琼瑶小说创作及其文学史意义/方忠//台湾研究集刊. －2000,(1)

苏雪林小说的保守主义倾向/朱双一//华侨大学学报. －2000,(1)

近年来的台湾小说创作/朱双一//小说评论. －2000,(1)

一曲“浪子的悲歌”——聂华苓短篇小说《桑青与桃红》的浅析/张中玉//湖北函授大学学报. －2000,(1)

论黄春明小说的文化品格/李献文//中州大学学报. －2000,(1)

台湾微型小说创作的历史与现状/徐学//台湾研究. －2000,(2)

台湾后现代社会和女性真我的展现——评朱氏姐妹的小说集《世纪末的华丽》、《威尼斯之死》/朱艳//高等函授学报(哲学社会科学版). －2000,(2)

认同的喜剧与拒绝认同的悲剧——试论吴浊流小说《先生妈》的文化主题/于平//世界华文文学论坛. －2000,(2)

“大陆情结”的艺术审视与展现——白先勇的短篇小说集《台北人》赏析/陈祥泰//青岛教育学院学报. －2000,(3)

论白先勇的文化乡愁——从《台北人》、《纽约客》谈起/王宗法//台湾研究集刊. －2000,(3)

台湾微型小说论/赵朕、赵焱//学术研究. －2000,(3)

漂泊者的哀歌——读白先勇的小说《台北人》《纽约客》/潘雅琴//名作欣赏. －2000,(3)

“少小离家老大还”——浅析台湾当代小说从现代主义向现实主义的复归/上官政洪//荆门职业技术学院学报. －2000,(4)

兴替由来岂瞬间——评台湾女作家林佩芬的长篇小说《努尔哈赤》/关纪新//民族文学研究. －2000,(4)

豪爽女人的呼唤:解放情欲书写——论90年代台湾女性情欲小说/李娜//世界华文文学论坛. －2000,(4)

台湾小说中词的ABB式结构/廖礼平//徐州师范大学学报(哲学社会科学版). －2000,(4)

从台湾当代小说看海峡两岸的同形异义词语/侯昌硕//湛江师范学院学报. －2000,(4)

论白先勇小说中的悲剧女性形象/程新炜//辽宁广播电视大学学报. －2000,(4)

中国大陆与台湾乡土小说比较论纲/丁帆//福建论坛(文史哲版). －2000,(5)

反刍世纪末的港式生活——评施叔青的小说集《香港的故事》/朱艳//高等函授学报(哲学社会科学版). －2000,(6)

黄春明小说人物论/韩元//齐鲁学刊. －2000,(6)

台湾现代派小说与西方影响/廖四平//台湾研究集刊. －2001,(1)

台湾新世代都市小说初论/朱立立//镇江师专学报(社会科学版). －2001,(1)

台湾“大河小说”的史质性拓展/韩彦斌//语文学刊. －2001,(1)

欲望与寂寞间的生存——论施叔青短

篇小说中的女性心态/李艳//世界华文文学论坛. -2001,(1)

论台湾作家杨逵的小说创作/林晶//福建建筑高等专科学校学报. -2001,(1)

夜阑人静处——读《台北人》之《寂寞的十七岁》/陈晨//语文世界. -2001,(1)

复活的意义,无声的阴影及写作的姿态——阅读苏伟贞小说的戏剧性/徐钢//东南学术. -2001,(1)

海峡两岸新生代小说研究/傅其林//小说评论. -2001,(1)

说不尽的"姻缘套":台湾女作家郭良蕙婚恋小说掠影/萧成//现代台湾研究. -2001,(1)

走向多样化格局的澳门小说/朱双一//世界华文文学论坛. -2001,(1)

谈谈台湾情色小说/陈若曦//东方论坛. -2001,(1)

试论黄春明小说中的民族魂/刘红林//世界华文文学论坛. -2001,(2)

现实主义精神的一脉相承——谈鲁迅对赖和小说的影响/安萍//井冈山师范学院学报. -2001,(2)

白先勇小说句法与现代性的汉文学语言/徐学//台湾研究集刊. -2001,(2)

可歌可泣的英雄群像的创造——论钟肇政乡土小说中的人物塑造/刘晓华//呼伦贝尔学院学报. -2001,(3)

构筑海峡两岸极短篇界的桥梁——读台湾张春荣教授的《极短篇的理论与创作》/凌鼎年//世界华文文学论坛. -2001,(4)

姚雪垠与高阳的历史小说之比较/潘峰//华南师范大学学报(社会科学版). -2001,(5)

台湾现代派小说结构艺术论/李定春//郴州师范高等专科学校学报. -2001,(6)

情欲追逐下的精神裂变——浅析《游园惊梦》中钱夫人形象/谈勇//阅读与写作. -2001,(9)

没有明天的故事——论白先勇小说的"时间"/方东//台湾研究集刊. -2002,(1)

台湾小说中词的 AABB 式结构/廖礼平//盐城师范学院学报(人文社会科学版). -2002,(2)

陈映真笔下的"两岸民生"/王震亚//统一论坛. -2002,(3)

从奴隶到主人——台湾半个世纪女性小说写作的艰难指向/王传满//世界华文文学论坛. -2002,(3)

一曲两岸小人物的纯情悲歌——评陈映真短篇小说《将军族》/赵非//河北广播电视大学学报. -2002,(4)

谈台湾的科幻小说发展/李涛//山东行政学院. 山东省经济管理干部学院学报. -2002,(5)

台湾女性小说中的性与政治/刘红林//汕头大学学报(人文社会科学版). -2002,(5)

90 年代台湾短篇小说的"黑夜意象"解读/赵军秀//首都师范大学学报(社会科学版). -2002,(6)

台湾"大河小说"的史志意蕴/韩彦斌//山西大学学报(哲学社会科学版). -2002,(6)

深层次的比较:可能与实践——评《中国大陆与台湾乡土小说比较史论》/柯源//江海学刊. -2002,(6)

迷惘中的人性——评台湾作家王文兴的作品《家变》/黄蜜//美与时代. -2003,(1)

台湾作家许希哲长篇小说艺术论/丘峰//嘉应大学学报. -2003,(1)

论台湾"大河小说"的人物形象塑造/韩彦斌//内蒙古工业大学学报(社会科学版).

－2003,(1)

潮平两岸阔风正一帆悬——海峡两岸80年代新潮小说比较/刘新锁//山东教育学院学报. －2003,(1)

来自大洋两岸不同背景下的“呐喊”——从《麦田里的守望者》和《狂人日记》的比析中看人类面对困境的反思/方文开//荆州师范学院学报. －2003,(1)

现代叙事策略下的原始与神秘——论日本殖民作家西川满的台湾题材小说创作/李诠林//华文文学. －2003,(2)

海峡彼岸的众生相——读周啸虹小说集《逝水》/周玉宁//世界华文文学论坛. －2003,(2)

台湾同性恋小说叙事策略的变迁/罗显勇//华文文学. －2003,(4)

用悲天悯人的襟怀察中国妇女之苦痛——浅析台湾女作家林海音小说主题的意蕴/周艳丽//殷都学刊. －2003,(4)

台湾新女性主义文学对婚姻自主的全新理解：小说/刘红林//现代台湾研究. －2003,(4)

从台湾当代小说看海峡两岸汉语的语法差异——兼析两岸语言融合的态势/侯昌硕//延安大学学报(社会科学版). －2003,(4)

反讽和讽刺——台湾作家欧阳子的小说叙述策略/杨学民//常熟高专学报. －2003,(5)

拼贴都市的叙事模式——台湾新世代作家林耀德小说《大东区》/周娟//语文学刊. －2003,(5)

高阳与二月河的作品比较/庄若江//现代台湾研究. －2003,(6)

论台湾作家欧阳子小说的现代性/马金起//山东社会科学. －2003,(6)

政治高压下的智性求索——从吕赫若《邻居》看日据时期台湾作家抗拒“皇民化”的策略/沈庆利//华文文学. －2003,(6)

情天欲海的悲情守望——简论台湾新生代女作家苏伟贞的小说创作/王俊义//语文学刊. －2003,(6)

透视当代台湾“同志”文本及其写作——《孽子》、《荒人手记》析例/张体//理论与创作. －2004,(1)

女性写作视野中的人文关怀——试论台湾女作家孟瑶的小说世界/樊洛平//焦作大学学报. －2004,(1)

反帝爱国精神的文化写照——论台湾“新文学奠基人”赖和的小说创作/吴龙//山东教育学院学报. －2004,(1)

租售爱情——论九〇年代台湾言情小说的文化传播机制/李静怡//华文文学. －2004,(2)

论台湾“大河小说”的悲剧性和崇高美/韩彦斌//内蒙古师范大学学报(哲学社会科学版). －2004,(2)

夹缝中的劲草——台湾50年代乡土小说一斑/杨志强//内蒙古师范大学学报(哲学社会科学版). －2004,(2)

神秘的程序智慧的叙事——台湾作家朱衣的神秘性小说解析/郝敬波//世界华文文学论坛. －2004,(3)

日据时期台湾小说中的“养女制度”批判/肖成//现代台湾研究. －2004,(3)

日据时期台湾女性小说创作风貌/萧成//世界华文文学论坛. －2004,(4)

当代台湾“寻根小说”的文化考察/谭光辉//西南民族大学学报(人文社科版). －2004,(4)

现实主义闪耀在乡土话语里的光色——台湾“大河小说”风格论/韩彦斌//广播电视大学学报(哲学社会科学版). －2004,(4)

台湾文坛:2003叙事景观——以袁琼琼"2003中国年度最佳台湾小说"为例/陆卓宁//海南师范学院学报(社会科学版).-2004,(5)

日据时期台湾小说对封建迷信的批判/肖成//现代台湾研究.-2004,(5)

传统与现代之间——台湾现代派小说发展论略/张化廉//河南大学学报(社会科学版).-2004,(6)

拿什么拯救你我的体面——关于台湾作家黄春明的《锣》/谢晓燕//新乡师范高等专科学校学报.-2004,(6)

台湾文学浪漫性的个案研究——七等生小说浪漫精神辨析/朱立立//福建师范大学学报(哲学社会科学版).-2004,(6)

海峡两岸:成长的三个关键词——论苏童、白先勇小说中的成长主题/李学武//名作欣赏.-2004,(7)

台湾的大河小说和原住民文学/古远清//贵州社会科学.-2005,(1)

试论台湾政治小说和台语文学的反叛精神/古远清//嘉应学院学报.-2005,(1)

异地求生的女性群落——谈施叔青小说中的外乡女性/朱小燕//内江师范学院学报.-2005,(1)

论台湾"大河小说"体现的民族向心力/韩彦斌//蒙古工业大学学报(社会科学版).-2005,(1)

台湾日据时期小说文本精神内涵的解读——以受难感为例/蒋朗朗//海南师范学院学报(社会科学版).-2005,(1)

凸现日据时期台湾小说三特点——读肖成《日据时期台湾社会图谱——1920—1945台湾小说研究》/陈辽//华文文学.-2005,(1)

台湾现代派小说研究再出发:一种精神现象学的阐释/朱立立//华侨大学学报(哲学社会科学版).-2005,(1)

台湾"大河小说"综论/韩彦斌//阴山学刊.-2005,(2)

论台湾女作家三毛的小说创作/杨小兰//兰州学刊.-2005,(3)

社会人生的拆解与颠覆——台湾新世代女作家的小说创作态势/樊洛平//郑州大学学报(哲学社会科学版).-2005,(3)

从仰望理想到人的异化——论陈映真小说的题旨/许永强//世界华文文学论坛.-2005,(3)

论《橡皮灵魂》的独特叙述视角/王咏梅//廊坊师范学院学报.-2005,(3)

即离于真实与荒诞之间的精妙表达——剖析台湾作家蔡逸君的小说《蓝色的马》/刘中项//华文文学.-2005,(4)

台湾现代派小说的心理和哲理内涵/张学军//山东社会科学.-2005,(4)

论日据时期台湾小说的民族认同主题/刘勇、杨志//中国现代文学研究丛刊.-2005,(4)

女性生存的新与旧之间——论赵淑敏小说集《惊梦》/张鸿声//华文文学.-2005,(4)

从历史之场走向现实之思——评蓝博洲长篇小说《藤缠树》/石一宁//世界华文文学论坛.-2005,(4)

迁徙·冲突·漂泊——大陆与台湾"农民进城小说"之比较/许玉庆//世界华文文学论坛.-2005,(4)

施叔青:香港经验和台湾叙事——兼说世界华文创作中的"施叔青现象"/刘登翰//台湾研究集刊.-2005,(4)

日本殖民侵略的自供、掩饰和美化——日据后期在台日本作家长篇小说析论/朱双一、刘红//台湾研究集刊.-2005,(4)

论台湾原住民作家的抗日小说/李瑛//

云南民族大学学报(哲学社会科学版).－2005,(4)

论吕赫若小说中的“审父”意识/刘红林//河海大学学报(哲学社会科学版).－2005,(4)

女性情感境遇的大胆碰撞与冷静审视——台湾女作家郭良蕙小说解读/樊洛平//广州大学学报(社会科学版).－2005,(4)

台湾小说反映的福佬社会文化特征/朱双一//福建论坛(社科教育版).－2005,(4)

内宇的咏唱——评朱立立《知识人的精神私史:台湾现代派小说的一种解读》/李薇//江苏大学学报(社会科学版).－2005,(5)

金庸小说研究史稿/丁进//嘉兴学院学报.－2005,(5)

绵绵无尽的感伤之歌——白先勇小说中的感伤色彩透析/赵友龙//辽东学院学报.－2005,(6)

从《龙应台评小说》文集看其文学批评风格/卢玮//重庆三峡学院学报.－2005,(6)

台湾《现代文学》杂志及其小说现代性/杨学民//中国石油大学胜利学院学报.－2006,(1)

台湾新世代女作家的小说创作态势/樊洛平//华文文学.－2006,(2)

还原生活的五味汤——读台湾作家萧飒的小说集《裸画》/伍欣//华文文学.－2006,(2)

当代台湾小说在大陆传播的动力机制/赵小琪//长江学术.－2006,(3)

性文学领域的大胆叛逆——试论台湾女作家李昂的小说创作/樊洛平//中国文学研究.－2006,(3)

由台湾的两部恐怖小说谈起/兴安//文学自由谈.－2006,(3)

穿越黑夜迷城——20世纪末台湾短篇小说之意象解读/冯晓艳//社会科学家.－2006,(4)

嫁接于西方现代派之木的台湾现代派小说/谢冬冰//济南大学学报(社会科学版).－2006,(5)

多元文化特性中的创作异同——论王安忆、李昂小说的文化意蕴/曾丽华//重庆工学院学报.－2006,(7)

爱国精神民族情韵——略论当代台湾乡土小说的文化表现/雷巧旋//中山大学学报论丛.－2006,(7)

当网络时代遭遇书信爱情——评台湾小说《千江有水千江月》/贾伟//社会观察.－2006,(10)

别开生面的军事幻想小说——台湾退役军官宋兆文书稿《决战钓鱼岛》/何亮亮//世界.－2006,(11)

琼瑶与台港新言情小说/徐学//明报月刊(香港).－1996,(4)

4. 报告文学、通讯特写

台湾报导文学析评/何笑梅//台湾研究集刊.－1989,(4)

探视历史直面人生——古蒙仁与台湾的报导文学创作/朱双一//台湾研究集刊.－1997,(2)

台湾当代报导文学的背景与价值/张瑷//广播电视大学学报(哲学社会科学版).－2000,(1)

台湾报导文学理论批评的形态与策略/丁晓原//文艺评论.－2001,(1)

重建台湾的历史叙事——读蓝博洲的报告文学/石一宁//文艺理论与批评.－2003,(5)

试论《幌马车之歌》——纪念抗战胜利

六十周年/刘孝春//世界华文文学论坛.－2005,(4)

1990年代:台湾传记文学的发展趋势/郑尊仁//荆门职业技术学院学报.－2006,(5)

台湾《传记文学》中的毛泽东/李跃乾//两岸关系.－2006,(7)

5.散文、杂著

台湾大学生散文创作刍议/许建生//台湾研究集刊.－1985,(2)

散文艺术的革新者——余光中/徐学//海峡.－1987,(6)

梁实秋小品文艺术浅析/徐学//台湾研究集刊.－1988,(1)

庐山面目纵横看——论当代台湾散文/徐学//台湾研究集刊.－1988,(4)

台湾当代散文创作鸟瞰/李源//广东社会科学.－1989,(1)

承传与超越——台湾作家散文观综论之一/徐学//台湾研究集刊.－1989,(2)

心如明镜台——林清玄散文论/徐学//台港文学选刊.－1990,(1)

都市沙漠的仙人掌——林耀德散文漫论/徐学//台港文学选刊.－1990,(12)

台湾幽默散文漫评/徐学//台港文学选刊.－1990,(5)

论李黎的散文创作/周成平//世界华文文学论坛.－1991,(1)

流派纷呈风姿绰约——台湾散文创作谈片/李志//世界华文文学论坛.－1991,(1)

东方女性的爱与思——简宛散文论/冒忻、古耜//世界华文文学论坛.－1991,(1)

东方的思索东方的爱——简宛散文创作综论/古耜//台湾研究集刊.－1991,(2)

鲁迅对日据时期台湾新文学散文创作的影响/朱双一//鲁迅研究月刊.－1991,(3)

从古典到现代——台湾作家散文观综论之二/徐学//台湾研究集刊.－1991,(3)

当代台湾散文中的故园意识/徐学//台湾研究集刊.－1992,(3)

80年代台湾散文形态与趋势/徐学//安徽教育学院学报.－1992,(3)

台湾女性爱情散文综论/徐学//台港文学选刊.－1992,(4)

王鼎钧散文创作论/徐学//台港文学选刊.－1992,(9)

论台湾作家的散文创作观/徐学//华文文学.－1993,(1)

郑明娳散文批评初探/徐学//台湾研究集刊.－1993,(1)

现实主义:寓言与神话的锻造——李昂《迷园》散论/王金城//台湾研究集刊.－1993,(2)

台湾当代散文中的意象与寓言/徐学//台湾研究集刊.－1993,(3)

诉说与独白——当代台湾散文中的两种叙述方式/徐学//台湾研究集刊.－1993,(4)

台湾作家散文史观/徐学//台港文学选刊.－1994,(2)

台湾散文的色彩与节奏/徐学//厦门大学学报.－1994,(2)

台湾作家散文本体观/徐学//台港文学选刊.－1994,(4)

当代台湾散文的生命体验/徐学//台湾研究集刊.－1995,(1)

散文语言的艺术考察——海峡两岸散文比较/倪金华//华侨大学学报(哲学社会科学版).－1995,(1)

赵淑侠散文漫论/吴奕琦//世界华文文学论坛.－1995,(1)

论李敖杂文的主题及其演变/陈才生//殷都学刊．－1995,(2)

论台湾散文的传统文化情结/王进//西南民族学院学报（哲学社会科学版）．－1995,(2)

自掀底牌的教授风采——论郑明娳的散文创作/方忠//世界华文文学论坛．－1995,(2)

静观自得制新出奇——张晓风散文集《步下红毯之后》品评/倪金华//华侨大学学报（哲学社会科学版）．－1995,(3)

宗教与文学的文字缘——台湾佛教散文艺术考察/倪金华//北京第二外国语学院学报．－1995,(4)

诗人气质壮夫胸襟——论洛夫的散文创作/方忠//世界华文文学论坛．－1995,(4)

三毛对游记散文写作的超越/李晓军//落叶果树．－1995,(4)

余光中散文艺术特征一瞥/杨迅滋//山东交通学院学报．－1995,(4)

小乾坤寓大世界——论台湾散文"掌上小札"的艺术表现/倪金华//北京第二外国语学院学报．－1995,(6)

苦涩蜕变中织云锦——王鼎钧散文精神/徐学//语文学习．－1995,(12)

荒唐的假设辛辣的鞭击——余光中《给莎士比亚的一封回信》赏析/吴周文//名作欣赏．－1996,(1)

作家的情怀——台湾散文散论/郭小聪//国际关系学院学报．－1996,(1)

80年代台湾政治文化与台湾散文/徐学//台湾研究．－1996,(1)

柏杨杂文的幽默性/刘会文//世界华文文学论坛．－1996,(1)

余光中散文创作初论/刘小新//镇江师专学报（社会科学版）．－1996,(2)

台湾文学研究的新收获——读《台湾女作家散文论稿》/王敏//世界华文文学论坛．－1996,(3)

两岸儿童散文创作现状分析/孙建江//世界华文文学论坛．－1996,(4)

一字经纬摇曳生姿——读余光中《戏李白》、《寻李白》/卢斯飞//阅读与写作．－1996,(5)

论台港和大陆散文中之软幽默和硬幽默/孙绍振//文艺理论研究．－1996,(6)

雅与俗：台湾佛理散文一瞥/谭桂林//人文杂志．－1996,(6)

爱的讴歌情的礼赞——浅评张晓风的抒情散文/陈南先//阅读与写作．－1996,(7)

文化乡愁的消长和演变——论台湾当代散文的情感走向/方忠//镇江师专学报（社会科学版）．－1997,(1)

精致文化传统的怀旧者——论董桥散文中的文化乡愁/孙宝元//当代文坛．－1997,(1)

论台湾当代散文的忧患意识/徐学//江南大学学报．－1997,(1)

《著书》与《立说》：台湾文学研究的新开拓——读《台湾当代散文综论》/王金城//世界华文文学论坛．－1997,(1)

激扬奇峭深刻犀利——读李敖《还我万岁》/张百栋//名作欣赏．－1997,(1)

感悟生活的真谛——论欧阳子的散文创作/吴军//唐山师范学院学报．－1997,(2)

美不胜收——评《台港散文40家》/王龙//华文文学．－1997,(2)

浅谈台湾女性散文/李福燕//福建财会管理干部学院学报．－1997,(4)

九十年代台湾散文现象与理论走向/林幸谦//文艺理论研究．－1997,(5)

一组现代社会的悲怆曲:许达然散文创作管窥/肖成//现代台湾研究.－1997,(总18)

台湾原住民的散文——以《永远的部落》为例/林水福//民族文学研究.－1998,(1)

陈华淑散文语言的特色/王淑秧//华文文学.－1998,(1)

"毕竟这是一个散文的世纪"——试论台湾现代散文/葛乃福//临沂师范学院学报.－1998,(1)

日月潭边的童心浅唱——略论当代台湾的儿童散文创作/王林//台湾研究集刊.－1998,(2)

至情至性的人事风景——评台湾女作家陈若曦的散文创作/钱虹//台湾研究集刊.－1998,(3)

遗爱人间——杏林子散文的生命意识/倪金华//世界华文文学论坛.－1998,(4)

小姐的初恋之情——陈若曦散文名篇《啊,台大!》"小说素描"艺术探赏之一/阮温凌//名作欣赏.－1998,(4)

欧阳子的散文创作/吴军//衡阳师范学院学报.－1998,(4)

遥闻声而相思慕——《台湾经典散文珍藏版》序/祝勇//书屋.－1998,(4)

散文的野味——读张健《请到二十世纪的台北来》/古远清//阅读与写作.－1999,(1)

五十年台湾散文创作综论/袁曙霞//贵州教育学院学报(社会科学版).－1999,(1)

论余光中散文的情感世界/贾梦玮//世界华文文学论坛.－1999,(2)

诗心·画魂·乡情——读陈若曦散文《我为楚戈描山水》/阮温凌//世界华文文学论坛.－1999,(2)

略论台湾当代散文中的生命意识/卞新国//江苏大学学报(高教研究版).－1999,(3)

朴素之美——读台湾作家冯辉岳的散文集《岗背的孩子》/吴然//台声.－1999,(5)

略论席慕蓉等台湾女性作家散文/谷海慧//黑龙江教育学院学报.－1999,(6)

近十年台湾散文新观察/倪金华//文艺理论与批评.－1999,(6)

试论台湾作家周伯乃散文的情感流向/丘峰//嘉应大学学报.－2000,(1)

汪曾祺与余光中的散文世界/潘年英//黎明职业大学学报.－2000,(1)

台湾当代散文概述/徐治平//广西广播电视大学学报.－2000,(3)

略论台湾当代女性散文中的女性意识/徐光萍//镇江师专学报(社会科学版).－2000,(3)

礼赞与悲悯的混响——试谈简媜散文的女性观/高方//绥化师专学报.－2000,(3)

感悟晓风——张晓风诗性解释学散文初探/苏延红//厦门教育学院学报.－2000,(3)

台湾当代散文中的宗教文化/徐光萍//镇江师专学报(社会科学版).－2000,(4)

论当代两岸女性散文的"自我"意识/徐光萍//江苏教育学院学报(社会科学版).－2000,(4)

浅析世纪末台湾女性婚恋散文中的文化价值取向/周全德//中华女子学院山东分院学报.－2000,(4)

"人生贵相知,何必金与钱"——读台湾作家许希哲的怀人散文/丘峰//世界华文文学论坛.－2000,(4)

论海峡两岸"文化散文"的同根传承/张岚//学术月刊.－2000,(7)

小议林清玄散文中的佛境/何宇//昆明师范高等专科学校学报.－2001,(1)

三毛散文的语言特色/殷晓明//盐城师范学院学报(人文社会科学版).－2001,(1)

台湾当代散文透视/许剑铭//语文学刊.－2001,(2)

冰心与台湾当代女性散文/方忠//镇江师专学报(社会科学版).－2001,(3)

聚焦十八岁纵横人生路——读杨子散文《十八岁和其他》/罗永奕//名作欣赏.－2001,(3)

海峡两岸宗教文化散文论/方忠//徐州师范大学学报(哲学社会科学版).－2001,(3)

台湾当代闲情散文的审美价值/徐光萍//镇江师专学报(社会科学版).－2001,(4)

台湾散文变革的智者和勇者——评余光中散文理论批评观/范培松//海南师范学院学报(人文社会科学版).－2001,(5)

余光中与台湾当代散文的创新/方忠//文学评论.－2001,(6)

张晓风散文的语言魅力/李桦//修辞学习.－2001,(6)

台湾女作家琦君的散文世界/魏赤//临沂师范学院学报.－2002,(1)

回顾与展望拓展与掘进——评喻大翔《两岸四地百年散文纵横论》/王勇//当代文坛.－2002,(2)

台湾当代杂文中的鲁迅遗风/章妮//漳州职业大学学报.－2002,(2)

当代海峡两岸女性散文整合论/方忠//中国文学研究.－2002,(3)

走向开放和开阔的大散文研究——评喻大翔的《两岸四地百年散文纵横论》/吴遐//呼兰师专学报.－2002,(3)

解台湾政局之谜，显大家艺术功力——论陈映真的《忠孝公园》/陈辽//世界华文文学论坛.－2002,(3)

台湾当代散文叙述方式的演变/徐光萍//江苏大学学报(社会科学版).－2002,(4)

朱自清与台湾当代抒情散文/谢冬冰//华文文学.－2002,(4)

走向开放和开阔的大散文研究——评《两岸四地百年散文纵横论》/吴遐//北方论丛.－2003,(1)

论台湾女作家琦君的怀旧散文/杨俊华//华南师范大学学报(社会科学版).－2003,(1)

论台湾女性散文的艺术品格/王进//西南民族大学学报(人文社科版).－2003,(3)

台湾现代游记创作的脉络与模式/朱平//鹭江职业大学学报.－2003,(3)

周作人与台湾当代小品散文/方忠//江海学刊.－2003,(4)

跨越海峡的眺望——大陆与台湾当代女性散文比较/高卫华//当代文坛.－2003,(6)

大陆杂文与台湾杂文/江源//乐山师范学院学报.－2003,(7)

台湾女性散文的审美价值/高卫华//西南民族大学学报(人文社科版).－2003,(11)

两岸文学的新页——读周良沛的《走进台湾》/曾健民//文艺理论与批评.－2004,(2)

当代海峡两岸文化散文整合论/方忠//文学评论.－2004,(4)

穿越台湾散文五十年——序《一九四五年至二〇〇〇年台湾散文选》/楼肇明//海南师范学院学报(社会科学版).－2004,(5、6)

比较视界中的台湾散文解读/王进//西

南民族大学学报(人文社科版).－2004,(9)

二十世纪七八十年代台湾散文中的自然书写/王育洪//晋阳学刊.－2005,(1)

品评台湾地区散文创作中的两种幽默风景/林凯//台湾法研究.－2005,(2)

以情为文张晓风——论张晓风散文的抒情风格/袁飞舟//世界华文文学论坛.－2005,(4)

欲为诸佛龙家,先做众生牛马——论林清玄及其禅思散文的世俗性/冀明俊//世界华文文学论坛.－2005,(4)

禅定的人格——论林清玄禅理散文的精神家园感/易芳//荆门职业技术学院学报.－2005,(5)

当代台湾禅理散文的特征/朱双一//两岸关系.－2005,(6)

一个多层次的审美艺术空间——艾雯散文艺术论/余文博//重庆邮电学院学报(社会科学版).－2005,(6)

飘过时光的梦——《台湾乡土风情猎影》的美学解读/安然//两岸关系.－2005,(12)

从容体悟人生奥妙——评台湾作家张培耕的散文创作/沈庆利//华文文学.－2006,(2)

大陆散文的"载道"与台湾散文的"言志"比较/袁曙霞//贵州教育学院学报.－2006,(6)

6. 民间文学

略谈高山族文学/黄重添//榕树文学丛刊.－1980,(1)

试论台湾谚语/许建生//台湾研究集刊.－1984,(2)

丰富多彩的台湾高山族民间文学/陈育伦、黄重添//台湾研究集刊.－1984,(2)

台湾闽南两地民间文学比较分析/许建生//台湾研究集刊.－1990,(2、3)

九十年代以来高山族"山地文学"的发展/朱双一//台湾研究.－1995,(1)

海峡两岸少数民族文学研讨会综述/伊澈//民族文学研究.－1997,(4)

台湾民间姐妹故事家调查/陈益源//民间文化.－1999,(1)

中华故事圈中的台湾少数民族口传文学/朱双一//台湾研究集刊.－2000,(4)

明清时期的台湾民间文学/陈益源//广西民族学院学报(哲学社会科学版).－2000,(5)

世界视野中的台湾原住民神话和故事——评李福清近著《从神话到鬼话——台湾原住民神话故事比较研究》/杨利慧//民族文学研究.－2001,(1)

从政治抗争到文化扎根——台湾"原住民文学"的创作演变/朱双一//厦门大学学报(哲学社会科学版).－2001,(2)

澎湖传说故事的文化人类学探索/过伟//广西民族研究.－2001,(3)

台湾原住民现代作家文学综述/周翔//民族文学研究.－2001,(4)

丰富多彩独具魅力——台湾民间故事述评/何绵山//世界华文文学论坛.－2003,(2)

台湾民间文学实践家——陈益源教授学术成就述评/蔡丽云//广西民族学院学报(哲学社会科学版).－2003,(2)

台湾客家文学述略/谢重光//现代台湾研究.－2003,(4)

台湾原住民征日神话之比较分析/周翔//民族文学研究.－2003,(4)

西川满台湾民俗题材文学:"文化殖民"神话的潜在证伪/李诠林//国际关系学院学报.－2003,(6)

难以忘怀的台湾民谣/孙宇//两岸关系.－2003,(10)

海峡两岸四地文化之桥——读谭达先

《论港澳台民间文学》/过伟//广东技术师范学院学报. －2004,(1)

小黑人神话——从台湾原住民谈起/鹿忆鹿//民族文学研究. －2004,(4)

用笔来唱歌——台湾当代原住民文学的生成背景、现况与展望/孙大川//民族文学研究. －2006,(4)

凝聚在台湾民间郑成功传说与妈祖传说中的民族情结/陶德宗//民族文学研究. －2006,(4)

孟姜女歌仔册的叙事特点与孟姜女形象——以台湾大学杨云萍文库所藏资料为范畴/洪淑苓//民间文化论坛. －2006,(5)

7. 儿童文学

“向下”与“向上”的文学互补——海峡两岸儿童文学异同论/彭斯远//当代文坛. －1997,(3)

困惑的现代与现代的困惑——当今台湾童话创作现象管窥/王泉根、徐迪南//台湾研究集刊. －1998,(2)

台湾儿童文学发展概述/张文彦//世界华文文学论坛. －1999,(1)

传承与超越——论台湾新生代作家童话创作/孙建江//世界华文文学论坛. －1999,(1)

台湾儿童文学作家群体的生态简析/林焕彰//浙江师大学报(社会科学版). －1999,(4)

近十年台湾儿童文学现况/谢武彰//浙江师大学报(社会科学版). －1999,(4)

从海峡两岸儿童文学的交流看中国儿童文学的发展/张锦贻//内蒙古社会科学(汉文版). －2000,(2)

试论师范教育对二十世纪台湾儿童文学发展的影响/杨俊霞//高等函授学报(哲学社会科学版). －2003,(6)

童话幻想：童话艺术形式的本质——20世纪90年代两岸童话常态研究/孔凡飞//内蒙古社会科学(汉文版). －2004,(2)

意识的介入与颠覆——20世纪90年代两岸童话的主题研究/张晓飞//辽宁教育行政学院学报. －2004,(7)

海峡两岸的世界童话研究/张汉良//湖南科技学院学报. －2005,(3)

以质朴童心感悟人性之美——林海音《城南旧事》的儿童叙事视角/罗相娟//中共郑州市委党校学报. －2005,(6)

(三)台湾文学史

“风雨如晦”三十年——台湾当代文学的探讨/丁子人//新疆师范大学学报(哲学社会科学版). －1983,(2)

关于战后台湾文学史基础的研究/[日本]山田敬三,黄重添译//台湾研究集刊. －1987,(1、2)

从白话新诗的崛起看台湾新文学运动/张光正//台湾研究集刊. －1988,(3)

台湾近代文学史实丛考二题/汪毅夫//台湾研究集刊. －1988,(4)

对台湾新文学分期的思考/黄重添//台湾研究集刊. －1990,(1)

评叶石涛的《台湾文学史纲》/王晋民、吴海燕//台湾研究集刊. －1990,(1)

八十年代台湾政治文学概观/徐学//世界华文文学论坛. －1990,(3)

台湾当代文学发展概况/东方一//世界华文文学论坛. －1990,(3)

台港文学研究十年/古继堂//世界华文文学论坛. －1990,(3)

台湾文学历史分期刍议/汪景寿、杨正犁//台湾研究集刊. －1990,(4)

也谈台湾文学的历史分期——兼与汪景寿等同志商榷/刘登翰//台湾研究集刊.

-1991,(1)

80年代台湾文学对于中华文化传统的感应/朱双一//台湾研究集刊.-1991,(3)

80年代以来台湾政治文学的发展/朱双一//台湾研究集刊.-1993,(1)

八十年代以来的台湾文学理论批评/朱双一//台湾研究集刊.-1993,(4)

光复初期海峡两岸的文学汇流/朱双一//台湾研究集刊.-1994,(2)

战后初期台湾文坛与鲁迅/(日)下村作次郎,雷慧英译//台湾研究集刊.-1994,(4)

劫后文章民族恨皮里春秋爱国情——略谈日据前期台湾文学抗日爱国的民族精神/汪毅夫//福建省社会主义学院学报.-1994,(4)

"乡土文学论战"述评/朱双一//台湾研究集刊.-1994,(4)

一场血浓于水的新文学运动/庄明萱//台湾研究集刊.-1995,(2)

海峡两岸文学关系一瞥(二十年代至七十年代)/易明善//福建论坛(人文社会科学版).-1995,(2)

台湾新文学运动史研究的新阶段/[日]松永正义,秦弓译//台湾研究集刊.-1995,(2)

没有浪漫时代的台湾文学史/黎湘萍//世界华文文学论坛.-1995,(3)

台湾文学研究深入的标志——评《台湾文学史》/王保生//文学评论.-1995,(4)

台湾当代文学理论批评史大事记(一)(1970—1980)/古远清//文教资料.-1996,(1)

台湾当代文学理论批评史大事记(二)(1981—1992)/古远清//文教资料.-1996,(2)

对厘清台湾新文学运动一些问题的思考/何标//文艺理论与批评.-1996,(3)

煌煌巨著令人炫目——古远清新著《台湾当代文学理论批评史》评介/林承璜//华文文学.-1996,(3)

陈映真创作系年表/李家福//新文学史料.-1996,(4)

斩不断的民族心声——八年抗战时期的台湾文学/徐学//文艺理论与批评.-1996,(4)

大视野:一部崭新的当代文学史作——读《二十世纪中国两岸文学史·续编》/王科//中国图书评论.-1996,(5)

同根、同源、分流、融汇——大陆与台湾文学发展比较/魏守忠//北京教育学院学报.-1997,(1)

社会脉动的蜕变/朱双一//南方文坛.-1997,(1)

回顾·鉴衡·展望——台湾乡土文学论战20周年/耀亭//台湾研究.-1997,(2)

认同、族群与女性——台湾文学七十年/彭小妍//文艺理论研究.-1997,(2)

王晋民《台湾当代文学史》集评/林仁云//世界华文文学论坛.-1998,(1)

《台湾民报》和台湾新文学运动/武柏索//新文学史料.-1998,(3)

"现代主义文学中的乡土作家群"——论台湾六十年代乡土文学发展与嬗变/贺仲明//世界华文文学论坛.-1998,(3)

60年代台湾文学与香港文学对马华文学的影响/莫嘉丽//华侨华人历史研究.-1998,(4)

1998年台湾文坛关于"皇民文学"的论争/朱双一//台湾研究集刊.-1999,(1)

九十年代台湾文学思潮概要/朱双一//福建论坛.-1999,(1)

光复初期台湾文坛的"鲁迅风潮"/朱双一//台湾研究集刊.-1999,(2)

“干”同而“枝”异——两岸三地百年文学比较/陈辽//世界华文文学论坛．－1999，(2)

台湾文学研究在大陆：1979 －1999/刘俊//台湾研究集刊．－1999，(4)

20世纪台湾文学思潮的演进/方忠//镇江师专学报(社会科学版)．－1999，(4)

同一个民族共同的命运共同的斗争——台湾新文学运动和“五四”新文学运动的联系/陈映真//台声．－1999，(5)

世纪末浪潮——近十年来台湾文学的走向/朱双一//东南学术．－1999，(6)

发生在台湾“戒严”时期的“文坛往事辨伪案”——重评苏雪林与刘心皇、寒爵“交恶事件”/古远清//鲁迅研究月刊．－2000，(1)

评议：1947—1949年间台湾文学论争三大问题/陈辽//世界华文文学论坛．－2000，(2)

台湾新文学史上一场不该遗忘的文学论争/赵遐秋//新文学史料．－2000，(3)

“1920—1945”台湾新文学运动与文学发展之概观/武柏索//中国文化研究．－2000，(3)

从“文学大众化”到“人民的文学”——20世纪40年代末台湾文坛关于台湾新文学路线、方向的论争/赵遐秋//世界华文文学论坛．－2000，(4)

发现欧坦生——战后初期台湾文学的一个侧面/吕正惠//世界华文文学论坛．－2000，(4)

“桥”与“路”——“1947—1949台湾新文学思潮论议”略评三则/曹惠民//世界华文文学论坛．－2000，(4)

台湾社会主义文艺理论的再出发——新生报《桥》副刊的文艺论争(1947—1949)/施淑//世界华文文学论坛．－2000，(4)

不仅仅是文学走向的抉择——谈1948年前后《桥》的文学论争/王宗法//世界华文文学论坛．－2000，(4)

呼唤统一的盛会——台湾新文学思潮(1947—1949)研讨会综述/刘红林//世界华文文学论坛．－2000，(4)

台湾20世纪文学与西方现实主义/赵小琪//贵州社会科学．－2000，(6)

略论光复初期台中《和平日报》副刊/朱双一//新文学史料．－2001，(1)

从“文学大众化”到“人民的文学”——20世纪40年代末关于台湾新文学的论争/赵遐秋//新文学史料．－2001，(1)

秧歌·台北——台湾新文艺运动的青春之歌/蓝博洲//新文学史料．－2001，(1)

论台湾现代主义文学的历史位址/朱立立//华侨大学学报(人文社会科学版)．－2001，(3)

以“代”的新视角研究台湾文学——读《近二十年台湾文学流脉》/陈辽//华文文学．－2001，(3)

深刻的总结坚稳的奠基—1947年台湾“新写实主义”论争/古继堂//洛阳师范学院学报．－2001，(4)

台湾乡土文学文献的开发与闽台文化交流/许建生//漳州师范学院学报(哲学社会科学版)．－2001，(4)

台湾文坛“双陈大战”/古远清//台声．－2001，(4)

自我意识的回归——台湾50年代以来女性文学发展的基本轮廓/刘海霞//华文文学．－2001，(4)

潜性互动：五十年代后大陆、台湾、香港、海外华文文学的关系/黄万华//世界华文文学论坛．－2001，(4)

台湾新文学史的分期与检讨/许俊雅//复旦学报(社会科学版)．－2001，(5)

1945—1948：福建文人与台湾文学/汪

毅夫//福建论坛(人文社会科学版).－2001,(6)

台湾现代派文学思潮的崛起/古继堂//洛阳师范学院学报.－2001,(6)

西川满殖民文学的后殖民解读/朱双一//华文文学.－2002,(1)

关于1947—1949台湾新文艺建设论争的回忆/萧荻//世界华文文学论坛.－2002,(1)

台湾五十年来古代文学研究观念的演进及思考/陈友冰//中国社会科学.－2002,(2)

浪漫主义与60年代台湾文学思潮/朱立立//台湾研究集刊.－2002,(3)

多元与边缘:20世纪末的台湾文学/古继堂//洛阳师范学院学报.－2003,(1)

论五六十年代的台湾文学及其对海外华文文学的影响/刘登翰、刘小新//台湾研究集刊.－2003,(3)

论20世纪70年代台湾乡土文学价值观/毛宗刚//南京师大学报(社会科学版).－2003,(3)

光复初期(1945—1949年)的台湾社会与文学/邓孔昭//台湾研究集刊.－2003,(4)

台湾女性作家80年代以来创作综述/古远清//湖北广播电视大学学报.－2003,(4)

日据下台湾现代化的文学证伪/朱双一、程晓飞//南京大学学报.－2003,(5)

后现代语境下的女性主义——论90年代台湾女性文学创作的思想资源/李娜//文艺争鸣.－2003,(5)

论90年代台湾女性小说的"性别策略"/李娜//当代文坛.－2003,(5)

20世纪60年代的台湾留学生文学/帅震//广西社会科学.－2003,(6)

族群、文化身份与华人文学——以台湾香港澳门文学史的撰述为例/黎湘萍//华文文学.－2004,(1)

从多元文化激荡到本土化甚嚣尘上——近20年来台湾文学理论批评发展概貌/古远清//培训与研究－湖北教育学院学报.－2004,(1)

文学的周边文化关系——谈台湾文学史研究的几个问题/汪毅夫//福建师范大学学报(哲学社会科学版).－2004,(1)

殖民地处境与日据台湾新文学/计璧瑞//东南学术.－2004,(1)

20世纪末的台湾文学事件/古远清//广东教育学院学报.－2004,(1)

90年代的台湾文学制度/古远清//湖北经济学院学报.－2004,(2)

日据时期台湾女性作家自觉意识管窥/吴笛//世界华文文学论坛.－2004,(3)

1990年代的台湾文学生产/古远清//江汉大学学报(人文科学版).－2004,(4)

台湾女性文学发展概观/陆丽华//黑龙江教育学院学报.－2004,(4)

90年代以来台湾文学发展的新状况/肖成//华文文学.－2004,(5)

台湾女性文学纵览/陆丽华//黑龙江教育学院学报.－2004,(5)

二十世纪九十年代的台湾女权主义文学/赵小琪//华文文学.－2004,(6)

九十年代的台湾文学生态/古远清//海南师范学院学报(社会科学版).－2005,(1)

"现代性"视野中的台湾文学史——评《20世纪台湾文学史论》/王力//世界华文文学论坛.－2005,(1)

殖民者与殖民地旧文化的结盟——浅谈日据时期台湾的旧文学/刘红林//世界华文文学论坛.－2005,(3)

战后初期台湾的文化场域与文学思潮

的考察(1945～1949)/徐秀慧//世界华文文学论坛. －2005,(3)

台湾抗日文学的发展和与“皇民文学”的斗争/粟多贵//民办高等教育研究. －2005,(4)

对日据时期台湾新文学文化血统的辨析/陶德宗//重庆师范大学学报(哲学社会科学版). －2005,(4)

“唐山流寓话巢痕”——杨若萍《台湾与大陆文学关系简史(1652—1949)》评述/刘贤汉//华文文学. －2005,(4)

言说的疆域——浅谈大陆学者所撰台湾文学史的理论视野/袁勇麟//台湾研究集刊. －2005,(4)

中国抗战文学初潮究竟起于何时何地——兼论日据时期台湾新文学在中国抗战文学中的历史地位/陶德宗//新疆大学学报(哲学人文社会科学版). －2005,(4)

压不扁的“玫瑰花”——试论日据时期的台湾抗争文学/王震亚//湖南文理学院学报(社会科学版). －2005,(5)

在记忆的寂灭与复燃之间——关于台湾的“二·二八”文学/李娜//文学评论. －2005,(5)

沦陷区文学地图的重绘与“两岸三地”沦陷区文学之比较/陶德宗//北方论丛. －2005,(6)

海峡两岸50年来唐代文学研究成果的总汇/徐礼节//中国图书评论. －2005,(7)

还文学史以“文学美”——读方忠《20世纪台湾文学史论》/谢冬冰//盐城师范学院学报(人文社会科学版). －2006,(2)

大陆对台湾50、60年代女性文学研究综述/王勋鸿//世界华文文学论坛. －2006,(3)

光复前后的台湾新文学/江苏社会科学. －2006,(4)

疏离中的恒定——五十年代台湾乡土文学创作基本特征论/周建华//赣南师范学院学报. －2006,(4)

历史与叙事——浅谈大陆学者所撰台湾文学史的理论视野/袁勇麟//暨南学报(哲学社会科学版). －2006,(4)

扫描台湾文学在大陆当代文学史上的定位曲线——以林海音人文为例/王勋鸿//社会科学家. －2006,(5)

《台湾诗报》与现代时段的台湾旧文学——兼谈史料解读的三重取向/汪毅夫//福建论坛(人文社会科学版). －2006,(9)

八 台湾历史

(一)台湾通史

一九八五年台湾史研究综述/邓孔昭//台湾研究集刊. －1986,(1)

近年来台湾地方史研究概述/许良国//台湾研究集刊. －1986,(2)

试论台湾历史的特殊性/孔立//台湾研究集刊. －1986,(2)

《台湾通史》“兵眷米谷配运表”订误/杨彦杰//台湾研究集刊. －1986,(3)

1986年台湾史研究综述/陈小冲//台湾研究集刊. －1987,(3)

《台湾通史》建国纪辨误/邓孔昭//台湾研究集刊. －1988,(2)

济阳丁姓迁闽入台考/陈在正//台湾研究集刊. －1989,(4)

闽南人移居台湾考析/陈永安//文史杂志. -1990,(3)

书评:宏阔的视野,独到的见解/李祖基//中国社会经济史研究. -1992,(3)

台湾学者对台湾历史的研究/陈孔立//台湾研究. -1994,(1)

析《台湾通史·宗教志》/朱天顺//台湾研究集刊. -1994,(2)

林浊水对《台湾通史》的曲解/朱天顺//台湾研究集刊. -1994,(3)

连横民众缔造历史思想述评/邓孔昭//台湾研究. -1994,(3)

连横《台湾通史》的爱国思想/来新夏//天津师大学报(社会科学版). -1994,(5)

连横学术成就暨学术思想讨论综述/邓孔昭//文科研究通报. -1995,(1)

台湾移民的特点和贡献/郑瑞林//华侨华人历史研究. -1995,(1)

两岸史学家合撰中华民族史的全新观念/周冰//现代台湾研究. -1995,(1)

闽南人与台湾的开发/陈双燕//历史教学问题. -1995,(3)

同安兑山李氏宗族的发展及向台湾移民/陈在正//台湾研究集刊. -1995,(3、4)

《台湾历史纲要》学术研讨会综述/叶凤美//清史研究. -1996,(3)

台湾地区社会科学史学兴起的背景分析/李源涛//历史教学问题. -1996,(3)

《台湾历史纲要》读后/龚书铎//求是. -1996,(14)

一部台湾史研究的开拓之作——《宝岛春秋:中国台湾史录》评介/赵士国//湖南师范大学社会科学学报. -1997,(2)

大陆历代对台湾的移民/陶诚//古今农业. -1997,(3)

《认识台湾(历史篇)》评议/陈孔立//台湾研究集刊. -1997,(3)

闽台关系的形成及其历史作用/杨彦杰//现代台湾研究. -1997,(总18)

历史上大陆向金门的移民及其人口分析/杨彦杰//现代台湾研究. -1997,(总19)

陈棱台湾"开山"事迹考/葛坤英//中南民族学院学报(人文社会科学版). -1998,(1)

论历史时期大陆向台湾的移民与往来/许正文//天水师范学院学报. -1998,(1)

历史上大陆对台湾的开发/陶诚//古今农业. -1998,(2)

宝岛志坛鳞爪录——海峡两岸地方史志学术研讨随笔/碧涵//广东史志. -1999,(1)

连横有"台独"意识吗——评陈其南对《台湾通史》的错误解读/邓孔昭//台湾研究集刊. -1999,(4)

还历史以本来面目——读陈著《台湾历史与两岸关系》/传瑛//台湾研究集刊. -1999,(4)

平和心田赖氏宗族的发展及向台湾移民/陈在正//漳州职业大学学报. -1999,(4)

台湾的地方史志撰修及理论研究/张仲荧//中国地方志. -1999,(5)

闽南民系的社会经济特征与台湾开发/徐晓望//福建论坛(文史哲版). -2000,(1)

台湾自古就是中国领土/张风山//台湾研究. -2000,(1)

根深本固源远流长——两岸合著《台湾先住民史》记/澹台惠敏//台声. -2000,(1)

"台湾问题"与日本:历史的评说/朱育和//清华大学学报(哲学社会科学版). -2000,(2)

台湾历史钩沉/卢海鸣//地图. -2000,(2)

关于移民与移民社会的理论问题/陈孔立//厦门大学学报.－2000,(2)

泉台关系与海洋文明/黄种禄//泉州师范学院学报.－2000,(3)

根基一体血脉相连——台湾历史沿革述略/阮凌曦//党史纵览.－2000,(3)

祖国统一是历史的必然——论历史上三次收复台湾/李奥烈//云南电大学报.－2000,(4)

漳浦"种玉堂"与台湾蓝氏族源/段凌平//衡阳师范学院学报.－2000,(5)

历史上的四次收复台湾/茂清//党建与人才.－2000,(6)

记历史上台湾的两次收复/王溪//北京档案.－2000,(10)

闽台历史研究的一本好书——评汪毅夫的《闽台历史社会与民俗文化》/邓孔昭//台湾研究集刊.－2001,(1)

论台湾与大陆汉民族的关系和交往/杨东晨//固原师专学报.－2001,(2)

邓州和台湾的"闽营人"/凝公//中州今古.－2001,(2)

论清代移民台湾之政策——兼评《中国移民史》之"台湾的移民垦殖"/李祖基//历史研究.－2001,(3)

古代贵州人与台湾的开发/侯清泉//贵州文史天地.－2001,(4)

台湾开发与富春三杰/钱云祥//浙江档案.－2001,(4)

"林日茂"家族及其文化/杨彦杰//台湾研究集刊.－2001,(4)

两岸信息社会的史学及应用学术讨论会综述/陈廷湘//社会科学研究.－2001,(5)

隔海相望唇齿相依——厦门与台湾关系史回眸/夏祖彪//台声.－2001,(5)

台湾与祖国离合的历史考察/赵树贵//江西社会科学.－2001,(12)

闽粤移民与台湾社会的发展/刘登翰//漳州职业大学学报.－2002,(2)

福清与台湾关系初探/刘福铸//福建师大福清分校学报.－2002,(4)

台湾方志体例与编纂方法的演变比较研究/柳浪//中国地方志.－2003,(2)

论方豪对台湾史的研究/隋丕宁//锦州师范学院学报(哲学社会科学版).－2003,(4)

台湾历史应写进中国史教材/茅家琦//历史教学.－2003,(5)

海峡两岸的口述史研究与交流/王炎//扬州大学学报(人文社会科学版).－2005,(2)

加强两岸学术交流发展民族传统史学/吴怀祺//云南民族大学学报(哲学社会科学版).－2005,(3)

台湾历史观的拨乱反正/王冠玺//湖北大学学报(哲学社会科学版).－2005,(5)

台湾史专家谈台湾史研究/杲文川//学术界.－2005,(5)

古越人浮海东渡移民台湾探讨/陈榕三//现代台湾研究.－2005,(5)

从台湾地方志编修看国家主权行使——纪念台湾建省120周年/卢美松//福建论坛(人文社会科学版).－2005,(11)

移民与台湾的"内地化"/尹全海//寻根.－2006,(6)

(二)台湾文化史

日本占领期间台湾同胞在思想文化方面的反抗斗争/林其泉//台湾研究集刊.－1984,(4)

台湾的汉人与非汉人文化的涵化/唐美君//台湾研究集刊.－1985,(1)

十八—十九世纪的台湾社区组织/[美]

许文雄，李祖基译//台湾研究集刊. －1989,(2)

中国传统文化与台湾社会变迁/陈孔立//台湾研究集刊. －1992,(4)

日据时期台湾的中华文化复兴运动/陈小冲//台湾研究. －1993,(1)

从清代台湾的公共墓地——义冢看移民的认同心态/周翔鹤//台湾研究集刊. －1994,(3)

闽台文化关系的形成及其历史作用/杨彦杰//现代台湾研究. －1994,(3)

文化：闽江流域与台湾地区——清代闽、台关系的一个侧面/汪毅夫//现代台湾研究. －1995,(1)

台湾陈姓出自大陆何地/陈秋芳//华人时刊. －1996,(9)

清代福州对台文化交流的若干情况：福州市对台工作的历史文化优势/汪毅夫//现代台湾研究. －1996,(总13)

清代闽台地区主要灾种的时空特征及其与人类活动的关系述论/马波//中国历史地理论丛. －1997,(2)

闽台汉族籍贯固始问题研究/徐晓望//台湾研究. －1997,(2)

日据时期台湾与大陆的文化联系/陈小冲//台湾研究. －1997,(2)

从清代闽台社会看"五缘文化"论/汪毅夫//现代台湾研究. －1997,(总17)

闽台一体血脉相连——从闽台游姓谈起/程利田//南平师专学报. －1998,(1)

清代台湾与菲律宾闽粤移民的家庭结构研究/曾少聪//中国社会经济史研究. －1998,(3)

魏姓与台湾魏姓源流/沙旭升//中州统战. －1998,(6)

台湾第一大姓及海外陈氏家族/戎济方//国际市场. －1998,(9)

清代台湾社学概述/李颖//台湾研究. －1999,(4)

台湾鹿港郭厝回民郭顺直派的福建渊源/石奕龙//台湾研究. －1999,(4)

明清时期闽学对开发治理台湾的影响/罗小平//台声. －1999,(7)

台湾新文化运动述论/梁宏彦//现代台湾研究. －1999,(总28)

泉州村落家族文化在台湾/苏黎明//华侨大学学报(人文社会科学版). －2001,(1)

台湾早期移住民的史前文化述论/廖杨//贵州民族研究. －2001,(2)

清代台湾社会慈善事业初探/王尊旺//福建师范大学学报(哲学社会科学版). －2001,(2)

清末民初台北芦洲民间医书试析/陈支平//台湾研究集刊. －2001,(2)

日据时期台湾话文运动述论/陈小冲//台湾研究集刊. －2002,(2)

文化寻根——从地名释义看两岸历史渊源/谢禾生//统一论坛. －2002,(3)

魏建功等"语文学术专家"与光复初期台湾的国语运动/汪毅夫//东南学术. －2002,(6)

明清之际闽文化在台湾的传播和发展/林琳//南洋问题研究. －2003,(1)

清代台湾移民社会演戏探析/刘正刚//广州社会主义学院学报. －2003,(2)

为台湾历史文化定位——读《台湾历史文化渊源》/温淑华//理论与现代化. －2003,(2)

地域历史人群研究：台湾进士/汪毅夫//东南学术. －2003,(3)

台湾历史的集体记忆与民众的复杂心态/陈孔立//台湾研究集刊. －2003,(3)

"文化纽带工程"的一部力作——评姚同发新著《台湾历史文化渊流》/李宏硕//天

津社会科学. －2003,(4)

日据台湾的语言殖民和语言运动/计璧瑞//中国现代文学研究丛刊. －2004,(1)

闽台同根“四缘”相联——谈闽东与台湾源远流长的关系/李红萍//福建广播电视大学学报. －2004,(1)

施琅统一台湾与闽台区域文化的形成/陈梧桐//河南大学学报（社会科学版）. －2004,(2)

日本占领时期韩国和台湾地区接受鲁迅之比较/金良守//当代韩国. －2004,(4)

台湾《春秋》经传研究之师承与论著/张高评//江海学刊. －2004,(4)

清代台湾儒学文化的地域分布及原因/李颖//福建省社会主义学院学报. －2005,(3)

“国粹”与“种姓”：章太炎与连雅堂“语文”思想之比较/蒋小波//台湾研究集刊. －2005,(3)

闽台社会史札记/汪毅夫//台湾研究集刊. －2005,(3)

台湾同胞的中华民族身份不容篡改——从十七世纪的台湾社会说起/李强、戴生岐//统一论坛. －2005,(5)

台湾中华文化复兴运动述论/宋淑玉//北京联合大学学报（人文社会科学版）. －2006,(2)

日本殖民文化在台湾投下的阴影/赵书刚//两岸关系. －2006,(4)

（三）台湾断代史

1. 古代

元置澎湖巡检司考/孔立//中华文史论丛. －1980,(2)

1683年清政府统一台湾/陈碧笙//中国古代史论丛. －1981,(2)

蔡牵集团及其海上活动的性质问题/孔立//中国古代史论丛. －1981,(2)

试论郑成功收复台湾——纪念民族英雄郑成功收复台湾三百二十周年/傅国基//吉林师范大学学报（人文社会科学版）. －1982,(2)

“郑成功研究”学术讨论会述评/孔立//历史研究. －1982,(6)

清初中国与南洋关系/庄国土//台湾研究集刊. －1983,(2)

清郑之间的和谈/陈碧笙//台湾研究集刊. －1983,(2)

略论康熙统一台湾及其影响/王政尧//华南师范大学学报（社会科学版）. －1983,(2)

论姚启圣的招抚活动/吴玫//台湾研究集刊. －1983,(2)

1662——1683年清荷关系探讨/邓孔昭//台湾研究集刊. －1983,(2)

康熙战略决策的形成及其特点一例/杨锦麟//台湾研究集刊. －1983,(2)

康熙二十二年：台湾的历史地位/孔立//台湾研究集刊. －1983,(2)

评清政府与郑成功之间和战的得失（与台湾学者商榷）/陈在正//中国史研究. －1983,(4)

朝鲜与郑成功父子/孔立//清史研究通讯. －1983,(4)

康熙统一台湾的历史作用/李尚英//中国社会科学院研究生院学报. －1983,(5)

施琅与清初治台政策/林其泉//台湾研究集刊. －1984,(1)

乾隆三十三年台湾游民暴动/孔立//台湾研究集刊. －1984,(1)

清代台湾林爽文起义的性质问题/孔立//台湾研究集刊. －1984,(4)

再论施琅的几个问题/施伟青//台湾研究集刊. －1984,(4)

郑经与三藩之乱/李鸿彬//台湾研究集刊.－1984,(4)

台湾八卦会和戴潮春起义/邓孔昭//台湾研究集刊.－1984,(4)

“康熙统一台湾”研究情况简介/薛述祖//台湾研究集刊.－1984,(4)

论台湾张丙起义与闽粤械斗/孔立//台湾研究集刊.－1985,(1)

台湾朱一贵起义与吴福生起义供词的比较研究/孔立//台湾研究集刊.－1985,(2)

台湾番族与林爽文起义/孔立//福建论坛(文史哲版).－1985,(2)

关于“开山抚番”政策的评价问题/林冈//台湾研究集刊.－1985,(2)

台湾史学界对刘铭传的研究/吴玫//台湾研究集刊.－1985,(3)

清代台湾械斗史实辨误/孔立//台湾研究集刊.－1985,(4)

清代台湾分类械斗的若干问题/孔立//台湾研究集刊.－1986,(3)

台湾郑氏地方政权与华侨/蔡振翔//华侨大学学报(哲学社会科学版).－1987,(1)

清代台湾的游民阶层/陈孔立//台湾研究集刊.－1987,(1)

郑成功三次战略大转移/陈碧笙//台湾研究集刊.－1987,(4)

论黄梧降清/吴玫//台湾研究集刊.－1987,(4)

郑氏官兵降清事件述论/孔立//台湾研究集刊.－1987,(4)

试论郑成功对郑芝龙的批判与继承/邓孔昭//台湾研究集刊.－1987,(4)

海坛、崇武海战与郑经弃金厦退守台湾/陈在正//台湾研究集刊.－1988,(1)

清代台湾边疆的社会组织与社会动乱/[美]许文雄,李祖基译//台湾研究集刊.－1988,(1)

咸丰三年台湾北部“顶下郊拼”/孔立//台湾研究集刊.－1988,(1)

清代台湾移民社会的特点——以《问俗录》为中心的研究/孔立//台湾研究集刊.－1988,(2)

郑芝龙在清郑和谈中所扮演的角色/陈在正//厦门大学学报.－1988,(3)

郑成功“将计就计”与清和谈评析/陈在正//福建学刊.－1988,(4)

康熙统一台湾/陈闽光//理论观察.－1988,(6)

清代巡台御史制度研究/李祖基//台湾研究集刊.－1989,(1)

清代台湾家庭结构的若干特点/郑振满//台湾研究集刊.－1989,(2)

一部嘉惠学林的新书——读王戎笙教授:《台港清史研究文摘》)/陈支平//台湾研究集刊.－1989,(3)

雍正、乾隆年间台湾竖旗案与天地会的关系/谢峰达//台湾研究集刊.－1990,(2、3)

清代台湾的移民高潮/邓孔昭//文史知识.－1990,(4)

台湾开发者的历史足迹/陈孔立//文史知识.－1990,(4)

清代台湾的义民问题/陈孔立//台湾研究集刊.－1990,(4)

施琅出师台湾地点及泰请敕封妈祖之史实/孙英龙//东南文化.－1990,(5)

东吴卫温、诸葛直远规台湾出海港口考析/叶哲明//东南文化.－1990,(6)

雍正九、十年台湾中部的原住民叛乱/[日]张士阳,邓孔昭译//台湾研究集刊.－1991,(2、3)

明代福建人民向台湾迁移与开发/林仁川//中国社会经济史研究.－1991,(3)

李光地、施琅、姚启圣与清初统一台湾/邓孔昭//台湾研究集刊. －1993,(1)

评《荷据时代台湾史》/邓孔昭//台湾研究集刊. －1993,(2)

气候与郑成功用兵成败之关系/周翔鹤//台湾研究集刊. －1993,(2)

台湾人民早期反荷兰殖民者的斗争/林仁川//台湾工作通讯. －1993,(3)

郑成功烈屿会盟考评/潘文贵//台湾研究集刊. －1994,(3)

郑成功实行海禁述略/杨彦杰//现代台湾研究. －1994,(4)

清代台湾行政区划的变迁和台湾历史/李祖基//中国方域. －1995,(1)

试评刘璈与刘铭传在中法战争台湾保卫战中的矛盾与是非/喻几凡//湘潭大学社会科学学报. －1995,(2)

清代福建与台湾的行政管理关系/林仁川//福建文史. －1995,(4)

清前期四川和台湾移民政策之比较/刘正刚//四川大学学报(哲学社会科学版). －1996,(1)

康熙统一台湾的战略策略及其得失/任力//战略与管理. －1996,(1)

郑成功收复台湾的战略运筹/邓孔昭//中国军事科学. －1996,(2)

论旧石器时代的漳台关系/曾五岳//南方文物. －1996,(3)

台湾早期原始社会的演进与祖国大陆/周文顺//中南民族学院学报(哲学社会科学版). －1996,(4)

施琅以战逼和统一台湾的决策/陈在正//台湾研究集刊. －1996,(4)

清代台湾社会动乱原因与性质的分析/陈孔立//台湾研究集刊. －1996,(4)

晚清台湾社会的转型及其特征/李祖基//厦门大学学报(哲学社会科学版). －1996,(4)

清代台湾班兵制研究/季云飞//台湾研究. －1996,(4)

清代台湾建省述论/季云飞//江苏社会科学. －1996,(6)

论清政府与台湾郑氏集团的谈判和“援朝鲜例”问题/邓孔昭//台湾研究集刊. －1997,(1)

东山与台湾关系学术研讨会综述/孙英龙//清史研究. －1997,(1)

关于澎湖癸亥海战的气候问题/施伟青//台湾研究集刊. －1997,(2)

十七世纪日荷在台冲突中的政治因素/陈小冲//台湾研究集刊. －1997,(2)

一部全面反映台湾方志发展的学术专著——读台湾学者陈捷先《清代台湾方志研究》/仓修良//中国地方志. －1997,(3)

关于施琅复出前夕的若干问题/施伟青//台湾研究集刊. －1997,(3)

施琅在清初对台湾的经营和治理/李祖基//台湾研究. －1997,(4)

从外国资料看施琅统一台湾/杨彦杰//清史研究. －1997,(4)

康熙帝统一台湾斗争方略探析/季云飞//学术论坛. －1997,(4)

施琅进军澎湖几个问题的考订/施伟青//历史研究. －1997,(6)

施琅进军台湾始末/任力//国防. －1997,(6)

浅论康熙帝治台政策/刘盛//历史档案. －1998,(1)

清代前期关于台湾开发的一些不同主张/邓孔昭//台湾研究集刊. －1998,(1)

清代台湾与琉球关系考/张先清//中国社会经济史研究. －1998,(1)

从征澎台的施琅亲属族人考述/施伟青//台湾研究集刊. －1998,(3)

清朝收复台湾策略述论/王兴亚//河南大学学报(社会科学版).－1998,(4)

清代台湾民间械斗与清政府的对策/季云飞//社会科学辑刊.－1998,(4)

同治甲戌前清政府台湾移民政策之探析/季云飞//学术界.－1998,(5)

清代台湾抚恤琉球遭风难民的案例分析/杨彦杰//现代台湾研究.－1998,(总24、25)

施琅投清简析/林其泉//台湾研究.－1999,(1)

论清廷收复台湾的决策过程/张晓松//漳州师范学院学报(哲学社会科学版).－1999,(1)

蔡牵海上武装集团与妈祖信仰/陈在正//台湾研究集刊.－1999,(2)

郑和台湾"贻铃"原委辨/葛坤英//中南民族学院学报(人文社会科学版).－1999,(2)

论康熙对台湾的统一和治理/马长泉//武警学院学报.－1999,(3)

清代对台湾的统一与建治/冷其林//成都行政学院学报.－1999,(3)

郑氏政权时期台湾的政治移民/孙清玲//福建师范大学学报(哲学社会科学版).－1999,(4)

论吴隋二代台湾移民进入大陆南部/徐晓望//漳州职业大学学报.－1999,(4)

收复台湾:康熙皇帝统一中国的伟大壮举/郑忠民//彭城职业大学学报.－1999,(4)

古越人东渡台湾考/葛坤英//华东师范大学学报(哲学社会科学版).－1999,(5)

清代闽台家族及其比较/彭文宇//福建论坛(文史哲版).－1999,(5)

康熙与台湾统一/伍泽华//湖南经济.－1999,(11)

从"福建台湾府"到"福建台湾省"——台湾建省初期闽、台关系的一个侧面/汪毅夫//福建论坛(文史哲版).－2000,(1)

林爽文起义原因新论/刘平//清史研究.－2000,(2)

论早期台湾开发史的几个问题/徐晓望//台湾研究.－2000,(2)

汉族移民迁居台澎始于何时/林仁川//福建论坛.－2000,(3)

康熙统一台湾的战略决策/林乾//清史研究.－2000,(3)

天地会与林爽文起义之关系辨正/刘平//南京大学学报(哲学.人文科学.社会科学版).－2000,(4)

康熙筹谋二十二年施琅八日收复台湾/饶国斌//沧桑.－2000,(4)

汉族人民早期移居台澎探析/林仁川//福建论坛(文史哲版).－2000,(4)

论清朝对台湾的统一/许正文//陕西师范大学继续教育学报.－2000,(4)

清代的国家统一是历史的必然/李世愉//史学集刊.－2000,(4)

清代闽台家庭与家族交往/彭文宇//福建论坛(文史哲版).－2000,(5)

清初两次对台斗争及其经验启示/郭振//南京社会科学.－2000,(6)

清初对台和谈的战略策略运用及其历史启示/王云//西安政治学院学报.－2000,(6)

清政府如何收复台湾?/吴辅佐//西南民兵杂志.－2000,(7)

清代台湾的大地震/李祖基//台声.－2000,(8)

康熙和平统一台湾的尝试/杨海峰//台声.－2000,(10)

康熙与郑氏集团的十次和谈/李友林//统一论坛.－2001,(1)

海贸与移民互动：17—18世纪闽南人移民海外原因分析——以闽南人移民台湾为例/庄国土//华侨华人历史研究．－2001，(1)

康熙前期清政府对台斗争方略之探析/季云飞//军事历史研究．－2001，(2)

清政府对郑氏集团招抚政策述论/李妙根//军事历史研究．－2001，(2)

简论清朝初期对台湾政策的演变/丰华涛//辽宁广播电视大学学报．－2001，(2)

台湾历史上的琉球难民遭风案/杨彦杰//福建论坛(人文社会科学版)．－2001，(3)

试析清季台湾教案中官绅民的反教原因及其关系/李颖//福建师范大学学报(哲学社会科学版)．－2001，(3)

论清代移民台湾之政策/李祖基//历史研究．－2001，(3)

论清代政府的治台政策——以施琅与清初大陆移民渡台之规定为例/李祖基//台湾研究．－2001，(3)

明清乡约制度与闽台乡土社会/汪毅夫//台湾研究集刊．－2001，(3)

清代前期福建平民偷渡台湾/陈孔立//台湾研究集刊．－2001，(4)

康熙统一台湾史实考述/秦新林//殷都学刊．－2001，(4)

草根文化与移民社会整合——清代台湾与四川移民家庭比较/刘正刚//福建省社会主义学院学报．－2001，(4)

清朝台湾开发过程中的族群冲突/褚静涛//南京社会科学．－2001，(4)

明清之际的移民与台湾开发/陈一平//南京化工大学学报(哲学社会科学版)．－2001，(4)

郑成功谈判艺术初探/赖新民//泉州师范学院学报．－2001，(5)

试论林爽文起义后清廷的善后措施/刘新慧//中国社会科学院研究生院学报．－2001，(5)

清代海峡两岸“对渡直航”与台湾开发/叶伟奇//文史杂志．－2001，(5)

康熙统一台湾的三大战略/曹大臣//决策咨询．－2001，(5)

清代台湾妇女状况一瞥/施飞//统一论坛．－2001，(6)

论康熙帝进取台湾的战略决策及其实施/季云飞//江海学刊．－2001，(6)

陈宝琛台湾问题论析/张帆//福建论坛(人文社会科学版)．－2001，(6)

“黄金只合铸施琅”——清代福建水师提督施琅攻取台湾史实回顾/杨子才//环球军事．－2001，(11)

略论清代台湾社会的失调与控制/林仁川//福州大学学报(哲学社会科学版)．－2002，(1)

郑成功军事谋略运筹与收复台湾/季云飞//南京政治学院学报．－2002，(1)

关于康熙二十二年六月清郑澎湖海战的天气及相关方法论问题的探讨/周翔鹤//台湾研究集刊．－2002，(1)

明朝时期的琉球、鸡笼——台湾/尤中//思想战线．－2002，(1)

论台湾民众在郑成功驱荷复台斗争中的作用/孙文广//军事历史研究．－2002，(1)

清初统一台湾的历程/宋云高//山西社会主义学院学报．－2002，(1)

运筹帷幄克敌制胜——郑成功收复台湾的战略与战术/邓孔昭//炎黄纵横．－2002，(1)

浅议清代台湾知府杨廷理处理噶玛兰地区的汉番关系/韦朝晖//广西地方志．－2002，(1)

略论清代移民社会问题与社会控制/林仁川//福州大学学报. -2002,(1)

郑成功收复台湾谋略运用演变之探析/季云飞//台湾研究. -2002,(2)

《康熙帝国》仍是戏说——谈清初统一台湾的事实/邓孔昭//两岸关系. -2002,(2)

史实中的康熙收复台湾/戴逸//炎黄春秋. -2002,(2)

再论澎湖癸亥海战的气候——也论相关方法论问题/施伟青//台湾研究集刊. -2002,(3)

郑成功收复台湾期间的粮食供应问题/邓孔昭//台湾研究集刊. -2002,(3)

清代台湾与四川移民家族发展比较/乔素玲//西南师范大学学报(人文社会科学版). -2002,(3)

乾隆帝出兵平定台湾林爽文起义的战略/曹凤祥//陕西广播电视大学学报. -2002,(4)

清统一台湾之役善后问题研究/季云飞//台湾研究. -2002,(4)

从刘家谋诗看道咸年间台湾社会之状况/汪毅夫//台湾研究集刊. -2002,(4)

论清政府统一台湾斗争中的姚启圣/章慕荣//台湾研究. -2002,(4)

清代台湾自然灾害对社会发展的影响/魏章柱//西南师范大学学报(人文社会科学版). -2002,(5)

郑成功收复台湾战役实施过程探析/章慕荣//军事历史. -2002,(6)

荷据时期台湾人口变迁/钟挥锷//中山大学学报论丛. -2002,(6)

郑成功收复台湾始末/毕福臣//中国经济周刊. -2002,(14)

论乾隆帝出兵台湾的战略得失/曹凤祥//广播电视大学学报(哲学社会科学版). -2003,(1)

论17世纪荷兰殖民者与福建商人关于台湾海峡控制权的争夺/徐晓望//福建论坛(人文社会科学版). -2003,(2)

清初两岸统一对当代解决台湾问题的启示/彭心安//福建省社会主义学院学报. -2003,(2)

清代台湾巡台御史制度研究/李祖基//故宫博物院院刊. -2003,(2)

施琅与台湾的收复——纪念施琅奉旨收复台湾320周年/张晓红//乌鲁木齐成人教育学院学报. -2003,(2)

论施琅在台湾问题上的高瞻远瞩——纪念清朝统一台湾320周年/张杰//辽宁大学学报(哲学社会科学版). -2003,(2)

论清初统一后的台湾海防/卢建一//福建论坛(人文社会科学版). -2003,(3)

清朝统一台湾战略的历史启示/谢禾生//统一论坛. -2003,(5)

郑和与台湾关系考/黄云//闽江学院学报. -2003,(6)

台湾郑氏政权从拒统到归顺的历史鉴戒/施门松//统一论坛. -2003,(6)

康熙和平统一台湾/陆茂清//文史天地. -2003,(12)

清代台湾的幕友/汪毅夫//东南学术. -2004,(1)

关于武颂扬清季参与经略台湾诸事考略/武守志//兰州教育学院学报. -2004,(1)

清代台湾粤籍举人的由来/孔未名//历史档案. -2004,(2)

清代台湾地方建置与方志编纂研究/柳浪//中国地方志. -2004,(3)

论晚明对台湾、澎湖的管理及设置郡县的计划/徐晓望//中国边疆史地研究. -2004,(3)

清代台湾家族的形成/何绵山//华夏文

化. －2004,(3)

施琅与两岸关系/施伟青//中共福建省委党校学报. －2004,(3)

略论清政府在解决台湾问题上的经验及教训/何立波//理论学刊. －2004,(3)

晚明台湾被侵占研究/王前山//军事历史研究. －2004,(4)

浅论康熙朝海峡两岸的和谈/郑以灵//福建论坛(人文社会科学版). －2004,(5)

试论清代台湾社会的转型/郭建芳、崔晓阳//河南社会科学. －2005,(1)

论李彤恩与刘铭传为台湾作出的贡献/李惠萍//河南社会科学. －2005,(1)

康熙统一台湾的战略策略/张红//兰台世界. －2005,(3)

康熙统一台湾期间清廷同荷兰的军事接触/李中勇//历史档案. －2005,(3)

清康熙时与台湾郑氏之和战及其历史启示/李春光//辽宁大学学报(哲学社会科学版). －2005,(3)

论清代台湾社会的转型/史坤杰//龙岩学院学报. －2005,(4)

施琅研究的理性思考/黄伟民//泉州师范学院学报. －2005,(5)

浅析清朝台湾建省的原因/张宏伟//甘肃教育. －2005,(6)

17世纪郑氏海商集团地位论/王恩重//学术月刊. －2005,(8)

论郑成功与施琅发生冲突的原因/徐晓望//福建论坛(人文社会科学版). －2005,(11)

清代台湾盂兰会刍议/黄跃荣//现代台湾研究. －2006,(1)

试论清朝统一台湾的战略启示/洪荣文//重庆社会主义学院学报. －2006,(3)

开山抚番:沈葆桢台湾防务建设中的重大举措/吕宁//军事历史研究. －2006,(4)

乾隆晚年台湾海口陋规案探析/晏爱红//石家庄学院学报. －2006,(4)

清代台湾疫灾及社会对策/魏珂//中国地方志. －2006,(5)

闽东与台湾早期的交往/刘雄//炎黄纵横. －2006,(6)

台湾郑氏政权与清朝政府统一台湾/许良国//中央民族大学学报(哲学社会科学版). －2006,(6)

2. 近代

试论1888年台湾彰化施九缎起事/邓孔昭//厦门大学学报. －1981,(增刊)

爱新觉罗·玄烨对中华民族的一大贡献/陈在正//台湾研究集刊. －1983,(2)

论1884—1885年反法侵略的台湾保卫战/韦庆远//台湾研究集刊. －1984,(1)

十九世纪中叶美国力主侵台的三个代表人物/李强//台湾研究集刊. －1984,(4)

日本入侵台湾的初期/G. H卡尔,吴玫译//台湾研究集刊. －1984,(4)

清政府与台湾建省/杨彦杰//台湾研究集刊. －1985,(3)

1874—1875年清政府关于海防问题的大讨论与对台湾地位的新认识/陈在正//台湾研究集刊. －1986,(1)

日本人的教育与台湾人的生活/E. PatriciaTsurumi,承上译//台湾研究集刊. －1986,(2)

闽南小刀会在台湾的斗争/邵雍//台湾研究集刊. －1986,(4)

从台湾建省背景看刘铭传改革的成败/陈碧笙//台湾研究集刊. －1987,(1)

论刘铭传与基隆煤矿交外商承办之设想/何平立、戴鞍钢//台湾研究集刊. －1987,(3)

1937—1945年台湾皇民化运动述论/

陈小冲//台湾研究集刊.－1987,(4)

台湾建省方案形成过程的考察/陈在正//历史研究.－1987,(5)

沈葆桢、李鸿章对1874年日军侵台的态度/陈在正//台湾研究.－1988,(1)

刘铭传与林维源/吴玫//台湾研究集刊.－1988,(3)

刘铭传"重商"评议/潘晋明//福建论坛.－1988,(3)

日本南进政策中的台湾/陈小冲//台湾研究集刊.－1988,(4)

杨昌浚与台湾建省/吴玫//台湾研究集刊.－1989,(2)

论中法战争时期大陆对台湾的支援/吴玫//台湾研究集刊.－1989,(4)

台湾建省及刘铭传改革/陈闽光//理论观察.－1989,(5)

忧患意识与台湾近代化/邓孔昭//台湾研究集刊.－1990,(2、3)

日据时期的台湾独立革命与李友邦将军/王晓波//台湾研究集刊.－1990,(2、3)

胡适之父"战死台湾"辨/邓孔昭//台湾研究.－1990,(3)

日据初期台湾抗日运动与总督府的"对岸经营"/陈小冲//台湾研究集刊.－1990,(4)

台湾义勇队的筹组及在福建的活动/林真//台湾研究集刊.－1991,(4)

日籍台民与治外法权/陈小冲//台湾研究集刊.－1992,(2)

1840至1870年间欧美列强觊觎和侵犯台湾的活动/陈在正//台湾研究集刊.－1992,(2)

刘铭传撤基援沪与沪尾大捷述论/戚其章//台湾研究集刊.－1992,(2)

日本在台同化政策及其失败/陈小冲//台湾研究集刊.－1992,(3)

清末日僧在闽布教及其与台湾总督府的关系/陈小冲//台湾研究集刊.－1992,(4)

清末在闽日僧与日本驻台"总督府"的关系/陈小冲//近代史研究.－1993,(1)

日据时期台湾民族运动若干问题的分析/陈小冲//台湾研究集刊.－1993,(2)

台湾少年团述论/陈小冲//抗日战争研究.－1993,(4)

台湾建省初期的福建协饷/邓孔昭//台湾研究集刊.－1994,(4)

1874年中日《北京专条》辨析/陈在正//台湾研究集刊.－1994,(1)

抗战时期福建的台湾籍民问题/林真//台湾研究集刊.－1994,(2)

刘铭传与台湾的洋务运动/戴乐//无锡教育学院学报.－1994,(3)

台湾人民的抗日战争与台湾光复/陈在正//中国边疆史地研究.－1994,(4)

日本据台时期对中国的毒品祸害/连心豪//台湾研究集刊.－1994,(4)

中国人民抗日史上的壮丽篇章——台湾人民的抗日斗争/陈祥元//上海党史与党建.－1995,(1)

试析1860——1895年台湾早期近代化道路/张缨//学术界.－1995,(2)

从甲午战争到《马关条约》——日本强占台湾始末/蒋为清//台湾研究.－1995,(3)

任人宰割的历史绝不能重演——纪念《马关条约》一百年和台湾光复五十年/姜殿铭//台湾研究.－1995,(3)

雾社65周年祭/陈孔立//台湾研究.－1995,(3)

《马关条约》签订与台湾割让的历史原因及其思考/蒋伯英//东南学术.－1995,(3)

甲午百年祭——马关割台与台湾军民的反割台斗争/陈贞寿//福建论坛（人文社会科学版）. －1995,(3)

浅述客家人在中法战争中的作用/温哲君//惠州大学学报. －1995,(3)

广东台湾革命青年团始末/朱艳圣//岭南文史. －1995,(3)

历史的启示——两次中日战争之比较/朱福枝//武汉交通管理干部学院学报. －1995,(3)

论抗战时期中国收复台湾的斗争/史习培//党史研究与教学. －1995,(4)

日本混瞒窃夺钓鱼台群岛——兼论1874年日本侵犯台湾之役的“机智”外交/赵纯昌//齐齐哈尔大学学报（哲学社会科学版）. －1995,(5)

日本割台的历史回顾/刘薇//齐齐哈尔大学学报（哲学社会科学版）. －1995,(5)

中法战争期间清政府的抗法保台策略/季云飞//历史研究. －1995,(6)

甲午战后台湾内渡官绅与庚子勤工运动/桑兵//历史研究. －1995,(6)

台胞抗日复台活动在广东/左双文//东南亚研究. －1995,(6)

策划久远用心险恶——论日本对东北、台湾的侵占及其推行的奴化、同化政策/肖安鹿//甘肃社会科学. －1996,(1)

丁日昌台湾防务思想与实践之探析/季云飞//台湾研究. －1996,(1)

刘铭传与台湾防务/李友林//台湾研究. －1996,(1)

有关台湾民主国的几个问题/汪志国//天津师大学报（社会科学版）. －1996,(2)

对《马关条约》的再思考/雷玉虹//台湾研究. －1996,(2)

板垣退助、林献堂与台湾同化会/陈小冲//台湾研究集刊. －1996,(3)

丘逢甲乙未抗日保台若干问题之我见/李祖基//台湾研究集刊. －1996,(4)

清代台湾建省述略/白纯//台湾研究. －1996,(4)

洋务新政在台湾/刘学照//历史教学问题. －1997,(1)

论18、19世纪美国对台湾的侵略主张与活动/孙俊杰//河南社会科学. －1997,(2)

1874年日本出兵台湾探析/孔凡岭//台湾研究. －1997,(2)

近代反侵略斗争中的台湾与祖国/周文顺//东北师大学报（哲学社会科学版）. －1997,(3)

近代中国卫国战争对台湾社会之影响/周文顺//军事历史. －1997,(3)

道光帝与台湾军民的“抗英保台”斗争/季云飞//台湾研究. －1997,(3)

抗日战争中的台湾少年团/刘惠敏//武汉文史资料. －1997,(3)

略论日据时期台湾的“皇民化运动”及其影响/蔡放波//台湾研究. －1997,(4)

刘永福并未任职台湾民主国/廖宗麟//历史研究. －1997,(4)

“明是和局、阴为战备”——李鸿章处理台湾事件的指导思想初探/王玉华//安徽史学. －1997,(4)

鸦片战争与台湾/周文顺//历史教学. －1997,(9)

论刘铭传治理台湾/郑仁木//同济大学学报（社会科学版）. －1998,(1)

1895年台湾军民反割台军事斗争失败原因探析/季云飞//江海学刊. －1998,(1)

台湾之狱——近代中国第一起涉外案件述论/林齐模//安庆师范学院学报（社会科学版）. －1998,(1)

从《英商承办基隆煤矿订拟合同折》看

刘铭传的利用外资思想/孙海泉//徐州师范大学学报(哲学社会科学版).－1998,(1)

中法战争中的台湾保卫战/林其泉//大同职业技术学院学报.－1998,(1)

李鸿章与1874年日本侵台事件/邵建东//安徽史学.－1998,(2)

日本对台湾的殖民统治简论/赵铁锁//南开学报(哲学社会科学版).－1998,(2)

试论首任台湾巡抚刘铭传的海防建设/张燕清//福建师范大学学报(哲学社会科学版).－1998,(2)

台湾人民反抗日本殖民统治斗争述论/季云飞//台湾研究.－1998,(3)

本世纪上半叶日本及台湾总督府在潮汕的活动/房建昌//汕头大学学报(人文科学版).－1998,(4)

试析台湾各阶层对马关签约的反响——兼议徐骧之历史功绩/王政尧//清史研究.－1998,(4)

丘逢甲与康有为/黄志平等//台湾研究集刊.－1998,(4)

从台南石姓某家的户籍誊本看日据时期台湾社会的若干情况/汪毅夫//台湾研究集刊.－1998,(4)

抗战时期台籍人士在大陆的抗日复台活动研究述评/周大计//抗日战争研究.－1998,(4)

台湾与祖国大陆洋务运动的不同走向/詹学德//中南民族学院学报(人文社会科学版).－1999,(1)

刘永福反割台斗争军事思想与实践之探析/季云飞//安徽大学学报(哲学社会科学版).－1999,(1)

琉球漂民事件与日军入侵台湾(1871—1874)/米庆余//历史研究.－1999,(1)

简析台湾武装抗日运动的价值观基础及其意义/毛仲伟//台湾研究.－1999,(1)

台湾少年团在武夷山/杨瑞荣//台声.－1999,(1)

试论乙未反割台斗争中台湾的官、绅、民/荣斌//军事历史研究.－1999,(2)

从近代史上的反侵略斗争看台湾同胞的爱国主义传统/马晓京//阜阳师范学院学报(社科版).－1999,(2)

张之洞与台湾/冀满红//台湾研究.－1999,(2)

左宗棠与台湾/张振文//台湾研究集刊.－1999,(2)

试述19世纪下半叶外国势力在台湾的活动/李湘敏//台湾研究.－1999,(3)

台湾慰安妇问题的最近动向/陈丽菲//抗日战争研究.－1999,(3)

浅论大陆援助台湾抗法战争/张壮强//广西社会科学.－1999,(3)

清末台湾教案述略/李湘敏//台湾研究集刊.－1999,(4)

1874年日本出兵台湾给我们的历史教训/孔凡岭//济宁师专学报.－1999,(5)

从"同化政策"看日本殖民统治及殖民扩张主义的特征和本质——对日本在台湾推行"同化政策"的历史考察/冯玮//复旦学报(社会科学版).－1999,(6)

清政府对军事威慑战略的一次充分运用——日本侵台事件中清政府的军事斗争方略/解本亮//军事历史.－1999,(6)

日据时期台湾民众党成立时间考:《台湾历史纲要》与《台湾地方史》一出入之处的辨析/林小芳//现代台湾研究.－1999,(总28)

试论沪尾大捷在中法战争中的地位和作用/廖宗麟//广西广播电视大学学报.－2000,(1)

血泪·仇恨·镇压·掠夺——日本侵占中国台湾省的悲惨历史/杨值珍//湖北函

授大学学报. －2000,(1)

台湾人民的怒火——《马关条约》签订之后/郑炜//党史纵横. －2000,(1)

关于抗战时期台湾革命同盟会的几个问题/曾庆科//中共党史研究. －2000,(2)

“五四”运动与近代台湾人民的民族觉醒和爱国斗争/刘雄//中共宁波市委党校学报. －2000,(3)

试述日据时期台湾同胞在福建的抗日活动——兼驳吕秀莲的“大幸”谬论/詹冠群//台湾研究. －2000,(2)

试论刘铭传“弃基保沪”的战略意义/廖宗麟//河池师范高等专科学校学报. －2000,(3)

近代中国政府建设台湾防务史绩之评析/邵建东//台湾研究. －2000,(3)

日本在台湾推行殖民统治的本质特征/冯玮//抗日战争研究. －2000,(3)

沈葆桢近代海防思想探讨/苏读史//军事历史. －2000,(4)

从台湾保卫战看两岸同胞的爱国主义传统/李艾丽//广西民族学院学报(哲学社会科学版). －2000,(4)

台湾同胞抗日的伟大壮举——台胞“义勇队”和“少年团”抗日活动纪实/石维行//档案与建设. －2000,(4)

日据台湾时期的鸦片政策(1895—1945)/朱庆葆//福建论坛(文史哲版). －2000,(4)

从反割台斗争看台湾同胞的爱国主义传统/李艾丽//广西社会科学. －2000,(4)

历史是一面镜子——从台湾被割让历史看吕秀莲丑恶嘴脸/本刊编辑部//理论与当代. －2000,(5)

抗倭保台永不叛宗——记历史上的“台湾民主国”/李友林//台声. －2000,(6)

台湾建省始于何时/杨帅鹏//四川统一战线. －2000,(7)

丘逢甲离台内渡考/戚其章//学术研究. －2000,(10)

1874年日本侵略台湾始末/马钰//文史精华. －2000,(11)

清朝在台湾建省的决策过程/曹大臣//决策咨询. －2001,(1)

日本南侵与“台湾本岛人利用论”——台湾总督府华侨政策“具体方案”的史料发掘/蔡史君//南洋问题研究. －2001,(1)

试论中法基隆首战/林其昌//南宁师范高等专科学校学报. －2001,(1)

论刘铭传在台对早期维新思想的实践/丛滋香//胜利油田师范专科学校学报. －2001,(1)

抗战时期的台湾籍民问题/陈小冲//台湾研究集刊. －2001,(1)

光绪乙未年间反割台斗争的特点浅析/张炜玮//军事历史研究. －2001,(2)

试论清朝末年的反割台斗争/郜耿豪//军事历史研究. －2001,(2)

试论日本统治时期的台湾议会设置请愿运动/徐鲁航//中共福建省委党校学报. －2001,(2)

海峡两岸人民共同抗日与台湾光复/李仲元//军事历史研究. －2001,(2)

论日据时期台湾同胞的祖国意识/李艾丽//广西民族学院学报(哲学社会科学版). －2001,(3)

论日据时期在闽的“台湾籍民”若干问题/詹冠群//台湾研究. －2001,(4)

日据时期(1895—1945)台湾同胞的民族意识与国家认同/才家瑞//天津大学学报(社会科学版). －2001,(4)

碧血丹心永照汗青——驳《台湾论》对抗日义勇军的污蔑/王晓波//台声. －2001,(5、6)

台湾民众党与台胞的抗日运动/魏章柱//统一论坛．－2001,(6)

中国共产党与台湾义勇队/陈宗海//台声．－2001,(8)

辛亥革命对台湾历史进程的影响/刘智伦//台声．－2001,(10)

辛亥革命与宝岛台湾/郑坚//华人时刊．－2001,(10)

辛亥革命对台湾的影响/刘雄//中共福建省委党校学报．－2001,(12)

日据下台湾民族运动两条路线之争/王晓波//台湾研究集刊．－2002,(1)

日本明治维新后出兵台湾事件之探析/刘锋//统一论坛．－2002,(2)

简析日据晚期的台湾"皇民奉公会"/白纯//台湾研究．－2002,(2)

浅析抗战时期台湾同胞对日本"皇民化运动"的抵制/白纯//文史杂志．－2002,(3)

试论沈葆桢保卫台湾开发台湾的历史贡献/范前峰//云南社会主义学院学报．－2002,(3)

日据时期台湾的警察政治/筱杨//福建党史月刊．－2002,(3)

抗日战争时期日本在台湾的公债政策研究/戴建兵//史学月刊．－2002,(3)

屈辱与悲哀的50年——记日据时期台湾的"治安政策"/刘锋//统一论坛．－2002,(3)

日本殖民统治台湾时期的民族歧视政策/黄跃荣//台湾研究．－2002,(3)

吏治与晚清台湾的自强新政/谢禾生//统一论坛．－2002,(4)

淮系人物与台湾近代化/方英//安徽史学．－2002,(4)

日本同化政策对台湾社会的戕伤——以台中雾峰林氏家族为例/许维勤//台湾研究集刊．－2002,(4)

台湾总督府在日本侵占海南岛时期"海南岛开发"中的作用/隋丽娟//中国边疆史地研究．－2002,(4)

日据初期台湾人民抗日武装斗争中"归顺"问题初探/陈小冲//台湾研究集刊．－2002,(4)

1874年日本侵台事件之后清朝对台湾建省的讨论/白纯//军事历史．－2002,(4)

抗战时期台湾同胞对收复台湾的贡献/王生怀//安庆师范学院学报(社会科学版)．－2002,(4)

"皇民奉公会"与台湾社会"皇民意识"/许维勤//现代台湾研究．－2002,(5)

《马关条约》签订前后台湾士绅阶层动向初探/倪蛟//广西社会科学．－2002,(6)

1874年日本入侵台湾对日本外交的影响/张景全//日本研究．－2003,(1)

鸦片战争期间搁浅台湾英船性质考/李永玉//历史研究．－2003,(2)

中法战争后清政府台湾善后述论/章慕荣//南京社会科学．－2003,(2)

台湾史学界抗日战争研究述评/高平平//军事历史研究．－2003,(3)

1949年以来中国大陆的台湾近代史研究综述/杜继东//近代史研究．－2003,(3)

1895—1937台湾地方社会的教育和殖民当局的同化政策——读台湾乡土文献/周翔鹤//台湾研究集刊．－2003,(3)

简析台湾洋务新政特点形成原因/孙春芝//太原师范学院学报(社会科学版)．－2003,(4)

简析明治维新后日本对台湾的侵略/何晓清//四川职业技术学院学报．－2003,(4)

试论日据时期台湾"皇民化运动"/张媚//漳州职业大学学报．－2003,(4)

刘铭传对沈葆桢筹划台湾海防的继承与发展/王生怀//安庆师范学院学报(社会

科学版）. －2003，(5)

试论光绪乙末年“台湾民主国”的性质/刘雄//中共福建省委党校学报. －2003，(7)

台湾在中国近代反侵略斗争中的贡献/韩小林//江西社会科学. －2003，(8)

明治维新初期日本侵略台湾的动因/杨秀祖//通化师范学院学报. －2004，(1)

日据台湾时期“以华制华”战略的运用/曹大臣//江海学刊. －2004，(1)

试论姚莹对台湾游民的整治/方英//历史档案. －2004，(2)

日据时期台湾总督府《南洋华侨事情》评析/陈艳云//中山大学学报（社会科学版）. －2004，(2)

评《春帆楼下晚涛急——日本对台湾的殖民统治及其影响》/李贵连//环球法律评论. －2004，(2)

日本对台殖民统治的法理剖析——评《春帆楼下晚涛急：日本对台湾的殖民统治及其影响》/雷颐//抗日战争研究. －2004，(2)

日据时期日本对台湾的殖民统治/李艾丽//学术论坛. －2004，(2)

日本帝国主义与台湾铁路/祝曙光//广西师范大学学报（哲学社会科学版）. －2004，(4)

飘零与孤悬中的挣扎——日据时期台湾地区对祖国文化的坚持/黄平//东南学术. －2004，(4)

春帆楼痛史——读《春帆楼下晚涛急：日本对台湾的殖民统治及其影响》/俞荣根//学术界. －2004，(4)

日据时期台湾学生在大陆的爱国活动探略/黄新宪//徐州师范大学学报（哲学社会科学版）. －2004，(5)

“理谕、设防、开禁”——沈葆桢处理台湾危机的谋略/郭秀清//福州党校学报. －2004，(6)

刘铭传与台湾近代化/林桂平//历史学习. －2004，(9)

历史图像的真确建构与理性阐释——以林国章著《民族主义与台湾抗日运动(1895—1945)》为例/曾成贵//江汉论坛. －2004，(10)

忍辱抗争五十年——台湾抗日斗争的历史回顾/马军水//国防科技. －2004，(11)

简析抗战时期的台湾调查委员会/白纯//江海学刊. －2005，(1)

日据台湾的真实历史/王也扬//炎黄春秋. －2005，(1)

刘铭传对台湾近代化建设的贡献/郭红斌//现代台湾研究. －2005，(1)

日据时期台湾同胞的反殖爱国斗争/赵书刚//中共中央党校学报. －2005，(1)

抗日战争实现了台湾回归/张广宇//军事历史研究. －2005，(2)

《马关条约》与台湾/史坤杰//统一论坛. －2005，(2)

身陷万难犹奋起乙未烽烟警今朝——论丘逢甲抗日保台光辉实践的重大现实意义/邓晋东//广东省社会主义学院学报. －2005，(3)

台湾同胞在祖国抗日战争中的重要贡献/郭德宏//河南师范大学学报（哲学社会科学版）. －2005，(4)

“皇民化”运动及其影响/张春英//江汉大学学报（社会科学版）. －2005，(4)

日据时期台湾的“市区改正”及其对城镇发展形态的影响/唐次妹//台湾研究集刊. －2005，(4)

《马关条约》与台湾民众的抗日战争/许良国//中央民族大学学报（哲学社会科学版）. －2005，(4)

抗战后期福建在台湾光复中的作用和

贡献——兼论新时期福建在"反独促统"中的应有使命/钟兆云//东南学术. -2005,(4)

试论刘铭传的台湾建省方案/邓孔昭//台湾研究集刊. -2005,(4)

台湾人民反抗日本殖民者的斗争/佟建寅//中国劳动关系学院学报. -2005,(4)

试论中法战争与闽台分省的关系/张孙彪//福建师大福清分校学报. -2005,(4)

从台湾抗日运动诠释台湾民族主义——评介《民族主义与台湾抗日运动》/田子渝//中南民族大学学报(人文社会科学版). -2005,(4)

《马关条约》后日本对朝鲜的殖民吞并和对中国台湾的殖民统治/谢俊美//河南社会科学. -2005,(4)

甲午战争前后日本在东亚的侵略活动——写在《马关条约》签订110周年之际/谢俊美//江西师范大学学报(哲学社会科学版). -2005,(4)

李友邦和台湾义勇队/姚智圆//历史教学问题. -2005,(4)

抗战时期台湾民众抵制日本"皇民化运动"的斗争/黄文涛、许祥文//南京政治学院学报. -2005,(4)

丘逢甲的传统文化意识与两岸统一思想/刘焕云//韶关学院学报. -2005,(5)

关于日据时期台湾皇民化运动若干问题的探讨/黄新宪//福建论坛(人文社会科学版). -2005,(5)

抗日烽火中的台湾义勇队/汤家庆//福建党史月刊. -2005,(5)

台湾同胞的抗日斗争/安然//黄埔. -2005,(5)

日据时期的台湾反"皇民化"运动/钟兆云//文史精华. -2005,(6)

台湾学者如何研究抗日战争史/李松林//两岸关系. -2005,(8)

近代以来台湾人民的抗日斗争/娄杰//两岸关系. -2005,(8)

浅谈刘铭传在台湾建设中的创新/柴生高//哈尔滨学院学报. -2005,(9)

1920至1930年代的上海:台湾爱国青年反日活动的大舞台/何池//上海党史与党建. -2005,(9)

日本投降台湾光复实录/陆茂清//文史精华. -2005,(9)

客观评价抗战历史促进两岸和平统一/李瑗//两岸关系. -2005,(10)

血祭台海1895年台湾人民"自谋保台"斗争始末/李同勇//军事历史. -2005,(11、12)

"高砂义勇军":靖国神社中的台湾冤魂/刘起来、张志刚//文史博览. -2005,(15)

甲午战败后台湾知识界的文人抗日/汪庆生//广西教育学院学报. -2006,(1)

日本人和台湾籍民与福建城市的近代化/林星//福州大学学报(哲学社会科学版). -2006,(3)

刘铭传台湾新政评议/华强//南京政治学院学报. -2006,(3)

台湾"高砂义勇队"考论/杨荣庆//台湾研究集刊. -2006,(3)

东北人民与台湾人民抗日斗争比较研究/田克勤//社会科学战线. -2006,(3)

饱濡铅泪记桑田——陈寅恪与胡适眼中的"台湾民主国"/曹曦//安徽史学. -2006,(3)

"六三法"的存废与台湾殖民地问题/李理//抗日战争研究. -2006,(4)

关于日本割占台湾的几个问题/戚其章//学术月刊. -2006,(4)

台湾近年来中国近代史研究的典范变迁/黄克武//史学月刊. -2006,(5)

刘铭传与台湾开发——兼论历史人物评价应从大节着眼/来新夏//探索与争鸣. -2006,(5)

浅评后藤新平在台湾的鸦片专卖政策/谢弦//佳木斯大学社会科学学报. -2006,(6)

日本帝国主义对台湾的统治/来新夏//福建论坛(人文社会科学版). -2006,(10)

从成立庆典礼仪看乙未“台湾民主国”的性质/刘雄//中共福建省委党校学报. -2006,(12)

50年的血·泪·仇——日本血腥殖民台湾实录/汪幸福//科学大观园. -2006,(19)

日据时期台湾电影的反殖民主义运动/王莲//电影评介. -2006,(23)

3. 现代

谈斯诺的五篇台湾通讯/汪敬虞//台湾研究集刊. -1988,(1)

林森与台湾/陈在正//台湾研究集刊. -1991,(3)

陈仪军事接管台湾的内幕/郑澄桂//福建党史月刊. -1994,(4)

1940年蒋介石拟向美国出租台湾、海南的文件与说明/任东来//民国档案. -1995,(1)

1·20:福州军民反轰炸纪实/郑则善//福建党史月刊. -1995,(2)

台湾海峡大空战/钟兆云//福建党史月刊. -1995,(2、3、4)

台湾光复五十周年与台湾的未来/廖天欣//台湾研究. -1995,(4)

蒋介石败逃前转移金银外币内幕/詹特芳//文史精华. -1995,(4)

国共和谈第三次合作的秘密使者们/李伶伶//华人时刊. -1995,(10)

一根“稻草”的命运——国民党偏安台湾始末/苗生//党史纵横. -1995,(10)

来自台湾的秘密使者/苗生//党史博采. -1995,(11)

对驻台日军受降经过/张小军//党史博采. -1995,(11)

蒋介石败走台湾隐秘/赵家新//华人时刊. -1995,(12)

国民党在台湾立足的一个原因/刘长江//唯实. -1996,(1)

日本投降后张廷孟三次赴台接收基地/谢腊生//航空史研究. -1996,(3)

蒋介石急欲出兵朝鲜参战真相/孟国祥//民国春秋. -1996,(3)

抗战时期国民政府抗日复台策略论析/俞歌春//福建师范大学学报(哲学社会科学版). -1996,(3)

金门炮战中的辩证法/陈立旭//人民论坛. -1996,(4)

一九五〇—一九六五年国共两党的五次秘密接触/葛书院//党史文汇. -1996,(4)

国民政府与台湾光复/左双文//历史研究. -1996,(5)

旧时往日台湾十年/陈香梅//上海档案. -1996,(6)

台湾同胞的中国情结与台湾光复/史习培//现代台湾研究. -1996,(总14)

回忆台湾“二·二八起义”/郭水烟//湖北文史资料. -1997,(1)

关于孙中山与台湾关系几个问题的评价——纪念孙中山诞辰130周年/左双文//东南亚研究. -1997,(2)

五十年代台湾的白色恐怖统治/李祖基//纵横. -1997,(2)

解放台湾计划搁浅内幕/青石//贵州文史天地. -1997,(3)

周恩来与1958年炮击金门(1958年8

月—11月)/《周恩来年谱》编写组//党的文献.－1997,(3)

孙中山先生与台湾/张茜红//台湾研究.－1997,(3)

试论五、六十年代国民党空军飞机入侵大陆的特点、活动规律及我空军采取的对策/陈捷//航空史研究.－1997,(4)

第二次世界大战期间美军空中攻击台湾地区状况一览表/王绳果//航空史研究.－1997,(4)

中国革命中的台湾与大陆/周文顺//青海民族学院学报(社会科学版).－1997,(4)

和平解放台湾的尝试——五六十年代国共两党的几次秘密接触/王中人//党史纵横.－1997,(4)

粟裕与攻台作战的准备/胡哲峰//军事历史.－1997,(5)

抗日烽火中台湾同胞的中国情结/史习培//中共福建省委党校学报.－1998,(1)

金门炮战中毛泽东对美斗争的指挥艺术/林斌//军事历史.－1998,(1)

国民政府台湾调查委员会述论/骆威//台湾研究集刊.－1998,(2)

40年前的一场奇特战争——1958年封锁金门之战始末/刘宏煊//党史天地.－1998,(4)

美国历史学家与50年代台湾海峡危机/戴超武//当代中国史研究.－1998,(4、5)

80年代国共两党之间的秘密接触/娄杰//党史天地.－1998,(7)

毛泽东筹划台湾战役始末/熊启珍//党史天地.－1998,(10)

蒋介石退守的三种方案——最后的选择是台湾/珠江水运.－1998,(12)

建国初期党中央解放台湾的决策与实践/闫安//内蒙古统战理论研究.－1999,(1)

试论光复前后台湾省建制之过程/褚静涛//台湾研究.－1999,(2)

炮击金门的国际较量/何春阳//文史精华.－1999,(5)

穷途末路国民党政权败退台湾的前前后后/邓泓//文史杂志.－1999,(5)

同声相应,同气相求——五四新文化运动在台湾/敬隐铭//鲁迅研究月刊.－1999,(6)

国民党退据台湾五十年——总结过去,透察现在,把握未来/李家泉//中共党史研究.－1999,(6)

试谈毛泽东对金门炮战的指挥艺术/徐光顺//空军雷达学院学报.－2000,(1)

雷霆万钧摧敌营——1954年我军首次大规模炮击金门纪实/陈广相//党史天地.－2000,(1)

评五十年代初蒋介石对国民党的"改造"/梁云//呼伦贝尔学院学报.－2000,(1)

世界瞩目的台海大空战/钟兆云//党史博览.－2000,(1)

台湾光复后滞外台湾同胞返台的经过及其影响/褚静涛//台湾研究.－2000,(1)

试论蒋介石五次抵制美国分离台湾的图谋/张春英//台湾研究.－2000,(2)

1949年美国图谋分离台湾经过/陆茂清//文史精华.－2000,(2)

抗战胜利后影响台湾建省诸因素分析/朱庆葆//江海学刊.－2000,(2)

炮击金门的前前后后/王爱东//当代海军.－2000,(2)

蒋介石与台湾收复/褚静涛//中国边疆史地研究.－2000,(3)

孙中山四赴台湾/何标//炎黄春秋.－2000,(3)

毛泽东对炮击金门之战的卓越指挥/陈广相//文史春秋.－2000,(3)

美第七舰队与台湾海峡/魏岳江//中国科技月报. -2000,(3)

蒋经国访美遇刺始末/苗生//内蒙古统战理论研究. -2000,(3)

渡海攻台:建国初人民解放军未能完成的战役/文锋//航海. -2000,(3)

论朝鲜战争与中国统一进程的中断/隋淑英//莱阳农学院学报(社会科学版). -2000,(3)

试论朝鲜战争对中国大陆和台湾的影响/刘春蕊//青岛大学师范学院学报. -2000,(4)

民国时期收复台湾的斗争/李运祥//民国春秋. -2000,(4)

美海军三次介入台海危机/魏岳江//当代海军. -2000,(4)

中国共产党与台湾抗日义勇队的关系/卢旭东//浙江大学学报(人文社会科学版). -2000,(4)

"栓紧缰绳"与"反攻大陆":肯尼迪与蒋介石的战略之争/牛大勇//北京大学学报(哲学社会科学版). -2000,(4)

1950年的解放台湾计划/杨晓志//兰台世界. -2000,(5)

广东军民歼灭台湾武装特务纪实/吴雪晴//广东党史. -2000,(5)

蒋介石三次抵制美国分离台湾内幕/张文青//文史博览. -2000,(5)

一次解放台湾的历史机遇——1950年纪事/张涛//党史纵横. -2000,(5)

试论光复之初台湾行省的建立/高尚举//聊城师范学院学报(哲学社会科学版). -2000,(5)

金门之战始末/丛乐天//北京档案. -2000,(6)

国民政府收复台湾考论/褚静涛//南京大学学报(哲学.人文科学.社会科学版). -2000,(6)

台湾光复后日本移民的遣返及征用/褚静涛//史学月刊. -2000,(6)

1958年金门炮战与"一个中国"的原则/张万余//河南师范大学学报(哲学社会科学版). -2000,(6)

毛泽东决策炮击金门的前前后后/张树德//共产党员. -2000,(7)

试论战后台湾的历史地位/袁成亮//南京社会科学. -2000,(8)

为了中华民族的最高利益——1958年的"八·二三炮战"/郑启五//党史文汇. -2000,(9)

蒋介石为什么选择台湾作为他的新基地/杨柳//两岸关系. -2000,(9)

蒋介石三度出兵朝鲜战争未遂始末/张明金//文史精华. -2000,(10)

台湾光复初期土改的酝酿与尝试/褚静涛//中国农史. -2001,(2)

美国屡拒台湾出兵朝鲜的深层原因/尹家民//福建党史月刊. -2001,(2)

建国后台湾海峡的五次军事对抗/陈立旭//党史文汇. -2001,(2)

试析国民党军队从舟山撤逃台湾的原因/章其真//世纪桥. -2001,(2)

国民党得以偏安台湾始末/苗生//文史春秋. -2001,(3)

孙中山与台湾/张春英//台湾研究. -2001,(3)

蒋介石三上金门岛/王永钦//两岸关系. -2001,(3)

台湾光复与开罗会议/汪小平//台声. -2001,(3)

1949年美国企图阻止蒋介石退往台湾内幕/钱玉光//民国春秋. -2001,(3)

蒋氏父子与"一个中国"/王争印//人文杂志. -2001,(3)

日本殖民教育对台籍政坛人物文化出身之影响/马海军//河南纺织高等专科学校学报.－2001,(3)

蒋介石在台湾问题上与美国的矛盾与抗争/王淑华//广东省社会主义学院学报.－2001,(4)

旧金山和约和日蒋和约与美日的“台湾地位未定”论/余子道//抗日战争研究.－2001,(4)

50年代首位探访大陆的台湾信使/苗生//党史天地.－2001,(4)

晚年毛泽东的统一愿望和蒋介石的统一梦/马淑明//山东档案.－2001,(5)

50年代毛泽东对台军事斗争战略决策的特点与启示/焦红//军事历史.－2001,(5)

土地革命战争时期台湾同胞与中国共产党领导的“红色中国”/庹平//贵州社会科学.－2001,(5)

论南京国民政府的对台政策/杨树标//首都师范大学学报(社会科学版).－2001,(5)

“台湾战役”的部署与搁浅/余科杰//党史纵横.－2001,(10)

美国侵朝战争对我解放台湾的影响/贺世友//党史文汇.－2001,(11)

四届一次国民参政会设台湾接收委员会提案核办情形/沈岚//民国档案.－2002,(2)

简论光复初期台湾的专卖制度/白纯//南京政治学院学报.－2002,(2)

战后中共闽西南白区组织在台湾活动始末/林天乙//台湾研究集刊.－2002,(2)

战后台湾光复过程中的受降与军事接收问题述略/白纯//军事历史研究.－2002,(2)

孙中山与台湾的不解之缘/齐霁//统一论坛.－2002,(2)

蒋介石败退台湾后的反省/牛钊//炎黄春秋.－2003,(1)

中国共产党与台湾社会党团早期关系探析/陈宗海//湖北大学成人教育学院学报.－2003,(3)

台湾光复:历史记忆与现实启迪/钟河林//两岸关系.－2003,(10)

1949—1950年:毛泽东运筹解放台湾/万千//福建党史月刊.－2003,(12)

国民政府收复台湾准备工作之述评/李新丽//南京政治学院学报.－2004,(1)

毛泽东智解20世纪50年代台湾海峡危机/解力夫//领导科学.－2004,(5)

1949—1954:台湾在我党军事斗争中战略地位的演变/崔国才//军事历史研究.－2005,(1)

试论朝鲜战争对中国共产党解决台湾问题的影响/张元勋//周口师范学院学报.－2005,(1)

论国民政府收复台湾策略/褚静涛//江海学刊.－2005,(2)

关于国民政府与台湾光复问题的一点补充/左双文//抗日战争研究.－2005,(2)

陈仪治台班底略议/孙扬//现代台湾研究.－2005,(2)

比较国民党在大陆土改失败和在台湾土改成功的原因/李荣//伊犁教育学院学报.－2005,(3)

开启海峡两岸和平接触之门廖承志致蒋经国公开信的前前后后/吴跃农//内蒙古统战理论研究.－2005,(3)

在台湾受降和接收/林伟俦//黄埔.－2005,(4)

建国初期中共地下党武装解放台湾的活动/王春慧、张生//钟山风雨.－2005,(5)

1945年台湾回归始末/中前//档案时

空. －2005,(7)

台湾光复军事接收纪事/陈钢//中国地方志. －2005,(7)

《廖承志致蒋经国先生信》的幕后故事/唐为首//世纪桥. －2005,(8)

从《开罗宣言》和《波茨坦公告》驳“台湾地位未定”论/郑国梁//国防. －2005,(8)

见证中国抗战胜利和台湾光复的重要国际法文书/刘文宗//两岸关系. －2005,(9)

蒋介石政府收复台湾始末/兰方舟//决策与信息. －2005,(9)

台湾光复后日俘处理问题/章慕荣//南京社会科学. －2005,(10)

新中国成立前后解放台湾计划搁浅的背后/晨风//湘潮. －2005,(11)

台湾光复与厦门/孙玉平//两岸关系. －2005,(11)

台湾光复:抗日战争完全胜利的重要标志/王秀鑫//高校理论战线. －2005,(11)

光复台湾的筹划与受降接收/李永梅//两岸关系. －2005,(12)

廖承志致蒋经国公开信的背后/唐为首//文史博览. －2005,(19)

陈仪与福建台湾研究/褚静涛//现代台湾研究. －2006,(1)

国民政府初期福州的台湾籍民问题/罗桂林//台湾研究集刊. －2006,(2)

光复前后福建对台湾的支援与帮助/林仁川//台湾研究. －2006,(4)

《开罗宣言》与“台湾地位未定论”的起源/徐振伟//哈尔滨工业大学学报(社会科学版). －2006,(5)

建国初期中共台湾地下党武装斗争纪略/王春慧//湖北档案. －2006,(6)

台湾受降幕后秘闻/周一鹗//纵横. －2006,(7)

陈仪与台湾光复初期的语言政策/吴本荣//广西社会科学. －2006,(10)

(四)台湾民族史志

十七世纪中叶台湾平埔社会经济及其与汉族的关系初探/陈碧笙//社会科学战线. －1981,(3)

台湾原住民族的人口、语言和宗教/陈国强//台湾研究集刊. －1983,(2)

康熙时期台湾高山族社会的发展/陈国强//台湾研究集刊. －1983,(2)

清代汉族影响下高山族农业技术的变革/郭志超//台湾研究集刊. －1985,(1)

台湾高山族土地私有制的发展和确立/林庆元//台湾研究集刊. －1985,(2)

有关台湾高山族近况的一些资料/何天华//台湾研究集刊. －1985,(2)

清代汉族与平埔族之间的矛盾和融合/陈碧笙//台湾研究集刊. －1985,(4)

刘铭传与高山族/陈国强//台湾研究集刊. －1986,(4)

清代台湾平埔族汉化原因试探/潘云东//台湾研究集刊. －1988,(3)

台湾中部平埔族的汉化与妈祖信仰/陈在正//台湾研究集刊. －1990,(2)

客家民系的形成与台湾客家/蔡子民//台声. －1995,(5)

台湾白奇郭回族及其与大陆祖家的交往/郭志超//回族研究. －1996,(2)

台湾少数民族的形成与名称/陈国强//民族研究. －1996,(3)

兰屿雅美族的姓氏/蔡金章,陈国强//台湾源流(台湾). －1996,(3)

关于台湾高山族的“山地保留地”政策/陈飞宝//福建民族. －1996,(4)

日据时期的台湾少数民族/陈国强//清史研究. －1996,(4)

陈埭丁氏回族迁台及其家族文化的演变与发展/杨彦杰//现代台湾研究. -1996,(总16)

浅论历史上高山族和汉族的友好关系/卢贵子//黑龙江民族丛刊. -1997,(4)

台湾土著传统社会组织的经济职能/谢冰//中南民族学院学报(人文社会科学版). -1998,(1)

论先秦时期台湾地区的部族和文化/杨东晨//固原师专学报. -1998,(1)

闽西与闽台客家关系/吴福文//东南学术. -1998,(1)

人类学与台湾区域发展史研究/庄英章//广西民族学院学报(哲学社会科学版). -1998,(2)

江浙闽粤民俗遥系台湾高山族/葛坤英//台声. -1998,(6)

清代台湾少数民族政策之历史考察/季云飞//民族研究. -1998,(6)

台湾省少数民族历史与文化述略/王文光//思想战线. -1998,(11)

1990年以来祖国大陆的高山族研究/郭志超、杨晋涛//现代台湾研究. -1998,(总21)

台湾少数民族识别问题述论/王文光//思想战线. -1999,(6)

清代台湾土番社学述略——兼论清廷治番的文化政策/李颖//福建省社会主义学院学报. -2000,(1)

海陆丰客家话与台湾"海陆客"/潘家懿//汕头大学学报(人文科学版). -2000,(2)

试论台湾地区的民族关系——兼评台湾当局的民族政策/吴建国//西南民族学院学报(哲学社会科学版). -2000,(2)

"理番政策"与台湾少数民族社会变迁刍议/曾国良//中南民族学院学报(人文社会科学版). -2000,(2)

清代的高山族/张国元//渝州大学学报(社会科学版). -2000,(2)

试论台湾客家人对中华民族的贡献/刘加洪//嘉应大学学报. -2000,(2)

台湾高山族研究回顾与前瞻/李亦园//云南民族学院学报(哲学社会科学版). -2000,(2)

关于"高山族"的族称/郑启五//台湾研究集刊. -2000,(4)

刘敖的"抚番"思路/郑崇阳//现代台湾研究. -2000,(4)

台湾高山族同胞的根在浙江绍兴/何有基//台声. -2000,(5)

专家新考证:台湾高山族根在大陆/张奇志//民族团结. -2000,(7)

客家人护台御敌、维护祖国统一的历史作用/刘加洪//台湾研究. -2001,(2)

台湾高山族经济现状的分析/陈茗//人口学刊. -2001,(3)

海峡两岸民族渊源的历史考察/萧栋梁//船山学刊. -2001,(3)

淡水鄞山寺与台湾的汀州客家移民/杨彦杰//福建省社会主义学院学报. -2001,(3)

台湾族缘考/萧栋梁//文史博览. -2001,(3)

日本对台湾原住民的人类学研究(1895—1999年)/末成道男//世界民族. -2001,(3、6)

文化漂流自徘徊——港澳台与东南亚族群关系研究之二/廖杨//广西民族研究. -2001,(4)

高山族排湾人的蛇图腾文化/刘军//中央民族大学学报(哲学社会科学版). -2001,(6)

台湾社会弱势族群——高山族/经纬//

海内与海外. －2001,(6)

闽台客家社会与文化/谢重光//现代台湾研究. －2002,(1)

台湾原住民“南来论”辨析——兼论“南岛语族”起源/郭志超//厦门大学学报(哲学社会科学版). －2002,(2)

生态环境与明清时期台湾少数民族的农业开发/陈伟明//黑龙江民族丛刊. －2002,(3)

台湾的少数民族/胡公展//统一论坛. －2002,(4)

台湾民族学的祭祀圈与信仰圈研究/孙振玉//中南民族大学学报(人文社会科学版). －2002,(5)

台湾赛夏族及其“矮灵祭”/黄跃荣//民族论坛. －2002,(5)

论台湾原住民和海南黎族文身习俗的异同及其功能/罗春寒//贵州民族学院学报(哲学社会科学版). －2003,(1)

台湾族群形成探析/叶世明//贵州民族研究. －2003,(2)

当代台湾的“原住民”与民族问题/郝时远//民族研究. －2003,(3)

客家文化在台湾的变迁/谢重光//东南学术. －2003,(3)

台湾的少数民族究竟应该怎么称呼/胡公展//中央社会主义学院学报. －2003,(4)

传统社会变迁与民族文化传承——以台湾泰雅人为例/李绍明//思想战线. －2003,(6)

“毛王爷”与“丰年祭”——邵族:台湾原住民的最小族群/宁军//台声. －2003,(7)

清代台湾少数民族与汉族联姻探析/刘正刚//贵州民族研究. －2004,(1)

台湾原住民与大陆东夷太阳神话之比较/刘敬源//贵州文史丛刊. －2004,(2)

20世纪下半叶台湾和香港的人类学与民族学研究概述/何星亮//西藏民族学院学报(哲学社会科学版). －2004,(2)

荷兰殖民占领时期台湾原住民人口辨析/郝时远//历史研究. －2004,(2)

客家文化在台湾的承传/谢重光//华侨大学学报(哲学社会科学版). －2004,(4)

社区变迁与双语、双文化教育——台湾地区少数民族社区变迁及学校双语、双文化教育的人类学田野工作综述/滕星//民族教育研究. －2004,(6)

清代台湾原住民教化政策述评/李颖//闽江学院学报. －2004,(6)

粤台客家是一家——以粤东地区与台湾地区为重点考察/房学嘉//嘉应学院学报. －2005,(1)

台湾高山族的分布及习俗/沈汝丑//地理教育. －2005,(2)

南岛语族起源研究中的四个误区/吴春明、曹峻//厦门大学学报(哲学社会科学版). －2005,(3)

台湾苗栗县泰雅人的命名与墓葬——一个历史学者的田野观察与省思/程美宝//广西民族学院学报(哲学社会科学版). －2005,(3)

台湾原住民的抗日斗争/刘兴民、郑骊君//中国矿业大学学报(社会科学版). －2005,(3)

台湾南岛语民族的分类沿革/曾思奇//中央民族大学学报(哲学社会科学版). －2005,(3)

台湾三民乡沙阿鲁阿族的族群现象/谢继昌//广西民族学院学报(哲学社会科学版). －2005,(5)

乔健:族群与社会研究的先驱/李亦园//广西民族学院学报(哲学社会科学版). －2005,(5)

河南邓州高山族“闽营”背景初探/杜世

伟//民族研究. －2005,(5)

“台湾村”:一个移民村落的想像、构建与认同——河南邓州高山族村落田野调查报告/陈建樾//民族研究. －2005,(5)

解读台湾五大家族/孟甲//决策探索. －2005,(10)

客家移民台湾的历史记忆/杨彦杰//福建论坛(人文社会科学版). －2005,(12)

台湾卑南族研究综述/雷学华//广西民族学院学报(哲学社会科学版). －2006,(1)

台湾排湾族研究综述/韦东超//广西民族学院学报(哲学社会科学版). －2006,(1)

台湾邹族研究综述/李安辉//广西民族学院学报(哲学社会科学版). －2006,(1)

台湾鲁凯族研究综述/李安辉//广西民族学院学报(哲学社会科学版). －2006,(1)

台湾邵族研究综述/李然//广西民族学院学报(哲学社会科学版). －2006,(1)

台湾布农族研究综述/李然//广西民族学院学报(哲学社会科学版). －2006,(1)

台湾太鲁阁族研究综述/王瑞莲//广西民族学院学报(哲学社会科学版). －2006,(1)

台湾泰雅族研究综述/王瑞莲//广西民族学院学报(哲学社会科学版). －2006,(1)

台湾噶玛兰族研究综述/王萌//广西民族学院学报(哲学社会科学版). －2006,(1)

台湾雅美族研究综述/韦东超//广西民族学院学报(哲学社会科学版). －2006,(1)

台湾阿美族研究综述/雷学华//广西民族学院学报(哲学社会科学版). －2006,(1)

台湾赛夏族研究综述/王萌//广西民族学院学报(哲学社会科学版). －2006,(1)

客家人在台湾政坛的“副首”角色——兼谈李登辉的族属/吴福文//福州大学学报(哲学社会科学版). －2006,(3)

台湾的新五大家族/孟甲//党政论坛. －2006,(9)

台湾高山族的历史文化/冉小平//教育. －2006,(22)

(五)台湾县、市史

台湾噶玛兰的开发与姚莹的贡献/陈国强//台湾研究集刊. －1984,(4)

从水利事业看清代宜兰的社会领导阶层与家族兴起/周翔鹤//台湾研究集刊. －1998,(1)

关于台湾省乡镇志的纂修/侯月祥//广东史志. －1998,(2)

清代台湾嘉义地方的开发与环境变迁/李若文//清史研究. －1999,(1)

略论澎湖的历史地位/邓孔昭//现代台湾研究. －2004,(4)

(六)台湾人物评传

1. 政治

爱国志士丘逢甲/张九州、彭乃坤//河南大学学报(社会科学版). －1982,(2)

台湾历史学者对郑成功的研究/孔立、陈在正//福建论坛. －1982,(3)

郑成功评价的方法论问题/孔立等//厦门大学学报. －1983,(1)

论刘国轩/施伟青//台湾研究集刊. －1983,(2)

台籍志士丘逢甲和他的《岭云海日楼诗钞》/连燕堂//中国社会科学院研究生院学报. －1983,(5)

论姚启圣/邓孔昭等//台湾研究集刊. －1984,(1)

论首任台湾巡抚刘铭传/姚永森//台湾研究集刊. －1984,(4)

蒋纬国、蒋孝武、马树礼简历/刘镇//台湾研究集刊. －1985,(1)

近代爱国志士丘逢甲/李鸿生//广东社

会科学. -1985,(1)

丘逢甲爱国思想的形成和发展/丘铸昌//广东社会科学. -1985,(1)

台湾巡抚刘铭传的自强思想述评/施伟青//台湾研究集刊. -1985,(3)

试论刘铭传的"御侮"和"商战"思想/姚永森//台湾研究集刊. -1985,(3)

试论台湾第二任巡抚邵友濂/邓孔昭//台湾研究集刊. -1985,(3)

台湾历任"经济部长"简介/罗祥喜//台湾研究集刊. -1985,(3)

郑成功与泉州二三事/陈在正//台湾研究集刊. -1985,(3)

黄性震述评/刘德鸿//台湾研究集刊. -1985,(4)

李焕、吴伯雄、施启扬、陈履安简历/何天华//台湾研究集刊. -1986,(2)

王忠孝与郑成功/陈在正//福建论坛. -1988,(4)

从一首八闽童谣谈姚启圣为政清廉/邓孔昭//福建论坛. -1989,(6)

为开发台湾出力的杨廷理/陈铁生//文史杂志. -1990,(3)

唐景崧与甲午战争/邵雍//上海师范大学学报(哲学社会科学版). -1995,(1)

首任民选高雄"市长"：吴敦义/陈德辉//上海对台工作. -1995,(2)

姚莹的边疆史地研究/来新夏//津图学刊. -1995,(2)

论蒋介石研究/杨树标//民国春秋. -1995,(2)

沈葆桢和台湾防务/史滇生//文史杂志. -1995,(3)

郑成功的"农本"、"商战"思想/乃贺//文史杂志. -1995,(3)

关于丘逢甲评价问题的若干思考/邓晋东//嘉应大学学报. -1995,(4)

台湾记者笔下的李登辉/张文彪//领导文萃. -1995,(6)

新任台湾"首长"——宋楚瑜/张文彪//领导文萃. -1995,(7)

李登辉这个人/赵家新//华人时刊. -1995,(10)

从卢若腾诗文看有关郑成功史事/邓孔昭//台湾研究集刊. -1996,(1)

中法战争台湾保卫战中的刘铭传/何秉//大同职业技术学院学报. -1996,(1)

海峡两岸纪念刘铭传逝世一百周年学术研讨会综述/方英//学术界. -1996,(1)

陈仪与台湾/孙彩霞//台湾研究集刊. -1996,(2)

蒋介石的三个女儿/王舜祁//民国春秋. -1996,(2)

试论蓝鼎元的政治功绩与学术思想特色/刘青泉//清史研究. -1996,(4)

丘逢甲与乙未抗日保台运动/戚其章//社会科学研究. -1996,(4)

试论丘逢甲抗日保台军事思想及实践/李灿东//台湾研究. -1997,(1)

鸦片战争期间姚莹"抗英保台"思想与实践/季云飞//军事历史. -1997,(1)

试论刘铭传的重商思想及其实践/李友林//台湾研究. -1997,(4)

郑成功、施琅统一台湾各有其功/王宏志//炎黄春秋. -1997,(6)

姚莹——反侵略的爱国思想家/童树桐//南京广播电视大学学报. -1998,(1)

刘璈何尝"舌战退孤拔"——兼评连横《台湾通史·刘璈传》/廖宗麟//学术论坛. -1998,(1)

李光地与施琅——兼论李光地在统一台湾中的贡献/李宇思//安徽史学. -1998,(1)

李鸿章与刘铭传的交谊/汤奇学//安徽

史学.－1998,(1)

战血台澎心未死寒笳残角海东云——丘逢甲乙未内渡后思想事迹述论/李祖基//台湾研究.－1998,(2)

评抗日保台斗争中的唐景崧/季云飞//学术论坛.－1998,(3)

论蒋介石在台湾社会发展中的作用/李松林//北京党史.－1998,(3)

近代台湾防务的开拓者——沈葆桢/季云飞//求索.－1998,(5)

沈葆桢——近代台湾建设第一人/李祖基//台湾工作通讯.－1998,(6)

生命最后阶段的蒋介石/吴汝华//领导文萃.－1998,(11)

纵横台湾商界和政坛的辜振甫/宗旭//民国春秋.－1999,(1)

台湾政坛明星马英九/赵印香//台湾研究.－1999,(2)

客家文化传统与精神对丘逢甲思想的影响/黄永//广东史志.－1999,(4)

"总统"梦难圆的许信良/萧炎//上海对台工作.－1999,(6)

从《台湾的主张》解读李登辉/林其锬//中共福建省委党校学报.－1999,(11)

沈葆桢在台湾的政绩/肖忠生//福州党校学报.－2000,(1)

论沈葆桢加强台湾海防倡导台湾近代化的功绩/陈在正//台湾研究集刊.－2000,(2)

刍议唐景崧的爱国主义/熊光嵩//广西地方志.－2000,(2)

略论丘逢甲爱乡爱国精神的统一/赖雨桐//岭南文史.－2000,(2)

论丘逢甲的英雄主义精神/张应斌//嘉应大学学报.－2000,(4)

郑成功农本商战思想探析/郑以灵//史学集刊.－2000,(4)

丘逢甲的客家情结/周建新//嘉应大学学报.－2000,(4)

丘逢甲与客家文学/罗可群//学术研究.－2000,(5)

台湾"国科会新任主委"——翁政义/新宇//海峡科技与产业.－2000,(5)

偏安"总统"蒋介石/汪烈九//武汉文史资料.－2000,(7)

蒋经国章亚若和他们的子女/裴祎//武汉文史资料.－2000,(12)

刘铭传利用外资的思想与实践之探析/陈道素//台湾研究.－2001,(1)

蓝鼎元:清初维护祖国统一的功臣/刘青泉//海峡两岸.－2001,(10)

陈永华与台湾开发/蒋春发//统一论坛.－2001,(2)

刘铭传与近代台湾邮电/陈九如//史学月刊.－2001,(4)

评美国人写的《蒋经国传》/许倬云//领导文萃.－2001,(4)

论郑成功驱荷复台的英雄业绩/陈梧桐//中央民族大学学报(哲学社会科学版).－2001,(4)

林义雄:从党主席回归社运/徐青//两岸关系.－2001,(5)

此生恐怕梦难圆——民进党前主席许信良/徐青//两岸关系.－2001,(8)

沈葆桢保卫台湾开发台湾的贡献/林岷//中央民族大学学报(哲学社会科学版).－2002,(1)

广西籍名宦杨廷理与台湾宜兰开发/雷坚//广西地方志.－2002,(1)

论姚莹抗英保台思想及其实践/王生怀//安徽史学.－2002,(2)

台湾志士蔡智堪与《田中奏章》/葛继勇//首都师范大学学报(社会科学版).－2002,(3)

沈葆祯与台湾/陈奇文//湖北文史资料. －2002,(4)

蒋经国在台湾的生前与死后/谭峙军//钟山风雨. －2002,(4)

试评中法战争前刘璈对台湾近代化的贡献/饶怀民//湖湘论坛. －2002,(6)

姚启圣与清朝统一台湾/肖立军//历史教学. －2002,(7)

近代台湾开发先驱者——陈永华/郑立勇//江苏省社会主义学院学报. －2003,(1)

刘璈与台湾防务建设/季云飞//南京政治学院学报. －2003,(1)

章孝严的两岸人生/高旺苗//统一论坛. －2003,(2)

从刘铭传在台湾的办防看其国防思想/郑艳//江西社会科学. －2003,(3)

我所认识的台湾民进党人/郭平坦//台声. －2003,(10、11)

林森与台湾的特殊情缘/林友华//福建省社会主义学院学报. －2004,(3)

台湾巡抚刘铭传/孙咸灼//两岸关系. －2004,(6)

刘铭传与近代台湾茶业的发展/陈九如//历史档案. －2005,(1)

沈葆桢巡视台湾与他的民本思想/吴其全//盐城师范学院学报(人文社会科学版). －2005,(2)

位重台湾政商两界的辜振甫/冯都//钟山风雨. －2005,(2)

客观认识马英九/萧锦松//现代台湾研究. －2005,(5)

清代首任巡台御史黄叔璥生平及其学术成就简述/刘仲华//唐都学刊. －2005,(6)

郁慕明:我辈岂是蓬蒿人/吴志菲//华人时刊. －2005,(12)

孙运璇与台湾工业技术研究院/贾猛//海峡科技与产业. －2006,(2)

台湾建省中的功臣丁日昌/陈俱//炎黄纵横. －2006,(2)

论蓝鼎元经营台湾的主张/杨先保//武汉理工大学学报(社会科学版). －2006,(4)

蓝鼎元对台湾高山族地区开发的贡献/杨先保//中南民族大学学报(人文社会科学版). －2006,(5)

岑毓英在台湾/梁福//文史春秋. －2006,(6、7)

沈葆桢与台湾/齐上志//炎黄纵横. －2006,(12)

陈仪的一生及其是非功过/邓孔昭//明报月刊(香港). －1995,(4)

2. 军事

耄耋之年重披战袍的蒋仲苓/许国明//上海对台工作. －1995,(4)

“时不我予稍纵即逝”——蒋纬国先生访问记/树宝//领导文萃. －1995,(9)

施琅纪功碑——统一台湾的重要历史见证/罗哲文//科技文萃. －1995,(10)

论施琅统一台湾的历史功绩/陈梧桐//中国边疆史地研究. －1996,(3)

简析施琅对清政府收取台湾、统一大业的贡献/季云飞//南京政治学院学报. －1996,(3)

评施琅在维护祖国统一中的历史作用/杨亲华//社会科学. －1996,(11)

从多民族国家的角度评价爱国主义历史人物——为纪念施琅逝世三百周年而写/苏双碧//东南学术. －1997,(1)

施琅——郑成功伟大事业的继承人/唐文基//福建师范大学学报(哲学社会科学版). －1997,(1)

对立和统一——评施琅与郑成功之间

的关系/王宏志//清史研究. -1997,(1)

杨宣诚将军对台湾澎湖主权回归的贡献/程维书//殷都学刊. -1998,(3)

施琅与清政府统一台湾的决策/胡沧泽//福建师范大学学报(哲学社会科学版). -1998,(4)

追忆"梅花将军"蒋纬国/蒋义海//文史精华. -1999,(11)

探隐索颐求本真辨难问疑臻堂奥——施伟青著《施琅年谱考略》读后/王日根//中国史研究动态. -1999,(12)

康熙帝对施琅的评价探源/施伟青//台湾研究集刊. -2000,(1)

简述康熙统一台湾中的名将施琅/万彩艳//辽宁商务职业学院学报. -2000,(1)

施琅保台与地缘战略/陈桂炳//新疆教育学院学报(汉文版). -2000,(3)

顾全大局是刘永福的崇高品格/翟高兆//钦州师范高等专科学校学报. -2001,(1)

施琅保台治台的主张及其对开发台湾的贡献/李天锡//华侨大学学报(哲学社会科学版). -2002,(3)

施琅的思想方法与台湾的规复/谢肇华//中共福建省委党校学报. -2004,(3)

阎锡山败走台湾后卸职始末/黄禹康//档案天地. -2006,(4)

3. 经济

王永庆和他的"塑胶王国"/田地//中国工商. -1990,(5)

尹仲容的经济思想与经济主张/陶士和//杭州师范学院学报(社会科学版). -1991,(2)

台湾经营之神——王永庆/木子//中国工商. -1995,(1)

新任"陆委会"主委萧万长/钟屏文//上海对台工作. -1995,(2)

台湾首富蔡万霖/木子//中国工商. -1995,(2)

李国鼎先生对台湾经济发展的贡献/叶万安//开放导报. -1995,(3)

台湾国泰人寿保险公司董事长——蔡宏图/木子//中国工商. -1995,(3)

台湾塑胶大王——王永庆/纪流//炎黄春秋. -1995,(4)

台"中钢"公司现任董事长——王钟渝/唐新元//海峡科技与产业. -1995,(5)

台"中钢"公司创始人——赵耀东/唐新元//海峡科技与产业. -1995,(5)

台湾庆丰集团董事长黄世惠/木子//中国工商. -1995,(5)

台湾大众电脑公司董事长——简明仁/本刊编辑部//海峡科技与产业. -1996,(2)

台湾国际标准电子公司总经理——毛渝南/本刊编辑部//海峡科技与产业. -1996,(3)

台湾工商企业联合会理事长——许胜发/木子//中国工商. -1996,(3)

台湾冠宇电机公司总经理——陈国灿/本刊编辑部//海峡科技与产业. -1996,(4)

台湾光纤通信网络的先驱——金世添/本刊编辑部//海峡科技与产业. -1996,(5)

台湾宏易钢模公司董事长——陈五常/本刊编辑部//海峡科技与产业. -1996,(5)

电脑"棋王":让中国与世界同步——台湾宏碁电脑集团董事长施振荣访谈录/丛容//企业改革与管理. -1997,(1)

尹仲容经济思想初探/刘旭//湘潭大学社会科学学报. -1997,(3)

简论李国鼎的财政金融思想/赵建中//台湾研究. -1998,(2)

评李国鼎的企业经营思想/郭希华//台湾研究. -1998,(4)

李国鼎及其经济思想/杨欢进//台湾研

究. －1999,(2)

万事起头难日久见真情——记台湾宏仁集团董事长王文洋/薛建华//经济世界. －1999,(11)

论李国鼎人力资源开发思想/施卫东//现代台湾研究. －1999,(总 26)

论李国鼎与台湾高科技产业的发展/施卫东//世界经济与政治论坛. －2001,(1)

晚清台湾建设功臣林维源/刘根勤//安徽史学. －2001,(1)

论李国鼎的经济发展思想/陈建波//经济评论. －2001,(3)

台湾经济发展的设计师——回忆已故东南大学校友李国鼎/子陵//海峡科技与产业. －2001,(4)

台湾财经、科技功臣:李国鼎/王涛//现代台湾研究. －2001,(5)

没有人能随随便便成功——台湾"经营之神"王永庆的创业经历/汪继峰//思维与智慧. －2002,(7)

塑胶大王经营之神——试论台湾企业家王永庆的经营之道/赵桂//科技广场. －2003,(4)

杨宗瀚与台湾清末开发/杨钧健//江南论坛. －2003,(9)

从过程中寻找意义——台湾远流董事长王荣文侧写/林皎宏//出版参考. －2003,(34)

李国鼎与台湾资讯电子产业/褚静涛//南京社会科学. －2004,(2)

台湾商神——王永庆的第一桶金/梁建华//海内与海外. －2004,(5)

台湾"赚钱神仙"邱永汉破译创富秘诀/妍莉//职业圈.好财路. －2004,(8)

台湾传奇首富蔡万霖/邱伟//台声. －2004,(11)

台湾首富郭台铭的生意经/朝冈//投资与营销. －2005,(2)

台湾知名企业家焦廷标与他的华新丽华集团/王建民//海峡科技与产业. －2005,(5、6)

尹仲容的经济思想与台湾经济发展/孔繁荣//湖北教育学院学报. －2005,(6)

台湾新首富郭台铭在大陆/刘争鸣//世纪桥. －2005,(6)

从台湾第一到大陆另创高峰——记信益陶瓷集团董事长林荣德/柏童//台声. －2005,(8)

"霸气"台商——郭台铭/芦芒//中国民营科技与经济. －2005,(11)

台湾首富的用人之道——揭秘郭台铭的经营哲学/刘晓荻//内蒙古统战理论研究. －2006,(3)

4. 文化

记台湾乡土文学作家钟理和/田野//湖北师范学院学报(哲学社会科学版). －1981,(4)

胡适论/任访秋//河南大学学报(社会科学版). －1982,(2)

聂华苓小传/曾令甫//湖北大学学报(哲学社会科学版). －1982,(5)

清末台湾爱国诗人——许南英/赵沛霖//广东社会科学. －1985,(2)

陈伦炯与《海国闻见录》/陈代光//地理研究. －1985,(4)

苏雪林生平年表(节选)/孙瑞珍//台湾研究集刊. －1986,(2)

话说李翰祥/陈飞宝//黄梅戏艺术. －1986,(2)

连横与台湾南社——兼谈台湾南社与南社总社的关系/李家骧//求索. －1988,(3)

学者、教授、政论家胡秋原/金绍先,李华飞//文史杂志. －1988,(4)

牟宗三先生与人文友会/罗义俊//文史杂志. -1989,(6)

孔孟风骨幽默文章——试谈林语堂其人其文/徐学//台港文学选刊. -1989,(9)

连横与祖国大陆/刘经发//文史杂志. -1990,(1)

读《林语堂传》印象记/万平近//台湾研究集刊. -1991,(2)

台湾导演林清介/陈飞宝//当代电影. -1992,(4)

陈映真与三代台湾作家/黎湘萍//台湾研究集刊. -1992,(4)-1993,(1)

从儿女私语到眷村传奇——朱天心论/朱双一//台港文学选刊. -1994,(7)

台湾诗人莫渝简论/曾汉祥//韶关大学学报(社会科学版). -1995,(1)

台湾诗人康乔小记/逗点//台声. -1995,(2)

林海音论/张默芸//求索. -1995,(3)

人格国格学问——记台湾知名人士胡秋原/裴高才//台湾研究. -1995,(4)

李远哲的知识分子观/张汉如//学会. -1995,(5)

张我军与中日文化交流/张光正//台湾研究集刊. -1996,(2)

视野和信念——台湾大学心理学扬国枢教授的治学之道/刘介民//广州师院学报(社会科学版). -1996,(2)

迈向二十一世纪的华人心理学——访台湾大学杨国枢教授/李桦//开放时代. -1996,(3)

报人巨匠使者——记台湾横跨三业的名人张我风先生/裴高才//台湾研究. -1996,(3)

台湾学者连横的反"皇民化"斗争/陈永安//文史杂志. -1996,(4)

回归乡土关怀社会——访台湾著名小说家陈映真/徐晓燕//今日中国(中文版). -1996,(5)

王梦鸥与厦大抗战剧运/朱双一//台声. -1996,(7)

为中国统一奔走呼号——记台湾著名爱国人士胡秋原先生/裴高才//今日中国(中文版). -1996,(9)

朱秀娟——关注女性命运的台湾女作家/张炯//台声. -1996,(12)

李翰祥电影生涯/陈飞宝//中外电视. -1997,(4)

好一座"小白屋"——记台湾诗人薛林和他的构筑/阎崑//台声. -1997,(5)

姚一苇生平简介/西蒙//文教资料. -1997,(6)

民族浩气长存——记先祖父蒋渭水先生/蒋建春//台声. -1997,(12)

汪毅夫:台湾文化研究的辛勤耕耘者/管宁//世界华文文学论坛. -1998,(2)

台湾杰出的电影导演李行/海天//大众电影. -1998,(3)

台湾两才女/徐学//出版广场. -1998,(4)

台湾演艺圈多面手——刘德凯/珞宁//大众电影. -1998,(5)

名噪两岸文坛的施家姐妹/徐学//台声. -1998,(6)

台湾学者李敖和他的老师殷海光/汪幸福//炎黄春秋. -1999,(2)

理智的选择——王宗法与台港文学研究/汤尧//世界华文文学论坛. -1999,(3)

张晓风和她的"写作小屋"/傅宁军//世界华文文学论坛. -1999,(3)

台湾国语运动发起人范寿康/徐明远//炎黄春秋. -1999,(4)

李远哲与台湾地区的科技发展/张汉如//自然辩证法通讯. -1999,(4)

“夜行”“山路”的跋涉者——论台湾作家陈映真/兰兰//学术论坛. -1999,(5)

台湾剧坛怪杰李国修/曹明//戏剧文学. -1999,(6)

谈台湾作家黄春明/古远清//武汉文史资料. -1999,(7)

台湾作家陈映真：背靠祖地的中国人/傅宁军//华人时刊. -1999,(10)

走近台湾畅销书作家刘墉/南来苏//海峡两岸. -1999,(12)

连横对我国台湾历史文化所作的贡献/刘经发//现代台湾研究. -1999,(总26)

织虹人的路——记台湾女诗人涂静怡/晏明//台声. -2000,(1)

情动两岸少儿心——记儿童文学作家余存先/方春//台声. -2000,(1)

近访余光中：乡情永远刻在心头/傅宁军//世界华文文学论坛. -2000,(2)

张晓风在诗意爱情中平凡度日/傅宁军//中国民族博览. -2000,(3)

台湾风云人物李敖/飞翼//武汉文史资料. -2000,(3)

台湾百岁女作家苏雪林/沈晖//炎黄春秋. -2000,(3)

丹青彩桥跨两岸——台湾书画大师吕佛庭及其新作《盼桥图》/李维世//台声. -2000,(4)

傅斯年在台大的最后岁月/马亮宽//炎黄春秋. -2000,(4)

李敖文坛怪杰奇婚异恋三部曲/刘勇//中国民族博览. -2000,(4)

金荣华：台湾民间文学的耕耘者/应裕康//广西民族学院学报(哲学社会科学版). -2000,(5)

诗魔之魂——洛夫先生印象/吴开晋//山东文学. -2000,(7)

陈绮贞台湾最年轻的创作才女/陈晓晖//大众电影. -2000,(8)

著名历史学家和爱国诗人连横/元晴//炎黄春秋. -2000,(9)

《城南旧事》作者林海音青少年时代的人和事/张光正//炎黄春秋. -2000,(10)

高山之巅的企盼——于右任先生的大陆情结/郭云//党史纵横. -2000,(11)

“拿赤血献给中华民族”——记台静农先生/刘小华//党史纵览. -2001,(1)

“菜根香”情凝笔端——记皖籍台湾著名作家谭谈/陆志成//江淮文史. -2001,(1)

林海音的“两岸”情结/古继堂//洛阳师范学院学报. -2001,(1)

张大千与台静农在台北的交往/罗会祥//民国春秋. -2001,(2)

余光中与翻译/张爱珍//黔东南民族师专学报. -2001,(2)

筚路蓝缕薪尽火传——台湾新文学开拓者张我军漫笔/史挥戈//世界华文文学论坛. -2001,(2)

笔飞墨舞海峡情——记贵池籍台湾女作家桂文亚/钟读敏//江淮文史. -2001,(2)

生命之火为诗燃烧——记台湾诗人林龄/古远清//阅读与写作. -2001,(3)

林语堂的故乡情/吴隆杨//漳州职业大学学报. -2001,(4)

林语堂的家族/许志勇//漳州职业大学学报. -2001,(4)

陈梦林与台湾第一部县志《诸罗县志》/黄跃荣//中国地方志. -2001,(6)

青灯有味——记台湾诗人痖弦/杨稼生//中州统战. -2001,(8)

管家琪——台湾著名儿童文学作家/孙建江//两岸关系. -2001,(12)

台湾诗人纪弦的诗路历程/古远清//武

汉文史资料. -2001,(12)

许常惠先生对台湾当代音乐的贡献——兼析其早期作品两部/简巧珍//中国音乐. -2002,(1)

论台湾资深女作家王琰如的文学道路/张秀兰//常州工学院学报. -2002,(1、3) -2003(1)

林海音——台湾女性文学开山人/古继堂//新文学史料. -2002,(2)

台湾当代戏剧的奠基人——李曼瑰/彭耀春//世界华文文学论坛. -2002,(2)

“五四”大旗下的台湾作家赖和/顾清//陕西教育学院学报. -2002,(2)

简论台湾诗人痖弦/徐一林//社会科学家. -2002,(3)

“台湾的鲁迅”——赖和文化思想论/刘红林//台湾研究集刊. -2002,(3)

台湾民俗文化的推手林明德/吴明德//广西民族学院学报(哲学社会科学版). -2002,(4)

许俊雅和她的台湾文学研究——《美丽岛面面观》序/陈思和//华文文学. -2002,(5)

女人当自强——记台湾著名女作家朱秀娟/傅宁军//台声. -2002,(7)

林语堂在台湾/古远清//武汉文史资料. -2002,(7)

雅含主人在台湾——记梁实秋的后半生/古远清//武汉文史资料. -2002,(9)

从太极到人间——记台湾著名雕塑家朱铭先生/李青//西北美术. -2003,(1)

台湾新文学的开拓者张我军/刘睿//统一论坛. -2003,(2)

孙翠凤:台湾歌仔戏的掌门人/孙海燕//两岸关系. -2003,(4)

海峡彼岸的一股“野风”——记南通籍台湾作家师范/钦鸿//世界华文文学论坛. -2003,(4)

青青乡愁余光中/徐学//厦门文学. -2003,(7、8)

茱萸的孩子——余光中/徐学//海峡瞭望. -2003,(9)

余光中的中国结/徐学//台港文学选刊. -2003,(9)

文化台湾的骑士:李敖与陈映真/古远清//神州. -2003,(11)

藤井树:台湾网络小说旗手/文心//世界文化. -2004,(1)

台湾“迷惘年代的掌灯人”林献堂/钟兆云//文史精华. -2004,(1)

叶石涛:独派“台湾文学论”的宗师/古远清//世界华文文学论坛. -2004,(2)

从“羊”变“狼”的经历——访台湾女作家龙应台/孟波//统一论坛. -2004,(4)

殖民地的心声——论台湾“薄命诗人”杨华/刘红林//华文文学. -2004,(5)

台湾报业巨子王惕吾/李林松//国际人才交流. -2004,(6)

台湾电影教父——李行导演访谈录/侯军//当代电影. -2005,(1)

见证台湾电影崛起和没落的关键人物——李行/梁良//当代电影. -2005,(1)

“两岸破冰第一人”胡秋原/刘作忠//湖北文史. -2005,(2)

日本殖民统治时期的台湾爱国文人连横/吕一燃//抗日战争研究. -2005,(2)

台湾学界奇才吕士朋/马社香//炎黄春秋. -2005,(2)

滔滔海峡的文学之桥——台湾作家施叔青访谈录/傅宁军//两岸关系. -2005,(3)

台湾的“梅派传人”——魏海敏/凌君//两岸关系. -2005,(3)

台湾文学何处去——记台湾文学评论

家吕正惠教授/张国祯//两岸关系. －2005，(4)

青春和爱的歌唱——艾雯的生平与创作/阎纯德//新文学史料. －2005，(4)

林献堂与台湾光复/高丽//钟山风雨. －2005，(5)

连横与《台湾通史》/李虹玉、李绍珊//文史天地. －2005，(6)

画猫的小孩——记台湾科幻小说作家张系国/刘辉//出版参考. －2005，(7)

台湾出版界的阿甘——记水牛出版社彭诚晃/万丽慧//出版参考. －2005，(9)

台湾新文学之父赖和/夏明亮//文史月刊. －2005，(9)

陈寅恪、傅斯年之关系及其他——以台湾中研院所见档案为中心/王晴佳//学术研究. －2005，(11)

用铁锹写作的辛勤园丁——记台湾文学家杨魁往事/王丰、孟凡舜//台声. －2005，(11)

吕赫若：台湾文坛第一才子——访吕赫若之子吕芳雄/王丰//台声. －2005，(11)

特立独行的李敖/徐晓燕//今日中国(中文版). －2005，(12)

胡秋原："两岸破冰第一人"/刘作忠//纵横. －2005，(12)

"生来就属于舞台的歌唱家"——记台湾女高音歌唱家范宇文/葛凤章//两岸关系. －2005，(12)

汝为台湾人，不可不知台湾事——连横的生平与著述/骝启//厦门文学. －2006，(1)

修行人生——记台湾雕塑家朱铭/梦佳//雕塑. －2006，(3)

水墨清新六彩润活——台湾画家黄磊生/布谷//中国美术馆. －2006，(4)

霭霭停云——华严在台湾的文采风流/封德屏//常州工学院学报(社科版). －2006，(4)

古风古韵风淡景宜——记台湾著名画家黄磊生其人其画/刘嘉//台声. －2006，(6)

颠覆完成创造力——专访台湾另类导演罗景壬/陆荣珍//中国广告. －2006，(6)

周荃：台湾才女政坛、管理、传媒三栖的智慧人生/圆方//中外企业家. －2006，(7)

李仲生与台湾现代艺术绘画之发展/中国美术馆. －2006，(12)

5. 其他

毁誉参半的郑芝龙/邓孔昭//文史知识. －1990，(4)

近代广东台湾人小史(1895～1945)/房建昌//广东史志. －1998，(2)

谢雪红与台共、台盟/冯海燕//济宁师专学报. －1999，(2)

台湾著名物理学家：吴大猷/王涛//现代台湾研究. －2000，(2)

台静农与溥儒在台湾/郭静洲//台声. －2000，(4)

情系祖国铁骨忠心——翁泽生同志生平述略/王国君//松辽学刊(社会科学版). －2000，(6)

谢雪红与台湾民主自治同盟/夏明星//党史天地. －2000，(7)

吴大猷梦萦祖国魂系故园/韩宗燕//中华儿女(海外版). －2000，(17)

为兴宗国求科学——化学家潘贯日据台湾时期简传/刘广定//中国科技史料. －2001，(3)

台湾医生李伟光的抗日史迹/陶武亮//党史文汇. －2005，(7)

他为红头屿改名"兰屿"——记台湾地理学家黄厚源/李原//炎黄纵横. －2006，(2)

张学良在台湾撰写西安事变及个人回忆录始末/张闾芝//纵横.－2006,(12)

(七)台湾考古

韩起《台湾省原始社会考古概述》附考/国分直一、陈守强//南方文物.－1991,(1)

略论台湾"左镇人"的发现及有关问题/阳吉昌//考古与文物.－1995,(3)

中国第一张银元票——台南官银票印行一百周年/吴筹中//中国钱币.－1996,(1)

论台湾远古先民的故乡在华南/金家广//文物春秋.－1996,(1)

宋代以来闽台陶事考/林忠干//南方文物.－1996,(3)

略谈清代台湾民间对寺庙的管理——台湾清代寺庙碑文研究之三/颜章炮//中国社会经济史研究.－1996,(3)

清代台湾官民建庙祀神之比较——台湾清代寺庙碑文研究之二/颜章炮//台湾研究.－1996,(3)

史前时期人类迁徙台湾诸问题的探讨/尤玉柱//文物世界.－1996,(4)

台湾大坌坑文化的年代及其来源/林建红//南方文物.－1997,(2)

港澳台地区古文化遗存概述/王红光//南方文物.－1998,(3)

台湾考古研究概述/臧振华//文博.－1998,(4)

郑成功所铸行书"永历通宝"钱有几种版别/薛延林//西安金融.－1998,(10)

台湾最古老之人类源于祖国大陆/葛坤英//炎黄春秋.－1999,(1)

郑成功"永历通宝"版别补充/林兆育//西安金融.－1999,(2)

台海一体——从石狮首次发现"海峡人"化石谈起/吴启辉//台声.－2000,(1)

峡岛兵缘——从历史文物看南澳与台湾的军事联系/柯世伦//岭南文史.－2000,(2)

清初统一台湾的实证/徐守璜//中国钱币.－2000,(3)

台湾的古迹与文物/刘红//党政论坛.－2000,(6)

台湾历史钱币见证台湾是中国不可分割的神圣领土/彭强华//广西金融研究.－2000,(7)

钱币文化的历史见证台湾是中国神圣领土的一部分/马冠武//广西金融研究.－2001,(1)

海峡两岸溯古源/陆票//统一论坛.－2001,(4)

台湾五十年来敦煌学研究历程及其特征/陈友冰//中国文化研究.－2002,(1)

台湾古建筑维修的原则与技术/万俐//文物保护与考古科学.－2002,(2)

300年前的"社会化石"统一台湾的历史见证/欣士敏//福建金融.－2002,(4)

五年来海峡两岸尹湾汉墓简牍研究综述/李炳泉//中国史研究动态.－2002,(5)

20世纪台湾《张胜温梵像卷》研究之贡献/屈涛//敦煌研究.－2003,(2)

清末台湾循吏曹瑾墓志发现及其思想研究/范新钟//中州今古.－2003,(2)

试论南方地区印纹陶与环中国海区域的关系——以台湾、东南亚地区为例/周广明、彭适凡//南方文物.－2005,(3)

日本学者在台湾的人类学活动(1895—1945年)/哈正利、马威//中南民族大学学报(人文社会科学版).－2005,(4)

台湾朱子祠考略/罗小平//两岸关系.－2005,(8)

(八)台湾习俗

高山族服饰/陈帆//台湾研究集刊.

－1985，(1)

台湾少数民族习俗拾零/张敦财//台湾研究集刊．－1986，(1)

金门民俗丛谈/金示演//海峡两岸．－1994，(3)

台湾的民间婚丧产习俗/岩峻//中外文化交流．－1995，(4)

随意随俗的走向与闽、台民间信仰的共同进步：《闽台文化研究》之一节/汪毅夫//现代台湾研究．－1995，(总12)

樟湖崇蛇民俗及其与台湾蛇文化的关系/王商书//现代台湾研究．－1995，(总12)

台湾民俗文化的显微和存真/朱双一//台声．－1996，(6)

台湾婚俗奇视/石柱国//现代交际．－1996，(7)

台湾民间送礼七忌/晓晨//乡镇论坛．－1996，(11)

闽台槟榔礼俗源流略考/王四达//东南文化．－1998，(2)

明清台湾高山族的居住民俗文化/陈伟明//贵州民族研究．－1999，(3)

明清台湾高山族衣饰文化功能与特色/陈伟明//中央民族大学学报(哲学社会科学版)．－1999，(5)

明清台湾高山族的婚俗文化/陈伟明//黑龙江民族丛刊．－2000，(1)

变通：民俗稳定性和变异性的一种实现形式：《闽台历史社会与民俗文化》之一节/汪毅夫//现代台湾研究．－2000，(2)

台湾有哪些特别祭典/叶非//四川统一战线．－2000，(6)

闽台崇蛇习俗/郭志超//台声．－2001，(2)

台湾少数民族的丧葬民俗文化/陈伟明//贵州民族研究．－2001，(3)

从妈祖祭典仪式看两岸文化关系/陈宜安//中国宗教．－2003，(1)

(九)台湾地理

日本殖民文化影响下的台湾省部分地名/陈碧笙//台湾研究集刊．－1984，(1)

从台湾地名的文化要素看两岸的密切关系/朱天顺//台湾研究集刊．－1992，(2)

从地理视角看台湾与祖国的统一/张环宙//湖州师范学院学报．－1999，(3)

郑成功遗址与传说/刘少才//兰台世界．－1999，(6)

台湾岛名考源/郭志超//现代台湾研究．－1999，(总28)

晋江深沪宝泉庵与台南学甲慈济宫/郭志荣//台声．－2000，(2)

台湾名称的演变/李成秋摘//湖南档案．－2000，(3)

台湾省地理历史特点与地名命名规律初探/赵晓阳//中国边疆史地研究．－2000，(4)

郑成功之子——郑经在台湾的遗迹/刘少才//兰台世界．－2002，(4)

西方经济地理学之演变及海峡两岸地理学者应有的认识/马润潮//地理研究．－2004，(5)

浅谈台湾地名的由来与祖国大陆的关系/曹玉杰//山东教育．－2004，(17)

地名见证闽南与台湾历史渊源/方文图//炎黄纵横．－2005，(1)

台湾地名：大陆情结和名人情结的追寻/佚名//中国地名．－2005，(3)

清前期台湾学宫建设探析/刘正刚、魏珂//中华文化论坛．－2005，(3)

(十)史料

施琅史事的若干考辨/孔立//福建论

坛.－1982,(5)

据清代档案考订郑成功史事十二则/陈在正//历史档案.－1983,(2)

清代台湾阄书研究/周翔鹤//台湾研究集刊.－1985,(1)

冈山考/孔立//台湾研究集刊.－1985,(3)

明季保台英雄沈有容及新发现的《洪林沈氏宗谱》/姚永森//台湾研究集刊.－1986,(4)

姚启圣著述小考/邓孔昭//台湾研究集刊.－1987,(1)

珍贵的资料丰富的收藏/郭松义//台湾研究集刊.－1987,(2)

对蒋毓英修《台湾府志》校注的几点浅见/冯秋季//台湾研究集刊.－1987,(3)

有关郑成功军队进攻台湾登陆过程的若干史料/吴玫译//台湾研究集刊.－1988,(2)

台湾民间私藏的台湾史料及其整理情况/吴玫//福建档案.－1988,(3)

为海峡两岸学者研究台湾历史提供新史料/荆蒲//档案学研究.－1988,(3)

南靖县向台湾移民的谱牒文献调查研究/林嘉书//台湾研究集刊.－1988,(4)

施肩吾《岛夷行》新探/李熙泰//台湾研究集刊.－1989,(1)

档治史贵在求真——读台湾李光涛先生的《明清档案论文集》有感/朱金甫//档案学研究.－1989,(4)

介绍李珩的《蛮貉使槎图》/郑国//台湾研究集刊.－1990,(4)

颍川陈氏开漳圣王派迁台初探——闽台陈氏族谱研究之一/陈在正//台湾研究集刊.－1991,(1)

档案史料所见之清末日籍台民问题/陈小冲//台湾研究集刊.－1991,(3)

档案史料所见之清末"归化"台湾籍民/陈小冲//台湾研究集刊.－1992,(1)

陈编《刘壮肃公奏议》的若干问题/邓孔昭//台湾研究集刊.－1995,(3、4)

沈莹和著名地域志《临海水土异物志》/叶哲明//台州学院学报.－1995,(4)

从档案资料看闽台关系与台湾光复/林真//现代台湾研究.－1995,(总11)

乾隆四十七年台湾漳泉民人械斗史料/吕小鲜//历史档案.－1996,(1)

清代两部闽人说闽事的小说——《台湾外记》与《闽都别记》/陈庆元//明清小说研究.－1996,(1)

台湾爱国志士罗福星《绝命词》考/郭长海//长春师范学院学报.－1996,(3)

福建省各级档案馆馆藏闽台关系档案评价/林真//档案与史学.－1996,(4)

是避敌自保还是高明战略——刘铭传撤守基隆新史料辨析/孔祥吉//清史研究.－1997,(1)

台湾大天后宫《平台纪略碑记》述论/李玉昆//清史研究.－1997,(1)

郑成功致菲律宾总督书之管见/郑山玉//华侨华人历史研究.－1997,(1)

《龙海县志》设置"与台湾关系"卷的回顾/黄剑岚//中国地方志.－1997,(3)

乾隆《平定台湾告成热河文庙碑文》注释/别廷峰//承德民族师专学报.－1997,(3)

清道光前期台湾社会发展概貌——《蠡测汇钞》的史学价值/霍有光//台湾研究.－1998,(2)

厦门博物馆藏板桥林家相关资料厘述/陈娟英//台湾研究集刊.－1998,(4)

施琅"挈棺入京,行献俘礼"质疑/潘文贵、聂德宁//台湾研究集刊.－1999,(1)

抗战时期台湾义勇队组织活动史料一

组/中国第二历史档案馆//民国档案．－1999,(1)

略谈沈葆桢未刊信稿/林庆元//福建论坛(人文社会科学版)．－1999,(3)

读《重修台湾省通志·卷十·艺文志·文学篇》札记/梅森//中国地方志．－1999,(5)

世纪期盼台湾回归——古地图诉说的台湾/赵大川//地图．－2000,(1)

台湾游记里的台湾社会旧影——读日据时期的三种台湾游记/汪毅夫//台湾研究集刊．－2000,(2)

闽台家谱族谱档案血缘地缘探略/梁守金//档案学研究．－2000,(2)

从《东征集》和《平台纪略》看蓝鼎元的治台思想主张/林其泉//古籍整理研究学刊．－2000,(6)

周婴与《东番记》/李祖基//台声．－2000,(10)

夷洲非“夷州”辨/陈孔立//台湾研究集刊．－2001,(1)

从清宫秘档看清廷招抚郑氏集团的历史真相/秦国经//清史研究．－2001,(1)

陈第、沈有容与《东番记》/李祖基//台湾研究集刊．－2001,(1)

诉讼案件所再现的文书类型——以“淡新档案”为中心/林乾//松辽学刊(人文社会科学版)．－2001,(1)

关于唐诗《岛夷行》的探讨/熊俊//台湾研究．－2001,(2)

台湾地区的口述历史/承载//档案与史学．－2001,(2)

读《恭陈台湾弃留疏》/吴谨程//福建文学．－2001,(12)

《诸罗县志》对台湾文化政治的影响/黄跃荣//统一论坛．－2002,(1)

《南堂诗钞》与施琅收复台湾/王政尧//北京社会科学．－2002,(2)

台湾中研院近代史所档案馆藏档评介/逸文//民国档案．－2002,(3)

日本统治时代的台湾档案史料/王世发//北京档案．－2002,(6)

日本统治时期的台湾档案史料/吉路//北京档案．－2002,(7)

周婴《东番记》研究/李祖基//台湾研究集刊．－2003,(1)

《漳郡会馆录》发微/汪毅夫//台湾研究集刊．－2003,(3)

台湾陈姓源于中原/李清顺//黄河科技大学学报．－2003,(4)

《对岸事情》所载之日据初期海峡两岸关系史料/陈小冲//台湾研究集刊．－2003,(4)

海峡两岸祁氏研究述略/沈建中//文史月刊．－2003,(6)

尹士俍与《台湾志略》/李祖基//中国地方志．－2004,(1)

施琅《恭陈台湾弃留疏》的战略指导价值/吴温暖//厦门大学学报(哲学社会科学版)．－2004,(1)

从《赤嵌集》看清初的台湾风貌/黄桂兰//中国社会经济史研究．－2004,(3)

十九世纪末年日本人的台湾论述——以上野专一、福泽谕吉与内藤湖南为例/黄俊杰//开放时代．－2004,(3)

收藏在台湾及海外的中国近代珍贵历史档案/李群//中国档案．－2004,(3)

台湾义勇队的队刊《台湾先锋》/任民//黄埔．－2004,(4)

台湾及海外收藏的民国政要口述珍档扫描/刘维荣//山西档案．－2004,(5)

《恭陈台湾弃留疏》是施琅以民族大业为重的历史见证/吴鸿丽//沧桑．－2004,(6)

从《治台必告录》看清代台湾海洋文化地域形态/赵君尧//职大学报. －2005,(1)

台湾义勇队筹备委员会史料一组/中国第二历史档案馆//民国档案. －2005,(4)

台北帝国大学及其出版物的研究/诸平//河北农业大学学报(农林教育版). －2005,(4)

清代台湾通事考论/李颖//闽江学院学报. －2005,(4)

《临海水土异物志》:世界上最早记述台湾的文献/姚永森//安徽师范大学学报(人文社会科学版). －2005,(4)

论《申报》之独立舆论及史料价值——以1874年日军入侵台湾为例/尹海全//信阳师范学院学报(哲学社会科学版). －2005,(4)

河南《邓州台湾土番垦屯陈氏家乘》考辨/郝时远//民族研究. －2005,(5)

清代涉台官式文书析要/王冠玺//浙江大学学报(人文社会科学版). －2005,(5)

麦克阿瑟与台湾珍档揭秘/刘维荣//档案时空. －2005,(9)

有关台湾光复的国际法文件/郑磊//中学历史教学研究. －2006,(1)

阎锡山台湾日记述略/梁福//文史春秋. －2006,(6、7、8)

引用主要期刊一览表

二画

人口与计划生育(北京)
人口与经济(北京)
人口学刊(长春)
人口研究(北京)
人才开发(上海)
人文杂志(西安)
人民公安(北京)
人民司法(北京)
人民论坛(北京)
人民音乐(北京)
人民教育(北京)
人民检察(北京)

三画

三明学院学报(三明)
上海大学学报(社会科学版)(上海)
上海艺术家(上海)
上海台盟(上海)
上海对台工作(上海)
上海交通大学学报(上海)
上海企业(上海)
上海师范大学学报(哲学社会科学版)(上海)
上海戏剧(上海)
上海经济研究(上海)
上海金融(上海)
上海金融学院学报(上海)
上海保险(上海)
上海党史与党建(上海)
上海档案(上海)
上海教育(上海)
上海教育科研(上海)
上海理工大学学报(社会科学版)(上海)
上海综合经济(上海)
上海管理科学(上海)
乡镇企业研究(北京)
乡镇论坛(北京)
乡镇经济(合肥)

大众电影（太原）
大连大学学报（大连）
大连海事大学学报（社会科学版）（大连）
大学图书馆学报（北京）
大理学院学报（社会科学版）（大理）
小城镇建设（北京）
小说评论（西安）
山东大学学报（哲学社会科学版）（济南）
山东工业大学学报（社会科学版）（济南）
山东工商学院学报（烟台）
山东文学（济南）
山东对外经贸（曾用刊名：山东外贸）（青岛）
山东交通学院学报（济南）
山东农业（农村经济版）（济南）
山东农业大学学报（社会科学版）（泰山）
山东师大外国语学院学报（济南）
山东师大学报（社会科学版）（济南）
山东师范大学学报（人文社会科学版）（济南）
山东社会科学（济南）
山东财政学院学报（济南）
山东法学（济南）
山东经济战略研究（济南）
山东档案（济南）
山东教育（济南）
山东教育学院学报（济南）
山东理工大学学报（社会科学版）（淄博）
山东警察学院学报（济南）
山西大学学报（哲学社会科学版）（太原）
山西农经（太原）
山西师大体育学院学报（临汾）
山西师大学报（社会科学版）（临汾）
山西财经大学学报（太原）
山西档案（太原）
山西高等学校社会科学学报（太原）
山西警官高等专科学校学报（太原）
工业技术经济（长春）
工会理论与实践－中国工运学院学报（北京）
工商行政管理（北京）
广东史志（广州）
广东外语外贸大学学报（广州）
广东行政学院学报（广州）
广东技术师范学院学报（广州）
广东社会科学（广州）
广东经济（广州）
广东省社会主义学院学报（广州）
广东科技（广州）
广东党史（广州）
广东商学院学报（广州）
广东教育学院学报（广州）
广州大学学报（社会科学版）（广州）
广州师院学报（广州）
广州体育学院学报（广州）
广州社会主义学院学报（广州）
广西大学学报（哲学社会科学版）（南宁）
广西民族学院学报（哲学社会科学版）（南宁）
广西民族研究（南宁）
广西农学报（南宁）
广西师范大学学报（哲学社会科学版）（桂林）
广西社会主义学院学报（南宁）
广西社会科学（南宁）
广西财政高等专科学校学报（南宁）
广西金融研究（南宁）
广西政法管理干部学院学报（南宁）
广西党史（南宁）
广西教育学院学报（南宁）
广告大观（理论版）（南京）
飞航导弹（北京）
马克思主义与现实（北京）

四画

中山大学学报（社会科学版）（广州）

中外文化交流(北京)
中外电视(北京)
中外企业文化(北京)
中外企业家(哈尔滨)
中外法学(北京)
中外管理导报(北京)
中央民族大学学报(哲学社会科学版)(北京)
中央戏剧学院学报(北京)
中央社会主义学院学报(北京)
中央财经大学学报(北京)
中央政法管理干部学院学报(北京)
中央音乐学院学报(北京)
中共中央党校学报(北京)
中共党史研究(北京)
中共党史资料(北京)
中共福建省委党校学报(福州)
中华儿女(北京)
中华女子学院学报(北京)
中华文化论坛(成都)
中州学刊(郑州)
中国人力资源开发(北京)
中国人口·资源与环境(济南)
中国人口科学(北京)
中国人才(北京)
中国人民大学学报(北京)
中国人民公安大学学报(北京)
中国乡镇企业(北京)
中国土地(北京)
中国土地科学(北京)
中国工业经济(北京)
中国工商(北京)
中国工商管理研究(北京)
中国广播电视学刊(北京)
中国中小企业(北京)
中国历史地理论丛(西安)
中国文化研究(北京)
中国文化遗产(北京)
中国文学研究(长沙)
中国比较文学(上海)
中国水运(武汉)
中国出版(北京)
中国史研究(北京)
中国史研究动态(北京)
中国司法(北京)
中国司法鉴定(上海)
中国外汇(北京)
中国外汇管理(北京)
中国外资(北京)
中国对外贸易(北京)
中国市场(北京)
中国民用航空(北京)
中国民兵(北京)
中国民政(北京)
中国民航学院学报(天津)
中国民族(北京)
中国民族教育(北京)
中国民族博览(北京)
中国民营科技与经济(北京)
中国边疆史地研究(北京)
中国企业家(北京)
中国军事科学(北京)
中国军转民(北京)
中国农业大学学报(北京)
中国农业科技导报(北京)
中国农业资源与区划(北京)
中国农业教育(南京)
中国农史(南京)
中国农村经济(北京)
中国农村信用合作(北京)
中国农垦经济(北京)
中国刑事法杂志(北京)
中国创业投资与高科技(北京)
中国地方志(北京)

中国地名（沈阳）
中国地质大学学报（社会科学版）（武汉）
中国妇运（北京）
中国戏剧（北京）
中国成人教育（济南）
中国考试（北京）
中国行政管理（北京）
中国体育科技（北京）
中国投资（北京）
中国改革（北京）
中国社会工作（北京）
中国社会经济史研究（厦门）
中国社会科学（北京）
中国社会科学院研究生院学报（北京）
中国评论（香港）
中国远程教育（北京）
中国供销合作经济（北京）
中国典籍与文化（北京）
中国国土资源经济（三河）
中国图书评论（沈阳）
中国图书馆学报（北京）
中国学校体育（北京）
中国宗教（北京）
中国审计（北京）
中国房地产（天津）
中国房地产金融（北京）
中国法学（北京）
中国现代文学研究丛刊（北京）
中国矿业大学学报（社会科学版）（徐州）
中国经济史研究（北京）
中国经济周刊（北京）
中国经济信息（北京）
中国经贸（北京）
中国经贸导刊（北京）
中国软科学（北京）
中国金融（北京）
中国青年政治学院学报（北京）
中国青年研究（北京）
中国青年科技（北京）
中国保险（北京）
中国信息导报（北京）
中国城市金融（北京）
中国律师（北京）
中国研究生（北京）
中国科技月报（北京）
中国科技史料（北京）
中国科技产业（北京）
中国科技论坛（北京）
中国科技投资（北京）
中国科技财富（北京）
中国科技信息（北京）
中国统一战线（北京）
中国统计（北京）
中国美术教育（南京）
中国音乐（北京）
中国音乐学（北京）
中国旅游（北京）
中国档案（北京）
中国流通经济（北京）
中国海关（北京）
中国海洋大学学报（社会科学版）（青岛）
中国海商法年刊（大连）
中国热带农业（北京）
中国特色社会主义研究（北京）
中国能源（北京）
中国航天（北京）
中国高校科技与产业化（北京）
中国高教研究（北京）
中国高等教育（北京）
中国高等教育评估（上海）
中国高新区（武汉）
中国高新技术企业杂志（北京）
中国商贸（北京）
中国教育学刊（北京）

中国教育信息化(曾用刊名:教育信息化)(北京)
中国渔业经济研究(北京)
中国职工教育(北京)
中国职业技术教育(北京)
中国博物馆(北京)
中国港口(上海)
中国税务(北京)
中国道教(北京)
中国集体经济(北京)
中国新时代(北京)
中国新闻周刊(北京)
中国韵文学刊(湘潭)
中国管理科学(北京)
中国穆斯林(北京)
中国藏学(北京)
中国翻译(北京)
中南大学学报(社会科学版)(长沙)
中南工业大学学报(社会科学版)(长沙)
中南民族大学学报(人文社会科学版)(武汉)
中南民族学院学报(哲学社会科学版)(武汉)
中南财经大学学报(武汉)
中南财经政法大学学报(武汉)
书屋(长沙)
云南大学学报(社会科学版)(昆明)
云南公安高等专科学校学报(昆明)
云南民族大学学报(哲学社会科学版)(昆明)
云南民族学院学报(哲学社会科学版)(昆明)
云南社会科学(昆明)
云南财贸学院学报(社会科学版)(昆明)
云南科技管理(昆明)
云南高教研究(昆明)
云南教育(昆明)
今日中国(北京)
今日中国论坛(北京)
公安大学学报(北京)
公安学刊-浙江公安高等专科学校学报(杭州)
公安研究(北京)
内蒙古大学学报(人文·社会科学版)(呼和浩特)
内蒙古工业大学学报(社会科学版)(呼和浩特)
内蒙古民族师院学报(哲学社会科学版·汉文)(通辽)
内蒙古农业大学学报(社会科学版)(呼和浩特)
内蒙古师范大学学报(哲学社会科学版)(呼和浩特)
内蒙古社会科学(汉文版)(呼和浩特)
内蒙古财经学院学报(呼和浩特)
内蒙古统战理论研究(呼和浩特)
内蒙古教育(呼和浩特)
历史研究(北京)
历史档案(北京)
历史教学(天津)
历史教学问题(上海)
天中学刊(驻马店)
天府新论(成都)
天津大学学报(社会科学版)(天津)
天津师范大学学报(社会科学版)(天津)
天津体育学院学报(天津)
天津社会科学(天津)
天津财经学院学报(天津)
天津科技(天津)
太平洋学报(北京)
太原师范学院学报(社会科学版)(太原)
孔子研究(济南)
开发研究(兰州)
开放导报(深圳)

开放时代（广州）
心理世界（开封）
心理科学（上海）
文艺争鸣（长春）
文艺评论（哈尔滨）
文艺研究（北京）
文艺理论与批评（北京）
文艺理论研究（上海）
文史天地（贵阳）
文史月刊（太原）
文史杂志（成都）
文史春秋（南宁）
文史哲（济南）
文史博览（长沙）
文史精华（石家庄）
文学自由谈（天津）
文学评论（北京）
文物世界（太原）
文物保护与考古科学（上海）
文物春秋（石家庄）
文博（西安）
方言（北京）
无锡教育学院学报（无锡）
无锡职业技术学院学报（无锡）
日本问题研究（保定）
日本学刊（北京）
日本学论坛（长春）
日本研究（沈阳）
比较法研究（北京）
比较教育研究（北京）
毛泽东邓小平理论研究（上海）
毛泽东思想研究（成都）
水运管理（上海）
艺术市场（北京）
艺术百家（南京）
艺术评论（北京）
艺术界（合肥）
艺苑（福州）
计划与市场（武汉）
长白学刊（长春）
长安大学学报（社会科学版）（西安）
长江学术（武汉）
长沙电力学院学报（社会科学版）（长沙）
长春大学学报（长春）
长春工业大学学报（社会科学版）（长春）
长春工程学院学报（社会科学版）（长春）
长春市委党校学报（长春）
长春师范学院学报（长春）
长春理工大学学报（社会科学版）（长春）

五画

世纪桥（哈尔滨）
世界（北京）
世界历史（北京）
世界文化（天津）
世界民族（北京）
世界电信（北京）
世界电影（北京）
世界农业（北京）
世界华文文学论坛（南京）
世界地理研究（上海）
世界宗教文化（北京）
世界宗教研究（北京）
世界知识（北京）
世界经济（北京）
世界经济（香港）
世界经济与政治（北京）
世界经济与政治论坛（南京）
世界经济文汇（上海）
世界经济研究（上海）
世界科技研究与发展（成都）
世界海运（大连）
世界教育信息（北京）
东方艺术（郑州）

东方论坛（青岛）
东北大学学报（社会科学版）（沈阳）
东北亚论坛（长春）
东北师大学报（哲学社会科学版）（沈阳）
东北财经大学学报（大连）
东华大学学报（社会科学版）（上海）
东岳论丛（济南）
东南大学学报（哲学社会科学版）（南京）
东南文化（南京）
东南亚（昆明）
东南亚纵横（南宁）
东南亚南亚信息（昆明）
东南亚研究（广州）
东南传播（福州）
东南学术（曾用刊名：福建学刊）（福州）
兰州大学学报（社会科学版）（兰州）
兰州学刊（兰州）
兰州教育学院学报（兰州）
写作（武汉）
出版发行研究（北京）
出版史料（北京）
出版经济（北京）
北方工业大学学报（北京）
北方论丛（哈尔滨）
北方经济（呼和浩特）
北方经贸（哈尔滨）
北华大学学报（社会科学版）（吉林）
北京人民警察学院学报（北京）
北京大学学报（哲学社会科学版）（北京）
北京工商大学学报（社会科学版）（北京）
北京市财贸管理干部学院学报（北京）
北京市经济管理干部学院学报（北京）
北京电影学院学报（北京）
北京交通大学学报：社科版（北京）
北京师范大学学报（社会科学版）（北京）
北京成人教育（北京）
北京行政学院学报（北京）
北京体育大学学报（北京）
北京医科大学学报（社会科学版）（北京）
北京社会科学（北京）
北京邮电大学学报（社会科学版）（北京）
北京经济瞭望（北京）
北京城市学院学报（曾用刊名：海淀走读大学学报）（北京）
北京政治学院学报（北京）
北京政法职业学院学报（北京）
北京科技大学学报（社会科学版）（北京）
北京党史（北京）
北京档案（北京）
北京航空航天大学学报（社会科学版）（北京）
北京商学院学报（北京）
北京教育（北京）
北京教育学院学报（北京）
北京理工大学学报（社会科学版）（北京）
北京第二外国语学院学报（北京）
北京联合大学学报（人文社会科学版）（北京）
北京舞蹈学院学报（北京）
发展论坛（济南）
发展研究（福州）
古今农业（北京）
古籍整理研究学刊（长春）
台声（北京）
台港与海外华文文学评论和研究（南京）
台港文学选刊（福州）
台湾工作通讯（北京）
台湾与东亚（福州）
台湾农业情况（福州）
台湾农业探索（福州）
台湾法研究（福州）
台湾研究（北京）
台湾研究集刊（厦门）
台湾海峡（厦门）

台湾源流（台湾）
史学月刊（开封）
史学集刊（长春）
史林（上海）
四川大学学报（哲学社会科学版）（成都）
四川师范大学学报（社会科学版）（成都）
四川戏剧（成都）
四川统一战线（成都）
四川党史（成都）
四川教育学院学报（成都）
四海（北京）
外交学院学报（北京）
外国经济与管理（上海）
外语教学与研究（北京）
宁波大学学报（人文科学版）（宁波）
宁夏大学学报（社会科学版）（银川）
宁夏农学院学报（银川）
宁夏教育（银川）
对外经贸实务（武汉）
市场与人口分析（北京）
民办高等教育研究（重庆）
民办教育研究（西安）
民主与科学（北京）
民间文化（北京）
民间文化论坛（北京）
民国春秋（南京）
民国档案（南京）
民俗研究（济南）
民航经济与技术（北京）
民族文学研究（北京）
民族艺术（南宁）
民族艺术研究（昆明）
民族论坛（长沙）
民族研究（北京）
民族教育研究（北京）
汉字文化（北京）
犯罪研究（上海）
甘肃农业（兰州）
甘肃行政学院学报（兰州）
甘肃社会科学（兰州）
甘肃金融（兰州）
甘肃政法成人教育学院学报（兰州）
甘肃政法学院学报（兰州）
甘肃教育（兰州）
甘肃教育学院学报（社会科学版）（兰州）
生产力研究（太原）
电子出版（北京）
电化教育研究（兰州）
电视电影文学（上海）
电视研究（北京）
电影（北京）
电影文学（长春）
电影艺术（北京）
电影世界（北京）
电影创作（北京）
电影评介（贵阳）
石家庄经济学院学报（石家庄）
边疆经济与文化（哈尔滨）
辽宁大学学报（哲学社会科学版）（沈阳）
辽宁公安司法管理干部学院学报（沈阳）
辽宁师范大学学报（社会科学版）（沈阳）
辽宁高等教育研究（沈阳）
辽宁教育学院学报（沈阳）
辽宁教育研究（曾用刊名：辽宁高等教育研究）（沈阳）

六画

亚太经济（福州）
交通与运输（上海）
交通世界（北京）
交通企业管理（武汉）
交通建设与管理（北京）
产业与科技论坛（石家庄）
仲裁研究（广州）

价格理论与实践(北京)
企业文化(北京)
企业文明(重庆)
企业改革与管理(北京)
企业经济(南昌)
企业研究(长春)
企业管理(北京)
会计研究(北京)
伦理学研究(长沙)
全国商情(北京)
全球科技经济瞭望(北京)
全球教育展望(上海)
军队政工理论研究(上海)
军事历史(北京)
军事历史研究(上海)
军事经济研究(武汉)
农业工程学报(北京)
农业与技术(长春)
农业发展与金融(北京)
农业考古(南昌)
农业技术经济(北京)
农业现代化研究(长沙)
农业经济(沈阳)
农业经济问题(北京)
农业信息探索(北京)
农村经济(成都)
农村金融研究(北京)
决策与信息(财经观察)(广州)
决策与信息(武汉)
决策借鉴(哈尔滨)
决策探索(郑州)
创作评谭(南昌)
创造(昆明)
华人之声(福州)
华人时刊(南京)
华中农业大学学报(社会科学版)(武汉)
华中师范大学学报(人文社会科学版)(武汉)
华中科技大学学报(人文社会科学版)(武汉)
华中科技大学学报(社会科学版)(武汉)
华中理工大学学报(社会科学版)(武汉)
华文文学(汕头)
华东师范大学学报(哲学社会科学版)(上海)
华东师范大学学报(教育科学版)(上海)
华东经济管理(合肥)
华东政法学院学报(上海)
华东理工大学学报(社会科学版)(上海)
华侨大学学报(哲学社会科学版)(泉州)
华侨华人历史研究(北京)
华南农业大学学报(社会科学版)(广州)
华南师范大学学报(社会科学版)(广州)
华南金融研究(广州)
华夏文化(西安)
合作经济与科技(石家庄)
合肥工业大学学报(社会科学版)(合肥)
合肥学院学报(社会科学版)(合肥)
合肥联合大学学报(合肥)
吉林大学社会科学学报(长春)
吉林公安高等专科学校学报(长春)
吉林艺术学院学报(长春)
吉林师范大学学报(人文社会科学版)(四平)
吉林林业科技(长春)
吉林省教育学院学报(长春)
吉林教育科学(长春)
同济大学学报(社会科学版)(上海)
名作欣赏(太原)
回族研究(银川)
团结(北京)
地方财政研究(沈阳)
地域研究与开发(郑州)
地理与地理信息科学(石家庄)

地理学报（北京）
地理研究（北京）
妇女研究论丛（北京）
安徽大学学报（哲学社会科学版）（合肥）
安徽文学（合肥）
安徽史学（合肥）
安徽农业大学学报（社会科学版）（合肥）
安徽师范大学学报（人文社会科学版）（芜湖）
安徽教育（合肥）
安徽教育学院学报（合肥）
安徽警官职业学院学报（合肥）
寻根（郑州）
延安大学学报（社会科学版）（延安）
当代（台湾）
当代中国史研究（北京）
当代文坛（成都）
当代文学研究资料与信息（北京）
当代世界（北京）
当代世界与社会主义（曾用刊名：国际共运史研究）（北京）
当代世界社会主义问题（济南）
当代电影（北京）
当代亚太（曾用刊名：亚太研究）（北京）
当代戏剧（西安）
当代作家评论（沈阳）
当代财经（南昌）
当代国际问题研究（杭州）
当代法学（长春）
当代经济（长沙）
当代经济研究（长春）
当代经理人（北京）
当代青年研究（上海）
当代海军（北京）
当代教育论坛（长沙）
当代教育科学（济南）
戏文（杭州）
戏曲艺术（北京）
戏剧文学（长春）
戏剧艺术（上海）
成人高教学刊（北京）
成人教育（哈尔滨）
成都大学学报（社会科学版）（成都）
成都师范高等专科学校学报（成都）
成都行政学院学报（成都）
扬州大学学报（人文社会科学版）（扬州）
扬州教育学院学报（扬州）
早期教育（南京）
机电兵船档案（北京）
汕头大学学报（人文社会科学版）（汕头）
江汉大学学报（人文社会科学版）（武汉）
江汉论坛（武汉）
江西公安专科学校学报（南昌）
江西农业大学学报（自然科学版）（南昌）
江西农业经济（南昌）
江西师范大学学报（哲学社会科学版）（南昌）
江西社会科学（南昌）
江西财经大学学报（南昌）
江西教育学院学报（南昌）
江西教育科研（南昌）
江苏大学学报（社会科学版）（镇江）
江苏社会科学（南京）
江苏高教（南京）
江苏商论（南京）
江苏教育学院学报（社会科学版）（南京）
江苏警官学院学报（南京）
江南大学学报（人文社会科学版）（无锡）
江南论坛（无锡）
江南社会学院学报（苏州）
江海学刊（南京）
江淮文史（合肥）
江淮论坛（合肥）
百科知识（北京）

考古与文物(西安)
芒种(沈阳)
行政与法(长春)
行政论坛(哈尔滨)
行政法学研究(北京)
西北大学学报(哲学社会科学版)(西安)
西北工业大学学报(社会科学版)(西安)
西北民族学院学报(哲学社会科学版·汉文)(兰州)
西北农林科技大学学报(社会科学版)(杨凌)
西北师大学报(社会科学版)(兰州)
西北美术(西安)
西北第二民族学院学报(哲学社会科学版)(银川)
西华大学学报(哲学社会科学版)(成都)
西安外国语学院学报(西安)
西安电子科技大学学报(社会科学版)(西安)
西安交通大学学报(社会科学版)(西安)
西安体育学院学报(西安)
西安邮电学院学报(西安)
西安金融(西安)
西安政治学院学报(西安)
西安航空技术高等专科学校学报(西安)
西安联合大学学报(西安)
西南民兵杂志(成都)
西南民族大学学报(人文社科版)(成都)
西南交通大学学报(社会科学版)(成都)
西南农业大学学报(社会科学版)(重庆)
西南师范大学学报(人文社会科学版)(重庆)
西南政法大学学报(重庆)
西南科技大学学报(哲学社会科学版)(绵阳)
西部论丛(兰州)
西藏发展论坛(拉萨)
西藏民族学院学报(哲学社会科学版)(咸阳)
阴山学刊(包头)
齐齐哈尔大学学报(哲学社会科学版)(齐齐哈尔)
齐鲁艺苑(济南)
齐鲁学刊(曲阜)

七画

两岸关系(北京)
体育与科学(南京)
体育文化导刊(北京)
体育学刊(广州)
体育科学(北京)
体育科学研究(厦门)
体育科研(上海)
佛山科学技术学院学报(社会科学版)(佛山)
佛学研究(北京)
兵团教育学院学报(石河子)
宏观经济研究(北京)
宏观经济管理(北京)
技术与创新管理(西安)
技术经济(北京)
技术经济与管理(福州)
投资与营销(北京)
投资北京(北京)
投资研究(北京)
投资理论与实践(合肥)
抗日战争研究(北京)
改革(重庆)
改革与战略(南宁)
改革与理论(郑州)
时代文学(济南)
时代法学(长沙)
时代经贸(北京)
时代潮(北京)

求是（北京）
求是学刊（哈尔滨）
沈阳农业大学学报（社会科学版）（沈阳）
沈阳师范学院学报（社会科学版）（沈阳）
沈阳教育学院学报（沈阳）
社区（北京）
社会主义研究（武汉）
社会观察（上海）
社会学研究（北京）
社会科学（上海）
社会科学论坛（石家庄）
社会科学战线（长春）
社会科学研究（成都）
社会科学辑刊（沈阳）
社会科学管理与评论（北京）
社科纵横（兰州）
纵横（北京）
苏州大学学报（哲学社会科学版）（苏州）
苏州科技学院学报（社会科学版）（苏州）
苏南科技开发（苏州）
财经论丛（杭州）
财经问题研究（大连）
财经界（北京）
财经研究（上海）
财经科学（成都）
财经理论与实践（长沙）
财金贸易（太原）
财政研究（北京）
财贸经济（北京）
近代史研究（北京）
远程教育（杭州）

八画

周易研究（济南）
和平与发展（北京）
国土资源科技管理（成都）
国外文学（北京）
国外社会科学（北京）
国外社会科学文摘（上海）
国外财经（长沙）
国外坦克（北京）
国防（北京）
国防技术基础（北京）
国防科技（长沙）
国防科技工业（北京）
国防科技参考（长沙）
国际人才交流（北京）
国际市场（上海）
国际关系学院学报（北京）
国际观察（上海）
国际论坛（北京）
国际问题研究（北京）
国际学术动态（武汉）
国际经济合作（北京）
国际经济评论（北京）
国际经贸（大连）
国际经贸探索（上海）
国际金融导刊（北京）
国际金融研究（北京）
国际政治研究（北京）
国际贸易（北京）
国际贸易问题（北京）
国际音乐交流（北京）
国际展望（上海）
国际航空（北京）
国际商务－对外经济贸易大学学报（北京）
国际商务研究（上海）
国际新闻界（北京）
国家行政学院学报（北京）
国家教育行政学院学报（北京）
国家检察官学院学报（北京）
图书与情报（兰州）
图书情报工作（北京）
图书情报知识（武汉）

图书馆(长沙)
图书馆工作与研究(天津)
图书馆论坛(广州)
图书馆学刊(沈阳)
图书馆学研究(长春)
图书馆建设(哈尔滨)
图书馆理论与实践(银川)
学术月刊(上海)
学术交流(哈尔滨)
学术论坛(南宁)
学术问题研究(泉州)
学术季刊(上海)
学术界(合肥)
学术研究(广州)
学术探索(昆明)
学位与研究生教育(北京)
学科教育(北京)
学海(南京)
宗教学研究(成都)
审计与经济研究(南京)
审计研究(北京)
审计理论与实践(北京)
岭南文史(广州)
岭南学刊(广州)
承德民族职业技术学院学报(承德)
明报月刊(香港)
明清小说研究(南京)
杭州大学学报(哲学社会科学版)(杭州)
杭州师范学院学报(社会科学版)(杭州)
杭州科技(杭州)
林业经济问题(福州)
欧洲研究(北京)
武汉大学学报(哲学社会科学版)(武汉)
武汉文史资料(武汉)
武汉交通科技大学学报(社会科学版)(武汉)
武汉体育学院学报(武汉)
武汉金融(武汉)
武汉科技大学学报(社会科学版)(武汉)
武汉教育学院学报(武汉)
武汉理工大学学报(社会科学版)(武汉)
武汉职业技术学院学报(武汉)
武警工程学院学报(西安)
武警学院学报(廊坊)
河北大学成人教育学院学报(保定)
河北大学学报(哲学社会科学版)(保定)
河北农业大学学报(农林教育版)(保定)
河北师范大学学报(哲学社会科学版)(石家庄)
河北师范大学学报(教育科学版)(石家庄)
河北学刊(石家庄)
河北法学(石家庄)
河北经贸大学学报(石家庄)
河南大学学报(社会科学版)(开封)
河南公安高等专科学校学报(郑州)
河南司法警官职业学院学报(郑州)
河南师范大学学报(哲学社会科学版)(新乡)
河南社会科学(郑州)
河南教育(郑州)
河南教育学院学报(哲学社会科学版)(郑州)
河南职业技术师范学院学报(职业教育版)(新乡)
河海大学学报(哲学社会科学版)(南京)
法制与社会(昆明)
法制与社会发展(长春)
法国研究(武汉)
法学(上海)
法学天地(南京)
法学杂志(北京)
法学论坛(济南)
法学评论(武汉)
法学研究(北京)

法治论丛（上海）
法律与医学杂志（北京）
法律科学－西北政法学院学报（西安）
法商研究（武汉）
炎黄纵横（福州）
炎黄春秋（北京）
环球军事（北京）
环球法律评论（北京）
环渤海经济瞭望（天津）
现代大学教育（长沙）
现代中文文学评论（香港）
现代台湾研究（福州）
现代企业（西安）
现代企业教育（济南）
现代传播－北京广播学院学报（北京）
现代农业（呼和浩特）
现代防御技术（北京）
现代远程教育研究（成都）
现代国际关系（北京）
现代图书情报技术（北京）
现代法学（重庆）
现代经济探讨（南京）
现代金融（南京）
现代城市轨道交通（北京）
现代城市研究（南京）
现代语文（语言研究版）（曲阜）
现代哲学（广州）
现代舰船（北京）
现代商业银行（长春）
现代情报（长春）
现代教育论丛（广州）
现代教育科学（长春）
现代管理科学（南京）
知识产权（北京）
知识经济（重庆）
空军雷达学院学报（武汉）
经济与社会发展（南宁）
经济与管理（石家庄）
经济与管理研究（北京）
经济世界（北京）
经济地理（长沙）
经济导刊（北京）
经济导报（香港）
经济论坛（石家庄）
经济问题（太原）
经济问题探索（昆明）
经济体制改革（成都）
经济时刊（上海）
经济社会体制比较（北京）
经济纵横（长春）
经济评论（武汉）
经济学动态（北京）
经济学家（成都）
经济经纬（郑州）
经济视角（长春）
经济前沿（广州）
经济界（北京）
经济研究（北京）
经济研究参考（北京）
经济科学（北京）
经济资料译丛（厦门）
经济理论与经济管理（北京）
经济管理（北京）
经贸世界（重庆）
经贸导刊（长沙）
经营与管理（天津）
诗探索（北京）
郑州大学学报（哲学社会科学版）（郑州）
金陵法律评论（南京）
金融与经济（南昌）
金融会计（北京）
金融导报（香港）
金融纵横（南京）
金融研究（北京）

金融科学(北京)
金融教学与研究(河北省保定)
金融理论与实践(郑州)
陕西农业科学(杨凌)
陕西师范大学学报(哲学社会科学版)(西安)
陕西教育学院学报(西安)
青年研究(北京)
青年探索(广州)
青岛大学师范学院学报(青岛)
青岛科技大学学报(社会科学版)(青岛)
青岛教育学院学报(青岛)
青海民族学院学报(社会科学版)(西宁)
青海师范大学学报(哲学社会科学版)(西宁)
青海社会科学(西宁)
青海金融(西宁)

九画

俄罗斯研究(上海)
保险研究(北京)
保险职业学院学报(长沙)
南开学报(哲学社会科学版)(天津)
南开经济研究(天津)
南开管理评论(天津)
南方人口(广州)
南方文坛(南宁)
南方文物(南昌)
南方农村(广州)
南方经济(广州)
南方金融(广州)
南风窗(北京)
南宁职业技术学院学报(南宁)
南京大学学报(南京)
南京艺术学院学报(美术与设计版)(南京)
南京艺术学院学报(音乐与表演版)(南京)
南京农业大学学报(社会科学版)(南京)
南京师大学报(社会科学版)(南京)
南京师范大学文学院学报(南京)
南京体育学院学报(社会科学版)(南京)
南京社会科学(南京)
南京财经大学学报(南京)
南京邮电学院学报(社会科学版)(南京)
南京林业大学学报(人文社会科学版)(南京)
南京经济学院学报(南京)
南京政治学院学报(南京)
南昌大学学报(人文社会科学版)(南昌)
南昌航空工业学院学报(社会科学版)(南昌)
南昌教育学院学报(南昌)
南昌职业技术师范学院学报(南昌)
南洋问题研究(厦门)
南洋资料译丛(厦门)
南通师范学院学报(哲学社会科学版)(南通)
南通职业大学学报(南通)
哈尔滨工业大学学报(社会科学版)(哈尔滨)
哈尔滨体育学院学报(哈尔滨)
哈尔滨学院学报(哈尔滨)
城乡建设(北京)
城市开发(北京)
城市发展研究(北京)
城市规划(北京)
城市金融论坛(北京)
复旦学报(社会科学版)(上海)
复旦教育论坛(上海)
思想·理论·教育(北京)
思想战线(昆明)
思想政治工作研究(北京)
思想政治教育研究(哈尔滨)
思想教育研究(北京)
思想理论教育导刊(北京)

战略与管理（北京）
指挥技术学院学报（北京）
政工学刊（大连）
政府法制（太原）
政治与法律（上海）
政治学研究（北京）
政法论丛（济南）
政法论坛（北京）
政法学刊（广州）
政策与管理（北京）
政策瞭望（杭州）
故宫博物院院刊（北京）
泉州师范学院学报（泉州）
洛阳大学学报（洛阳）
津图学刊（天津）
济南大学学报（社会科学版）（济南）
研究与发展管理（上海）
神州（北京）
神州学人（北京）
科技与法律（北京）
科技与经济（南京）
科技创业月刊（武汉）
科技导报（北京）
科技进步与对策（武汉）
科技管理研究（广州）
科技潮（曾用刊名:科技改革与发展）（北京）
科学决策（北京）
科学投资（北京）
科学社会主义（北京）
科学学与科学技术管理（天津）
科学学研究（北京）
科学管理研究（呼和浩特）
科研管理（北京）
科普研究（北京）
统一论坛（北京）
统计与决策（武汉）
统计与咨询（哈尔滨）
统计与预测（广州）
统计研究（北京）
统计教育（北京）
美术（北京）
美术研究（北京）
美国研究（北京）
语文世界（北京）
语文学刊（呼和浩特）
语文研究（太原）
语文教学与研究（武汉）
语言文字应用（北京）
语言研究（武汉）
贵州大学学报（社会科学版）（贵阳）
贵州工业大学学报（社会科学版）（贵阳）
贵州文史丛刊（贵阳）
贵州民族学院学报（哲学社会科学版）（贵阳）
贵州民族研究（贵阳）
贵州师范大学学报（社会科学版）（贵阳）
贵州社会主义学院学报（贵阳）
贵州社会科学（贵阳）
贵州财经学院学报（贵阳）
贵州教育学院学报（社会科学版）（贵阳）
贵州教育学院学报（贵阳）
贵州警官职业学院学报（贵阳）
轻兵器（北京）
重庆大学学报（社会科学版）（重庆）
重庆工学院学报（重庆）
重庆工商大学学报（社会科学版）（重庆）
重庆交通学院学报（社会科学版）（重庆）
重庆师范大学学报（哲学社会科学版）（重庆）
重庆社会科学（重庆）
重庆科技学院学报（社会科学版）（重庆）
钟山风雨（南京）
音乐探索（成都）
首都师范大学学报（社会科学版）（北京）

首都经济贸易大学学报(北京)

十画

党史文汇(太原)
党史纵览(合肥)
党史纵横(沈阳)
党史研究与教学(福州)
党史博采(石家庄)
党史博览(郑州)
党的文献(北京)
党政干部论坛(武汉)
党政干部学刊(沈阳)
党政论坛(武汉)
哲学动态(北京)
唐都学刊(西安)
徐州师范大学学报(哲学社会科学版)(徐州)
旅游学刊(北京)
旅游科学(上海)
晋阳学刊(太原)
桂海论丛(南宁)
档案(兰州)
档案与建设(南京)
档案天地(石家庄)
档案时空(长沙)
档案学研究(北京)
档案学通讯(北京)
档案春秋(上海)
档案管理(郑州)
殷都学刊(安阳)
浙江大学学报(人文社会科学版)(杭州)
浙江工贸职业技术学院学报(温州)
浙江工商大学学报(杭州)
浙江工商职业技术学院学报(宁波)
浙江传媒学院学报(杭州)
浙江师范大学学报(社会科学版)(金华)
浙江社会科学(杭州)
浙江财税与会计(杭州)
浙江学刊(杭州)
浙江金融(杭州)
浙江档案(杭州)
浙江海洋学院学报(人文科学版)(舟山)
浙江教育学院学报(杭州)
浦东开发(上海)
海军院校教育(武汉)
海南大学学报(人文社会科学版)(海口)
海南广播电视大学学报(海口)
海南师范学院学报(社会科学版)(海口)
海南金融(海口)
海峡(福州)
海峡月刊(香港)
海峡两岸(福州)
海峡科技与产业(北京)
海峡情(杭州)
涉外税务(深圳)
烟台大学学报(哲学社会科学版)(烟台)
特区与港澳经济(广州)
特区经济(深圳)
特区展望(海口)
特区理论与实践(深圳)
继续教育(北京)
航天电子对抗(南京)
航空史研究(西安)
航空兵器(洛阳)
航空科学技术(北京)
航海教育研究(大连)
舰载武器(郑州)
舰船科学技术(北京)
读书(北京)
调研世界(北京)
资源与产业(北京)
铁道经济研究(北京)
阅读与写作(南宁)
预算管理与会计(北京)

高校理论战线（北京）
高教发展与评估（武汉）
高教探索（广州）
高等农业教育（沈阳）
高等师范教育研究（北京）
高等教育研究（成都）
高等教育研究（武汉）

十一画

商业文化（北京）
商业会计（北京）
商业时代（北京）
商业经济（哈尔滨）
商业经济与管理（杭州）
商业研究（哈尔滨）
基础教育研究（南宁）
常州工学院学报（社科版）（常州）
常德师范学院学报（社会科学版）（常德）
情报科学（长春）
情报资料工作（北京）
情报理论与实践（北京）
探求（广州）
探索（重庆）
探索与争鸣（上海）
探索与求是（石家庄）
教学与管理（太原）
教育与经济（武汉）
教育与职业（北京）
教育艺术（北京）
教育发展研究（曾用刊名：上海高教研究）（上海）
教育评论（福州）
教育学报（北京）
教育研究（北京）
教育科学（大连）
教育科学研究（北京）
教育理论与实践（太原）
检察实践（北京）
深圳大学学报（人文社会科学版）（深圳）
深圳特区科技（深圳）
深圳职业技术学院学报（深圳）
清史研究（曾用刊名：清史研究通讯）（北京）
清华大学学报（哲学社会科学版）（北京）
清华大学教育研究（北京）
渔业现代化（上海）
理工高教研究（武汉）
理论与创作（长沙）
理论与当代（贵阳）
理论与改革（成都）
理论与现代化（天津）
理论月刊（武汉）
理论导刊（西安）
理论观察（齐齐哈尔）
理论学刊（济南）
理论建设（合肥）
理论视野（北京）
理论前沿（北京）
理论界（沈阳）
理论研究（呼和浩特）
理论探讨（哈尔滨）
理论探索（太原）
章回小说（哈尔滨）
综合运输（北京）
职业技术教育（长春）
职业教育研究（天津）
职教论坛（南昌）
船山学刊（长沙）
萌芽（上海）
领导决策信息（北京）
领导科学（郑州）
黄河科技大学学报（郑州）
黄埔（上海）
黄梅戏艺术（安庆）

十二画

厦门大学学报(哲学社会科学版)(厦门)
厦门文学(厦门)
厦门科技(厦门)
厦门教育学院学报(厦门)
敦煌研究(兰州)
渤海大学学报(哲学社会科学版)(锦州)
温州大学学报(温州)
温州师范学院学报(温州)
港口经济(天津)
港澳经济(广州)
湖北大学成人教育学院学报(武汉)
湖北大学学报(哲学社会科学版)(武汉)
湖北公安高等专科学校学报(武汉)
湖北文史(武汉)
湖北师范学院学报(哲学社会科学版)(黄石)
湖北行政学院学报(武汉)
湖北财税(武汉)
湖北经济学院学报(人文社会科学版)(武汉)
湖北档案(武汉)
湖北教育学院学报(武汉)
湖南人文科技学院学报(娄底)
湖南大众传媒职业技术学院学报(长沙)
湖南农业大学学报(社会科学版)(长沙)
湖南农业科学(长沙)
湖南师范大学社会科学学报(长沙)
湖南社会科学(长沙)
湖南经济(长沙)
湖南省政法管理干部学院学报(长沙)
湖南科技大学学报(社会科学版)(湘潭)
湖南档案(长沙)
湖南商学院学报(长沙)
湖南教育学院学报(长沙)
湖湘论坛(长沙)
湘潭大学社会科学学报(湘潭)
湘潮(长沙)
税务研究(北京)
税收与企业(太原)
紫荆(香港)
编辑学刊(上海)
集团经济研究(北京)
集美大学学报(哲学社会科学版)(厦门)
鲁迅研究月刊(曾用刊名:鲁迅研究动态)(北京)
黑龙江对外经贸(哈尔滨)
黑龙江民族丛刊(哈尔滨)
黑龙江社会科学(哈尔滨)
黑龙江高教研究(哈尔滨)
黑龙江教育(高教研究与评估)(哈尔滨)
黑龙江教育学院学报(哈尔滨)
黑河学刊(黑河)

十三画

数量经济技术经济研究(北京)
新文学史料(北京)
新世纪图书馆(南京)
新东方(海口)
新财经(北京)
新金融(上海)
新闻与写作(北京)
新闻与传播研究(北京)
新闻周刊(北京)
新闻知识(西安)
新闻战线(北京)
新疆大学学报(哲学人文社会科学版)(乌鲁木齐)
新疆农业科技(乌鲁木齐)
新疆师范大学学报(哲学社会科学版)(乌鲁木齐)
新疆社会科学(乌鲁木齐)
新疆社科论坛(乌鲁木齐)

新疆教育学院学报（汉文版）（乌鲁木齐）
新疆职业大学学报（乌鲁木齐）
满族研究（沈阳）
福州大学学报（自然科学版）（福州）
福州大学学报（哲学社会科学版）（福州）
福州党校学报（福州）
福建广播电视大学学报（福州）
福建公安高等专科学校学报（福州）
福建公安高等专科学校学报－社会公共安全研究（福州）
福建文史（福州）
福建文学（福州）
福建艺术（福州）
福建对台工作（福州）
福建对外经贸（福州）
福建企业管理（福州）
福建农业（福州）
福建农业大学学报（社会科学版）（福州）
福建农业学报（福州）
福建农业科技（福州）
福建农林大学学报（哲学社会科学版）（福州）
福建地理（福州）
福建师范大学学报（哲学社会科学版）（福州）
福建行政学院福建经济管理干部学院学报（福州）
福建论坛（文史哲版）（福州）
福建论坛（社科教育版）（福州）
福建论坛（经济社会版）（福州）
福建体育科技（福州）
福建财会管理干部学院学报（福州）
福建财政（福州）
福建图书馆理论与实践（福州）
福建法学（福州）
福建金融（福州）
福建金融管理干部学院学报（福州）
福建政法管理干部学院学报（福州）
福建省社会主义学院学报（福州）
福建统一战线（福州）
福建党史月刊（福州）
福建档案（福州）
福建教育学院学报（福州）
蒙古工业大学学报（社会科学版）（呼和浩特）
解放军外国语学院学报（洛阳）
解放军体育学院学报（北京）
暨南学报（人文科学与社会科学版）（广州）
榕树文学丛刊（福州）
漳州师范学院学报（哲学社会科学版）（漳州）
管理世界（北京）
管理评论（北京）
管理学报（武汉）
管理现代化（北京）
管理科学（哈尔滨）
澳亚周刊（澳门）
瞭望（北京）

著作部分

一 台湾综论

台湾知识词典/包恒新编.—福建人民出版社,1987.－438页

今日台湾100问/韩清海等编.—福建人民出版社,1988.－219页

台湾·香港·澳门手册/刘晋玺.—湖南科学技术出版社,1989.－448页

台湾手册/王文祥主编.—中国展望出版社,1990.－1084页

台湾研究十年/陈孔立主编.—厦门大学出版社,1990.－553页

台港澳手册.上、下/陈国少等编.—华艺出版社,1990.－2册

台湾事典/唐曼珍、王宇著.—南开大学出版社,1990.－629页

台港工具书指南/北京图书馆工具书室编.—书目文献出版社,1991.－216页

台湾总览/李家泉主编.—中国友谊出版公司,1991.－761页

台湾基本情况及当前形势/李家泉、姜玲芝著.—华艺出版社,1992.－99页

台港澳百科大辞典/李军主编.—华龄出版社,1992.－1371页

台港澳大辞典/李健、苏真主编.—中国广播电视出版社,1992.－991页

台湾一九九二/姜殿铭主编.—吉林文史出版社,1993.－574页

九十年代之台湾/姜殿铭主编.—中国友谊出版公司,1993.－422页

台湾一九九三/姜殿铭主编.—中国友谊出版公司,1994.－649页

台湾一九九四/姜殿铭主编.—中国友谊出版公司,1995.－532页

当代台湾研究文汇.第一辑/崔之清主编.—东南大学出版社,1995.－293页

台湾概况/对外贸易经济合作部国外经济合作司主编.—国际文化出版公司,1996.－116页

台湾一九九五/姜殿铭主编.—九洲图书出版社,1996.－631页

今日台湾/陈红民著.—中国少年儿童出版社,1997.－149页

台湾一九九六/姜殿铭主编.—九洲图书出版社,1997.－625页

台湾一九九七/姜殿铭主编.—九洲图书出版社,1997.－669页

认识台湾/许正文、曹学恩著.—陕西人民出版社,1998.－401页

台湾一九九八/姜殿铭主编.—九洲图书出版社,1999.－547页

海峡两岸社科交流参考/卢晓衡主编.—经济管理出版社,2000.－594页

台湾二〇〇〇/姜殿铭、许世铨主编.—九州出版社,2001.－690页

台湾二〇〇一/姜殿铭、许世铨主编.—九州出版社,2002.－811页

台湾二〇〇二/姜殿铭主编.—九州出版社,2003.－655页

台湾二〇〇三/许世铨主编.—九州出版社,2004.－620页

台湾二〇〇四/杨立宪、杨志坚主编.—九州出版社,2005.－602页

台海书系/台海出版社.2000－2001.－4册

中国统一说/马淑明著.2000.－402页

对峙五十年/宋连生、巩小华等编著.

2000. －423 页

一个台湾人的两岸情/张克辉著. 2001. －191 页

台湾问题 100 问/李仁质主编. 2001. －289 页

台湾的根与叶丛书. 1－8/闽台区域研究中心编. —九州出版社，2002－2003. －8 册

台湾才子/陈贻庭等著. 2003. －219 页

从"唐山祖"到"开台祖"：台湾移民与家族社会/李志鸿、陈芹芳著. 2002. －249 页

台湾的俗语话/林新年编著. 2002. －273 页

"有礼有数"与"有年有节"/林剑华著. 2002. －242 页

台湾的书院与乡学/黄新宪著. 2002. －217 页

台湾的建筑/何绵山著. 2003. －172 页

"路头"讲"头路"：台湾传统行业风情一瞥/刘大可编著. 2003. －179 页

神圣的纽带：分灵—进香—巡游/范正义著. —九州出版社，2003. －288 页

闽台区域研究丛刊. 1－5 辑/福建师范大学闽台区域研究中心编著. —海洋出版社，2004－2005. －5 册

第一辑：闽台社会与文化研究专辑/福建师范大学闽台区域研究中心编著. －92 页

第二辑：面向新世纪的两岸经济合作研究专辑/福建师范大学闽台区域研究中心编著. －122 页

第三辑：闽台基督教问题研究专辑/福建师范大学闽台区域研究中心编著. －155 页

第四辑：台湾社会阶层研究专辑/蔡秀玲编. －150 页

第五辑：移民与闽台民俗宗教研究专辑/福建师范大学闽台区域研究中心编著. －156 页

台湾研究 25 年精粹/总主编刘国深、副总主编邓孔昭. —九州出版社，2005. －5 册

历史篇/李祖基主编. －414 页

文学篇/徐学主编. －344 页

经济篇/邓利娟主编. －376 页

政治篇/孙云主编. －422 页

两岸篇/李非主编. －350 页

台湾研究论文精选：2000－2005/徐博东总主编、孙长海副总主编. —台海出版社，2006. －7 册

政治篇/李家泉主编. －559 页

经济篇/王建民主编. －569 页

文史篇/邓孔昭主编. －576 页

两岸关系篇/刘红主编. －518 页

对外关系与军事篇/陶文钊主编. －454 页

台湾政局大事记/李振广主编. －567 页

两岸关系大事记/陈文寿主编. －597 页

台海研究丛书/福建人民出版社. 2006—2007. －6 册

当代台湾宗教信仰与政治关系/林国平主编. 2006. －330 页

闽台科技交流与合作/陈喜乐主编. 2006. －314 页

保生大帝信仰与闽台社会/范正义著. 2006. －436 页

清代台湾自然灾害史料新编/徐泓编著. 2007. －396 页

多学科视野中的客家文化/周雪香主编. 2007. －438 页

闽南方言语法研究/李如龙著. 2007. －254页

二 台湾社会与文化

(一)台湾社会文化总论

台湾百态/巴陵著.—百花文艺出版社,1987. －197页

台湾见闻录/萧学良著.—湖南人民出版社,1987. －175页

台湾见闻录/《台湾见闻录》编辑小组编著.—北京出版社,1988. －109页

中国文化的展望/殷海光著.—中国和平出版社,1988. －603页

台湾心理学/张人骏著.—知识出版社,1988. －279页

中国台湾省、香港地区和新加坡、南朝鲜、泰国经济和社会统计资料汇编:1988/国家统计局国际统计和外事司编.—中国统计出版社,1989. －163页

台湾记者看大陆/新华社国内部港台编辑室编著.—现代出版社、勤诚图书公司,1989. －298页

台湾学者论中国文化/张文达、高质慧编.—黑龙江教育出版社,1989. －334页

台湾文化/胡友鸣、马欣来著.—辽宁教育出版社,1991. －228页

访台手记:首批大陆记者访台实录/端木来娣著.—南海出版公司,1992. －217页

四十年间第一步:大陆记者首次台湾行/范丽青、郭伟锋著.—新华出版社,1992. －502页

首批大陆记者台湾纪行/翟象干主编.—吉林人民出版社,1992. －354页

今日台湾探秘:首批大陆记者访台实录/吴雯编著.—中国青年出版社,1993. －227页

访台掠影/唐玲玲著.—光明日报出版社,1993. －151页

天涯共此时:两岸情缘/萧河著.—河南人民出版社,1997. －303页

话说台湾人/魏秀堂著.—时事出版社,1997. －334页

闽台文化研究/福建省炎黄文化研究会编.—福建人民出版社,1997. －365页

骨肉情深:台湾大地震9.21灾情纪实与反思/龙翔编著.—台海出版社,1999. －320页

中国文化的"外在超越"之路:论台湾新士林哲学/耿开君著.—当代中国出版社,1999. －370页

跨海看台湾/浙江电视台《跨海看台湾》摄制组编著.—台海出版社,1999. －163页

解读台湾:1949年后台湾社会发展纪实/刘德久等著.—九洲图书出版社,2000. －480页

闽台区域文化研究/林国平主编.—中国社会科学出版社,2000. －525页

话说台湾. 1－2/张廉熙等著.—九州出版社,2000. －2册

初见台湾岛,一个记者去台探亲见闻/彭德汉著.—重庆大学出版社,2000. －215页

台湾新士林哲学研究/樊志辉著.—黑龙江人民出版社,2001. －526页

儒学与现代台湾/黄俊杰著.—中国社会科学出版社,2001. －301页

现代台湾与传统伦理文化/李世家

著.—贵州人民出版社，2001. －278页

驻点台湾：大陆首批驻台记者手记/陈斌华著.—当代世界出版社，2001. －324页

台湾儒学的当代课题：本土性和现代性/陈昭瑛著.—中国社会科学出版社，2001. －204页

西方哲学在当代台湾和香港/黄见德著.—首都师范大学出版社，2002. －384页

闽台文化关系研究丛书/刘登翰主编.—福建人民出版社，－2002－2004. －11册

中华文化与闽台社会——闽台文化关系论纲/刘登翰著. －336页

闽台先民文化探源/卢美松、陈龙著. －308页

闽台客家社会与文化/谢重光著. －388页

闽台方言的源流与嬗变/马重奇著. －510页

闽台教育的交融与发展/黄新宪著. －219页

闽台民间习俗/方宝璋著. －431页

闽台民间信仰源流/林国平著. －514页

闽台文学的文化亲缘/朱双一著. －478页

闽台民间戏曲的传承与变迁/陈耕著. －265页

闽台民居建筑的渊源与形态/戴志坚著. －320页

闽台闽南语民歌研究/蓝雪霏著. －443页

十年去来：一个台湾文化人眼中的大陆/林谷芳、孙小宁著.—台海出版社，2003. －335页

目击台湾：新华社驻台记者看台湾/范丽青、胡创伟著.—九州出版社，2003. －359页

中国台湾风土大观/高关中著.—当代世界出版社，2003. －303页

台湾潮文化之旅/陈汉初著.—汕头大学出版社，2004. －127页

闽台区域社会研究/汪毅夫著.—鹭江出版社，2004. －381页

同源一脉：台湾文化根系中华/温宗仁著.—中国人民解放军出版社，2004. －333页

闽台区域文化/何绵山主编.—厦门大学出版社，2004. －313页

望海楼札记：大陆与台湾文化点滴/李熙泰著.—厦门大学出版社，2005. －413页

岩松看台湾/白岩松等著.—九州出版社，2005. －269页

闽台文化探略/何绵山著.—厦门大学出版社，2005. －241页

中国文化与世界文化：在台湾清华大学的系列演讲等/许倬云著.—广西师范大学出版社，2006. －273页

宝岛透视/段廷志著.—海潮出版社，2006. －316页

闽台缘与闽南风/汪毅夫著.—福建教育出版社，2006. －298页

台湾社会剖析. 1－2/林灵燕著.—广角镜出版社（香港），1987. －2册

近代台湾的社会发展与民族意识/黄康显主编.—香港大学校外课程部（香港），1987. －318页

（二）台湾宗教

妈祖研究资料汇编/肖一平等编.—福建人民出版社，1987. －259页

妈祖研究论文集/朱天顺主编.—鹭江出版社，1989. －243页

妈祖/林祖良编著.—福建教育出版社,1989. －150 页

妈祖信仰与祖庙/陈国强主编.—福建教育出版社,1990. －168 页

台湾民间信仰/陈小冲著.—鹭江出版社,1993. －219 页

台港澳宗教概况/李桂玲著.—东方出版社,1996. －481 页

妈祖的子民:闽台海洋文化研究/徐晓望著.—学林出版社,1999. －468 页

闽台民间信仰源流/林国平著.—福建人民出版社,2003. －514 页

妈祖信仰与汉人社会/林美容著.—黑龙江人民出版社,2003. －244 页

台湾基督教史/林金水著.—九州出版社,2003. －459 页

当代台湾宗教研究导论/张珣、江灿腾著.—宗教文化出版社,2004. －543 页

中国佛教史专集:台湾佛教篇/张曼涛著—影印本.—北京图书馆出版社,2005. －373 页

新视野下的台湾近现代佛教史/江灿腾著.—中国社会科学出版社,2006. －429 页

(三)台湾社会

山街的记忆:一个台湾社区的信仰与人生/王铭铭著.—上海文艺出版社,1997. －229 页

海峡两岸青年生活观比较/何培忠著.—经济管理出版社,1998. －167 页

华人妇女家庭地位:台湾、天津、上海、香港之比较/伊庆春、陈玉华著.—社会科学文献出版社,2006. －401 页

(四)台湾人口

中国人口:台湾分册/陈永山、陈碧笙主编.—中国财政经济出版社,1990. －450 页

(五)台湾文化事业

台湾新闻事业概观/方积根等编著.—新华出版社,1990. －179 页

台湾电视文艺纵览/李献文著.—中国广播电视出版社,1997. －409 页

台湾记者采访服务手册/国务院台湾事务办公室新闻局编著.—九洲图书出版社,1998. －223 页

台湾故宫博物院藏画/李毅峰主编.—天津人民美术出版社,1998. －251 页

台湾报业争战纵横/刘燕南编著.—九洲图书出版社,1999. －253 页

台湾出版史/辛广伟著.—河北教育出版社,2000. －461 页

世界出版业:中国台湾卷/辛广伟著.—世界图书出版公司,2000. －1 卷

台湾新闻事业史/陈扬明、陈飞宝著.—中国财政经济出版社,2002. －364 页

2003 海峡两岸图书馆建筑设计论文集/戴利华主编.—北京图书馆出版社,2003. －392 页

港澳台电视概观/李献文著.—北京广播学院出版社,2004. －333 页

20 世纪中国新闻学与传播学:台湾新闻传播事业卷/戴元光等著.—复旦大学出版社,2005. －188 页

台湾信息政策研究/梁俊兰著.—北京图书馆出版社,2006. －230 页

(六)台湾教育

台湾省教育现况/于永、郑旦华著.—国防工业出版社,1988. －508 页

台湾科技教育与经济发展/王宗烘、余松锵编著.—厦门大学出版社,1992. －228 页

台湾教育四十年/郑旦华、于超美编

著.—湖南教育出版社,1992.－346页

传统文化影响下的台湾教育/黄新宪主编.—福建教育出版社,1993.－361页

战后台湾高等教育/陈家声等编著.—厦门大学出版社,1993.－187页

台湾教育与经济发展/罗祥喜编著.—福建教育出版社,1994.－284页

台湾教育简史/庄明水等著.—福建教育出版社,1994.－344页

社会蜕变中的台湾学校文化/李国霖编著.—福建教育出版社,1995.－306页

今日台湾教育/郑旦华、于超美著.—广东教育出版社,1996.－235页

战后台湾高等教育与经济发展/李泽彧著.—厦门大学出版社,1996.－251页

台湾、香港、澳门学位制度与研究生教育研究/王忠烈著.—中国人民大学出版社,1997.－449页

台湾科学教育/李济英编著.—山西教育出版社,1999.－199页

今日台湾教育/曲士培编著.—山西教育出版社,1999.－158页

台湾校园文化/官风华编著.—山西教育出版社,1999.－158页

台湾教育管理/姚志华编著.—山西教育出版社,1999.－165页

台湾社会教育/杨晓波编著.—山西教育出版社,1999.－194页

台港澳高师教育比较研究/陈笃彬主编.—厦门大学出版社,2002.－282页

大学通识教育探索:中国台湾经验与启示/黄俊杰著.—中山大学出版社,2002.－149页

台湾地区高等教育纵览/潘慧斌、张冠增著.—学林出版社,2002.－324页

闽台教育的交融与发展/黄新宪著.—福建人民出版社,2003.－219页

走向新纪元的粤港澳台教育/冯增俊著.—人民教育出版社,2003.－528页

台湾教育概览/李海绩、郑新蓉著.—九州出版社,2003.－399页

台湾社区教育概述/张雅晶编著.—中国社会出版社,2005.－336页

日本侵华教育全史.台湾卷/庄明水著.—人民教育出版社,2005.－518页

中国大学图典,赣闽粤桂琼港澳台卷/李慧生著.—时代出版社,2005.－5册

两岸四地私立(民办)高等教育比较研究学术研讨会论文集/陈笃彬主编.—厦门大学出版社,2006.－277页

台湾教育问题.1－3/李达著.—广角镜出版社(香港),1987－1988.－3册

中国台湾大专院校简介/杨位平等著.—汉荣书局有限公司出版(香港),1992.－379页

(七)台湾语言文字

普通话闽南方言词典/厦门大学中文系编.—福建人民出版社,1981.－1306页

台湾闽南方言记略/张振兴著.—福建人民出版社,1983.－184页

海峡两岸用语差异/郑启五著.—福建人民出版社,1989.－114页

大陆和台湾词语差别词典/邱质朴主编.—南京大学出版社,1990.－396页

港台语词词典/黄丽丽编.—黄山书社,1990.－461页

台湾阿眉语语法/曾思奇著.—中央民族学院出版社,1991.－283页

台湾高山族语言/陈康著.—中央民族学院出版社,1992.－481页

台胞探亲旅游用语手册/郑启五编

著.—四川辞书出版社,1992.－180页

大陆台湾习惯用语汉字简繁对照/陈友政编著.—华艺出版社,1992.－55页

闽南方言.漳州话研究/林继中主编.—中国文联出版社,1999.－428页

港台用语与普通话新词手册/朱广祁编.—上海辞书出版社,2000.－378页

当代汉语词语的共时状况及其嬗变:90年代中国大陆、香港、台湾汉语词语现状研究/汤志祥著.—复旦大学出版社,2001.－481页

台湾赛德克语/陈康、许进来著.—华文出版社,2001.－336页

闽台方言的源流与嬗变/马重奇著.—福建人民出版社,2002.－510页

台湾 Amis 语话语汇编/田中山等著.—民族出版社,2005.－364页

(八)台湾艺术

高山族的音乐/吕炳川、郎樱著.—中国艺术研究院音乐研究所,1982.－64页

台湾高山族民歌合唱集锦/陈侣白、骆季超编.—福建人民出版社,1984.－92页

港台流行歌曲精选/四川文艺出版社编.—四川文艺出版社,1985.－144页

孤女的命运:今日台湾流行歌曲一百首/程太、张古编.—海峡文艺出版社,1988.－159页

台湾电影史话/陈飞宝编著.—中国电影出版社,1988.－517页

台湾的电影与明星/古继堂著.—四川文艺出版社,1989.－268页

台湾美术简史/吴步乃、沈晖著.—时事出版社,1989.－294页

台湾现代美术运动/陈履生著.—人民美术出版社,1989.－93页

闽台民间艺术散论/福建省艺术研究所、厦门市台湾艺术研究室编.—鹭江出版社,1991.－368页

台港电影与影星/蔡洪声著.—中国文联出版公司,1992.－223页

台湾电视发展史/陈飞宝、张敦财著.—海风出版社,1994.－318页

台湾广告金像奖20年全集/台湾广告金像奖组委会编辑.—中国青年出版社,1998.－211页

第二十三届台湾广告金像奖获奖作品集/李淑娟主编.—轻工业出版社,2001.－281页

宝岛纪行:"郑成功史迹"采访团赴台采访摄影作品选/胡强主编;黄永俊等摄影.—海风出版社,2001.－78页

镜像与文化:港台电影研究/王海洲主编.—中国电影出版社,2002.－438页

台湾精致偶像剧全接触/向小英编.—广西人民出版社,2002.－171页

公共艺术在台湾/陈惠婷编.—吉林科学技术出版社,2002.－80页

闽台闽南语民歌研究/蓝雪霏编著.—福建人民出版社,2003.－443页

闽台民间戏曲的传承与变迁/陈耕著.—福建人民出版社,2003.－265页

叶永烈目击台湾:叶永烈纪实摄影选集/叶永烈编.—上海文艺出版社,2003.－203页

闽台宫庙壁画/汪洁、林国平著.—九州出版社,2003.－122页

当代港台电影研究/孙慰川著.—中国电影出版社,2005.－271页

港台电影双金档案/里尔编著.—浙江文艺出版社,2005.－300页

台湾电影三十年/宋子文编著.—复旦大学出版社,2006.－304页

三 台湾政治

（一）台湾政治总论

总统府内幕/秦时月著.—华文出版社，1988.－181页

台湾监狱黑幕/李敖著.—群众出版社，1983.－142页

台湾政治研究：台港及海外中文报刊专辑. 1－6/北京图书馆文献服务中心剪辑.—书目文献出版社，1986.－6册

夜壶：台湾黑社会真相/池宗宪著.—华艺出版社，1987.－315页

台湾的昨天与今天/喻权域、丛亚平主编.—新华出版社，1988.－253页

台湾问题大事记：1948.8－1987.12/张山克编着.—华文出版社，1988.－853页

中国国民党简史1894～1949/李友红、郭传玺编.—档案出版社，1988.－404页

台湾政坛"新生代"/时事出版社编辑部编著.—时事出版社，1988.－103页

台湾未来领袖/孙梦承著.—华文出版社，1988.－180页

台湾社会纵横谈/林耀欣著.—鹭江出版社，1988.－108页

中国国民党大事记：1894.11－1986.12/李松林等编.—解放军出版社，1988.－609页

竹联帮与台湾黑社会/陈长风著.—中国档案出版社，1988.－161页

台湾研究文集/中国社会科学院台湾研究所主编.—时事出版社，1988.－321页

国民党在大陆和台湾/张兴定著.—四川人民出版社，1989.－291页

台湾社会面面观/郎宝林著.—河南人民出版社，1989.－398页

台湾行政与人事著作选/张文、炜焱选编.—辽宁人民出版社，1989.－423页

台湾社会奇闻百态/郎宝林著.—华龄出版社，1989.－339页

台湾黑社会揭秘/刘峰、沈默著.—世界知识出版社，1989.－313页

转型期的台湾政治/常燕生、辛旗著.—华艺出版社，1990.－206页

台湾政坛秘闻/盛衡枢著.—中国文史出版社，1990.－184页

九十年代台湾之趋势/詹宏志著.—中国友谊出版公司，1990.－322页

转型期的台湾/姜殿铭主编.—河南人民出版社，1990.－452页

台湾新领导集团/芮力著.—新华出版社，1990.－377页

当代台湾/沈骏著.—安徽人民出版社，1990.－423页

台湾政治风云/张星久、吴怀连著.—武汉大学出版社，1990.－317页

中国国民党在台湾40年纪事/李松林著.—解放军出版社，1990.－494页

台湾黑社会内幕/陈龙城、张秀娟著.—中国华侨出版公司，1990.－210页

中国国民党台湾四十年史1949－1989/宋春、于文藻主编.—吉林文史出版社，1990.－462页

中国国民党史(1894－1988)/苗建寅主编.—西安交通大学出版社，1990.－707页

当代台湾政治研究/朱天顺主编.—厦门大学出版社，1990.－469页

国民党在台湾，1945－1988/黄嘉树

著.—南海出版公司,1991.－749页

台湾政坛风云录/陈红民著.—江苏文艺出版社,1991.－378页

九十年代台湾政治/荆尧等编著.—华艺出版社,1991.－376页

转型期的台湾政治与两岸关系/郭相枝著.—时事出版社,1991.－353页

台湾行政管理研究/黄强、方贻岩主编.—鹭江出版社,1991.－275页

望台湾/李纯青著.—经济日报出版社,1991.－253页

台湾二二八事件档案史料.上、下/中国第二历史档案馆编.—中国档案出版社,1991.－2册

1990台湾"总统"选举内幕/岳生、黎翔著.—华艺出版社,1991.－217页

台湾政治机构概览/陈章干、何天华编著.—武汉出版社,1991.－407页

台湾四十年纪实/封汉章著.—河北人民出版社,1992.－390页

台湾问题研究/李纯青著.—华艺出版社,1992.－166页

台湾研究论丛/张山克、张方主编.—南海出版公司,1992.－310页

台湾社会奇闻大观/郃宝林著.—红旗出版社,1992.－393页

历史怪胎——"台独"/全国台联研究室编.—华艺出版社,1992.－148页

台湾政党与社团概览/福建省亚洲问题研究所编.—鹭江出版社,1992.－593页

台湾政治经济理论研究/〔美〕韦艾德·葛苏珊编著;张苾芜译.—鹭江出版社,1992.－373页

台湾也疯狂:台湾社会问题透视/朱庆葆著.—知识出版社,1992.－328页

台湾政党和部分社会政治团体介绍/中共中央统战部三局编.—团结出版社,1992.－394页

当代台湾研究/姜殿铭主编.—华艺出版社,1992.－284页

台湾明天的"总统"是谁?/秦如彬著.—西南交通大学出版社,1992.－254页

台湾政治转型之谜/姜南扬著.—文津出版社,1993.－249页

中国国民党台湾40年史纲/郭传玺著.—中国文史出版社,1993.－427页

台湾机构·社团·企业大全/余克礼主编.—中国友谊出版公司,1993.－885页

台湾社会奇闻档案/郃宝林编著.—红旗出版社,1993.－440页

中国国民党史大辞典/李松林主编.—安徽人民出版社,1993.－690页

论"台独"/贾亦斌主编.—团结出版社,1993.－238页

白眼看台独/李敖著.—中国友谊出版公司,1993.－279页

台湾政坛惊奇录/河人著.—时代文艺出版社,1993.－260页

李纯青台湾问题论集/李纯青著.—厦门大学出版社,1994.－323页

在东西方的结合点上:台湾政治体制变迁研究/姚礼明著.—中央广播电视出版社,1994.－196页

民主化与分离主义:台湾近年的政治发展与两岸关系/王家英著.—香港中文大学香港亚太研究所,1994.－37页

台湾能独立吗:透视台独/黄嘉树著.—南海出版公司,1994.－366页

台湾十大政治要案/叶明等编著.—中共中央党校出版社,1994.－234页

台湾九大案纪实/汪幸福著.—中国广播电视出版社,1994.－466页

"台独"剖析/沈卫平主编.—华艺出版社,1996.－334页

再论"台独"/彭清源主编.—团结出版社,1996. －267 页

民粹亡台论/黄光国著.—中国友谊出版公司,1997. －260 页

李登辉主政台湾之后/李家泉著.—中国言实出版社,1997. －646 页

台湾十年嬗变:1986－1996/王国贤著.—华艺出版社,1997. －418 页

当代台湾研究. 四/姜殿铭主编.—九洲图书出版社,1997. －228 页

第三只眼睛看台湾/李桦著.—中国社会出版社,1997. －525 页

孤岛残梦:国民党在台湾的日子里. 上、下/郑剑著.—群众出版社,1997. －2 册

台湾研究论文集. 第九辑/曹治洲主编.—华艺出版社,1997. －452 页

台湾政党纵横/朱显龙、彭付芝著.—福建人民出版社,1998. －142 页

当代各国政治体制:中国港澳台地区/姚礼明著.—兰州大学出版社,1998. －333 页

台湾变局:民进党与国民党的政权争战/范丽青著.—新华出版社,1998. －306 页

台湾公务员制度研究/方贻岩、陈章干主编.—厦门大学出版社,1998. －471 页

触摸真实的台湾/郭伟锋著.—台海出版社,1998. －251 页

台湾政坛风云/赵英伟、孙田著.—台海出版社,1998. －465 页

台湾的政治转型:从蒋经国体制到李登辉体制/金泓凡等著.—社会科学出版社(香港),1998. －378 页

中国国民党在台湾四十八年/甘观仕著.—中国大百科全书出版社,1999. －351 页

政治赌博中的台湾/李义虎主编.—中国友谊出版公司,1999. －433 页

台湾政治转型与两岸关系/姜南扬著.—武汉出版社,1999. －240 页

港澳台黑社会实录/彭邦富、高向阳编著.—群众出版社,1999. －358 页

孤岛黑流:台湾黑帮大透视/彭邦富著.—江苏人民出版社,1999. －292 页

台湾政治纵览/高民政著.—华文出版社,2000. －410 页

陈水扁与台湾民进党/陈峰强、范玉周著.—群众出版社,2000. －402 页

从"执政"到"在野"/刘红著.—鹭江出版社,2000. －239 页

台港澳侨概论/薛毅、彭元杰著.—华文出版社,2000. －258 页

李登辉当政下的台湾政局/李伯顺著.—海风出版社,2000. －327 页

台湾的黑金政治/王建民著.—鹭江出版社,2000. －249 页

台湾研究年度报告/许世铨主编.—华艺出版社,2000. －211 页

吕秀莲"台独"言论批判/国务院台湾事务办公室新闻局编.—九洲图书出版社,2000. －53 页

台湾研究年度报告:1999/中国社会科学院台湾研究所编.—时事出版社,2000. －285 页

国民党在台 50 年/刘红、郑庆勇著.—九州出版社,2001. －254 页

《台湾论》批判/全国台联宣传部编.—九洲图书出版社,2001. －233 页

陈水扁言行评析/国务院台湾事务办公室新闻局编.—九洲图书出版社,2001. －94 页

中国国民党全书/余克礼、朱显龙著.—陕西人民出版社,2001. －1370 页

中国台湾问题/余克礼主编.—九州出版社,2001. －265 页

台湾动荡2000/李伯顺著.—海风出版社,2001.-255页

回眸台湾十五年/董玉洪著.—华艺出版社,2001.-590页

上下求索/章念驰主编.—上海东亚研究所,2002.-198页

法眼看台湾/李敖著.—中国友谊出版公司,2002.-360页

台湾黑社会内幕/王建民著.—新华出版社,2002.-382页

白色恐怖述奇/李敖著.—中国友谊出版公司,2002.-302页

退踞台湾时期的中国国民党/丁万明著.—华文出版社,2002.-208页

当代台湾政治分析/刘国深著.—九州出版社,2002.-300页

台湾选举研究/黄嘉树、程瑞著.—九州出版社,2002.-298页

李登辉与台湾政治/许介鳞著.—社会科学文献出版社,2002.-317页

"台独"逆流/张春英著.—福建人民出版社,2002.-278页

台湾第五届立法院选举结果对其内部政局及两岸关系的影响/王家英著.—香港中文大学香港亚太研究所,2002.-23页

偷窥:璩美凤是台湾的照妖镜/方舟著.—当代世界出版社,2002.-385页

一国两制的公共管理学思考:当代港澳台公共管理比较分析/邓泽宏著.—湖北人民出版社,2002.-440页

台湾研究年度报告:2001/许世铨主编.—华艺出版社,2002.-247页

台湾威权体制及其转型研究/孙代尧著.—中国社会科学出版社,2003.-280页

陈水扁主政台湾总评估/李家泉著.—华艺出版社,2003.-489页

静心面壁/章念驰著.—上海东亚研究所,2003.-250页

透析台湾民进党/徐博东著.—台海出版社,2003.-419页

台湾地方派系与权力结构/王建民著.—九州出版社,2003.-305页

台湾问题面面观/黄正瑞编著.—台海出版社,2004.-478页

台湾政治与经济/彭付芝编著.—北京航空航天大学出版社,2004.-329页

台湾国族认同的再检验:R与Q的对话/孙同文、王家英著.—香港中文大学亚太研究所,2004.-32页

"台独"之路走不通/金沐著.—河南人民出版社,2004.-30页

亲历台湾"大选"/陈斌华著.—九州出版社,2004.-214页

台湾地区职业安全卫生管理经验/《现代企业安全生产管理典型经验系列丛书》编委会编.—中国劳动社会保障出版社,2004.-329页

民进党研究丛书.1-8/九州出版社.2004-2005.-8册

民进党选举策略研究/张文生、王茹著.2004.-215页

民进党社会基础研究/鞠海涛著.2004.-198页

民进党执政状况研究/刘红著.2004.-214页

民进党对外关系研究/严安林、黄中平著.2004.-226页

民进党政商关系研究/王建民著.2004.-218页

民进党组织派系研究/杨毅周著.2004.-202页

民进党大陆政策研究/党朝胜、刘宏著.2004.-202页

民进党意识形态研究/刘国深著.

2005. －196 页

国际形势与台湾问题预测/阎学通、漆海霞编. —北京大学出版社,2005. －265 页

百年沧桑:中国国民党史. 1－2/茅家琦著. —鹭江出版社,2005. －2 册

我们是谁? 台湾是什么?:台湾的过去、现在和未来/陈毓钧著. —上海译文出版社,2006. －270 页

台湾政治概论/刘国深等著. —九州出版社,2006. －273 页

从蒋经国到陈水扁:1987－2005 台湾"政坛"风云录/赵谦编著. —中国友谊出版公司,2006. －262 页

黑金:台湾政治与经济实况揭秘/陈国霖著. —群众出版社,2006. －272 页

谈景美军法看守所/梁山著. —大桥出版社(香港),1981. －314 页

台湾暗杀行动/董桂木著. —广角镜出版社(香港),1986. －178 页

谁主浮沉. 1－3/李达著. —广角镜出版社(香港),1986－1988. －3 册

新台独真相/刘添财著. —文艺书屋(香港),1987. －289 页

台湾接班问题/李达著. —广角镜出版社(香港),1987. －182 页

孙立人兵变与台湾民运批判/陈瑞霞著. —广角镜出版社(香港),1987. －210 页

台湾党外运动. 1－2/李达著. —广角镜出版社(香港),1987. －2 册

台湾黑帮内幕/邝碧华著. —广角镜出版社(香港),1987. －182 页

台湾权力核心/李达著. —广角镜出版社(香港),1987. －198 页

台湾情治系统/李达编著. —广角镜出版社(香港),1988. －184 页

台湾黑帮/邝碧华著. —广角镜出版社(香港),1988. －182 页

台湾宗教势力/李达著. —广角镜出版社(香港),1988. －183 页

开放台湾/李达编著. —广角镜出版社(香港),1988. －186 页

变化中的台湾,观察与思考/于滨、蓝志勇编. —社会科学服务中心出版部(香港),1994. －141 页

再看台湾:政治、社会、经济和两岸关系/黄小明著. —社会科学出版社(香港),1996. －176 页

（二）台湾对外关系

顾维钧回忆录. 6－12/顾维钧著. —中华书局,1988－1993. －7 册

美台关系四十年:1949～1989/资中筠、何迪编. —人民出版社,1991. －385 页

"台独"幕后,美国人的倡议与政策/鲍绍霖著. —中华书局(香港),1992. －198 页

中华民国外交简史/杨公素著. —商务印书馆,1995. －310 页

台湾与前苏联交往秘录. 上、下/李健编. —中国社会出版社,1995. －2 册

美台关系重要资料选编:1948. 11～1996. 4/梅孜主编. —时事出版社,1997. －426 页

日本政界的"台湾帮"/〔日〕本泽二郎著;吴寄南译. —上海译文出版社,2000. －239 页

台湾的"务实外交"/刘国奋著. —鹭江出版社,2000. －210 页

战后台日关系秘史/王俊彦著. —福建人民出版社,2000. －284 页

百年之结:美国与中国台湾地区关系的历史透视/肖元恺著. —人民出版社,2001. －394 页

美台关系与中国统一/李达著.—广角镜出版社(香港),1987.－209页

战后日台关系史:1945－1972/陈奉林著.—社会科学出版社(香港),2004.－294页

(三)两岸政治关系

为台湾归回祖国实现国家统一而共同努力/—云南人民出版社,1980.－142页

为台湾归回祖国实现国家统一而努力:续编/北京出版社编.—北京出版社,1980.－163页

中美关系两百年/李长久主编.—新华出版社,1984.－324页

美中建交前后/现代国际关系学院编著.—时事出版社,1984.－124页

美中关系未来十年:1983－1993/中国社科院美国研究所编.—中国社会科学出版社,1984.－561页

答台湾同胞问.1－3/《答台湾同胞问》编辑组编.—中央编译出版社,1986－1993.－3册

对台工作手册/中共北京市委对台办编.—北京出版社,1987.－127页

一个国家,两种制度:台湾当局的有关文件资料和言论/中共中央统一战线工作部研究所、中共中央统一战线工作部三局编.—中国文史出版社,1988.－604页

对台工作手册/李建民主编.—河北人民出版社,1988.－280页

一个国家,两种制度.1－6辑/中共中央统一战线工作部研究所、中共中央统一战线工作部三局编.—中国文史出版社,1988.－6册

台湾现状与统一问题/中国人民解放军总政治部联络部编.—昆仑出版社,1988.－251页

台湾研究论文集.1－15/中国社会科学院台湾研究所编.—中国人口出版社,1988－2003.－15册

一国两制与台湾前途/杨建新著.—华文出版社,1989.－246页

美国对中国的反应:中美关系的历史剖析/孔华润著.—复旦大学出版社,1989.－234页

漫谈对外对台宣传/李超尘编著.—中国建设出版社,1989.－165页

纪念《全国人大常委会告台湾同胞书》发表十周年/人民日报编辑.人民日报出版社,1989.－92页

回顾与展望:论海峡两岸关系/中国社会科学院台湾研究所编.—时事出版社,1989.－369页

海峡两岸交流必读/谭松球等编著.—中国检察出版社,1990.－470页

海峡两岸交流史稿/李学明编著.—四川人民出版社,1991.－293页

台湾与大陆风云四十年/高文阁编著.—吉林文史出版社,1991.－374页

国共关系四十年/沈骏、樊蕴珍主编.—华中师范大学出版社,1991.－332页

两岸交往常见问题解答/肖敬等编.—中国友谊出版公司,1991.－151页

新时期对台工作/范重平主编.—华艺出版社,1991.－227页

“一国两制”与台湾前途:中国海峡两岸关系探讨/李家泉著.—人民日报出版社,1991.－223页

国共两党关系通史:1921－1991.1－5/王功安、毛磊主编.—武汉大学出版社,1991.－5册

海峡情谊深:答台胞台属问/仲冲、徐善

庆编.—黄山书社,1992.－159页

汪辜会谈:两岸高层握手/范丽青编著.—华艺出版社,1993.－254页

台湾问题与中国的统一/国务院台湾事务办公室、国务院新闻办公室编.—中央文献出版社,1993.－23页

中国青年党在大陆和台湾/周淑真著.—中国人民大学出版社,1993.－303页

两岸关系与和平统一:1992年重要谈话和文章选编/国务院台湾事务办公室新闻局编.—华艺出版社,1993.－112页

海峡两岸关系大事记/陈崇龙、谢俊主编.—中共党史出版社,1993.－424页

国共关系70年纪实/黄修荣著.—重庆出版社,1994.－1294页

两岸关系与和平统一:1993年重要谈话和文章选编/国务院台湾事务办公室新闻局编.—九洲图书出版社,1994.－211页

中美建交中的台湾问题/周忠菲著.—上海社会科学院出版社,1994.－97页

台湾问题文献资料选编/国务院台湾事务办公室编.—人民出版社,1994.－1086页

海峡两岸关系史/唐林生等著.—湖北人民出版社,1994.－275页

台湾各党派与海峡两岸关系/沈骏、赵玉南主编.—华中师范大学出版社,1994.－437页

黄企之文选:为祖国统一奉献三十五年下、中、下/〔美〕黄企之著.—同心出版社,1994－2005.－3册

海峡风云录/苗生等编著.—江苏人民出版社,1995.－312页

推动两岸关系发展促进祖国和平统一/国务院台湾事务办公室新闻局编.—九洲图书出版社,1995.－213页

海峡漫笔/陈斌发著.—中国工人出版社,1995.－217页

两岸关系与和平统一:1994年重要谈话和文章选编/国务院台湾事务办公室新闻局编.—九洲图书出版社,1995.－236页

海峡两岸关系40年/马建离等主编.—湖北教育出版社,1995.－527页

金陵新传:海峡两岸关系纪实.1－4/李健编著.—华文出版社,1995.－4册

海峡季风:多棱镜下两岸关系透视/李义虎、王建民主编.—文化艺术出版社,1996.－340页

“反攻大陆”密谋透析/李健编著.—华文出版社,1996.－398页

遏制台独:不承诺放弃武力/张山、肖伟中著.—中国社会出版社,1996.－393页

台海形势回顾/王在希著.—华艺出版社,1996.－215页

江泽民、李鹏谈台湾问题/江泽民、李鹏著.—五洲传播出版社,1996.－67页

两岸关系与和平统一:1995年重要谈话和文章选编/国务院台湾事务办公室新闻局编.—九洲图书出版社,1996.－298页

一国两制与台湾/王长鱼主编.—华文出版社,1996.－264页

台湾何处去/王建民等编著.—华文出版社,1996.－317页

台湾祸福:梳理大陆与大洋之间的历史流变.上、下/倪健中主编.—中国社会科学出版社,1996.－2册

两岸交流纪事/魏秀堂著.—华艺出版社,1996.－436页

反特反谍奇战写真/李健编著.—华文出版社,1996.－399页

两岸谋和足迹追踪/李健编著.—华文出版社,1996.－438页

中国民主促进社会中国致公党九三学社台湾民主自治同盟历史研究/周淑真

著.—中国人民大学出版社,1996.－177页

随风润物集/林智勇著.—海风出版社,1996.－300页

与中国共处:21世纪的美中关系/〔美〕埃兹拉·沃著.—新华出版社,1997.－276页

长城与空城计——中国对安全的寻求/〔美〕安德鲁·内著.—新华出版社,1997.－249页

美国在中国的失败:1941～1950/〔美〕邹谠著;王宁、周先进译.—上海人民出版社,1997.－551页

江泽民、李鹏谈台湾问题:1990－1996/国务院台湾事务办公室编.—华艺出版社,1997.－87页

建国后台湾海峡两岸关系新论/邓家倍编著.—中山大学出版社,1997.－171页

台盟史略/台盟史略编委会编.—台海出版社,1997.－118页

两岸风云冷眼观/黄嘉树著.—中国言实出版社,1997.－419页

中国统一的历程/唐正瑞著.—台海出版社,1997.－211页

两岸关系与和平统一:1996年重要谈话和文章选编/国务院台湾事务办公室新闻局编.—九洲图书出版社,1997.－375页

即将到来的美中冲突/〔美〕理查德·伯著.—新华出版社,1997.－211页

外交与威慑:美国对华战略/〔美〕吉姆·赫尔著.—新华出版社,1997.－218页

海峡风云48年/刘雄著.—福建人民出版社,1997.－367页

祖国统一大家谈/国务院台湾事务办公室新闻局编.—九洲图书出版社,1997.－100页

九十年代两岸关系/杨荣华主编.—武汉出版社,1997.－328页

台湾问题重要文献资料汇编:1978.12～1996.12/中国社会科学院台湾研究所等编.—红旗出版社,1997.－1351页

台湾问题与中国的统一问答/国务院台湾事务办公室编.—五洲传播出版社,1997.－80页

为祖国统一大业呐喊:缪群文选/缪群著.—华艺出版社,1998.－294页

美国对华政策与台湾问题/苏格著.—世界知识出版社,1998.－815页

国共关系七十年.1－2/黄修荣著.—广东教育出版社,1998.－2册

中国台湾问题/陈云林主编.—九洲图书出版社,1998.－300页

海峡两岸关系概论/余克礼主编.—武汉出版社,1998.－319页

中美关系的发展变化及其趋势/朱成虎主编.—江苏人民出版社,1998.－393页

画说台湾民主自治同盟/安宗国主编.—福建人民出版社,1998.－159页

两岸关系与和平统一:1997年重要谈话和文章选编/国务院台湾事务办公室新闻局编.—九州出版社,1998.－450页

两岸关系走笔/杨远虎著.—华艺出版社,1998.－242页

金门商谈漫记/乐美真著.—九洲图书出版社,1998.－128页

“一国两制”与海峡两岸关系/张同新、何仲山主编.—中国人民大学出版社,1998.－683页

美国对华政策背景资料/辛华编.—新华出版社,1998.－79页

台海风云录/许世铨主编.—华艺出版社,1998.－211页

两岸关系与和平统一:1998年重要谈话和文章选编/国务院台湾事务办公室新闻局编.—九洲图书出版社,1999.－414页

台湾研究年度报告：1998/许世铨编.—华艺出版社，1999. －198 页

“两国论”批判. 2－3/国务院台湾事务办公室新闻局编.—九洲图书出版社，1999. －2 册

港澳与海峡两岸关系/孟庆顺著.—武汉出版社，1999. －379 页

台湾何时能“回家”：统一篇/陈传刚著.—文心出版社，1999. －181 页

中华文化与祖国和平统一/娄杰著.—武汉出版社，1999. －283 页

海峡两岸盼统一/杨毅编著.—中国和平出版社，1999. －209 页

光辉的文献、历史的篇章：《告台湾同胞书》发表 20 周年纪念文集/全国台湾研究会编.—台海出版社，1999. －187 页

危险的一步：李登辉“两国论”真面目/徐学江主编.—新华出版社，1999. －296 页

台湾问题：中美关系的焦点/张景旭编著.—福建人民出版社，1999. －265 页

海峡两岸关系日志：1949－1998/南京大学台湾研究所编.—九洲图书出版社，1999. －878 页

国共关系与中国社会现代化/张静如等著.—武汉出版社，1999. －387 页

评李登辉及其“两国论”/—海风出版社，1999. －181 页

《认识台湾》教科书评析/陈孔立著.—九洲图书出版社，1999. －172 页

明月几时圆：两岸关系的发展/李媛著.—中国物资出版社，1999. －123 页

统一之路：两岸关系五十年大事记/王永钦编著.—广东人民出版社，1999. －523 页

我国和平统一的进程/李松林、刘文丽著.—华文出版社，1999. －275 页

台湾历史与两岸关系/陈孔立著.—台海出版社，1999. －302 页

海峡两岸的呼唤：和平统一祖国/徐浩然等编著.—海风出版社，1999. －439 页

台湾现状与祖国统一问题/卫平主编.—华艺出版社，1999. －132 页

世纪沧桑话分合：中国统一大业的回顾与展望/余科杰著.—九洲图书出版社，2000. －360 页

打破僵局：未来两岸关系的走向/金小川主编.—华文出版社，2000. －334 页

美国霸权与中国安全/阎学通著.—天津人民出版社，2000. －280 页

台海危机：过去、现在、未来/〔美〕楚克·唐斯、詹姆斯·利雷著；华宏勋译.—新华出版社，2000. －350 页

一个中国原则不容回避/国务院台湾事务办公室新闻局编.—九州出版社，2000. －77 页

两岸关系与和平统一：1999 年重要谈话和文章选编/国务院台湾事务办公室新闻局编.—九洲图书出版社，2000. －447 页

海峡风云/陈宏著.—中国妇女出版社，2000. －374 页

台湾百问：中央电视台《中国新闻》百集系列报道/中央电视台海外中心新闻部编.—中国广播电视出版社，2000. －336 页

目击台海危机/朱显龙著.—九洲图书出版社，2000. －616 页

台湾研究论文集：纪念厦门大学台湾研究所建所二十周年/范希周主编.—厦门大学出版社，2000. －485 页

从对峙走向缓和：冷战时期中美关系再探讨/〔美〕姜长斌、罗伯特·罗斯著.—世界知识出版社，2000. －718 页

海峡两岸统一之路/娄杰著.—河南文艺出版社，2000. －476 页

统一中国/卞洪登编著.—中国友谊出

版公司,2000. -316页

中美棋局中的台湾问题(1969.1-1999.12)/唐正瑞著.—上海人民出版社,2000. -619页

日本与国共及海峡两岸关系/毛传清、殷昌友著.—武汉出版社,2001. -303页

冷战后中美关系的走向/楚树龙著.—中国社会科学出版社,2001. -682页

中美关系100年/陶文钊、仲掌生主编.—中国社会科学出版社,2001. -356页

中美交锋大纪实.上、下/陈锋、林宏著.—中国社会科学出版社,2001. -2册

两岸关系与中国前途/章念驰编著.—上海东亚研究所,2001. -476页

台湾事务政策法律全书.1-2/杨流昌、张万明编.—九州出版社,2001. -2册

台湾研究年度报告:2000/中国社会科学院台湾研究所编.—时事出版社,2001. -240页

穿越台湾海峡的中美较量/宋连生、巩小华著.—云南人民出版社,2001. -407页

美国学者解读中国安全/〔美〕迈克尔·皮尔斯伯里著.—新华出版社,2001. -351页

震慑"台独":不承诺放弃武力/孙云著.—华文出版社,2001. -323页

美国与国共关系和海峡两岸关系/王海琳等主编.—武汉出版社,2001. -397页

台湾是中国领土不可分割的一部分:历史与现实的实录/崔之清主编.—人民出版社,2001. -478页

台湾同胞百问解答/陈杰主编.—华艺出版社,2001. -165页

海峡热点/赵化勇主编.—华艺出版社,2001. -493页

海峡两岸和平统一研究/高智生著.—云南民族出版社,2001. -252页

世纪之交的台海风云/吴能远著.—华艺出版社,2001. -250页

国家统一方略/刘宋斌著.—江西人民出版社,2001. -360页

美国对华政策50年/冈栋俊、陈友著.—广东人民出版社,2001. -504页

两岸关系与和平统一:2000年重要谈话和文章选编/国务院台湾事务办公室新闻局编.—九洲图书出版社,2001. -453页

两岸"双赢"之路:试论"一国两制"的台湾模式/李家泉著.—中国友谊出版公司,2001. -470页

台湾问题实录.1-2/曹治洲、余克礼主编.—九州出版社,2002. -2册

台湾同胞政策法规问答:《海峡两岸》节目选编/中央电视台对台编辑部主编.—民族出版社,2002. -292页

中共三代领导集体与祖国和平统一/沈骏著.—华中师范大学出版社,2002. -520页

对台宣传浅谈/孙波著.—华艺出版社,2002. -282页

两岸关系与和平统一:2001年重要谈话和文章选编/国务院台湾事务办公室新闻局编.—九州出版社,2002. -429页

跨世纪的思考:以台湾问题为焦点的综合研究/辛旗著.—华艺出版社,2002. -569页

台前幕后:1949~1989年的国共关系/马振犊主编.—广东人民出版社,2002. -411页

国共关系史.1-3/黄修荣著.—广东教育出版社,2002. -3册

世界格局中的台湾问题:变化和挑战/杨洁勉著.—上海人民出版社,2002. -359页

中国政府的对台方针政策/台轩编

著.—五洲传播出版社,2002. －98 页

海峡热点:《海峡两岸》2001 年节目选编/中央电视台对台编辑部主编.—民族出版社,2002. －444 页

台湾问题简明读本/本书编写组编.—九州出版社,2002. －98 页

陈水扁"一边一国论"批判/国务院台湾事务办公室新闻局编著.—九州出版社,2002. －194 页

中国统一问题读本/唐流德主编.—贵州人民出版社,2002. －404 页

台湾前途与"一国两制"/民革中央联络部编著.—团结出版社,2002. －249 页

台湾问题与统一之路/李永铭等著.—武汉出版社,2002. －305 页

台湾问题 ABC/陆闻编著.—五洲传播出版社,2002. －117 页

中国对外关系中的台湾问题/卢晓衡主编.—经济管理出版社,2002. －432 页

台湾研究论集/夏萱主编.—海潮摄影艺术出版社,2003. －215 页

"一国两制"与台湾问题/潘叔明著.—人民出版社,2003. －291 页

中国结:两岸关系重大事件内幕/王永钦主编.—新华出版社,2003. －401 页

两岸谈判研究/黄嘉树、刘杰著.—九州出版社,2003. －261 页

两岸对话与谈判重要文献选编/海峡两岸关系协会编.—九州出版社,2003. －510 页

台湾研究年度报告:2002/许世铨等主编.—九州出版社,2003. －287 页

两岸大走向/萧政之等编著.—武汉出版社,2003. －193 页

海峡热点:《海峡两岸》2002 年节目选编/中央电视台对台节目编辑部主编.—民族出版社,2003. －443 页

观察台湾/陈孔立著.—华艺出版社,2003. －335 页

江泽民八项主张问答/中共中央台湾工作办公室、国务院台湾事务办公室编.—九州出版社,2003. －100 页

2001 年两岸关系研究报告/许世铨主编.—九州出版社,2003. －201 页

解读台湾问题/陈宏编著.—新世界出版社,2004. －411 页

坚持一个中国原则反对"台独"分裂活动/国务院台湾事务办公室新闻局编.—九州出版社,2004. －54 页

和战:两岸世纪之问/阮次山著.—九州出版社,2004. －268 页

台湾工作年鉴:1989－2002/《台湾工作年鉴》编委会、两岸关系杂志社编.—九州出版社,2004. －819 页

业精于思:中央人民广播电台对台湾广播 50 周年论文集/韩长江编.—中国国际广播出版社,2004. －348 页

路行千里:中央人民广播电台对台湾广播 50 周年文集/韩长江主编.—中国国际广播出版社,2004. －271 页

海峡两岸关系史. 1－4/张春英主编.—福建人民出版社,2004. －4 册

香港模式与台湾前途/潘国华主编.—中国国际广播出版社,2004. －314 页

对台宣传散论/王维友著.—华艺出版社,2004. －399 页

两岸对话与谈判重要文献选编/海峡两岸关系协会编.—九州出版社,2004. －554 页

台湾政局与两岸关系/范希周主编.—九州出版社,2004. －272 页

中日关系中的台湾问题/张耀武著.—新华出版社,2004. －382 页

两岸关系研究报告. 2002 年/许世铨主

编.—九州出版社,2004.-295页

中美关系史.上、中、下/陶文钊著.—上海人民出版社,2004.-3册

大战略:邓小平与祖国统一/王红续著.—九州出版社,2004.-249页

美国国会与台湾问题/孙哲主编.—复旦大学出版社,2005.-417页

"半自主"国会与台湾问题:美国国会外交行为模式/信强著.—复旦大学出版社,2005.-356页

三党大陆行开辟两岸关系新前景/钟河林著.—河南人民出版社,2005.-30页

台海安全考察/李鹏著.—九州出版社,2005.-330页

"一国两制"与台湾/中华全国台湾同胞联谊会编著.—九州出版社,2005.-172页

海峡两岸情/许正中、王必铎主编.—台海出版社,2005.-157页

祖国统一与中华民族的伟大复兴/蔡丽、李良明著.—中国文史出版社,2005.-260页

目击台海风云/李立著.—华艺出版社,2005.-414页

握手在春天:连战、宋楚瑜应邀访问大陆/新华月报编.—人民出版社,2005.-159页

"九二共识"历史存证/海峡两岸关系协会编.—九州出版社,2005.-134页

两岸关系与和平统一:2004年重要谈话和文章选编/国务院台湾事务办公室新闻局编选.—九州出版社,2005.-387页

宋楚瑜大陆行纪实/海峡两岸出版交流中心研究部编.—九州出版社,2005.-171页

两岸关系研究报告:2003年/许世铨主编.—九州出版社,2005.-285页

国共关系的历史回顾与"一国两制"理论研究/黄修荣主编.—中共党史出版社,2005.-529页

江泽民同志《为促进祖国统一大业的完成而继续奋斗》重要讲话及中央领导同志在历次纪念座谈会上的讲话汇编/中共中央台湾工作办公室、国务院台湾事务办公室编.—九州出版社,2006.-73页

李峰说台湾/李峰著.—九州出版社,2006.-325页

两岸关系与和平统一:2005年重要谈话和文章选编/国务院台湾事务办公室新闻局编选.—九州出版社,2006.-450页

杨澜访谈:台海透视/杨澜编著.—中国城市出版社,2006.-224页

两岸僵局下的思考/陈孔立著.—九州出版社,2006.-238页

两岸关系研究报告.2004-2005年/许世铨主编.—九州出版社,2006.-267页

台海脉动/梁章林主编.—海风出版社,2006.-335页

台湾局势与两岸关系观察/穆怀阁著.—九州出版社,2006.-171页

台海大交流/耿军主编.—暨南大学出版社,2006.-465页

涉台事务知识手册/佘友文主编.—海风出版社,2006.-125页

心向统一:华侨华人反"独"促统活动纪实/王长鱼著.—世界知识出版社,2006.-175页

一国两制与台湾/李达编著.—广角镜出版社(香港),1987.-208页

海峡两岸关系文集/杨立宇等主编.—新亚洲文化基金会有限公司(香港),1990.-267页

李登辉主政台湾以来的两岸关系/李家泉著.—文汇出版社(香港),1996.-448页

两岸四地的互动整合:机遇与障碍/王家英等编.—香港中文大学亚太研究所,

1996. －329 页

回归一年的港台关系发展，香港市民的观点/王家英著. —海峡两岸关系研究中心（香港），1998. －31 页

台湾与香港的集体认同：一九九七前的比较/萧新煌著. —海峡两岸关系研究中心（香港），1998. －53 页

世纪之交的台海关系/钟扬、胡晓波著. —社会科学出版社（香港），1998. －226 页

两岸三地的交流互动，香港民意的趋向/王家英著. —海峡两岸关系研究中心（香港），1998. －33 页

迈向两岸谈判/陈子帛著. —香港太平洋世纪出版社（香港），1998. －478 页

"九七"后香港在两岸关系中的地位与作用. 学术座谈会论文集/胡春惠主编. —香港珠海书院亚洲研究中心，1998. －383 页

香港回归与两岸关系之展望/王家英著. —海峡两岸关系研究中心（香港），1999. －398 页

港、台如何面对日渐国际化的中国大陆，理论与实践/张志楷著. —海峡两岸关系研究中心（香港），1999. －24 页

第二次辜汪会晤后的两岸关系/王家英、郑赤琰编. —海峡两岸关系研究中心（香港），1999. －153 页

两岸政治谈判的可能性/邵宗海著. —海峡两岸关系研究中心（香港），1999. －30 页

中美关系与海峡两岸/黄学海著. —国际事务学院（香港），1999. －688 页

两岸谈判中"一个中国"原则之探讨/邵宗海著. —海峡两岸关系研究中心（香港），1999. －36 页

"一九七二架构"的松动解体与北京的对策/王家英编. —香港中文大学亚太研究所，2000. －22 页

台海两岸的发展前景/林冈、陈卫星编著. —亚洲科学出版社（香港），2000. －222 页

海峡两岸关系的深层透视/郑海麟著. —明报出版社有限公司（香港），2000. －286 页

北京的世界观与两岸关系/戴东清著. —海峡两岸关系研究中心（香港），2001. －20 页

从美国调整台海政策看中美台三角关系的前景/梁建斌等著. —香港中文大学亚太研究所，2001. －20 页

跨世纪的较量：林嘉书台海评论选集/林嘉书著. —广角镜出版社（香港），2004. －523 页

两岸关系与中国崛起/章念驰著. —中国评论学术出版社（香港），2005. －336 页

历史沧桑论统一/相云霞著. —新知出版社（香港），2005. －332 页

胡锦涛与两岸关系新思维/郭伟峰主编. —中国评论学术出版社（香港），2005. －351 页

四 台湾法律

（一）台湾法律总论

台湾、香港劳动法规选编/劳动人事部劳动科学研究所劳动法研究室编选. —工人出版社，1984. －250 页

台湾经济财政金融法规选编/张邦钜

著.—光明日报出版社,1987.-474页

福建省首次台湾法律问题研讨会论文选/.—福建省台湾法研究中心,1988.-198页

台湾司法制度/朱勇、李青著.—时事出版社,1989.-257页

台湾司法制度和法律/罗立煌、郝丽主编.—广东人民出版社,1989.-360页

福建省台湾公司法研讨会论文选/.—福建省台湾法研究中心,1989.-171页

台湾涉外经济法概要/陈安、刘智中主编.—鹭江出版社,1990.-714页

台湾经济法概论/陈训敬、吴永泉主编.—鹭江出版社,1991.-404页

台湾亲属和继承法/信春鹰、李湘如编著.—中国对外经济贸易出版社,1991.-164页

台湾亲属法和继承法/李景禧著.—厦门大学出版社,1991.-197页

台湾公司法/吴新平、高旭晨编著.—中国对外经济贸易出版社,1991.-162页

台湾终止"动员戡乱时期"后修订、废除的法规汇编.1-3/中国社会科学院台湾研究所编.—中国社会科学院台湾研究所,1991.-3册

台湾法律概论/张晋藩著.—中国政法大学出版社,1992.-524页

往来台湾实用法律指南/陈立骅编.—群众出版社,1992.-347页

台湾证券交易法/高旭晨编著.—中国广播电视出版社,1993.-229页

台湾民法总论/信春鹰、廖增昀编著.—中国广播电视出版社,1993.-221页

台湾债法/朱洪超、张渝生编著.—中国广播电视出版社,1993.-226页

台湾物权法/李湘如编著.—中国广播电视出版社,1993.-221页

台湾知识产权法与大众传播法/沈关成等著.—中国广播电视出版社,1993.-234页

台湾经济法/谢怀栻著.—中国广播电视出版社,1993.-275页

台湾海商法/徐平、林智婷编.—中国广播电视出版社,1993.-235页

台湾票据法/沈卫利著.—中国广播电视出版社,1994.-211页

台港澳民事法理论与实务/梁建达著.—北京科学技术出版社,1994.-314页

台湾法概论/郝守才、陈金钊著.—河南大学出版社,1995.-471页

台湾民商事法研究/李景禧、林光祖著.—法律出版社,1996.-151页

台湾的经济发展与法律调整/郑定著.—中国人民大学出版社,1997.-402页

港澳台民商法/王春旭、罗斌主编.—人民法院出版社,1997.-485页

台湾法律大全/陈安主编.—中国大百科全书出版社,1998.-1207页

现代台湾地区法律制度研究/宋锡祥著.—上海社会科学院出版社,1999.-380页

港澳台法制概论/焦宏昌著.—中国政法大学出版社,1999.-331页

台湾民商法与冲突法/余先予主编.—东南大学出版社,2001.-638页

台湾事务法律政策选编:1983-2000年/国务院台湾事务办公室新闻局编.—九洲图书出版社,2001.-189页

民法研究/邱聪智著.—中国人民大学出版社,2002.-417页

民法债编总论:体系化解说/林诚二著.—中国人民大学出版社,2003.-567页

保险法新论/梁宇贤著.—中国人民大学出版社,2004.-418页

保险法实例解说/梁宇贤著．—中国人民大学出版社，2004．－202页

WTO法律与政策专题研究．台湾法学研究精要丛书/洪德钦著．—中国人民大学出版社，2004．－359页

行政法之理论与实用/吴庚著．—中国人民大学出版社，2005．－465页

台湾涉外投资法研究/宋方青著．—中国民主法制出版社，2005．－261页

外国及港澳台行政诉讼制度/薛刚凌著．—北京大学出版社，2006．－505页

（二）两岸法律关系

台湾同胞探亲旅游法律指南/《台湾同胞探亲旅游法律指南》编写组编．—法律出版社，1987．－267页

台湾同胞探亲旅游法律手册/本书编辑组编．—法律出版社，1987．－285页

台湾与祖国大陆法人制度比较/王克衷著．—上海社会科学院出版社，1989．－305页

我国大陆与台湾财产权制度比较/王克衷著．—福建人民出版社，1991．－458页

海峡两岸民间交流政策与法律/庄金锋著．—上海社会科学院出版社，1991．－269页

海峡两岸关系的法律探讨/常征、王光仪主编．—四川大学出版社，1992．－251页

海峡两岸关系中的法律问题/常征主编．—鹭江出版社，1993．－223页

台湾"两岸人民关系条例"评析/宋峻主编．—中国人民大学出版社，1994．－291页

我国大陆与台湾三大诉讼法律制度比较/宋峻主编．—中国纺织出版社，1994．－1003页

海峡两岸法律制度比较．经济法/廖益新主编．—厦门大学出版社，1994．－372页

台湾同胞投资保护法/张桂龙等编．—中国政法大学出版社，1994．－237页

海峡两岸法律制度比较．民法/柳经纬等著．—厦门大学出版社，1995．－403页

海峡两岸法律制度比较．行政法/陈章干著．—厦门大学出版社，1996．－400页

海峡两岸公司制度之比较/林发新著．—人民法院出版社，1997．－479页

海峡两岸交往中的法律问题研究/陈安著．—北京大学出版社，1997．－325页

国家商法经济法与台湾地方相关规定比较研究/崔明霞、彭俊良著．—武汉出版社，1998．－424页

海峡两岸刑法总论比较研究．上、下/赵秉志主编．—中国人民大学出版社，1999．－2册

海峡两岸法律制度比较研究/唐磊、李平主编．—四川大学出版社，2001．－308页

中国大陆与台、港、澳刑事诉讼法比较研究/周伟主编．—中国人民公安大学出版社，2001．－513页

中华人民共和国台湾同胞投资保护法及实施细则/国务院台湾事务办公室新闻局编．—九洲图书出版社，2001．－15页

法规咨询：答台商百问/《两岸关系》杂志社、台湾《工商时报》社编．—华艺出版社，2001．－190页

注册会计师法律责任：中国海峡两岸案例比较研究/周志诚著．—上海财经大学出版社，2001．－362页

台商投资优惠政策汇编/张万明编．—九州出版社，2001．－310页

海峡两岸公司法比较研究/储育明著．—安徽大学出版社，2002．－243页

中国大陆与港、澳、台婚姻家庭法比较研究/宋豫等著．—重庆出版社，2002．－507页

台商祖国大陆投资、贸易最新政策法律解说/张万明编著.—九州出版社,2002.－541页

涉台法律问题总论/张万明著.—法律出版社,2003.－413页

涉台民事法律事务实用手册/杨和杰编.—九州出版社,2003.－79页

“一国两制”法律问题面面观/黄炳坤主编.—三联书店(香港),1989.－209页

海峡两岸土地法律制度比较/庄金锋著.—社会科学出版社(香港),1997.－337页

五 台湾军事

台湾军事40年揭秘.上、下/林零编著.—西南交通大学出版社,1992.－2册

台湾海峡军事冲突纪实/沙封著.—沈阳出版社,1993.－250页

1949－1966对台作战实录.1－2/赵俊涛著.—西安出版社,1993.－2册

金门纪实:五十年代台湾危机始末/翟志瑞、李羽壮著.—中共中央党校出版社,1994.－227页

中美军事冲突前前后后/洪永宏等著.—中国社会出版社,1996.－167页

台海两岸战事回顾/李健编著.—华文出版社,1996.－424页

台海战事大写真/陈先义等著.—百花洲文艺出版社,1997.－523页

台湾军队基本政治情况/沈维平、邓金著.—华艺出版社,1997.－344页

台湾军事观察/朱显龙著.—福建人民出版社,1999.－162页

台湾百种主战装备大观/杜文龙编著.—军事科学出版社,2000.－222页

台湾军情透视/刘永新著.—经济管理出版社,2000.－257页

台湾军事力量实说/李清泉著.—长征出版社,2000.－252页

台湾军力/王建民著.—鹭江出版社,2000.－204页

台湾军事力量透析/库桂生主编.—国防大学出版社,2000.－195页

台湾武器装备X档案:海军武器识别手册/蔡伟著.—解放军文艺出版社,2001.－210页

台湾军力写真/中国国防报编辑部.—长征出版社,2001.－348页

台湾军队透视/董玉洪著.—九州出版社,2001.－250页

直击台湾:台湾军事观察/晓轩著.—九州出版社,2002.－267页

透视台湾:台湾军情与社会/徐目坤著.—新疆人民出版社,2003.－418页

清代台湾的海防/许毓良著.—社会科学文献出版社,2003.－495页

台湾海峡战事档案录像制品/—九洲音像出版公司,2004.－263页

台湾军事部署最新解密/朱显龙著.—九州出版社,2004.－123页

“台独”究竟能走多远:台海局势军事观察/阮次山编著.—九州出版社,2005.－263页

台海战事纪实/孔书贤著.—敦煌文艺出版社,2006.－478页

美国对台军售政策研究:决策的视角/

张清敏著.—世界知识出版社,2006. －466页

封锁台湾/陈瑞霞著.—广角镜出版社（香港）,1987. －210页

台湾军事机密/陈瑞霞著.—广角镜出版社（香港）,1987. －184页

战区导弹防御计划与两岸关系/朱峰著.—海峡两岸关系研究中心（香港）,1999. －32页

台海战云,两岸军事权威战争歧见/陈宁编著.—中华出版社（澳门）,2000. －312页

国共对峙50年军备图录,台海战线东移,/马鼎盛著.—天地图书有限公司（香港）,2000. －208页

六 台湾经济

(一)台湾总体经济

台湾经济/周化等著.—中国财政经济出版社,1980. －476页

台湾企业家谈企业经营管理/辛灿之著.—新华出版社,1980. －240页

台湾的经济发展1860－1970/何保山著.—上海译文出版社,1981. －296页

台湾如何借鉴美日欧企业管理/魏大业著.—时事出版社,1981. －249页

台湾企业管理文选/魏大业编.—北京时事出版社,1981. －474页

八十年代台湾企业经营管理/辛灿之著.—新华出版社,1981. －211页

台湾经济问题/厦门大学台湾研究所编.—福建人民出版社,1982. －333页

台湾省经济关系研究/林长华著.—江西人民出版社,1985. －174页

台湾经济概论/金泓讯著.—时事出版社,1986. －403页

亚洲“四小龙”经济的崛起/刘志庚、江泰昌主编.—中山大学出版社,1987. －436页

亚洲“四小”的对外开放/陈招顺著.—上海社会科学院出版社,1989. －151页

台湾香港经济研究/吕桐生、裴浩林著.—农村读物出版社,1989. －444页

台湾工商企业指南/海峡之声台湾研究室编.—华艺出版社,1989. －996页

台湾经济是怎样发展起来的/李家泉著.—人民日报出版社,1989. －186页

台湾企业家的经营手腕/郭泰等著.—团结出版社,1989. －221页

战后台湾经济/段承璞主编.—中国社会科学出版社,1989. －416页

走出通货膨胀的战略选择:台湾经济学界大论战/安佳、肖遥编.—群众出版社,1989. －257页

战后台湾经济分析/〔日〕刘进庆著;雷慧英译.—厦门大学出版社,1990. －476页

亚洲“四小龙”崛起的奥秘/金泓凡主编.—中国财政经济出版社,1990. －370页

当代世界工商企业名录:中国台湾卷/汪道涵主编.—中国财政经济出版社,1990. －1164页

台湾著名企业大观/陆亚泉、韦章尧编.—团结出版社,1990. －438页

亚洲“四小”与外向型经济/傅政罗著.—中国对外经济贸易出版社,1990. －203页

台湾地区企业精选/中华征信所企业股份有限公司提供.—经济科学出版社,1991.－529页

台湾科技经济发展概论/鲍振元编著.—福建科学技术出版社,1991.－315页

转型期的台湾经济与社会/郭相枝著.—时事出版社,1991.－308页

台湾省经济地理/李家泉著.—新华出版社,1991.－393页

台湾的民营经济/陈恩著.—广东人民出版社,1992.－330页

亚洲四小龙起飞始末/谷源洋著.—经济科学出版社,1992.－235页

战后台湾企业集团/韩清海著.—鹭江出版社,1992.－257页

王永庆的管理铁锤:突破经营瓶颈的最佳利器/郭泰著.—中国经济出版社,1992.－147页

世界企业机构:台港澳企业名录/海南燕海实业开发公司编著.—兵器工业出版社,1992.－259页

四小龙腾飞之谜/魏杰、贺耀敏著.—人民出版社,1992.－135页

当代台湾科技/李岗主编.—福建科学技术出版社,1993.－516页

台湾经济四十年/李宏硕主编.—山西经济出版社,1993.－424页

台湾经济结构重组及其发展前景/〔日〕池田哲夫、胡欣编著.—中国经济出版社,1993.－287页

亚洲四小龙:飞越地平线/崔士鑫著.—中国国际广播出版社,1993.－143页

太平洋的呼唤:日本,四小龙启示录/陈健著.—同心出版社,1993.－162页

台湾千家大企业经济状况及合资、贸易指南/熊孝威、卢行忠编.—重庆出版社,1993.－599页

亚洲"四小龙"经济与教育/夏德清著.—电子工业出版社,1993.－268页

台湾经济高速发展的经验/李国鼎等著.—东南大学出版社,1993.－422页

当代台湾经济辞典/崔之清编著.—南京大学出版社,1993.－719页

台湾经济介评/刘建兴、黄文真著.—中信出版社,1993.－368页

当代台湾经济研究论丛/李宏硕主编.—山西经济出版社,1993.－372页

台湾迈向市场经济之路/魏萼著.—三联书店上海分店,1993.－135页

台湾经济发展中的科技与人才/李国鼎著.—东南大学出版社,1994.－408页

台湾的人力资源与人口问题/李国鼎等著.—东南大学出版社,1994.－372页

点石成金:台湾百大企业集团与老板/姜殿铭主编.—工人出版社,1994.－915页

台湾经验与大陆经济改革/易纲、许小年著.—中国经济出版社,1994.－502页

港台澳市场经济体制/国世平、张中华主编.—兰州大学出版社,1994.－282页

台湾的对外经济合作与加工出口区/李国鼎、张鸿雁著.—东南大学出版社,1994.－304页

成功者的压箱宝:台湾84位实业界成功者的珍藏绝活/贾天兵编著.—山西经济出版社,1994.－148页

台湾经济/裴小革著.—人民出版社,1994.－153页

台湾的对外技术合作与外资利用/李国鼎著.—东南大学出版社,1994.－222页

生根·深耕/王永庆著.—中国文联出版公司,1994.－386页

云雾中的"四小龙":亚洲"四小龙"发展探踪/叶卫平著.—北京工业大学出版社,1994.－358页

台湾的经济计划及其实施/李国鼎著.—东南大学出版社,1995. －432 页

港台企业成功法则/杨松华著.—中国经济出版社,1995. －186 页

台湾地区企业名录.1－2/中华征信所编.—山西经济出版社,1995. －2 册

港澳台经济简论/杨松华著.—中国经济出版社,1995. －238 页

台湾出进口厂商名录/台湾产品展销中心编.—中国建材工业出版社,1995. －944 页

台湾经济总览/李家泉主编.—中国财政经济出版社,1995. －1039 页

台湾的工业化/李国鼎、冯沪生著.—东南大学出版社,1995. －387 页

台湾经济现代化模式/李非著.—鹭江出版社,1995. －254 页

台湾经济研究/范爱军著.—济南出版社,1995. －458 页

香港澳门台湾工商指南:1995－1996/本书编辑委员会编.—新华出版社,1996. －565 页

港澳台财经与华侨华人经济/贾康著.—中国财政经济出版社,1996. －428 页

台湾经济发展的成就与问题:新兴工业化经济群体的典例分析/〔日〕隅谷三喜男著;汪慕恒、陈大冰译.—厦门大学出版社,1996. －419 页

台湾的都市发展与公共事业/李国鼎、张鸿雁著.—东南大学出版社,1996. －343 页

台湾的企业经营与管理/李国鼎、茅家琦著.—东南大学出版社,1996. －413 页

台湾经验与海峡两岸发展策略/徐滇庆主编.—中国经济出版社,1996. －378 页

台湾经济发展背后的政策演变/李国鼎等著.—东南大学出版社,1997. －197 页

台湾的高新技术与现代化/李国鼎、王荣年著.—东南大学出版社,1997. －381 页

台湾经济政策轨迹:兼评尹仲容、李国鼎的经济政策思想/茅家琦著.—台海出版社,1998. －186 页

香港澳门台湾工商指南:1998/何梅荣、高云石编.—新华出版社,1998. －434 页

跨越新时期门槛之路:透视台湾经济转型/张冠华著.—台海出版社,1998. －248 页

提升国际竞争力:台湾经验及其对大陆的启示/方星海、宋顺锋著.—中国经济出版社,1998. －346 页

台湾香港公营经济/袁易明著.—贵州教育出版社,1998. －272 页

李国鼎经济与科学思想研究/李永泰等著.—海天出版社,1999. －372 页

台湾怎样扶植中小企业/吴敬琏、柳红著.—中国经济出版社,1999. －85 页

台湾经济性特区的发展与转型研究/钟坚著.—中国经济出版社,1999. －433 页

亚洲金融风暴与台湾经济/陈百助、黄少敏著.—中国经济出版社,2000. －291 页

台湾财力/朱磊著.—鹭江出版社,2000. －213 页

李国鼎创意实例/李永泰编著.—东南大学出版社,2001. －275 页

产权·机制·效率:台湾香港公有经济的再研究/袁易明著.—人民出版社,2001. －362 页

战后美台经济关系概论/林长华等编著.—九州出版社,2001. －179 页

王永庆由小做大的经营智慧/胡卫红著.—中国商业出版社,2001. －406 页

工业化与农业发展问题研究:以中国台湾为例/杨德才著.—经济科学出版社,2002. －285 页

创意企划案:台湾管理专家经验谈/小管著.—复旦大学出版社,2002.－187页

当代经济金融研究新视野:兼论台湾汇率制度与经济发展/李玲瑶著.—中国经济出版社,2003.－413页

商道:中国经营之神王永庆商战实录/郭泰著.—社会科学文献出版社,2003.－223页

台湾产业结构升级研究/严正著.—九州出版社,2003.－679页

台湾地区经济结构分析:从产业结构角度切入/陈恩著.—经济科学出版社,2003.－325页

台湾的经济和金融及两岸经贸关系/张邦钜著.—九州出版社,2004.－371页

台湾经济发展通论/李非著.—九州出版社,2004.－529页

21世纪以来的台湾经济:困境与转折/邓利娟著.—九州出版社,2004.－443页

海峡两岸房地产比较研究/盛承懋等编著.—东南大学出版社,2004.－308页

开创蓝海:15个台湾企业开创新市场的成功故事/朱博湧著.—人民出版社,2006.－236页

从历史看领导:在台湾洪建全基金会文经学苑上的演讲/许倬云著.—广西师范大学出版社,2006.－143页

加工出口区与经济发展/余光亚著.—东南大学出版社,2006.－232页

从世界看台湾/吴季松著.—清华大学出版社,2006.－284页

台湾经济剖析(第一集)/梁芝著.—广角镜出版社(香港),1987.－208页

台湾财团秘史.1－16/李达主编.—广角镜出版社(香港),1988.－16册

(二)台湾部门经济

台湾工商杂症一百例/陈纪元编.—企业管理出版社,1981.－149页

台湾省农业经济/应廉耕著.—农业出版社,1983.－132页

台湾的金融和银行/张邦钜著.—北京出版社,1985.－473页

台湾特产风味指南/张贻达等著.—福建科技出版社,1985.－154页

战后台湾对外贸易/张贻达著.—鹭江出版社,1987.－377页

台湾进出口贸易商名录.1－2/魏强著.—学苑出版社,1988.－2册

台湾股市及证券交易所/《台湾股市及证券交易所》编写组编.—中信出版社,1992.－239页

台湾农业发展及其科学技术/靳晋、曾晓光著.—北京农业大学出版社,1992.－261页

战后台湾金融/许心鹏著.—鹭江出版社,1992.－333页

台湾金融与经济发展/王家骥、傅敏编著.—中国金融出版社,1992.－205页

台湾省水产科技概况/郭震东、郑玉云编著.—海洋出版社,1993.－70页

战后台湾交通经济/李非著.—鹭江出版社,1993.－310页

战后台湾财政/邓利娟著.—鹭江出版社,1993.－340页

台湾金融/孔祥贤著.—南京大学出版社,1993.－449页

台湾金融业概况/李永城主编.—厦门大学出版社,1993.－598页

台湾的财政金融与税制改革.上、下/李国鼎著.—东南大学出版社,1994.－2册

台湾金融纵横谈/黄宝奎著.—中国经

济出版社,1995. -403 页

港澳台市场营销策略/赵红著. —中国经济出版社,1995. -238 页

亚洲“四小”汇率制度与外贸发展/陈永山等著. —厦门大学出版社,1995. -337 页

港台地区金融市场/袁礼斌编著. —中国大百科全书出版社,1995. -142 页

港台对外贸易实务/洪娟著. —中国经济出版社,1995. -271 页

台湾的现代农业/李国鼎等著. —东南大学出版社,1996. -331 页

战后台湾农业/赵玉榕著. —鹭江出版社,1996. -281 页

台湾农业发展概论/刘克辉等编著. —厦门大学出版社,1997. -391 页

中国台湾水利/戴定忠著. —中国水利水电出版社,2000. -257 页

港澳台税制/於鼎丞主编. —暨南大学出版社,2000. -333 页

台湾现代农业科技/郑金贵著. —厦门大学出版社,2000. -741 页

佃农理论：应用于亚洲的农业和台湾的土地改革/张五常著；易宪容译. —商务印书馆,2000. -280 页

对台贸易手册/沈丹阳主编. —中国对外经济贸易出版社,2001. -268 页

台湾金融制度变迁与发展研究/杨胜刚著. —中国金融出版社,2001. -399 页

台湾税制/财政部税收制度比较课题组编著. —中国财政经济出版社,2002. -213 页

融化 GOLDEN：台湾地区股价指数期货/徐士敏、徐雯岚著. —经济科学出版社,2002. -452 页

民营银行：台湾的实践与内地的探索/熊继洲著. —复旦大学出版社,2003. -514 页

台湾税制与征管/张哲敏著. —山东人民出版社,2003. -253 页

联华电子(UMC)——台湾“晶圆双雄”之一：/刘震涛、王惠编著. —华文出版社,2003. -89 页

台湾地区旅行社的经营与管理/陈嘉隆、张凌云著. —旅游教育出版社,2005. -271 页

经济自由化以来台湾金融改革研究/檀江林著. —合肥工业大学出版社,2005. -304 页

高科技产业融资理论. 模式. 创新/戴淑庚著. —中国发展出版社,2005. -230 页

民营银行：台湾案例/于宗先著. —社会科学文献出版社,2005. -372 页

开拓台湾市场/李达编著. —广角镜出版社(香港),1988. -186 页

台湾商情/关品方著. —华汉文化事业公司(香港),1990. -209 页

(三)两岸经济

海峡两岸旅行和经贸指南/韦章尧主编. —团结出版社,1990. -250 页

海峡两岸经贸关系展望/金泓讯主编. —鹭江出版社,1990. -392 页

大陆与台港澳的经济关系与合作/姜殿铭主编. —中国友谊出版公司,1991. -249 页

台湾经济发展的历史与现状/史全生主编. —东南大学出版社,1992. -434 页

海峡两岸经济持续发展与资源环境问题：海峡两岸(含港澳)青年学者研讨会论文集/中国自然资源研究会青年委员会编. —中国科学技术出版社,1992. -147 页

海峡两岸经贸关系/李宏硕主编. —南

开大学出版社,1993. -229页

海峡两岸经贸关系/李非著.—对外贸易教育出版社,1993. -280页

台湾同胞到大陆投资指南/初保泰、董薇园编著.—中国经济出版社,1993. -228页

海峡两岸经济贸易投资大全/王建民等主编.—东方出版社,1993. -864页

海峡两岸经贸关系探讨/刘映仙主编;中国社会科学院台湾研究所编.—中国友谊出版公司,1993. -400页

对港澳台地区贸易指南/陆明杰编.—复旦大学出版社,1993. -181页

大陆、台湾、香港学者研讨经济改革经济发展经济合作/蒋一苇、闵建蜀主编.—经济管理出版社,1993. -232页

海峡两岸经贸关系研究/南开大学台湾研究所编著.—中国致公出版社,1994. -236页

港澳台经济比较/戴武堂著.—河南人民出版社,1994. -333页

闽台经贸关系研究/顾铭主编.—厦门大学出版社,1994. -230页

上海市台商投资手册/上海市台湾同胞投资企业协会、上海市台湾研究会编.—上海远东出版社,1995. -971页

华南地区经济发展方向及与香港、台湾、日本经济关系展望/马洪、(日)星野进保主编.—海天出版社,1995. -357页

两岸突破:中国工业区域分析/金碚、陈丽瑛主编.—经济管理出版社,1996. -430页

台商心理透视及交际技巧/李锡炎著.—九洲图书出版社,1996. -194页

海峡两岸金融与证券市场/何杰著.—天津人民出版社,1996. -412页

合则两利:两岸经济关系研究论文集/海峡两岸关系研究中心编.—九洲图书出版社,1998. -286页

海峡两岸经贸合作关系研究/龙永枢主编.—经济管理出版社,1998. -367页

经济圈:中国大陆、香港、台湾的经济和科技/〔美〕巴里·诺顿主编;贾宗谊、贾志天译.—新华出版社,1999. -354页

跨越海峡的桥梁:两岸经贸关系评析/刘映仙、殷存毅著.—台海出版社,1999. -212页

福建建设海峡西岸繁荣带若干战略问题研究/中共福建省委统战部课题组编.—厦门大学出版社,1999. -195页

海峡两岸经贸交流研究/温端云、蔡名相主编.—湖北人民出版社,1999. -251页

闽台经济合作研究/严正、蔡秀玲主编.—中国社会科学出版社,2000. -370页

海峡两岸经济合作问题研究/李非著.—九州出版社,2000. -243页

闽台经济与文化/何绵山主编.—厦门大学出版社,2001. -350页

东亚经济格局的变动与两岸经济一体化研究/曹小衡著.—中国对外经济贸易出版社,2001. -298页

两岸产业与经营管理研究/黄景贵等主编.—海南出版社,2001. -324页

闽台经济与文化论集/何绵山著.—厦门大学出版社,2002. -318页

21世纪初期海峡两岸经济关系走向与对策/李非主编.—九州出版社,2002. -262页

开放经济的比较优势:珠江口特区群及台湾的实证/莫世祥著.—中国时代经济出版社,2003. -477页

耕心之旅:明基文化的苏州传奇/张哲诚著.—上海辞书出版社,2003. -333页

加入WTO与两岸经贸发展/李非主

编. —厦门大学出版社，2003. －294 页

超越台湾：粤台经济比较/陈云著. —中山大学出版社，2003. －226 页

以民为本为民谋利积极务实推进两岸“三通”/国务院台湾事务办公室编. —九州出版社，2003. －23 页

两岸产业发展与经营管理比较研究：台湾成功大学管理学院与海南大学经济管理学院第三届海峡两岸学术研讨会论文集/黄景贵等主编. —中国财政经济出版社，2003. －393 页

海峡两岸直接“三通”与区域产业整合研究/蔡秀玲、陈萍著. —中国经济出版社，2004. －467 页

世贸组织框架下闽台农业资源整合与优化配置/林卿著. —中国农业出版社，2004. －178 页

两岸农地利用比较/于宗先等著. —社会科学文献出版社，2004. －760 页

两岸“三通”与闽台经贸合作/林卿等著. —中国经济出版社，2005. －434 页

台资企业个案研究/刘震涛等编著. —清华大学出版社，2005. －321 页

经济全球化与两岸经贸关系/刘相平著. —社会科学文献出版社，2005. －365 页

海峡经济区的战略构想：台湾海峡两岸经贸关系走向/黄绍臻著. —社会科学文献出版社，2005. －379 页

海峡两岸农业企业化经营与管理/熊健著. —合肥工业大学出版社，2005. －202 页

招商引资：对台经济合作方法和策略/刘震涛、江成岩著. —清华大学出版社，2006. －182 页

土地利用变化区域对比研究：以闽台为例/韦素琼、陈健飞著. —科学出版社，2006. －253 页

台商投资祖国大陆的区位选择及其投资环境研究/段小梅著. —中国经济出版社，2006. －324 页

两岸经贸论坛文集/中共中央台湾工作办公室海研中心、中国国民党国政研究基金会编著. —九州出版社，2006. －414 页

二○○六年海峡两岸经济科技发展趋势研讨会纪要/东南大学李国鼎丛书编纂委员会编著. —东南大学李国鼎丛书编纂委员会、台湾李国鼎数位知识促进会，2006. －157 页

经济全球化格局下的两岸产业分工与合作/胡军等编. —经济科学出版社，2006. －431 页

闽台协同发展高科技产业探索/朱斌著. —九州出版社，2006. －303 页

2005－2006 年度台湾经济与两岸经济合作研究报告/曹小衡著. —九州出版社，2006. －339 页

两岸经贸论坛纪实/海峡两岸出版交流中心编. —九州出版社，2006. －297 页

中台两岸经济：“海峡两岸经济比较团”总结报告/香港中文大学学生会“海峡两岸经济比较团”编著. —金陵出版社（香港），1985. －204 页

台湾与三通/李达编著. —广角镜出版社（香港），1988. －184 页

中华经济协作系统论/刘融著. —三联书店（香港），1993. －437 页

（四）台湾经济史

近代台湾地方对外贸易/李祖基著. —江西人民出版社，1986. －116 页

台湾的经济之路：改进分配、加速增长 1952—1979/郭婉容、许邦兴等译. —中国经济出版社，1991. －154 页

战后台湾经济发展史/李非著.—鹭江出版社,1992.－360页

台湾经济发展:1949—1989/高希均、李诚主编.—国际文化出版公司,1992.－287页

台湾商海中的‘台南帮’/朱显龙著.—九洲图书出版社,1999.－298页

陆岛网络:台湾海港的兴起/吕淑梅著.—江西高校出版社,1999.－342页

闽台海上交通研究/王耀华、谢必震主编.—中国社会科学出版社,2000.－397页

林圮埔:一个台湾市镇的社会经济发展史/庄英章著.—上海人民出版社,2000.－231页

台湾社会经济史研究/林仁川、黄福才著.—厦门大学出版社,2001.－302页

台湾香港澳门经济史略/苏东斌、李沛然著.—广东经济出版社,2002.－807页

海峡交通史论丛/《海峡交通史论丛》编委会编.—海风出版社,2002.－325页

中国企业史:台湾卷/韩清海主编.—企业管理出版社,2003.－640页

明清中琉航海贸易研究/谢必震著.—海洋出版社,2004.－237页

民间文书与台湾社会经济史/陈支平著.—岳麓书社,2004.－297页

七 台湾文学

(一)台湾文学综合评论与研究

汪洋中的一条船:台湾文学作品选析/武治纯著.—中国少年儿童出版社,1982.－326页

台湾香港文学论文选:首届台湾香港文学学术讨论会专辑/福建人民出版社编.—福建人民出版社,1983.－276页

台湾乡土作家选集/台湾乡土作家选集编委会编.—中国友谊出版公司,1984.－345页

台湾作家创作谈/庄明萱等选编.—海峡文艺出版社,1985.－238页

台湾香港文学论文选:全国第二次台湾香港文学学术讨论会专辑/包恒新等著.—海峡文艺出版社,1985.－345页

压不扁的玫瑰花:台湾乡土文学初探/武治纯著.—中国广播电视出版社,1985.－254页

乡恋·哲理·亲情:台湾文学散论/张默芸著.—鹭江出版社,1986.－204页

台湾当代文学/王晋民著.—广西人民出版社,1986.－498页

台湾现代文学简述/包恒新著.—上海社会科学院出版社,1988.－178页

今日台湾文坛/安兴本、王露云著.—社会科学文献出版社,1988.－257页

台湾香港与海外华文文学论文选——第三届华文文学讨论会/大会学术组选编.—海峡文艺出版社,1988.－421页

静听那心底的旋律:台湾文学论/古继堂著.—国际文化出版公司,1989.－389页

台湾新文学辞典:1919－1986/徐廼翔主编.—四川人民出版社,1989.－900页

台湾文学的走向/福建省台湾研究会编.—海峡文艺出版社,1990.－243页

台湾文学导论/潘亚暾著.—高等教育出版社,1990.－478页

台湾近代文学丛稿/汪毅夫著.—海峡文艺出版社,1990.－184页

台湾爱情文学论/古继堂著.—海峡文艺出版社,1990. －271 页

台湾新文学概观. 上、下/黄重添等著.—鹭江出版社,1991. －2 册

台湾地区文学透视/古继堂等著.—陕西人民教育出版社,1991. －188 页

台湾文学新论/陆士清著.—复旦大学出版社,1993. －355 页

台港文学主流/田锐生著.—河南大学出版社,1996. －503 页

台湾女作家的大陆冲击波/樊洛平著.—远方出版社,1997. －325 页

多元共生的现代中华文学/曹惠民著.—中国华侨出版社,1997. －264 页

台湾地区文学透视/中国社会科学院文学研究所世界华文文学中心编著.—陕西人民教育出版社,1998. －248 页

陈映真文集/陈映真著.—中国友谊出版公司,1998. －524 页

台湾乡土文学八大家:乡土意识与爱国主义/赵遐秋著.—台海出版社,1999. －241 页

台湾通俗文学论稿/方忠著.—中国华侨出版社,2000. －279 页

台港文学观察/王宗法著.—安徽教育出版社,2000. －421 页

“文学台独”面面观/赵遐秋、曾庆瑞著.—九州出版社,2001. －274 页

海峡两岸文学:同构的视域/陆卓宁著.—中国文联出版社,2001. －227 页

台湾文学的母体依恋/古继堂著.—九州出版社,2002. －444 页

中国文化中的台湾文学/杨匡汉著.—长江文艺出版社,2002. －392 页

文学台湾:台湾知识者的文学叙事与理论想像/黎湘萍著.—人民文学出版社,2003. －420 页

百年中华文学中的台港文学/陶德宗著.—巴蜀书社,2003. －420 页

闽台文学的文化亲缘/朱双一著.—福建人民出版社,2003. －478 页

有音符的树:台湾文学面面观/许俊雅著.—广西师范大学出版社,2003. －182 页

台港文学名家名作鉴赏/尉天骄编著.—北京大学出版社,2003. －324 页

当今台湾文学风貌/古远清著.—江西高校出版社,2004. －369 页

台港澳文学论稿/江少川著.—北京大学出版社,2005. －357 页

台湾文学思潮与渊源/朱双一著.—海峡学术出版社(台湾),2005. －342 页

悦读台北女/徐学著.—厦门大学出版社,2005. －224 页

海峡两岸新文学思潮的渊源和比较/朱双一、张羽著.—厦门大学出版社,2006. －577 页

(二)台湾各体文学评论与研究

台湾抒情诗赏析/纪璧华编著.—南粤出版社,1981. －132 页

台湾诗人十二家:附诗一百首/流沙河编著.—重庆出版社,1983. －316 页

台湾小说主要流派初探/封祖盛著.—福建人民出版社,1983. －323 页

台湾童话/刘庭华、黄泊沧编著.—广西人民出版社,1983. －115 页

台湾小说选讲. 1－2/陆士清著.—复旦大学出版社,1983. －2 册

台湾高山族传说与风情. 1－2/陈炜萍搜集整理.—福建人民出版社,1983－1984. －2 册

台湾的童话/达巍著.—时事出版社,1984. －145 页

台湾小说作家论/汪景寿著.—北京大

学出版社,1984. －236 页

台湾名胜楹联/常江、苏民生编著. —中国民间文艺出版社,1985. －246 页

1984 中国小说年鉴. 台港小说卷/武治纯、古继堂选编. —中国新闻出版社,1985. －642 页

台湾现代派小说评析/封祖盛著. —海峡文艺出版社,1986. －275 页

柔美的爱情:台湾女诗人十四家/古继堂著. —春风文艺出版社,1987. －324 页

台湾当代小说艺术采光/黄重添著. —鹭江出版社,1987. －199 页

台湾女诗人三十家/古继堂编著. —湖南文艺出版社,1987. －204 页

隔海说文——台湾当代散文十家/徐学编著. —厦门大学出版社,1988. －235 页

台湾朦胧诗赏析/古远清著. —花城出版社,1989. －186 页

台湾爱情诗选析/陈实选编著. —漓江出版社,1989. －240 页

台湾百部小说大展/厦门大学台湾研究所编. —海峡文艺出版社,1990. －446 页

台湾长篇小说创作论/黄重添著. —海峡文艺出版社,1990. －242 页

台湾爱情诗赏析/陈绍伟编著. —花城出版,1991. －233 页

海峡两岸朦胧诗品赏/古远清编著. —长江文艺出版社,1991. －325 页

梁实秋幽默散文赏析/雷锐等编著. —漓江出版社,1991. －195 页

台湾小说选讲新编/陆士清著. —复旦大学出版社,1991. －559 页

台港现代诗赏析/古远清编著. —河南人民出版社,1991. －284 页

台湾新诗鉴赏辞典/陶本一、王宇鸿著. —北岳文艺出版社,1991. －1062 页

台湾女诗人五十家/古继堂编著. —湖南文艺出版社,1991. －397 页

台湾散文鉴赏辞典/卢今、王宇鸿编. —北岳文艺出版社,1991. －1378 页

柏杨幽默散文赏析/雷锐、刘开明编著. —漓江出版社,1992. －231 页

青春园:台湾校园散文赏读/奚跃华编著. —中国国际广播出版社,1992. －228 页

余光中幽默散文赏析/雷锐编著. —漓江出版社,1992. －256 页

台湾名家散文选评/杜元明编著. —辽宁大学出版社,1992. －519 页

花季梦:台湾校园小说赏读/奚跃华编著. —中国国际广播出版社,1992. －263 页

爱的橄榄:台湾爱情诗赏读/李珊利编著. —中国国际广播出版社,1992. －217 页

台湾名家散文精品鉴赏. 1－2/石翔、刘菊香编著. —春风文艺出版社,1992. －2 册

母亲的新婚:台湾散文名作赏析/杜元明编著. —北京师范大学出版社,1993. －322 页

台湾小说二十家/王震亚著. —北京出版社,1993. －340 页

台湾竹枝词/刘经发编注. —黄山书社,1993. －227 页

台港小说鉴赏辞典/明清、秦人主编. —中央民族学院出版社,1994. －773 页

台湾当代散文综论/徐学著. —海峡文艺出版社,1994. －258 页

茉莉花串——梦莉作品评论集/海华编. —中国文联出版公司,1994. －301 页

台湾青年诗人论/古继堂著. —武汉出版社,1994. －415 页

台港澳暨海外华文新诗大辞典/古继堂主编. —沈阳出版社,1994. －815 页

台湾的忧郁:论陈映真的写作与台湾的文学精神/黎湘萍著. —生活读书新知三联

书店，1994. －249 页

台港散文 40 家/方忠编著. —中原农民出版社，1995. －744 页

台港幽默散文精品鉴赏/徐学编著. —河南文艺出版社，1996. －292 页

彼岸的缪斯：台湾诗歌论/刘登翰、朱双一著. —百花洲文艺出版社，1996. －510 页

台港小品文精品鉴赏/程光炜编著. —河南文艺出版社，1996. －272 页

台湾幽默散文精品鉴赏/徐学编. —河南文艺出版社，1996. －205 页

解读八面人生——评高阳历史小说/江少川主编. —中华工商联合出版社，1997. －310 页

台湾散文名篇欣赏. 1－2/张学栋编著. —广东高等教育出版社，2000. －2 册

台湾同胞抗日爱国诗词选/陈碧笙编. —九州出版社，2001. －155 页

台湾风云：电视文学剧本/阎延文编著. —广西教育出版社，2001. －666 页

神话与鬼话：台湾原住民神话故事比较研究/〔俄〕李福清著. —社会科学文献出版社，2001. －409 页

台湾当代戏剧论/彭耀春著. —中国戏剧出版社，2003. －290 页

台湾现代诗与西方现代主义/赵小琪著. —长江文艺出版社，2004. －283 页

知识人的精神私史：台湾现代派小说的一种解读/朱立立著. —三联书店上海分店，2004. －304 页

日据时期台湾社会图谱；1920－1945 台湾小说研究/肖成著. —九州出版社，2004. －327 页

台湾往事：一部电影的诞生/张克辉原著编剧；黄丹、安宗国主编. —台海出版社，2004. －289 页

台湾民间文学/王甲辉、过伟主编. —上海文艺出版社，2005. －498 页

沈奇诗学论集卷三，台湾诗人论评. 1－3/沈奇著. —中国社会科学出版社，2005. －3 册

黑暗中的追寻：栎社研究/许俊雅著. —东方出版中心，2006. －342 页

台湾古诗选/陈贻庭主编. —九州出版社，2006. －434 页

（三）台湾文学史

现代台湾文学史/白少帆著. —辽宁大学出版社，1987. －931 页

台湾新诗发展史/古继堂著. —人民文学出版社，1989. －427 页

台湾小说发展史/古继堂著. —春风文艺出版社，1989. －434 页

台湾文学史. 上、下/刘登翰等主编. —海峡文艺出版社，1991－1993. －2 册

台湾新文学理论批评史/古继堂著. —春风文艺出版社，1993. －452 页

台湾当代文学理论批评史/古远清著. —武汉出版社，1994. －925 页

近二十年台湾文学流脉：“战后新世代”文学论/朱双一著. —厦门大学出版社，1999. －529 页

中国大陆与台湾乡土小说比较史论/丁帆著. —南京大学出版社，2001. －503 页

冲突的台湾/安兴本著. —华文出版社，2001. －292 页

简明台湾文学史/古继堂著. —时事出版社，2002. －527 页

台湾新文学思潮史纲/吕正惠、赵遐秋著. —昆仑出版社，2002. －453 页

20 世纪台湾文学史论/方忠著. —百花洲文艺出版社，2004. －368 页

台湾与大陆文学关系简史：1652－1949/杨若萍著. —上海文艺出版社，2004. －234

页

当代台湾女性小说史论/樊洛平著.—河南人民出版社,2005. －432 页

20 世纪台湾文学史略/陆卓宁著.—民族出版社,2006. －321 页

八 台湾历史

(一)台湾通史

台湾史略/施联朱著.—福建人民出版社,1980. －221 页

台湾大事纪要/周佗、魏大业编.—时事出版社,1982. －124 页

台湾地方史/陈碧笙著.—中国社会科学出版社,1982. －317 页

台湾杂谈/林其泉著.—四川教育出版社,1984. －231 页

台湾札记/林其泉编著.—中国展望出版社,1987. －380 页

台湾今昔:从孙权求夷洲到蒋经国治台/田珏、韩恒煜著.—河南人民出版社,1989. －316 页

台湾历史辞典/佟建寅主编.—群众出版社,1990. －580 页

海峡两岸首次台湾史学术交流论文集/厦门大学台湾研究所编.—厦门大学出版社,1990. －294 页

《台湾通史》辨误/邓孔昭著.—江西人民出版社,1990. －350 页

台陆关系通史/周文顺著.—中州古籍出版社,1991. －313 页

大陆与台湾的历史渊源/林仁川著.—文汇出版社,1991. －296 页

台湾百家姓与大陆源流/张效禹等著.—山西教育出版社,1992. －326 页

闽台六亲/林其泉编著.—厦门大学出版社,1992. －384 页

台湾史研究论集/中国史学会、全国台湾研究会主编.—华艺出版社,1994. －359 页

港澳台演义/西尔枭、王齐茂主编.—中央编译出版社,1994. －3 册

台湾演义/朱孟良著.—中央编译出版社,1994. －280 页

漳州过台湾/刘子民著.—海风出版社,1995. －414 页

台湾历史纲要/陈孔立主编.—九洲图书出版社,1996. －505 页

潮人移台史/陈汉初著.—汕头大学出版社,1996. －101 页

台湾史志/蔡子民著.—台海出版社,1997. －296 页

海峡两岸地方史志比较研究文集/郭凤岐主编;天津市地方志办公室编.—天津社会科学出版社,1998. －264 页

台湾秘史:前所未闻的台湾故事/郑剑著.—团结出版社,1998. －492 页

简明台湾史/陈孔立著.—九洲图书出版社,1998. －263 页

潮人与台湾/徐名文、沈建华著.—花城出版社,1999. －97 页

厦门与台湾/唐次妹著.—鹭江出版社,1999. －211 页

台湾历史演义/杨树标著.—浙江人民出版社,1999. －517 页

台湾史纲要/田珏主编.—福建人民出版社,2000. －342 页

根在河洛：追寻台湾人的祖源/刘广才、萧河著.—华艺出版社，2000. －327 页

闽台历史社会与民俗文化/汪毅夫著.—鹭江出版社，2000. －224 页

台湾真历史/戚嘉林.—中国友谊出版公司，2001. －196 页

四川人在台湾：高雄四川同乡会史/李映发著.—四川人民出版社，2001. －365 页

台湾海疆史研究/陈在正著.—厦门大学出版社，2001. －284 页

东山与台湾/刘小龙编著.—海风出版社，2002. －300 页

闽台关系/蒋伯英主编.—武汉出版社，2002. －442 页

榕台关系初探/卢美松著.—海潮摄影艺术出版社，2003. －400 页

台湾河洛郎/张华著.—华艺出版社，2003. －284 页

台港澳史稿/李蓓蓓编著.—华东师范大学出版社，2003. －652 页

交融共进/吴尔芬著.—海风出版社，2004. －256 页

国之大殇：台湾御侮报告/钟兆云著.—广州出版社，2004. －466 页

两岸史学/张春英主编.—湖北人民出版社，2005. －791 页

宝岛风情：牵动两岸的民族记忆/秦风著.—广西师范大学出版社，2005. －286 页

两岸史学：海峡两岸关系史与台湾史学术研讨会论文集/张春英主编.—湖北人民出版社，2005. －791 页

台湾通史.上、下/连横著.—华东师范大学出版社，2006. －2 册

台湾史略/元邦建编著.—中流出版社有限公司（香港），1990. －367 页

南靖与台湾/林嘉书著.—华星出版社（香港），1993. －447 页

饶平乡民移居台湾纪略/饶平县台湾事务办公室，饶平县志编委会.—文化传播事务所（香港），1998. －265 页

（二）台湾文化史

台湾传统文化探源/徐博东、张明华著.—商务印书馆，1996. －192 页

闽台文化交融史/林仁川、黄福才著.—福建教育出版社，1997. －360 页

闽台文化志/方宝璋、方宝川著.—上海人民出版社，1998. －610 页

中华文化与闽台社会的变迁/黄新宪著.—福建教育出版社，2002. －383 页

台湾历史文化渊源/姚同发著.—九州出版社，2002. －420 页

文化亲缘与两岸关系：以闽台为中心的考察/刘登翰著.—九州出版社，2003. －324 页

（三）台湾断代史

台湾历史故事：反侵略篇/陈孔立著.—福建人民出版社，1980. －95 页

台湾林爽文起义/刘如仲著.—福建人民出版社，1980. －77 页

蒋家王朝/荣孟源著.—中国青年出版社，1980. －336 页

台湾乙未战纪/陈伟芳著.—广西人民出版社，1981. －115 页

台湾人民反割台斗争/刘培华著.—中华书局，1982. －35 页

风流千载忆延平/张宗洽、何丙仲著.—福建人民出版社，1982. －102 页

清代台湾史研究/陈在正等著.—厦门大学出版社，1986. －508 页

台湾清史研究文摘/王戎笙著.—辽宁

人民出版社,1988.－793页

四窗岩寻梦:蒋介石第三次下野/—华文出版社,1988.－170页

台湾30年:1949－1979/茅家琦著.—河南人民出版社,1988.－452页

台湾光复和光复后五年省情.上、下/陈鸣钟、陈兴唐主编.—南京出版社,1989.－2册

战后台湾四十年/李祖基编著.—光明日报出版社,1990.－449页

80年代的台湾1980－1989/茅家琦主编.—河南人民出版社,1991.－536页

明郑四世兴衰史/杨友庭著.—江西人民出版社,1991.－271页

台湾四十年/李仁、李松林主编.—山西人民出版社,1992.－420页

荷据时代台湾史/杨彦杰著.—江西人民出版社,1992.－317页

蒋介石兵败大陆/李松林等著.—河北人民出版社,1993.－348页

潮涨潮落:国共角逐台湾海峡纪实/地久等编著.—中华工商联合出版社,1994.－300页

当代台湾大事典/姜殿铭等编著.—山西教育出版社,1995.－898页

抗日烽火中的台湾儿女/中华全国台湾同胞联谊会.—中国妇女出版社,1996.－323页

蒋家王朝衰变侧记/李健编著.—华文出版社,1996.－425页

康熙统一台湾始末/任力著.—解放军出版社,1996.－159页

血战台湾岛:郑成功收复台湾纪实/王学东著.—解放军出版社,1997.－410页

东洋航路移民——明清海洋移民台湾与菲律宾的比较研究/曾少聪著.—江西高校出版社,1998.－284页

威震台海——康熙统一台湾纪实/颜廷瑞著.—解放军出版社,1998.－359页

台湾同胞抗日50年纪实/中华全国台湾同胞联谊会编.—中国妇女出版社,1998.－675页

六十年风云:郑氏四世与台湾/张仁忠著.—九洲图书出版社,2000.－222页

郑成功与明郑台湾史研究/邓孔昭著.—台海出版社,2000.－252页

郑成功历史研究/陈碧笙著.—九州出版社,2000.－288页

梦断孤岛:蒋介石反攻大陆内幕/任之、柳君著.—中国文史出版社,2001.－528页

金陵残梦:蒋介石败走台湾之谜/陆平著.—中国文史出版社,2001.－527页

蒋家王朝.1,民国兴衰/黄道炫著.—中国青年出版社,2001.－533页

蒋家王朝.2,台湾风雨/陈红民等著.—中国青年出版社,2001.－554页

蒋家王朝.3,王朝终结/李松林著.—中国青年出版社,2001.－371页

誓不臣倭:台湾人民抗日史/张承钧、陈启刚主编.—台海出版社,2002.－252页

台湾民众抗日史/安然著.—台海出版社,2003.－435页

春帆楼下晚涛急:日本对台湾的殖民统治及其影响/黄静嘉著.—商务印书馆,2003.－521页

从南京到台北/张同新、何仲山主编.—武汉出版社,2003.－448页

长共海涛论延平:纪念郑成功驱荷复台340周年学术研讨会论文集/杨国桢主编.—上海古籍出版社,2003.－407页

谢雪红与台湾民主自治同盟/张传仁著.—广东人民出版社,2004.－195页

反割台抗日运动/柯平著.—天津古籍出版社,2004.－225页

东渡西进：清代闽粤移民台湾与四川的比较/刘正刚著.—江西高校出版社，2004. －410页

百年交往/卢绍荀、朱家麟著.—海风出版社，2004. －167页

岁月台湾：1900—2000/秦风编著.—广西师范大学出版社，2005. －331页

台湾四百年前史/张崇根著.—九州出版社，2005. －422页

日本殖民统治台湾五十年史/陈小冲著.—社会科学文献出版社，2005. －423页

台湾义勇队在金华/金振林主编.—九州出版社，2005. －512页

台湾光复/戚厚杰著.—南京出版社，2005. －151页

台湾光复纪实/王晓华、李琴芳著.—江苏人民出版社，2005. －192页

国共对话秘录：1949－1979/刘丕林著.—湖北人民出版社，2006. －304页

清代台湾移民社会研究/陈孔立著.—九州出版社，2006. －316页

郑成功与延平/张水源主编.—中国文史出版社，2006. －265页

拥抱阿里山：一九四五年光复台湾纪实/何况著.—解放军出版社，2006. －299页

蒋家王朝/鸿鸣著.—中原出版社（香港），1986. －356页

绮斋史学文集/张文绮编著.—香港人民出版社（香港），2005. －393页

（四）台湾民族史志

郑成功与高山族/陈国强著.—江西人民出版社，1982. －199页

高山族简史/本书编写组编.—福建人民出版社，1982. －136页

骨肉同胞：台湾高山族故事/陈国强编著.—福建人民出版社，1982. －146页

台湾民族历史与文化/施联朱、许良国著.—中央民族学院出版社，1987. －546页

高山族文化/陈国强、林嘉煌著.—上海学林出版社，1988. －263页

台湾高山族研究/陈国强著.—上海三联书店，1988. －365页

台湾番族之原始文化/林惠祥.—上海文艺出版社，1991. －100页

台湾历史与高山族文化/张崇根著.—青海人民出版社，1992. －294页

台湾少数民族/陈国强著.—江西教育出版社，1994. －438页

高山族民俗/田富达、陈国强著.—民族出版社，1995. －283页

高山族风情录/陈国强著.—四川民族出版社，1997. －289页

台湾先住民史/史式、黄大受著.—九洲图书出版社，1999. －253页

台湾世居少数民族研究/张崇根著.—民族出版社，2002. －319页

希列鸟神曲：高山族/戴抗、罗新元著.—云南人民出版社、云南大学出版社，2003. －116页

闽台客家社会与文化/谢重光著.—福建人民出版社，2003. －388页

高山族/陈国强、田富达著.—民族出版社，2004. －138页

泰雅人：台湾宜兰县武塔村调查/宋光宇著.—云南大学出版社，2004. －251页

台湾南岛语民族文化概论/曾思奇著.—民族出版社，2005. －431页

港澳台族群社会与文化研究/廖杨著.—中国文史出版社，2005. －418页

海峡客家/萧彪主编.—中国文史出版社，2006. －460页

(五)台湾县、市史志

台湾城市与县乡镇总览/毕福臣编著.—中国统计出版社,1997.-652页

中国地方志集成:台湾府县志辑.1-5/上海书店出版社、大地文化社编.—上海书店出版社,1999.-5册

(六)台湾人物评传

台湾名人走过的路/李俊卿、刘茂俭著.—新华社参编部,1980.-87页

郑成功与台湾/陶城编著.—陕西人民出版社,1980.-80页

台港和海外华人女作家.上、下/阎纯德主编.—福建人民出版社,1981.-2册

台湾郑成功研究论文选/陈孔立等编著.—福建人民出版社,1982.-373页

郑成功的传统/中国民间文艺研究所编著.—福建人民出版社,1982.-144页

台湾与海外华人作家小传/王晋民、邝白曼编著.—福建人民出版社,1983.-282页

郑成功研究论丛.1-2/福建郑成功研究会编著.—福建教育出版社,1984.-2册

郑成功研究论文选续集/郑成功研究学术讨论会学术组编.—福建人民出版社,1984.-339页

刘铭传传:首任台湾巡抚/姚永森著.—时事出版社,1985.-294页

蒋经国传/江南著.—中国友谊出版公司,1986.-496页

三十四年台湾梦:一个回归者的自述/种子斌著.—陕西人民出版社,1987.-207页

丘逢甲传/徐博东、黄志萍著.—时事出版社,1987.-304页

刘铭传在台湾/萧克非著.—上海社会科学院出版社,1987.-288页

施琅评传/施伟青著.—厦门大学出版社,1987.-361页

蒋经国身边的人/时事出版社编辑部编著.—时事出版社,1988.-150页

蒋介石家世/浙江省政协文史资料委员会编.—浙江人民出版社,1988.-243页

蒋经国在台湾/时事出版社编辑部编著.—时事出版社,1988.-126页

蒋介石外传/当代文坛出版社编.—湖南人民出版社,1988.-132页

透视第一家庭:探访蒋总统家庭人与事/华文出版社编.—华文出版社,1988.-207页

宋美龄侧写/辛慕轩著.—华文出版社,1988.-228页

台湾工商名人录/中国社会科学院台湾研究所资料室编.—时事出版社,1988.-363页

台湾新"总统"——李登辉/芮力著.—新华出版社,1988.-261页

蒋介石与蒋经国:1937-1949/〔美〕易劳逸著;王建朗、王贤知译.—中国青年出版社,1989.-293页

郑成功研究国际学术会议论文集/厦门大学台湾研究所历史研究室编.—江西人民出版社,1989.-404页

蒋经国全传/王金海、佐思著.—吉林人民出版社,1989.-589页

民国历届总统/李松林、王树荫主编.—团结出版社,1989.-323页

爱与泪:台湾艳星黄兰自述/黄兰著.—武汉出版社,1989.-458页

蒋家三代婚姻家庭/笙声编著.—中国文史出版社,1989.-287页

台湾名人剪影/丁闻编著.—团结出版社,1989.-223页

台湾企业家/郭泰著.—团结出版社，1989.－221页

台湾文化名人列传/王绪圻、王俊彦著.—解放军出版社，1989.－195页

台湾富豪/孟楠著.—新华出版社，1989.－202页

九十年代台湾主导人物.1－3/徐策编著.—中国友谊出版公司，1990.－3册

台湾第一家庭/李伟著.—四川文艺出版社，1990.－370页

评说三毛/古继堂著.—知识出版社，1991.－137页

张学良与台湾：五十年幽禁生活纪实/晓萧著.—光明日报出版社，1991.－308页

台湾文学家辞典/王晋民著.—广西教育出版社，1991.－661页

张学良在台湾/张魁堂著.—新华出版社，1991.－203页

张学良将军台湾生涯四十五年/刘既白、王天骥著.—光明日报出版社，1991.－155页

蒋介石传/杨树标著.—团结出版社，1991.－506页

我从台湾归来：赵琪伶忆往录/陈宗舜著.—群众出版社，1991.－160页

李万居评传/杨锦麟著.—厦门大学出版社，1992.－292页

蒋介石的幕僚们/刘红著.—武汉出版社，1992.－471页

台港澳暨海外华文作家辞典/王景山主编.—人民文学出版社，1992.－500页

王永庆奋斗史：立志成功者最好的一面镜子/郭泰著.—中国经济出版社，1992.－150页

台湾政要子弟秘闻/杜卿、邓吾仁著.—时事出版社，1992.－316页

中国国民党九千将领/刘国铭主编.—中华工商联合出版社，1993.－862页

李登辉的一千天，1988－1992/周玉蔻著.—新华出版社，1993.－320页

陈果夫与陈立夫/范小方、李永铭著.—武汉出版社，1993.－327页

台湾十大富豪传奇/黄书泉编.—黄山书社，1993.－186页

台湾军界大腕/钟声著.—华文出版社，1993.－235页

台湾三百年军事人物/孙阿冰等著.—中国国际广播出版社，1993.－356页

台湾女强人/钟声著.—华文出版社，1993.－215页

台湾太子族/钟声著.—华文出版社，1993.－184页

台湾政坛星云/钟声著.—华文出版社，1993.－227页

台湾大亨/钟声著.—华文出版社，1993.－212页

台湾文艺圈/钟声著.—华文出版社，1993.－192页

郑成功研究/陈碧笙著.—厦门大学出版社，1994.－875页

台湾赢家秘籍/周楚等编.—中国发展出版社，1994.－222页

蒋介石弄权秘录/王志玉编著.—华文出版社，1994.－313页

连横学术思想暨学术成就研讨会论文选/海峡文艺出版社编.—海峡文艺出版社，1994.－301页

当代台湾人物辞典/崔之清著.—河南人民出版社，1994.－566页

台湾创业巨子列传/吴文明著.—文化艺术出版社，1994.－277页

台湾新一代企业家/董玉洪、翁林楠编著.—鹭江出版社，1995.－284页

柏杨在火烧岛/柏杨著.—群众出版社，

1995. -192页

台湾商神:王永庆传/晓笛著.—广州出版社,1995. -316页

与蒋介石共生舞:历史漩涡中的11个洋人/戚厚杰、陈济康著.—华文出版社,1995. -286页

张爱玲在美国——婚姻与晚年/司马新著;徐斯、司马新译.—上海文艺出版社,1996. -197页

蒋经国晚年/李松林著.—安徽人民出版社,1996. -374页

蒋方良传:蒋经国夫人/窦应泰著.—吉林人民出版社,1996. -428页

蒋经国全传.上、下/刘红著.—中国言实出版社,1996. -2册

蒋介石的美国顾问:欧文·拉铁摩尔回忆录/〔日〕矶野富士子整理;吴心伯译.—复旦大学出版社,1996. -269页

李登辉是什么人/李晓庄著.—东方出版社,1996. -173页

孙立人/黄亦兵著.—兰州大学出版社,1996. -224页

柏杨评传/雷锐著.—中国友谊出版公司,1996. -331页

历史漩涡中的蒋经国/刘红著.—华文出版社,1996. -307页

吴国祯/许有成、徐晓彬著.—兰州大学出版社,1997. -215页

张学良传奇/窦应泰著.—吉林文史出版社,1997. -604页

大导演李翰祥/窦应泰著.—哈尔滨出版社,1997. -477页

民族英雄郑成功/陈国强著.—厦门大学出版社,1997. -221页

塑胶霸主:王永庆/王建民著.—光明日报出版社,1997. -378页

王永庆创业之道/高天著.—北京燕山出版社,1997. -344页

王永庆经营秘诀:从赤贫到台湾巨富/祁长松著.—改革出版社,1997. -312页

蒋介石与台湾/高景轩、吴汝华编著.—新华出版社,1997. -389页

最有钱的中国人:蔡万霖传/高立平著.—台海出版社,1998. -343页

李友邦与台胞抗日/陈正平著.—福建人民出版社,1998. -149页

李国鼎与台湾财经/茅家琦著.—福建人民出版社,1998. -126页

食品大王:高清愿传/朱显龙著.—台海出版社,1998. -398页

香草美人邓丽君/窦应泰著.—北方文艺出版社,1998. -466页

跨世纪台湾政界人物/陈淞山著.—新华出版社,1998. -321页

蒋纬国其人/窦应泰著.—吉林人民出版社,1998. -510页

世界著名华文女作家传.台湾卷.1-2/邓光东主编.—百花洲文艺出版社,1999. -2册

柏杨传/古继堂著.—作家出版社,1999. -461页

蒋介石第三代子孙/窦应泰著.—吉林人民出版社,1999. -538页

郑成功研究/泉州市郑成功学术研究会编著.—中国社会科学出版社,1999. -318页

从上海市长到"台湾省主席"(1946-1953年):吴国桢口述回忆/(美)裴斐、韦慕庭整理;吴修垣译.—上海人民出版社,1999. -282页

蒋介石宋美龄在台湾的日子.上、下/何虎生著.—华文出版社,1999. -2册

蒋介石逃往台湾的前前后后/赫坚著.—吉林人民出版社,1999. -244页

张学良在美国/窦应泰著.—河南文艺出版社,1999. －551 页

城南旧影/林海音著.—江苏文艺出版社,2000. －353 页

施琅研究/施伟青主编.—厦门大学出版社,2000. －459 页

刘铭传与台湾建省/徐万民、周兆利著.—福建人民出版社,2000. －256 页

蒋介石评传. 上、下/(美)汪荣祖、李敖著.—中国友谊出版公司,2000. －2 册

张学良赵四小姐在台湾的日子/何虎生著.—华文出版社,2000. －443 页

张学良家族/窦应泰著.—吉林人民出版社,2000. －365 页

台湾老兵:口述实录:我在台湾四十年/于秀著.—河北人民出版社,2000. －339 页

"台湾之父"郑成功/刘洪泽著.—花山文艺出版社,2000. －525 页

蒋家结局/刘红著.—时事出版社,2000. －677 页

我为卿狂:李敖的三次惊世婚恋/窦应泰著.—北方文艺出版社,2000. －359 页

蒋介石大传. 上、中、下/刘红著.—团结出版社,2001. －3 册

望乡的牧神——于光中传/陈君华著.—团结出版社,2001. －367 页

情天恨海:琼瑶的三次爱情传奇/窦应泰著.—北方文艺出版社,2001. －410 页

烟雨愁人:琼瑶传/杜素娟著.—江苏文艺出版社,2001. －283 页

张学良结发夫人于凤至旅美五十年/窦应泰著.—东方出版社,2001. －380 页

蒋氏父子在台湾/李松林著.—中国友谊出版公司,2001. －665 页

蒋介石初上台湾岛. 上、下/何虎生、王成俊主编.—华文出版社,2001. －2 册

晚年蒋经国/李松林著.—安徽人民出版社,2001. －501 页

蒋介石交往与谋略/祁隆主编.—华文出版社,2001. －550 页

丘逢甲集/广东丘逢甲研究会编著.—岳麓书社,2001. －989 页

旅台名人录,湖北卷/陈文学著.—中国文史出版社,2001. －153 页

蒋氏家族三代男人死亡之谜:来自蒋家"特别医疗小组"的报告/窦应泰编著.—华文出版社,2002. －489 页

赵四小姐:张学良的红颜知己/窦应泰著.—团结出版社,2002. －500 页

王永庆创造财富的 36 个基本功/赵震波编著.—国际文化出版公司,2002. －287 页

张学良三次口述历史/窦应泰著.—华文出版社,2002. －422 页

张学良三位夫人的迥异归宿/窦应泰著.—时代文艺出版社,2002. －433 页

宋美龄大传. 上、下/何虎生,于泽俊编著.—华文出版社,2002. －2 册

张学良与随军夫人谷瑞玉/窦应泰著.—中国文联出版社,2002. －508 页

柏杨回忆录:看过地狱回来的人/柏杨、周碧瑟著.—春风文艺出版社,2002. －352 页

雷石榆人生之路/张丽敏著.—河北大学出版社,2002. －605 页

台湾巡抚刘铭传/王明皓著.—上海文艺出版社,2002. －360 页

台湾狂人李敖/董大中著.—花城出版社,2002. －537 页

台湾"梅兰芳"顾正秋/刘枋著.—人民音乐出版社,2002. －217 页

火中龙吟:余光中评传/徐学著.—花城出版社,2002. －368 页

民族英雄郑成功:摄影集/洪本地、胡强

主编.—海风出版社,2002. -115页

郑成功与台湾/王仁杰主编;泉州市政协、南安市政协编.—厦门大学出版社,2003. -318页

洪通:台湾素人画师/曹子丹编.—湖南美术出版社,2003. -111页

杜鹃啼血:梁肃戎与台湾"和统会"/金恩辉等著.—九州出版社,2003. -243页

塑胶王国:台湾巨商王永庆自述/张明林主编.—黑龙江人民出版社,2003. -259页

蒋氏家族第四代/窦应泰著.—华文出版社,2003. -458页

台湾当代人物辞典/中国社科院台湾研究所编辑.—中国大百科全书出版社,2003. -815页

宋美龄最后的日子/窦应泰著.—华文出版社,2003. -443页

李敖的七彩人生/窦应泰著.—中国友谊出版公司,2003. -504页

情爱苦旅:柏杨与他的五位妻子/窦应泰著.—台海出版社,2004. -355页

翁泽生传/何池著.—海风出版社,2004. -356页

影响张学良人生的六个女人:赵春桂、宋美龄、于凤至、谷瑞玉、赵一荻、蒋士云/窦应泰著.—团结出版社,2004. -457页

台湾首任巡抚刘铭传/张笑天、翁飞著.—陕西师范大学出版社,2004. -531页

蒋氏五兄弟/窦应泰著.—东方出版社,2004. -346页

台湾阿妈的故事:洪游勉传/〔美〕简宛著.—中国文联出版社,2004. -147页

施琅与台湾/施伟青编.—社会科学文献出版社,2004. -485页

邓丽君画传/师永刚、昭君著.—作家出版社,2004. -279页

亲爱的风流人物:58位港台妙人素描/李怀宇著.—南方日报出版社,2004. -287页

蒋经国大传. 1-2/李松林、陈太先著.—团结出版社,2004. -2册

张学良遗稿:幽禁期间自述、日记和信函/窦应泰编著.—作家出版社,2005. -380页

邓丽君私家相册/师永刚、楼河著.—作家出版社,2005. -273页

美丽与哀愁:蒋经国夫人蒋方良画传/窦应泰著.—团结出版社,2005. -229页

琼瑶与平鑫涛的坎坷之恋/窦应泰著.—时代文艺出版社,2005. -300页

蒋介石传. 1-3/何虎生著.—华文出版社,2005. -3册

李敖这个人/董大中著.—文化艺术出版社,2005. -280页

在北京的台湾人/卢咸池著.—台海出版社,2005. -428页

虎与狐:台湾首富郭台铭经营之道揭秘/张殿文著.—汕头大学出版社,2005. -308页

连战与宋楚瑜/刘方志著.—九州出版社,2005. -238页

雾海沧桑当年:我与招商局之缘到台湾之行/陈廷钰著.—上海社会科学院出版社,2005. -215页

王永庆:经营之神打造成功的智慧/曾蒙著.—上海远东出版社,2005. -181页

辜振甫商海浮沉录/窦应泰著.—山东友谊出版社,2005. -307页

李敖的冷眼狷行/孙尘著.—团结出版社,2005. -508页

李敖档案/窦应泰著.—九州出版社,2005. -307页

连横研究论文选/汪毅夫主编.—厦门

大学出版社，2006. －366 页

施琅大将军：平定台湾传奇/安然著. —新华出版社，2006. －253 页

施琅画传/安然著. —台海出版社，2006. －109 页

赵四小姐与张学良/赵云声著. —湖北人民出版社，2006. －368 页

晚年蒋介石/李松林著. —九州出版社，2006. －386 页

台湾作家研究丛书/赵遐秋、金坚范主编. —作家出版社，2006. －11 册

台湾新文学之父——赖和/刘红林著. －275 页

陈若曦：自愿背十字架的人/汤淑敏著. －255 页

大地之子：黄春明的小说世界/肖成著. －304 页

张我军评传/田建民著. －294 页

冰山底下绽放的玫瑰：杨逵和他的文学世界/樊洛平著. －379 页

自我完成自我挑战：施叔青评传/白舒荣著. －412 页

吴浊流：面对新语境/石一宁著. －391 页

林海音评传/周玉宁著. －239 页

啼血的行吟："台湾第一才子"吕赫若的小说世界/沈庆利著. －270 页

乡之魂：钟理和的人生与文学之路/江湖著. －249 页

生命的思索与呐喊：陈映真的小说气象/赵遐秋著. －437 页

蒋家三代罗曼史/生根著. —广角镜出版社（香港），1986. －210 页

蒋纬国秘史/李达著. —广角镜出版（香港），1986. －173 页

台湾风云人物录/李达著. —广角镜出版社（香港），1986. －182 页

台湾军事强人/李达编著. —广角镜出版社（香港），1987. －186 页

李焕与台湾/李达著. —广角镜出版社（香港），1987. －207 页

台湾的青年才俊（第一集）/李达著. —广角镜出版社（香港），1987. －210 页

台湾党外领袖人物. 1－2/李达著. —广角镜出版社（香港），1987. －2 册

蒋介石/钟声等著. —广角镜出版社（香港），1987. －188 页

影响台湾未来的人物/李达著. —广角镜出版社（香港），1987. －186 页

台籍当权人物/李达编著. —广角镜出版社（香港），1987. －210 页

台湾风云名人录. 1－13/李达编著. —广角镜出版社（香港），1987. －13 册

台湾五十名世家子弟. 1－2/李达编著. —广角镜出版社（香港），1987－1988. －2 册

台湾富豪列传. 1－5/邝碧华著. —广角镜出版社（香港），1987－1988. －5 册

蒋家外戚列传/李达编著. —广角镜出版社（香港），1988. －184 页

李登辉与台湾/李达著. —广角镜出版社（香港），1988. －185 页

卜少夫这个人/刘绍唐主编. —新闻天地社（香港），1988. －259 页

宋美龄与台湾/李达编著. —广角镜出版社（香港），1988. －185 页

李登辉的班底. 1－4/李达编著. —广角镜出版社（香港），1988. －4 册

台湾财经大员. 1－2/李达编著. —广角镜出版社（香港），1988. －2 册

台籍将领总检阅/李达编著. —广角镜出版社（香港），1988. －184 页

陈诚、陈履安势力在台湾/孙丽芳著.

—广角镜出版社(香港),1988. -185页

郝柏村与台湾/李达编著.—广角镜出版社(香港),1988. -185页

李登辉传/李达著.—广角镜出版社(香港),1988. -185页

蒋经国与台湾/李达编著.—广角镜出版社(香港),1988. -207页

台湾的女强人(第一集)/李达编著.—广角镜出版社(香港),1988. -184页

施琅与两岸统一/叶昌澄主编.—香港人民出版社(香港),2005. -517页

(七)台湾考古

台湾地区重要考古遗址初步评估第一阶段研究报告/宋文薰等著.—中国民族学会,1992. -273页

厦门涉台文物古迹调查/厦门市台湾艺术研究所编.—福建美术出版社,2003. -100页

远古的家园:两万年前台湾海峡揭秘/李国宏等著.—海潮摄影艺术出版社,2005. -83页

泉州与台湾关系文物史迹/陈鹏著.—厦门大学出版社,2005. -394页

(八)台湾习俗

台湾风物志/蔡敦祺著.—福建人民出版社,1985. -356页

闽台民俗风情/厦门市思明区文艺联谊会编.—鹭江出版社,1989. -335页

台湾风物/刘堡编.—甘肃人民出版社,1991. -362页

闽台风格/林嘉书著.—陕西人民出版社,1991. -279页

宝岛台湾的民俗与旅游/杨毅周著.—旅游教育出版社,1996. -246页

今日台湾风俗/居阅时、张玉峰著.—福建人民出版社,1999. -140页

闽台民间风俗/方宝璋著.—福建人民出版社,2003. -431页

台湾民俗/何绵山编著.—甘肃人民出版社,2004. -392页

(九)台湾地理

中国名胜词典——福建台湾分册/国家文物事业管理局编.—上海辞书出版社,1981. -68页

台湾名胜与风土/张志才、林与树著.—上海文化出版社,1983. -116页

中华人民共和国地名词典:台湾省/朱天顺主编.—商务印书馆,1990. -551页

台湾省地名录/庄晋南编.—中国地图出版社,1992. -428页

台湾自然地理/曾昭璇著.—广东地图出版社,1993. -200页

台湾省交通旅游图册/中国地图出版社、中央人民广播电台台湾广播部编制.—中国地图出版社,1995. -51页

台湾省地图册/中国地图出版社、中央人民广播电台对台湾广播部编制.—中国地图出版社,1996. -35页

台湾名胜古迹/刘沂、赵同文著.—福建人民出版社,1998. -143页

台湾省地理/王建民、毕福臣著.—福建人民出版社,2002. -497页

闽台民居建筑的渊源与形态/戴志坚著.—福建人民出版社,2003. -320页

台湾,祖国的宝岛/毕玥年著.—华文出版社,2005. -324页

台湾省地图册/中国地图出版社编制.—中国地图出版社,2006. -84页

(十)史料

阅徽草堂笔记.上、下/纪昀著.—上海

古籍出版社，1980. －2 册

郭嵩焘日记. 1－2／郭嵩焘著. —湖南人民出版社，1981. －2 册

《台湾文献丛刊》书目提要／中国科学院图书馆编著. —中国科学院图书馆，1981. －120 页

岛夷志略校释／汪大渊著；苏继庼校释. —中华书局，1981. －434 页

先王实录校注／杨英著；陈碧笙校注. —福建人民出版社，1981. －260 页

郑成功史料选编／福建师范大学历史系编选. —福建教育出版社，1982. －345 页

海上见闻录定本／阮旻锡原著；厦门郑成功纪念馆校. —福建人民出版社，1982. －80 页

郑成功收复台湾史料选编／厦门大学郑成功历史调查研究组编. —福建人民出版社，1982. －347 页

清代台湾农民起义史料选编／中国社会科学院历史研究所明史研究室编. —福建人民出版社，1983. －310 页

台湾外纪／陈碧笙标注. —福建人民出版社，1983. －367 页

康熙统一台湾档案史料选辑／陈在正等编. —福建人民出版社，1983. －338 页

闽台关系族谱资料选编／庄为玑、王连茂编. —福建人民出版社，1984. －478 页

台湾林爽文起义资料选编／刘如仲、苗学孟编选. —福建人民出版社，1984. －325 页

蠡测汇钞：问俗录／邓传安著. —中华书局，1985. －96 页

台湾纪略／林谦光著. —中华书局，1985. －310 页

台湾随笔／徐怀祖著. —中华书局，1985. －88 页

郑成功档案史料选辑／陈在正等编. —福建人民出版社，1985. －456 页

台湾府志. 上、中、下／蒋毓英撰. —中华书局，1985. －3 册

台湾府志校注／陈碧笙校注. —厦门大学出版社，1985. －124 页

台湾杂记：说铃之一／季麒光著. —中华书局，1985. －310 页

台海使槎录. 1－2／黄叔璥著. —中华书局，1985. －2 册

台湾外志／江日升著；吴德铎校. —上海古籍出版社，1986. －458 页

郑成功满文档案史料选译／厦门大学台湾研究所、中国第一历史档案馆编辑部编. —福建人民出版社，1987. －253 页

临海水土异物志辑校／沈莹著；张崇根校. —农业出版社，1988. －89 页

闽台关系档案资料／福建省档案馆编. —鹭江出版社，1993. －810 页

明实录类纂，福建台湾卷／李国祥著. —武汉出版社，1993. －641 页

《清实录》台湾史资料专辑／张本政主编. —福建人民出版社，1993. －1216 页

台湾外记. 1－2／汪日升著. —上海古籍出版社，1994. －2 册

鹿州全集. 上、下／蓝鼎元著. —厦门大学出版社，1995. －2 册

沈文肃公牍 1－3／沈葆桢著－影印本. —江苏广陵古籍刻印社，1997. －3 册

钦定平定台湾纪略. 1－2／温达著；故宫博物院编. —海南出版社，2000. －2 册

历史照片的历史问题／秦风著. —文汇出版社，2003. －252 页

台湾志略／尹士俍著；李祖基点校. —九州出版社，2003. －158 页

台湾外志／江日升著；刘文泰等校. —齐鲁书社，2004. －417 页

台湾史料汇编. 1－14／姜亚沙等编

辑.—全国图书馆文献缩微复制中心,2004.－14卷

台湾文献汇刊.1－7辑/陈文平主编－影印本—厦门大学出版社、九州出版社,2004.－100册

第一辑:郑氏家族与清初南明相关史料专辑.1－9册

第二辑:康熙统一台湾史料专辑.1－14册

第三辑:闽台民间关系族谱专辑.1－20册

第四辑:台湾相关诗文集.1－18册

第五辑:台湾舆地资料专辑.1－16册

第六辑:台湾事件史料专辑.1－12册

第七辑:林尔嘉家族及民间文书资料专辑.1－11册

宋斐如文集.卷二.第二辑,台湾问题/宋斐如著.—台海出版社,2005.－678页

中华之根:海峡两岸谱牒研讨会论文集/林仁川主编.—中国文史出版社,2005.－633页

台湾光复档案,历史图像/曹必宏等编.—九州出版社,2005.－233页

台湾光复档案/曹必宏等编.—九州出版社,2005.－2册

《巡台录·台湾志略》点校本/张嗣昌、尹士俍编纂;李祖基校注.—香港人民出版社(香港),2005.－236页

蓉洲诗文稿选辑:东宁政事集/季麒光著;李祖基校注.—香港人民出版社(香港),2006.－242页

编　后

在立项课题“大陆地区台湾研究论著目录索引数据库”的纸质载体、工具书《大陆地区台湾研究论著目录》即将付梓之际，我作为该课题负责人，有些话想说。

首先，我院现有的在大陆地区位居前列且较为完整的图书文献资料，是完成本课题的基础。感谢陈俊元、邓力文、李振金、李文甦、颜爱璜、陈敏娟、林明霖、陈荣华等新老同仁，他们为我院文献信息建设默默无闻地工作，我们应当记起。

其次，厦门大学图书馆丰富的馆藏和完备的资料检索系统，是完成本课题的依托。谨此向曾给予热情服务的该馆同行表示敬意。再次，我院专家学者的参与帮助，使本书有了质量保证。感谢林仁川、徐学、张羽、朱双一、李鹏、张文生、李非、石正芳、彭莉、李祖基、陈小冲等教授对书稿提出许多修改意见，提供了数百条原未收寻的论著题录。

最后，感谢刘国深院长，没有他的催促，本书不能够这么早完稿，在刘院长的领导下，我院奋发向上、和谐团结的工作氛围让大家干劲十足。

课题组的四位同志在本职工作之外增加了这项工作，近两年的劳作有了收获，值得祝贺。九州出版社一编室李勇主任为本书出版付出辛劳，借此一并致谢。

潘晋明

二〇〇八年一月于厦门大学